Die statistische Methode als selbständige Wissenschaft.

Eine Einführung
in deren Fundamente und Grundzüge.

Von

Dr. jur. Hugo Forcher.

Mit 60 Figuren.

Leipzig.
Verlag von Veit & Comp.
1913.

Druck von Metzger & Wittig in Leipzig.

Vorwort.

Die vorliegende Arbeit ist teils aus mathematischen Studien hervorgegangen, die ich in meiner gegenwärtigen Stellung als praktischer Statistiker anzustellen das dringende Bedürfnis hatte, um aus dem Gestrüpp primitiver Zahlenzusammenstellungen und schemenhafter Durchschnittsbildungen zu der durch Lexis' grundlegende Arbeiten begründeten Entwicklung methodologischer Durchdringung der Massenerscheinungen zu gelangen, teils sind Erfahrungen niedergelegt, die ich dem unmittelbaren Zusammenleben mit der statistischen Empirie verdanke.

Warum ich diese Studien und Erfahrungen nicht in meinem Schreibtische zurückbehalte, sondern der Öffentlichkeit übergebe?

Es geschah in der Absicht, die statistische Empirie zur Mitarbeit an der intensiven und extensiven Fortbildung der statistischen Methode aufzurufen.

Durch die Bloßlegung der mathematischen und wahrscheinlichkeitstheoretischen Denkformen wird versucht, ihre fundamentale Bedeutung für die statistische Methode zu begründen, durch die logische Entwicklung der Übertragung dieser Denkformen auf das Gebiet der natürlichen und sozialen Massenerscheinungen beabsichtigt, die verschiedenen Verfahrensarten der statistischen Methode ab ovo zu erklären.

Vollständigkeit wurde in keinem Abschnitte der vorliegenden Arbeit angestrebt. Es galt nur, die statistische Methode in ihren Fundamenten und Grundzügen möglichst breit zu gestalten, Wesen und Gehalt derselben dem Leser in einer Weise vorzuführen, die es ihm ermöglicht, seine Studien fortzusetzen und zu vertiefen. Zu dem Zwecke mußte aber unbedingt auf die einschlägigen Lehren der höheren Mathematik und der Wahrscheinlichkeitsrechnung eingegangen werden. Die statistische Methode hat sich ihrer bereits in einer Weise bemächtigt, daß bei Unkenntnis dieser Lehren ein weiteres Verfolgen der Gedankengänge nicht gut denkbar ist. Eine noch so zutreffende abstrakte Beschreibung der verschiedenen Verfahrensarten der statistischen Methode kann die mathematische Begründung nie ersetzen. Niemand wird auf Grund solcher Beschreibungen die stastitische Methode in der Praxis tätsächlich handhaben können. Deshalb wurden auch die mathematischen Begründungen so weit durchgeführt, als dies für die praktische Handhabung der vorgeführten Verfahrensarten notwendig erschien, und durch zahlreiche durchgeführte Untersuchungen illustriert.

Die gegenständliche überreiche Literatur zum vierten Abschnitte wurde nur insoweit expressis verbis angeführt, als die Ausführungen hierzu einen unmittelbaren Anlaß boten.

Die Darstellung der statistischen Verfahrenstechnik fällt natürlich außerhalb des Rahmens dieser Arbeit. Hier kann es sich lediglich nur um Fragen wie die folgenden handeln: Wie operiere ich mit den die Massenerscheinungen fixierenden Zahlenmassen? Welches Gewicht kommt ihnen zu? Wie gelange ich mit Hilfe der verarbeiteten Zahlenmassen schließlich auf die tiefer liegenden Zusammenhänge der Dinge? usw. Die statistische Technik gehört zum notwendigen Rüstzeug jedes statistischen Praktikers und kann füglich als bekannt vorausgesetzt werden.

Auch verkenne ich durchaus nicht die unbedingte Notwendigkeit der Aufstellung eines „budget des choses". Jeder diligens pater familias wird ganz automatisch auf diese Notwendigkeit verfallen. Besonderes Gewicht aber vom erkenntnistheoretischen Standpunkte auf diese allerdings notwendige praktische Betätigung zu legen, hieße die ausgetretenen Pfade der ehrwürdigen Statisten weiterwandeln. Die reine Verwaltungsstatistik (im engeren Sinne) stellt uns keine wissenschaftlichen Probleme.

Hingegen scheint mir eines zu fehlen, das sich aus der Art und der Gesamtheit der Gedankengänge mit zwingender Notwendigkeit herausentwickeln muß. Ich meine den philosophischen Hintergrund der statistischen Methode, die Darstellung einer zahlenlosen Statistik. Diese Ausblicke, die sich mir bei der intensiven Beschäftigung mit den Grundlagen der statistischen Methode von selbst boten, übersteigen jedoch wieder den Rahmen dieser Arbeit, die ja nur eine Bloßlegung der grundlegenden Begriffe beabsichtigt.

Sollte die vorliegende Arbeit dazu beitragen, die Aufmerksamkeit der Kreise der statistischen Praktiker daraufzulenken, daß die Zukunft der „Statistik" nur in der intensiven und extensiven Fortbildung der wissenschaftlichen statistischen Methode bei ununterbrochenem und festem Kontakte von Theorie und Praxis liegen kann, dann sieht sich der Verfasser reichlich belohnt.

Für das mir bewiesene Entgegenkommen, sowie für die geschmackvolle und solide Ausstattung des Buches fühle ich mich endlich noch angenehm veranlaßt, den Herrn Verlegern an dieser Stelle meinen verbindlichsten Dank zum Ausdruck zu bringen.

Wien, im Oktober 1912.

Dr. jur. **Hugo Forcher.**

Inhaltsverzeichnis.

Erster Abschnitt.

Über die Denkformen in der höheren Mathematik.

Seite

I. Der Funktionsbegriff 1
II. Arten der Funktionen. Die stetige Funktion 4
III. Geometrische Darstellung der Funktionen 7
IV. Der Differentialquotient 11
V. Wiederholte Differentiation oder Differentialquotienten höherer Ordnung. — Maxima und Minima 18
VI. Die Entwicklung der Funktionen in Reihen. Der Taylorsche und Maclaurinsche Lehrsatz 22
VII. Funktionen mit zwei oder mehreren unabhängig Veränderlichen . 26
1. Partielle und totale Differentiation 26
2. Höhere Differentialien der Funktionen von mehreren unabhängig veränderlichen Größen 34
3. Ausdehnung des Taylorschen und Maclaurinschen Lehrsatzes auf Funktionen von mehreren unabhängig Veränderlichen. — Maxima und Minima solcher Funktionen 36
VIII. Das Integral 38
Anhang. Zusammenstellung der wichtigsten Formeln aus der Differential- und Integralrechnung 48

Zweiter Abschnitt.

Die grundlegenden Begriffe und Sätze aus der Wahrscheinlichkeitstheorie.

I. Die mathematische Wahrscheinlichkeit 53
II. Die Bestimmung der Wahrscheinlichkeit 57
A. Direkte Wahrscheinlichkeitsbestimmung 57
B. Indirekte Wahrscheinlichkeitsbestimmung: Vollständige und zusammengesetzte Wahrscheinlichkeit 62
III. Das Bernoullische Theorem 71
IV. Mathematische Hoffnung (Erwartung) und mathematisches Risiko. Moralische Hoffnung (Erwartung) 93
1. Die mathematische Erwartung 93
2. Das mathematische Risiko 95
3. Die moralische Erwartung 97
V. Wahrscheinlichkeit a posteriori. Das Bayes-Laplacesche Theorem 100

Seite

VI. Die Fehlertheorie 118
1. Allgemeines 118
2. Das Gausssche Fehlergesetz 124
3. Die Genauigkeitsmaße 132
4. Ausgleichung von direkten Beobachtungen gleicher Genauigkeit 135
5. Beispiel 141
6. Ausgleichung von direkten Beobachtungen ungleicher Genauigkeit 147
7. Ausgleichung vermittelnder Beobachtungen 153
a) Gleichgenaue Beobachtungen mit linearer Beziehung zwischen den unbekannten Größen 153
b) Ungleichgenaue Beobachtungen mit linearer Beziehung zwischen den unbekannten Größen 164
c) Nicht linearer Zusammenhang zwischen den Beobachtungen und den unbekannten Größen 166

Anhang. Anwendungsfall 168

Dritter Abschnitt.

Die statistische Methode.

I. Allgemeines. Intensive und extensive statistische Maßzahlen . . 174
II. Die Bildung statistischer Maßzahlen 175
A. Das geometrische Verfahren, die geometrische Repräsentation 179
B. Analytische Darstellung der Gesamtheiten von Lebenden und Toten 200
III. Die intensiven statistischen Maßzahlen 203
A. Begriffsbestimmung 203
B. Die Beziehungen der statistischen Wahrscheinlichkeit zur mathematischen Wahrscheinlichkeit: Das Kriterium von Lexis; normale, übernormale und unternormale Dispersion; Beispiele; die sogenannten statistischen Gesetze . . . 211

Anhang. Die intensiven statistischen Maßzahlen und die Wanderungen 283

IV. Die extensiven statistischen Maßzahlen 291
A. Begriffsbestimmung; die verschiedenen Arten und Eigenschaften der extensiven statistischen Maßzahlen 291
B. Die Beziehungen der extensiven statistischen Maßzahlen zur Fehlerfunktion 303
V. Die Pseudomaßzahlen und die zusammengesetzten statistischen Maßzahlen 309

Vierter Abschnitt.

Zusammenfassung und Folgerungen.

(Insbesondere Begriffsbidung der „Statistik“ als Wissenschaft auf Grund der drei vorhergehenden Abschnitte) 315

Literaturverzeichnis zu den ersten drei Abschnitten 364

Erster Abschnitt.

Über die Denkformen in der höheren Mathematik.

I. Der Funktionsbegriff.

Den obersten Begriff in der Mathematik bildet die abstrakt gedachte Einheit „1“. Durch die additive Verbindung solcher Einheiten gelangt man zum Zahlbegriff. Dessen Versinnbildlichung erfolgt durch die natürliche Zahlenreihe.

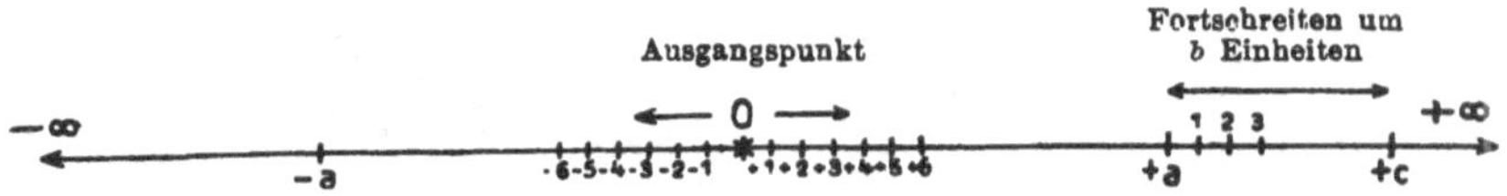

Fig. 1.

Schreitet man auf der natürlichen Zahlenreihe, vom 0-Punkt ausgehend nach rechts, um eine bestimmte Menge von Einheiten nach vorwärts, z. B. um fünf Einheiten, so gelangt man zur besonderen Zahl 5. Bleibt die in der Zahl enthaltene Menge von Einheiten im Laufe der Untersuchung zwar beständig, ist jedoch die Annahme einer bestimmten Menge von Einheiten für den Gang der Untersuchung ohne Einfluß, so bedient man sich des allgemeinen Zahlbegriffes, z. B. a, b, c usw.

Schreitet man auf der natürlichen Zahlenreihe, von $+a$ ausgehend, um b Einheiten nach vorwärts, so gelangt man zur Zahl $c: a + b = c$ (Addition). Zählt man auf der natürlichen Zahlenreihe, von c ausgehend, um b Einheiten nach rückwärts, so trifft man wieder zum Punkte $a: c - b = a$ (Subtraktion).

Geschieht das Vorwärtsschreiten vom 0-Punkte aus um Gruppen von a Einheiten und zwar b mal, so ergibt sich auf der Zahlenlinie ein Punkt $\gamma: \overset{1}{a} + \overset{2}{a} + \overset{3}{a} + \dots + \overset{b}{a} = a \,.\, b = \gamma$ (Multiplikation). Von γ ausgehend, kann man wieder b mal um Gruppen von a Einheiten nach rückwärts schreiten, und man gelangt zum Ausgangspunkt 0 zurück: $\gamma : a = b$ (Division).

Wird a nicht b mal als Summand sondern als Faktor gesetzt, so ergibt sich folgendes mathematisches Symbol:

$$\overset{1}{a} \cdot \overset{2}{a} \cdot \overset{3}{a} \ldots \overset{b}{a} = a^b = x \text{ (Potenzbegriff).}$$

In der identischen Gleichung $a^b = x$ können nun 2 Größen bekannt und die 3. unbekannt, d. h. zu suchen sein. Diese Problemstellung führt zu 3 weiteren Rechnungsarten:

$$a^b = x; \quad x = ? \text{ (Potenzieren),}$$

$$a^b = x; \quad a = ?; \quad a = \sqrt[b]{x} \text{ (Radizieren) und}$$

$$a^b = x; \quad b = ?; \quad b = \operatorname{Log}_a x \text{ (Logarithmieren).}$$

Die Verknüpfung dieser verschiedenen mathematischen Symbole durch die angeführten Rechnungsarten führt bereits zu den verwickeltsten mathematischen Ausdrücken. Z. B.

$$9\, a^b\, c^d - \left[2 \sqrt[3]{\frac{a^{b+d}\, c^{b+d}}{a^d\, c^b}} - \operatorname{Log}_a \frac{\sqrt[m]{a^n} \cdot \sqrt[n]{a^m}}{\sqrt[mn]{a^{m^2+n^2}}} \right]^3 .$$

Jeder solche mathematische Ausdruck ist das Ergebnis einer verschiedenen Gruppierung der abstrakt gedachten Einheit. Wollte man umgekehrt einen solchen mathematischen Ausdruck auf die einfachste Form bringen (sofern dies überhaupt möglich ist), so müßte man denselben wieder in die betreffenden Gruppen von Einheiten auflösen und diese Einheiten einfach abzählen. Das macht z. B. auch die niedere Mathematik, sie macht es aber nur einmal. Sie löst die Symbole auf, operiert mit diesen aufgelösten Symbolen und gelangt so gegebenenfalls zu einem Lehrsatze. In diesem Sinne hat demnach auch die niedere Mathematik die Erforschung der gesetzlichen Zusammenhänge, welche zwischen den verschiedenen mathematischen Symbolen bestehen, zum Gegenstande. Statt der jedesmaligen, äußerst mühseligen Auflösung der Symbole und Zurückführung der so gefundenen Einheitenmassen in eine Einheitengesamtheit von einfacherer Gruppierung, operiert man einfach mit den einmal gefundenen Lehrsätzen, die gleichsam wie Maschinen funktionieren. Man kann schon auf Grund dieser Betrachtung auf dem Gebiete der niederen Mathematik ermessen, welche ungeheure Kraft in der Einrichtung dieses mechanischen, maschinellen Betriebes liegt.

Trotz der ungeheuren Mannigfaltigkeit der mathematischen Ausdrücke kommt denselben doch ein typischer Gehalt insoferne zu, als bei analytischen Untersuchungen nur zwei Arten von Größen in diesen gesetzlichen Beziehungen auftreten, einerseits nämlich veränderliche oder variable Größen, welche entweder ohne alle Einschränkung oder wenigstens innerhalb gewisser Grenzen jeden beliebigen Wert annehmen können und andererseits beständige oder konstante Größen, welche während der ganzen Untersuchung einen bestimmten Wert unverändert beibehalten. Die zwischen Konstanten und Variablen herrschenden Beziehungen treten immer in Form von Gleichungen auf. Ein sehr einfacher Fall dieser Art ist z. B. $y = ax + b$. Zu jedem speziellen Werte von x gehört ein ganz bestimmter Wert von y. Eine solche Gleichung muß demnach mindestens zwei veränderliche Größen enthalten. Nachdem sich je nach der Annahme der veränderlichen Größe x erst der dazu gehörige Wert von y ergibt, sagt man, y sei von x abhängig und nennt x die unabhängig Veränderliche, y die abhängig Veränderliche. Die obige Gleichung drückt zugleich das Gesetz der zwischen beiden Veränderlichen stattfindenden Abhängigkeit aus. Diese funktionale Abhängigkeit ist jedoch eine gegenseitige. Denn die obige Gleichung kann auch geschrieben werden:

$$x = \frac{y - b}{a};$$

nunmehr erscheint y als die unabhängig Veränderliche und x als die abhängig Veränderliche. Dieser Begriff der funktionalen Abhängigkeit ist also wohl von dem der kausalen Abhängigkeit zu trennen.

Das mathematische Symbol für die funktionelle Abhängigkeit ist:

$$y = f(x), \quad y = F(x), \quad z = \varphi(x, y); \quad u = \psi(x, y, z) \text{ usw.}$$

Das sind jedoch keinesfalls bloß theoretische Abstraktionen. Das Leben erzeugt eine große Menge solcher funktionaler Verhältnisse. So sind z. B. die biologischen Erscheinungen in der Regel eine Funktion vom Alter und der Beobachtungszeit, die Sterbenswahrscheinlichkeiten der allgemeinen Bevölkerung sind eine Funktion des Alters und der Beobachtungszeit, die Sterbenswahrscheinlichkeiten versicherter Leben sind außer vom Alter und der Beobachtungszeit auch noch von der Versicherungsdauer abhängig, die Nachfrage nach einer Ware ist eine Funktion ihres Preises oder umgekehrt usw.

II. Arten der Funktionen. Die stetige Funktion.

Ein Einteilungsgrund der Funktionen liegt in der Art der Verknüpfung der beiden Variablen durch die verschiedenen Rechnungsoperationen. Werden die veränderlichen Größen durch die sogenannten algebraischen Operationen (Addition, Subtraktion, Multiplikation, Division und Potenzierung mit konstanten und rationalen Exponenten) verbunden, dann nennt man diese Funktionen algebraische. Alle anderen heißen transzendente. Die wichtigsten transzendenten Funktionen sind: die Exponentialfunktion: $y = a^x$, die logarithmische Funktion: $y = \log_a x$, die trigonometrischen Funktionen: $y = \sin x$, $\cos x$, $\operatorname{tg} x$ usw. und deren Umkehrungen, die zyklometrischen Funktionen: $y = \operatorname{arc} \sin x$, $\operatorname{arc} \cos x$, $\operatorname{arc} \operatorname{tg} x$ usw. Die einfachsten Formen der algebraischen Funktionen sind:

$$y_1 = a + x; \quad y_2 = a - x; \quad y_3 = a x; \quad y_4 = \frac{a}{x} \quad \text{und} \quad y_5 = x^a.$$

Die algebraischen Funktionen sind wieder entweder rationale oder irrationale und ganze oder gebrochene Funktionen. Irrational beziehungsweise gebrochen heißen sie dann, wenn die unabhängig veränderliche Größe auch nach möglichster Reduktion unter dem Wurzelzeichen beziehungsweise im Nenner der Funktion verbleibt. Die allgemeine Form einer ganzen rationalen algebraischen Funktion einer veränderlichen Größe ist:

$$y = A + Bx + Cx^2 + \ldots + Mx^m$$

Diese Funktion ist zugleich auch eine solche vom m^{ten} Grade, weil die unabhängig Veränderliche in der m^{ten} Potenz vorkommt.

Von fundamentaler Bedeutung ist ferner die Unterscheidung der Funktionen in stetige oder kontinuierliche einerseits und unstetige oder diskontinuierliche andrerseits.

Wann nennt man die Funktion $y = f(x)$ eine stetige? Schon durch die Begriffsbestimmung von x als der unabhängig veränderlichen Größe ist die Eigenschaft ausgedrückt, daß x entweder ohne alle Einschränkung oder wenigstens innerhalb gewisser Grenzen jeden beliebigen Wert annehmen kann, oder mit anderen Worten: die unabhängig veränderliche Größe x kann so gedacht werden, daß sie von irgend einem Werte $x = a$ zu irgend einem anderen Werte $x = b$ nicht übergehen kann, ohne **alle** dazwischenliegenden Werte zu durchlaufen. In diesem Durchlaufen **aller** Werte liegt die Stetigkeit oder die Kontinuität von x. In der Funktion $y = f(x)$ wird einerseits dem Werte $x = a$ z. B. der Wert $y = \alpha$ und dem

Werte $x = b$ der Wert $y = \beta$ entsprechen. Die Funktion $y = f(x)$ ist nun dann innerhalb der Grenzen $x = a$ und $x = b$ stetig oder kontinuierlich, wenn auch y, während x **alle** Werte von a bis b durchläuft, bei diesem Übergang des x von a bis b **alle** Werte von α bis β durchläuft.

Für Funktionen von zwei oder mehreren unabhängigen Veränderlichen besteht dasselbe Kriterium der Stetigkeit. Kann z. B. die unabhängig Veränderliche x alle Werte durchlaufen von $x = a_1$ bis $x = a_n$ und y alle Werte von $y = b_1$ bis $y = b_n$, so heißt die Funktion $z = f(x, y)$ von zwei unabhängig Veränderlichen innerhalb des Gebietes $\begin{Bmatrix} a_1 & a_n \\ b_1 & b_n \end{Bmatrix}$ stetig, sobald der absolute Wert der Differenz $f(x_1, y_1) - f(x_2, y_2)$ von je zwei in diesem Gebiete vorkommenden Funktionswerten $f(x_1, y_1)$ und $f(x_2, y_2)$ für hinreichend kleine Werte der Differenzen $x_1 - x_2$ und $y_1 - y_2$ der unabhängig Veränderlichen beliebig klein gemacht werden kann.

In dieser letzten Fassung liegt bereits angedeutet, daß der Begriff der Stetigkeit einer Funktion mit Hilfe des Begriffes der unendlich kleinen Größen auch analytisch ausgedrückt werden kann.

Nach der Definition ist eine veränderliche Größe im allgemeinen jedes beliebigen Wertes fähig. Man kann sich nun vorstellen, daß einerseits der Zahlenwert dieser Größe fort und fort wachse und endlich größer werde als jede denkbare noch so große Zahl, andererseits hingegen der Zahlenwert fortgesetzt abnehme, so daß er endlich kleiner werde, als jede beliebige noch so kleine Zahl. In dem einen Falle wächst die Größe unendlich, sie wird unendlich groß, in dem anderen Falle nimmt sie unendlich ab oder wird unendlich klein. Solche Größen im Zustande des unendlichen Wachsens oder unendlichen Abnehmens bezeichnet man kurz als unendlich große oder unendlich kleine Größen. So wird z. B. die Funktion $y = kx$ bei unendlicher Zu- oder Abnahme der veränderlichen Größe x selbst unendlich groß oder unendlich klein. Dies findet jedoch nicht bei allen Funktionen statt. Es sei z. B. $y = k \pm \frac{1}{x}$. Wenn in diesem Falle x fort und fort wächst, dann wird $\frac{1}{x}$ immer kleiner und kleiner, die Funktion selbst, falls das Plus- bzw. Minuszeichen gesetzt wird, fortgesetzt ab- bzw. zunehmen. Allein hier wächst die Zu- bzw. Abnahme der Funktion nicht ins Unendliche. Vielmehr wird sich bei unendlich wachsendem x, d. i. bei unendlich abnehmendem

$\frac{1}{x}$ der Wert von y immer mehr und mehr der konstanten Größe k nähern, ohne sie jedoch je zu erreichen. Die Größe k ist daher in diesem Falle die Grenze (limes, lim), welcher sich die Funktion $k \pm \frac{1}{x}$ bei unendlich wachsendem x ohne Ende nähert, oder analytisch ausgedrückt: $\lim\left(k \pm \frac{1}{x}\right) = k$ (für wachsendes x).

Eine unendlich abnehmende Größe hat die Null zur Grenze. Wenn man daher für solche verschwindend kleine Größen gleichfalls das Zeichen 0 setzt, so ist dies nur relativ Null im Gegensatze zum Grenzwerte der unendlich kleinen Größe, welcher absolut Null ist. Die unendlich wachsende Größe dagegen hat natürlich nur eine fiktive Grenze, welche durch das Zeichen ∞ ausgedrückt wird $\left(\lim \frac{1}{x} = \infty \text{ für ein unendlich abnehmendes } x\right)$. In diesem Sinne sind die Symbole 0 und ∞ unbestimmte Werte und man kann mit ihnen nicht so wie mit dem Zahlbegriff operieren. Die Formen $\frac{0}{0}$, $\frac{\infty}{\infty}$, $0 \cdot \infty$, $\infty - \infty$, 0^0, ∞^0 und 1^∞ sind demnach vieldeutig und es läuft das Problem darauf hinaus, erst die mathematischen Ausdrücke zu bestimmen, welche an der Grenze eine dieser Formen annehmen.

Wie kann nun diese Betrachtungsweise über die unendlich kleinen Größen für die Darstellung des Begriffs einer stetigen Funktion verwertet werden?

Es sei z. B. $y = f(x) = \frac{k}{x}$ und δ eine unendlich kleine Größe. Geht man von irgend einem bestimmten, zwischen den Grenzen a und b liegenden Wert von x aus und läßt man diese Veränderliche x um die unendlich kleine Größe δ wachsen, so nimmt die Funktion selbst um die Differenz

$$f(x + \delta) - f(x) = \frac{k}{x + \delta} - \frac{k}{x} = -\frac{k\delta}{x(x + \delta)}$$

zu. Die Funktion $y = f(x)$ wird nun von $x = a$ bis $x = b$ stetig sein, wenn für jeden zwischen a und b liegenden Wert von x die Differenz $f(x + \delta) - f(x)$ mit δ unendlich klein wird, d. h. bei einem unendlich kleinen Zuwachs der unabhängig veränderlichen Größe x auch die Funktion selbst einen unendlich kleinen Zuwachs erfährt. Der Ausdruck $-\frac{k\delta}{x(x + \delta)}$ wird nun für jeden Wert von x mit δ unendlich klein, nur für den Wert $x = 0$ wird er unendlich groß. Die Funktion $y = f(x) = \frac{k}{x}$ ist demnach stetig von $x = -\infty$ bis $x = 0$

und von $x = 0$ bis $x = +\infty$; bei $x = 0$ findet eine Unterbrechung der Stetigkeit statt, indem bei diesem Werte der unabhängig Veränderlichen die Funktion selbst ins Unendliche wächst. Daher ist eine Funktion $y = f(x)$ in der Nähe eines bestimmten Wertes $x = k$ stetig, wenn sie auch stetig ist zwischen zwei diesen Wert k einschließenden Grenzen, wie eng man auch diese Grenzen wählen mag.

Im gegenteiligen Falle wäre die Funktion unstetig oder diskontinuierlich. Es läßt sich also kein Wert der unabhängig veränderlichen Größe bestimmen, in dessen Nähe die Funktion stetig ist. Solche Funktionen lassen sich zwar theoretisch konstruieren, kommen aber in der Mathematik, soweit sie Anwendung auf Naturerscheinungen findet, nicht vor. Im Bereiche der Natur scheint die Entwicklung, soweit man wenigstens bis jetzt in die Zusammenhänge einzudringen vermochte, eine durchaus stetige zu sein, weshalb die Funktionen, welche der analytische Ausdruck dieser Entwicklung sind, einen stetigen Verlauf aufweisen. Aber auch die sozialen Erscheinungen des menschlichen Lebens entwickeln sich im allgemeinen nicht sprunghaft. Nur handelt es sich hier, den ganzen funktionalen Verlauf aufzudecken, um die Unterbrechungen der Stetigkeit feststellen zu können. Das genaueste Studium des funktionalen Verlaufes einer Erscheinung ist zur Vermeidung von Irrtümern unbedingt notwendig. Darauf soll schon an dieser Stelle auf das Nachdrücklichste hingewiesen werden.

III. Geometrische Darstellung der Funktionen.

Ist eine beliebige stetige Funktion $y = f(x)$ gegeben, so nimmt man in einem begrenzten Intervall, d. h. zwischen zwei festen Zahlenwerten a und b Werte von x an, nämlich $x_1, x_2, x_3, \ldots . x_n$, die möglichst nahe aneinander liegen und berechnet die zugehörigen Funktionswerte $y_1, y_2, y_3, \ldots . y_n$. Die auf diese Weise entstehenden Wertepaare $x_1 y_1,\ x_2 y_2,\ x_3 y_3\ \ldots .\ x_n y_n$ sind bei Einführung eines rechtwinkligen Koordinatensystems die Koordinaten von ebenso vielen Punkten der Ebene. Zeichnet man nun die betreffenden Punkte tatsächlich in das Koordinatensystem ein und verbindet sie durch eine zusammenhängende Linie, so bilden letztere die geometrische oder graphische Darstellung der Funktion $y = f(x)$. Diese Linie gibt ein geometrisches Bild über den Verlauf der Funktion zwischen den Grenzpunkten mit den Abszissen a und b.

Beispiele: a) Gegeben sei $y = f(x) = 4x^2 - 8x + 3$; (?) geom. Bild dieser Funktion.

Für	$x =$	0	$\frac{1}{2}$	1	$1\frac{1}{2}$	2	$2\frac{1}{2}$	3	...	$-\frac{1}{2}$	-1	$-1\frac{1}{2}$	-2	$-2\frac{1}{2}$	-3	...
folgt	$y =$	3	0	-1	0	3	8	15	...	8	15	24	35	48	63	...

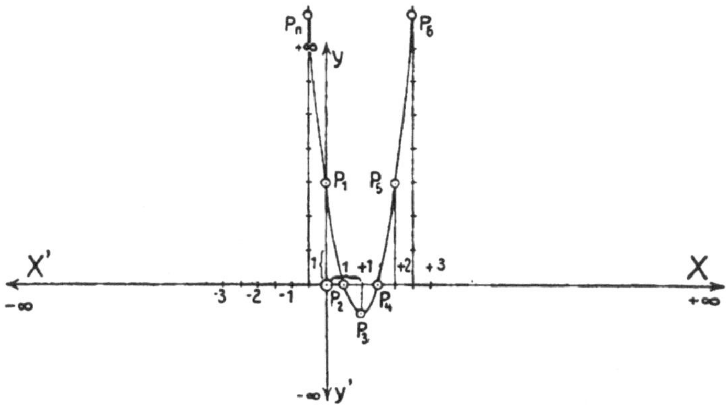

Fig. 2.

Liegt umgekehrt eine Linie als Ergebnis von Versuchen oder Beobachtungen bereits vor, so kann immer ein Funktionsverhältnis zwischen x und y aufgestellt werden.

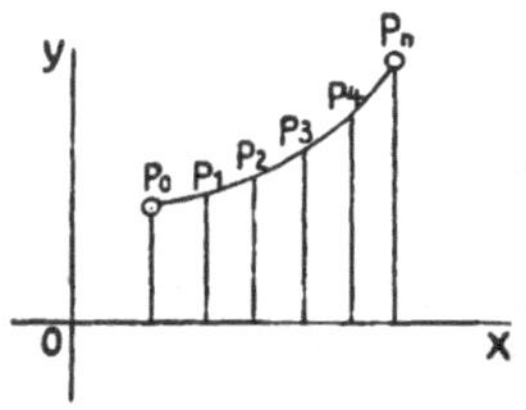

Fig. 3.

Ist z. B. das Kurvenstück $P_0 P_n$ gegeben, so nimmt man auf demselben in annähernd gleichen Abständen eine möglichst große Zahl von Punkten an (hier P_1, P_2, P_3, P_4) und bestimmt deren Koordinaten $x_1 y_1$, $x_2 y_2$, $x_3 y_3$, $x_4 y_4$ durch Messung. Die funktionale Beziehung sei nun von der Form:

$$y = ax^3 + bx^2 + cx + d.$$

Die Koeffizienten a, b, c, d ergeben sich aus dem Gleichungssystem:

$$\left.\begin{aligned} y_1 &= ax_1^3 + bx_1^2 + cx_1 + d \\ y_2 &= ax_2^3 + bx_2^2 + cx_2 + d \\ y_3 &= ax_3^3 + bx_3^2 + cx_3 + d \\ y_4 &= ax_4^3 + bx_4^2 + cx_4 + d \end{aligned}\right\}$$

Die analytische Darstellung der Linie wird um so genauer ausfallen, je größer die Zahl der auf ihr gewählten Punkte ist.

b) Die Länge des Weges, den ein aus der Ruhelage frei herabfallender Körper zurücklegt, steht mit der hierzu aufgewendeten Zeit in einem funktionalen Zusammenhange. Bedeutet s (spatium) die Länge der durchfallenen Bahn, t (tempus) die Zeit, während welcher der Körper fällt und g (gravitas) die Beschleunigung durch die Schwerkraft ($= 9{\cdot}808$ Meter $\doteq 10$ Meter pro Sekunde), so ergibt sich erfahrungsgemäß die funktionale Beziehung: $s =$ Fallhöhe $= \frac{1}{2} g \cdot t^2$ oder $y = f(x) = 5x^2$. Für $x = 0, 1, 2, 3, 4, \ldots$ Sekunden folgt $y = 0, 5, 20, 45,$ bzw. $80, \ldots$ Meter. Durch Auftragung dieser Wertepaare in einem rechtwinkligen Koordinatensystem erhält man wieder wie oben das geometrische Bild der Funktion. Nur hat man es hier mit einem besonderen Falle zu tun.

Der ungeheuren Mannigfaltigkeit der Funktionen entspricht in der geometrischen Darstellung auch eine unendliche Mannigfaltigkeit der Linien. Aus dieser unzähligen Schar von Linien heben sich die geometrischen Örter ab. Solche geometrische Örter bilden eine stetige Folge von unendlich vielen Punkten, welche gewissen Bedingungen Genüge leisten. Ein Beispiel dieser Art wäre der geometrische Ort aller Punkte, welche Mittelpunkte von Kreisen sind, die durch einen festen Punkt F gehen und eine gegebene Gerade G berühren.

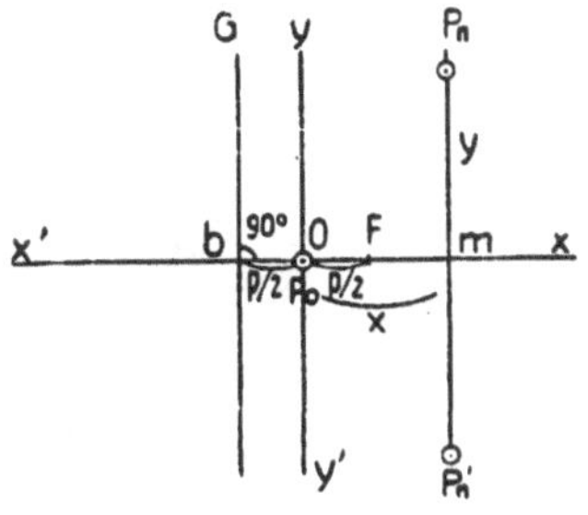

Fig. 4.

Diesen Bedingungen entsprechen z.B. die Punkte P_0, P_n und P_n', denn es ist $bP_0 = P_0F$ und $bm = FP_n = FP_n'$. Für jeden Punkt dieses geometrischen Ortes gilt also die Bedingungsgleichung (aus Dreieck FP_nm):

$$\overline{FP_n}^2 = \overline{Fm}^2 + \overline{P_nm}^2$$

oder

$$\overline{bm}^2 = (\overline{P_0m} - \overline{P_0F})^2 + \overline{P_nm}^2$$

oder

$$\left(x + \frac{p}{2}\right)^2 = \left(x - \frac{p}{2}\right)^2 + y^2 \text{ d. h. } y^2 = 2px.$$

Hierdurch ist der geometrische Ort, welcher im gegebenen Falle eine Parabel ist, analytisch bestimmt. Die graphische Darstellung des Fallgesetzes ($y = 5x^2$ oder $x^2 = 2 \cdot \frac{1}{10} y$) ist somit eine Parabel, deren Achse die Y-Achse ist.

Ein geometrischer Ort der einfachsten Art ist das Bild der Funktion $y = ax + b$, die gerade Linie.

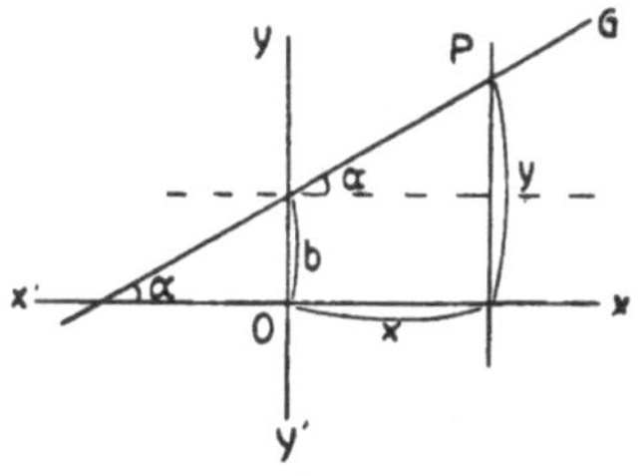

Fig. 5.

Es ist $\operatorname{tg} \alpha = \frac{y-b}{x}$; wird $\operatorname{tg} \alpha = a$ gesetzt, so folgt $y = ax + b$.

Es läßt sich also jede Funktion einer Veränderlichen in einer Ebene darstellen. Die algebraische Funktion des ersten Grades: $y = ax + b$ ist eine gerade Linie, weshalb sie auch **lineare Funktion** genannt wird. Alle anderen Funktionen erzeugen im allgemeinen krumme Linien.

c) Funktionen zweier unabhängig Veränderlichen: $z = f(x, y)$ enthalten drei Veränderliche. Zu ihrer Darstellung genügt deshalb nicht mehr die Ebene mit nur zwei Dimensionen, ihre Konstruktion muß vielmehr im Raume erfolgen. Waren es früher zwei aufeinander senkrecht stehenden Koordinatenachsen, so hat man jetzt drei aufeinander senkrecht stehende Koordinatenebenen zur Fixierung der einzelnen Funktionswerte im Raume. Läßt man x und y die verschiedensten Werte annehmen, so erhält man eine Folge von Punkten (P) im Raume, welche eine gewisse Fläche bilden, deren Gestalt von der Form der Funktion $z = f(x, y)$ abhängig ist.

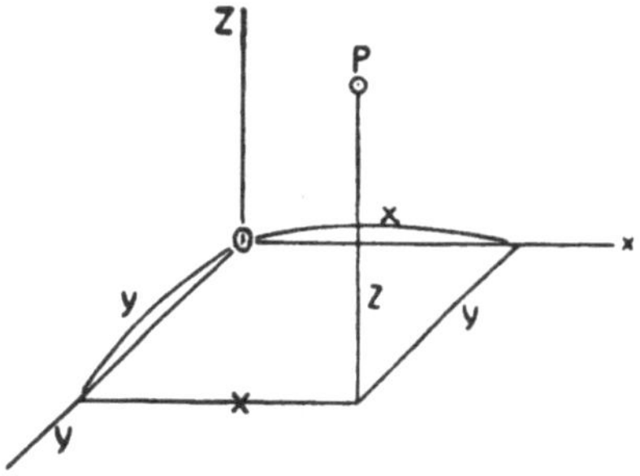

Fig. 6.

Als Beispiel mag die Zeunersche Darstellung von Lebendengesamtheiten in einem Raumkoordinatensystem angeführt werden. Die Zahl der vorhandenen lebenden Personen ist die Funktion zweier Veränderlichen, sie ist einerseits abhängig von der Geburtszeit und andrerseits vom Alter der Personen: $z = f(x, t)$.

Auf der X-Achse werden die verschiedenen Alter, auf der t-Achse die Geburtenzeitpunkte aufgetragen. Die Funktion dieser beiden Veränderlichen erscheint dann als Endpunkt einer Senkrechten auf der Ebene tox. Durch P_0 ist also die Zahl der im Zeitpunkte t_1 geborenen Personen versinnbildet: $z_0 = f(0, t_1)$, die Geburtenfrequenz, durch P_1 die von diesen im Alter von x_1 Jahren noch vorhandenen Personen: $z_1 = f(x_1, t_1)$. Verfolgt man diesen Vorgang weiter, dann kommt man endlich zu einem Zeitpunkte P_w, in welchem von den ursprünglichen, im Zeitpunkt t_1 Geborenen keine einzige Person mehr vorhanden ist. Die Linie $P_0 P_w$ ist somit das geometrische Bild einer korrekten Absterbeordnung. Denkt man sich nun für

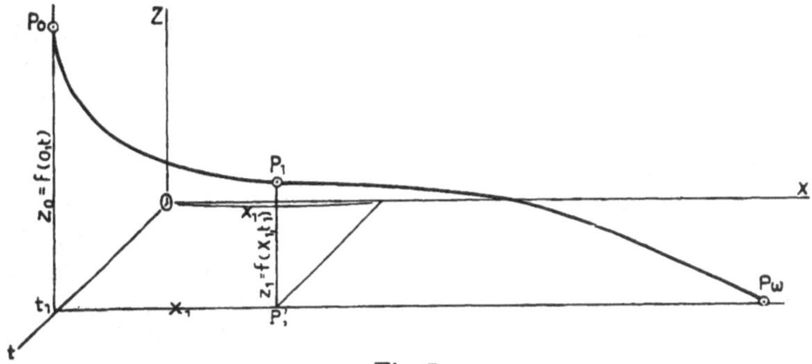

Fig. 7.

unendlich viele, unendliche nahe aneinander liegende Geburtenzeitpunkte solche Absterbelinien gezeichnet, so bilden diese in ihrer Gesamtheit eine Fläche, welche ZEUNER die Lebensfläche genannt hat. Sie enthält alle Personen, die zu irgend einer Zeit geboren sind und in irgend einem Alter leben. —

Funktionen von mehr als zwei Veränderlichen sind nicht mehr geometrisch darstellbar, nachdem der Raum nur drei Dimensionen hat.

IV. Der Differentialquotient.

Die allgemeinste, jeder Funktion zukommende Eigenschaft besteht darin, daß sie ihren Wert ändert, sofern die unabhängig Veränderliche eine Wertänderung erfährt. Es ist ferner klar, daß die verschiedenen Funktionen bei einer und derselben Zunahme der unabhängig Veränderlichen sich in einem verschiedenen Maße ändern müssen. Liegen z. B. die Funktionen $y_1 = x + 3$, $y_2 = 3x$ und $y_3 = x^3$ vor und erleidet die unabhängig Veränderliche x, für welche der besondere Wert 5 z. B. angenommen werden soll, einen Zuwachs um die Einheit, so steigt die Funktion y_1 von 8 auf 9, also um die Einheit selbst, die Funktion y_2 von 15 auf 18, somit um drei Einheiten und die Funktion y_3 von 125 auf 216, daher um 91 Einheiten. Die Geschwindigkeit des Wachstums der Funktionen ist also für die verschiedenen Funktionen eine verschiedene. Aber auch eine und dieselbe Funktion ändert sich bei gleicher Zunahme der unabhängig Veränderlichen im allgemeinen ungleich rasch, je nach dem besonderen Werte der unabhängig Veränderlichen, von welchem aus die Zunahme erfolgt. Geht man in der Funktion $y = x^3$ einmal vom Werte $x = 1$ und ein zweites Mal vom Werte $x = 100$ aus und beträgt in beiden Fällen der Zuwachs der unabhängig Veränderlichen die Einheit, so steigt in dem einen Falle der Funktionswert von 1 auf 8, in dem anderen von 1,000.000 auf 1,030.301. In dem ersten Falle wächst der Funktionswert um 7 Einheiten, in dem zweiten Falle hingegen um 30.301 Einheiten. Aus dem Begriffe der Stetigkeit einer Funktion folgt ferner, daß jeder unendlich kleinen Änderung der unabhängig Veränderlichen eine gleichfalls unendlich kleine Zu- oder Abnahme der Funktion entspricht. Es hat sich ferner ergeben, daß die Funktionen im allgemeinen stetig sind und nur bei gewissen Funktionen für besondere Werte der unabhängig Veränderlichen eine Unterbrechung der Stetigkeit eintritt.

Diese ganze Betrachtung drängt unmittelbar zu dem Problem: *Wie kann die Geschwindigkeit des Wachstums der Funktionen mathematisch erfaßt werden, was ist der analytische Ausdruck für diesen neuen Begriff?*

Gegeben sei die Funktion $y = f(x)$. Die unabhängig veränderliche Größe x sei ein beliebiger, aber ganz bestimmter Wert. Geht man von diesem Werte aus und läßt x um eine willkürlich gewählte Größe, deren symbolische Bezeichnung Δx sei, zunehmen, so wird sich auch die Funktion y um eine gewisse Größe Δy ändern. Der Änderung der unabhängig Veränderlichen um Δx entspricht also eine Änderung des Funktionswertes um Δy:

$$y + \Delta y = f(x + \Delta x),$$

da nun $\quad -y = -f(x)\quad$ ist, so ergibt sich als

Funktionsänderung $\quad \Delta y = f(x + \Delta x) - f(x).$

Das natürliche Maß für die Geschwindigkeit des Wachstums der Funktion wäre nun das Verhältnis der Funktionsänderung zur Änderung der unabhängig Veränderlichen: $\frac{\Delta y}{\Delta x}$; denn die Funktion ändert sich um so rascher, je größer Δy im Verhältnisse zu Δx ist. Aus der obigen Gleichung folgt daher:

$$\frac{\Delta y}{\Delta x} = \frac{f(x + \Delta x) - f(x)}{\Delta x}.$$

Beispiel: Es sei $y = f(x) = x^3$. Nun ist nach den obigen Ausführungen:

$$y + \Delta y = (x + \Delta x)^3$$

oder
$$y + \Delta y = x^3 + 3x^2 \cdot (\Delta x) + 3x \cdot (\Delta x)^2 + (\Delta x)^3$$
$$-y = -x^3$$

$$\Delta y = 3x^2 \cdot (\Delta x) + 3x \cdot (\Delta x)^2 + (\Delta x)^3$$

daher
$$\frac{\Delta y}{\Delta x} = 3x^2 + 3x \cdot (\Delta x) + (\Delta x)^2.$$

Dieses Geschwindigkeitsmaß der Funktion ist somit wieder eine Funktion der unabhängig Veränderlichen x. Dieses Maß hängt aber auch weiter noch, wie leicht ersichtlich ist, von der willkürlich gewählten Größe Δx ab. Diese willkürliche Annahme von Δx hat zur Folge, daß auch das Verhältnis $\frac{\Delta y}{\Delta x}$ unbestimmt ist. Die Geschwindigkeit des Wachstums der Funktion bei einem bestimmten Werte von x ist aber eine ganz bestimmte Größe, weshalb das unbestimmte Verhältnis $\frac{\Delta y}{\Delta x}$ als Maß der ganz bestimmten Geschwindigkeitsgröße unbrauchbar ist. Diese Unbestimmtheit verschwindet jedoch, wenn man Δx unendlich klein werden läßt, worauf infolge der Stetigkeit der Funktion y auch Δy unendlich abnehmen muß. Es ist aber wohl zu beachten: Während die unendlich abnehmende endliche Größe Δx und infolge der Stetigkeit der Funktion auch das unendlich abnehmende Δy der Grenze Null zustreben, nähert sich das Verhältnis dieser beiden unendlich abnehmenden Größen, nämlich $\frac{\Delta y}{\Delta x}$ einer bestimmten endlichen Grenze. Würden demnach die beiden endlichen Größen Δy und Δx, jede für sich, bei unendlicher Abnahme die Grenze Null erreichen, dann würde auch das Verhältnis $\frac{\Delta y}{\Delta x}$ mit seinem festen Grenzwerte zusammenfallen. Für die obige Funktion $y = x^3$ ist

$$\frac{\Delta y}{\Delta x} = 3x^2 + 3x \cdot (\Delta x) + (\Delta x)^2.$$

Wenn daher Δx und mit ihm Δy unendlich abnimmt, dann strebt $\frac{\Delta y}{\Delta x}$ immer mehr und mehr dem Ausdrucke $3x^2$ zu, oder analytisch ausgedrückt: $\lim \Delta x$ und $\lim \Delta y = 0$, $\lim \frac{\Delta y}{\Delta x} = 3x^2$; d. h. wenn die unabhängig Veränderliche x durch die besonderen Werte 2, 3, 4, 5, ... hindurchgeht, nimmt die Funktion an diesen Stellen

$3x^2 = 12, 27, 48, 75 \ldots$ mal schneller zu als x oder allgemein: $\lim \frac{\Delta y}{\Delta x}$ ist das Verhältnis, welches angibt, wie viel mal y zunimmt im Vergleiche zu dem Verhältnisse, in welchem man x wachsen läßt. Der Grenzwert des Verhältnisses $\frac{\Delta y}{\Delta x}$, welcher, weil aus der ursprünglichen Funktion $y = f(x)$ abgeleitet, auch abgeleitete Funktion genannt wird, ist also das genaue Maß der Geschwindigkeit, mit welcher sich die Funktion ändert, wenn sich die unabhängig Veränderliche von einem bestimmt angenommenen Werte aus ändert.

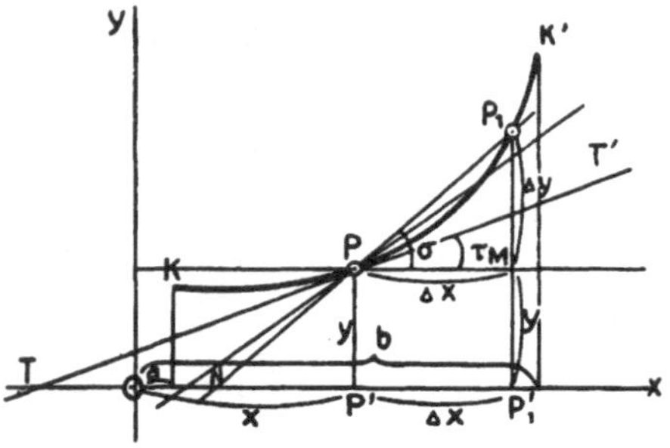

Fig. 8.

Geometrische Betrachtung. Das geometrische Bild der von $x = a$ bis $x = b$ stetigen Funktion $y = f(x)$ sei die Kurve KK'. Ein Punkt P dieser Kurve habe die Koordinaten x und y. Vergrößert man die Abszisse OP' dieses Punktes um das Stück Δx, so wächst die dazu gehörige Ordinate um das Stück Δy. Die Koordinaten des Punktes P_1 sind demnach: $x_1 = x + \Delta x$ und $y_1 = y + \Delta y$. Daraus folgt: $\Delta x = x_1 - x$ und $\Delta y = y_1 - y$. Aus dem Dreieck PP_1M ergibt sich ferner:

$$\frac{\Delta y}{\Delta x} = \frac{y_1 - y}{x_1 - x} = \frac{f(x + \Delta x) - f(x)}{\Delta x} = \operatorname{tg} \sigma .$$

Dieser Differenzenquotient bedeutet nichts anderes als die „Neigung" der Sekante PP_1 zur X-Achse, er ist das Maß, in welchem ein von N auf PP_1 gegen P_1 sich bewegender Punkt im Verhältnis zu seinem horizontalen Vorschreiten ansteigt (man sagt auch: die Steigung des Weges sei $\frac{1}{100}$, d. h. auf 100 m in der Horizontalen steigt der Weg um 1 m 100 m 1 m). Nun nehme man an, der Punkt P_1 bewege sich auf der Kurve KK' gegen den Punkt P. Die Differenzen $x_1 - x = \Delta x$ und $y_1 - y = \Delta y$ werden immer kleiner und kleiner. Wenn sich der Punkt P_1 dem Punkte P unendlich nähert, werden auch die Inkremente Δx und Δy unendlich klein, die Sekante PP_1 gelangt schließlich in die Grenzlage TT', d. i. die Tangente an die Kurve KK' im Punkte P. Durch diesen Übergang zur Grenze wird aus der obigen Gleichung aber die folgende:

$$\lim \frac{\Delta y}{\Delta x} = \lim \frac{f(x + \Delta x) - f(x)}{\Delta x} = \operatorname{tg} \tau.$$

Der Grenzwert des Verhältnisses $\frac{\Delta y}{\Delta x}$ erscheint demnach in dieser geometrischen Betrachtung als die trigonometrische Tangente des Winkels, welchen die geometrische Tangente an dem durch die Abszisse x bestimmten Punkte der Kurve $y = f(x)$ mit der X-Achse einschließt. Durch diesen Winkel τ wird aber die Steigung der Kurve im Punkte P bestimmt und diese ist identisch mit dem Grade der Schnelligkeit des Wachstums der Funktion an dieser Stelle.

Beispiel aus der Mechanik. Erfahrungsgemäß ist die Länge des Weges s, den ein frei aus der Ruhelage im luftleeren Raume herabfallender Körper in der Zeit t zurücklegt: $s = \frac{1}{2} g \cdot t^2$, wobei g eine konstante Größe, nämlich die Beschleunigung durch die Schwerkraft oder den Geschwindigkeitszuwachs in der Zeiteinheit bedeutet. Diese Beschleunigung durch die Schwerkraft beträgt näherungsweise 10 m in der Sekunde. Es soll nun die Geschwindigkeit des Wachstums der Funktion $s = \frac{1}{2} g \cdot t^2$ untersucht werden. Erleidet die unabhängig veränderliche Größe t den Zuwachs Δt, so wird auch die Funktion s einen Zuwachs Δs erfahren. Daher ist

$$s + \Delta s = \frac{g}{2}(t + \Delta t)^2 = \frac{g}{2}[t^2 + 2t \cdot (\Delta t) + (\Delta t)^2]$$

oder $$s + \Delta s = \frac{g}{2} \cdot t^2 + g\,t \cdot (\Delta t) + \frac{g}{2} \cdot (\Delta t)^2,$$

nun ist wieder $$-s = -\frac{g}{2} \cdot t^2,$$ somit beträgt der

Funktionszuwachs $$\Delta s = g\,t \cdot (\Delta t) + \frac{g}{2}(\Delta t)^2$$

und das Verhältnis des Funktionszuwachses zum Zuwachse der unabhängig Veränderlichen:

$$\frac{\Delta s}{\Delta t} = g \cdot t + \frac{g}{2} \cdot (\Delta t).$$

Nun versteht man aber unter der durchschnittlichen Geschwindigkeit eines sich bewegenden Körpers das Verhältnis der von demselben zurückgelegten Wegstrecke zu der hierzu aufgewendeten Zeit. Das Verhältnis $\frac{\Delta s}{\Delta t}$ ist demnach die durchschnittliche Geschwindigkeit des Körpers während des Zeitintervalles von t bis Δt. Ist z. B. $t = 3$ Sekunden und $\Delta t = \frac{1}{2}$ Sekunde, so ist die durchschnittliche Geschwindigkeit des Körpers während dieser halben Sekunde nach Ablauf der $t = 3$ Sekunden: $\frac{\Delta s}{\Delta t} = 10 \cdot 3 + 5 \cdot \frac{1}{2} = 32{,}5$ m in der

Sekunde, d. h. würde die Einwirkung der Schwerkraft und jede andere Einwirkung auf den Körper entfallen, so würde sich derselbe zufolge des Prinzipes der Trägheit nach Ablauf der $3\frac{1}{2}$ Sekunden gleichförmig mit einer Geschwindigkeit von 32,5 m in der Sekunde weiterbewegen. Nimmt Δt nach Ablauf von $t = 3$ Sekunden der Reihe nach die Werte $\frac{1}{10}, \frac{1}{10^2}, \frac{1}{10^3}, \frac{1}{10^4}, \frac{1}{10^5}, \frac{1}{10^6} \ldots$ an, so hat das Verhältnis $\frac{\Delta s}{\Delta t}$ beziehungsweise die Werte 30,5, 30,05, 30,005, 30,0005, 30,00005, 30,000005 ..., d. h. in einem $\frac{1}{1000}$ einer Sekunde nach dem Zeitpunkte $t = 3$ Sekunden hat der Körper die durchschnittliche Geschwindigkeit von 30,005 m in der Sekunde. Mit unendlich abnehmendem Δt muß auch Δs der Null als Grenze zustreben, da ein Körper in der Zeit Null keine Strecke durchlaufen kann. Der Grenzwert des Verhältnisses $\frac{\Delta s}{\Delta t} = gt + \frac{g}{2}\cdot(\Delta t)$ ist also: $\lim \frac{\Delta s}{\Delta t} = g \cdot t$, d. h. die Geschwindigkeit des Körpers in einem bestimmten Punkte der Bahn bedeutet nichts anderes als das Grenzverhältnis der unmittelbar vor oder nach Erreichung dieses Punktes der Bahn durchlaufenen Strecke zu der hierzu aufgewendeten Zeit, wenn Strecke und Zeit in unendlicher Abnahme zum Grenzwerte Null konvergieren.

Zusammenfassung. Die Änderungen Δx und Δy erscheinen als die Unterschiede zweier aufeinander folgender Werte von x bzw. y und werden deshalb Differenzen genannt. Das Verhältnis beider heißt Differenzenquotient $\left(\frac{\Delta y}{\Delta x}\right)$. Streben diese Differenzen bei unendlicher Abnahme der Null als Grenze zu, so nennt man sie Differentiale und verwendet zu ihrer Unterscheidung von den Differenzen statt der Charakteristik Δ das Symbol d ($\lim \Delta x = dx$ und $\lim \Delta y = dy$). Das Grenzverhältnis $\lim \frac{\Delta y}{\Delta x}$, als das genaue Maß der Geschwindigkeit, mit welcher eine Funktion sich ändert, wenn die unabhängig Veränderliche von einem bestimmten, festen Werte aus geändert wird, bezeichnet man als den Differentialquotienten und hat für denselben folgende mathematische Symbole:

$$\lim \frac{\Delta y}{\Delta x} = \lim \frac{f(x + \Delta x) - f(x)}{\Delta x} = \frac{dy}{dx} = \frac{d[f(x)]}{dx} = f'(x).$$

Das Symbol Δx bedeutet eine willkürlich gewählte, endliche Größe. Deshalb ist auch $\frac{\Delta y}{\Delta x}$ eine endliche Größe und, wie die obigen Ausführungen gezeigt haben, verschieden von $\frac{dy}{dx}$. Bezeichnet man den

Unterschied beider mit ξ, so ist $\frac{\Delta y}{\Delta x} = \frac{dy}{dx} + \xi$. Hierbei ist ξ eine mit Δx gleichzeitig verschwindende Größe. Aus vorstehender Gleichung folgt weiter:

$$\Delta y = \frac{dy}{dx}(\Delta x) + \xi \cdot (\Delta x) \quad \text{oder} \quad \Delta y = f'(x)(\Delta x) + \xi \cdot (\Delta x).$$

Nehmen nun Δx und mit ihm Δy wie auch ξ unendlich ab, d. h. geht man zur Grenze über, so ergibt sich:

$$dy = \frac{dy}{dx} \cdot dx \quad \text{oder} \quad dy = f'(x) \cdot dx.$$

Das Differential einer Funktion ist also gleich dem Produkte aus dem Differentialquotienten und dem Differential der unabhängig veränderlichen Größe. Deshalb wird auch der Differentialquotient $\frac{dy}{dx} = f'(x)$ Differentialkoeffizient genannt.

Eine Funktion $y = f(x)$ differenzieren heißt nun, das Differential derselben suchen. Die allgemeine Methode der Differentiation wurde bereits bei den vorstehenden Ausführungen vielfach gehandhabt. Der analytische Ausdruck für dieses Verfahren ist nämlich: $\lim \frac{\Delta y}{\Delta x} = \lim \frac{f(x + \Delta x) - f(x)}{\Delta x}$.

Beispiel. Differentiation der Potenz. $y = f(x) = x^n$. Es ist

$$y + \Delta y = (x + \Delta x)^n = x^n + n x^{n-1}(\Delta x) + \frac{n(n-1)}{1 \cdot 2} x^{n-2}(\Delta x)^2 + \\ + \frac{n(n-1)(n-2)}{1 \cdot 2 \cdot 3} x^{n-3}(\Delta x)^3 + \ldots + (\Delta x)^n$$

oder

$$y + \Delta y = x^n + n x^{n-1}(\Delta x) + (\Delta x)^2 \left[\frac{n(n-1)}{1 \cdot 2} x^{n-2} + \right. \\ \left. + \frac{n(n-1)(n-2)}{1 \cdot 2 \cdot 3} x^{n-3}(\Delta x) + \ldots + (\Delta x)^{n-2}\right]$$

$$-y = -x^n$$

$$\Delta y = n x^{n-1}(\Delta x) + (\Delta x)^2 . [\ldots]$$

Daher $$\frac{\Delta y}{\Delta x} = n \cdot x^{n-1} + (\Delta x)[\ldots].$$

Bei dem Übergang zur Grenze reduziert sich der Ausdruck in der eckigen Klammer auf $\frac{n(n-1)}{1 . 2} x^{n-2}$ und (Δx) konvergiert gegen Null. Es ergibt sich daher für das Grenzverhältnis der Ausdruck:

$$\lim \frac{\Delta y}{\Delta x} = \frac{dy}{dx} = f'(x) = n \cdot x^{n-1}.$$

Es ist daher $d(x^n) = n \cdot x^{n-1} \cdot dx$.

Gegenstand der Differentialrechnung ist es, die Lehrsätze zu entwickeln, nach welchen der Differentialquotient $\frac{dy}{dx}$ bzw. das Differentiale dy jeder wie immer gearteten Funktion gefunden wird. Statt bei jeder vorliegenden Funktion den langwierigen und mühseligen Weg der allgemeinen Methode einzuschlagen, arbeitet man mit den einmal gefundenen Lehrsätzen, welche, Maschinen vergleichbar, ein für allemal diese mechanische Vorarbeit leisten. Eine Zusammenstellung der wichtigsten Lehrsätze findet sich im Anhange zu diesem Abschnitt (Formeln 1—10). Hier handelt es sich einzig und allein darum, die Denkformen der höheren Mathematik und die Möglichkeit der Anwendung derselben auf andere Wissenszweige mit möglichster Schärfe herauszuarbeiten.

Die bisherige Untersuchung der Änderungsgeschwindigkeit einer Funktion von einem Werte der unabhängig Veränderlichen aus hat zu den Begriffen der Geschwindigkeit in der Mechanik und der Tangentialneigung in der Geometrie geführt. Es wird in einem späteren Abschnitte der Frage näherzutreten sein, ob dieses Geschwindigkeitsmaß der Funktion auch für die mannigfaltigen funktionalen Beziehungen des Lebens brauchbar ist.

V. Wiederholte Differentiation oder Differentialquotienten höherer Ordnung. — Maxima und Minima.

1. Der Differentialquotient einer Funktion $y = f(x)$ ist wieder eine Funktion derselben unabhängig Veränderlichen x. Man kann somit diese neue Funktion nach denselben Lehrsätzen differenzieren wie die ursprüngliche Funktion $y = f(x)$ und gelangt auf diese Weise zu Differentialquotienten oder Ableitungen 2., 3., . . . n. Ordnung oder zum 2., 3., . . . n. Differentialquotienten oder zur 2., 3., . . . n. Ableitung der ursprünglichen Funktion. Das folgende Beispiel zeigt zugleich die symbolischen Bezeichnungen für Differentialquotienten höherer Ordnung.

$$y = f(x) = 3x^5 + 5x^4 - 8x^3 + 10x^2 - x + 7\,.$$

1. D.-Q. oder 1. Ableitung: $\frac{dy}{dx} = f'(x) = 15x^4 + 20x^3 - 24x^2 + 20x -$

2. „ „ 2. „ : $\frac{d\left(\frac{dy}{dx}\right)}{dx} = \frac{d^2y}{dx^2} = f''(x) = 60x^3 + 60x^2 - 48x +$

3. „ „ 3. „ : $\frac{d\left(\frac{d^2y}{dx^2}\right)}{dx} = \frac{d^3y}{dx^3} = f'''(x) = 180x^2 + 120x - 48$

4.D.-Q. oder 4.Ableitung: $\dfrac{d\left(\dfrac{d^3 y}{d x^3}\right)}{d x} = \dfrac{d^4 y}{d x^4} = f^{IV}(x) = 360x + 120$

5. „ „ 5. „ : $\dfrac{d\left(\dfrac{d^4 y}{d x^4}\right)}{d x} = \dfrac{d^5 y}{d x^5} = f^{V}(x) = 360$

6. „ „ 6. „ : $\dfrac{d\left(\dfrac{d^5 y}{d x^5}\right)}{d x} = \dfrac{d^6 y}{d x^6} = f^{VI}(x) = 0$. —

Zwischen dem Weg, den ein frei aus der Ruhelage im luftleeren Raume herabfallender Körper zurücklegt und der hierzu aufgewendeten Zeit besteht die bekannte funktionale Beziehung: $s = \frac{1}{2} g . t^2 = \frac{1}{2} . 10 . t^2$. Nun ist $\frac{ds}{dt} = g t$ und gleich der Geschwindigkeit des Körpers unmittelbar vor oder nach der t^{ten} Sekunde. Die zweite Ableitung von $s = \frac{1}{2} g t^2$ ergibt nun: $\frac{d^2 s}{d t^2} = g$; d. h. ein Körper, der z. B. drei Sekunden gefallen ist, besitzt unmittelbar vor oder nach drei Sekunden vom Beginne der Bewegung $3g = 30$, am Ende der siebenten Sekunde aber $7g = 70$ Geschwindigkeitseinheiten. Die Geschwindigkeitszunahme beträgt somit innerhalb der vier Sekunden $7g - 3g = 4g = 40$ Einheiten, in einer Sekunde daher $g = 10$ Einheiten. Es bedeutet also g, die zweite Ableitung von $s = \frac{1}{2} g . t^2$ den Geschwindigkeitszuwachs in der Zeiteinheit, d. i. die Beschleunigung, welche die Schwerkraft dem frei herabfallenden Körper kontinuierlich erteilt. Während also der erste Differentialquotient in diesem Falle die Geschwindigkeit bedeutet, stellt der zweite Differentialquotient die Beschleunigung dar. —

Es hat sich gezeigt, daß der erste Differentialquotient die trigonometrische Tangente des Winkels ist, welchen die geometrische Tangente in dem durch die Abszisse $= x$ bestimmten Punkte der Kurve $y = f(x)$ mit der positiven Richtung der X-Achse einschließt, oder mit anderen Worten: die erste Ableitung $f'(x)$, welche wieder eine Funktion der unabhängig Veränderlichen x sein muß, ist die Tangentialneigung in einem bestimmten Punkte der Kurve. Offenbar stellt nun der zweite Differentialquotient das Maß dar, in welchem sich die Neigung der Tangente zur X-Achse von dem bestimmten Punkte aus mit zunehmendem x ändert. Die zweite Ableitung ist also das Maß der Neigungsänderung und gibt Aufschluß über die „Krümmung" der Kurve.

2. Maxima und Minima.

Die der Kurve KK' entsprechende Funktion sei: $y = f(x)$. Die Abszissen der Kurvenpunkte seien: für P: a (ein besonderer Wert der unabhängig Veränderlichen x), P_1: $a - h$ und P_2: $a + h$, für $Q = b$, $Q_1 = b - h$ und $Q_2 = b + h$. In dem Maße, als die veränderliche Größe h gegen Null konvergiert, werden die beiden Nachbarpunkte P_1 und P_2 bzw. Q_1 und Q_2 auf der Kurve KK' gegen P bzw. Q näher rücken und in der Grenze schließlich ununterscheidbare Nachbarpunkte bilden. Vorausgesetzt wird nun, daß die Ordinaten der unendlich vielen Nachbarpunkte von P sämtlich kleiner seien als die Ordinate α des Punktes P und die Ordinaten der unendlich vielen Nachbarpunkte von Q sämtlich größer seien als die Ordinate β des

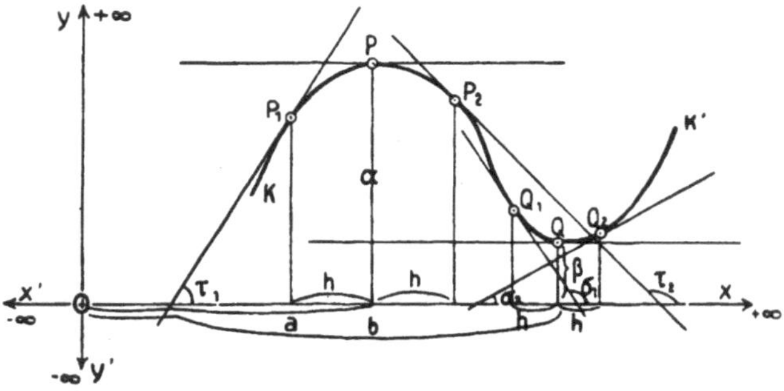

Fig. 9.

Punktes Q. Die Kurve KK' hat demnach in P ihren höchsten und in Q ihren tiefsten Punkt, oder mit anderen Worten: die stetige Funktion $y = f(x)$ besitzt in α in bezug auf die Nachbarwerte einen größten und in β in bezug auf diese Nachbarwerte einen kleinsten Wert. (Es sei jedoch ausdrücklich bemerkt, daß sich auch mehrere größte und mehrere kleinste Werte ergeben können.) Bewegt sich der Punkt P_1 auf der Kurve KK' über P gegen den Punkt P_2, so werden die spitzen Winkel τ, welche die Tangenten in den einzelnen Punkten zwischen P_1 und P mit der positiven Richtung der X-Achse einschließen, immer kleiner und kleiner. Da die Tangente im Punkte P parallel zur X-Achse ist, wird der Winkel $\tau = 0$ und demnach auch die trigonometrische Tangente Null. Die geometrischen Tangenten an die Kurve zwischen den Punkten P und P_2 schließen mit der positiven Richtung der X-Achse stumpfe Winkel ein, die trigonometrischen Tangenten derselben haben demnach durchgehend negative

Werte. Bei der Bewegung des Punktes Q_1 auf der Kurve über Q gegen Q_2 sind die Werte der trigonometrischen Tangenten des Winkels σ, umgekehrt wie früher, vor Q negativ und nach Q positiv. Die Tangentialneigung ist also gleich Null, wenn die Kurve sowohl ihren höchsten wie auch tiefsten Punkt erreicht, d. h. der Wert einer Funktion ist entweder ein Maximum oder Minimum, wenn die erste Ableitung derselben Null ist. Das ergibt sich übrigens auch ohne weiteres aus der Begriffsbestimmung des ersten Differentialquotienten, da $f'(x)$ das Maß der Zunahme von $f(x)$ darstellt und in einem Maximum oder Minimum die Zunahme gleich Null ist. Ob man es nun mit einem Maximum oder Minimum zu tun hat, darüber entscheidet das Maß der Neigungsänderung, d. h. der zweite Differentialquotient. Beim Maximum ist der Verlauf dieser Neigungsänderung von positiven Werten durch Null zu negativen Werten der trigonometrischen Tangente, beim Minimum umgekehrt, von negativen Werten durch Null zu positiven Werten. Wird demnach die zweite Ableitung negativ, dann ist die Funktion für den betreffenden Wert ein Maximum, wird sie positiv, dann ist die Funktion für denselben Wert ein Minimum. Die Neigung nimmt vom Maximum beständig ab, vom Minimum hingegen zu.

Es ist jedoch noch ein weiterer, allerdings selten vorkommender Fall denkbar, nämlich der, in welchem nicht allein die erste, sondern auch die zweite Ableitung für einen bestimmten Wert der unabhängig Veränderlichen gleich Null wird, d. h. mit anderen Worten: Sowohl die Tangentialneigung wie die Neigungsänderung sind in diesem bestimmten Punkte gleich Null.

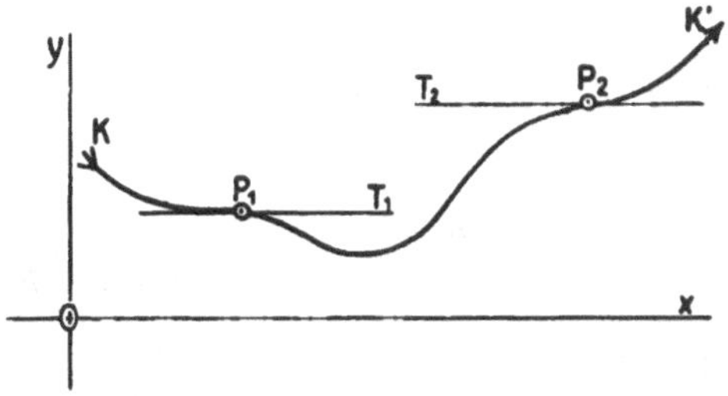

Fig. 10.

In den Punkten P_1 und P_2 hat die Kurve $K\,K'$ weder ein Maximum noch ein Minimum, obwohl die Tangenten T_1 und T_2 parallel zur X-Achse sind. In der unendlich nahen Umgebung dieser Punkte verschwindet aber auch jede Neigungsänderung. Die Punkte P_1 und P_2 heißen horizontale Wendepunkte der Kurve. Ob solche vorhanden sind, ergibt sich offenbar, da die erste wie die zweite Ableitung gleich Null werden, aus der dritten Ableitung. Für den Punkt P_1 ist die dritte Ableitung negativ, für P_2 positiv. Die Kurve fällt beständig sowohl vor wie nach P_1, sie steigt beständig sowohl vor wie nach P_2, oder in dem ersten Falle nehmen die Funktionswerte beständig ab, im zweiten hingegen beständig zu.

VI. Die Entwicklung der Funktionen in Reihen. Der Taylorsche und Maclaurinsche Lehrsatz.

Bekanntlich können schon mit den Hilfsmitteln der niederen Mathematik gewisse Funktionen in Reihen entwickelt werden, z. B. $\frac{1}{1+x} = 1:(1+x) = 1 - x + x^2 - x^3 + \ldots$ (für Werte von x zwischen $+1$ und -1).

Es sei nun die gegebene Funktion $y = f(x)$ von $x = x_0$ bis $x = x_0 + h$ stetig, wobei h eine willkürliche, aber festgewählte endliche Größe bedeuten soll. Vorausgesetzt wird, daß die Funktion $f(x_0 + h)$ in folgende konvergente Reihe entwickelbar sei:

$$f(x_0 + h) = A + Bh + Ch^2 + Dh^3 + Eh^4 + \ldots$$

$A, B, C, D \ldots$ sind die unbestimmten, erst zu suchenden Koeffizienten.

Nun ist

$$\frac{d\,f(x_0 + h)}{dh} = B + 2Ch + 3Dh^2 + 4Eh^3 + \ldots$$

$$\frac{d^2 f(x_0 + h)}{dh^2} = 2C + 6Dh + 12Eh^2 + \ldots$$

$$\frac{d^3 f(x_0 + h)}{dh^3} = 6D + 24Eh + \ldots$$

$$\frac{d^4 f(x_0 + h)}{dh^4} = 24E + \ldots$$

Für $h = 0$ gesetzt folgt:

$$f(x_0) = A, \quad f'(x_0) = 1.B, \quad f''(x_0) = 1.2.C,$$
$$f'''(x_0) = 1.2.3.D; \quad f^{IV}(x_0) = 1.2.3.4.E \text{ usw.}$$

Hieraus ergeben sich die Werte für die unbestimmten Koeffizienten:

$$A = f(x_0), \quad B = \frac{f'(x_0)}{1!}, \quad C = \frac{f''(x_0)}{2!}, \quad D = \frac{f'''(x_0)}{3!}, \quad E = \frac{f^{IV}(x_0)}{4!} \text{ usw.}$$

Diese Werte in die obige Gleichung eingesetzt, folgt:

$$f(x_0 + h) = f(x_0) + \frac{f'(x_0)}{1!} \cdot h + \frac{f''(x_0)}{2!} \cdot h^2 + \frac{f'''(x_0)}{3!} \cdot h^3 + \frac{f^{IV}(x_0)}{4!} \cdot h^4 + \ldots$$

(Taylorscher Lehrsatz).

Auf der rechten Gleichungsseite hat man sich im allgemeinen unendlich viele Glieder zu denken, deren Koeffizienten $f(x_0)$, $f'(x_0)$, $f''(x_0)$ usw. bis $f^{\infty}(x_0)$ sind. Ihre Werte hängen nur von x_0 ab.

Man hat also im TAYLORschen Lehrsatze einen Ausdruck für die Funktion in der ganzen Ausdehnung von einem beliebigen Werte x_0 bis zu einem anderen beliebigen Werte $x_0 + h$, und zwar lediglich durch solche Werte dieser Funktion und der unendlichen Reihenfolge ihrer Differentialquotienten, welche zu dem Werte $x = x_0$ gehören. Mittels der TAYLORschen Reihe kann man den Wert der Funktion $f(x)$ an der Stelle $(x_0 + h)$ mit beliebiger Annäherung berechnen, sobald der Wert der Funktion und beliebig viele Ableitungen an der Stelle x_0 bekannt sind. Damit ist aber im allgemeinen der ganze Verlauf der Funktion gegeben. Voraussetzung ist jedoch, daß die Funktion und ihre Differentialquotienten in dem Intervall $x = x_0$ bis $x = x_0 + h$ stetig sind und daß die unendliche Reihe der rechten Gleichungsseite konvergiert. Im Falle der Divergenz wäre die Reihe unbrauchbar. Denn diese unendliche Reihe kann nur dann dem bestimmten und endlichen Werte $f(x_0 + h)$ gleich sein, wenn die Werte, die man erhält, indem man allmählich eine immer größere und größere Anzahl von Gliedern der Reihe zusammenfaßt, sich immer mehr einer gewissen endlichen Grenze nähern.

$$P_h P_h' = P_h' \delta + \delta \delta' + \delta' \delta'' + \delta'' \delta''' + \dots$$
$$= P_0 P_0' + \delta \delta' + \delta' \delta'' + \delta'' \delta''' + \dots$$

oder

$$f(x_0 + h) = f(x_0) + \delta \delta' + \delta' \delta'' + \delta'' \delta''' + \dots$$

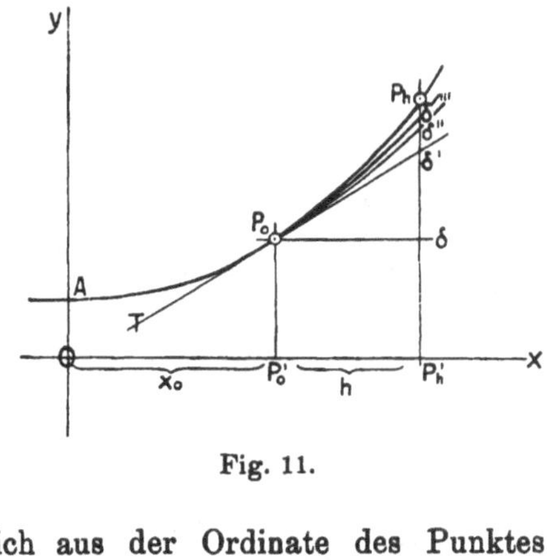

Fig. 11.

Die Ordinate im Punkte P_h kann also aus den im Punkte P_0 über die Kurve bekannten Verhältnissen ermittelt werden, nämlich aus der Ordinate des Punktes P_0 $[P_0 P_0' = P_h' \delta = f(x_0)]$, aus dem Maß, in dem diese Ordinate ansteigt [d. i. die Tangentialneigung der Kurve im Punkte P_0:

$$\frac{\delta \delta'}{P_0 \delta} = \frac{\delta \delta'}{h} = f'(x_0);$$

daher $\delta \delta' = f'(x_0) \cdot h$], ferner aus dem Maße, in dem diese Neigung wächst [d. i. die Krümmung $\delta' \delta''$; denn würde die Neigung vom Punkte P_0 aus nicht mehr wachsen, so hätte die Kurve den weiteren Verlauf $P_0 \delta'$; nachdem die Neigung aber beständig wächst, nimmt die Kurve ihren weiteren Verlauf $P_0 \delta''$, d. i. das geometrische Bild der Funktion $f''(x_0)$], aus dem Maße, in dem die Krümmung zunimmt ($\delta''\,\delta'''$) usw. Mit jedem weiteren Maße der Kurve im Punkte P_0 kommt man dem Punkte P_h näher. Es wird demnach von der Anzahl dieser Maßbestimmungen der Kurve in P_0 abhängen, wie nahe man an P_h heranrückt. Auf diese Weise kann mit immer größerer Genauigkeit $P_h P_h'$ durch $P_0 P_0'$ ausgedrückt werden. Es ist leicht einzusehen, daß für den Fall, als h eine kleine endliche Größe ist, auch schon mit einer einzigen dieser Berichtigungen $\delta\delta'$, $\delta'\delta''$, $\delta''\delta'''$ usw., nämlich mit $\delta\delta'$ das Auslangen gefunden werden wird, um den nachfolgenden Funktionswert durch den vorhergehenden mit ziemlicher Genauigkeit darzustellen. Man erhält somit bei Vernachlässigung der höheren Potenzen von h die Näherungsformel: $f(x_0 + h) = f(x_0) + h \cdot f'(x_0)$.

Geht man nicht vom Punkte P_0, sondern vom Punkte A aus, so wird $x_0 = 0$ und es ergibt sich:

$$f(h) = f(0) + f'(0) \cdot h + f''(0) \cdot \frac{h^2}{2!} + f'''(0) \cdot \frac{h^3}{3!} + \ldots$$

oder für $h = x$ gesetzt:

$$f(x) = f(0) + \frac{x}{1!} f'(0) + \frac{x^2}{2!} f''(0) + \frac{x^3}{3!} f'''(0) + \ldots$$

(MACLAURINsche Reihe).

Beispiele: a) Es soll die Funktion $y = e^x$ nach steigenden Potenzen von x ermittelt werden?

Es ist

$$f(x) = e^x \qquad \text{somit} \quad f(0) = e^0 = 1$$
$$f'(x) = \frac{d(e^x)}{dx} = e^x \qquad f'(0) = 1$$
$$f''(x) = e^x \qquad f''(0) = 1$$
$$f'''(x) = e^x \qquad f'''(0) = 1$$
$$f^{IV}(x) = e^x \qquad f^{IV}(0) = 1$$

usw. usw.

Bei Benutzung der MACLAURINschen Reihe:

$$y = f(x) = e^x = 1 + \frac{x}{1} + \frac{x^2}{2!} + \frac{x^3}{3!} + \ldots$$

für $x = 1$ gesetzt folgt:

$$e = 1 + \frac{1}{1} + \frac{1}{2!} + \frac{1}{3!} + \frac{1}{4!} + \ldots = 2{\cdot}718281\ldots = \text{Basis der natürlichen Logarithmen.}$$

b) Es soll $f(x) = \log \text{nat}\,(1 + x)$ nach steigenden Potenzen von x entwickelt werden.

Es ist $f(x) = l(1 + x)$; $\qquad f(0) = l(0) = 0$

und

$$f'(x) = \frac{d\,l(1+x)}{dx} = \frac{1}{1+x} = (1 + x)^{-1} \left(\begin{matrix}\text{Vgl. Anhg.}\\ \text{Form. I, 3}\end{matrix}\right);\quad f'(0) = 1$$

$$f''(x) = (-1).(1 + x)^{-2}; \qquad f''(0) = -1$$

$$f'''(x) = (-1)(-2)(1 + x)^{-3}; \qquad f'''(0) = 1.2$$

$$f^{IV}(x) = (-1)(-2)(-3)(1 + x)^{-4}; \qquad f^{IV}(0) = -1.2.3$$

. . . . $\qquad$ . . . .

Daraus folgt gemäß der MACLAURINschen Reihe:

$$l(1 + x) = \frac{x}{1} - \frac{x^2}{2} + \frac{x^3}{3} - \frac{x^4}{4} + \dots$$

Ebenso findet man:

$$l(1 - x) = -\frac{x}{1} - \frac{x^2}{1} - \frac{x^3}{3} - \frac{x^4}{4} - \dots$$

c) Es soll der Verlauf der der Funktion

$$y = f(x) = x^3 + 2x^2 - 15x + 3$$

entsprechenden Kurve skizziert werden.

Es ist $f(x) = x^3 + 2x^2 - 15x + 3$, $\quad f'(x) = 3x^2 + 4x - 15$;

$$3x^2 + 4x - 15 = 0, \quad x_1 = +\frac{5}{3} \text{ und } x_2 = -3;$$

$$f''(x) = 6x + 4; \quad f''\left(+\frac{5}{3}\right) = +14 \text{ und } f''(-3) = -14.$$

Das heißt: die obige Funktion $f(x)$ hat zwei extreme Werte, u. zw.:

$$f\left(+\frac{5}{3}\right) = \frac{125}{27} + \frac{50}{9} - \frac{75}{3} + 3 = -11\frac{22}{27}$$

und $\qquad f(-3) = -27 + 18 + 45 + 3 = +39.$

Denn die beiden Werte $+\frac{5}{3}$ und -3 machen den ersten Differentialquotienten der Funktion zu Null, und weil für $+\frac{5}{3}$ der zweite Differentialquotient positiv $= +14$ und für -3 derselbe negativ $= -14$ wird, ist $-11\frac{22}{27}$ ein Minimum und $+39$ ein Maximum der Funktion. Oder geometrisch gedeutet: die Tangenten an die Kurve $f(x)$ in den beiden Punkten P und Q mit den Abszissen $+\frac{5}{3}$ bzw. -3 haben zur X-Achse die Neigung Null oder sind zu derselben parallel. Weil die Neigungsänderung nach dem Punkte P positiv und nach dem Punkte Q negativ wird, hat die Kurve in P ihren tiefsten und in Q ihren höchsten Stand. Diese Tatsache kann aber auch mittelst der TAYLORschen Reihe durch Untersuchung von Nachbarpunkten von P und Q festgestellt werden.

Es ist

$$f(x+h) = f(x) + \frac{h}{1!} f'(x) + \frac{h^2}{2!} f''(x) + \frac{h^3}{3!} f'''(x)$$

oder eingesetzt:

$$f(x+h) = (x^3 + 2x^2 - 15x + 3) + \frac{h}{1!}(3x^2 + 4x - 15) + \\ + \frac{h^2}{2!}(6x + 4) + \frac{h^3}{3!} . 6 ;$$

daher

$$f\left(+\frac{5}{3} + h\right) = -11\frac{22}{27} + 7h^2 + h^3 ;$$

für $h = +\frac{1}{3}$ gesetzt folgt:

$$f(+2) = -\frac{319}{27} + \frac{7}{9} + \frac{1}{27} = -11 .$$

Für $h = -\frac{2}{3}$ ergibt sich:

$$f(+1) = -\frac{319}{27} + \frac{28}{9} - \frac{8}{27} = -9 .$$

Die Ordinaten der beiden Nachbarpunkte mit den Abszissen $+2$ und $+1$, nämlich -11 bzw. -9 sind somit kleiner als die Ordinate $-11\frac{22}{27}$ des Punktes P mit der Abszisse $\frac{5}{3}$. Die Kurve hat also im Punkte P ihre tiefste Lage erreicht. Die Untersuchung für den Punkt Q geht in gleicher Weise vor sich:

$$f(-3+h) = 39 - 7h^2 + h^3 .$$

Für $h = \pm 1$ gesetzt folgt: $f(-2) = +33$ und $f(-4) = +31$, während $f(-3) = +39$ ist. In Q hat demnach die Kurve ihre höchste Lage. Auf diese Weise kann nun der Verlauf der Kurve in der Umgebung eines beliebigen Kurvenpunktes genau ermittelt werden.

VII. Funktionen mit zwei oder mehreren unabhängig Veränderlichen.

1. Partielle und totale Differentiation.

Liegt z. B. eine Funktion $z = f(x, y)$ von zwei unabhängig Veränderlichen x und y vor, so kann man mit solchen Funktionen entweder in der Weise operieren, daß man beide unabhängig Veränderlichen zu gleicher Zeit sich ändern oder, was dasselbe ist, daß man abwechselnd nur die eine unabhängig Veränderliche eine Wertreihe durchlaufen läßt, während man die andere unabhängig Veränderliche während dieses Vorganges als konstant betrachtet.

Es wird also entweder

$$\Delta z = f(x + \Delta x, y + \Delta y) - f(x, y)$$

oder

$$\Delta z = f(x + \Delta x, y) - f(x, y) + f(x + \Delta x, y + \Delta y) - f(x + \Delta x, y).$$

Nun ist auch

$$\Delta z = \frac{f(x + \Delta x, y) - f(x, y)}{\Delta x} \cdot \Delta x + \frac{f(x + \Delta x, y + \Delta y) - f(x + \Delta x, y)}{\Delta y} \cdot \Delta y.$$

Nehmen Δx und Δy unendlich ab, so wird einerseits

$$\frac{f(x + \Delta x, y) - f(x, y)}{\Delta x}$$

dem Grenzwerte zustreben:

$$\lim \frac{f(x + \Delta x, y) - f(x, y)}{\Delta x} = \frac{d \cdot f(x, y)}{dx} = \frac{dz}{dx} = f_x'(x, y).$$

Hierbei wird x verändert, während gleichzeitig y konstant bleibt. $\frac{dz}{dx}$ ist nun der partielle Differentialquotient erster Ordnung der Funktion $z = f(x, y)$ in bezug auf x genommen. (Ein gebräuchliches Symbol für denselben ist auch ∂.) Andererseits wird bei Variierung von y und Konvergierung gegen die Grenze:

$$\lim \frac{f(x + \Delta x, y + \Delta y) - f(x + \Delta x, y)}{\Delta y} = \frac{d \cdot f(x + \Delta x, y)}{\Delta y}$$

$$= \frac{d \cdot f(x, y)}{dy} = \frac{dz}{dy} = \frac{\partial z}{\partial y} = f_y'(x, y).$$

$\frac{dz}{dy}$ ist der partielle Differentialquotient erster Ordnung der Funktion $z = f(x, y)$ nach y genommen. Daher verwandelt sich die obige Gleichung in die folgende:

$$dz = \frac{d . f(x, y)}{dx} \cdot dx + \frac{d . f(x, y)}{dy} \cdot dy = \frac{dz}{dx} \cdot dx + \frac{dz}{dy} \cdot dy$$

$$= \frac{\partial z}{\partial x} dx + \frac{\partial z}{\partial y} dy$$

d. i. das totale Differentiale erster Ordnung der Funktion $z = f(x, y)$ ist gleich der Summe der partiellen Differentialien.

Das gleiche gilt auch für Funktionen von mehr als zwei unabhängig Veränderlichen.

Die Funktion einer unabhängig veränderlichen Größe wurde bisher in der entwickelten oder expliziten Form: $y = f(x)$ dargestellt. Solche Funktionen können aber auch in der unentwickelten oder impliziten Form: $f(x, y) = 0$ erscheinen. Ebenso auch die Funktionen zweier oder mehrerer unabhängig Veränderlichen. Die Differentiation der unentwickelten Funktion gestaltet sich folgendermaßen:

$$\begin{array}{rl} f(x+\Delta x, y+\Delta y) = & 0 \\ -f(x,y) \quad = & -0 \\ \hline f(x+\Delta x, y+\Delta y) - f(x,y) = & 0 \end{array}$$

und

$$\frac{f(x+\Delta x, y+\Delta y) - f(x,y)}{\Delta x} = 0$$

oder

$$\frac{f(x+\Delta x, y) - f(x,y)}{\Delta x} + \frac{f(x+\Delta x, y+\Delta y) - f(x+\Delta x, y)}{\Delta y} \cdot \frac{\Delta y}{\Delta x} = 0$$

und beim Übergang zur Grenze:

$$\frac{d\,.\,f(x,y)}{d\,x} + \frac{d\,.\,f(x,y)}{d\,y} \cdot \frac{d\,y}{d\,x} = \frac{d\,f}{d\,x} + \frac{d\,f}{d\,y} \cdot \frac{d\,y}{d\,x} = 0$$

daher

$$\frac{d\,y}{d\,x} = -\frac{\frac{d\,f}{d\,x}}{\frac{d\,f}{d\,y}} \quad \text{und} \quad d\,y = -\frac{\frac{d\,f}{d\,x}}{\frac{d\,f}{d\,y}} \cdot d\,x = -\frac{\frac{\partial f}{\partial x}}{\frac{\partial f}{\partial y}}\,d\,x\,.$$

Man kann somit die Ableitung $\frac{d\,y}{d\,x}$ berechnen, ohne zuerst die implizite Funktion $f(x,y) = 0$ auf die explizite Form $y = F(x)$ bringen zu müssen.

Beispiel: $\quad f(x,y) = 2x^2 + 3y^2 - 4 = 0\,.$

Daher

$$\frac{\partial f}{\partial x} = 4x; \quad \frac{\partial f}{\partial y} = 6y \quad \text{und} \quad \frac{d\,y}{d\,x} = -\frac{4x}{6y} = -\frac{2x}{3y}\,.$$

Ist die Funktion in entwickelter Form gegeben, so erhält man:

$$y = \pm\sqrt{\frac{2}{3}}\,(2-x^2)^{1/2};$$

daher

$$\frac{d\,y}{d\,x} = \pm\sqrt{\frac{2}{3}} \cdot \frac{1}{2}(2-x^2)^{-1/2} \cdot (-2x) = \mp\frac{x\sqrt{2}}{\sqrt{3(2-x^2)}} \cdot \left(\begin{array}{l}\text{Vgl. Anhg.}\\ \text{Form. I, 10}\end{array}\right).$$

Zu diesem Ausdruck kommt man auch, wenn man in

$$\frac{d\,y}{d\,x} = -\frac{2x}{3y} \quad \text{für} \quad y = \pm\sqrt{\frac{2(2-x^2)}{3}}$$

einsetzt.

Geometrische Betrachtung. Bei der Funktion $y = f(x)$ kommen nur zwei veränderliche Größen, die unabhängig Veränderliche x und die abhängig Veränderliche y in Betracht, also nur zwei Dimensionen; zur geometrischen Darstellung dieser Funktion reichte somit die Ebene mit ihren zwei Dimensionen (Länge und Breite) aus und ergab sich $y = f(x)$ als eine Linie in dieser Ebene. Die Funktion $z = f(x, y)$ hat nun drei veränderliche Größen, zwei unabhängig Veränderliche x und y und eine abhängig Veränderliche z, also drei Dimensionen; zu ihrer geometrischen Darstellung muß demnach der dreidimensionale Raum (Länge, Breite und Höhe) herangezogen werden. Im rechtwinkligen Raumkoordinatensystem wird sich also das Bild von $z = f(x, y)$ folgendermaßen gestalten.

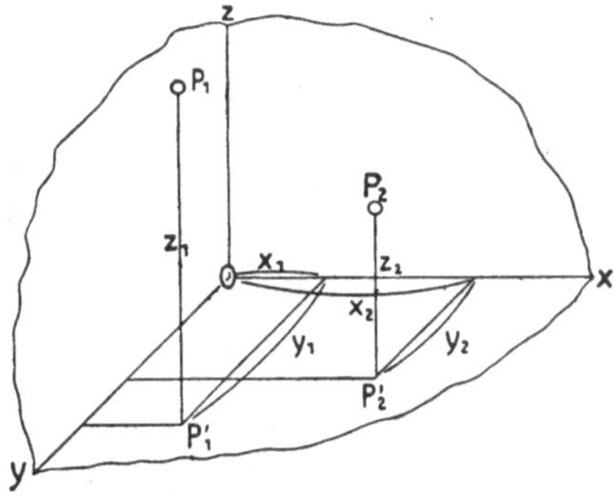

Fig. 12.

Ist Funktion $z = f(x, y)$ zwischen den Grenzen $x = a_1$ bis $x = a_2$ und $y = b_1$ bis $y = b_2$ stetig, so entspricht einer unendlich kleinen Änderung von x und y innerhalb der angegebenen Intervalle auch eine unendlich kleine Änderung von $f(x, y)$. Durch Annahme der Wertepaare x_1, y_1 bzw. x_2, y_2 z. B. gelangt man in der Ebene XOY zu den Punkten P_1' bzw. P_2'. Errichtet man in den erhaltenen Punkten P_1' und P_2' die Senkrechten auf die Ebene XOY und trägt auf diesen Senkrechten von den Fußpunkten P_1' und P_2' aus die Werte $z_1 = f(x_1, y_1)$ und $z_2 = f(x_2, y_2)$ auf, so ergeben sich die beiden Raumpunkte P_1 und P_2, also Punkte, welche der Bedingung $z = f(x, y)$ Genüge leisten und deshalb Punkte des geometrischen Gebildes sein müssen, das seinen analytischen Ausdruck eben in der Funktion $z = f(x, y)$ findet. Es ist leicht einzusehen, daß die Gesamtheit der unendlich vielen, unendlich nahe aneinander liegenden Punkte $z = f(x, y)$ eine Fläche bildet, daß also die stetige Funktion $z = f(x, y)$ im allgemeinen eine Fläche im Raume vorstellt. Die Art dieser Flächen ist durch die Art des funktionalen Zusammenhanges von x und y bedingt. Jede Gleichung vom ersten Grade: $Ax + By + Cz + D = 0$ drückt eine ebene Fläche aus. Der geometrische Ort jeder Gleichung, welche in bezug auf die veränderlichen Koordinaten den ersten Grad überschreitet, sowie jede transzendente Gleichung ist im allgemeinen eine **krumme** Fläche.

Die Lage der gegebenen Ebene ABC ist durch die Länge und Richtung des auf diese Ebene gefällten Lotes OD vollkommen bestimmt. Irgend ein Punkt P dieser Ebene ABC bildet mit den beiden Fixpunkten O und D ein Dreieck ODP, welches bei D rechtwinklig

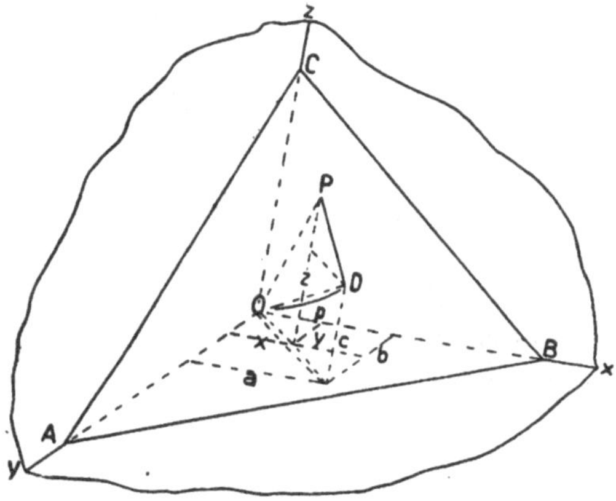

Fig. 13.

sein muß. Die Gleichung $\overline{OD}^2 + \overline{PD}^2 = \overline{OP}^2$ drückt demnach aus, daß P ein Punkt der durch D senkrecht auf OD gelegten Ebene ist. Es seien nun die Koordinaten von D: a, b, c und von P: x, y, z, so ist

$$\overline{OD}^2 = p^2 = a^2 + b^2 + c^2, \quad \overline{PD}^2 = (a-x)^2 + (b-y)^2 + (z-c)^2 = \\ = (x-a)^2 + (y-b)^2 + (z-c)^2$$

und

$$\overline{OP}^2 = x^2 + y^2 + z^2.$$

Obige Gleichung geht also über in:

$$a^2 + b^2 + c^2 + (x-a)^2 + (y-b)^2 + (z-c)^2 = x^2 + y^2 + z^2$$

oder nach Reduktion:

$$ax + by + cz = p^2 \qquad \text{oder} \qquad z = f(x, y) = \frac{p^2 - ax - by}{c}.$$

Ist also die funktionale Verbindung von x und y vom ersten Grade, so ist das geometrische Bild der Funktion $z = f(x, y)$ eine Ebene.

Nachdem die Kugelfläche die Eigenschaft hat, daß jeder ihrer

Punkte von einem festen Punkte, dem Mittelpunkte, gleichweit entfernt

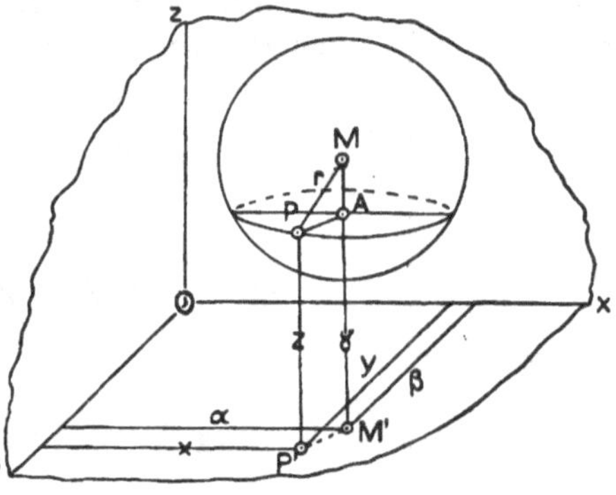

Fig. 14.

ist, ergibt sich aus dieser charakteristischen Eigenschaft unmittelbar die Ableitung ihrer Gleichung:

$$\overline{PM}^2 = \overline{AM}^2 + \overline{AP}^2$$

oder eingesetzt:

$$r^2 = (\gamma - z)^2 + (y - \beta)^2 + (\alpha - x)^2$$

oder

$$r^2 = (x - \alpha)^2 + (y - \beta)^2 + (z - \gamma)^2$$

oder

$$z = f_z(x, y) = \sqrt{r^2 - (x - \alpha)^2 - (y - \beta)^2} + \gamma .$$

Die Fläche, die der Gleichung $z = f(x, y)$ entspricht, sei $A\,B\,C$

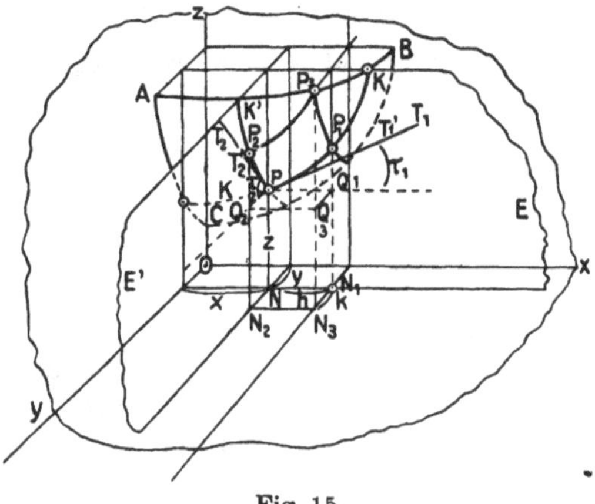

Fig. 15.

(Kugelfläche), ein Punkt P auf derselben habe die Koordinaten x, y, z. Bleibt y konstant, und wird der Wert von x verändert, so bewegt sich der Punkt P auf der Kurve K (d. i. der Schnitt der Fläche $z = f(x, y)$ mit der durch PN parallel zur Ebene XOZ gelegten Ebene E). Wächst also x bei gleichbleibendem y um h, so bewegt sich der Punkt P auf der Schnittkurve K von P bis P_1. Hierbei ändert sich z um $P_1 Q_1 = f(x + h, y) - f(x, y)$. Läßt man nun h unendlich abnehmen, so bewegt sich P_1 auf der Schnittkurve K wieder gegen P und

$$\frac{f(x+h, y) - f(x, y)}{h} = \frac{P_1 Q_1}{P Q_1} = \operatorname{tg} P_1 P Q_1$$

konvergiert gegen den Grenzwert:

$$\lim \frac{f(x+h, y) - f(x, y)}{h} = \frac{Q_1 T_1}{Q_1 P} = \operatorname{tg} T_1 P Q_1 = \operatorname{tg} \tau_1 = \frac{\partial z}{\partial x}$$

d. h. die partielle Ableitung erster Ordnung von z nach x ist die trigonometrische Tangente des Neigungswinkels τ_1, der geometrischen Tangente im Punkte P der Kurve K zur XOY-Ebene. Die Kurve K ergibt sich als Schnitt der durch PN parallel zur Ebene XOZ gelegten Ebene E mit der Fläche $z = f(x, y)$.

Läßt man hingegen x konstant und y sich ändern, so bewegt sich der Punkt P auf der Kurve K' (d. i. der Schnitt der Fläche $z = f(x, y)$ mit der durch PN parallel zur YOZ-Ebene gelegten Ebene E'). Wächst also y bei gleichbleibendem x um die willkürlich gewählte endliche Größe k, so bewegt sich der Punkt P auf der Schnittkurve K' von P bis P_2. Hierbei ändert sich z um

$$P_2 Q_2 = f(x, y + k) - f(x, y).$$

Läßt man wieder k unendlich abnehmen, so bewegt sich P_2 auf K' gegen P und

$$\frac{f(x, y + k) - f(x, y)}{k} = \frac{P_2 Q_2}{P Q_2} = \operatorname{tg} P_2 P Q_2$$

nähert sich der Grenze:

$$\lim \frac{f(x, y + k) - f(x, y)}{k} = \frac{Q_2 T_2}{Q_2 P} = \operatorname{tg} T_2 P Q_2 = \operatorname{tg} \tau_2 = \frac{\partial z}{\partial y};$$

d. h. die partielle Ableitung erster Ordnung von z nach y ist die trigonometrische Tangente des Neigungswinkels τ_2 der geometrischen Tangente im Punkte P der Kurve K', welche Kurve sich als Schnitt der durch PN parallel zur YOZ-Ebene gelegten Ebene E' mit der Fläche $z = f(x, y)$ ergibt.

Nach diesen Ausführungen ist also

$$\lim \frac{f(x + h, y) - f(x, y)}{h} = \frac{Q_1 T_1}{Q_1 P} = \frac{\partial z}{\partial x}$$

und

$$\lim \frac{f(x, y+k) - f(x, y)}{k} = \frac{Q_2 T_2}{Q_2 P} = \frac{\partial z}{\partial y}$$

oder

$$\lim f(x+h, y) - f(x, y) = \partial_x z = \frac{\partial z}{\partial x} \cdot dx = Q_1 T_1$$

und

$$\lim f(x, y+k) - f(x, y) = \partial_y z = \frac{\partial z}{\partial y} \cdot dy = Q_2 T_2 .$$

Es läßt sich nun leicht zeigen, daß

$$dz = \partial_x z + \partial_y z = \left(\frac{\partial z}{\partial x}\right) dx + \left(\frac{\partial z}{\partial y}\right) \cdot dy ,$$

d. h. daß das totale Differentiale gleich der Summe der partiellen Differentialien ist.

Legt man durch die beiden Tangenten PT_1 und PT_2 die Tangentialebene im Punkte P an die Fläche $z = f(x, y)$, so schneidet diese die Gerade $P_3 Q_3$ im Punkte T_3. Nun ist $T_2 T_3$ parallel zu PT_1 und $T_1 T_3$ parallel zu PT_2, weil parallele Ebenen (in der vorletzten Figur ist Ebene $P_2 P_3 N_2 N_3$ parallel zur Ebene $PP_1 NN_1$) durch eine dritte Ebene nach parallelen Geraden geschnitten werden. Zieht man $T_2 M$ parallel zu $Q_2 Q_3$, so ist $Q_2 T_2 = Q_3 M$ und $Q_1 T_1 = MT_3$, daher $Q_3 T_3 = MT_3 + Q_3 M = Q_1 T_1 + Q_2 T_2$; d. h.

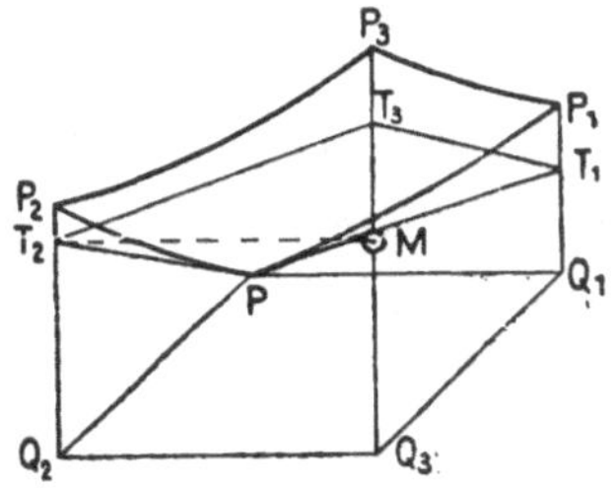

Fig. 16.
(Vergrößerter Ausschnitt aus der vorigen Figur.)

$$dz = \partial_x z + \partial_y z = \left(\frac{\partial z}{\partial x}\right) dx + \left(\frac{\partial z}{\partial y}\right) dy .$$

Es ist übrigens ohne weiteres einleuchtend, daß man zum Punkte P_3 gelangen muß, ob sich nun P über P_1 nach P_3 oder über P_2 nach P_3 bewegt; oder analytisch ausgedrückt:

$$\Delta z = f(x+h, y) - f(x, y) + f(x+h, y+k) - f(x+h, y)$$

oder

$$\Delta z = f(x, y+k) - f(x, y) + f(x+h, y+k) - f(x, y+k) . —$$

Für Funktionen von mehr als zwei unabhängig Veränderlichen hat man keine geometrische Deutungsweise mehr, will man nicht zu vier- und mehrdimensionalen Gebilden übergehen. Der analytische Vorgang kann jedoch auch auf solche Funktionen ohne Schwierigkeit ausgedehnt werden. Ist z. B. $w = \varphi(x, y z)$, so ist

$$dw = \frac{\partial w}{\partial x} dx + \frac{\partial w}{\partial y} dy + \frac{\partial w}{\partial z} dz .$$

2. Höhere Differentialien der Funktionen von mehreren unabhängig veränderlichen Größen.

Ist $w = f(x, y, z, \ldots)$, so ist das Differentiale

$$dw = \frac{\partial w}{\partial x} dx + \frac{\partial w}{\partial y} dy + \frac{\partial w}{\partial z} dz + \ldots$$

im allgemeinen wieder eine Funktion von $x, y, z, \ldots$ Z. B.:

$$w = f(x, y, z) = 3x^3 y^3 z^3 + 5x^2 y^2 z^2 - 2xyz + 7\,;$$

daher

$$dw = (9x^2 y^3 z^3 + 10xy^2 z^2 - 2yz) + (9x^3 y^2 z^3 + 10x^2 y z^2 - 2xz) + \\ + (9x^3 y^3 z^2 + 10x^2 y^2 z - 2xy).$$

Es ist klar, daß man dann mit der Funktion $dw = \varphi(x, y, z)$ genau so operieren kann, wie mit der ursprünglichen Funktion $w = f(x, y, z)$, daß man demnach wiederholt differenzieren kann entweder nach allen Veränderlichen (Symbolik: $dw,\ d^2 w,\ d^3 w, \ldots d^n w$, totale Differentialien höherer Ordnung) oder nach einer oder mehreren derselben (Symbolik: $\frac{d^n w}{dx^n}, \frac{d^n w}{dy^n}, \ldots$ $\frac{d^n w}{dx^n}$ ist also der n^{te} partielle Differentialquotient der Funktion w nach der Veränderlichen x, die Funktion w wird n-mal hintereinander nach x differenziert). Da jeder solcher Differentialquotient im allgemeinen wieder eine Funktion von $x, y, z, \ldots$ sein wird, so kann er wieder nach jeder dieser Veränderlichen differenziert werden. Der Differentialquotient

$$\frac{d^m \frac{d^n w}{dx^n}}{dy^m} = \frac{d^{n+m} w}{dy^m dx^n}$$

bedeutet also, daß der n-^{te} partielle Differentialquotient nach x m-mal hintereinander nach y zu differenzieren sei.

Hat man demnach eine Funktion $z = f(x, y)$, so ergibt sich einerseits $\Delta z = f(x + \Delta x, y) - f(x, y)$ und

$$\frac{\Delta z}{\Delta x} = \frac{f(x + \Delta x, y) - f(x, y)}{\Delta x}\,;\ \lim \frac{\Delta z}{\Delta x} = \lim \frac{f(x + \Delta x, y) - f(x, y)}{\Delta x} = \frac{dz}{dx}\,.$$

Läßt man nun y sich ändern und bleibt $(x + \Delta x)$ konstant, so folgt:

$$\frac{\frac{\Delta z}{\Delta x}}{\Delta y} = \frac{\Delta z}{\Delta y\,\Delta x} = \frac{\frac{f(x + \Delta x, y + \Delta y) - f(x, y + \Delta y)}{\Delta x} - \frac{f(x + \Delta x, y) - f(x, y)}{\Delta x}}{\Delta y}$$

und

$$\lim \frac{\Delta z}{\Delta y\,\Delta x} = \frac{d^2 z}{dy\,dx}\,.$$

Bestimmt man hingegen andererseits den Differentialquotienten der Funktion z zunächst nach y:

$$\Delta z = f(x, y + \Delta y) - f(x, y), \qquad \frac{\Delta z}{\Delta y} = \frac{f(x, y + \Delta y) - f(x, y)}{\Delta y},$$

$$\lim \frac{\Delta z}{\Delta y} = \lim \frac{f(x, y + \Delta y) - f(x, y)}{\Delta y} = \frac{dz}{dy}$$

und läßt x sich ändern, während $(y + \Delta y)$ konstant bleibt, so ergibt sich wieder:

$$\frac{\frac{\Delta z}{\Delta y}}{\Delta x} = \frac{\Delta z}{\Delta x \Delta y} = \frac{\frac{f(x + \Delta x, y + \Delta y) - f(x + \Delta x, y)}{\Delta y} - \frac{f(x, y + \Delta y) - f(x, y)}{\Delta y}}{\Delta x}$$

und

$$\lim \frac{\Delta z}{\Delta x \Delta y} = \frac{d^2 z}{dx\, dy}.$$

Nun sind die beiden Ausdrücke für $\frac{\Delta z}{\Delta y \Delta x}$ und $\frac{\Delta z}{\Delta x \Delta y}$ offenbar einander gleich, folglich sind es auch ihre Grenzwerte. Daher ist

$$\frac{d^2 z}{dx\, dy} = \frac{d^2 z}{dy\, dx},$$

d. h. es bleibt sich gleich, ob man zuerst nach x und dann nach y, oder umgekehrt, zuerst nach y und dann nach x differenziert.

Es sei wieder $z = f(x, y)$, daher

$$dz = \frac{dz}{dx} dx + \frac{dz}{dy} dy.$$

Weil nun $\frac{dz}{dx}$ und $\frac{dz}{dy}$ im allgemeinen wieder Funktionen von x und y sein werden, so ist

$$d^2 z = \left(\frac{d \frac{dz}{dx}}{dx} \cdot dx + \frac{d \frac{dz}{dx}}{dy} \cdot dy \right) \cdot dx + \left(\frac{d \frac{dz}{dy}}{dx} dx + \frac{d \frac{dz}{dy}}{dy} dy \right) dy$$

oder

$$d^2 z = \frac{d^2 z}{dx^2} dx^2 + \frac{d^2 z}{dy\, dx} dy\, dx + \frac{d^2 z}{dx\, dy} dx\, dy + \frac{d^2 z}{dy^2} dy^2.$$

Da aber

$$\frac{d^2 z}{dy\, dx} = \frac{d^2 z}{dx\, dy}$$

ist, folgt

$$d^2 z = \frac{d^2 z}{dx^2} dx^2 + 2 \frac{d^2 z}{dy\, dx} dy\, dx + \frac{d^2 z}{dy^2} dy^2.$$

Ähnlich ergibt sich:

$$d^3 z = \frac{d^3 z}{dx^3} dx^3 + 3 \frac{d^3 z}{dx^2 dy} dx^2 dy + 3 \frac{d^3 z}{dx\, dy^2} dx\, dy^2 +$$
$$+ \frac{d^3 z}{dy^3} dy^3 = \left(\frac{dz}{dx} dx + \frac{dz}{dy} dy\right)^3 \text{ usw.}$$

Es ist jedoch wohl zu beachten, daß man es hier nicht mit Potenzsymbolen, sondern lediglich mit Symbolen der sukzessiven Differentiation zu tun hat.

3. Ausdehnung des Taylorschen und Maclaurinschen Lehrsatzes auf Funktionen mehrerer unabhängig Veränderlichen. — Maxima und Minima solcher Funktionen.

Ist die Funktion $f(x + h, y + k)$ nach Potenzen von h und k zu entwickeln, so ersetzt man zunächst $x + h$ durch $x + ht$ und $y + k$ durch $y + kt$, wobei t alle Werte von 0 bis 1 stetig durchlaufen soll. Es wird somit $f(x + ht,\ y + kt) = \varphi(t)$, d. h. eine Funktion der einzigen Veränderlichen t sein. Entwickelt man nun diese Funktion mit Hilfe des Maclaurinschen Satzes nach Potenzen von t, so ergibt sich:

$$\varphi(t) = \varphi(0) + t \cdot \varphi'(0) + \frac{t^2}{2!} \varphi''(0) + \frac{t^3}{3!} \varphi'''(0) + \dots$$

Es ist aber

$$\varphi(t) = f(x + ht, y + kt) = f(u, v),$$

wenn für $x + ht = u$ und für $y + kt = v$ gesetzt wird. Es ist daher

$$\varphi'(t) = \frac{df}{du} \cdot h + \frac{df}{dv} \cdot k,$$
$$\varphi''(t) = \frac{d^2 f}{du^2} \cdot h^2 + 2 \frac{d^2 f}{du\, dv} \cdot hk + \frac{d^2 f}{dv^2} k^2,$$
$$\varphi'''(t) = \frac{d^3 f}{du^3} \cdot h^3 + 3 \frac{d^3 f}{du^2 dv} h^2 k + 3 \frac{d^3 f}{du\, dv^2} hk^2 + \frac{d^3 f}{dv^3} k^3 \text{ usw.}$$

Setzt man $t = 0$, so wird $u = x$, $v = y$ und

$$\varphi(0) = f(x, y),$$
$$\varphi'(0) = \frac{df}{dx} h + \frac{df}{dy} k,$$
$$\varphi''(0) = \frac{d^2 f}{dx^2} h^2 + 2 \frac{d^2 f}{dx\, dy} hk + \frac{d^2 f}{dy^2} k^2,$$
$$\varphi'''(0) = \frac{d^3 f}{dx^3} h^3 + 3 \frac{d^3 f}{dx^2 dy} h^2 k + 3 \frac{d^3 f}{dx\, dy^2} hk^2 + \frac{d^3 f}{dy^3} k^3 \text{ usw.}$$

Wird nun in

$$\varphi(t) = f(x + ht,\ y + kt) = \varphi(0) + t \cdot \varphi'(0) + \dots$$

für $t = 1$ gesetzt, so folgt:

$$f(x+h, y+k) = f(x,y) + \frac{df}{dx}\cdot h + \frac{df}{dy}k + \frac{1}{2!}\left(\frac{d^2f}{dx^2}h^2 + \right.$$
$$\left. + 2\frac{d^2f}{dx\,dy}hk + \frac{d^2f}{dy^2}k^2\right) + \ldots$$

Wird in dieser TAYLORschen Reihe $x = 0$, $y = 0$ und setzt man für $h = x$ und für $k = y$, so ergibt sich die MACLAURINsche Reihe für mehrere unabhängig Veränderliche:

$$f(x,y) = f(0,0) + \frac{df_0}{dx}x + \frac{df_0}{dy}y + \frac{1}{2!}\left(\frac{d^2f_0}{dx^2}x^2 + \right.$$
$$\left. + 2\frac{d^2f_0}{dx\,dy}xy + \frac{d^2f}{dy^2}y^2\right) + \ldots$$

Beispiel: Es sei $f(x,y) = x^3 + xy^2$.
Dann ist

$$\frac{df}{dx} = 3x^2 + y^2, \quad \frac{df}{dy} = 2xy, \quad \frac{d^2f}{dx^2} = 6x, \quad \frac{d^2f}{dx\,dy} = 2y,$$
$$\frac{d^2f}{dy^2} = 2x, \quad \frac{d^3f}{dx^3} = 6, \quad \frac{d^3f}{dx^2\,dy} = 0, \quad \frac{d^3f}{dx\,dy^2} = 2, \quad \frac{d^3f}{dy^3} = 0.$$

Alle weiteren Differentialquotienten verschwinden. Demnach ergibt sich nach der obigen TAYLORschen Reihe:

$$(x+h)^3 + (x+h)(y+k)^3 = x^3 + xy^2 + (3x^2 + y^2)h + 2xyk +$$
$$+ \tfrac{1}{2}(6xh^2 + 4yhk + 2xk^2) + \tfrac{1}{6}(6h^3 + 6hk^2). —$$

Wird in der Funktion $z = f(x,y)$ für die speziellen Werte von $x = x_0$ und $y = y_0$ die Funktion $f(x_0, y_0)$ größer bzw. kleiner als alle benachbarten Werte der Funktion, d. h. größer bzw. kleiner als alle Werte von $x = x_0 - h$ bis $x = x_0 + h$ und von $y = y_0 - k$ bis $y = y_0 + k$, wobei h und k beliebig kleine Größen bedeuten, so werden diese besonderen Werte $f(x_0, y_0)$ ein Maximum bzw. Minimum der Funktion $f(x,y)$ vorstellen. Oder geometrisch gedeutet: Es geht im Punkte P_0, welcher die Koordinaten x_0 und y_0 hat, die Tangentialebene an die Fläche $z = f(x,y)$ parallel zur XOY-Ebene. Die geometrischen Tangenten im Punkte P_0 an die Schnittkurven, welche man erhält, wenn man einerseits die durch die Ordinate y_0 parallel zur X-Achse, andererseits die durch dieselbe Ordinate y_0 parallel zur Y-Achse gelegte Ebene mit der Fläche $z = f(x,y)$ zum Schnitte bringt, laufen zur X-Achse bzw. Y-Achse parallel; im Kurvenpunkte P_0 muß daher die Neigung der beiden Tangenten zur XOY-Ebene gleich Null sein, d. h. wieder analytisch ausgedrückt: Das Wertepaar x_0, y_0, welches die Funktion $z = f(x,y)$ zu einem Maximum oder Minimum macht, muß den beiden Gleichungen:

$$\frac{d f(x, y)}{d x} = 0 \quad \text{und} \quad \frac{d f(x, y)}{d y} = 0$$

Genüge leisten. Dieses Kriterium trifft auch bei Funktionen mit mehr als zwei unabhängig Veränderlichen zu. Die Entscheidung, ob das Wertepaar x_0, y_0, welches die beiden Gleichungen $\frac{\partial f}{\partial x} = 0$ und $\frac{\partial f}{\partial y} = 0$ erfüllt, einem Maximum oder Minimum entspricht, ergibt sich in vielen Fällen schon aus der Natur der Aufgabe. Im übrigen läßt sich auch hier wie bei den Funktionen einer unabhängig Veränderlichen der Verlauf der Funktion $z = f(x, y)$ oder die Beschaffenheit der durch $z = f(x, y)$ bestimmten Fläche im Punkte P_0 mit Hilfe der TAYLORschen Reihe

$$f(x_0 + h, y_0 + k) - f(x_0, y_0) = \left(h \frac{df}{dx_0} + k \frac{df}{dy_0}\right) + \frac{1}{2!}\left(h^2 \frac{d^2 f}{dx_0^2} + \right.$$
$$\left. + 2hk \frac{d^2 f}{dx_0\, dy_0} + k^2 \frac{d^2 f}{dy_0^2}\right) + \ldots$$

untersuchen. Im Falle eines Maximums bzw. Minimums müssen sämtliche Kurven, welche man erhält, wenn man die durch die Ordinate y_0 des Punktes P_0 gelegten Ebenen mit der Fläche $z = f(x, y)$ zum Schnitte bringt, nach unten bzw. nach oben gekrümmt sein. Auf die sich hieraus ergebenden allgemeinen Kriterien kann hier in diesen Grundzügen nicht näher eingegangen werden.

VIII. Das Integral.

Begriffsbestimmung.

Wächst in einer Funktion $y = f(x)$ die unabhängig veränderliche Größe x um die willkürlich gewählte endliche Größe Δx, so wächst auch y um eine ganz bestimmte endliche Größe Δy und man gelangt durch die bekannte Betrachtung zum Begriffe des Differentialquotienten bzw. des Differentiales.

$$\begin{array}{rl} y + \Delta y = & f(x + \Delta x) \\ -y \quad = & -f(x) \\ \hline \Delta y = & f(x + \Delta x) - f(x) \end{array}$$

$$\frac{\Delta y}{\Delta x} = \frac{f(x + \Delta x) - f(x)}{\Delta x}$$

$$\lim \frac{\Delta y}{\Delta x} = \lim \frac{f(x + \Delta x) - f(x)}{\Delta x} = \frac{dy}{dx} = f'(x)$$

und

$$dy = d \cdot f(x) = f'(x) \cdot dx\,.$$

Da $\frac{f(x + \Delta x) - f(x)}{\Delta x}$ größer sein muß als

$$\lim \frac{f(x + \Delta x) - f(x)}{\Delta x} = \frac{dy}{dx} = f'(x),$$

so muß man zum Differentialquotienten eine bestimmte Größe, sie heiße ε, addieren, um $\frac{f(x + \Delta x) - f(x)}{\Delta x}$ zu erhalten. Daher ist, wenn man der Einfachheit wegen in der folgenden Ausführung für das Symbol der endlichen Größe Δx das Zeichen δ einführt,

$$\frac{f(x + \delta) - f(x)}{\delta} = f'(x) + \varepsilon,$$

wo ε eine mit δ verschwindende Größe bedeutet.

Es ist daher

$$f(x + \delta) - f(x) = \delta[f'(x) + \varepsilon].$$

Die Funktion $y = f(x)$ sei nun zwischen den beiden beliebigen aber konstanten Werten von $x = a$ bis $x = b$ stetig. Der n^{te} Teil des Intervalles $b - a$ sei gleich δ, daher ist $\delta = \frac{b - a}{n}$ und $b - a = n \cdot \delta$. Für x ergeben sich dann der Reihe nach die Werte a, $a + \delta$, $a + 2\delta$, $a + 3\delta$, ... $a + (n - 1)\delta = b - \delta$ und b. Setzt man für x diese Werte in die obige Gleichung ein, so folgt:

$$\begin{aligned}
f(a + \delta) - f(a) &= \delta[f'(a) + \varepsilon] \\
f(a + 2\delta) - f(a + \delta) &= \delta[f'(a + \delta) + \varepsilon_1] \\
f(a + 3\delta) - f(a + 2\delta) &= \delta[f'(a + 2\delta) + \varepsilon_2] \\
&\cdots\cdots\cdots\cdots \\
f[a + (n - 1)\delta] - f[a + (n - 2)\delta] &= \delta[f'(a + \{n - 2\}\delta) + \varepsilon_{n-2}] \\
f(b) - f[a + (n - 1)\delta] &= \delta[f'(a + \{n - 1\}\delta) + \varepsilon_{n-1}]
\end{aligned}$$

Die Summe ergibt $f(b) - f(a) = \delta[f'(a) + f'(a + \delta) + \dots$
$+ f'(a + \{n - 1\}\delta)] + \delta(\varepsilon + \varepsilon_1 + \dots + \varepsilon_{n-1})$.

Wird nun n unendlich groß, so wird δ gleichzeitig unendlich klein, und an der Grenze verschwindet der Ausdruck $\delta(\varepsilon + \varepsilon_1 + \dots + \varepsilon_{n-1})$. Die vorstehende Gleichung geht also über in:

$$f(b) - f(a) = \lim \delta[f'(a) + f'(a + \delta) + f'(a + 2\delta) + \dots + f'(b - \delta)].$$

Die rechte Gleichungsseite ist aber nichts anderes als die **Summe** der unendlich vielen und unendlich kleinen Werte, welche das Differential $f'(x)dx$ annimmt, während x alle Werte von a bis b durchläuft. Für diese Summe hat man das symbolische Zeichen $\int$, welches durch Streckung des Buchstabens **S** = Summe entstanden ist. Da man die Summe der Differentialien für die Werte von $x = a$ als der unteren Grenze bis $x = b$ als der oberen Grenze gebildet hat, ist die symbolische Bezeichnung dieser Differentialiensumme $\int_a^b f'(x)\,dx$, und die **Definitionsgleichung** lautet daher:

$$\int_a^b f'(x)\,dx =$$

$$= \lim \delta\,[f'(a) + f'(a+\delta) + f'(a+2\delta) + \ldots + f'(b-\delta)] = f(b) - f(a).$$

$\int_a^b f'(x)\,dx$ heißt das **bestimmte Integral** von $f'(x)\,dx$, genommen zwischen den Grenzen a (untere Grenze) und b (obere Grenze). Das bestimmte Integral ist somit die Summe von unendlich vielen und unendlich kleinen Größen, den sogenannten Elementen des bestimmten Integrals. Während also die Differentialrechnung eine endliche Größe in unendlich viele und unendlich kleine Elemente zerlegt, werden durch die Integralrechnung diese unendlich vielen und unendlich kleinen Elemente wieder zur endlichen Größe summiert. Differentiation und Integration sind daher entgegengesetzte oder inverse Operationen.

Geometrische Betrachtung. Gegeben sei die stetige Funktion $y = f(x)$, das geometrische Bild derselben sei die ebene Kurve K. Unter der Fläche $F = ABCD$ dieser ebenen Kurve versteht man den Teil der Ebene, welcher von dem Kurvenstück BD, den beiden Ordinaten AB und CD und der Abszissenachse begrenzt wird. Nach dieser Begriffsbestimmung erscheint somit die Fläche als eine Funktion der zur Ordinate y gehörigen Abszisse x: $F(x)$. Ändert sich x um Δx, so ändert sich y um Δy, aber auch die Fläche F um ΔF.

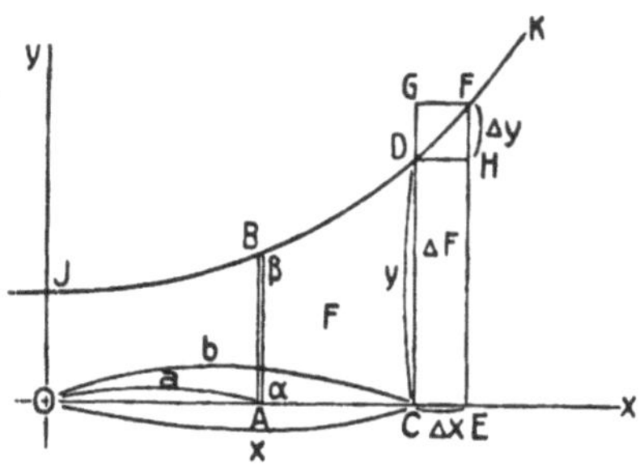

Fig. 17.

Nun ist, wie nach der Figur leicht einzusehen, das Rechteck $CDHE <$ $CDFE <$ Rechteck $CGFE$, oder

$$y \cdot \Delta x < \Delta F < (y + \Delta y) \cdot \Delta x \quad \text{oder} \quad y < \frac{\Delta F}{\Delta x} < y + \Delta y.$$

Läßt man Δx unendlich abnehmen, so wird auch Δy unendlich abnehmen, und durch den Übergang zur Grenze ergibt sich:

$$\frac{dF}{dx} = y \quad \text{und} \quad dF = y \cdot dx$$

oder, da die Fläche eine Funktion von x und $y = f(x)$ ist:

$$dF(x) = f(x)\,dx\,,$$

d. i. das Differentiale der Fläche F. Durch Differentiation der Fläche F wird also dieselbe in unendlich viele und unendlich schmale Streifen zerlegt.

Betrachtet man nun die von irgend einer festen Ordinate AB an gezählte Fläche $ABCD = F(x)$, so ergibt sich dieselbe zunächst als Unterschied der beiden Flächen $OJCD = F(b)$ und $OJAB = F(a)$. Es ist also die Fläche $ABCD = F(b) - F(a)$. Diese Fläche $ABCD$ kann man aber auch noch auf eine andere Art bestimmen. Man denkt sich nämlich dieselbe in n schmale Streifen, z. B. $AB\alpha\beta$ zerlegt, wobei $\frac{b-a}{n} = \delta$ sei. Der Flächeninhalt eines solchen Streifens von der Breite $A\alpha = \delta$ wird allgemein durch $f(x) \cdot \delta$ und zwar um so genauer ausgedrückt, je kleiner δ gewählt wird. Der Flächeninhalt der Streifens $AB\alpha\beta$ ist demnach gleich $f(a) \cdot \delta$, der des unmittelbar darauffolgenden Streifens $f(a+\delta) \cdot \delta$, des nächsten Streifens: $f(a + 2\delta) \cdot \delta$ usw. Wird nun n unendlich groß angenommen, so wird δ unendlich klein, und die Summe dieser unendlich vielen und unendlich schmalen Streifen wird gegen einen bestimmten Grenzwert, den genauen Inhalt der Fläche $ABCD$, konvergieren. Der analytische Ausdruck für diesen Gedankengang ist folgender:

Fläche $ABCD = \lim \delta\,[f(a) + f(a+\delta) + f(a+2\delta) + \ldots + f(b-\delta)]$,

d. i. die Summe der Flächendifferentialien $f(x)\,dx$ für die Werte von $x = a$ bis $x = b$, was symbolisch durch $\int_a^b f(x)\,dx$ bezeichnet wird

Nun war früher die Fläche $ABCD = F(b) - F(a)$, diese Betrachtungsweise hat für dieselbe den Wert $\int_a^b f(x)\,dx$ ergeben. Es ist daher

$$\int_a^b f(x)\,dx = F(b) - F(a)\,.$$

Wurde früher im Wege der Differentiation die Fläche in unendlich viele und unendlich kleine Elementarstreifen zerlegt, so hat die weitere Betrachtungsweise ergeben, daß die Integration diese unendlich vielen und unendlich kleinen elementaren Flächenstreifen zu einer ganz bestimmten Gesamtfläche summiert. —

Diese geometrische Anschauung hat den Weg für abstrakte Betrachtungen freigemacht.

Es sei y eine beliebige Funktion von x, also $y = f(x)$, dann ist das Differential dieser Funktion $f(x)$, nämlich $d \cdot f(x) = f'(x)\,dx$. Es wirft sich nun von selbst die Frage auf: Wie kann aus dem vorliegenden, von $f(x)$ abgeleiteten Differential $f'(x)\,dx$, welches im allgemeinen wieder eine Funktion von x sein wird, die ursprüngliche Funktion $f(x)$ — der Ursprung mit bezug auf $f'(x)$ — wieder hergestellt werden, durch deren Differentiation eben das gegebene Differential entstanden ist? Diese Aufgabe löst die Integralrechnung. Denkt man sich die physische Teilung eines Körpers bis ins Unendliche fortgesetzt, so gelangt man nach den Grundlehren der Physik zu den kleinsten Teilen, den Molekülen des Körpers. Umgekehrt kann man sich wieder jeden Körper aus unendlich vielen solcher unendlich kleinen Teile zusammengesetzt denken. Diese Vorstellung kann unschwer auf jede beliebige endliche, abstrakte Größe übertragen werden. Jede endliche mathematische Größe kann als ein Integral, als eine Gesamtheit von unendlich vielen und unendlich kleinen Elementargrößen betrachtet werden. Durch das Differenzieren wird die bestimmte endliche Größe, das Integral, in die Elemente, die Differentialien auflöst, durch das Integrieren entsteht wieder aus den unendlich vielen und unendlich kleinen Elementen die bestimmte endliche Größe, aus den unendlich vielen Differentialien wird wieder das Integral ($\int dx = x$). Die analytische Ausdrucksweise für diese grundlegenden Betrachtungen ist nun folgende:

$$d \cdot (\text{Integral}) = \text{Differential} \quad \text{und} \quad \int (\text{Differential}) = \text{Integral}$$

oder $$d \cdot f(x) = f'(x) \cdot dx \quad \text{und} \quad \int f'(x)\,dx = f(x).$$

Z. B. $$d(x^5) = 5x^4\,dx \quad \text{und} \quad \int 5x^4\,dx = x^5.$$

Differenziert man die Definitionsgleichung $\int f'(x)\,dx = f(x)$ beiderseits, so ergibt sich unmittelbar:

$$d \int f'(x)\,dx = d \cdot f(x) = f'(x)\,dx,$$

d. h. die beiden Rechnungsoperationen: Differentiation und Integration heben einander auf, sie sind invers.

Das Differential einer konstanten Größe ist bekanntlich gleich

Null. Bedeutet K eine im übrigen willkürliche, aber von x unabhängige konstante Größe, so ergibt sich:

$$d[f(x) + K] = f'(x)\,dx.$$

Umgekehrt folgt wieder:

$$\int f'(x)\,dx = f(x) + K.$$

Beispiel: Es ist

$$d(x^4) = 4x^3 \cdot dx \quad \text{und} \quad \int 4x^3 \cdot dx = x^4$$

Es ist leicht einzusehen, daß z. B. auch

$$d(x^4 + 3) = 4x^3\,dx \quad \text{und} \quad \int 4x^3\,dx = x^4 + 3 \text{ ist.}$$

Das Integral von dem als gegeben vorliegenden Differential $4x^3\,dx$ kann also sowohl x^4 oder $x^4 + 3$ und offenbar auch x^4 mehr einer anderen beliebigen Konstanten sein. Soll somit das Integral vollständig sein, so muß beim Integrieren jedes Differentiales immer eine willkürliche Konstante K hinzugefügt werden:

$$\int f'(x)\,dx = f(x) + K.$$

Aus dem gegebenen Differential kann zwar diese willkürliche Konstante K nicht bestimmt werden. Einerseits ist aber die Bestimmung von K oft gar nicht notwendig, andererseits wird bei besonderen Problemen die Ermittlung von K durch anderweitige Kenntnisse ermöglicht. Weiß man z. B., daß das Integral für den besonderen Wert $x = a$ verschwindet, so ist:

$$f(a) + C = 0, \quad \text{daher} \quad C = -f(a) \quad \text{und} \quad \int f'(x)\,dx = f(x) - f(a).$$

Welche geometrische Bedeutung hat diese Konstante K?

Die Gleichung einer geraden Linie ist bekanntlich $y = ax + b$. a ist die Tangente des Winkels, den die Gerade mit der positiven Richtung der X-Achse einschließt, b ist das Stück, welches die Gerade auf der Y-Achse abschneidet.

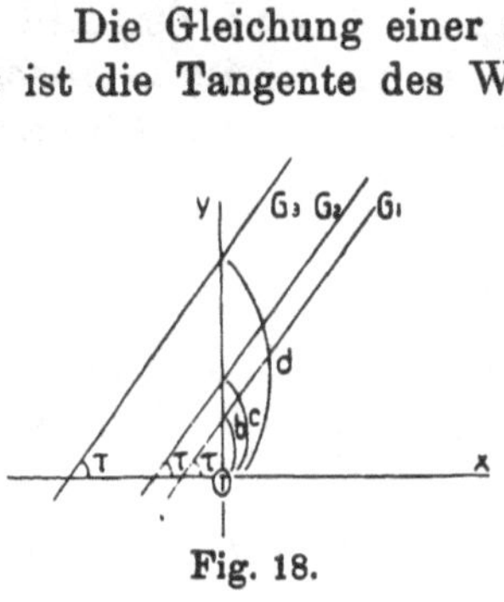

Fig. 18.

Die Gleichungen der Geraden G_1, G_2 und G_3 sind demnach:

$$G_1\colon\ y = ax + b$$
$$G_2\colon\ y = ax + c$$
$$G_3\colon\ y = ax + d.$$

Das gleichbleibende a besagt, daß die Geraden die gleiche Neigung zur X-Achse haben ($\sphericalangle \tau$), daß sie also parallel sind. Die verschiedenen Konstanten b, c, d bewirken also nur eine verschiedene Lage der Geraden im Koordinatensystem. Ist demnach allgemein $y = f(x) + K$ die Gleichung einer Linie, so wird durch $f(x)$ die Gestalt der Kurve bedingt, während die Konstante K nur die Lage der Kurve bestimmt.

Bei dem Integral

$$\int_a^b f'(x)\,dx = [f(b) + K] - [f(a) + K] = f(b) - f(a)$$

entfällt die willkürliche Konstante K, weshalb auch solche Integrale bestimmte genannt werden zum Unterschiede von den unbestimmten Integralen, bei welchen diese willkürliche Konstante hinzugefügt werden muß.

Da bei den nachfolgenden Ausführungen die Kenntnis der Integration der Exponentialfunktion vorausgesetzt wird, so mag schon an dieser Stelle gezeigt werden, wie durch einfache Umkehrung der Differentialformel eine Grundformel der Integration erhalten werden kann. Es ist bekanntlich

$$d\left(\frac{x^{n+1}}{n+1}\right) = \left[(n+1)\cdot\frac{x^n}{(n+1)}\right] dx = x^n\,dx,$$

daher

$$\int x^n\,dx = \frac{x^{n+1}}{n+1} + K.$$

Aus der Differentiation der Exponentialfunktion ergibt sich demnach unmittelbar auch der Satz für die Integration der Exponentialfunktion: Der Exponent n wird um 1 vermehrt und der Koeffizient (hier 1) wird durch den um 1 vermehrten Exponenten dividiert.

Weitere Anwendungen. Die Länge des Weges, den ein frei aus der Ruhelage herabfallender Körper während der Zeit t zurücklegt, findet den analytischen Ausdruck in der bereits mehrfach erwähnten Formel: $s = \frac{1}{2} g t^2$. Als Geschwindigkeit des Körpers nach t Zeiteinheiten hat sich ergeben:

$$\frac{ds}{dt} = gt \quad \text{oder} \quad ds = gt \cdot dt.$$

Liegt die Geschwindigkeit des Körpers gegeben vor, so wird sich die zurückgelegte Wegstrecke im Wege der Integration finden lassen

$$s = \int ds = \int gt \cdot dt = \int gt^1 \cdot dt = \frac{gt^{1+1}}{1+1} + K = \frac{1}{2} gt^2 + K.$$

Wie kann nun K ermittelt werden? Die durchlaufene Wegstrecke s wurde nach der Voraussetzung von der Ruhelage des Körpers aus gemessen, in welcher offenbar $s = 0$ und $t = 0$ sein müssen. Es wird daher aus $s = \frac{1}{2}gt^2 + K$: $0 = 0 + K$, daher $K = 0$ und $s = \frac{1}{2}gt^2$. Wird s nicht von der Ruhelage, sondern von einem um a Einheiten höher gelegenen Punkte aus gemessen, d. h. ist der herabfallende Körper zu Beginn der Beobachtungszeit $t = 0$ in Bewegung, hat er daher bereits die Strecke a durchlaufen, so wird aus $s = \frac{1}{2}gt^2 + K$ für die Zeit $t = 0$: $a = 0 + K$ oder $K = a$. Für t Sekunden wird daher $s = \frac{1}{2}gt^2 + a$. Der Wert von K hängt folglich nur von dem Nullpunkte ab, von dem aus die Strecke s gemessen wird.

Aus der Neigung einer Kurve kann ohne weiteres die Gestalt derselben geometrisch dargestellt werden. Es sei z. B.

$$f'(x) = \frac{dy}{dx} = 8x - 8 \quad \text{oder} \quad dy = (8x - 8)\,dx.$$

Es ist daher

$$\int dy = y = f(x) = \int (8x - 8)\,dx = \int (8x^1 - 8x^0)\,dx = (4x^2 - 8x) + K.$$

In § 3 dieses Abschnittes S. 8 wurde das Kurvenbild der Funktion $y = f(x) = 4x^2 - 8x + 3$ gezeichnet. Für $x = 0$ gesetzt, ergibt sich für $y = 3$; d. h. die Kurve schneidet die Y-Achse im Abstande 3 von der X-Achse. Aus der Integration hat sich natürlich nicht diese Konstante 3, sondern die allgemeine Konstante K ergeben. Da nun K unbestimmt ist, ist auch die Lage der Kurve zur X-Achse unbestimmt, die Gestalt der Kurve hingegen bleibt immer dieselbe, weil die Neigung der Kurve bekannt ist.

Ferner sei z. B. $y = f(x) = 3x^2 + 2$ die Gleichung einer Kurve. Nach den vorstehenden Ausführungen dieses Paragraphen läßt sich im Wege der Integration die Fläche F einer Kurve als Funktion der Abszisse x ausdrücken: $\int f(x)\,dx$. Für das vorliegende Beispiel ergibt sich demnach folgende Betrachtung:

$$dF = (3x^2 + 2)\,dx,$$

$$\int dF = F = \int (3x^2 + 2)\,dx = \int (3x^2 + 2x^0)\,dx = (x^3 + 2x) + K.$$

Welche Bedeutung hat hier die Konstante K? Da die Summation der unendlich vielen und unendlich kleinen Flächenelemente nicht wie oben zwischen den Grenzen von $x = a$ bis $x = b$, sondern von $x = 0$ aus vorgenommen wurde, erscheint der Flächeninhalt F der Kurve $f(x)$ von der Y-Achse ab gemessen; es verschwindet demnach F mit verschwindendem x. Aus der obigen Gleichung $F = x^3 + 2x + K$ ergibt sich daher für $x = F = 0$ auch für $K = 0$ und für $F = x^3 + 2x$.

Erhält x beispielsweise den besonderen Wert 5 cm, so ist der Inhalt der Fläche, welche von der Kurve $3x^3 + 2$, den beiden Koordinatenachsen und einer von der Y-Achse um 5 cm entfernten Ordinate eingeschlossen wird, $F = x^3 + 2x = 135 \text{ cm}^2$; $x = 8$ cm ergibt $F = 528 \text{ cm}^2$. Der Inhalt der Fläche, welcher von der Kurve $3x^2 + 2$, der X-Achse und den beiden Ordinaten im Abstande von 5 cm und 8 cm von der Y-Achse begrenzt wird, erscheint als der Unterschied der beiden früher gemessenen Flächen: $528 \text{ cm}^2 - 135 \text{ cm}^2 = 393 \text{ cm}^2$. Die letztere Fläche kann auch als die Summation der unendlich vielen und unendlich kleinen Flächenstreifen, gezählt von der Senkrechten auf die X-Achse im Punkte $x = 5$ cm bis zur Senkrechten auf die X-Achse im Punkte $x = 8$ cm, betrachtet werden:

$$\int_{x=5}^{x=8} (3x^2+2)\,dx = \int_5^8 (3x^2+2)\,dx = [x^3+2x+K]_{x=8} - [x^3+2x+K]_{x=5}$$

$$= [512+16+K] - [135+K] = 512+16+K-135-K = 393.$$

Die Konstante K ist in beiden Fällen dieselbe, weil die Fläche von der Senkrechten auf die X-Achse im Punkte $x = 5$ ab gemessen erscheint.

Die Integralrechnung. Es gibt keine allgemeine Integrationsmethode ähnlich der allgemeinen Methode der Differentiation.

Zunächst ergeben sich die Grundformeln der Integralrechnung in einfacher Weise lediglich durch Umkehrung der betreffenden Differentialformeln. Eine Zusammenstellung dieser Grundformeln findet sich im Anhange zu diesem Abschnitte.

Zusammengesetzte Differentialausdrücke sind durch geeignete Transformationen auf bereits bekannte und in letzter Linie auf die im Anhange angegebenen einfachen Formen zurückzuführen. Durch zweckentsprechende Substitutionen, durch Zerlegung können die gegebenen komplizierteren Ausdrücke auf einfachere zurückgeführt werden. Eines der am meisten angewendeten Hilfsmittel zur Integration zusammengesetzter Ausdrücke ist die teilweise Integration. Dieselbe stützt sich auf die bereits bekannte Gleichung für die Differentiation eines Produktes. Seien u und v beliebige Funktionen von x, so ist:

$$d \cdot uv = v\,du + u\,dv; \quad \int d \cdot uv = uv = \int v\,du + \int u\,dv$$

oder

$$\int u \cdot dv = uv - \int v\,du.$$

In vielen Fällen ist es überhaupt nicht möglich, das Integral in endlicher Form darzustellen. Dann muß das gegebene Differential in eine Reihe aufgelöst und die letztere Glied für Glied integriert werden. Bei vielen Integralen ist die Auflösung überhaupt noch nicht gelungen.

Auf alle diese Verfahrensarten zur Auswertung von Integralen kann jedoch nicht näher eingegangen werden, da nach den Zwecken, welche die vorliegende Arbeit verfolgt, das Bestreben lediglich dahin gerichtet sein kann, die Denkformen der höheren Mathematik darzustellen.

Auf einen Punkt soll noch in Kürze hingewiesen werden.

Wie man sukzessive differenzieren kann, so gibt es auch eine sukzessive Integration. Aus F werden F', F'', F''', ... abgeleitet, umgekehrt kann man wieder von ... F''' zu F'', von dieser Ableitung zu F' und endlich zur ursprünglichen Funktion F zurückschreiten. Die symbolische Bezeichnung für diesen Vorgang ist folgende, wobei die Konstante K der Kürze halber weggelassen wird:

$$\int f(x)\,dx = f_1(x); \quad \int f_1(x)\,dx = f_2(x); \quad \int f_2(x)\,dx = f_3(x) \text{ usw.}$$

oder

$$\int f_1(x)\,dx = \int\left[\int f(x)\,dx\right]dx = \int\int f(x)\,dx\,dx = \int\int f(x)\,dx^2$$

und

$$\int f_2(x)\,dx = \int\left[\int f_1(x)\,dx\right]dx = \int\left[\int\left\{\int f(x)dx\right\}dx\right]dx$$

$$= \int\int\int f(x)\,dx\,dx\,dx = \int\int\int f(x)\,dx^3 \text{ usw.}$$

In ähnlicher Schreibweise werden auch die bestimmten Integrale wiedergegeben:

$$\int\limits_{x=a}^{x=b}\left[\int\limits_{x=m}^{x=n} f(x)dx\right]dx = \int\limits_a^b\int\limits_m^n f(x)\,dx^2 \text{ usw.}$$

Beispiel: Der Weg, den ein frei aus der Ruhelage herabfallender Körper zurücklegt, ist $s = \frac{1}{2}gt^2$. Die erste Ableitung dieser Funktion ergab die Geschwindigkeit des Körpers: $\frac{ds}{dt} = gt$, die zweite Ableitung die demselben erteilte Beschleunigung:

$$\frac{d\left(\frac{ds}{dt}\right)}{dt} = \frac{d^2s}{dt^2} = g \quad \text{oder} \quad d\left(\frac{ds}{dt}\right) = g\cdot dt.$$

Umgekehrt ergibt die Integration von g:

$$\int d\left(\frac{ds}{dt}\right) = \int g \cdot dt = \int g t^0 \cdot dt = \frac{ds}{dt} = gt + K$$

oder $ds = gt \cdot dt + K dt$ wieder die Geschwindigkeit und die Integration von $gt + K$, d. i.

$$\int ds = \int (gt + K) dt = \int (gt \cdot dt + K dt) = \int gt\, dt + \int K dt$$
$$= \int gt\, dt + K \int dt = s = \frac{1}{2} gt^2 + Kt + K'.$$

Dieses Verfahren kann jedoch viel kürzer durchgeführt werden:

$$s = \iint d^2 s = \iint g\, dt^2 = \int (gt + K) dt = \frac{1}{2} g t^2 + Kt + K'.$$

Die Bedeutung der Konstanten K' ist bereits bekannt. Wird s vom Nullpunkt ab gemessen, dann werden s und t gleichzeitig Null und mit ihnen auch K'. Zur Ermittlung der Konstanten K dient die Gleichung: $\frac{ds}{dt} = gt + K$. Man nehme an, der Körper bewege sich nicht von der Ruhelage aus, sondern habe zu Beginn der Beobachtung im Zeitpunkte $t = 0$ bereits die Anfangsgeschwindigkeit $v_0 = \frac{ds}{dt}$. Die Gleichung $\frac{ds}{dt} = gt + K$ geht somit über in: $v_0 = 0 + K$, daher $K = v_0$. Werden nun die Werte für $K' = 0$ und $K = v_0$ in die obige Gleichung $s = \frac{1}{2} gt^2 + Kt + K'$ eingesetzt, so ergibt sich die allgemeine funktionale Beziehung zwischen s und t frei herabfallender Körper, nämlich: $s = v_0 t + \frac{gt^2}{2}$.

Anhang.

I. Zusammenstellung der Lehrsätze über die Differentiation der wichtigsten Funktionen.

1. $\frac{d(x^n)}{dx} = n \cdot x^{n-1}$ (n irgend eine reelle Zahl).

2. $d(a^x) = a^x \cdot \frac{\log a}{\log e} \cdot dx$ oder bei Verwendung natürlicher Logarithmen mit der Bezeichnung l (Basis $e = 2{\cdot}71828\ldots$):

$$d(a^x) = a^x \cdot la\, dx; \quad \text{für } a = e \text{ folgt: } d(e^x) = e^x dx.$$

3. $y = \log x$; $\frac{dy}{dx} = \frac{1}{x} \log e$; für natürliche Logarithmen:

$$\frac{dy}{dx} = \frac{1}{x} \quad \text{oder} \quad dy = d(l\,x) = \frac{dx}{x}.$$

4. $d(\sin x) = \cos x \cdot dx$; $d(\cos x) = -\sin x \cdot dx$;

$$d(\operatorname{tg} x) = \frac{dx}{\cos x^2}; \quad d(\operatorname{ctg} x) = -\frac{dx}{\sin x^2}.$$

5. $y = \operatorname{arc} \sin x$, $\frac{dy}{dx} = \frac{1}{\sqrt{1 - \sin y^2}}$ oder wegen $\sin y = x$:

$$\frac{dy}{dx} = \frac{1}{\sqrt{1 - x^2}};$$

$y = \operatorname{arc} \cos x$, $\frac{dy}{dx} = -\frac{1}{\sqrt{1 - \cos y^2}}$ oder wegen $\cos y = x$:

$$\frac{dy}{dx} = -\frac{1}{\sqrt{1 - x^2}};$$

$y = \operatorname{arc} \operatorname{tg} x$; $\frac{dy}{dx} = \frac{1}{\cos x^2}$ oder wegen $x = \operatorname{tg} y$ folgt:

$dx = \frac{dy}{\cos y^2}$, daher $\frac{dy}{dx} = \cos y^2 = \frac{1}{\sec y^2} = \frac{1}{1 + \operatorname{tg} y^2} = \frac{1}{1 + x^2}$;

folglich $d \cdot \operatorname{arc} \operatorname{tg} x = \frac{dx}{1 + x^2}$; $y = \operatorname{arc} \operatorname{ctg} x$, $\frac{dy}{dx} = -\frac{1}{\sin x^2}$

oder wegen $x = \operatorname{ctg} y$ folgt:

$dx = -\frac{dy}{\sin y^2}$, $\frac{dy}{dx} = -\sin y^2 = -\frac{1}{\operatorname{cosec} y^2} = -\frac{1}{1 + \operatorname{ctg} y^2} = -\frac{1}{1 + x^2}$,

daher $d \cdot \operatorname{arc} \operatorname{ctg} x = -\frac{dx}{1 + x^2}$.

6. $f(x) = K =$ Konstante; $\frac{dK}{dx} = 0$ (weil eine Konstante als solche jeder Veränderung unfähig ist).

7. $F(x) = K \cdot \varphi(x)$; $F'(x) = K \cdot \varphi'(x)$.

8. $F(x) = f_1(x) \pm f_2(x) \pm f_3(x) \pm \ldots$;

$$F'(x) = f_1'(x) \pm f_2'(x) \pm f_3'(x) \pm \ldots.$$

9. $F(x) = \varphi(x) \cdot \psi(x)$; $F'(x) = \varphi'(x)\,\psi(x) + \psi'(x)\,\varphi(x)$.

10. $F(x) = \varphi[f(x)]$; $F'(x) = \varphi'[f(x)] \cdot f'(x)$.

Z. B. $y = (1 - 3x)^5$; es sei $(1 - 3x) = z$; daher $y = z^5$;

$\frac{dy}{dz} = 5z^4$, $z = 1 - 3x$; $\frac{dz}{dx} = -3$; $\frac{dy}{dz} \cdot \frac{dz}{dx} = \frac{dy}{dx} = -15z^4$.

II. Zusammenstellung der Grundformeln der Integralrechnung.

1. $\int x^n\,dx = \frac{x^{n+1}}{n+1} + K$; denn $d\int x^n\,dx = d\left(\frac{x^{n+1}}{n+1} + K\right) =$
$= x^n \cdot dx$.

2. $\int a^x\,dx = \frac{a^x}{la} + K$; denn $d\int a^x\,dx = d\left(\frac{a^x}{la} + K\right) =$
$= \frac{1}{la} \cdot a^x\,la\,dx = a^x\,dx$;

für $a = e$ gesetzt, folgt: $\int e^x\,dx = e^x + K$.

3. $\int \frac{dx}{x} = lx + K$; denn $d\int \frac{dx}{x} = d(lx + K) = \frac{dx}{x}$.

4. $\int \sin x \cdot dx = -\cos x + K$; denn $d\int \sin x\,dx =$
$= d(-\cos x + K) = \sin x\,dx$;

$\int \cos x\,dx = \sin x + K$; denn $d\int \cos x\,dx = d(\sin x + K) =$
$= \cos x \cdot dx$;

$\int \frac{dx}{\cos x^2} = \operatorname{tg} x + K$; denn $d\int \frac{dx}{\cos x^2} = d(\operatorname{tg} x + K) = \frac{dx}{\cos x^2}$;

$\int \frac{dx}{\sin x^2} = -\operatorname{ctg} x + K$; denn $d\int \frac{dx}{\sin x^2} = d(-\operatorname{ctg} x + K) =$
$= \frac{dx}{\sin x^2}$.

5. $\int \frac{dx}{\sqrt{1-x^2}} = \operatorname{arc}\sin x + K$; denn $d\int \frac{dx}{\sqrt{1-x^2}} =$
$= d(\operatorname{arc}\sin x + K) = \frac{dx}{\sqrt{1-x^2}}$;

$\int -\frac{dx}{\sqrt{1-x^2}} = \operatorname{arc}\cos x + K$; denn $d\int \frac{-dx}{\sqrt{1-x^2}} =$
$= d(\operatorname{arc}\cos x + K) = -\frac{dx}{\sqrt{1-x^2}}$;

$\int \frac{dx}{1+x^2} = \operatorname{arc}\operatorname{tg} x + K$; denn $d\int \frac{dx}{1+x^2} =$
$= d(\operatorname{arc}\operatorname{tg} x + K) = \frac{dx}{1+x^2}$;

$\int -\frac{dx}{1+x^2} = \operatorname{arc}\operatorname{ctg} x + K$; denn $d\int -\frac{dx}{1+x^2} =$
$= (\operatorname{arc}\operatorname{ctg} x + K) = -\frac{dx}{1+x^2}$.

6. $\int K f(x)\,dx = K \int f(x)\,dx$, wobei K = Konstante.

7. $\int [f_1(x) \pm f_2(x) \pm f_3(x) \pm \ldots]\,dx =$

$$= \int f_1(x)\,dx \pm \int f_2(x)\,dx \pm \int f_3(x)\,dx \pm \ldots$$

8. Wenn $\int f(x)\,dx = F(x) + K$ ist, so ist $\int\limits_a^b f(x)\,dx = F(b) - F(a)$

unter der Voraussetzung, daß die Funktion $f(x)$ von $x = a$ bis $x = b$ stetig ist.

9. $\int\limits_a^b f(x)\,dx = F(b) - F(a)$ und $\int\limits_b^a f(x)\,dx = F(a) - F(b) =$

$= -[F(b) - F(a)]$

daher

$$\int\limits_a^b f(x)\,dx = -\int\limits_b^a f(x)\,dx.$$

10. Zur Zerlegung des Integrationsintervalles von a bis b in mehrere Intervalle:

$$\int\limits_a^b f(x)\,dx = \int\limits_a^\alpha f(x)\,dx + \int\limits_\alpha^\beta f(x)\,dx + \int\limits_\beta^b f(x)\,dx; \text{ usw.}$$

11. Wird in $\int\limits_a^b f(x)\,dx = \int\limits_a^\alpha f(x)\,dx + \int\limits_\alpha^b f(x)\,dx$ $\alpha = \frac{a+b}{2}$ und

sind die Werte der Funktion $f(x)$ von $x = \frac{a+b}{2}$ aus zu beiden Seiten der Zahl nach gleich und von gleichem Vorzeichen, so ist

$$\int\limits_a^b f(x)\,dx = 2\int\limits_a^{1/2(a+b)} f(x)\,dx = 2\int\limits_{1/2(a+b)}^b f(x)\,dx.$$

Sind die Funktionswerte von $x = \frac{a+b}{2}$ aus zu beiden Seiten zwar der Zahl nach gleich, aber von entgegengesetztem Vorzeichen, so ist

$$\int\limits_a^b f(x)\,dx = 0.$$

12. Transformationsformeln zur Änderung der Integrationsgrenzen.

Setzt man in $\int_a^b f(x)\,dx$ für $x = z + h$, so wird für $x = a : z = a - h$ und für $x = b : z = b - h$ und wegen $x = z + h : dx = dz$; daher ist

$$\int_a^b f(x)\,dx = \int_{a-h}^{b-h} f(z+h)\,dz \tag{1}$$

desgleichen ist

$$\int_a^b f(z+h)\,dz = \int_{a+h}^{b+h} f(x)\,dx \tag{2}$$

für $h = a$ in (1) eingesetzt, folgt:

$$\int_a^b f(x)\,dx = \int_0^{b-a} f(a+z)\,dz \tag{3}$$

Durch Substitution von $z = y(b - a)$ in die rechte Seite der Gleichung (3) wird für $z = 0 : y = 0$, für $z = b - a : y = 1$ und wegen $dz = (b - a)\,dy$:

$$\int_0^{b-a} f(a+z)\,dz = (b-a)\int_0^1 f[a + (b-a)y]\,dy$$

oder

$$\int_a^b f(x)\,dx = (b-a)\int_0^1 f[a + (b-a)y]\,dy \tag{4}$$

Setzt man in dem Integral der rechten Seite der Gleichung (4) $\frac{y}{1-y} = z$, so wird für $y = 0 : z = 0$, für $y = 1 : z = \infty$ und da ferner aus $\frac{y}{1-y} = z$ sich $y = \frac{z}{1+z}$, somit $dy = \frac{dz}{(1+z)^2}$ ergibt, folgt:

$$\int_0^1 f[a + (b-a)y]\,dy = \int_0^\infty f\left[a + \frac{(b-a)z}{1+z}\right] \cdot \frac{dz}{(1+z)^2}$$

daher

$$\int_a^b f(x)\,dx = (b-a)\int_0^\infty f\left[\frac{a+bz}{1+z}\right] \cdot \frac{dz}{(1+z)^2}\,. \tag{5}$$

Zweiter Abschnitt.

Die grundlegenden Begriffe und Sätze aus der Wahrscheinlichkeitstheorie.

I. Die mathematische Wahrscheinlichkeit.

Jeder mathematische Lehrsatz besteht aus einer Voraussetzung, einer Behauptung und aus dem Beweise für diese Behauptung. Z. B. Voraussetzung: Gegeben sei $a^m : a^n$, wobei $m > n$; behauptet wird:

$$a^m : a^n = a^{m-n};$$

Beweis:

$$\frac{a^m}{a^n} = \frac{\underset{1}{a} \cdot \underset{2}{a} \cdot \underset{3}{a} \ldots . \underset{m}{a}}{\underset{1}{a} \cdot \underset{2}{a} \ldots . \underset{n}{a}} = \underset{1}{a} \cdot \underset{2}{a} \cdot \underset{3}{a} \ldots . \overbrace{a}^{m-n} = a^{m-n} .$$

An jede Voraussetzung, Annahme oder Hypothese knüpft sich also auf Grund eines rein formallogischen Beweises eine ganz bestimmte Folgerung, ein Urteil über die Beziehungen von Größen zueinander. Bei solchen Urteilen auf Grund einer Hypothese, also bei hypothetischen Urteilen, mit welchen es die Mathematik fast ausschließlich zu tun hat, tritt, wenn die Voraussetzung erfüllt ist, die Folgerung mit Notwendigkeit ein. In den Naturwissenschaften wird oft der formallogische Beweis durch die ausnahmslos gemachte Erfahrung ersetzt.

Nun können sich aber aus einer bestimmten Voraussetzung mehrere Folgerungen in der Weise ergeben, daß bei Erfüllung der Voraussetzung A die Folgerung B oder C oder D usw. sich einstellt. Der Zusammenhang zwischen Voraussetzung und Folgerung ist nicht wie früher die Notwendigkeit, sondern die Möglichkeit für die eine oder andere Folgerung. Bei dieser Sachlage kann man daher nur ein disjunktives Urteil schöpfen, man kann nur den Schluß mit Sicherheit ziehen, die eine oder andere an die Voraussetzung A geknüpfte Disjunktion B oder C oder D usw. werde tatsächlich eintreten. Befinden sich z. B. in einer Urne mit undurchsichtiger

Wandung weiße und schwarze Kugeln, welche im übrigen vollkommen gleich, also für den Tastsinn ununterscheidbar sind, so werden sich nach Durcheinandermischung der Kugeln die beiden Möglichkeiten ergeben, entweder eine weiße oder eine schwarze Kugel aus der Urne herauszuziehen. Es ist nun leicht einzusehen: Je mehr weiße Kugeln gegenüber schwarzen sich in der Urne befinden, desto größer wird die Erwartung sein, eine weiße Kugel zu ziehen, und umgekehrt. Man ist im allgemeinen geneigt, das Eintreffen eines Ereignisses für desto wahrscheinlicher zu halten, je mehr günstige Umstände für dasselbe bekannt sind. Der Begriff, den man im gewöhnlichen Leben mit dem Worte „Wahrscheinlichkeit" verbindet, ist jedoch ein sehr unbestimmter. Man sagt, das Eintreffen eines Ereignisses ist unmöglich, unwahrscheinlich, wahrscheinlich, sehr wahrscheinlich oder gewiß, je nachdem man geringere oder größere Zuversicht in dieses Eintreffen setzt. Mit einem so unbestimmten Begriffe kann aber nicht exakt gearbeitet werden. Es wirft sich demnach zunächst die Frage auf: Wie findet man ein genaues Maß für die Wahrscheinlichkeit des Eintreffens eines Ereignisses? Wie aus den bisherigen Ausführungen hervorgeht, ist die Wahrscheinlichkeit offenbar eine Funktion des Ereignisses. Die unabhängig veränderlichen Größen sind die für das Eintreffen des Ereignisses günstigen und ungünstigen Umstände. Die Wahrscheinlichkeit wächst mit der Zahl der günstigen Fälle, ebenso wie sie mit derselben abnimmt. Soll dieses proportionale Verhalten streng mathematisch sein, so müssen die sämtlichen Disjunktionsglieder, die sich an die Voraussetzung knüpfen, gleichmöglich sein. Wenn also in dem vorigen Urnenbeispiele die Kugeln durch den Tastsinn unterscheidbar sind, so wird das Erscheinen einer weißen oder schwarzen Kugel nicht mehr völlig ungewiß sein. Ebensowenig ergibt sich das strenge Proportionalitätsverhältnis, wenn z. B. bei einer Münze die beiden Seiten ungleich geprägt sind oder bei einem Würfel eine Würfelseite gegenüber den anderen bevorzugt erscheint. Die Münze wird das Bestreben haben, auf die Seite der stärkeren Prägung, z. B. auf die Wappenseite zu fallen. Durch diesen störenden Einfluß wird deshalb die Münze in der Ruhelage nach dem Auffallen vorherrschend die Schriftseite zeigen. Ebenso verhält es sich, wenn der Schwerpunkt des Würfels nicht mit seinem geometrischen Mittelpunkte zusammenfällt, wenn die Karten in einem Spiele gekennzeichnet sind usw. Eine weitere notwendige Konsequenz für die strenge Proportionalität zwischen dem Funktionswert und den unabhängig Veränderlichen ist, daß diese Gleichmöglichkeit, diese Chancengleichheit unverändert, konstant bleibt. Für die ganze Reihe der Versuchsfälle und deren beliebige Fortsetzung muß also die Erwartung für den einen Fall ebenso groß sein, wie für jeden anderen Fall. Dann wird man auch das, was wirklich eingetreten ist, als zufällig eingetreten bezeichnen können. Der Eintritt irgend eines Falles ist dann nicht bestimmend für den Eintritt eines anderen Falles, es wird also völlige Unabhängigkeit zwischen den Fällen herrschen. Erst auf dieser konstanten Gleichmöglichkeit der Fälle und auf der Negierung des Kausalzusammenhanges kann der Begriff der mathematischen Wahrscheinlichkeit aufgebaut werden. Und weil dieser Begriff der mathematischen Wahrscheinlichkeit den Grundpfeiler der Wahrscheinlichkeitstheorie bildet, so ruht auch die ganze Wahrscheinlichkeitstheorie auf diesen Hypothesen der konstanten Chancengleichheit und gegenseitigen Unabhängigkeit der Fälle. Die scharfe Betonung dieser Grundbedingungen der mathematischen Wahrscheinlichkeit ist von der größten Wichtigkeit für die Anwendung der wahrscheinlichkeitstheoretischen Lehren. Es müssen immer zwingende Gründe, d. i. ein objektives Wissen vorhanden sein, daß konstante Chancengleichheit und Unabhängigkeit im Anwendungsfalle wenigstens annähernd erfüllt sind. In diesem Umstande liegt auch die größte Schwierigkeit für die Anwendung der Wahrscheinlichkeitstheorie.

Nach diesen Ausführungen ist es nun ein leichtes, den analytischen Ausdruck für den Begriff der mathematischen Wahrscheinlichkeit zu finden. Bei konstanter Zahl der gleichmöglichen Fälle, sie sei m, wird die mathematische Wahrscheinlichkeit 2, 3, ... n-mal so groß, wenn diejenigen von diesen m-Fällen, welche einem bestimmten Ereignisse E günstig sind (ihre Bezeichnung sei g), gleichfalls 2, 3, ... n-mal so groß werden. Es ergibt sich daher: W(mathem. Wahrscheinlichkeit) = Funktion des Ereignisses $E = f(\mathsf{E}) =$

$$= p\,(\text{probabilitas}) = \frac{g\ (\text{günstige Fälle})}{m\ (\text{gleichmögliche Fälle})}$$ oder kurz $p = \frac{g}{m}$, d. h. unter der mathematischen Wahrscheinlichkeit für das Eintreffen eines Ereignisses versteht man das Verhältnis der Anzahl der Fälle, die dem Eintreffen des Ereignisses günstig sind, zu der Anzahl der Fälle, die überhaupt möglich sind.

Hiermit ist ein genaues Maß für die Wahrscheinlichkeit, oder nach Czuber für die graduierte Möglichkeit oder für die Erwartung gefunden.

Die beiden Grenzfälle des Bruches $\frac{g}{m}$ treten ein für $g = 0$, daher

$$p = \frac{g}{m} = \frac{0}{m} = 0$$

und für $g = m$, daher

$$p = \frac{g}{m} = \frac{m}{m} = 1\,;$$

d. h. ist kein Fall dem Ereignis E günstig, dann ist es eben unmöglich, daß das Ereignis eintrifft, die Wahrscheinlichkeit seines Eintreffens ist gleich Null; sind hingegen alle gleichmöglichen Fälle zugleich auch dem Ereignis günstig, so ist das Ereignis mit Gewißheit zu erwarten, die Wahrscheinlichkeit seines Eintrittes ist der Einheit gleich. Diese beiden Werte scheiden demnach begrifflich aus dem Gebiete der Wahrscheinlichkeitsrechnung aus. Zwischen diesen Grenzen aber gibt es die unendlich vielen Abstufungen der Wahrscheinlichkeit.

Die Zahl der dem Ereignisse ungünstigen unter den m gleichmöglichen Fällen ergibt sich als Unterschied zwischen m und g, daher $n = m - g$. Sie können insofern auch wie die günstigen Fälle behandelt werden, als sie das Eintreffen des Nichteintreffens des Ereignisses bedeuten. Die Wahrscheinlichkeit für das Nichteintreffen des Ereignisses wird herkömmlich mit dem Buchstaben q bezeichnet. Es ist daher

$$q = \frac{m - g}{m}.$$

Rechnungsmäßig ergibt dann

$$p + q = \frac{g}{m} + \frac{m - g}{m} = 1\,,$$

d. h. im Falle der Realisierung sämtlicher möglichen Fälle wird es eben zur Gewißheit, daß das Ereignis g mal eintreffen und $(m - g)$ mal nicht eintreffen wird. Diese Relation ergibt sich unmittelbar aus dem Begriffe der mathematischen Wahrscheinlichkeit. Bedeutet z. B. das Ereignis E aus einer Urne eine weiße Kugel zu ziehen, so ist es unmöglich, aus einer Urne, welche nur fünf schwarze Kugeln enthält, eine weiße Kugel zu ziehen, man muß aber gewiß eine weiße Kugel ziehen, wenn die Urne nur fünf weiße Kugeln enthält. Befinden sich nun in der Urne drei weiße und zwei schwarze Kugeln, so ist die Wahrscheinlichkeit dafür, eine weiße Kugel zu ziehen $\frac{3}{5}$ und die entgegengesetzte Wahrscheinlichkeit, eine schwarze Kugel zu ziehen $\frac{2}{5}$. Diese beiden Wahrscheinlichkeiten für das Eintreffen und Nichteintreffen des Ereignisses, eine weiße Kugel zu ziehen, ergänzen sich zur Einheit: $\frac{3}{5} + \frac{2}{5} = 1$.

II. Die Bestimmung der Wahrscheinlichkeit.

A. Direkte Wahrscheinlichkeitsbestimmung.

Ist die Anzahl der möglichen wie der aus ihnen hervorgehenden günstigen Fälle eine endliche, so läßt sich die Wahrscheinlichkeit direkt bestimmen, d. h. man konstruiert die sämtlichen möglichen Fälle, bestimmt aus ihnen die günstigen Fälle und bildet den Bruch $\frac{g}{m}$. Da sich die beiden Wahrscheinlichkeiten p und q zur Einheit ergänzen, ist es gleichgültig, ob man p oder q bestimmt. Die eine ergibt sich immer sofort aus der andern. Gegebenen Falles ist aber oft die Bestimmung der einen Wahrscheinlichkeit weit leichter und einfacher als die der andern. Die besondere Schwierigkeit der Wahrscheinlichkeitsbestimmung liegt nun in der Feststellung der sämtlichen möglichen Fälle und in dem Abzählen der günstigen Fälle aus der Menge der möglichen. Wie sich der Vorgang hierbei gestaltet, sollen die beiden folgenden Beispiele erläutern.

Auf einer Bank sind die vier Sitze mit Nummern von 1 bis 4 versehen. Es setzen sich nun vier Personen A, B, C, D auf dieselbe; welches ist die Wahrscheinlichkeit dafür, daß A auf den Sitz Nr. 1 kommt?

Die nächste Frage ist die: Wie groß ist die Zahl aller möglichen Gruppierungen der vier Personen auf der Bank? Nimmt man die Sitzplätze der Reihe nach von 1 angefangen bis 4, so sind die Anordnungen, in welchen die vier Personen die Plätze einnehmen können, offenbar folgende:

A B C D	*B C A D*	*C A B D*	*D A B C*
A B D C	*B C D A*	*C A D B*	*D A C B*
A C B D	*B A C D*	*C B A D*	*D B A C*
A C D B	*B A D C*	*C B D A*	*D B C A*
A D C B	*B D A C*	*C D A B*	*D C A B*
A D B C	*B D C A*	*C D B A*	*D C B A*;

24 ist also die Anzahl der Möglichkeiten, in denen die vier Personen die vier Plätze besetzen können. Von diesen sind nur die sechs ersten günstig, weil nur bei ihnen A den Platz Nr. 1 einnimmt. Die gesuchte Wahrscheinlichkeit ist demnach $\frac{6}{24} = \frac{1}{4}$.

Welches ist die Wahrscheinlichkeit, mit zwei Würfeln die Seiten 3 und 5 zu werfen?

Die Anzahl der möglichen Fälle ergibt sich aus folgender Betrachtung: Wird z. B. mit dem ersten Würfel die Seite 1 geworfen und mit dem zweiten Würfel irgend eine der Seiten von 1 bis 6, so ergeben sich sechs Anordnungen, nämlich: 1 u. 1, 1 u. 2, 1 u. 3, 1 u. 4, 1 u. 5, 1 u. 6. Ebenso, wenn mit dem ersten Würfel die Seite 2 geworfen wird: 2 u. 1, 2 u. 2, 2 u. 3, 2 u. 4, 2 u. 5, 2 u. 6. Es kann also je eine der sechs Seiten des ersten Würfels mit je einer Seite des zweiten Würfels zusammen erscheinen. Es ergeben sich demnach im ganzen $6 \times 6 = 36$ Gruppen von je zwei Würfelseiten. Günstig sind nur die beiden Fälle, in welchen der erste Würfel die Seite 3 und der zweite Würfel die Seite 5, oder der erste Würfel die Seite 5 und der zweite die Seite 3 zeigt. Die gesuchte Wahrscheinlichkeit ist demnach $\frac{2}{36} = \frac{1}{18}$.

Wäre ferner die Wahrscheinlichkeit zu bestimmen, daß ein bestimmter Terno in einer Lotterieziehung erscheint, so ist die Lösung dieser Aufgabe schon mit weit größeren Schwierigkeiten verbunden. Abgesehen von der Schwierigkeit der richtigen Ausmittelung der sämtlichen möglichen wie der günstigen Fälle, wozu das schärfste logische Denken unbedingt erforderlich ist, stellt auch schon die bloß rechnerische Durchführung solcher Wahrscheinlichkeitsbestimmungen ganz bedeutende Anforderungen.

Die Ziehung in einer Lotterie geschieht in der Weise, daß einer Urne mit den Nummern von 1 bis 90 nacheinander fünf Nummern entnommen werden. Die zuerst gezogene Nummer heißt „im ersten Ruf" gezogen, die zweitgezogene Nummer „im zweiten Ruf" usw. Eine aus den gezogenen Nummern heißt Solo, irgend zwei derselben zusammengenommen heißen ein Ambo, drei ein Terno usw. Was nun zunächst die Anzahl der möglichen Fälle betrifft, so ist sie gleich der Anzahl der Ternen, die man aus den 90 Nummern bilden kann. Denn irgend eine von diesen muß die gegebene Terne sein. Die Anzahl der günstigen Fälle hingegen wird die Anzahl der Ternen sein, die man aus den fünf gezogenen Nummern bilden kann. Wie man sich durch eine Probe leicht überzeugen kann und wie sich auch weiter unten zeigen wird, erfordert schon diese Aufgabe mit ihren kleinen Grundzahlen eine außergewöhnliche Arbeit, bevor die möglichen und günstigen Fälle bestimmt sind.

Aus diesen wenigen Beispielen wird aber eines sofort klar. Die Ausmittlung von m und g führt zunächst zur Aufgabe, eine gewisse Anzahl von Elementen in gewisser Reihenfolge zu gruppieren oder die gegebenen Elemente in bestimmten Gruppen von 2, 3 usw. Elementen anzuordnen, zu kombinieren. Wie die geschichtliche Entwicklung des Gegenstandes zeigt, hat denn auch in der Tat das Studium der Glücksspiele, bei denen die Bedingungen der konstanten Chancengleichheit und der Unabhängigkeit der Fälle in auffallender Weise erfüllt erscheinen, zu gleicher Zeit zur Ausbildung der Kombinationslehre, der Kombinatorik geführt. Die wichtigsten Lehren derselben können im folgenden nur in Kürze angeführt werden.

a) Permutation. Bei dieser werden n Elemente in allen möglichen Anordnungen zusammengestellt. Die Zahl der Permutationen bei einem Elemente ist offenbar $P_1 = 1$; bei zwei Elementen: ab u. ba, daher $P_2 = 2 = 1 \cdot 2$; bei drei Elementen:

a	b	c	b	a	c	c	a	b
a	c	b	b	c	a	c	b	a,

daher $P_3 = 6 = 1 \cdot 2 \cdot 3$ usw. Für n Elemente ergibt sich

$$P_n = 1 \cdot 2 \cdot 3 \cdot 4 \ldots n;$$

für dieses Produkt hat man das Symbol $n!$ (n Faktorielle) eingeführt. Daher ergibt sich die Formel:

$$P_n = 1 \cdot 2 \cdot 3 \cdot 4 \ldots n = n! \tag{1}$$

Kommen unter den n Elementen $\alpha, \beta, \ldots$ gleiche Elemente vor, so führt folgende Erwägung zum Ergebnis: Die Anzahl der Komplexionen wäre $n!$, wenn alle Elemennte verschieden wären. Befinden sich nun unter den n Elementen α gleiche, so sind diejenigen Komplexionen identisch, die sich anfangs durch die Stellung dieser α Elemente unterscheiden. Denkt man sich nun alle verlangten Komplexionen gebildet, so würden umgekehrt aus jeder solchen $\alpha!$ entstehen, wenn die gleichen Elemente verschieden wären, weil sich letztere Elemente selbst auf $\alpha!$ Arten permutieren lassen. Es ergibt sich daher:

$$P_n^{(\alpha, \beta, \ldots)} = \frac{n!}{\alpha!\,\beta! \ldots}\,. \tag{2}$$

b) Kombinieren ohne Wiederholung. Aus den n Elementen werden auf alle möglichen Arten Gruppen von r Elementen gebildet. Hierbei kommt es auf die Anordnung der Elemente in der einzelnen Gruppe nicht an. Gegeben seien z. B. die vier Elemente a, b, c, d. Nach der Voraussetzung können aus diesen vier Elementen vier Gruppen zu je einem Elemente gebildet werden, daher $C_4{}^1 = 4$. Die Kombinationen in der zweiten Klasse, d. h. die Anordnung dieser vier Elemente in Gruppen zu je zwei Elementen, geschieht folgendermaßen:

$a\ b$	$b\ a$	$c\ a$	$d\ a$
$a\ c$	$b\ c$	$c\ b$	$d\ b$
$a\ d$	$b\ d$	$c\ d$	$d\ c$.

Unter diesen Kombinationen sind je zwei gleiche, z. B. ab u. ba, ac u. ca usw., da ja die Anordnung der Elemente innerhalb einer Gruppe nach der Voraussetzung gleichgültig sein soll. Wirklich verschieden sind demnach nur die Kombinationen: ab, ac, ad, bc, bd und cd. Es ist daher $C_4^2 = 6 = \frac{4 \cdot 3}{1 \cdot 2}$. Verbindet man jede der letzteren Komplexionen mit jedem nicht darin enthaltenen Elemente, so ergeben sich die Kombinationen in der dritten Klasse:

$a\ b\ c$	$a\ c\ b$	$a\ d\ b$	$b\ c\ a$	$b\ d\ a$	$c\ d\ a$
$a\ b\ d$	$a\ c\ d$	$a\ d\ c$	$b\ c\ d$	$b\ d\ c$	$c\ d\ b$.

Hierunter sind je drei wieder einander gleich, z. B. $abc = acb = bca$ usw. Demnach bleiben als wirklich verschiedene Komplexionen übrig: abc, abd, acd und bcd; es ist daher

$$C_4^3 = 4 = \frac{4 \cdot 3 \cdot 2}{1 \cdot 2 \cdot 3} .$$

Aus vier Elementen endlich läßt sich nur eine Gruppe zu vier Elementen bilden, insoweit die Reihenfolge der Elemente innerhalb der einzelnen Gruppe als irrelevant vorausgesetzt wird:

$$C_4^4 = \frac{4 \cdot 3 \cdot 2 \cdot 1}{1 \cdot 2 \cdot 3 \cdot 4} = 1 .$$

Es ist daher allgemein:

$$C_n^r = \frac{n(n-1)(n-2)\ldots[n-(r-1)]}{1 \cdot 2 \cdot 3 \cdot \ldots r} .$$

Die symbolische Bezeichnung für diesen Quotienten ist $\binom{n}{r}$. Eine Transformation dieses Quotienten ist:

$$C_n^r = \frac{n(n-1)(n-2)\ldots[n-(r-1)] \times 1 \cdot 2 \cdot 3 \ldots (n-r)}{1 \cdot 2 \cdot 3 \cdot \ldots r \times 1 \cdot 2 \cdot 3 \ldots (n-r)} =$$

$$= \frac{1 \cdot 2 \cdot 3 \ldots (n-r)[n-(r-1)][n-(r-2)]\ldots(n-2)(n-1)n}{1 \cdot 2 \cdot 3 \ldots r \times 1 \cdot 2 \cdot 3 \ldots (n-r)}$$

d. h.

$$C_n^r = \binom{n}{r} = \frac{n!}{r!(n-r)!} \qquad (3)$$

Kombinieren mit Wiederholung. Aus den n gegebenen Elementen werden auf alle möglichen Arten Gruppen von r Elementen gebildet, wobei sich ein und dasselbe Element wiederholen kann. Infolge des letzteren Punktes der Voraussetzung ist die Anzahl der Elemente innerhalb der einzelnen Gruppe nicht durch die Zahl der Elemente überhaupt beschränkt. Es seien z. B. die vier Elemente a, b, c, d in Gruppen zu je drei Elementen mit Wiederholung zu kombinieren;

$a\ a\ a$	$a\ b\ c$	$b\ b\ b$	$b\ d\ d$
$a\ a\ b$	$a\ b\ d$	$b\ b\ c$	$c\ c\ c$
$a\ a\ c$	$a\ c\ c$	$b\ b\ d$	$c\ c\ d$
$a\ a\ d$	$a\ c\ d$	$b\ c\ c$	$c\ d\ d$
$a\ b\ b$	$a\ d\ d$	$b\ c\ d$	$d\ d\ d$.

Es ist daher

$$^{\omega}C_4^{\,3} = 20 = \frac{4 \cdot 5 \cdot 6}{1 \cdot 2 \cdot 3}$$

oder allgemein:

$$^{\omega}C_n^{\,r} = \frac{n(n+1)(n+2)\ldots(n+r-1)}{1 \cdot 2 \cdot 3 \ \ldots \ r} = \binom{n+r-1}{r} = \frac{(n+r-1)!}{r!\,(n-1)!} \qquad (4)$$

c) Variieren ohne Wiederholung. Aus n Elementen werden auf alle möglichen Arten und in allen möglichen Anordnungen Gruppen von je r Elementen gebildet. Da es hier auf die Reihenfolge der Elemente in den einzelnen Gruppen ankommt, sind diese Variationen ohne Wiederholung eigentlich permutierte Kombinationen ohne Wiederholung. Es seien z. B. die vier Elemente a, b, c, d in Gruppen zu je drei Elementen ohne Wiederholung zu variieren:

$a\ b\ c$	$b\ a\ c$	$c\ a\ b$	$d\ a\ b$
$a\ b\ d$	$b\ a\ d$	$c\ a\ d$	$d\ a\ c$
$a\ c\ b$	$b\ c\ a$	$c\ b\ a$	$d\ b\ a$
$a\ c\ d$	$b\ c\ d$	$c\ b\ d$	$d\ b\ c$
$a\ d\ b$	$b\ d\ a$	$c\ d\ a$	$d\ c\ a$
$a\ d\ c$	$b\ d\ c$	$c\ d\ b$	$d\ c\ b$.

Zufolge der Voraussetzung ist hier wieder die Klassenbildung durch die Zahl der Elemente begrenzt. Schließt man wieder von der Zahl der Variationen in der r^{ten} Klasse auf die in der $(r+1)^{\text{ten}}$ Klasse, so ergibt sich die allgemeine Formel:

$$V_n^{\,r} = n(n-1)(n-2)\ldots(n-r+1) = \frac{n!}{(n-r)!} \,. \qquad (5)$$

Variieren mit Wiederholung. Hier sind aus den n Elementen auf alle möglichen Arten und in allen möglichen Anordnungen Gruppen von r Elementen zu bilden, wobei sich in einer Gruppe dasselbe Element bis zu r mal wiederholen kann; daher ist die Klassenbildung für diesen Fall wieder unbeschränkt. Es seien z. B. die drei Elemente a, b, c in Gruppen zu drei Elementen mit Wiederholung zu variieren:

$a\ a\ a$	$b\ a\ a$	$c\ a\ a$
$a\ a\ b$	$b\ a\ b$	$c\ a\ b$
$a\ a\ c$	$b\ a\ c$	$c\ a\ c$
$a\ b\ a$	$b\ b\ a$	$c\ b\ a$
$a\ b\ b$	$b\ b\ b$	$c\ b\ b$
$a\ b\ c$	$b\ b\ c$	$c\ b\ c$
$a\ c\ a$	$b\ c\ a$	$c\ c\ a$
$a\ c\ b$	$b\ c\ b$	$c\ c\ b$
$a\ c\ c$	$b\ c\ c$	$c\ c\ c$.

Es ist daher

$${}^{\omega}V_3^{\,3} = 3^3 = 27 \quad \text{oder allgemein:} \quad {}^{\omega}V_n^{\,r} = n^r . \tag{6}$$

Durch diese mathematischen Hilfsmittel wird also das Abzählen der möglichen und günstigen Fälle bedeutend erleichtert. Es bedarf jedoch immer einer reiflichen Überlegung, welche Art der Gruppierung in dem speziell vorliegenden Problem vorzunehmen ist. Bei dem ersten der obigen Beispiele wurde permutiert, das Würfelbeispiel führte zu Variationen mit Wiederholung und das angedeutete Lotteriebeispiel zu Kombinationen in der dritten Klasse ohne Wiederholung. Nunmehr kann das letztere Beispiel in rechnerisch einfacher Weise gelöst werden. Es ist nämlich m = Anzahl der möglichen Fälle = Anzahl der Ternen, die man aus den 90 Nummern bilden kann,

$$= C_{90}^{\,3} = \binom{90}{3} = \frac{90 \cdot 89 \cdot 88}{1 \cdot 2 \cdot 3} = 117.840$$

und g = Anzahl der günstigen Fälle = Anzahl der Ternen, die man aus den fünf gezogenen Nummern bilden kann,

$$= C_5^{\,3} = \binom{5}{3} = \frac{5 \cdot 4 \cdot 3}{1 \cdot 2 \cdot 3} = 10;$$

es ist daher

$$p = \frac{g}{m} = \frac{10}{117 \cdot 840} = \frac{1}{11 \cdot 784} .$$

B. Indirekte Wahrscheinlichkeitsbestimmung: Vollständige und zusammengesetzte Wahrscheinlichkeit.

Die indirekten Methoden der Wahrscheinlichkeitsbestimmung lassen sich auf einige wenige Sätze zurückführen, welche sich aus dem Wahrscheinlichkeitsbegriff heraus entwickeln.

Eine Urne enthalte z. B. g_1 weiße, g_2 schwarze und $m - g_1 - g_2$ rote Kugeln. Dann ist die Wahrscheinlichkeit, eine weiße Kugel zu ziehen: $p_1 = \frac{g_1}{m}$ und die Wahrscheinlichkeit für die Ziehung einer schwarzen Kugel $p_2 = \frac{g_2}{m}$. Wie groß ist nun die Wahrscheinlichkeit p für das Ziehen einer weißen **oder** schwarzen Kugel? Offenbar gibt es für dieses Ereignis, entweder eine weiße oder schwarze Kugel zu ziehen, $(g_1 + g_2)$ günstige Fälle, indem $(g_1 + g_2)$ weiße und schwarze Kugeln in der Urne sind. Die Wahrscheinlichkeit, eine weiße oder schwarze Kugel zu ziehen, ist daher:

$$p = \frac{g_1 + g_2}{m} = \frac{g_1}{m} + \frac{g_2}{m} = p_1 + p_2 .$$

Die Wahrscheinlichkeit, entweder eine weiße oder schwarze Kugel zu ziehen, stellt sich also als die Summe der Wahrscheinlichkeiten dar, nur eine weiße und nur eine schwarze Kugel zu ziehen. Die Ereignisse E_1 (Ziehung einer weißen Kugel), E_2 (Ziehung einer schwarzen Kugel) usw. kann man auch als Abarten oder Spezialisierungen des Ereignisses E (Ziehung einer weißen oder schwarzen oder ... usw. Kugel) auffassen und man muß annehmen, daß das Ereignis E als eingetroffen gilt, wenn entweder E_1 oder E_2 oder $E_3 \ldots$ oder E_n eingetroffen ist. In diesem Sinne schließen die Ereignisse $E_1, E_2, \ldots E_n$ einander aus, denn hat sich eines von ihnen eingestellt, so gilt eben E schon als eingetroffen und kann keine andere Abart von E eingetroffen sein. Nun sind in bezug auf das Ereignis E im ganzen m mögliche Fälle vorhanden, ferner seien den Abarten $E_1, E_2, \ldots E_n$ der Reihe nach $g_1, g_2, \ldots g_n$ Fälle günstig; demnach sind dem Ereignis E im ganzen $(g_1 + g_2 + \ldots + g_n)$ Fälle günstig. Die Wahrscheinlichkeit für das Ereignis E ist daher:

$$p = \frac{g_1 + g_2 + \ldots + g_n}{m} = \frac{g_1}{m} + \frac{g_2}{m} + \ldots + \frac{g_n}{m} = p_1 + p_2 + \ldots p_n ;$$

d. h. die Wahrscheinlichkeit, daß von mehreren einander ausschließenden Ereignissen eines zutrifft, ist gleich der Summe der Wahrscheinlichkeiten der einzelnen Ereignisse. (Nach Czuber das additive Theorem der Wahrscheinlichkeitsrechnung, nach Reuschle die Wahrscheinlichkeit des „Entweder — Oder".) Die Wahrscheinlichkeit p wird in bezug auf die Wahrscheinlichkeiten p_1, $p_2, \ldots p_n$ die vollständige oder totale Wahrscheinlichkeit genannt.

Es seien ferner zwei Urnen U_1 und U_2 gegeben. In der Urne U_1 seien unter den m_1 Kugeln g_1 weiße und $m_1 - g_1$ schwarze, in der Urne U_2 hingegen g_2 weiße und $m_2 - g_2$ schwarze Kugeln;

p_1 sei die Wahrscheinlichkeit für das Ziehen einer weißen Kugel aus U_1 und p_2 jene für das Ziehen einer weißen Kugel aus U_2. Zum Unterschiede von dem vorstehenden Beispiele, bei welchem es sich darum handelte, eine weiße oder schwarze Kugel zu ziehen, soll hier aus U_1 und aus U_2 eine weiße Kugel gezogen werden. Während also dort das Ereignis E darin bestand, daß entweder E_1 oder E_2 eintritt, liegt hier das Wesen des Ereignisses E darin, daß sowohl E_1 wie auch E_2 eintritt, die Ereignisse E_1 und E_2 erscheinen als Teile des Ereignisses E, denn sie müssen beide eintreten, wenn das Ereignis E als eingetreten gelten soll. Es ist leicht einzusehen, daß es in dem vorliegenden Falle völlig gleichgültig ist, ob man zuerst aus der Urne U_1 und dann aus der Urne U_2 oder umgekehrt, oder ob man gleichzeitig zieht. Die beiden Ereignisse E_1 und E_2 sind daher vollständig voneinander unabhängig, das Ziehen der Kugel aus der einen Urne beeinflußt in keiner Weise den Zug aus der anderen. Wie groß ist nun die Wahrscheinlichkeit p für das Ereignis E, sowohl aus U_1 wie auch aus U_2 eine weiße Kugel zu ziehen? Die Zahl der möglichen Fälle ergibt sich aus folgender Betrachtung: Da E aus beiden Ereignissen E_1 und E_2 besteht, so muß sich je ein gleichmöglicher Fall von E_1 mit je einem gleichmöglichen Falle von E_2 verbinden. Solcher möglichen Verbindungen gibt es offenbar $m_1 \cdot m_2 = m$. Die Frage nach der Zahl der für E günstigen Fälle beantwortet sich ebenso einfach. Das Ereignis E wird natürlich nur dann tatsächlich in die Erscheinung treten, wenn sich je ein günstiger Fall von E_1 mit je einem günstigen Fall von E_2 verbindet. Solcher Verbindungen gibt es aber $g_1 \cdot g_2 = g$. Es ist daher die Wahrscheinlichkeit, sowohl aus der Urne U_1 wie auch aus der Urne U_2 eine weiße Kugel zu ziehen:

$$p = \frac{g}{m} = \frac{g_1 \cdot g_2}{m_1 \cdot m_2} = \frac{g_1}{m_1} \cdot \frac{g_2}{m_2} = p_1 \cdot p_2 \,.$$

Dieses Ergebnis läßt sich leicht verallgemeinern: $p = p_1 \cdot p_2 \ldots p_n$; d. h. die Wahrscheinlichkeit, daß mehrere voneinander unabhängige Ereignisse zusammentreffen, ist gleich dem Produkte ihrer einzelnen Wahrscheinlichkeiten. Das Ereignis E heißt ein zusammengesetztes Ereignis, die Ereignisse E_1, E_2, ... E_n sind im Gegensatze hierzu die Einzel- oder Partialereignisse. Ebenso nennt man die Wahrscheinlichkeiten von E_1, E_2 ... E_n, nämlich $p_1, p_2, \ldots p_n$ Einzel- oder Partialwahrscheinlichkeiten und die Wahrscheinlichkeit von E eine zusammengesetzte Wahrscheinlichkeit (nach Czuber das multiplikative Theorem der Wahrscheinlichkeitsrechnung, nach Reuschle die Wahrscheinlichkeit des „Sowohl—Als auch").

Sind die n Einzelwahrscheinlichkeiten alle untereinander gleich, dann ergibt sich die zusammengesetzte Wahrscheinlichkeit als die n^{te} Potenz der Partialwahrscheinlichkeit: $p = p_1{}^n$, oder mit anderen Worten: Die Wahrscheinlichkeit für die n malige Wiederholung eines und desselben Ereignisses oder für das Zusammentreffen von n gleichartigen Ereignissen ist der n^{ten} Potenz der Wahrscheinlichkeit des einzelnen Ereignisses gleich.

Unabhängig sind die Ereignisse voneinander auch in der folgenden Einrichtung des Glücksspieles: Eine Urne enthalte a weiße und b schwarze Kugeln. Man zieht zweimal hintereinander je eine Kugel heraus, legt aber immer die gezogene Kugel wieder in die Urne zurück. Die beiden Ziehungen sind die voneinander unabhängigen Ereignisse. Denn in der Urne hat sich vom ersten auf den zweiten Zug nichts verändert, da man die gezogene Kugel jedesmal wieder in die Urne zurücklegt. Es ergeben sich nun hinsichtlich der beiden Ziehungen vier Möglichkeiten: 1. weiß—weiß; 2. weiß—schwarz; 3. schwarz—weiß und 4. schwarz—schwarz zu ziehen. Eine weitere Möglichkeit ist nicht vorhanden. Die Wahrscheinlichkeit, eine weiße Kugel zu ziehen, ist $p = \frac{a}{a+b}$, jene für die Ziehung einer schwarzen Kugel: $p' = \frac{b}{a+b}$. Es ergeben sich demnach für die vier angeführten Möglichkeiten folgende Wahrscheinlichkeiten:

$$p_1 = p \cdot p = \left(\frac{a}{a+b}\right)^2, \quad p_2 = p \cdot p' = \frac{a}{a+b} \cdot \frac{b}{a+b},$$

$$p_3 = p' \cdot p = \frac{b}{a+b} \cdot \frac{a}{a+b} \quad \text{und} \quad p_4 = p' \cdot p' = \left(\frac{b}{a+b}\right)^2.$$

Da es außer diesen vier Möglichkeiten keine anderen gibt, ist es auch gewiß, daß einer dieser vier Fälle tatsächlich eintritt, d. h.

$$p_1 + p_2 + p_3 + p_4 = 1.$$

Die Richtigkeit dieser Schlußfolgerung ergibt sich sofort. Es ist nämlich

$$\left(\frac{a}{a+b}\right)^2 + \frac{2ab}{(a+b)^4} + \left(\frac{b}{a+b}\right)^2 = \frac{(a+b)^2}{(a+b)^2} = 1.$$

Die Verhältnisse liegen jedoch wesentlich anders, wenn in diesem Beispiele die gezogenen Kugeln nicht wieder zurückgelegt werden. Wie groß ist in diesem Falle die Wahrscheinlichkeit, sowohl im ersten als auch im zweiten Zuge z. B. eine weiße Kugel zu ziehen? Die Wahrscheinlichkeit für das Ziehen einer weißen Kugel aus der Urne ist wie früher $p = \frac{a}{a+b}$. Hat man nun tatsächlich eine weiße Kugel gezogen — und nur in diesem Falle kann das zusammengesetzte Ereignis, in beiden Zügen eine weiße Kugel zu ziehen, eintreten —, so verbleiben in der Urne noch $(a - 1)$ weiße und b schwarze Kugeln. Die Wahrscheinlichkeit, auch im zweiten Zuge eine weiße Kugel zu ziehen, ist daher $\pi = \frac{a-1}{a+b-1}$. Das zusammengesetzte Ereignis, beide Male eine weiße Kugel zu ziehen, ist demnach nicht wie früher

$$p_1 = p \cdot p = \left(\frac{a}{a+b}\right)^2$$

sondern

$$P = p \cdot \pi = \frac{a}{a+b} \cdot \frac{a-1}{a+b-1} .$$

Die beiden Partialereignisse, nämlich der erste und der zweite Zug, sind also hier voneinander abhängig. Weil die zuerst gezogene Kugel nicht zurückgelegt wird, ist die Anzahl der Kugeln in der Urne für den zweiten Zug eine andere wie für den ersten Zug. Seien nun die Partialereignisse voneinander abhängig oder unabhängig, in jedem Falle kommt zwar das multiplikative Theorem zur Geltung; sind die Ereignisse, deren Zusammentreffen erwartet wird, jedoch voneinander abhängig, dann muß in diesem Falle jede Wahrscheinlichkeit unter der Voraussetzung gebildet werden, daß die früheren Ereignisse eingetroffen sind, weil ja jedes folgende Ereignis nur eintreten kann, sobald alle vorausgehenden eingetreten sind.

Es kann nun weiter das Spiel in folgender Weise eingerichtet werden: In einer Urne befinden sich zwei weiße und drei schwarze Kugeln; man macht hintereinander fünf Züge, wobei nach jedem Zuge die Kugel wieder zurückgelegt wird. Man macht also in diesem Falle wiederholte Versuche und diese sind, wie sich weiter unten herausstellen wird, für die Wahrscheinlichkeitstheorie von grundlegender Bedeutung.

Die Wahrscheinlichkeit für das Ziehen einer weißen Kugel ist $\frac{2}{5}$, die entgegengesetzte Wahrscheinlichkeit für das Eintreffen einer schwarzen Kugel ist $\frac{3}{5}$. Diese beiden Wahrscheinlichkeiten bleiben bei jedem der fünf Züge dieselben, weil ja die gezogene Kugel nach jedem Zuge wieder in die Urne zurückgelegt wird. Bei diesen fünf Zügen können sich nun sechs Möglichkeiten, und zwar ausschließlich nur diese ergeben:

1.	5	weiße	Kugeln	– 0	schwarze	Kugeln
2.	4	„	„	– 1	„	Kugel
3.	3	„	„	– 2	„	Kugeln
4.	2	„	„	– 3	„	„
5.	1	„	Kugel	– 4	„	„
und 6.	0	„	Kugeln	– 5	„	„

Für diese sechs verschiedenen Möglichkeiten ergeben sich sechs Wahrscheinlichkeiten p_1 bis p_6, welche im folgenden der Reihe nach bestimmt werden sollen.

1. Die Wahrscheinlichkeit dafür, daß in allen fünf Zügen weiße Kugeln erscheinen, ist nach dem multiplikativen Theorem:

$$p_1 = \frac{2}{5} \cdot \frac{2}{5} \cdot \frac{2}{5} \cdot \frac{2}{5} \cdot \frac{2}{5} = \left(\frac{2}{5}\right)^5 = \frac{32}{5^5}.$$

2. Bei dieser Möglichkeit sollen unter fünf hintereinander gezogenen Kugeln vier weiße und eine schwarze sich befinden. Zu beachten ist hierbei, daß für das Problem die Reihenfolge ganz gleichgültig ist, in welcher die vier weißen Kugeln und die eine schwarze Kugel erscheinen. Das Ereignis, daß in fünf Zügen überhaupt vier weiße und eine schwarze Kugel erscheinen, kann also entweder zustande kommen, daß die ersten vier Züge hintereinander weiße Kugeln (w) und der fünfte Zug eine schwarze Kugel (s) ergeben, also $wwwws$ oder daß in den fünf Zügen hintereinander erscheinen: $wwwsw$ oder $wwsww$ oder $wswww$ oder $swwww$. Diese Art der Gruppierung ist aber nichts anderes als die Permutation von fünf Elementen, worunter sich vier gleiche befinden; ihre Anzahl ist daher

$$P_5^{(4)} = \frac{5!}{4!} = \frac{5 \cdot 4 \cdot 3 \cdot 2}{1 \cdot 2 \cdot 3 \cdot 4} = \binom{5}{1} = 5.$$

Die Wahrscheinlichkeit dafür, daß ohne Rücksicht auf die Reihenfolge in fünf Zügen vier weiße und eine schwarze Kugel eintreffen, ist nach dem multiplikativen Theorem

$$p = \left(\frac{2}{5}\right)^4 \cdot \left(\frac{3}{5}\right).$$

Nun erscheint dieses zusammengesetzte Ereignis in fünf Spezialisierungen, daher ist nach dem additiven Theorem die vollständige Wahrscheinlichkeit

$$p_2 = \binom{5}{1} \left(\frac{2}{5}\right)^4 \left(\frac{3}{5}\right) = \frac{240}{5^5}.$$

3. Sollen in fünf Zügen — beliebig in welcher Reihenfolge — drei weiße und zwei schwarze Kugeln erscheinen, so ist die Wahrscheinlichkeit für dieses zusammengesetzte Ereignis nach der Schlußform des „Sowohl—Als auch“ $p = \left(\frac{2}{5}\right)^3 \cdot \left(\frac{3}{5}\right)^2$. Dieses zusammengesetzte Ereignis kann aber in so vielen Spezialisierungen zustande kommen, als sich die fünf Elemente *w w w s s* permutieren lassen, d. i. $P_5^{(2,3)} = \frac{5!}{2!\,3!}$. Nach der oben entwickelten Formel über die Anzahl der Kombinationen von n Elementen ohne Wiederholung in der r^{ten} Klasse

$$\left[C_n^r = \binom{n}{r} = \frac{n!}{r!(n-r)!}\right]$$

ergibt sich weiter:

$$P_5^{(2,3)} = \frac{5!}{2!\,3!} = \frac{5!}{2!(5-2)!} = \binom{5}{2} = \frac{5\cdot4\cdot3}{1\cdot2\cdot3} = 10\,.$$

Es ist daher

$$p_3 = \binom{5}{2}\left(\frac{2}{5}\right)^3\left(\frac{3}{5}\right)^2 = \frac{720}{5!}\,.$$

4.—6. In gleicher Weise ergeben sich

$$p_4 = \binom{5}{3}\left(\frac{2}{5}\right)^2\left(\frac{3}{5}\right)^3 = \frac{1\cdot080}{5^5}, \quad p_5 = \binom{5}{4}\left(\frac{2}{5}\right)\left(\frac{3}{5}\right)^4 = \frac{810}{5^5}$$

und p_6 (lauter schwarze Kugeln werden gezogen) $= \left(\frac{3}{5}\right)^5 = \frac{243}{5^5}$.

Da nun in fünf Zügen entweder die eine oder die andere der obigen unter 1—6 angeführten ausschließlichen Möglichkeiten mit Gewißheit eintreten muß, so folgt, daß

$$\left(\frac{2}{5}\right)^5 + \binom{5}{1}\left(\frac{2}{5}\right)^4\left(\frac{3}{5}\right) + \binom{5}{2}\left(\frac{2}{5}\right)^3\left(\frac{3}{5}\right)^2 + \binom{5}{3}\left(\frac{2}{5}\right)^2\left(\frac{3}{5}\right)^3 + \\ + \binom{5}{4}\left(\frac{2}{5}\right)\left(\frac{3}{5}\right)^4 + \left(\frac{3}{5}\right)^5$$

der Einheit gleich sein muß, was rein mathematisch wieder leicht zu beweisen ist. Nach dem Binomiallehrsatze ist nämlich

$$\left(\frac{2}{5}+\frac{3}{5}\right)^5 = \left(\frac{2}{5}\right)^5 + \binom{5}{1}\left(\frac{2}{5}\right)^4\left(\frac{3}{5}\right) + \binom{5}{2}\left(\frac{2}{5}\right)^3\left(\frac{3}{5}\right)^2 + \binom{5}{3}\left(\frac{2}{5}\right)^2\left(\frac{3}{5}\right)^3 + \\ + \binom{5}{4}\left(\frac{2}{5}\right)\left(\frac{3}{5}\right)^4 + \left(\frac{3}{5}\right)^5 = \left(\frac{2+3}{5}\right)^5 = \left(\frac{5}{5}\right)^5 = (1)^5 = 1\,.$$

Die einzelnen Glieder dieser Binomialreihe sind also die Wahrscheinlichkeiten der einzelnen Ziehungsereignisse. So ist z. B.

$$\binom{5}{3}\left(\frac{2}{5}\right)^2\left(\frac{3}{5}\right)^3 = \frac{1080}{5^5}$$

die Wahrscheinlichkeit dafür, aus einer Urne mit zwei weißen und drei schwarzen Kugeln in fünf Zügen bei Zurücklegung der Kugel nach jedem Zuge zwei weiße und drei schwarze Kugeln zu ziehen. Die sechs Glieder der Binomialreihe wurden oben anläßlich ihrer Entwicklung auch ausgewertet und daraus ist zu ersehen, daß das soeben besprochene Glied das größte ist, d. h. unter den gegebenen Verhältnissen ist die Wahrscheinlichkeit die größte oder ist der Fall der wahrscheinlichste, aus der Urne in fünf Zügen zwei weiße und drei schwarze Kugeln zu ziehen. Es ist keineswegs ein Zufall, daß daß Verhältnis der weißen und schwarzen Kugeln bei diesem wahrscheinlichsten Falle mit dem Mischungsverhältnisse der Kugeln in der Urne übereinstimmt. Wie sich gleich zeigen wird, steckt in dieser Beobachtung ein allgemeines und äußerst wichtiges Gesetz der Wahrscheinlichkeitsrechnung.

Dieses grundlegende Problem der wiederholten Versuche gestaltet sich in allgemeiner Durchführung folgendermaßen. Die allgemeine Formulierung des Problems lautet: Über zwei entgegengesetzte Ereignisse E und F mit den Wahrscheinlichkeiten p und q, wobei $p + q = 1$ ist, werden $s\ (= m + n)$ Versuche oder Beobachtungen angestellt. Wie groß ist die Wahrscheinlichkeit, daß das Ereignis E m-mal und das Ereignis F $n\,(= s - m)$ mal in was immer für einer Reihenfolge eintrifft?

Wenn sich die Ereignisse E und F in s Versuchen m-mal bzw. n-mal zutragen, so ist nach dem multiplikativem Theorem $p^m q^n$ die Wahrscheinlichkeit des Erfolges bei vorgeschriebener Anordnung der Ereignisse. Nun ist aber nach der Voraussetzung die Reihenfolge der Ereignisse gleichgültig, daher kann das symbolische Produkt $p^m q^n$ in so vielen Anordnungen der gleichen Faktoren p und q erscheinen, als sich diese $s\ (= m + n)$ Elemente, worunter sich m und n gleich befinden, permutieren lassen. Die Anzahl dieser Permutationen ist bekanntlich

$$\frac{s!}{m!\,n!} = \binom{s}{n} = \binom{s}{m}.$$

Derselbe Eifolg $p^m q^n$ kann also entweder in der einen oder in einer anderen dieser Permutationen erscheinen. Die vollständige Wahrscheinlichkeit dafür, daß entweder der eine oder der andere Erfolg eintreffen werde, ist nach dem additiven Theoreme demnach gleich $\binom{s}{n} p^m q^n$. Dieser mathematische Ausdruck ist aber nichts anderes als das allgemeine Glied der Entwicklung von $(p + q)^s$. Es ist nämlich:

$$(p+q)^s = \sum_{n=0}^{n=s} \binom{s}{n} p^m q^n = p^s + \binom{s}{1} p^{s-1} q + \binom{s}{2} p^{s-2} q^2 + \dots$$
$$+ \binom{s}{n} p^m q^n + \dots + q^s = 1,$$

weil ja $p + q = 1$ ist.

Bei den s Versuchen sind also $(s + 1)$ Erfolge möglich (die obige Reihe hat $[s + 1]$ Glieder) und ihre Wahrscheinlichkeiten sind gegeben durch die $(s + 1)$ Glieder der Entwicklung von $(p + q)^s$. Das dritte Glied der Reihe $\binom{s}{2} p^{s-2} q^2$ bedeutet z. B. die Wahrscheinlichkeit dafür, daß sich in s Versuchen das Ereignis E $(s - 2)$-mal und das Ereignis F zweimal einstellen wird.

Eine weitere Illustration hierzu gibt folgendes Beispiel: Eine Urne enthält a weiße und b schwarze Kugeln; man macht s Züge hintereinander, wobei die gezogene Kugel jedesmal wieder zurückgelegt wird; welche Wahrscheinlichkeit besteht dafür, daß wenigstens $(s - g)$ weiße, also höchstens g schwarze Kugeln gezogen werden?

Die Wahrscheinlichkeit, eine weiße Kugel zu ziehen, ist $p = \frac{a}{a+b}$ und jene für die Ziehung einer schwarzen Kugel $q = \frac{b}{a+b}$. Bei s Zügen ergeben sich nun unter der gegebenen Voraussetzung folgende Möglichkeiten:

s	weiße Kugeln	0	schwarze	Kugeln;	Wahrscheinlichkeit	p^s
$(s-1)$	„ „	1	„	Kugel;	„	$\binom{s}{1} p^{s-1} q$
$(s-2)$	„ „	2	„	Kugeln;	„	$\binom{s}{2} p^{s-2} q^2$
$(s-3)$	„ „	3	„	„	„	$\binom{s}{3} p^{s-3} q^3$
. . .	. . .	. . .	. . .	. . .	. . .	. . .
$(s-g)$	„ „	g	„	„	„	$\binom{s}{g} p^{s-g} q^g$

Da nun in jedem dieser Fälle wenigstens $(s - g)$ weiße und höchstens g schwarze Kugeln erscheinen, ist die vollständige Wahrscheinlichkeit dafür, daß entweder der eine oder der andere dieser Erfolge eintrifft, nach dem additiven Theoreme:

$$w = p^s + \binom{s}{1} p^{s-1} q + \binom{s}{2} p^{s-2} q^2 + \binom{s}{3} p^{s-3} q^3 + \dots + \binom{s}{g} p^{s-g} q^g.$$

Bei Berechnung der einzelnen Wahrscheinlichkeiten kommt es nach den vorstehenden Ausführungen darauf an, Ausdrücke von der

Form: $\frac{s!}{m!\,n!}\,p^m\,q^n$ auszuwerten. Insbesondere bei Anwendungen auf die Statistik ergeben sich aber für m und n Werte, die in die Zehntausende und Hunderttausende gehen. Wie sieht nun in einem solchen Falle die Berechnung von $n!$ aus? Czuber hat in seinem Lehrbuche der Wahrscheinlichkeitsrechnung den Wert einiger Fakultäten kleiner Zahlen wiedergegeben. So ist die Fakultät von 30 schon eine dreiunddreißigziffrige Zahl:

$$30! = 265_{,,,,,}252\,859_{,,,,}810\,729_{,,,}458\,636_{,,}308\,480{,}000\,000.$$

An die tatsächliche Auswertung von Fakultäten kann somit nicht gedacht werden und auch das Rechnen mit solchen Zahlen stellt sich als eine Unmöglichkeit dar. Es konnte daher in der Theorie der Wahrscheinlichkeit erst dann wieder ein Schritt nach vorwärts getan werden, als es gelang, für die Fakultät einer Zahl eine brauchbare Näherungsformel zu finden. Dem Ingenium mehrerer bedeutender Mathematiker ist es nun gelungen, dieses schier unmöglich scheinende Hindernis zu meistern. Die Näherungsformel wird nach Stirling, welcher den letzten Schritt bei der Ermittelung dieser Formel getan hat, die Stirlingsche Formel genannt. Sie lautet:

$$n! = n^n e^{-n} \sqrt{2\pi n},$$ [1]

wobei π die Ludolfsche Zahl und e die Basis der natürlichen Logarithmen bedeuten. Hierzu wird bemerkt, daß nur die relative Annäherung dieser Formel an den wahren Wert sehr groß ist. Die hierbei begangenen absoluten Fehler können allerdings sehr groß werden. Da man es aber, wie die obige Entwicklung zeigt, in der Wahrscheinlichkeitsrechnung nur mit Quotienten von Fakultäten zu tun hat, reicht dieser Grad der Annäherung für die Zwecke der Wahrscheinlichkeitsrechnung vollkommen aus.

III. Das Bernoullische Theorem.[2]

Es ist wieder von dem Probleme der wiederholten Versuche auszugehen: Wenn jeder einzelne Versuch nur entweder das Ereignis E mit der Wahrscheinlichkeit p oder seinen Gegensatz, das

[1]) In dieser kurzen Übersicht der Grundlehren der Wahrscheinlichkeitsrechnung kann natürlich auf eine Wiedergabe der geistvollen Ableitungen dieser Näherungsformel nicht eingegangen werden.

[2]) Die folgenden Ausführungen folgen im allgemeinen der ausgezeichneten Darstellung in Czubers: Wahrscheinlichkeitsrechnung und ihre Anwendung auf Fehlerausgleichung, Statistik und Lebensversicherung, 2. Auflage, I. Band.

Ereignis F mit der entgegengesetzten Wahrscheinlichkeit q (daher $+ q = 1$) herbeiführen kann, so werden bei s ($= m + n$) angestellten Versuchen im ganzen $(s + 1)$ verschiedene Erfolge eintreten können, deren Wahrscheinlichkeiten die $(s + 1)$ Glieder der Entwicklung von $(p + q)^s$ sind. Welches von diesen $(s + 1)$ Gliedern hat nun den größten Wert oder mit anderen Worten: Welcher von den $(s + 1)$ Erfolgen ist der wahrscheinlichste? Der Gedankengang nach LAPLACE ist folgender:

Unter der Voraussetzung, daß das Glied

$$y_0 = \frac{s!}{m!\,n!}\,p^m q^n$$

(d. i. die Wahrscheinlichkeit dafür, daß sich in $s (= m + n)$ Versuchen das Ereignis E m-mal und sein Gegensatz F n-mal wiederholt) den größten Wert habe, müssen die beiden Nachbarglieder vor und nach y_0, das sind die Glieder

$$y_{-1} = \frac{s!}{(m+1)!\,(n-1)!}\,p^{m+1} q^{n-1} \quad \text{und} \quad y_{+1} = \frac{s!}{(m-1)!\,(n+1)!}\,p^{m-1} q^{n+1}$$

kleiner sein als das Mittelglied y_0. Es wird daher einerseits

$$\frac{s!}{(m+1)!\,(n-1)!}\,p^{m+1} q^{n-1} < \frac{s!}{m!\,n!}\,p^m q^n$$

und andererseits

$$\frac{s!}{(m-1)!\,(n+1)!}\,p^{m-1} q^{n+1} < \frac{s!}{m!\,n!}\,p^m q^n$$

sein.

Nach Reduktion dieser Ausdrücke mit Hilfe der beiden vorausgesetzten Bedingungsgleichungen $m + n = s$ und $p + q = 1$ ergibt sich: $m > ps - q$ und $m < ps + p$ oder $ps - q < m < ps + p \cdot m$, d. i. die Wiederholungszahl des Ereignisses E im wahrscheinlichsten Erfolge erscheint somit eingegrenzt zwischen $(ps - q)$ und $(ps + p)$ und da $ps - q = ps - 1 + p$ ist, ergibt sich als Eingrenzung

$$ps - 1 + p < m < ps + p \qquad \text{oder} \qquad ps - 1 < m < ps.$$

Der Unterschied dieser Grenzen ist somit $ps - (ps - 1) = 1$, wodurch m hinreichend bestimmt erscheint. Weil $m < ps$ ist, muß man zu ps noch eine Größe ε $(-1 < \varepsilon < 1)$ addieren, damit $m = ps + \varepsilon$ wird. Ebenso findet man $n = qs - \varepsilon$; übrigens ergibt sich n auch aus $n = s - m$. Es ist nun das Verhältnis

$$\frac{m}{n} = \frac{ps + \varepsilon}{qs - \varepsilon} = \frac{p + \frac{\varepsilon}{s}}{q - \frac{\varepsilon}{s}}\,.$$

Je größer s ist, desto mehr nähert sich das Verhältnis $\frac{m}{n}$ dem Verhältnis $\frac{p}{q}$, mit desto größerer Annäherung wird $m = ps$ und $n = qs$. Beim wahrscheinlichsten Erfolge ist also das Verhältnis der Wiederholungszahlen der Ereignisse E und F entweder gleich oder kommt wenigstens möglichst nahe dem Verhältnis ihrer Wahrscheinlichkeiten.

Der näherungsweise Wert dieses größten Gliedes der Entwicklung von $(p+q)^s$ wird ermittelt wenn man in

$$y_0 = \frac{s!}{m!\,n!} p^m q^n$$

die Näherungswerte $m = ps$ und $n = qs$ einsetzt und in dem neuen Ausdruck

$$y_0 = \frac{s!}{(ps)!\,(qs)!} p^{ps} q^{qs}$$

für die darin vorkommenden Faktoriellen die STIRLINGsche Formel anwendet, also z. B. für

$$s! = s^s e^{-s} \sqrt{2\pi s} \quad \text{oder für} \quad (ps)! = (ps)^{ps} e^{-ps} \sqrt{2\pi ps}$$

einsetzt. Nach Reduktion ergibt sich hieraus für das größte Glied der Näherungswert $y_0 = \frac{1}{\sqrt{2\pi spq}}$.

Beispiel: Eine Urne enthält zwei weiße und drei schwarze Kugeln; es werden 1) 5; 2) 500; 3) 536 Züge gemacht; welches ist die wahrscheinlichste Anzahl weißer Kugeln, die gezogen werden und wie groß ist diese Wahrscheinlichkeit?

1. Es ist $s = 5$, $p = \frac{2}{5}$, $q = \frac{3}{5}$; daher ist $m = ps = \frac{2}{5} \cdot 5 = 2$, d. h. es ist am wahrscheinlichsten, daß unter fünf Zügen zwei weiße und drei schwarze Kugeln eintreffen. Die Größe dieser Wahrscheinlichkeit ist das vierte Glied der Entwicklung von

$$\left(\frac{2}{5} + \frac{3}{5}\right)^5, \text{ d. i. } \binom{5}{3} \left(\frac{2}{5}\right)^2 \left(\frac{3}{5}\right)^3 = \frac{1080}{5^5} = 0{\cdot}3456.$$

Aus der Näherungsformel ergibt sich hingegen:

$$y_0 = \frac{1}{\sqrt{2\pi spq}} = \frac{1}{\sqrt{2\pi \cdot 5 \cdot \frac{2}{5} \cdot \frac{3}{5}}} = 0{\cdot}3642.$$

Selbst bei einer so kleinen Anzahl von Zügen ist die Annäherung eine sehr große.

2. $s = 500$, $p = \frac{2}{5}$, $q = \frac{3}{5}$; $ps = \frac{2}{5} \cdot 500 = 200$. Der wahrscheinlichste Erfolg ist also die Ziehung von 200 weißen und 300 schwarzen Kugeln. Der Wert dieser Wahrscheinlichkeit ist

$$\frac{500!}{200!\,300!}\left(\frac{2}{5}\right)^{200}\left(\frac{3}{5}\right)^{300}.$$

Das kann natürlich nicht gerechnet werden. Nach der Näherungsformel ergibt sich aber sehr einfach:

$$\frac{1}{\sqrt{2\pi s p q}} = \frac{1}{\sqrt{2\pi \cdot 500 \cdot \frac{2}{5} \cdot \frac{3}{5}}} = 0{\cdot}03642\,.$$

3. $s = 536$, $p = \frac{2}{5}$, $q = \frac{3}{5}$; $ps = 536 \cdot \frac{2}{5} = 214\frac{2}{5}$; nun ist $ps - q < m < ps + p$ oder eingesetzt: $213\frac{4}{5} < m < 214\frac{4}{5}$; daher $m = 213$ und $n = 322$, d. h. bei 536 Zügen ist es am wahrscheinlichsten, daß 213 weiße und 322 schwarze Kugeln eintreffen.

4. Wären in der Urne drei weiße und zwei schwarze Kugeln, so würde sich bei 534 Zügen z. B. ergeben: $ps - q < m < ps + p$ oder eingesetzt: $320\frac{2}{5} - \frac{2}{5} < m < 320\frac{2}{5} + \frac{3}{5}$ oder $320 < m < 321$, d. h. m ist sowohl 320 als auch 321, daher ist auch $n = 214$ bzw. 213. Die Entwicklung von $\left(\frac{3}{5} + \frac{2}{5}\right)^{534}$ hat eben zwei größte Glieder.

Als Wiederholungszahlen der Ereignisse E und F im wahrscheinlichsten Erfolge haben sich ergeben: $m = ps$ und $n = qs$. Die Wahrscheinlichkeit des wahrscheinlichsten Erfolges ist somit dargestellt durch den Ausdruck:

$$y_0 = \frac{s!}{(ps)!\,(qs)!}\,p^{ps}\,q^{qs}\,,$$

für welchen der Näherungswert $y_0 = \frac{1}{\sqrt{2\pi spq}}$ ermittelt wurde. Es handelt sich nun im folgenden um die analytische Darstellung irgend eines anderen Erfolges oder mit anderen Worten, um die Bestimmung eines anderen als des maximalen Gliedes der Entwicklung von $(p+q)^s$. Es sei also z. B. das Glied zu suchen, welches dem größten Gliede der Reihe um l Stellen vorangeht oder demselben gleichfalls um l Stellen nachfolgt. Wie sich im Laufe der folgenden Näherungsrechnung nach LAPLACE herausstellen wird, ist es notwendig, den Wert der im übrigen willkürlichen Größe l einzuschränken, und zwar in der Weise, daß er von der Ordnung $\sqrt{s}$ sein soll, d. h. ist s eine Größe vierter Ordnung (Zehntausender), so wird l als Größe zweiter Ordnung (Hunderter) anzunehmen sein.

Das l^{te} Glied y_{-l} vor dem größten Gliede y_0 ist:

$$y_{-l} = \frac{s!}{(ps+l)!\,(qs-l)!}\, p^{ps+l} q^{qs-l}.$$

Nach Ersetzung der darin vorkommenden Fakultäten durch die STIRLINGsche Formel und nach Reduktion ergibt sich für

$$y_{-l} = \frac{1}{\sqrt{2\pi p q s}}\left(1+\frac{l}{ps}\right)^{-ps-l-1/2}\cdot\left(1-\frac{l}{qs}\right)^{-qs+l-1/2} = A\cdot y_0\,,$$

wenn für das Produkt der beiden Potenzgrößen A gesetzt wird. Nach weiterer Transformation des Ausdruckes A[1]) ergibt sich für

$$y_{-l} = y_0\, e^{-\frac{l^2}{2pqs}}\cdot\left\{1+\frac{l(p-q)}{2pqs}+\frac{l^2}{4p^2s^2}+\frac{l^2}{4q^2s^2}+\frac{l^2(p-q)^2}{8p^2q^2s^2}+\ldots\right\}$$

---

[1]) Es ist nämlich

$$\lg\text{nat.}\,A = \lg A = -\left(ps+l+\frac{1}{2}\right)\lg\left(1+\frac{l}{ps}\right)+\left(-qs+l-\frac{1}{2}\right)\lg\left(1-\frac{l}{qs}\right).$$

Die Entwicklung der beiden Funktionen $\lg\left(1+\frac{l}{ps}\right)$ und $\lg\left(1-\frac{l}{qs}\right)$ in Reihen erfolgt in der auf Seite 25 dargestellten Weise. Es ist nämlich

$$\lg(1+x) = \frac{x}{1}-\frac{x^2}{2}+\frac{x^3}{3}-\frac{x^4}{4}+\ldots$$

und

$$\lg(1-x) = -\frac{x}{1}-\frac{x^2}{2}-\frac{x^3}{3}-\frac{x^4}{4}-\ldots+$$

Es wird daher

$$\lg A = -\left(ps+l+\frac{1}{2}\right)\left(\frac{l}{ps}-\frac{l^2}{2p^2s^2}+\frac{l^3}{3p^3s^3}-\ldots\right)+$$
$$+\left(-qs+l-\frac{1}{2}\right)\left(-\frac{l}{qs}-\frac{l^2}{2q^2s^2}-\frac{l^3}{3q^3s^3}-\ldots\right).$$

Nach Ausführung des letzten Ausdruckes und bei Vernachlässigung der Glieder, welche über die Ordnung $\frac{1}{s}$ hinausgehen, erhält man:

$$\lg A = \frac{l}{2qs}-\frac{l}{2ps}-\frac{l^2}{2ps}-\frac{l^2}{2qs}+\frac{l^2}{4p^2s^2}+\frac{l^2}{4q^2s^2}\ldots =$$
$$= \frac{l(p-q)}{2pqs}-\frac{l^2(p+q)}{2pqs}+\frac{l^2}{4p^2s^2}+\frac{l^2}{4q^2s^2}\ldots$$

Nun ist nach dem Begriffe des Logarithmus als des unbekannten Potenzexponenten $\lg\text{nat.}\,A = B$ und $e^B = A$; daher ist

$$A = e^{\frac{l(p-q)}{2pqs}-\frac{l^2(p+q)}{2pqs}+\frac{l^2}{4p^2s^2}+\frac{l^2}{4q^2s^2}\ldots}$$
$$= e^{\frac{-l^2}{2pqs}}\cdot e^{\frac{l(p-q)}{2pqs}+\frac{l^2}{4p^2s^2}+\frac{l^2}{4q^2s^2}\ldots} = e^{-\frac{l^2}{2pqs}}\cdot e^{x}.$$

In genau derselben Weise erhält man das Glied y_l, welches an der l^{ten} Stelle nach dem größten Gliede y_0 steht, indem man $(+l)$ mit $(-l)$ vertauscht:

$$y_l = y_0\, e^{-\frac{l^2}{2pqs}} \cdot \left\{1 - \frac{l(p-q)}{2pqs} + \frac{l^2}{4p^2s^2} + \frac{l^2}{4q^2s^2} + \frac{l^2(p-q)^2}{8p^2q^2s^2} + \ldots\right\}$$

oder wenn man von den Gliedern der Ordnung $\frac{1}{s}$ absieht:

$$y_{-l} = y_0\, e^{-\frac{l^2}{2pqs}} + \frac{l(p-q)}{2pqs}\, y_0\, e^{-\frac{l^2}{2pqs}}$$

und

$$y_l = y_0\, e^{-\frac{l^2}{2pqs}} - \frac{l(p-q)}{2pqs}\, y_0\, e^{-\frac{l^2}{2pqs}}.$$

In der Entwicklung $(p+q)^s$ sind also je zwei in gleicher Entfernung auf beiden Seiten vom größten Gliede $\frac{s!}{m!\,n!}\,p^m q^n$ stehende Glieder im allgemeinen nicht gleich. Nur für den Fall, daß $p = q$ ist, wird

$$y_{-l} = y_l = y_0 \cdot e^{-\frac{l^2}{2pqs}}.$$

Es hängt also diese an und für sich schwache Asymmetrie von der Ungleichheit der beiden Wahrscheinlichkeiten p und q ab, was sich auch unmittelbar aus der Betrachtung der Entwicklung von $(p+q)^s$ ergibt. Diese Asymmetrie in der Nähe von y_0 ist um so schwächer, je weniger sich p und q voneinander unterscheiden. Sieht man von dieser geringen Asymmetrie ab, so ergibt sich als Glied der Entwicklung von $(p+q)^s$, welches um l Stellen vor oder nach dem maximalen Gliede steht:

$$y_{-l} \doteq y_l = \frac{1}{\sqrt{2\pi pqs}} \cdot e^{-\frac{l^2}{2pqs}}.$$

Beispiel: In einer Urne befinden sich zwei weiße und drei schwarze Kugeln; es werden 1) 100; 2) 10.000 Züge hintereinander

---

Auf Seite 24, Beispiel a hat sich aber für e^x ergeben:

$$e^x = 1 + \frac{x}{1} + \frac{x^2}{2!} + \frac{x^3}{3!} + \ldots$$

daher

$$A = e^{-\frac{l^2}{2pqs}} \cdot \left\{1 + \left[\frac{l(p-q)}{2pqs} + \frac{l^2}{4p^2s^2} + \frac{l^2}{4q^2s^2}\right] + \left[\frac{l^2(p-q)^2}{8p^2q^2s^2} + \ldots\right]\right\},$$

wobei nur noch Glieder von der Ordnung $\frac{1}{s}$ berücksichtigt erscheinen.

gemacht. Es sollen die Wahrscheinlichkeiten der einzelnen Erfolge hinsichtlich ihrer Größe miteinander verglichen werden.

Es ist $p = \frac{2}{5}$, $q = \frac{3}{5}$ und ad 1) $s = 100$, daher l von der Ordnung 10, d. h. es darf l nur eine geringe Anzahl von Zehnern sein; ad 2) ist $s = 10.000$, daher l nur eine mäßige Anzahl von Hunderten. Bei logarithmischer Auswertung für $s = 100$ ergibt sich:

$$y_0 = \frac{1}{\sqrt{2\pi pqs}} = \frac{1}{\sqrt{2\cdot\pi\cdot\frac{2}{5}\cdot\frac{3}{5}\cdot 100}} = 0{\cdot}0814337$$

$$y_1 = y_0\cdot e^{-\frac{l^2}{2pqs}} = y_0\cdot e^{-\frac{1\cdot 1}{2\cdot\frac{2}{5}\cdot\frac{3}{5}\cdot 100}} =$$

$$= y_0\cdot e^{-\frac{1}{48}} = 0{\cdot}0797547$$

$$y_2 = y_0\cdot e^{-\frac{1}{12}} = 0{\cdot}0749227$$

$$y_3 = y_0\cdot e^{-\frac{3}{16}} = 0{\cdot}0675109$$

$$y_5 = y_0\cdot e^{-\frac{25}{48}} = 0{\cdot}0483737$$

$$y_{10} = y_0\cdot e^{-\frac{25}{12}} = 0{\cdot}0101397 \doteq \frac{1}{8}y_0$$

$$y_{15} = y_0\cdot e^{-\frac{75}{16}} = 0{\cdot}000749979 \doteq \frac{1}{14}y_{10}$$

$$y_{20} = y_0\cdot e^{-\frac{25}{3}} = 0{\cdot}0000195741 \doteq \frac{1}{37}y_{15}$$

$$y_{30} = y_0\cdot e^{-\frac{75}{4}} = 0{\cdot}000000000585844 \doteq \frac{1}{30.000}y_{15}$$

$$y_{50} = y_0\cdot e^{-\frac{625}{12}} = \frac{19.499}{10^{28}}$$

$$y_{80} = y_0\cdot e^{-\frac{400}{3}} = \frac{101.128}{106^{64}}\,.$$

Werden 10.000 Ziehungen gemacht, dann ist die Wahrscheinlichkeit des wahrscheinlichsten Erfolges

$$y_0 = \frac{1}{\sqrt{2\pi\cdot\frac{2}{5}\cdot\frac{3}{5}\cdot 10000}} = 0{\cdot}00814337\,.$$

Demnach sind auch die übrigen Erfolge der zehnte Teil der Erfolge, welche sich bei 100 Ziehungen ergeben haben. Aus diesen Beziehungen ergibt sich daher folgendes: Je größer s wird, desto kleiner werden die Glieder der Entwicklung von $(p+q)^s$. Diese Glieder nehmen bei großem s von dem maximalen Gliede y_0 nach beiden Seiten hin anfangs langsam, dann aber sehr rasch ab und erlangen in nicht weiter Entfernung von y_0 Werte, die kaum mehr in Betracht gezogen werden können. Hiermit ist bereits der Verlauf der Kurve skizziert, welche der Entwicklung von $(p+q)^s$ entspricht. Trägt man in einem rechtwinkligen Koordinatensystem das maximale Glied y_0 auf der Y-Achse auf $(l=0)$ und sucht die den Abszissen

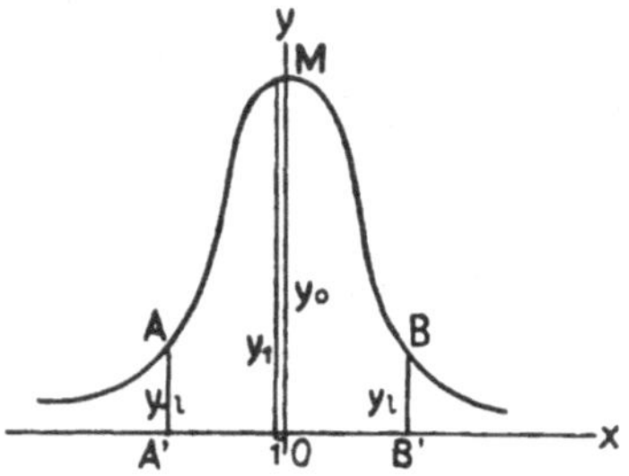

Fig. 19.

$$l = \pm 1, \pm 2, \pm 3, \ldots$$

entsprechenden Ordinaten nach der Formel:

$$y_l = \frac{1}{\sqrt{2\pi pqs}} e^{-\frac{l^2}{2pqs}},$$

so gelangt man zur geometrischen Darstellung der Glieder der Entwicklung von $(p+q)^s$. Wird die bisher nur im Gebiete der ganzen Zahlen als veränderlich angenommene Größe l durch die stetige Variable x ersetzt, dann wird aus der soeben besprochenen Folge von diskreten Punkten eine nahezu symmetrische Kurve von der Gestalt der gezeichneten Kurve AMB. Deren Gleichung ist

$$y = \frac{1}{\sqrt{2\pi pqs}} e^{-\frac{x^2}{2pqs}} = \frac{h}{\sqrt{\pi}} e^{-h^2x^2},$$

wenn für $\frac{1}{\sqrt{2pqs}} = h$ gesetzt wird. Die einzelnen Ordinaten: y_{-l}, $y_{-(l-1)}$, $y_{-(l-2)}$, $\ldots y_{-1}$, y_0, y_1, $\ldots y_{l-2}$, y_{l-1}, y_l stellen die Wahrscheinlichkeiten hinsichtlich der möglichen Erfolge dar, daß sich das Ereignis E bei s Versuchen wenigstens $(ps-l)$ mal und höchstens $(ps+l)$ mal, oder das entgegengesetzte Ereignis F wenigstens $(qs-l)$ mal und höchstens $(qs+l)$ mal wiederholt. Die Wahrscheinlichkeit dafür, daß sich entweder der eine oder der andere von diesen möglichen Erfolgen einstellen werde, ist nach dem additiven Theorem aber:

$$P = y_{-l} + y_{-(l-1)} + y_{-(l-2)} + \cdots + y_{-2} + y_{-1} + y_0 + y_1 + y_2 + \cdots + y_{l-2} + y_{l-1} + y_l.$$

Läßt man, wie oben bemerkt, x stetig variieren, so stellt $y \cdot dx$ einen unendlich dünnen Streifen, eine Elementarfläche der Kurvenfläche $A'AMBB'$ vor. Das Integral dieses Elementarstreifens $y \cdot dx$ zwischen den Grenzen $(-l)$ und $(+l)$ ergibt die Fläche der Kurve

$$y = A \cdot e^{-h^2x^2}$$

zwischen den Ordinaten y_{-l} und y_l.

Es ist daher

$$P = \int_{-l}^{l} y\,dx = \int_{-l}^{l} \frac{1}{\sqrt{2\pi pqs}} \cdot e^{-\frac{x^2}{2pqs}} \cdot dx.$$

Setzt man in diesem bestimmten Integral: $\frac{x}{\sqrt{2pqs}} = t$, so wird $\frac{dx}{\sqrt{2pqs}} = dt$; bei dieser neuen Variablen verändern sich auch die Grenzen: früher war $x = +l$ und $x = -l$; demnach werden die Grenzen jetzt

$$t = +\frac{l}{\sqrt{2pqs}} = +\gamma \quad \text{und} \quad -t = -\frac{l}{\sqrt{2pqs}} = -\gamma.$$

Es ist daher

$$P = \int_{-\gamma}^{\gamma} \frac{1}{\sqrt{2\pi pqs}} \cdot \sqrt{2pqs} \cdot e^{-t^2} dt = \frac{1}{\sqrt{\pi}} \int_{-\gamma}^{\gamma} e^{-t^2} dt,$$

oder da die Fläche von $t = 0$ aus zu beiden Seiten nahezu symmetrisch ist, rechnet man nur einen Teil der Fläche, z. B. von $t = 0$ bis $t = \gamma$ und verdoppelt diesen. Daher ergibt sich endlich für

$$P = \frac{2}{\sqrt{\pi}} \int_{0}^{\gamma} e^{-t^2} dt = f(\gamma).$$

Zwecks Auswertung dieses Ausdruckes entwickelt man zunächst e^{-t^2} nach dem MACLAURINschen Satze in eine Potenzreihe:

$$e^{-t^2} = 1 - t^2 + \frac{t^4}{1 \cdot 2} - \frac{t^6}{1 \cdot 2 \cdot 3} + \ldots;$$

daher ist

$$\int e^{-t^2} dt = t - \frac{1}{3} t^3 + \frac{1}{5} \cdot \frac{t^5}{1 \cdot 2} - \frac{1}{7} \cdot \frac{t^7}{1 \cdot 2 \cdot 3} + \ldots$$

und

$$f(\gamma) = P = \frac{2}{\sqrt{\pi}} \int_{0}^{\gamma} e^{-t^2} dt = \frac{2\gamma}{\sqrt{\pi}} \left(1 - \frac{1}{3}\gamma^2 + \frac{1}{5} \cdot \frac{\gamma^4}{2!} - \frac{1}{7} \cdot \frac{\gamma^6}{3!} + \ldots\right).$$

Hiermit ist eine sehr gut konvergierende Reihe gefunden und es genügt, nur einige Glieder derselben zu nehmen, um einen hinreichend genauen Wert von $f(\gamma)$ zu erhalten. Die Werte von $f(\gamma)$ sind auf vier bis sieben Dezimalstellen, je nach der Arbeit, die man auszuführen hat, für die Argumente von 0 bis 4, von $\frac{1}{100}$ zu $\frac{1}{100}$ fortschreitend, in Tafeln zusammengestellt, welche sich in fast jedem Werke über die Wahrscheinlichkeitsrechnung oder theoretische

Statistik finden. Im folgenden wird ein Bruchstück einer solchen Tafel (aus Czubers Lehrbuch der Wahrscheinlichkeitsrechnung) gegeben:

$$f(\gamma) = \frac{2}{\sqrt{\pi}} \int_0^\gamma e^{-t^2} dt,$$

γ	$f(\gamma)$	γ	$f(\gamma)$
0,00	0,0000000	1,20	0,9103140
0,10	0,1124630	1,40	0,9522851
0,20	0,2227025	1,60	0,9763484
0,30	0,3286267	1,80	0,9890905
0,40	0,4283922	2,00	0,9953223
0,50	0,5204999	2,50	0,9995930
0,60	0,6038561	3,00	0,9999779
0,70	0,6778010	3,50	0,99999925691
0,80	0,7421010	4,00	0,99999998458
0,90	0,7969082	4,50	0,99999999980
1,00	0,8427008	∞	1

Bei $\gamma = 0$ kann ein Erfolg überhaupt nicht eintreten, es wird deshalb auch $P = f(\gamma) = 0$, was auch unmittelbar aus der Auswertung des Ausdruckes P hervorgeht. Berücksichtigt man die sämtlichen möglichen Erfolge, d. h. wird $\gamma = \infty$, dann muß der eine oder andere dieser unendlich vielen möglichen Erfolge mit Gewißheit eintreten, weshalb $f(\gamma)$ der Einheit gleich wird.

$$\left(f(\infty) = \frac{2}{\sqrt{\pi}} \int_0^\infty e^{-t^2} dt = 1 \right).$$

Auch geht aus der Tafel ohne weiteres hervor, daß schon für den Wert von $\gamma = 3$ die Funktion $f(\gamma)$ von der Einheit kaum wesentlich verschieden ist.

Die beiden Gleichungen:

$$\frac{m}{n} = (\text{oder nahezu} =) \frac{p}{q} \quad \text{und} \quad P = \frac{2}{\sqrt{\pi}} \int_0^\gamma e^{-t^2} dt$$

machen das Bernoullische Theorem aus.

Welchen Inhalt und welche Tragweite hat nun das Bernoullische Theorem?

Der erste Teil des Theorems wurde bereits oben ausführlich behandelt. Es erübrigt also noch die Deutung von

$$P = \frac{2}{\sqrt{\pi}} \int_0^\gamma e^{-t^2} dt,$$

wobei

$$\gamma = \frac{l}{\sqrt{2pqs}}$$

ist.

Die bisherigen Ausführungen haben ergeben: Über zwei einander ausschließende entgegengesetzte Ereignisse E und F mit den **konstanten** Wahrscheinlichkeiten p und $q (= 1 - p)$ werden $s (= m + n)$ Versuche angestellt. Hierbei ist es am wahrscheinlichsten, daß sich das Ereignis E: $m = ps$ mal und sein Gegensatz F: $n = qs$ mal wiederholt (wahrscheinlichster Erfolg y_0). In dem Erfolge y_{-l}, welcher in der Entwicklung $(p + q)^s$ um l-Stellen vor dem wahrscheinlichsten Erfolge y_0 liegt, wiederholt sich das Ereignis E: $(ps + l)$ mal und das Ereignis F: $(qs - l)$ mal, in dem Erfolge y_l, welcher um l-Stellen nach y_0 folgt, ergeben sich als Wiederholungszahlen von E: $m = ps - l$ und für F: $n = qs + l$. P ist nun die vollständige Wahrscheinlichkeit dafür, daß sich irgend einer der Erfolge von y_{-l} über y_0 bis y_l einstellen werde, daß demnach das Ereignis E wenigstens $(ps - l)$ mal und höchstens $(ps + l)$ mal, beziehungsweise das Ereignis F wenigstens $(qs - l)$ mal und höchstens $(qs + l)$ mal eintreffen werde. Mit der Wahrscheinlichkeit

$$P = \frac{2}{\sqrt{\pi}} \int_0^\gamma e^{-t^2} dt$$

liegen also die Wiederholungszahlen von E und F, nämlich m und n zwischen den Grenzen:

$$ps - l \leqq m \leqq ps + l \quad \text{und} \quad qs - l \leqq n \leqq qs + l,$$

oder wenn für $l = \gamma \sqrt{2pqs}$ gesetzt wird, ist mit der Wahrscheinlichkeit

$$P = f(\gamma) = \frac{2}{\sqrt{\pi}} \int_0^\gamma e^{-t^2} dt$$

zu erwarten, daß die Wiederholungszahl m des Ereignisses E zwischen den Grenzen:

$$ps - \gamma \sqrt{2pqs} < m < ps + \gamma \sqrt{2pqs}$$

liegt.

Nennt man das Verhältnis $\frac{m}{s}$ die relative Häufigkeit des Ereignisse E, so ergibt sich für dieses Verhältnis mit der Wahrscheinlichkeit P die Eingrenzung:

$$p - \gamma\sqrt{\frac{2pq}{s}} < \frac{m}{s} < p + \gamma\sqrt{\frac{2pq}{s}}\,.$$

Durch entsprechende Wahl von γ kann P der Einheit beliebig nahe gebracht werden. Die frühere Betrachtung hat gezeigt, daß bereits für einen Wert von $\gamma = 3$ die Wahrscheinlichkeit

$$P = f(\gamma) = 0{,}9999779$$

wird. Die Grenzen der Wiederholungszahl m rücken um so weiter auseinander, je größer s wird. Die Grenzen der relativen Häufigkeit $\frac{m}{s}$ hingegen kommen bei wachsendem s einander immer näher und können durch fortgesetzte Vergrößerung von s dem Werte p beliebig nahe gebracht werden. Poisson hat diese Beziehungen das „Gesetz der großen Zahlen“ genannt.

Beispiele. 1. In einer Urne befinden sich zwei weiße und drei schwarze Kugeln; wie groß ist die Wahrscheinlichkeit, daß bei 100 Ziehungen die Wiederholungszahl m der weißen Kugeln nicht mehr als um vier von der wahrscheinlichsten abweichen werde?

Es ist

$$p = \tfrac{2}{5},\; q = \tfrac{3}{5},\; s = 100,\; ps = \tfrac{2}{5}\cdot 100 = 40;\quad \underbrace{40 - 4}_{36} \leqq m \leqq \underbrace{40 + 4}_{44};$$

$$\gamma\sqrt{2pqs} = 4;\quad \gamma = ?\quad \gamma\sqrt{2\cdot\tfrac{2}{5}\cdot\tfrac{3}{5}\cdot 100} = 4;\quad \gamma = 0{,}57736\,.$$

Aus der Tafel $f(\gamma)$ ergibt sich ferner durch einfache Interpolation:

$$\begin{array}{rl} f(0{,}57) = & 0{,}5798158 \\ f(0{,}58) = & -\,0{,}5879229 \\ \hline & 0{,}0081071 \end{array} \qquad \begin{array}{rl} f(0{,}57736) = & 0{,}5798158 \\ & 0{,}0059668 \\ \hline & 0{,}5857826 \end{array} \qquad \begin{array}{r} 0{,}57736 \\ -\,0{,}57 \\ \hline 0{,}00736 \\ \\ 0{,}00081071 \times 7{,}36 \\ \hline 0{,}0059668 \end{array}$$

Es ist also mit der Wahrscheinlichkeit $P = 0{,}5857826$ zu erwarten, daß bei 100 Ziehungen weiße Kugeln in der Anzahl zwischen 36 und 44 erscheinen werden.

2. In einer Urne befinden sich wieder zwei weiße und drei schwarze Kugeln; wie viele Versuche muß man ausführen, um mit der Wahrscheinlichkeit $P = 0{,}5857826$ erwarten zu dürfen, daß die

Wiederholungszahl des Ereignisses, eine weiße Kugel zu ziehen, um 10% von dem wahrscheinlichsten Werte abweichen werde?

$$P = f(\gamma) = 0{,}5857826; \quad \gamma = ?$$

$$\begin{array}{ll} f(0{,}57) = -\ 0{,}5798158 & \\ f(0{,}58) = \quad \underline{0{,}5879229} & \\ \qquad\qquad 0{,}0081071 & \end{array} \qquad \begin{array}{l} f(\gamma) \quad\ = 0{,}5857826 \\ f(0{,}57) = \underline{0{,}5798158} \\ \qquad\qquad 0{,}0059668 \end{array} \qquad \frac{0{,}0059668}{0{,}0081071} = 0{,}736 \qquad \gamma = 0{,}57736$$

Die Abweichung vom wahrscheinlichsten Erfolge ps beträgt 10%, d. i. $\frac{10}{100} ps$.

Es ist daher $\gamma \sqrt{2pqs} = \frac{10}{100} ps$ oder eingesetzt:

$$0{,}57736 \sqrt{2 \cdot \tfrac{2}{5} \cdot \tfrac{3}{5} \cdot s} = \tfrac{10}{100} \cdot \tfrac{2}{5} \cdot s; \quad s = ?$$

Daraus ergibt sich für $s = 100{,}003 = 100$. Es ist demnach $ps = \frac{2}{5} \cdot 100 = 40$ und 10% von 40 ist 4. Man muß somit 100 Ziehungen vornehmen, damit mit der Wahrscheinlichkeit $P = 0{,}5857826$ eine 10%ige Abweichung vom wahrscheinlichsten Erfolge erwartet werden darf, damit also die Zahl der gezogenen weißen Kugeln zwischen 36 und 44 liegt.

3. Es sind wieder zwei weiße und drei schwarze Kugeln in der Urne; wie groß ist die Abweichung bei 100 Ziehungen für die Wahrscheinlichkeit $P = \frac{1}{2}$?

$$P = f(\gamma) = 0{,}5; \quad \gamma = ?$$

$$\begin{array}{l} f(0{,}47) = -\ 0{,}4937452 \\ f(0{,}48) = \quad \underline{0{,}5027498} \\ \qquad\qquad 0{,}0090046 \end{array} \qquad \begin{array}{l} f(\gamma) \quad\ = 0{,}5 \\ f(0{,}47) = \underline{0{,}4937452} \\ \qquad\qquad 0{,}0062548 \end{array} \qquad \frac{0{,}0062548}{0{,}0090046} = 0{,}694$$

Daher ist $\gamma = 0{,}4769$ oder bei genauerer Auswertung

$$\gamma = 0{,}476936 = \varrho\,.$$

Die Größe der Abweichung ist somit

$$\varrho \sqrt{2pqs} = 0{,}4769 \sqrt{2 \cdot \tfrac{2}{5} \cdot \tfrac{3}{5} \cdot 100} = 3{,}3041.$$

Es wird also mit der Wahrscheinlichkeit von nicht ganz $\frac{1}{2}$ die Zahl der gezogenen weißen Kugeln bei 100 Ziehungen zwischen $40 - 3 = 37$ und $40 + 3 = 43$ liegen, oder es wird mit der Wahrscheinlichkeit $P = \frac{1}{2}$ erwartet werden dürfen, daß die relative Häufigkeit $\frac{m}{s}$ nicht mehr als um 0,03 von der Wahrscheinlichkeit $p = 0{,}40 = \frac{2}{5}$, eine weiße Kugel zu ziehen, abweichen werde. Es besteht die gleiche Wahrscheinlichkeit $\frac{1}{2}$ dafür, daß diese Abweichung ebenso oft nicht erreicht, wie überschritten wird. Deshalb wird diese Abweichung die wahrscheinliche Abweichung genannt. Nimmt man diese Abweichung nach beiden Seiten vom wahrscheinlichsten Werte, so gelangt man zu den wahrscheinlichen Grenzen und es besteht auch hier die Wahrscheinlichkeit $P = \frac{1}{2}$ dafür, daß diese nicht überschritten werden und gleichfalls die Wahrscheinlichkeit $Q = 1 - \frac{1}{2} = \frac{1}{2}$ dafür, daß sie überschritten werden. Die wahrscheinlichen Grenzen sind somit jene, bei denen es zweifelhaft ist, ob der zur Beobachtung kommende Wert zwischen sie oder außerhalb dieser Grenzen fallen werde.

4. In einer Urne befinden sich weiße und schwarze Kugeln in einem bestimmten Mischungsverhältnisse, das man nicht kennt; durch welchen Vorgang kann das Mischungsverhältnis der Kugeln in der Urne ermittelt werden? Als Grenzen von $\frac{m}{s}$ haben sich ergeben:

$$p - \gamma\sqrt{\frac{2pq}{s}} \leqq \frac{m}{s} \leqq p + \gamma\sqrt{\frac{2pq}{s}}.$$

Nach der Problemstellung sind m und $s - m = n$ bekannt und p sowie q unbekannt. Daher wird nicht $\frac{m}{s}$, sondern p einzugrenzen sein. Da aber $ps = m$ und $p = \frac{m}{s}$ ist, stellen sich die Grenzen von p in folgender Weise dar:

$$\frac{m}{s} - \gamma\sqrt{\frac{2mn}{s^3}} \leqq p \leqq \frac{m}{s} + \gamma\sqrt{\frac{2mn}{s^3}}.$$

a) Bei 100 vorgenommenen Ziehungen, wobei nach jedem Zuge die Kugel wieder in die Urne zurückgelegt wurde, sind 36 weiße und 64 schwarze Kugeln notiert worden. Nimmt man nun $\gamma = 4$ an, so kann mit der Wahrscheinlichkeit $P = f(\gamma) = 0{,}99999998458 \doteq 1$, also fast mit Gewißheit angenommen werden, daß der wahrscheinlichste Erfolg ps, bzw. die konstante Grundwahrscheinlichkeit p zwischen nachstehenden Grenzen eingeschlossen sein werde:

$$m - 4\sqrt{\frac{2mn}{s}} \leqq ps \leqq m + 4\sqrt{\frac{2mn}{s}}$$

bzw.

$$\frac{m}{s} - 4\sqrt{\frac{2mn}{s^3}} \leqq p \leqq \frac{m}{s} + 4\sqrt{\frac{2mn}{s^3}}.$$

Nun ist

$$4\sqrt{\frac{2mn}{s}} = 4\sqrt{\frac{2 \cdot 36 \cdot 64}{100}} = 27{,}153,$$

daher

$$36 - 27 < ps < 36 + 27 \quad \text{oder} \quad 9 < ps < 63$$

und

$$0{,}09 < p < 0{,}63 .$$

Die weiteren Versuche werden bei einer immer größer werdenden Anzahl von Ziehungen ausgeführt. Der Rechnungsvorgang hierbei ist ganz analog wie bei a.

b) Bei 1000 vorgenommenen Ziehungen haben sich 409 weiße und 591 schwarze Kugeln eingestellt. Daraus ergibt sich für p die Eingrenzung: $0{,}321 < p < 0{,}497$. Bei 5000 vorgenommenen Ziehungen sind 2007 weiße und 2993 schwarze Kugeln eingetroffen. Hieraus folgen für p die Grenzwerte: $0{,}362 < p < 0{,}441$.

c) Angenommen, es hätten sich bei 100.000 Ziehungen 39.860 weiße und 60.140 schwarze Kugeln, bei 1,000.000 Ziehungen 399.200 weiße und 200.800 schwarze Kugeln ergeben. Im ersten Falle würde $0{,}38984 < p < 0{,}40736$, im zweiten Falle $0{,}398068 < p < 0{,}400033$ sein.

Mit den wachsenden Versuchen s wird demnach die konstante Grundwahrscheinlichkeit p immer enger und enger eingegrenzt. Man kann somit die Zahl der Beobachtungen s so groß wählen, daß mit einer der Einheit beliebig nahen Wahrscheinlichkeit erwartet werden darf, daß die unbekannte Wahrscheinlichkeit p innerhalb beliebig eng festgesetzter Grenzen liege. (Umkehrung des Gesetzes der großen Zahlen.) Aus den vorliegenden Beispielen ist leicht zu ersehen, daß p dem Werte 0,40 zustrebt, d. h. das Mischungsverhältnis der weißen und schwarzen Kugeln in der Urne ist 40:60 oder 2:3. Weiß man also, daß in der Urne sich überhaupt nur fünf Kugeln befinden, so kommt man zu dem Schlusse, daß von diesen fünf Kugeln zwei weiß und drei schwarz sein müssen.

5. Wiederholte Versuchsreihen. In einer Urne befinden sich wieder zwei weiße und drei schwarze Kugeln. Es wurden nun tatsächlich bei diesem Mischungsverhältnisse der Kugeln in der Urne 51 Versuche zu je 100 Ziehungen ausgeführt. Die Ergebnisse sind in der 2. und 3. Spalte der Tafel auf Seite 86 zusammengestellt.

Im ersten Versuche sind 44 weiße und 56 schwarze, im zweiten Versuche 42 weiße und 58 schwarze, . . . im 50. Versuche 41 weiße und 59 schwarze und im letzten Versuche 39 weiße und 61 schwarze Kugeln erschienen. Die relative Häufigkeit des Ereignisses, eine weiße Kugel zu ziehen, war also im ersten Versuche $\frac{44}{100} = 0{,}44$, im 21. Versuche $\frac{34}{100} = 0{,}34$ usw. Bisher wurde immer nur eine

Nummer der Versuche	2 weiße, 3 schwarze Kugeln 1 Versuch à 100 Zhg. Erschienen sind weiße Kugeln	Relative Häufigkeit $\frac{m}{s}$	Abweichungen $p - \frac{m}{s}$	Quadrat der Abweichungen $\left(p - \frac{m}{s}\right)^2$	$\left\|p - \frac{m}{s}\right\|$ geordnet nach dem absoluten Werte
1	44	0·44	− 0·04	0·0016	0
2	42	0·42	− 0·02	0·0004	0
3	40	0·40	0	0	0
4	46	0·46	− 0·06	0·0036	0
5	40	0·40	0	0	0
6	46	0·46	− 0·06	0·0036	0·01
7	33	0·33	+ 0·07	0·0049	0·01
8	36	0·36	+ 0·04	0·0016	0·01
9	44	0·44	− 0·04	0·0016	0·01
10	38	0·38	+ 0·02	0·0004	0·01
11	44	0·44	− 0·04	0·0016	0·01
12	35	0·35	+ 0·05	0·0025	0·01
13	40	0·40	0	0	0·02
14	41	0·41	− 0·01	0·0001	0·02
15	37	0·37	+ 0·03	0·0009	0·02
16	38	0·38	+ 0·02	0·0004	0·02
17	32	0·32	+ 0·08	0·0064	0·02
18	42	0·42	− 0·02	0·0004	0·02
19	48	0·48	− 0·08	0·0064	0·02
20	37	0·37	+ 0·03	0·0009	0·02
21	34	0·34	+ 0·06	0·0036	0·02
22	36	0·36	+ 0·04	0·0016	0·03
23	41	0·41	− 0·01	0·0001	0·03
24	39	0·39	+ 0·01	0·0001	0·03
25	42	0·42	− 0·02	0·0004	0·03
26	45	0·45	− 0·05	0·0025	0·03
27	42	0·42	− 0·02	0·0004	0·03
28	43	0·43	− 0·03	0·0009	0·04
29	34	0·34	+ 0·06	0·0036	0·04
30	44	0·44	− 0·04	0·0016	0·04
31	37	0·37	+ 0·03	0·0009	0·04
32	44	0·44	− 0·04	0·0016	0·04
33	47	0·47	− 0·07	0·0049	0·04
34	39	0·39	+ 0·01	0·0001	0·04
35	42	0·42	− 0·02	0·0004	0·04
36	37	0·37	+ 0·03	0·0009	0·05
37	34	0·34	+ 0·06	0·0036	0·05
38	40	0·40	0	0	0·05
39	43	0·43	− 0·03	0·0009	0·05
40	38	0·38	+ 0·02	0·0004	0·05
41	45	0·45	− 0·05	0·0025	0·06
42	40	0·40	0	0	0·06
43	36	0·36	+ 0·04	0·0016	0·06
44	45	0·45	− 0·05	0·0025	0·06
45	39	0·39	+ 0·01	0·0001	0·06
46	42	0·42	− 0·02	0·0004	0·06
47	34	0·34	+ 0·06	0·0036	0·06
48	46	0·46	− 0·06	0·0036	0·07
49	35	0·35	+ 0·05	0·0025	0·07
50	41	0·41	− 0·01	0·0001	0·08
51	39	0·39	+ 0·01	0·0001	0·08
Zusammen	2046	20·46	+ 0·83	0·0828	1·72
			− 0·89		
			− 0·06		

Versuchsreihe betrachtet, und über ihr Ergebnis konnte man die Erwartungsvoraussage machen, daß es eine bestimmte oder eine innerhalb gegebener Grenzen liegende Abweichung vom wahrscheinlichsten Ergebnis mit einer bestimmten Wahrscheinlichkeit haben werde. Nun liegen über zwei Ereignisse E und F mit den konstanten Wahrscheinlichkeiten p und q $(= 1 - p)$ mehrere, im gegebenen Falle $x = 51$ Beobachtungsreihen gleichen Umfanges vor, d. h. jede einzelne Versuchsreihe besteht aus $s = 100$ Ziehungen. Die Wiederholungszahlen des Ereignisses E (Eintreffen einer weißen Kugel) in den einzelnen Versuchen sind $m_1 = 44$, $m_2 = 42, \ldots$ $m_{17} = 32, \ldots$ $m_{51} = m_x = 39$ oder allgemein m_i. Wie sich bei den wiederholten Versuchen die einzelnen Erfolge y_l um den wahrscheinlichsten Erfolg y_0 gruppiert haben, so kann man bei wiederholten Versuchsreihen von einer wahrscheinlichsten Gruppierung, Verteilung, Streuung oder Dispersion der Quotienten $\frac{m_i}{s}$ um den Wert p sprechen. Diese relativen Häufigkeiten $\frac{m_i}{s}$ erscheinen gleichsam als mit zufälligen Fehlern behaftete Messungswerte der konstanten Wahrscheinlichkeit p. Nach dem Wahrscheinlichkeitsgesetze

$$y_l = \frac{1}{\sqrt{2 \pi s p q}} e^{-\frac{(\pm l)^2}{2 s p q}}$$

hat eine positive Abweichung dieselbe Wahrscheinlichkeit wie eine gleich große negative. Deshalb ist es auch am wahrscheinlichsten, daß sich ebensoviele Werte von $\frac{m_i}{s}$ unter p wie über p einstellen werden. Nach der Spalte 4 der Tafel über die 51 Versuchsreihen haben sich 22 positive und 24 negative Abweichungen ergeben. In fünf Versuchen war die Abweichung gleich Null. Diese tatsächliche Verteilung stimmt somit mit der theoretischen recht gut überein.

Zufolge des Bernoullischen Theorems ist ferner bei einer Versuchsreihe mit der Wahrscheinlichkeit $P = f(\gamma)$ zu erwarten, daß der absolute Wert der Abweichung $p - \frac{m_i}{s}$ nicht größer sein werde als $\gamma \sqrt{\frac{2 p q}{s}}$. Nach dem obigen Beispiel 1 bestand die Wahrscheinlichkeit $P = 0{,}5857826$ dafür, daß bei 100 Ziehungen weiße Kugeln in der Anzahl zwischen 36 und 44 erscheinen werden. Da im vorliegenden Falle aber $x = 51$ Beobachtungen gemacht wurden, ist

$$x P = 0{,}5857826 \times 51 = 29{,}875 \doteq 30$$

die wahrscheinlichste Anzahl der Quotienten $\frac{m_i}{s} = \frac{40 \pm 4}{100}$ und es wird mit der Wahrscheinlichkeit

$$\Pi = \frac{2}{\sqrt{\pi}} \int_0^{\delta} e^{-t^2} dt$$

erwartet werden dürfen, daß die tatsächlich sich einstellende Anzahl der Quotienten $\frac{m_i}{s}$, welche zwischen die Grenzen

$$p - \gamma \sqrt{\frac{2pq}{s}} \quad \text{und} \quad p + \gamma \sqrt{\frac{2pq}{s}}$$

fallen, zwischen den Grenzen $xP - \delta\sqrt{2xPQ}$ und $xP + \delta\sqrt{2xPQ}$ liegen werde. Bei den ausgeführten Versuchsreihen wird demnach mit einer der Einheit nahe kommenden Wahrscheinlichkeit angenommen werden können, daß die Wiederholungszahl der relativen Häufigkeit $\frac{m_i}{s} = \frac{40 \pm 4}{100}$ zwischen

$$30 - 4\sqrt{2 \times 51 \times 0{,}586 \times 0{,}414} \text{ und } 30 + 4\sqrt{2 \times 51 \times 0{,}586 \times 0{,}414},$$

d. i. zwischen $30 - 20 = 10$ einerseits und $30 + 20 = 50$ andrerseits eingegrenzt sein werde. Tatsächlich haben sich nach Spalte 3 der Zusammenstellung acht solcher relativen Häufigkeiten ergeben.

Aus diesen Betrachtungen ist zu ersehen, daß die Gruppierung der $\frac{m_i}{s}$ um p eine feste Struktur aufweist, welche ihrerseits nur von der konstanten Wahrscheinlichkeit p und der Zahl der Versuche s abhängig ist. Bleiben p und s konstant, so ist auch die Dispersion der Quotienten um p eine feststehende und bestimmte. Setzt man nun ein gewisses Maß fest, mittels welchem diese Dispersion gemessen werden kann, dann ist hierdurch die Möglichkeit gegeben, die Reihe der Quotienten $\frac{m_i}{s}$ durch eine einzige Größe genügend zu charakterisieren.

Als solches Genauigkeitsmaß wird unter zahllosen anderen die durchschnittliche Abweichung angenommen, d. i. das arithmetische Mittel der absoluten Werte der einzelnen Abweichungen. Die absoluten Werte der Abweichungen für die vorliegenden 51 Versuchsreihen sind, der Größe nach steigend geordnet, in Spalte 6 der Tafel zusammengestellt. Ihre Summe beträgt 1,72 und das arithmetische Mittel: $\frac{1{,}72}{51} = 0{,}033726$. Setzt man die Abweichung $p - \frac{m}{s} = \varepsilon$ und bedeuten n die Anzahl der Versuchsreihen, ferner das Symbol $|\varepsilon|$, daß nur der absolute Wert der Abweichung (also gleichgültig, ob sie positiv oder negativ ist), das Symbol $[|\varepsilon|]$ die Summe der absoluten Werte der Abweichungen, so ist der analytische Ausdruck für die durchschnittliche Abweichung: $\vartheta = \frac{[|\varepsilon|]}{n}$.

Ein sehr gebräuchliches Genauigkeitsmaß ist ferner die **mittlere Abweichung**, d. h. die Quadratwurzel aus dem mittleren Quadrate der Abweichungen der $\frac{m_i}{s}$ von $p: \mu = \sqrt{\frac{[\varepsilon^2]}{n}}$. Der theoretische Wert hierfür ist $\mu = \sqrt{\frac{pq}{s}}$.[1]) Aus Spalte 5 der Tafel ergibt sich für

$$\mu = \sqrt{\frac{[\varepsilon^2]}{n}} = \sqrt{\frac{0{,}0828}{51}} = 0{,}0403 .$$

Die Auswertung nach der theoretischen Bestimmung von μ führt zum Werte:

$$\mu = \sqrt{\frac{pq}{s}} = \sqrt{\frac{2}{5} \cdot \frac{3}{5} \cdot \frac{1}{100}} = 0{,}0490 .$$

Ein weiteres, sehr plausibles Genauigkeitsmaß ist die **wahrscheinliche Abweichung**. Wie im Beispiel 3 auf Seite 83 f. aus-

---

[1]) Geht man von dem leicht beweisbaren Satze aus:

$$\mu(G) = p_1 G_1 + p_2 G_2 + \ldots + p_\nu G_\nu ,$$

d. h. der Mittelwert einer vom Zufall abhängigen Größe G ist gleich der Summe ihrer Einzelwerte, jeder mit der seinem Zustandekommen entsprechenden Wahrscheinlichkeit multipliziert, — und ist l die Abweichung vom wahrscheinlichsten Erfolge, so ist die Wahrscheinlichkeit dieses Erfolges

$$y_l = \frac{1}{\sqrt{2\pi p q s}} \cdot e^{-\frac{l^2}{2pqs}}$$

und das Quadrat der mittleren Abweichungen

$$u^2 = \sum_{-l}^{+l} l^2 \cdot \frac{1}{\sqrt{2\pi p q s}} e^{-\frac{l^2}{2pqs}} .$$

Betrachtet man nun die l nicht als ganze Größe, sondern als eine stetige Variable, so kann statt der Summierung die Integration vorgenommen werden. Die Auswertung des bestimmten Integrals

$$\int_{-l}^{l} \frac{l^2}{\sqrt{2\pi p q s}} \cdot e^{-\frac{l^2}{2pqs}} \, dl$$

führt zu dem Werte $\mu^2 = pqs$.

geführt wurde, beträgt diese wahrscheinliche Abweichung der Wiederholungszahl m des Ereignisses E: $\varrho\sqrt{2pqs}$ und die relative Häufigkeit $\frac{m}{s}$: $\varrho\sqrt{\frac{2pq}{s}}$, wobei für ϱ der Wert 0,476936 ermittelt wurde. Da aber $\sqrt{\frac{pq}{s}} = \mu$ ist, ergibt sich für die wahrscheinliche Abweichung der Verhältnisse $\frac{m_i}{s}$ von p der Wert: $\varrho\,\mu\sqrt{2} = 0{,}67449\,\mu$. Bei den 51 ausgeführten Versuchsreihen wurde für $\mu = 0{,}0403$ gefunden; hieraus folgt für die wahrscheinliche Abweichung der Verhältnisse $\frac{m_i}{s}$ von p der Wert 0,027 oder näherungsweise 0,03. In der Tafel mit den Ergebnissen über die 51 ausgeführten Versuchsreihen sind in Spalte 6 die Abweichungen $p - \frac{m_i}{s}$ ihrem absoluten Betrage nach in ansteigender Größe geordnet. Von diesen 51 Abweichungen liegen nach der Tafel 25 Abweichungen unter 0,03 (bzw. sind von ihnen vier Abweichungen gleich 0,03) und ebenso viele, nämlich 25 über 0,03. Es besteht somit die gleiche Wahrscheinlichkeit, nämlich $\frac{1}{2}$ dafür, daß diese Abweichung 0,03 erreicht oder überschritten wird.

Ein rein theoretisches Genauigkeitsmaß, das hier noch anzuführen wäre, ist endlich der von Gauß eingeführte Präzisionsbegriff. Gegeben seien zwei Versuchsreihen. Die eine beziehe sich auf die Ereignisse E und F mit den, während der s anzustellenden Versuche konstanten Wahrscheinlichkeiten p und $q\,(=1-p)$, die andere hingegen auf die Ereignisse E' und F' mit den, während der s' Versuche konstanten Wahrscheinlichkeiten p' und q' $(= 1 - p')$. Die Wiederholungszahl von E sei m, die von E' hingegen m'. Es ist nun mit der Wahrscheinlichkeit

$$P = \frac{2}{\sqrt{\pi}}\int_0^\gamma e^{-t^2}\,dt$$

zu erwarten, daß bei der ersten Versuchsreihe die Abweichung $p - \frac{m}{s}$ zwischen den Grenzen

$$-\gamma\sqrt{\frac{2pq}{s}} \quad \text{und} \quad +\gamma\sqrt{\frac{2pq}{s}},$$

bei der zweiten Versuchsreihe die Abweichung $p' - \frac{m'}{s'}$ zwischen den Grenzen

$$-\gamma\sqrt{\frac{2p'q'}{s'}} \quad \text{und} \quad +\gamma\sqrt{\frac{2p'q'}{s'}}$$

liegen werde. Da bei konstantem P auch γ gleich bleibt, so hängt der Spannrahmen des Intervalles

$$2\gamma\sqrt{\frac{2pq}{s}} \quad \text{bzw.} \quad 2\gamma\sqrt{\frac{2p'q'}{s'}}$$

nur von diesen Wurzelausdrücken ab. Je enger dieser Spannrahmen wird, d. h. je näher die relativen Häufigkeiten $\frac{m}{s}$ an p heranrücken oder je kleiner der Wurzelausdruck wird, desto enger wird die Gruppierung der Verhältnisse $\frac{m}{s}$ um den Wert p sein, als desto genauer werden die angestellten Versuche und Beobachtungen gelten können. Die Genauigkeit wächst also mit der Abnahme von $\sqrt{\frac{2pq}{s}}$ oder sie wächst mit dem Wachsen von $h = \sqrt{\frac{s}{2pq}}$. Man kann also diesen Ausdruck geradezu als das Maß der Präzision der betreffenden Versuchsreihe auffassen.[1])

Bedeutung und Wesen aller dieser Genauigkeitsmaße werden bei Behandlung des Anwendungsgebietes der Wahrscheinlichkeitstheorie in einem späteren Paragraphen einfacher zum Ausdruck gebracht werden können.

Anmerkung. Obwohl erst im nächsten Abschnitte ein näheres Eingehen möglich sein wird, sei doch schon an dieser Stelle in Kürze auf folgendes wichtige Moment hingewiesen.

Bei den bisherigen Untersuchungen über die Ergebnisse wiederholter Versuche war vorausgesetzt, daß die Wahrscheinlichkeiten p und q der beiden entgegengesetzten Ereignisse E und F bei allen Versuchen konstant blieben. Auf dieser Voraussetzung fußt auch das Bernoullische Theorem. Poisson[2]) hat sich als erster mit der Frage beschäftigt, wie sich die Erwartungsbildung hinsichtlich der Ergebnisse wiederholter Versuche gestaltet, wenn sich die Wahrscheinlichkeiten p und q der beiden einander ausschließenden Ereignisse E und F im Laufe der Versuche ändern.

Die schematische Darstellung der Sachlage ist folgende. Beim Bernoullischen Theorem waren die Versuche derart eingerichtet, daß aus einer und derselben Urne mit weißen und schwarzen Kugeln im Mischungsverhältnisse $p:q$ bei jedesmaliger Zurücklegung der gezogenen Kugeln s-Ziehungen gemacht wurden.

---

[1]) Czuber, Wahrscheinlichkeitsrechnung usw., 2. Auflage. I. Bd. S. 131.

[2]) Recherches sur la propabilité des jugements, Paris 1837.

Jetzt liegen — um nur ein Schema herauszugreifen — s-Urnen: U_1, U_2, ... U_i ... U_s vor, und in jeder dieser Urnen befinden sich die weißen und schwarzen Kugeln in einem anderen Mischungsverhältnisse, nämlich in den s-Urnen der Reihe nach: $p_1 : q_1$, $p_2 : q_2$, ... $p_i : q_i$, ... $p_s : q_s$. Aus jeder dieser s-Urnen wird nun eine Kugel gezogen.

Wie sind die früher aufgeworfenen Probleme unter dieser Voraussetzung zu lösen? Wie groß ist insbesondere die Wahrscheinlichkeit, daß sich die Ereignisse eine bestimmte Anzahl mal wiederholen, welche Kombination besitzt hier die größte Wahrscheinlichkeit, wie sind hier die Wiederholungszahlen m und n oder die relativen Häufigkeiten $\frac{m}{s}$, $\frac{n}{s}$ einzugrenzen usw.?

Für diese Fälle veränderlicher Wahrscheinlichkeiten hat Poisson Näherungsformeln entwickelt, welche den Inhalt des nach ihm benannten Poissonschen Theorems bilden:

Die wahrscheinlichste unter allen Kombinationen ist diejenige, bei welcher sich die Wiederholungszahlen der Ereignisse E und F verhalten wie ihre durchschnittlichen Wahrscheinlichkeiten

$$p = \frac{\sum p_i}{s} \quad \text{und} \quad q = \frac{\sum q_i}{s}$$

im Laufe der Versuche. Es ist ferner mit der Wahrscheinlichkeit

$$P = \frac{2}{\sqrt{\pi}} \int_0^{\gamma} e^{-t^2} dt$$

zu erwarten, daß die Wiederholungszahl m des Ereignisses E zwischen die Grenzen $ps \mp \gamma k \sqrt{s}$ bzw. die relative Häufigkeit $\frac{m}{s}$ zwischen die Grenzen $p \mp \frac{\gamma k}{\sqrt{s}}$ fallen werde, wobei

$$p = \frac{\sum p_i}{s}, \quad q = \frac{\sum q_i}{s}, \quad k = \sqrt{\frac{2 \sum p_i q_i}{s}}$$

ist und s die Anzahl der Versuche bedeutet.

Wird $p_1 = p_2 = \ldots = p_i = \ldots = p_s = p$ und daher

$$q_1 = q_2 = \ldots = q_i = \ldots q_s = q,$$

dann wird

$$\sum p_i = ps, \quad \sum q_i = qs, \quad \sum p_i q_i = pqs,$$

$$k = \sqrt{\frac{2pqs}{s}} = \sqrt{2pq}, \quad \gamma k \sqrt{s} = \gamma \sqrt{2pqs} \quad \text{und} \quad \frac{\gamma k}{\sqrt{s}} = \gamma \sqrt{\frac{2pq}{s}}.$$

Das Bernoullische Theorem stellt sich somit als ein spezieller Fall des Theorems von Poisson dar.

IV. Mathematische Hoffnung (Erwartung) und mathematisches Risiko. Moralische Hoffnung (Erwartung).

1. Die Aussicht auf Gewinn oder Verlust löst im Menschen gewisse Affekte aus, das Lustgefühl der Erwartung von Vorteilen, die Hoffnung auf Gewinn und das Unlustgefühl der Besorgnis von Nachteilen. Die Intensität dieser Affekte hängt — abgesehen vorläufig von anderen Umständen — zunächst von subjektiven und psychologischen Momenten ab, welche beim ersten Besehen analytisch nicht leicht faßbar sind. Der Gewinn von 1000 K. z. B., der den armen Mann in einen Taumel der Freude versetzt, wird den Millionär gleichgültig lassen. Der Sanguiniker wird für derartige Affekte empfindlicher sein als der Phlegmatiker usw.

Für mathematische Berechnungen müssen jedoch andere Grundlagen gesucht werden. Offenbar ist unter sonst gleichen Umständen einerseits die Hoffnung auf Gewinn oder das Unlustgefühl zu verlieren um soviel mal intensiver, um wie viel mal größer die Höhe des Gewinnes oder Verlustes ist. Andrerseits ist der Grad der Intensität abhängig von der Wahrscheinlichkeit des Ereignisses, dessen Eintreffen oder Nichteintreffen Gewinn oder Verlust mit sich bringt. Besteht z. B. für das Eintreffen eines Ereignisses die Wahrscheinlichkeit $\frac{1}{3}$, so wird die Hoffnung, den Gewinn g zu erhalten, falls das Ereignis sich tatsächlich einstellt, doppelt so groß sein, als wenn die Wahrscheinlichkeit nur $\frac{1}{6}$ wäre. Es ist also schon nach den Vorstellungen des gewöhnlichen Lebens die Größe des Affektes den beiden bestimmenden Momenten: Größe des Gewinnes oder Verlustes und Wahrscheinlichkeit des Ereignisses, von welchem Gewinn oder Verlust abhängt, gerade proportional. Der analytische Ausdruck hierfür ist $\mathsf{E} = p \cdot g$, wobei E die symbolische Bezeichnung für die mathematische Hoffnung oder die mathematische Erwartung, g die Höhe des Gewinnbetrages und p die Wahrscheinlichkeit des Ereignisses bedeutet, von dessen Eintreten der Gewinn abhängt. Die mathematische Hoffnung, welche die Aussicht auf einen Gewinn erregt, ist somit unter sonst gleichen Umständen das Produkt aus der Größe dieses Gewinnes und der Wahrscheinlichkeit des Ereignisses, mit dessen Eintreten er verbunden ist. Hierbei wird von subjektiven und psychologischen Momenten der betreffenden Personen abgesehen, oder mit anderen Worten: diese Momente werden bei allen Personen als durchgehend gleich und konstant bleibend erachtet.

Sind für das Eintreffen eines von mehreren einander ausschließenden Ereignissen $E_1, E_2, \ldots E_n$ mit den Wahrscheinlichkeiten $p_1, p_2, \ldots p_n$ (so daß $\sum_1^n p_i = 1$) die Preise $g_1, g_2, \ldots g_n$ ausgesetzt, so besteht zunächst für den Fall, daß die einzelnen Gewinne einander gleich sind, also $g_1 = g_2 = \ldots = g_n = g$ ist, die Wahrscheinlichkeit, den Gewinn g zu erhalten, nach dem additiven Theorem: $(p_1 + p_2 + \ldots + p_n)$. Die erregte Hoffnung ist demnach $\mathsf{E} = (p_1 + p_2 + \ldots + p_n) g = p_1 g + p_2 g + \ldots + p_n g$. Sind hingegen die Gewinnsummen $g_1, g_2, \ldots g_n$ voneinander verschieden und ist g_1 unter ihnen die größte, so erweckt der Gewinn g_i mit der Wahrscheinlichkeit p_i dieselbe Hoffnung $p_i g_i$, wie der Gewinn g_1 mit der Wahrscheinlichkeit $\frac{p_i g_i}{g_1}$, nämlich $g_1 \cdot \frac{p_i g_i}{g_1} = p_i g_i$. Es wird daher

$$\mathsf{E} = (p_1 + p_2 + \ldots p_n) g = \left(p_1 + \frac{p_2 g_2}{g_1} + \ldots + \frac{p_i g_i}{g_1} + \ldots + \frac{p_n g_n}{g_1}\right) \cdot g_1,$$

d. h.

$$\mathsf{E} = p_1 g_1 + p_2 g_2 + \ldots + p_n g_n = \sum_1^n p_i g_i.$$

Die Hoffnung, welche die Aussicht auf verschiedene Gewinne $g_1, g_2, \ldots g_n$ mit den bezüglichen Wahrscheinlichkeiten $p_1, p_2 \ldots p_n$ erregt, ist gleich der Summe der Hoffnungen, welche die einzelnen Aussichten erregen.

Der Begriff der mathematischen Hoffnung oder Erwartung ist bei Spielen und Wetten von grundlegender Bedeutung.

Sind E und F zwei einander ausschließende Ereignisse mit den Wahrscheinlichkeiten p und q $(= 1 - p)$ und erhält der Spieler A bei Eintritt des Ereignisses E den Einsatz g' des Spielers B und bei Eintritt des Ereignisses F der Spieler B den Einsatz g des Spielers A, so ist die Hoffnung des A gleich pg' und die des B gleich qg. Hingegen ist die Besorgnis des A gleich qg und die des B gleich pg'. Die Hoffnung des einen Spielers ist somit gleich der Besorgnis des andern. Betrachtet man nun einen Verlust als negativen Gewinn, so ergibt sich die Besorgnis als der negative Wert einer gleich großen Hoffnung. Die Gesamthoffnung des A ist demnach $\mathsf{E}_A = pg' - qg$ und die des B: $\mathsf{E}_B = qg - pg'$. Die Billigkeit verlangt nun, daß die Vorteile beider Spieler gleich sind, d. h daß $\mathsf{E}_A = \mathsf{E}_B$ ist. Das ist jedoch nur möglich, wenn beide Werte gleich Null sind, also wenn $pg' = qg$ oder $g : g' = p : q$ ist. Soll demnach ein Spiel zwischen zwei Spielern, von welchen der eine notwendig gewinnen muß, nach mathematischer Billigkeit geregelt sein, dann müssen sich die Einsätze der Spieler ebenso verhalten, wie ihre Wahrscheinlichkeiten zu gewinnen.

Zu den Grundsätzen der Billigkeit bei Spiel und Wette gelangt man auch durch folgenden Gedankengang.

Eine Urne enthalte a weiße und b schwarze Kugeln. Die Wahrscheinlichkeit, eine weiße Kugel zu ziehen, ist $p = \frac{a}{a+b}$. Für das Ziehen einer weißen Kugel verspricht der Unternehmer A dem Spieler B den Betrag g zu zahlen. Nun macht B im ganzen s Ziehungen aus der Urne oder es stehen dem Unternehmer s Spieler gegenüber, von denen jeder einmal aus der Urne zieht. Nach dem Bernoullischen Theorem ist es nun am wahrscheinlichsten, daß das Ereignis des Erscheinens einer weißen Kugel ps mal eintrifft. Die wahrscheinlichste Zahlung des Unternehmers B an die Spieler ist demnach $ps \cdot g$. Nach den Grundsätzen der Billigkeit haben aber die s Spieler denselben Betrag $ps \cdot g$ als Einsatz zu leisten, der Einsatz eines Spielers beträgt somit $\frac{ps \cdot g}{s} = pg$, d. i. aber die mathematische Hoffnung des einzelnen Spielers, die Summe g zu erhalten. Man sagt daher: Ein Spiel oder eine Wette ist dann nach mathematischer Billigkeit geordnet, wenn die mathematische Hoffnung des Spielers gleich dessen rechtmäßigem Einsatz ist.

2. Das Kriterium des geordneten Spieles ist also $E = pg$. Trifft das Ereignis E ein, dann erhält der Spieler den Preis g, der von ihm geleistete Einsatz E verbleibt jedoch dem Unternehmer des Spieles. Der Reingewinn des Spielers ist somit $g - E$ und diesen kann er mit der Wahrscheinlichkeit p erwarten; seine Reingewinnhoffnung ist mit $R = p(g - E)$. Das ist die Definitionsgleichung für das mathematische Risiko, das auch absolutes Risiko genannt wird. Dasselbe ist eine benannte Zahl. Sind g und E z. B. in Kronenwährung gegeben, so bedeutet R gleichfalls Kronen.

Trifft das Ereignis E nicht ein, so ist die Verlusterwartung des Spielers $R' = q \cdot E$. Auch diese Verlusterwartung wird mathematisches Risiko genannt, und es ist leicht einzusehen, daß

$$R = p(g - E) = pg - pE = E - pE = E(1 - p) = qE = R'$$

sein muß. Das Risiko vom Standpunkte des Gewinnens ist somit gleich dem Risiko vom Standpunkte des Verlierens.

Endlich versteht man unter dem **relativen Risiko** (unbenannte Zahl) das Verhältnis des absoluten Risikos zum Einsatz:

$$R = \frac{R}{E} = \frac{qE}{E} = q.$$

Beispielproblem zu diesen Begriffsbestimmungen in allgemeiner Formulierung.

Trifft von zweien einander ausschließenden Ereignissen E und F mit den Wahrscheinlichkeiten p und $q (= 1 - p)$ das Ereignis E ein, so verpflichtet sich der Unternehmer an jeden der s Spieler (wobei s eine sehr große Zahl sein soll), bei dessen Spiel das Ereignis E sich eingestellt hat, die Summe g zu zahlen; wie groß ist das absolute, bzw. das relative Risiko?

Ist das Spiel nach mathematischer Billigkeit geordnet — und das wird auch hier vorausgesetzt — dann muß die mathematische Erwartung jedes einzelnen Spielers gleich dessen rechtmäßigem Einsatz sein: $E = p \cdot g$. Da s Spieler sind, so beträgt die Einnahme des Unternehmers: $s \cdot E$. Nach dem Bernoullischen Theorem wird sich bei s Versuchen das Ereignis E am wahrscheinlichsten ps mal einstellen. Die wahrscheinlichste Ausgabe des Unternehmers beträgt demnach: $ps \cdot g = s \cdot E$. Darnach hat der Unternehmer weder einen Gewinn noch Verlust. Das Ereignis E kann sich aber auch öfter oder weniger oft als ps mal einstellen. Trifft es $(ps + l)$ mal ein, dann hat der Unternehmer einen Verlust, tritt es $(ps - l)$ mal ein, dann hat er einen Gewinn. Stellt man sich z. B. auf den Standpunkt, daß der Unternehmer verliert (nach dem früheren ist das Gewinnrisiko gleich dem Verlustrisiko), so ergibt sich folgende Sachlage.

Das Ereignis E trifft $(ps + l)$ mal ein. Die Einnahme des Unternehmers ist wie oben $s \cdot E$, seine Ausgabe hingegen $(ps + l) \cdot g$, daher sein Verlust $(ps + l)g - sE = psg + lg - psg = lg$. Nach dem Bernoullischen Theorem ist nun die Wahrscheinlichkeit, daß das Ereignis E $(ps + l)$ mal eintritt, bekanntlich:

$$P = \frac{1}{\sqrt{2\pi pqs}} \cdot e^{-\frac{l^2}{2pqs}}.$$

Mit der gleichen Wahrscheinlichkeit erleidet der Unternehmer daher auch den Verlust lg. Trifft das Ereignis E $(ps + l)$ mal ein, so beträgt sein Risiko demnach:

$$\frac{1}{\sqrt{2\pi pqs}} \cdot e^{-\frac{l^2}{2pqs}} \cdot lg.$$

Die Größe l kann nun alle Werte von $l = 0$ bis $l = qs$ durchlaufen. Bei $l = 0$ tritt das Ereignis E ps mal ein, bei $l = qs$ tritt es

$ps + qs = (p + q)s = s$ mal ein. Das totale Risiko des Unternehmers ist somit nach dem früheren:

$$R = \sum_{0}^{qs} l \frac{1}{\sqrt{2\pi pqs}} \cdot e^{-\frac{l^2}{2pqs}} \cdot lg \,.$$

Ersetzt man die Größe l durch die stetige Veränderliche x und läßt dieselbe alle Werte von 0 bis ∞ durchlaufen, so ergibt sich:

$$R = \int_0^\infty \frac{1}{\sqrt{2\pi pqs}} \cdot e^{-\frac{x^2}{2pqs}} g\, x\, dx$$

oder ausgewertet:

$$R = g\sqrt{\frac{pqs}{2\pi}} \,.$$

Setzt man für die Konstante $\frac{1}{\sqrt{2\pi}}$ deren ausgerechneten Wert 0·398942 . . ., so erhält man $R = 0{\cdot}398942\, g\sqrt{pqs}$. Nach der obigen Begriffsbestimmung ergibt sich ferner das relative Risiko

$$\Re = \frac{R}{spg} = \sqrt{\frac{q}{2\pi ps}} = 0{\cdot}398942\sqrt{\frac{q}{ps}}\,;$$

d. h. das absolute Risiko ist dem Preis g proportional, ferner wächst es einerseits mit der Quadratwurzel aus der Zahl der Unternehmungen s und andererseits mit der Größe des Produktes der Wahrscheinlichkeiten p und q und ist für den Fall $p = q = \frac{1}{2}$ am größten. Hingegen nimmt das relative Risiko bei wachsender Zahl der Unternehmungen s ab, es konvergiert bei wachsendem s gegen Null (analytischer Ausdruck des Grundgedankens jeder Versicherung).

3. Die moralische Erwartung. Bei der Begriffsbildung der mathematischen Erwartung wurden die subjektiven und psychologischen Momente insoweit unberücksichtigt gelassen, als sie bei allen Menschen als gleich intensiv vorhanden angenommen wurden. Die mathematische Erwartung zeigte sich dann lediglich nur abhängig von den möglichen Gewinnsummen und Verlusten und von den Wahrscheinlichkeiten, mit welchen Gewinn und Verlust zu erwarten sind. Nach Czuber erfährt demnach in dieser Richtung die mathematische Erwartung eine rein „objektive Beurteilung". In Wirklichkeit können jedoch die subjektiven Momente wenigstens nicht ausgeschaltet werden. Es läßt sich zwar stets ein Spiel zwischen zwei Menschen von gleicher Temperaments- und Gemütsanlage (psychologische Momente) denken, offenbar werden aber

Menschen in verschiedener Vermögenslage durch bevorstehende Gewinne oder Verluste immer auch in verschieden starkem Grade affiziert werden (subjektive Momente). Ein und dieselbe Vermögensänderung gewinnt für verschieden reiche Menschen eine sehr verschiedene Bedeutung und erregt in ihnen verschieden starke Affekte, deren Intensität offenbar von der Größe ihres Vermögens abhängig sein wird. Es herrscht aber andererseits auch nicht wie bei der mathematischen Erwartung in diesem Sinne Proportionalität, da z. B. eine Vermögensänderung von 1 K für den Besitzer von 1000 K kaum 1000 mal so stark ins Gewicht fallen wird wie für den Millionär. Es kann deshalb nicht von dem absoluten Werte einer Vermögensänderung gesprochen werden, sondern nur von einem relativen oder moralischen Werte, von dem Werte nämlich, welchen die Vermögensänderung für eine bestimmte Person hat. Bedeutet somit v das Vermögen einer Person und ist dv der absolute Betrag einer unendlich kleinen Änderung desselben, so wird der relative oder moralische Wert dieser Änderung analytisch folgendermaßen ausgedrückt: $dy = k \cdot \frac{dv}{v}$, wobei k eine von psychologischen Momenten abhängige, im übrigen aber konstante Größe bedeutet. (Hypothese von DANIEL BERNOULLI). Hiernach ist der Vorteil dem Zuwachs selbst proportional. Auch ist von selbst einleuchtend, daß der Vorteil mit der Größe des bereits vorhandenen Vermögens abnimmt. Nach der angeführten Hypothese ist aber der Vorteil dem vorhandenen Vermögen umgekehrt proportional und darin sieht CZUBER[1]) mit Recht eine willkürliche Festsetzung, „für deren Zulässigkeit nur die Übereinstimmung ins Feld geführt werden kann, welche zwischen den aus der Hypothese abgeleiteten Resultaten und den Eingebungen des gemeinen Verstandes besteht."

Wie gestaltet sich nun der relative oder moralische Wert einer endlichen Vermögensänderung?

Die endliche Vermögensänderung — sie heiße g — kann man sich aus einer unendlichen Reihe von unendlich kleinen Änderungen dx zusammengesetzt denken, so daß

$$dx = \lim \frac{g}{n} \, (n = \infty)$$

ist. Handelt es sich bei der Änderung des betreffenden Gesamtvermögens x um einen Gewinn, dann nimmt x der Reihe nach die Werte an:

$$x, \quad x + \frac{g}{n}, \quad x + \frac{2g}{n}, \ldots \quad x + g\,.$$

---

[1]) Wahrscheinlichkeitsrechnung, 2. Auflage, Bd. I, S. 236.

Ist die Vermögensänderung hingegen ein Verlust, dann sind die einzelnen Werte des Gesamtvermögens:

$$x, \quad x - \frac{g}{n}, \quad x - \frac{2g}{n}, \ldots \quad x - g.$$

Der relative Wert der unendlich kleinen Änderung dx ist nach der obigen Hypothese: $dy = k \cdot \frac{dx}{x}$. Daher ist y, der zu ermittelnde relative Wert der endlichen Änderung g, einerseits

$$y = \int_x^{x+g} k \frac{dx}{x} = k \int_x^{x+g} \frac{dx}{x} = k \Big[\log \operatorname{nat} x\Big]_x^{x+g} =$$

$$= k \Big[l(x+g) - l(x)\Big] = k l \frac{x+g}{x},$$

andererseits

$$y = \int_{x-g}^{x} k \frac{dx}{x} = k \int_{x-g}^{x} \frac{dx}{x} = k \Big[l x\Big]_{x-g}^{x} = k \Big[l(x) - l(x-g)\Big] =$$

$$= -k \Big[l(x-g) - l(x)\Big] = -k l \frac{x-g}{x} = k l \frac{x}{x-g}.$$

Die Interpretation dieser analytischen Ausdrücke ergibt Schlüsse, welche mit den Eingebungen des gesunden Menschenverstandes übereinstimmen: 1. Ist das Vermögen x konstant, so wird z. B. in der Formel $y = k l \frac{x+g}{x}$ das y mit zunehmendem oder abnehmendem g größer oder kleiner. 2. Für $y = 0$, wird auch $g = 0$. 3. Dieselbe Vermögensänderung g hat einen größeren relativen oder moralischen Wert y für ein kleineres Gesamtvermögen x. Denn

$$y = k l \frac{x+g}{x} = k l \left(1 + \frac{g}{x}\right).$$

Für $x > x_1$ ist $\frac{g}{x} < \frac{g}{x_1}$, also $y < y_1$.

Bei gleichem Vermögen hat ein Gewinn einen geringeren relativen Wert als ein gleich großer Verlust.

Es ist nämlich

$$y = k . l \frac{x+g}{x} \quad \text{und} \quad y_1 = k \cdot l \frac{x}{x-g};$$

da aber

$$\frac{x+g}{x} = \frac{x^2 - g^2}{x(x-g)} \quad \text{und} \quad \frac{x}{x-g} = \frac{x^2}{x(x-g)},$$

daher

$$\frac{x+g}{x} < \frac{x}{x-g}$$

ist, folgt $y < y_1$.

Ist die Wahrscheinlichkeit des Ereignisses, mit dessen Eintreffen der Gewinn g verbunden ist, p, so heißt das Produkt:

$$H = k \cdot l \frac{x+g}{x} \cdot p$$

der relative oder moralische Wert der mathematischen Hoffnung pg oder kurz: die relative Hoffnung oder moralische Erwartung für eine Person, deren Vermögen x ist.

In analoger Weise ist

$$H' = k p_1 \, l \frac{x+g_1}{x} + k p_2 \, l \frac{x+g_2}{x} + \dots$$

der relative oder moralische Wert der mathematischen Hoffnung $p_1 g_1 + p_2 g_2 + \dots$

Es ginge über den Rahmen dieser Arbeit hinaus, mehr zu bringen, als für die Herausarbeitung der grundlegenden Begriffe notwendig erscheint. Bemerkt sei nur in Kürze, daß die Bernoullische Hypothese zur Grundlage der modernen Wertlehre geworden ist, nach welcher der Wert eines Gutes nicht mehr abstrakt, als eine dem Gute selbst innewohnende Eigenschaft betrachtet, sondern der Wert des Gutes mit dem wirtschaftlichen Subjekt in Beziehung gebracht wird. Zu dieser Umwandlung der Auffassung hat die Bernoullische Hypothese geradezu gedrängt, indem sie zuerst eine bestimmte Vermögensänderung nicht an sich, sondern in Beziehung auf eine bestimmte Person behandelte. Erst nach dieser mathematischen Durchdringung war es möglich, über den für die moderne Wertlehre grundlegenden Begriff des Grenznutzens Klarheit zu schaffen.[1])

V. Wahrscheinlichkeit a posteriori. Das Bayes-Laplacesche Theorem.

Bei den bisherigen Betrachtungen lagen immer Bestimmungsstücke von solcher Beschaffenheit vor, daß man entweder direkt (durch Abzählen der gleichmöglichen und der günstigen Fälle) oder indirekt mit Hilfe des additiven oder multiplikativen Theorems oder beider zusammen unmittelbar an die Berechnung von Wahrscheinlichkeiten schreiten konnte. Den Ereignissen kamen schon von vornherein (a priori), bevor sie noch eingetreten sind, bekannte Wahr-

[1]) Vgl. hierzu insbesondere Schumpeter: Das Wesen und der Hauptinhalt der theoretischen Nat.-Ök., S. 99 ff. und Czuber: Wahrscheinlichkeitsrechnung, 2. Auflage, Bd. I, S. 244 f.

scheinlichkeiten zu. Es hat sich auf Grund des BERNOULLIschen Theorems z. B. ergeben, daß mit einer Wahrscheinlichkeit

$$P = f(\gamma) = 0{\cdot}5857826$$

erwartet werden darf, daß bei 100 Ziehungen aus einer Urne mit zwei weißen und drei schwarzen Kugeln die Wiederholungszahl des Ereignisses E, eine weiße Kugel zu ziehen, zwischen 36 und 44 liegen werde (vgl. Seite 82 f.).

Im folgenden wird es sich jedoch um das Problem handeln, von gegebenen Erfahrungen oder Beobachtungen auszugehen und von diesen auf die Materie, aus welcher diese Erfahrungen oder Beobachtungen stammen, zurückzuschließen. Die einfachste Verdeutlichung der hierbei in Betracht kommenden und ziemlich komplizierten Vorgänge geschieht auch hier wieder durch Ziehung von Kugeln aus einer Urne.

Es werde z. B. aus einer Urne, welche vier Kugeln enthält, die nur weiß oder schwarz sein können, eine Kugel gezogen; dieselbe sei weiß. Dieses eingetretene Ereignis des Erscheinens einer weißen Kugel kann nur auf vierfache Weise zustande gekommen sein: Entweder enthält die Urne (das Mischungsverhältnis der weißen und schwarzen Kugeln in der Urne ist ja unbekannt) vier weiße und keine schwarze, drei weiße und eine schwarze, zwei weiße und zwei schwarze oder eine weiße und drei schwarze Kugeln. Der Fall, daß keine weiße Kugel sich in der Urne befindet, ist auf Grund des eingetretenen Ereignisses ausgeschlossen. Die Materie, die hier vorliegt, ist die Zahl der weißen und schwarzen Kugeln, die in einem ganz bestimmten, aber unbekannten Mischungsverhältnisse in der Urne vorhanden sind. Die Erfahrung, die man über diese Materie gemacht hat, ist das Eintreffen einer weißen Kugel bei einmaliger Ziehung aus der Urne. Über diese Materie kann man auf Grund der aus ihr gemachten Erfahrung die obigen möglichen Annahmen in der Weise machen, daß eine von diesen Annahmen zutreffen muß. Man nennt diese möglichen Annahmen über die Materie die Ursachen des beobachteten Ereignisses.[1]) In einer zweckentsprechenderen Ausdrucksweise spricht man auch von Annahmen oder Hypothesen über die Entstehung des beobachteten Ereignisses. Es ist klar, daß nicht jede der aufstellbaren Ursachen oder Hypothesen von gleicher Wirksamkeit in bezug auf die Enstehung des beobachteten Ereignisses sein wird. Es wird untersucht werden können, welche der

[1]) Der Begriff der „Ursache" in der Wahrscheinlichkeitstheorie ist wesentlich verschieden von der causa efficiens in der Philosophie und Physik.

Ursachen oder Hypothesen das beobachtete Ereignis eher hervorrufen konnte als eine andere. Zwischen der Erfahrungstatsache und der Wahrscheinlichkeit des Zutreffens dieser verschiedenen Hypothesen besteht ein funktionaler Zusammenhang. Auf Grund desselben kann man wieder auf die Materie zurückschließen und Wahrscheinlichkeitsberechnungen anstellen. Man nennt diese Wahrscheinlichkeit, zum Unterschiede von der bisher behandelten Wahrscheinlichkeit a priori, die Wahrscheinlichkeit a posteriori, also die Wahrscheinlichkeit eines Ereignisses, die aus dem Eintreffen desselben berechnet wurde. Man denkt sich die Sachlage so, daß ein Ereignis von verschiedenen Ursachen abhängig sei, die seinen Eintritt teils begünstigen, teils hindern. Wird nun das Ereignis in in einer Reihe von Versuchen eine gewisse Anzahl mal beobachtet, dann läßt sich ein Schluß auf die dem Ereignis zugrunde liegende Wahrscheinlichkeit ziehen. Die Wahrscheinlichkeit a priori hingegen kommt dem Ereignisse zu, bevor es noch tatsächlich eingetroffen ist.

Es handelt sich zunächst um die Bestimmung der Wahrscheinlichkeit von Ursachen.

In den Urnen U_1, U_2 und U_3 befinden sich der Reihe nach c_1, c_2 und c_3 Kugeln, worunter bzw. a_1, a_2 und a_3 weiß und b_1, b_2 und b_3 schwarz sind. Wie groß ist zunächst die Wahrscheinlichkeit a priori, blindlings aus einer dieser drei Urnen eine weiße Kugel zu ziehen?

Die weiße Kugel kann entweder aus der Urne U_1 oder U_2 oder U_3 gezogen werden. Die Wahrscheinlichkeit, daß die Urne U_1 z. B. ergriffen wird, ist $\frac{1}{3}$, denn mit Rücksicht auf die vorausgesetzte völlige Gleichheit der Urnen ist es gleich wahrscheinlich, irgend eine der drei Urnen zu erfassen. Nach Ergreifung einer bestimmten Urne, z. B. U_1, handelt es sich nun weiter darum, aus ihr eine weiße Kugel zu ziehen. Die Wahrscheinlichkeit hierfür ist $\frac{a_1}{c_1}$. Nach dem multiplikativen Theorem ist deshalb die Wahrscheinlichkeit, sowohl die Urne U_1 zu ergreifen wie auch aus ihr eine weiße Kugel zu ziehen: $p_1 = \frac{1}{3} \cdot \frac{a_1}{c_1}$. Ebenso ist die Wahrscheinlichkeit, aus U_2 bzw. U_3 eine weiße Kugel zu ziehen:

$$p_2 = \frac{1}{3} \cdot \frac{a_2}{c_2}, \quad p_3 = \frac{1}{3} \cdot \frac{a_3}{c_3} \,.$$

Die vollständige Wahrscheinlichkeit, entweder aus der einen oder anderen dieser drei Urnen eine weiße Kugel zu ziehen, ist nach dem additiven Theorem:

$$p = \frac{1}{3}\cdot\frac{a_1}{c_1} + \frac{1}{3}\frac{a_2}{c_2} + \frac{1}{3}\frac{a_3}{c_3} = \frac{1}{3}\left(\frac{a_1}{c_1} + \frac{a_2}{c_2} + \frac{a_3}{c_3}\right).$$

Bringt man diese Brüche auf einen gemeinsamen Nenner und sei z. B. v das kleinste gemeinschaftliche Vielfache von c_1, c_2 und c_3, daher

$$\frac{v}{c_1} = q_1, \quad \frac{v}{c_2} = q_2 \quad \text{und} \quad \frac{v}{c_3} = q_3,$$

dann wird

$$p = \frac{a_1 q_1 + a_2 q_2 + a_3 q_3}{3v};$$

d. h. es hat für den Wert der Wahrscheinlichkeit ganz denselben Effekt, ob bei der Ziehung aus einer beliebigen der drei Urnen $U_1(a_1, b_1)$, $U_2(a_2, b_2)$ oder $U_3(a_3, b_3)$ eine weiße Kugel sich einstellen soll, oder ob die Ziehung aus einer einzigen Urne U gemacht wird, in welcher sich $3v$ Kugeln befinden, unter welchen

$$(a_1 q_1 + a_2 q_2 + a_3 q_3) = a$$

weiß sind oder deren Inhalt aus drei Urnen U_1', U_2' und U_3' mit je v Kugeln gebildet wurde, worunter sich $a_1 q_1$ bzw. $a_2 q_2$ bzw. $a_3 q_3$ weiße Kugeln befanden. Die Kugeln seien nun mit Zeichen, z. B. mit Nummern versehen, welche nach dem Zusammenschütten der Kugeln in die Urne U erkennen lassen, aus welcher der früheren Urnen U_1', U_2', U_3', sie stammen.

Die Wahrscheinlichkeiten der verschiedenen Ursachen U_1', U_2' U_3', das Ereignis E, eine weiße Kugel zu ziehen, hervorzubringen, sind nun:

$$p_1 = \frac{a_1 q_1}{v}, \quad p_2 = \frac{a_2 q_2}{v} \quad \text{und} \quad p_3 = \frac{a_3 q_3}{v}.$$

Gibt man nun die sämtlichen weißen Kugeln der Urne U, das sind an der Zahl $(a_1 q_1 + a_2 q_2 + a_3 q_3) = a$, in eine neue Urne U' und zieht aus dieser eine Kugel, so wird sie einerseits sicher weiß sein müssen und andererseits ist auch aus der Nummer der Kugel ersichtlich, aus welcher Urne sie stammt, welche Ursache bei der Hervorbringung des Ereignisses wirksam war. Es sind also

$$P_1 = \frac{a_1 q_1}{a}, \quad P_2 = \frac{a_2 q_2}{a} \quad \text{und} \quad P_3 = \frac{a_3 q_3}{a}$$

die Wahrscheinlichkeiten des Ereignisses unter der Wirksamkeit einer der drei verschiedenen Ursachen U_1', U_2' oder U_3'. Diese ganze Betrachtungsweise, die sich leicht ganz allgemein auf n Ursachen ausdehnen läßt, führt nun zu dem Schlusse, daß die Quotienten

$$\frac{P_1}{p_1} = \frac{a_1 q_1}{a} : \frac{a_1 q_1}{v} = \frac{v}{a}, \quad \frac{P_2}{p_2} = \frac{a_2 q_2}{a} : \frac{a_2 q_2}{v} = \frac{v}{a}, \ldots$$

$$\frac{P_i}{p_i} = \frac{a_i q_i}{a} : \frac{a_i q_i}{v} = \frac{v}{a}, \ldots \frac{P_n}{p_n} = \frac{a_n q_n}{a} : \frac{a_n q_n}{v} = \frac{v}{a}$$

konstant sind. Es ist daher

$$\frac{P_1}{p_1} = \frac{P_2}{p_2} = \ldots = \frac{P_i}{p_i} = \ldots = \frac{P_n}{p_n}$$

oder

$$P_1 : P_2 : \ldots : P_i : \ldots : P_n = p_1 : p_2 : \ldots : p_i : \ldots : p_n,$$

d. h. ist ein Ereignis eingetreten, welches verschiedenen, a priori gleich wahrscheinlichen Ursachen zugeschrieben werden kann, dann ist die Wahrscheinlichkeit einer Ursache direkt proportional der Wahrscheinlichkeit, welche sie dem beobachteten Ereignis verleiht. Die größte Wahrscheinlichkeit kommt jener Ursache zu, aus welcher unter allen das beobachtete Ereignis mit der größten Wahrscheinlichkeit zu erwarten ist. Die Grenze dieses Zusammenhanges ist der Kausalnexus: Wo Ereignis und Ursache durch das Prädikat der gegenseitigen Notwendigkeit miteinander verknüpft sind, ist aus der Existenz des Ereignisses auch auf die Existenz der Ursache mit Sicherheit zu schließen.[1])

Aus der fortlaufenden Proportion

$$P_1 : P_2 : \ldots : P_i : \ldots : P_n = p_1 : p_2 : \ldots : p_i : \ldots : p_n$$

folgt

$$\frac{P_i}{P_1 + P_2 + \ldots + P_n} = \frac{p_i}{p_1 + p_2 + \ldots + p_n}.$$

Nun ist $P_1 + P_2 + \ldots + P_n$ die Wahrscheinlichkeit, daß entweder die eine oder die andere der möglichen Ursachen aus dem in Betracht kommenden vollständigen Ursachensysteme das Ereignis herbeiführt. Diese Wahrscheinlichkeit ist aber nach dem Eintreten des Ereignisses gleich der Gewißheit, es ist daher $P_1 + P_2 + \ldots + P_n = 1$. Demnach ergibt sich

$$P_i = \frac{p_i}{p_1 + p_2 + \ldots + p_n} = \frac{p_i}{\sum\limits_{\lambda=1}^{\lambda=n} p_\lambda},$$

[1]) Czuber, Wahrscheinlichkeitsrechnung usw., 2. Auflage, Bd. I, S. 173.

d. h.: Wenn ein beobachtetes Ereignis mehreren a priori gleichmöglichen Ursachen zugeschrieben werden kann, die ihm bestimmte Wahrscheinlichkeiten erteilen und von denen eine notwendig wirksam war, dann ist die Wahrscheinlichkeit P_i, daß es einer bestimmten von diesen Ursachen entsprungen ist, gleich der Wahrscheinlichkeit p_i, mit welcher das Ereignis aus ihr zu erwarten ist, dividiert durch die Summe der Wahrscheinlichkeiten bezüglich aller möglichen Ursachen (das Bayessche Theorem in seiner einfachsten Formulierung).

Der Gedankengang des Beweises nach Laplace ist folgender: In einer Urne sind vier Kugeln, die nur weiß oder schwarz sein können. Eine Ziehung aus derselben hat eine weiße Kugel ergeben. Dieses Ereignis kann vier mögliche Ursachen seiner Entstehung, und nur diese haben:

U_1	4	weiß,	0 schwarz,
U_2	3	„	1 „
U_3	2	„	2 „
U_4	1	„	3 „ .

Diese Ursachen sind a priori gleich wahrscheinlich. Denkt man sich statt dieser vier oder allgemein n Ursachen ebenso viele Urnen mit dem entsprechenden Kugelinhalte, so ist nach den früheren Ausführungen die Wahrscheinlichkeit, welche das Ereignis E, eine weiße Kugel zu ziehen, überhaupt hat:

$$p = \frac{1}{4}\left(\frac{4}{4} + \frac{3}{4} + \frac{2}{4} + \frac{1}{4}\right)$$

oder allgemein

$$p = \frac{1}{n}(p_1 + p_2 + p_3 + \cdots + p_n).$$

Ist ferner P_i die Wahrscheinlichkeit für das Stattfinden des Ereignisses nach der Ursache U_i, nachdem es tatsächlich eingetreten ist, so ist die aprioristische Wahrscheinlichkeit, daß es nach dieser Ursache stattfinden wird, nach dem multiplikativen Theorem: $\Pi = P_i \cdot p$. A priori hat nun die Ursache U_i die Wahrscheinlichkeit $\frac{1}{n}$, da n Ursachen existieren und alle gleich wahrscheinlich sind. Wenn U_i gewiß ist, hat das Ereignis E die Wahrscheinlichkeit p_i. Deshalb ist auch $\Pi = \frac{1}{n} p_i$. Daraus folgt:

$$P_i = \frac{\Pi}{p} = \frac{\frac{1}{n} p_i}{\frac{1}{n}(p_1 + p_2 + \ldots + p_n)} = \frac{p_i}{\sum\limits_{\lambda=1}^{\lambda=n} p_\lambda}.$$

Sind die n wirkenden Ursachen a priori nicht gleich wahrscheinlich, sondern haben sie schon von vornherein, d. h. bevor noch das beobachtete Ereignis bekannt ist, verschiedene Wahrscheinlichkeiten $w_1, w_2, \ldots w_n$, dann treten an die Stelle von $\frac{1}{n}$ die verschiedenen Wahrscheinlichkeiten $w_1, w_2, \ldots w_n$. Es wird also

$$\Pi = w_i p_i \quad \text{und} \quad p = w_1 p_1 + w_2 p_2 + \ldots + w_n p_n.$$

Daher ist für diesen Fall

$$P_i' = \frac{w_i p_i}{w_1 p_1 + w_2 p_2 + \ldots + w_n p_n} = \frac{w_i p_i}{\sum\limits_{\lambda=1}^{\lambda=n} w_\lambda p_\lambda},$$

d. i. nach Eintreten des Ereignisses die Wahrscheinlichkeit, daß es zufolge der Ursache U_i eingetreten ist.

Statt nach der Wahrscheinlichkeit einer einzelnen Ursache zu fragen, wird man häufig nach der Wahrscheinlichkeit fragen, daß eine von mehreren Ursachen wirksam war. Nach dem additiven Theorem ist

$$P_1^{(\alpha)} = \frac{\sum\limits_{\lambda=1}^{\lambda=\alpha} p_\lambda}{\sum\limits_{\lambda=1}^{\lambda=n} p_\lambda}$$

die Wahrscheinlichkeit des Ereignisses nach einer der Ursachen von 1 bis α, wobei $\alpha < n$ anzunehmen ist. Wird $\alpha = n$, dann wird $P = 1$, d. h. eine der Ursachen muß wirksam gewesen sein, was vollkommen mit der Voraussetzung übereinstimmt, daß das Ursachensystem vollständig ist.

Ebenso ergibt sich

$$P_1'^{(\alpha)} = \frac{\sum\limits_{\lambda=1}^{\lambda=\alpha} w_\lambda p_\lambda}{\sum\limits_{\lambda=1}^{\lambda=n} w_\lambda p_\lambda}.$$

Beispiele: 1. In einer Urne sind vier Kugeln, die nur weiß oder schwarz sein können; eine Ziehung aus der Urne hat eine weiße Kugel ergeben; wie groß ist die Wahrscheinlichkeit, daß die Urne ebenso viele weiße wie schwarze Kugeln, und wie groß ist die Wahrscheinlichkeit, daß sie mehr weiße als schwarze Kugeln enthält?

Die Ursachen, aus denen das Ereignis hervorgehen kann,

oder mit anderen Worten: Die zulässigen und vollständigen Annahmen über die Füllung der Urne sind die folgenden vier:

U_1	4	weiß,	0	schwarz,
U_2	3	„	1	„
U_3	2	„	2	„
U_4	1	„	3	„

Zunächst ist gefragt nach der Wahrscheinlichkeit der Ursache U_3. Nach dem BAYESschen Theorem ist

$$P_3 = \frac{\frac{2}{4}}{\frac{4}{4} + \frac{3}{4} + \frac{2}{4} + \frac{1}{4}} = \frac{2}{10} = 0{\cdot}2.$$

Für die Frage nach der Wahrscheinlichkeit, daß mehr weiße als schwarze Kugeln in der Urne sind, kommen die Ursachen U_1 und U_2 in Betracht. Diese Wahrscheinlichkeit ist:

$$P = \frac{\frac{4}{4} + \frac{3}{4}}{\frac{4}{4} + \frac{3}{4} + \frac{2}{4} + \frac{1}{4}} = \frac{7}{10} = 0{\cdot}7.$$

2. Die Urne enthält wieder vier Kugeln, die nur weiß oder schwarz sein können. Diesmal soll aber die Füllung der Urne nicht mehr willkürlich sein, sondern durch Auslosung mit einer Münze [1]) vor sich gehen und zwar in der Weise, daß so oft mal Wappen fällt, eine weiße Kugel, und so oft mal Schrift fällt, eine schwarze Kugel in die Urne gelegt wird. Aus der in dieser Weise mit vier Kugeln gefüllten Urne wurde eine Ziehung gemacht; die gezogene Kugel war weiß; wie groß ist jetzt die Wahrscheinlichkeit, daß die Urne ebenso viele weiße wie schwarze Kugeln, ferner, daß sie mehr weiße als schwarze Kugeln enthält?

Zunächst ergibt sich folgendes Schema:

					w	p
U_1	4	weiß,	0	schwarz	$\left(\frac{1}{2}\right)^4$	$\frac{4}{4}$
U_2	3	„	1	„	$4\left(\frac{1}{2}\right)^4$	$\frac{3}{4}$
U_3	2	„	2	„	$6\left(\frac{1}{2}\right)^4$	$\frac{2}{4}$
U_4	1	„	3	„	$4\left(\frac{1}{2}\right)^4$	$\frac{1}{4}$

[1]) Siehe CZUBER, Wahrscheinlichkeitsrechnung usw. 2. Aufl., Bd. I., S. 182.

Die Ursachen bleiben dieselben wie beim Beispiel 1. Nach diesen ergeben sich die Wahrscheinlichkeiten p. Mit Rücksicht darauf, daß die Urne durch Auslosung mit einer Münze gefüllt wurde, ergibt sich als Wahrscheinlichkeit w dafür, daß die Urne z. B. vier weiße und keine schwarze Kugel enthält, $w_1 = \left(\frac{1}{2}\right)^4$ nach der bekannten Bestimmung: $\left(\frac{1}{2} + \frac{1}{2}\right)^4$. Die Wahrscheinlichkeit, daß die Urne gleichviel weiße und schwarze Kugeln enthält, ist demnach:

$$P_3 = \frac{6\left(\frac{1}{2}\right)^4 \cdot \frac{2}{4}}{\left(\frac{1}{2}\right)^4 \cdot \frac{4}{4} + 4\left(\frac{1}{2}\right)^4 \cdot \frac{3}{4} + 6\left(\frac{1}{2}\right)^4 \cdot \frac{2}{4} + 4\left(\frac{1}{2}\right)^4 \cdot \frac{1}{4}} = \frac{3}{8} = \mathbf{0.375.}$$

Ferner ist die Wahrscheinlichkeit, daß die Urne mehr weiße als schwarze Kugeln enthält (nur die Ursachen U_1 und U_2 sind hierfür maßgebend):

$$P = \frac{\left(\frac{1}{2}\right)^4 \cdot \frac{4}{4} + 4\left(\frac{1}{2}\right)^4 \cdot \frac{3}{4}}{\left(\frac{1}{2}\right)^4 \cdot \frac{4}{4} + 4\left(\frac{1}{2}\right)^4 \cdot \frac{3}{4} + 6\left(\frac{1}{2}\right)^4 \cdot \frac{2}{4} + 4\left(\frac{1}{2}\right)^4 \cdot \frac{1}{4}} = \frac{1}{2} = \mathbf{0 \cdot 5.}$$

Bisher lagen die Tatbestände immer so, daß die Anzahl der möglichen Annahmen über die Entstehung eines Ereignisses eine endliche war. Gewöhnlich wird es jedoch der Fall sein, daß die Zahl der möglichen Ursachen eine unendlich große ist. Das beobachtete Ereignis kann unendlich viele Ursachen haben, deren Wahrscheinlichkeitswerte zwischen 0 und 1 liegen werden. Wie gestaltet sich unter dieser Voraussetzung die Wahrscheinlichkeitsbestimmung von Ursachen?

Es sei U_x irgend eine dieser unendlich vielen Ursachen und x ihre Wahrscheinlichkeit. Die Wahrscheinlichkeit des beobachteten Ereignisses E nach dieser U_x — sie heiße y — wird nach den früheren Ausführungen notwendig eine Funktion von x sein: $y = f(x)$,

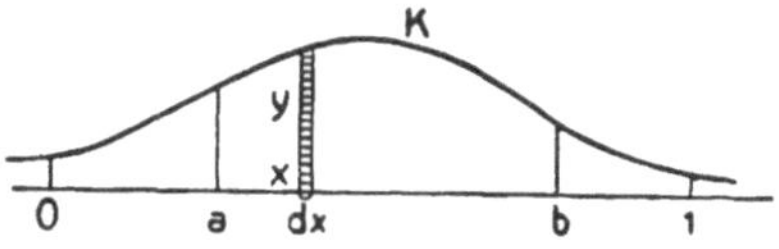

Fig. 20.

wobei x alle Werte zwischen 0 und 1 stetig durchlaufen kann. Zum geometrischen Bilde dieser Funktion $y = f(x)$ gelangt man, wenn man auf einer geraden Linie zwischen den Punkten 0 und 1

Punkte $x_1, x_2, \ldots x_n$ annimmt und in diesen Punkten die zugehörigen Ordinaten $y_1, y_2, \ldots y_n$ errichtet. Die Verbindungslinie der Endpunkte dieser Ordinaten wird eine gebrochene Linie sein und diese geht in die Kurve K über, sobald man x sämtliche Werte zwischen 0 und 1 durchlaufen läßt. dx sei nun ein unendlich kleiner Zuwachs vom Punkte x aus auf der Geraden $\overline{01}$ gegen den Punkt 1. Die schraffierte Fläche, welche man bei unendlich kleinem dx als ein Rechteck auffassen kann, ist durch $y\,dx$ dargestellt. Es ist ein unendlich kleiner, ein sogenannter elementarer Flächenstreifen, der jedoch immer noch als Fläche aufzufassen ist und als solche ein Maß für die ganze, zwischen der Geraden $\overline{01}$, den beiden Ordinaten in den Punkten 0 und 1 und der Kurve K liegende Fläche abgibt. Diese letztere Fläche wird aus der Summe der unendlich vielen und unendlich kleinen Flächenelemente $y\,dx$ gebildet. Der analytische Ausdruck dieser Summe ist: $\int_0^1 y\,dx$. Nun bedeutet aber $y\,dx$ für das Intervall von x bis $x + dx$ die vollständige Wahrscheinlichkeit, mit welcher das Ereignis aus diesem Ursachenintervall zu erwarten ist, während $\int_0^1 y\,dx$ die Summe der Wahrscheinlichkeiten bezüglich aller möglichen, also unendlich vielen Ursachen vorstellt. Es ist somit nach dem BAYESschen Theorem die Wahrscheinlichkeit dafür, daß das Ereignis dem bestimmten Ursachenintervall von x bis $x + dx$ entsprungen ist:

$$P = \frac{y\,dx}{\int_0^1 y\,dx} \quad \text{(Formel nach Laplace).}$$

Man wird jedoch gewöhnlich nicht nach einem unendlich kleinen, sondern nach einem endlichen, z. B. zwischen den Grenzen a und b gelegenen Intervalle fragen. Dann wird

$$P = \frac{\int_a^b y\,dx}{\int_0^1 y\,dx}.$$

Nimmt man das Zählerintegral gleichfalls nach den Grenzen 0 und 1, dann wird

$$P = \frac{\int_0^1 y\,dx}{\int_0^1 y\,dx} = 1\,;$$

d. h. es ist gewiß, daß das Ereignis einer Ursache entsprungen ist, deren Wahrscheinlichkeit zwischen 0 und 1 liegt, was selbstverständlich ist, da das Ereignis ja eingetreten ist.

Anwendungen des vorstehenden Gedankenganges.

Ein Ereignis wurde m mal beobachtet; welche Wahrscheinlichkeit besteht dafür, daß eine Ursache existiert, die seinen Eintritt begünstigt?

Hat ein Ereignis eine Wahrscheinlichkeit größer als $\frac{1}{2}$ für den einmaligen Eintritt, so sagt man, es existiere eine Ursache, welche seinen Eintritt begünstigt. Zieht man z. B. Kugeln aus einer Urne, welche drei weiße und zwei schwarze Kugeln enthält, so ist die Wahrscheinlichkeit, eine weiße Kugel zu ziehen: $\frac{3}{5} > \frac{1}{2}$. Es ist also wahrscheinlicher, eine weiße als eine schwarze Kugel zu ziehen. Das öftere Ziehen einer weißen Kugel hat also geradezu die Ursache, daß drei weiße und bloß zwei schwarze Kugeln in der Urne sich befinden. Wüßte man nicht, wie viele weiße und schwarze Kugeln in der Urne sind, ergäbe aber eine Reihe von Ziehungen mehr weiße als schwarze Kugeln, so würde man daraus schließen, daß der Zug einer weißen gegenüber dem Zuge einer schwarzen Kugel begünstigt ist, daß somit eine Ursache existiert, welche das öftere Erscheinen einer weißen Kugel bewirkt.

Eine konkretere Formulierung des vorstehenden Problems wäre die folgende: In einer Urne befinden sich nur weiße und schwarze Kugeln in sehr großer, aber unbekannter Zahl. Bei m Ziehungen, wobei die Kugel nach jedem Zuge in die Urne wieder zurückgelegt wurde, hat sich ergeben, daß alle gezogenen und notierten Kugeln in diesen m Ziehungen weiß waren; wie groß ist die Wahrscheinlichkeit, daß mehr weiße als schwarze Kugeln in der Urne sind?

Das beobachtete Ereignis E ist die Ziehung von m weißen Kugeln hintereinander. Die beiden, diesem beobachteten Ereignisse zugrunde liegenden Ereignisse sind e_w, das Ziehen einer weißen, und e_s, das Ziehen einer schwarzen Kugel. Da die Urne eine sehr große Zahl von Kugeln enthält, ist auch die Zahl der möglichen Ursachen, welchen das beobachtete Ereignis entsprungen sein kann, eine sehr große, und weil ferner das Mischungsverhältnis der Kugeln in der Urne unbekannt ist, muß über die Wahrscheinlichkeit, aus der Urne eine weiße Kugel zu ziehen, eine Annahme gemacht, eine Hypothese aufgestellt werden. Sie sei x. Nun ist das eingetretene Ereignis, daß bei m Ziehungen hintereinander nur eine weiße Kugel erscheint. Die Wahrscheinlichkeit hierfür ist $y = x^m$. Gefragt ist nach der Wahrscheinlichkeit der Ursache, welche den

Eintritt des beobachteten Ereignisses begünstigt oder konkreter gesprochen: es wird gefragt nach der Wahrscheinlichkeit, daß mehr weiße als schwarze Kugeln in der Urne sind. In der LAPLACEschen Formel:

$$P_x^{(x+dx)} = \frac{y\,dx}{\int_0^1 y\,dx}$$

ist demnach der Zähler zwischen den Grenzen $\frac{1}{2}$ und 1 zu integrieren. Die gesuchte Wahrscheinlichkeit ist daher:

$$P = \frac{\int_{\frac{1}{2}}^{1} x^m\,dx}{\int_0^1 x^m\,dx} = \frac{\left[\frac{x^{m+1}}{m+1}\right]_{1/2}^{1}}{\left[\frac{x^{m+1}}{m+1}\right]_0^1} =$$

$$= \left[\frac{(\frac{1}{2})^{m+1}}{m+1} - \frac{1^{m+1}}{m+1}\right] : \left[\frac{0^{m+1}}{m+1} - \frac{1^{m+1}}{m+1}\right] = 1 - \frac{1}{2^{m+1}};$$

d. h. je mehr weiße Kugeln hintereinander aus der Urne gezogen werden können, desto größer ist die Wahrscheinlichkeit, daß in der Urne mehr weiße als schwarze Kugeln sich befinden.

Unter allen den unendlich vielen Ursachen ist offenbar diejenige besonders hervorzuheben, welche dem Eintreten des Ereignisses die größte Wahrscheinlichkeit verleiht. Wird die Wahrscheinlichkeit der Ursache wieder mit x bezeichnet, so ist die Wahrscheinlichkeit des Eintretens des Ereignisses nach dieser Ursache: $y = f(x)$. Nun ist die Hypothese $x = x_0$, für welche $f(x_0)$ ein Maximum wird, die wahrscheinlichste Hypothese. Sie erteilt der Wahrscheinlichkeit des Ereignisses den größten Wert und man spricht in diesem Falle auch von der Wahrscheinlichkeit des Ereignisses nach der wahrscheinlichsten Hypothese.

Ein Ereignis ist bei $s = m + n$ Versuchen m mal hintereinander eingetreten, während sich hierauf n mal sein Gegensatz eingestellt hat. Welche von allen ist die wahrscheinlichste Hypothese für die Wahrscheinlichkeit des Eintreffens des Ereignisses?

Man kann sich den Fall wie oben wieder so denken, daß das beobachtete Ereignis darin bestehe, daß aus einer Urne mit nur weißen und schwarzen Kugeln $s = m + n$ Ziehungen mit jedesmaliger Zurücklegung der gezogenen Kugeln gemacht werden, wobei sich m mal hintereinander eine weiße und darauf n mal hintereinander eine schwarze Kugel eingestellt hat.

Ist x die unbekannte Hypothese, dann ist die Wahrscheinlichkeit dafür, daß der Wert von x in das Intervall von x bis $x + dx$ fällt, nach der LAPLACEschen Formel:

$$P = \frac{y \cdot dx}{\int\limits_0^1 y \cdot dx}.$$

Soll x die wahrscheinlichste Hypothese sein, so muß P ein Maximum sein. Der Nenner als bestimmtes Integral ist eine feststehende Größe. Die unendlich kleine Größe dx kann als Konstante betrachtet werden. Somit wird P dann ein Maximum, wenn

$$y = x^m (1 - x)^n$$

ein Maximum wird. Für diesen Fall muß nun

$$\frac{dy}{dx} = m x^{m-1}(1 - x)^n - n x^m (1 - x)^{n-1} =$$
$$= x^{m-1}(1 - x)^{n-1}[m(1 - x) - n x] = 0$$

werden. Da sich bei den Ziehungen sowohl weiße wie schwarze Kugeln eingestellt haben, kann von diesen drei Faktoren nur der dritte gleich Null sein. Es ist daher:

$$[m(1 - x) - n x] = 0 \quad \text{und daraus} \quad x = \frac{m}{m + n} = \frac{m}{s}.$$

Dieser Wert ist tatsächlich ein Maximum, da der zweite Differentialquotient:

$$\frac{d^2 y}{dx^2} = -\left(\frac{m}{m + n}\right)^{m-1} \left(\frac{n}{m + n}\right)^{n-1} (m + n)$$

für den Wert für $x = \frac{m}{m + n}$ negativ ist. $\frac{m}{s}$ ist also der wahrscheinliche Erfolg nach der wahrscheinlichsten Hypothese. Nach dem BERNOULLIschen Theorem hat sich auf gerade entgegengesetztem Wege dasselbe ergeben. Dort war der wahrscheinlichste Erfolg $m = p s$ oder $p = \frac{m}{s}$.

Bestimmung der Wahrscheinlichkeit eines künftigen Ereignisses.

Es sei zunächst die Anzahl der Ursachen, nach welchen ein Ereignis entstehen kann, eine endliche.

Ein beobachtetes Ereignis E bestehe z. B. in folgendem: In einer Urne befinden sich vier Kugeln, die nur weiß oder schwarz sein können. Aus dieser Urne werden zwei Kugeln hintereinander gezogen, ohne die erste Kugel wieder in die Urne zu legen. Beide Male hat sich eine weiße Kugel eingestellt. Die möglichen Ursachen sind hier:

U_1	4 weiß	0 schwarz
U_2	3 „	1 „
U_3	2 „	2 „

Enthält die Urne z. B. drei weiße und eine schwarze Kugel, dann wäre die Wahrscheinlichkeit, aus ihr eine weiße Kugel zu ziehen: $\frac{3}{4}$. Nachdem diese Kugel nicht mehr zurückgelegt wird, befinden sich in der Urne nur mehr zwei weiße Kugeln und eine schwarze. Die Wahrscheinlichkeit, nunmehr eine weiße Kugel zu ziehen, ist daher $\frac{2}{3}$. Bei diesem Mischungsverhältnis der Kugeln in der Urne wäre somit die Wahrscheinlichkeit dafür, sowohl im ersten Zuge, bei welchem die gezogene Kugel nicht wieder zurückgelegt wird, wie auch beim zweiten Zuge, eine weiße Kugel zu ziehen: $\frac{3}{4} \cdot \frac{2}{3}$. Die Wahrscheinlichkeiten, welche die Ursachen U_1, U_2, U_3 dem Ereignis verleihen, sind also:

$$p_1 = \frac{4}{4} \cdot \frac{3}{3}, \quad p_2 = \frac{3}{4} \cdot \frac{2}{3} \quad \text{und} \quad p_3 = \frac{2}{4} \cdot \frac{1}{3}.$$

Die Wahrscheinlichkeit, daß das Ereignis einer bestimmten von diesen drei Ursachen entsprungen ist, ergibt sich nach dem Bayesschen Satze:

$$P_1 = \frac{\frac{4}{4} \cdot \frac{3}{3}}{\frac{4}{4} \cdot \frac{3}{3} + \frac{2}{4} \cdot \frac{2}{3} + \frac{2}{4} \cdot \frac{1}{3}}, \quad P_2 = \frac{\frac{3}{4} \cdot \frac{2}{3}}{\frac{4}{4} \cdot \frac{3}{3} + \frac{2}{4} \cdot \frac{2}{3} + \frac{2}{4} \cdot \frac{1}{3}}$$

und

$$P_3 = \frac{\frac{2}{4} \cdot \frac{1}{3}}{\frac{4}{4} \cdot \frac{3}{3} + \frac{2}{4} \cdot \frac{2}{3} + \frac{2}{4} \cdot \frac{1}{3}}.$$

Wie groß ist nun auf Grund dieser Erfahrungstatsache die Wahrscheinlichkeit eines künftigen Ereignisses F, aus der Urne eine weiße Kugel zu ziehen?

Da das Ereignis F aus denselben Ursachen hervorgehen kann, wie das Ereignis E, so hat F nach jeder dieser drei Ursachen eine Wahrscheinlichkeit, und zwar im vorliegenden Falle:

$$\mathfrak{p}_1 = \frac{4}{4}, \quad \mathfrak{p}_2 = \frac{3}{4} \quad \text{und} \quad \mathfrak{p}_3 = \frac{2}{4}.$$

Das Ereignis F kann zunächst durch die Wirkung der Ursache U_1 zustandekommen. Daß die Ursache U_1 wirksam war, hat die Wahrscheinlichkeit P_1. Ist dann das Ereignis F, welches von vornherein die Wahrscheinlichkeit $\mathfrak{p}_1$ hat, tatsächlich eingetroffen, dann ist nach dem multiplikativen Theorem $P_1 \mathfrak{p}_1$ die Wahrscheinlichkeit dafür, daß die Ursache U_1 wirksam gewesen ist und daß sie das Ereignis F hervorgebracht hat. In ähnlicher Weise erhält man die Wahrscheinlichkeiten des Ereignisses F nach den Ursachen U_2 und U_3: $P_2 \mathfrak{p}_2$ und $P_3 \mathfrak{p}_3$ oder wenn im allgemeinen n Ursachen in Betracht kommen können: $P_n \mathfrak{p}_n$. Die Wahrscheinlichkeit dafür, daß das Ereignis F überhaupt nach der einen oder anderen dieser Ursachen $U_1, U_2, \ldots U_n$ eintritt, ist aber

$$\Pi = P_1 \mathfrak{p}_1 + P_2 \mathfrak{p}_2 + \ldots + P_n \mathfrak{p}_n .$$

Nun ist nach dem Bayesschen Theorem

$$P_i = \frac{p_i}{\sum\limits_{\lambda=1}^{\lambda=n} p_\lambda},$$

demnach wird

$$\Pi = \frac{p_1}{\sum\limits_{\lambda=1}^{\lambda=n} p_\lambda} \cdot \mathfrak{p}_1 + \frac{p_2}{\sum\limits_{\lambda=1}^{\lambda=n} p_\lambda} \cdot \mathfrak{p}_2 + \ldots + \frac{p_n}{\sum\limits_{\lambda=1}^{\lambda=n} p_\lambda} \cdot \mathfrak{p}_n .$$

Daher ist die aposteriorische Wahrscheinlichkeit des Ereignisses F oder seine Wahrscheinlichkeit nach der Erfahrung:

$$\Pi = \frac{\sum\limits_{\lambda=1}^{\lambda=n} p_\lambda \mathfrak{p}_\lambda}{\sum\limits_{\lambda=1}^{\lambda=n} p_\lambda} .$$

Die Wahrscheinlichkeit, nach dem vorliegenden Erfahrungsdatum eine weiße Kugel zu ziehen, ist damnach:

$$\Pi = \frac{\frac{4}{4} \cdot \frac{3}{4} \cdot \frac{4}{4} + \frac{3}{4} \cdot \frac{2}{3} \cdot \frac{3}{4} + \frac{2}{4} \cdot \frac{1}{3} \cdot \frac{2}{4}}{\frac{4}{4} \cdot \frac{3}{3} + \frac{3}{4} \cdot \frac{2}{3} + \frac{2}{4} \cdot \frac{1}{3}} = \frac{7}{8} .$$

Bei dieser Betrachtung waren die Ursachen a priori gleich wahrscheinlich. Sind die Ursachen aber a priori ungleich wahrscheinlich, dann tritt im Zähler und Nenner wie früher beim

BAYESschen Theorem die Wahrscheinlichkeit ω_λ hinzu, welche die Ursache U_λ a priori, d. h. vor der Erfahrung hat. Dann ist:

$$\Pi = \frac{\sum\limits_{\lambda=1}^{\lambda=n} \omega_\lambda p_\lambda \mathfrak{p}_\lambda}{\sum\limits_{\lambda=1}^{\lambda=n} \omega_\lambda p_\lambda}.$$

Nun sei die *Anzahl der Ursachen*, nach denen ein künftiges Ereignis eintreten kann, *sehr groß*.

Die schematische Darstellung des Problems ist nun folgende: Ein Ereignis E ist unter $s = m + n$ Versuchen m mal eingetreten; wie berechnet man die Wahrscheinlichkeit dafür, daß das Ereignis beim nächsten Versuche wieder eintritt?

Da die Ursache des Eintrittes des Ereignisses unbekannt ist, muß eine Hypothese aufgestellt werden: Die Wahrscheinlichkeit, welche die unbekannte Ursache dem Eintreffen des Ereignisses erteilt, sei x. Dann ist die Wahrscheinlichkeit p, daß das Ereignis bei $s = m + n$ Versuchen m mal eintritt:

$$p = \binom{m+n}{m} x^m (1-x)^n.$$

Die Wahrscheinlichkeit, daß das Ereignis beim nächsten Zuge wieder eintritt, ist x. Daher ist nach dem soeben bewiesenen Satze:

$$\Pi = \frac{\sum\limits_1^n p_\lambda \mathfrak{p}_\lambda}{\sum\limits_1^n p_\lambda}$$

die Wahrscheinlichkeit dafür, daß das Ereignis bei dem nächsten Versuche eintritt:

$$\Pi = \frac{\int\limits_0^1 \binom{m+n}{m} x^m (1-x)^n x\,dx}{\int\limits_0^1 \binom{m+n}{m} x^m (1-x)^n\,dx} = \frac{\binom{m+n}{m} \int\limits_0^1 x^{m+1} (1-x)^n\,dx}{\binom{m+n}{m} \int\limits_0^1 x^m (1-x)^n\,dx} =$$

$$= \frac{\int\limits_0^1 x^{m+1} (1-x)^n\,dx}{\int\limits_0^1 x^m (1-x)^n\,dx}.$$

Nach der partiellen Integration [1]) findet man für

$$\int_0^1 x^m (1-x)^n\,dx = J_{m,n} = \frac{m!\,n!}{(m+n+1)!}.$$

Es wird daher

$$\Pi = \frac{J_{m+1,n}}{J_{m,n}} = \frac{(m+1)!\,n!}{(m+n+2)!}\cdot\frac{(m+n+1)!}{m!\,n!} = \frac{m+1}{m+n+2} = \frac{m+1}{s+2}.$$

Ergebnis. Als Erfahrungstatsache liegt vor: Ein Ereignis ist bei $s = m + n$ Versuchen m mal eingetreten. Oben hat sich als wahrscheinlichste Hypothese für die Wahrscheinlichkeit des Eintreffens des Ereignisses ergeben: $x_0 = \frac{m}{s}$. Jetzt hat man als Wahrscheinlichkeit dafür, daß das Ereignis beim nächsten Versuche wieder eintritt, erhalten: $\Pi = \frac{m+1}{s+2}$. Im ersten Falle wurde nur die wahrscheinlichste Ursache berücksichtigt, während im zweiten Falle alle möglichen Ursachen in die Rechnung einbezogen wurden. Dieser theoretische Unterschied macht sich beim praktischen Rechnen nur wenig geltend, wenn s eine große Zahl ist. Denn

$$x_0 - \Pi = \frac{m}{s} - \frac{m+1}{s+2} = \frac{m-n}{s(s+2)}$$

---

[1])

$$J_{m,n} = \int_0^1 x^m (1-x)^n\,dx = ?$$

Allgemeine Formel für die partielle Integration:

$$\int u\cdot dv = u\cdot v - \int v\cdot du.$$

Nun sei

$$u = (1-x)^n;\quad dv = x^m\,dx;$$

dann ist

$$v = \frac{x^{m+1}}{m+1};\quad du = -n(1-x)^{n-1}\,dx.$$

Es ist daher

$$J_{m,n} = \left[(1-x)^n \frac{x^{m+1}}{m+1}\right]_0^1 + \int_0^1 \frac{x^{m+1}}{m+1}\,n(1-x)^{n-1}\,dx.$$

Nun ist

$$\left[(1-x)^n \frac{x^{m+1}}{m+1}\right]_0^1 = \left[(1-0)^n \frac{0^{m+1}}{m+1}\right] - \left[(1-1)^n \frac{1^{m+1}}{m+1}\right] = 0.$$

Daher

$$J_{m,n} = \frac{n}{m+1}\int_0^1 x^{m+1}(1-x)^{n-1}\,dx = \frac{n}{m+1} J_{m+1,\,n-1}.$$

Auf dieselbe Weise ergibt sich durch weitere partielle Integration:

wird bei großem s sehr klein und kann deshalb vernachlässigt werden.

Eines der wichtigsten Probleme der aposteriorischen Wahrscheinlichkeit ist endlich das folgende: Ein Ereignis, dessen Ursache unbekannt ist, ist bei $s = m + n$ Versuchen m mal eingetreten; wie groß ist die Wahrscheinlichkeit dafür, daß es bei $\sigma = \mu + \nu$ weiteren Versuchen $(\sigma - \nu)$ mal eintritt, also ν mal nicht eintritt?

Ist x die Hypothese, dann ist die Wahrscheinlichkeit dieser Hypothese, nachdem das Ereignis bei $s = m + n$ Versuchen m mal eingetreten ist:

$$P = \frac{x^m (1-x)^n \, dx}{\int\limits_0^1 x^m (1-x)^n \, dx}.$$

Die Wahrscheinlichkeit dafür, daß das Ereignis bei σ Versuchen $(\sigma - \nu)$ mal eintritt und ν mal nicht eintritt, ist bekanntlich:

$$p = \binom{\sigma}{\nu} x^{\sigma - \nu} (1-x)^\nu.$$

Nun ist die Wahrscheinlichkeit, daß bei der Hypothese x das Ereignis $(\sigma - \nu)$ mal eintritt, die zusammengesetzte Wahrscheinlichkeit

---

$$J_{m+1,\,n-1} = \frac{n-1}{m+2} \cdot J_{m+2,\,n-2},$$

$$J_{m+2,\,n-2} = \frac{n-2}{m+3} \cdot J_{m+3,\,n-3},$$

$$\cdots\cdots\cdots\cdots$$

$$J_{m+(n-1),\,1} = \frac{1}{m+n} \cdot J_{m+n,\,0}.$$

Daher

$$J_{m,\,n} = \frac{n!}{(m+1)(m+2)\ldots(m+n)} \cdot J_{m+n,\,0}.$$

Nun ist aber

$$J_{m+n,\,0} = \int\limits_0^1 x^{m+n} \, dx = \left[\frac{x^{m+n+1}}{m+n+1}\right]_0^1 = \frac{1}{m+n+1}.$$

Daraus folgt endlich

$$J_{m,\,n} = \frac{n!}{(m+1)(m+2)\ldots(m+n+1)} = \frac{m!\,n!}{(m+n+1)!}.$$

Wenn die Faktoriellen durch die Stierlingsche Formel ersetzt werden, dann ergibt sich für:

$$J_{m,\,n} = \left(\frac{m}{m+n}\right)^{m+1/2} \left(\frac{n}{m+n}\right)^{n+1/2} \sqrt{\frac{2\pi}{m+n}}.$$

aus den beiden Ereignissen, daß nämlich zuerst die Hypothese x wirksam ist, und daß, wenn diese tatsächlich statthat, das Ereignis $(\sigma - \nu)$ mal eintritt. Folglich ist die Wahrscheinlichkeit, daß das Ereignis unter der Wirksamkeit der Hypothese x bei σ Versuchen $(\sigma - \nu)$ mal eintritt, nach dem multiplikativen Theorem:

$$P \cdot p = \binom{\sigma}{\nu} \frac{x^{m+\sigma-\nu}(1-x)^{n+\nu}\,dx}{\int_0^1 x^m (1-x)^n\,dx}.$$

Es ist aber x aller Werte zwischen 0 und 1 fähig. Die gesuchte Wahrscheinlichkeit ist somit die Summe aller Wahrscheinlichkeiten $P \cdot p$. Es ist daher:

$$\Pi = \binom{\sigma}{\nu} \frac{\int_0^1 x^{m+\sigma-\nu}(1-x)^{n+\nu}\,dx}{\int_0^1 x^m (1-x)^n\,dx} = \binom{\sigma}{\nu} \frac{J_{m+\sigma-\nu,\,n+\nu}}{J_{m,\,n}}.$$

VI. Die Fehlertheorie.

1. Allgemeines. Jede Beobachtung, Messung oder Zählung von Größen ist zufolge der Unvollkommenheit des menschlichen Wahrnehmungsvermögens und der anderweitigen hierbei verwendeten Hilfsmittel mit Fehlern behaftet. Es können infolge Unachtsamkeit, Oberflächlichkeit, Ungeschicklichkeit oder Ungeübtheit des Beobachters sogenannte grobe Fehler oder Irrungen unterlaufen, welche die Beobachtungsergebnisse selbstverständlich in ganz unregelmäßiger Weise beeinflussen werden. Weil derartige Fehler durch einfache Kontrolle im allgemeinen leicht zu beseitigen sind, nennt man sie auch vermeidliche Fehler. Nun werden aber auch durch konstante, einseitig wirkende Ursachen Fehler erzeugt, sei es, daß diese Ursachen in den besonderen Eigenheiten des bei der Beobachtung verwendeten Instrumentes oder in den gesetzmäßig wirkenden äußeren Zuständen wie Temperatur, Luftdruck usw. liegen. Wird z. B. eine Strecke durch n maliges Anlegen der Maßeinheit gemessen und hat sich diese infolge einer Temperaturerniedrigung zusammengezogen, so wird das Messungsergebnis gegenüber der wahren Länge der zu messenden Strecke zu klein ausfallen. Man wird zu der Länge l der Maßeinheit noch eine Größe δ hinzufügen müssen. Die Länge der Strecke wird dann nicht $L = n \cdot l$ sondern $L = n(l + \delta)$ sein. Man bezeichnet solche Fehler als konstante, systematische oder regelmäßige Fehler. Auch sie können durch eigens aus-

gebildete Verfahrensweisen unschädlich gemacht werden. Auch sie sind deshalb vermeidliche Fehler. Ganz anderen Charakters sind endlich die sogenannten unregelmäßigen, zufälligen oder unvermeidlichen Fehler. Dieselben entspringen aus ständig wechselnden Ursachen, über welche man nur Vermutungen aufstellen kann. Sie heißen unregelmäßige Fehler, weil sie bald größer, bald kleiner, bald positiv, bald negativ sein können. Es hängt eben lediglich vom Zufall ab, welche von den unendlich vielen Fehlerursachen in dem gegebenen Momente wirksam war. Daher der Name zufällige Fehler. Sie lassen sich nicht durch Rechnung finden und daher auch nicht auf mechanischem Wege eliminieren; sie sind deshalb in diesem Sinne unvermeidliche Fehler und können nur ausgeglichen werden. Damit beschäftigt sich die Ausgleichsrechnung. Die Grundlage dieser ausgleichenden Operationen bildet die Fehlertheorie und diese hat ausschließlich nur die zufälligen Fehler zum Gegenstande, so daß Messungs- oder andere Beobachtungsdaten, welche einer Ausgleichung unterzogen werden sollen, vorerst von den vermeidlichen groben oder systematischen Fehlern zu befreien sind.

Über die Natur dieser zufälligen Fehler hat man auf Grund zahlreicher Versuche reiche Erfahrungen gesammelt, bevor man noch auf den Gedanken kam, daß diese zufälligen Fehler einem bestimmten Gesetze folgen könnten. Es hat sich nämlich folgendes herausgestellt: 1. Die Zahl der negativen Fehler ist immer nahezu gleich der Zahl der positiven Fehler und zwar in der Weise, daß negative Fehler einer bestimmten Größe ebensooft vorkommen wie positive Fehler derselben Größe; 2. Die kleineren Fehler kommen in größerer Zahl vor als die großen Fehler. Die Häufigkeit der Fehler nimmt also von den kleinen gegen die großen Fehler hin ab; 3. über gewisse Grenzen hinaus kommen überhaupt keine Fehler mehr vor. Schematisch lassen sich diese Erfahrungsdaten folgendermaßen darstellen:

$$-\varepsilon_n, \ldots -x, \ldots -\varepsilon_2, -\varepsilon_1, 0, +\varepsilon_1, +\varepsilon_2, \ldots +x, \ldots +\varepsilon_n.$$

Es handelt sich nun darum, zu untersuchen, ob nicht eine Beziehung zwischen der Häufigkeit des Vorkommens eines gewissen Fehlers und der Größe dieses Fehlers hergestellt werden kann, oder mit anderen Worten: nach welchem Gesetze eine gewisse Fehlerwahrscheinlichkeit sich mit dem zugehörigen Fehlerbetrage ändert.

Sind $(-\varepsilon_n)$ und $(+\varepsilon_n)$ die äußersten Grenzen, innerhalb welcher überhaupt zufällige Fehler vorkommen können und bedeutet n die Anzahl der Fehler zwischen $(-x)$ und $(+x)$, N die Zahl der überhaupt vorkommenden Fehler zwischen $(-\varepsilon_n)$ und $(+\varepsilon_n)$, dann kann

$\frac{n}{N}$ als die Wahrscheinlichkeit dafür angesehen werden, einen Fehler zwischen $(-x)$ und $(+x)$ oder einen Fehler zu begehen, der dem Betrage nach bis x reicht. Da diese Wahrscheinlichkeit erfahrungsgemäß von der Größe x abhängig ist, so ist die Wahrscheinlichkeit $\frac{n}{N}$ offenbar eine Funktion von x. Es ist also $\frac{n}{N} = f(x)$ die Wahrscheinlichkeit dafür, daß der Fehler zwischen 0 und $\pm x$ liegen wird. Ist nun p die Wahrscheinlichkeit dafür, daß ein Fehler zwischen den sehr engen Grenzen x und $x + \varDelta x$ liegt, wobei $\varDelta x$ eine sehr kleine endliche Größe vorstellen soll, dann ist die vollständige Wahrscheinlichkeit dafür, daß der Fehler dem Betrage nach zwischen 0 und $(x + \varDelta x)$ liegt: $f(x + \varDelta x) = f(x) + p$, woraus sich für $p = f(x + \varDelta x) - f(x)$ ergibt. Diese Differenz $f(x + \varDelta x) - f(x)$ und mit ihr auch die Wahrscheinlichkeit, einen Fehler zwischen x und $x + \varDelta x$ zu begehen, wird umso kleiner ausfallen, je kleiner $\varDelta x$ angenommen wird, oder was dasselbe ist, je enger die Grenzen x und $x + \varDelta x$ zusammenrücken. Geht $\varDelta x$ in das Differentiale dx über, d. h. faßt man x als eine stetige Veränderliche und demnach $f(x)$ als eine stetige Funktion von x auf, so ist nach den Grundlehren der Differentialrechnung der erste Differentialquotient dieser Funktion nichts anderes als das Maß der Wahrscheinlichkeitsänderung beim Übergange von x auf $x + dx$, oder analytisch ausgedrückt: Geht $\varDelta x$ in dx über und setzt man

$$\lim_{\varDelta x = 0} \frac{f(x + \varDelta x) - f(x)}{\varDelta x} = \frac{d f(x)}{dx} = \varphi(x),$$

dann ist $p = \varphi(x)\,dx$ die Wahrscheinlichkeit dafür, daß der Fehler zwischen x und $x + dx$ liegt. Da dx unendlich klein gedacht ist, und das Intervall von x bis $x + dx$ deshalb selbst auch unendlich klein sein wird, können alle Fehler innerhalb dieses Intervalles von x bis $x + dx$ als gleich groß angenommen werden und man sagt daher, wenn auch nicht streng richtig: p ist die Wahrscheinlichkeit dafür, den Fehler x zu begehen. Die Funktion $\varphi(x)$ heißt das Fehlergesetz, die Fehlerfunktion oder die Fehlerhäufigkeit. Als Maß der Wahrscheinlichkeitsänderung gibt diese Funktion an, wie häufig Fehler einer gewissen Größe zu erwarten sind.

Auf Grund der allgemeinen Eigenschaften des Fehlergesetzes, welche sich aus dem Begriffe der zufälligen Fehler erfahrungsmäßig ergeben, kann man sich eine beiläufige Vorstellung über den geometrischen Verlauf dieser Funktion bilden.

1. Die Fehlerfunktion $\varphi(x)$ ist eine gerade Funktion, d. h. es

treten ebenso viele gleich große positive wie negative Fehler auf: $\varphi(-x) = \varphi(+x)$. Die Fehlerfunktion ist also in bezug auf die Ordinatenachse symmetrisch.

2. Dem absoluten Betrage nach sind die kleineren Fehler häufiger als die großen: $\varphi(x) > \varphi(x')$, wenn der absolute Wert $|x|$ kleiner ist als der absolute Wert $|x'|$, d. h. die Funktion fällt von der Ordinatenachse nach beiden Seiten symmetrisch ab.

3. Die Funktion hat daher in der Ordinatenachse selbst ihren größten Wert: $\varphi(0) = \max.\ \varphi(x)$.

4. Aus dem Begriffe der zufälligen Fehler ergibt sich endlich, daß es bei jeder Art von Beobachtungen eine allerdings der speziellen Art der Beobachtung eigentümliche Grenze (einerseits $+\varepsilon_n$ und andererseits $-\varepsilon_n$) gibt, welche von den Fehlern nicht überschritten wird. Die Wahrscheinlichkeit für einen Fehler, der gleich oder größer ist als ε_n, wird demnach gleich Null sein, d. h. die Funktion wird die Abszissenachse in den beiden Punkten $-\varepsilon_n$ und $+\varepsilon_n$ schneiden. — Der typische Verlauf der allgemeinen Fehlerwahrscheinlichkeitskurve gestaltet sich demnach folgendermaßen (siehe die Figur).

Es hat sich ergeben, daß $p = \varphi(x)\,dx$ die Wahrscheinlichkeit dafür ist, daß der Fehler zwischen x und $x + dx$ liegt. Geometrisch stellt der Ausdruck $\varphi(x)\,dx$ das unendlich klein zu denkende schraffierte Flächenelement dar. Man wird jedoch gewöhnlich nicht nach diesem unendlich kleinen Intervall x und $x + dx$, sondern nach einem endlichen, z. B. zwischen a und b gelegenen Intervall fragen. Die Fläche $ABCD$ ist aber die Summe der unendlich vielen und unendlich kleinen elementaren Flächenstreifen zwischen den Ordinaten der Punkte mit den Abszissen a und b. Es ist also

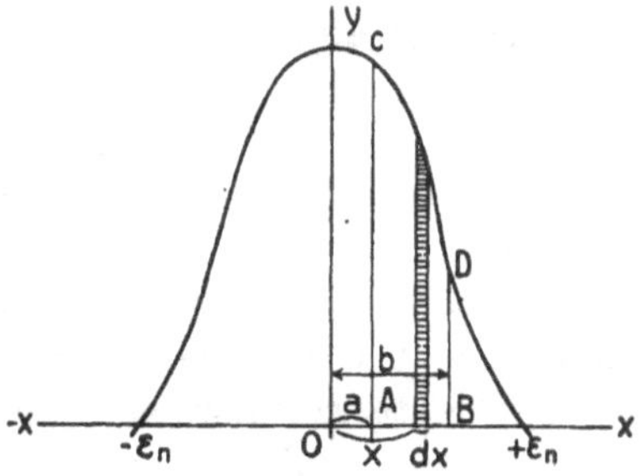

Fig. 21.

$\int_a^b \varphi(x)\,dx$ die Wahrscheinlichkeit, einen Fehler zwischen den Grenzen a und b zu begehen. Da nun $+\varepsilon_n$ und $-\varepsilon_n$ die äußersten Grenzen sind, bis zu welchen überhaupt noch ein Fehler vorkommen kann, so ist es gewiß, daß der einer Beobachtung zukommende Fehler innerhalb der Grenzen von $-\varepsilon_n$ bis $+\varepsilon_n$ fallen muß. Es ist daher

$\int_{-\varepsilon_n}^{+\varepsilon_n} \varphi(x)\,dx = 1$. Diese äußersten Grenzen werden für die verschiedenen Arten von Beobachtungen verschieden sein. Um für alle Arten von Beobachtungen gemeinsame Grenzen zu schaffen, wählt man die Grenzen $\pm\infty$. Hierdurch wird offenbar der Wert des Integrals nicht vergrößert, da die Wahrscheinlichkeiten für Fehler, welche gleich oder größer als der jeweilige äußerste Grenzwert sind, sämtlich gleich Null werden. Ohne irgendwelche Änderung im Werte ist daher auch $\int_{-\infty}^{\infty} \varphi(x)\,dx = 1$.

Durch alle diese Eigenschaften ist aber das Fehlergesetz noch immer nicht bestimmt. Denn es gibt unendlich viele Funktionen (Halbkreis, Parabel, Halbellipse usw.), welche dieselben Eigenschaften aufweisen. Will man demnach über die Form des Fehlergesetzes einen Aufschluß haben, dann muß irgend eine Hypothese aufgestellt werden.

Da man bei Beobachtungen, Zählungen, Messungen stets Fehler begeht, selbst wenn sie noch so genau ausgeführt werden, gelangt man nie zur Kenntnis des wahren Wertes der beobachteten Größe. Wird eine Größe nur einmal beobachtet oder gemessen, dann kann man eigentlich von einem begangenen Fehler gar nicht sprechen, da man nicht einmal die Vermutung dafür hat, ob die Beobachtung oder Messung einen zu großen oder zu kleinen Wert geliefert hat. Wird hingegen eine Größe mehrmals gemessen, und erhält man für sie voneinander abweichende Resultate, dann weiß man zwar immer noch nicht, welcher der wahre Wert der Größe ist, aber man kann doch fragen, welcher unter den vielen der wahrscheinlichste Wert der unbekannten Größe ist, die gemessen wurde. Von der Art der Beantwortung dieser Frage hängt die Methode der Ausgleichung der Beobachtungsfehler ab. Welchen Wert man als den wahrscheinlichsten annimmt, ist im allgemeinen der Willkür anheimgestellt. Daraus folgt, daß man je nach Wahl der Hypothese über den wahrscheinlichsten Wert verschiedene Methoden der Ausgleichung von Beobachtungsfehlern aufstellen kann. Es wird nur darauf Bedacht zu nehmen sein, daß die Methode praktisch verwertbar und leicht durchführbar ist. Diese Eigenschaften besitzt nun in höchstem Maße die Methode des arithmetischen Mittels oder auch die Methode der kleinsten Fehlerquadratsummen, welche zuerst Gauss seit dem Jahre 1795 in seinen Arbeiten verwendet, aber erst im Jahre 1823 in der „Theoria combinationis observationum erroribus minimis obnoxiae" selbständig veröffentlicht hat.

Es sei eine Größe X n mal mit denselben Mitteln, unter denselben Umständen und mit gleicher Sorgfalt gemessen worden, wobei sich die Beobachtungen, also z. B. die Längen $l_1, l_2, \ldots l_n$ ergaben. Unter den angegebenen Voraussetzungen und Kautelen der Messung sagt man auch: $l_1, l_2, \ldots l_n$ seien Beobachtungen gleicher Genauigkeit von X. Nach der aufgestellten Hypothese ist nun der wahrscheinlichste Wert der Größe X das arithmetische Mittel aus den gleich sorgfältig ausgeführten Beobachtungen $l_1, l_2, \ldots l_n$, d. i.

$$x = \frac{l_1 + l_2 + \ldots + l_n}{n} = \frac{[l]}{n}.$$

In dieser Definition des wahrscheinlichsten Wertes liegt die einzige Willkürlichkeit, alles Weitere ist streng mathematisch aus dieser Voraussetzung abgeleitet.

Daß das auf der Hypothese des arithmetischen Mittels aufgebaute Ausgleichsverfahren seit seiner Begründung auch heute noch als die Ausgleichsmethode gilt, hat seine tieferen Gründe und innere Berechtigung. Einerseits hat Gauss eine Annahme zum Ausgangspunkte seiner Untersuchungen gemacht, welche schon seit langem als selbstverständlich bei Messungen in der Praxis in Anwendung stand. Andererseits deckt sich diese Annahme des wahrscheinlichsten Wertes der unbekannten Größe mit der erfahrungsmäßigen Tatsache, daß es, entsprechend der Natur und dem Wesen der zufälligen Fehler, am wahrscheinlichsten ist, der Größe und Zahl nach ebenso viele positive wie negative Fehler zu begehen. Dann ist nämlich der wahrscheinlichste Wert der unbekannten Größe X derjenige, welcher die Summe der Fehler zu Null macht, indem sich die positiven und negativen Fehler in der Summe aufheben. Ist nun x dieser wahrscheinlichste Wert der Größe X, so sind die sogenannten scheinbaren Fehler der einzelnen Beobachtungen:

$$-l_1 + x, \; -l_2 + x, \; \ldots \; -l_n + x$$

und da

$$(-l_1 + x) + (-l_2 + x) + \ldots + (-l_n + x) = 0$$

sein soll, ergibt sich

$$n x = l_1 + l_2 + \ldots + l_n$$

oder

$$x = \frac{l_1 + l_2 + \ldots + l_n}{n}.$$

Ferner ist die Summe der Fehlerquadrate für das arithmetische Mittel ein Minimum. Ist nämlich allgemein $l_i - x = \lambda_i$, dann ist

$$[\lambda^2] = [\lambda\lambda] = (l_1 - x)^2 + (l_2 - x)^2 + \ldots + (l_n - x)^2.$$

Soll der Ausdruck $[\lambda\lambda]$ zunächst ein Minimum oder Maximum werden, dann muß der erste Differentialquotient gleich Null werden. Aus

$$\frac{d[\lambda\lambda]}{dx} = -2(l_1 - x) - 2(l_2 - x) - \ldots - 2(l_n - x) = 0$$

folgt aber

$$-2[(l_1 + l_2 + \ldots + l_n) - nx] = 0 \quad \text{oder} \quad x = \frac{l_1 + l_2 + \ldots + l_n}{n}.$$

Dieser Wert ist ein Minimum, da der zweite Differentialquotient:

$$\frac{d^2[\lambda\lambda]}{dx^2} = +2n$$

positiv ist. — Das arithmetische Mittel macht daher die Summe der Quadrate der Fehler zu einem Minimum, und dies ist der Grund, warum die Ausgleichsmethode, die vom arithmetischen Mittel ausgeht, auch die Methode der kleinsten Quadrate (richtiger der kleinsten Fehlerquadratsummen) genannt wird. Noch klarer wird der Zusammenhang bei Zugrundelegung des Gaussschen Fehlergesetzes selbst, worauf später hingewiesen werden wird.

2. Das Gausssche Fehlergesetz. Wie bestimmt man nun das Fehlergesetz $\varphi(x)\,dx$ auf Grund der Annahme, daß das arithmetische Mittel der Beobachtungen der wahrscheinlichste Wert der unbekannten Größe X ist?

Die Beobachtungen der unbekannten Größe X seien $l_1, l_2, \ldots l_n$, die Abweichungen dieser Beobachtungen vom arithmetischen Mittel

$$x = \frac{l_1 + l_2 + \ldots + l_n}{n}$$

seien der Reihe nach $\lambda_1, \lambda_2, \ldots \lambda_n$. Es bestehen dann die Gleichungen (nach Gauss Fehlergleichungen genannt):

$$\begin{aligned} \lambda_1 &= -l_1 + x, \\ \lambda_2 &= -l_2 + x, \\ &\cdots\cdots \\ \lambda_n &= -l_n + x. \end{aligned}$$

Die Summe dieser Gleichungen gibt:

$$\lambda_1 + \lambda_2 + \ldots + \lambda_n = nx - (l_1 + l_2 + \ldots + l_n).$$

Nun ist

$$x = \frac{l_1 + l_2 + \ldots + l_n}{n} \quad \text{oder} \quad n x = l_1 + l_2 + \ldots + l_n,$$

daher

$$\lambda_1 + \lambda_2 + \ldots + \lambda_n = n x - n x = 0;$$

d. h. die Summe aller Abweichungen der Beobachtungen vom arithmetischen Mittel ist gleich Null.

Nach den obigen Ausführungen ist $p = \varphi(x)\, d x$ die Wahrscheinlichkeit dafür, daß der Fehler zwischen x und $x + d x$ liegt, oder da $d x$ als unendlich kleine Größe als konstant aufgefaßt werden kann und alle Fehler innerhalb des unendlich kleinen Intervalles von x bis $x + d x$ als gleich groß angesehen werden können, ist p auch die Wahrscheinlichkeit dafür, einen Fehler x zu begehen. Darnach sind also

$$p_1 = \varphi(\lambda_1)\, d\lambda,\ p_2 = \varphi(\lambda_2)\, d\lambda,\ \ldots\ p_n = \varphi(\lambda_n)\, d\lambda$$

die Wahrscheinlichkeiten dafür, daß ein Fehler λ_i in das konstante Intervall $d\lambda$, also zwischen λ_i und $\lambda_i + d\lambda$ falle. Nun sind alle diese Fehler λ_i gleichzeitig dadurch entstanden, daß man für die unbekannte Größe X den Wert x angenommen hat. Die Wahrscheinlichkeit für das Eintreffen sowohl des einen wie auch des anderen aller dieser Fehler λ_i oder die Wahrscheinlichkeit für das gleichzeitige Bestehen aller dieser Fehler λ_i ist nach dem multiplikativen Theorem aber

$$P = \varphi(\lambda_1) \cdot \varphi(\lambda_2) \ldots \varphi(\lambda_n) (d\lambda)^n.$$

Man kann das auch ausdrücken: P ist die Wahrscheinlichkeit für das Zusammentreffen aller Abweichungen der n Beobachtungen vom angenommenen Mittelwerte x oder P ist die Wahrscheinlichkeit der Hypothese x.

Wäre dieser Mittelwert x nicht das arithmetische Mittel, sondern ein anderes willkürlich gewähltes Mittel ξ, dann würden sich die Fehlergleichungen:

$$\delta_1 = -l_1 + \xi,\ \delta_2 = -l_2 + \xi,\ \ldots\ \delta_n = -l_n + \xi$$

und

$$P' = \varphi(\delta_1) \cdot \varphi(\delta_2) \ldots \varphi(\delta_n) (d\delta)^n$$

als Wahrscheinlichkeit der Hypothese ξ ergeben. Nun sind nach einer früher formulierten Eigenschaft des Fehlergesetzes die kleineren Fehler häufiger als die größeren: $\varphi(\delta) > \varphi(\delta + d\delta)$. Die Wahrscheinlichkeit P' der Hypothese ξ wird daher umso größer werden, je kleiner die Abweichungen δ sind. Die wahrscheinlichste Hypothese ist somit diejenige, für welche das Wahrscheinlichkeitsprodukt ein Maximum wird, weil dann dieser hypothetische Mittelwert die wahrscheinlichste Kombination von Fehlern erzeugt. Soll aber

$$P' = \varphi(\delta_1) \cdot \varphi(\delta_2) \ldots \varphi(\delta_n) (d\,\delta)^n$$

ein Maximum werden, dann muß der erste Differentialquotient $\frac{d\,P'}{d\,\xi} = 0$ werden. Da der Faktor $(d\,\delta)^n$ konstant ist, wird

$$\frac{d\,P'}{d\,\xi} = (d\,\delta)^n \frac{d\,[\varphi(\delta_1)\,\varphi(\delta_2) \ldots \varphi(\delta_n)]}{d\,\xi} = 0\,.$$

Ist nun

$$\frac{d\,[\varphi(\delta_1)\,\varphi(\delta_2) \ldots \varphi(\delta_n)]}{d\,\xi} = 0\,,$$

dann ist

$$A = \varphi(\delta_1)\,\varphi(\delta_2) \ldots \varphi(\delta_n)$$

ein Maximum. Wenn A ein Maximum ist, ist auch der natürliche Logarithmus von A:

$$l\,A = l\,\varphi(\delta_1) + l\,\varphi(\delta_2) + \ldots + l\,\varphi(\delta_n)$$

ein Maximum. Durch diese Umwandlung des Produktes in eine Summe wird die Differentiation [1]) wesentlich erleichtert:

$$\frac{d\,l\,A}{d\,\xi} = \frac{\varphi'(\delta_1)}{\varphi(\delta_1)} \cdot \frac{d\,\delta_1}{d\,\xi} + \frac{\varphi'(\delta_2)}{\varphi(\delta_2)} \frac{d\,\delta_2}{d\,\xi} + \ldots + \frac{\varphi'(\delta_n)}{\varphi(\delta_n)} \frac{d\,\delta_n}{d\,\xi} = 0\,.$$

Aus

$$\delta_i = -\,l_i + \xi, \quad d\,\delta_i = d\,\xi \quad \text{und} \quad \frac{d\,\delta_i}{d\,\xi} = 1$$

folgt weiter:

$$\frac{\varphi'(\delta_1)}{\varphi(\delta_1)} + \frac{\varphi'(\delta_2)}{\varphi(\delta_2)} + \ldots + \frac{\varphi'(\delta_n)}{\varphi(\delta_n)} = 0\,.$$

Nun ist das arithmetische Mittel mit seinem Fehlersystem der λ_i der einzige hypothetische Wert, bei welchem die Fehlersumme $[\lambda] = 0$ wird, was bereits oben ausgeführt wurde. Diese Eigenschaft entspricht auch am besten dem Wesen der zufälligen Fehler. Es ergeben sich demnach folgende zwei, gleichzeitig bestehende Gleichungen:

(1) $$\frac{\varphi'(\lambda_1)}{\varphi(\lambda_1)} + \frac{\varphi'(\lambda_2)}{\varphi(\lambda_2)} + \ldots + \frac{\varphi'(\lambda_n)}{\varphi(\lambda_n)} = 0$$

---

[1]) Dieselbe geschieht nach den Formeln:

$$d\,(l\,x) = \frac{d\,x}{x}$$

und

$$F(x) = \varphi\,[f(x)]; \quad F'(x) = \varphi'\,[f(x)] \cdot f'(x)\,.$$

und

(2) $$\lambda_1 + \lambda_2 + \ldots + \lambda_n = 0 .$$

Wird Gleichung (1) transformiert:

$$\frac{\varphi'(\lambda_1)}{\lambda_1 \varphi(\lambda_1)} \cdot \lambda_1 + \frac{\varphi'(\lambda_2)}{\lambda_2 \varphi(\lambda_2)} \cdot \lambda_2 + \ldots + \frac{\varphi'(\lambda_n)}{\lambda_n \varphi(\lambda_n)} \cdot \lambda_n = 0 ,$$

so können die Gleichungen (1) und (2) nur dann gleichzeitig bestehen, wenn

$$\frac{\varphi'(\lambda_1)}{\lambda_1 \varphi(\lambda_1)} = \frac{\varphi'(\lambda_2)}{\lambda_2 \varphi(\lambda_2)} = \ldots = \frac{\varphi'(\lambda_n)}{\lambda_n \varphi(\lambda_n)}$$

wird. Der Ausdruck $\frac{\varphi'(\lambda)}{\lambda \varphi(\lambda)} = k$ gilt also für jeden Wert von λ, ist also konstant.

Nun ist:

$$\frac{\varphi'(\lambda)}{\lambda \varphi(\lambda)} = k , \quad \frac{\varphi'(\lambda)}{\varphi(\lambda)} = k\lambda \quad \text{und} \quad \frac{\varphi'(\lambda)\, d\lambda}{\varphi(\lambda)} = k \lambda\, d\lambda .$$

Durch beiderseitige Integration ergibt sich ferner:

$$l\,\varphi(\lambda) = \frac{k\lambda^2}{2} + l\,C ,$$

daher

$$\varphi(\lambda) = e^{\frac{k\lambda^2}{2} + lC} = e^{\frac{k\lambda^2}{2}} \cdot e^{lC}$$

$$|: lC = y ; \quad e^y = C ; \quad e^{lC} = C :| .$$

Man erhält somit endlich für das Fehlergesetz nach der Hypothese des arithmetischen Mittels die Exponentialfunktion:

$$\varphi(\lambda) = C \cdot e^{\frac{k\lambda^2}{2}} .$$

Da die Wahrscheinlichkeit eines Fehlers bei Vergrößerung des Fehlerbetrages kleiner wird:

$$\varphi(\lambda) > \varphi(\lambda + d\lambda) ,$$

so muß auch

$$C \cdot e^{\frac{k}{2}(\lambda + d\lambda)^2} < C \cdot e^{\frac{k}{2}\lambda^2}$$

sein, woraus zu schließen ist, daß k eine negative Zahl sein muß. Wird daher $\frac{k}{2} = -h^2$ gesetzt, so erhält man endlich die Fehlerfunktion in folgender Form:

$$\varphi(\lambda) = C \cdot e^{-h^2\lambda^2} ,$$

d. i. das Gesetz der Abweichungen der einzelnen Beobachtungen vom arithmetischen Mittel derselben. Die Abweichungen der einzelnen Beobachtungen vom wahren Werte, das sind die wahren Fehler, müssen stets unbekannt bleiben, weil der wahre Wert der unbekannten Größe X niemals festgestellt werden kann.

Es handelt sich nun weiter um die Bestimmung der Integrationskonstante C.

Durch geometrische Betrachtung hat sich oben ergeben:

$$\int_{-\infty}^{\infty} \varphi(\lambda)\, d\lambda = 1 .$$

Die Substitution ergibt:

$$\int_{-\infty}^{\infty} \varphi(\lambda)\, d\lambda = \int_{-\infty}^{\infty} C \cdot e^{-h^2\lambda^2}\, d\lambda = C \cdot \int_{-\infty}^{\infty} e^{-h^2\lambda^2}\, d\lambda = 1 ,$$

oder weil es sich um eine zur Ordinatenachse symmetrisch gelegene Fläche handelt, kann man auch die Fläche von 0 bis ∞ verdoppeln, um wieder die ganze Fläche zu erhalten:

$$2\, C \int_0^{\infty} e^{-h^2\lambda^2}\, d\lambda = 1 .$$

Setzt man $h\lambda = t$, dann wird $d\lambda = \frac{dt}{h}$. Die Integrationsgrenzen bleiben dieselben:

$$\begin{cases} \lambda = 0 ; & t = 0 , \\ \lambda = \infty ; & t = \infty . \end{cases}$$

Es wird daher

$$2\, \frac{C}{h} \int_0^{\infty} e^{-t^2}\, dt = 1 .$$

Nun ist

$$\frac{2}{\sqrt{\pi}} \int_0^{\infty} e^{-t^2}\, dt = 1 ,^{1)}$$

woraus sich ergibt:

$$2\, \frac{C}{h} \int_0^{\infty} e^{-t^2}\, dt = \frac{2}{\sqrt{\pi}} \int_0^{\infty} e^{-t^2}\, dt$$

---

[1]) Nach dem Bernoullischen Theorem hat sich für

$$P = \frac{2}{\sqrt{\pi}} \int_0^{\gamma} e^{-t^2}\, dt$$

ergeben; für $\gamma = 0$, wird $P = 0$ und für $\gamma = \infty$, wird $P = 1$.

und für

$$C = \frac{h}{\sqrt{\pi}}.$$

Demnach ist die Fehlerfunktion

$$\varphi(\lambda) = \frac{h}{\sqrt{\pi}} e^{-h^2\lambda^2} \quad \text{(Gausssches Fehlergesetz).}$$

Während man nach den allgemeinen Eigenschaften des Fehlergesetzes nur eine beiläufige Vorstellung von dem Verlaufe der Funktion haben konnte, ist die Kurve der Fehlerfunktion in der Gestalt des Gaussschen Fehlergesetzes bis auf h völlig bestimmt.

Trägt man auf der Abszissenachse eines rechtwinkligen Koordinatensystems die Fehler λ vom Koordinatenanfangspunkte nach beiden Seiten hin als Abszissen und die zugehörigen Funktionswerte

$$\varphi(\lambda) = \frac{h}{\sqrt{\pi}} e^{-h^2\lambda^2}$$

als Ordinaten auf, so erhält man das geometrische Bild der Gaussschen Fehlerwahrscheinlichkeitskurve. Dieselbe ist zunächst in bezug auf die Ordinatenachse symmetrisch, denn für $\pm\lambda$ ergeben sich dieselben Werte $\varphi(\lambda)$. Sofern $h > 0$, also positiv ist, sind sämtliche Ordinaten positiv. Wächst die Abszisse λ ins Unendliche, dann konvergiert die Ordinate $\varphi(\lambda)$ gegen Null, d. h. die Kurve hat die Abszissenachse zur Asymptote ($\lambda = \pm\infty$; $\varphi(\lambda) = 0$). Für $\lambda = 0$ wird $\varphi(\lambda)$ ein Maximum und hat den Wert $\varphi(0) = \frac{h}{\sqrt{\pi}}$. Die Kurve hat ferner zwei Wendepunkte, deren Koordinaten man durch zweimalige Differentiation von

$$\varphi(\lambda) = \frac{h}{\sqrt{\pi}} e^{-h^2\lambda^2}$$

nach λ erhält:

$$\varphi'(\lambda) = -\frac{2h^3}{\sqrt{\pi}} \lambda e^{-h^2\lambda^2},$$

$$\varphi''(\lambda) = -\frac{2h^3}{\sqrt{\pi}} (e^{-h^2\lambda^2} - 2h^2\lambda^2 e^{-h^2\lambda^2}) =$$

$$= -\frac{2h^3}{\sqrt{\pi}} e^{-h^2\lambda^2}(1 - 2h^2\lambda^2) = 0;$$

$$(1 - 2h^2\lambda^2) = 0, \quad 1 = 2h^2\lambda^2.$$

Daher

$$\lambda = \pm\frac{1}{h\sqrt{2}} \quad \text{und} \quad \varphi\left(\pm\frac{1}{h\sqrt{2}}\right) = \frac{h}{\sqrt{\pi}} e^{-\frac{1}{2}} = \frac{h}{\sqrt{\pi e}}.$$

Das geometrische Bild der Kurve ist also folgendes:

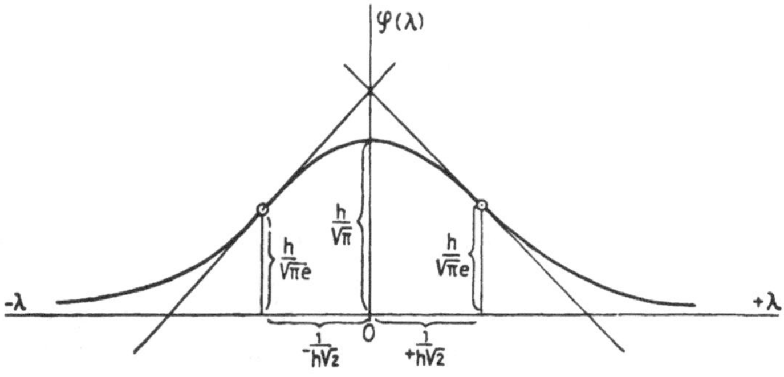

Fig. 22.

Die vollständige Wahrscheinlichkeit dafür, daß ein Fehler zwischen den Grenzen $-\infty$ und ∞ begangen wird, ist gleich der Einheit, weil es ja gewiß ist, daß sich innerhalb dieser Grenzen ein Fehler einstellen wird. Es ist daher nach dem additiven Theorem:

$$\int_{-\infty}^{\infty} \varphi(\lambda)\, d\lambda = \int_{-\infty}^{\infty} \frac{h}{\sqrt{\pi}}\, e^{-h^2\lambda^2}\, d\lambda = \frac{h}{\sqrt{\pi}} \int_{-\infty}^{\infty} e^{-h^2\lambda^2}\, d\lambda = 1$$

oder geometrisch aufgefaßt: die Fläche zwischen der Fehlerwahrscheinlichkeitskurve und der Abszissenachse ist gleich der Einheit. Mit der Größe h wird sich auch die Gestalt der Kurve ändern. Es seien z. B. h_1 und h_2 gegeben, von denen $h_2 > h_1$ sei, dann müssen die beiden Kurven K_1 und K_2 die nebenstehende Gestalt annehmen, da sowohl die Fläche

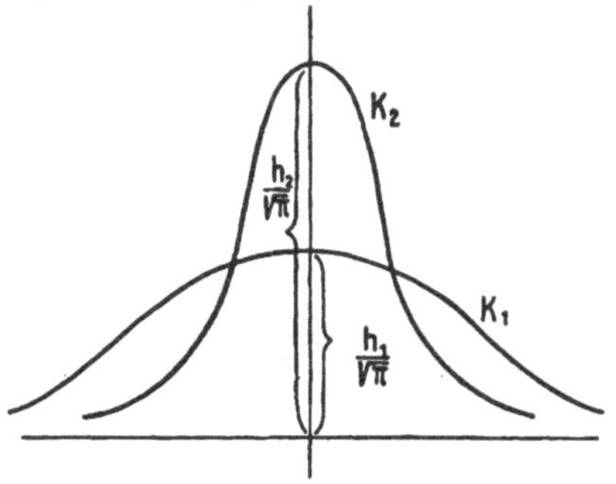

Fig. 23.

$$\frac{h_1}{\sqrt{\pi}} \int_{-\infty}^{\infty} e^{-h^2\lambda^2}\, d\lambda = 1$$

wie auch die Fläche

$$\frac{h_2}{\sqrt{\pi}} \int_{-\infty}^{\infty} e^{-h^2\lambda^2}\, d\lambda = 1$$

sein muß; d. h. je größer h wird, desto kleiner wird die Wahrscheinlichkeit, einen Fehler von beträchtlicher Größe zu begehen, desto genauer wird die Beobachtung sein. Die Größe h hat Gauss das Maß der Präzision genannt. Hierdurch erscheint h lediglich als theoretisches Genauigkeitsmaß definiert, bestimmt ist diese Größe dadurch aber noch immer nicht.

Soll der Fehler die Größe a z. B. nicht überschreiten, so muß derselbe zwischen $-a$ und $+a$ liegen. Die Wahrscheinlichkeit für das Entstehen eines Fehlers zwischen diesen Grenzen ist nun

$$P = \int_{-a}^{+a} \varphi(\varepsilon)\, d\varepsilon,$$

wobei ε den wahren Fehler, d. h. die Abweichung der Beobachtung von der unbekannten Größe X ($\varepsilon_i = -l_i + X$) bedeuten soll. Für die wahren Fehler ε gilt offenbar dasselbe Gesetz wie für die Fehler λ, d. i. für die Abweichungen der Beobachtungen von ihrem arithmetischen Mittel ($\lambda_i = -l_i + x$). Es ist nun

$$P = \int_{-a}^{+a} \varphi(\varepsilon)\, d\varepsilon = \int_{-a}^{+a} \frac{h}{\sqrt{\pi}} e^{-h^2\varepsilon^2}\, d\varepsilon = \frac{h}{\sqrt{\pi}} \int_{-a}^{+a} e^{-h^2\varepsilon^2}\, d\varepsilon = \frac{2h}{\sqrt{\pi}} \int_{0}^{a} e^{-h^2\varepsilon^2}\, d\varepsilon.$$

Wird $h\varepsilon = t$ gesetzt, dann wird $h\,d\varepsilon = dt$; die neuen Grenzen sind:

$$\begin{cases} \varepsilon = 0, & t = 0 \\ \varepsilon = a, & t = ah. \end{cases}$$

Es ergibt sich demnach für

$$P = \frac{2}{\sqrt{\pi}} \int_{0}^{ah} e^{-t^2}\, dt = f(t) = f(ah).$$

Der Wert $f(ah)$ ergibt sich für jedes Argument aus der bereits auf Seite 79 f. besprochenen Tabelle. Für alle in der Praxis vorkommenden Fälle genügt das Argument $ah < 3$, da $P = f(ah)$ für Werte von $ah > 3$ sich nur wenig von der Einheit unterscheidet.

Hat man zwei Serien von Beobachtungen gemacht, denen die Präzisionsmaße h_1 und h_2 zukommen und sind a_1 und a_2 diejenigen Fehlerbeträge, die mit gleicher Wahrscheinlichkeit nicht überschritten werden, so ergibt sich daraus $f(a_1 h_1) = f(a_2 h_2)$ und $a_1 h_1 = a_2 h_2$ oder $a_1 : a_2 = h_2 : h_1$. Ist nun $h_1 > h_2$, so folgt daraus $a_1 < a_2$, d. h. je größer die Präzision ist, desto kleiner ist die Größe, welche von den Beobachtungsfehlern mit einer bestimmten Wahrscheinlichkeit nicht überschritten wird.

3. Die Genauigkeitsmaße.[1])

Der wahrscheinliche Fehler. Ist

$$P = \int_{-a}^{+a} \varphi(\varepsilon)\, d\varepsilon$$

die Wahrscheinlichkeit dafür, daß ein Fehler zwischen $-a$ und $+a$ liegt, so nennt man jenen Wert von a, für welchen $P = \frac{1}{2}$ wird, den wahrscheinlichen Fehler r. In derselben Weise wie oben findet man

$$P = \int_{-r}^{r} \varphi(\varepsilon)\, d\varepsilon = \frac{2}{\sqrt{\pi}} \int_{0}^{hr} e^{-t^2}\, dt = \frac{1}{2}.$$

Nach dem Bernoullischen Theorem hat sich aber ergeben:

$$hr = 0{\cdot}4769 = \varrho\,.$$

Es ist daher $r = \frac{\varrho}{h}$, wonach der wahrscheinliche Fehler dem Präzisionsmaße, folglich auch die Genauigkeit dem wahrscheinlichen Fehler $\left(h = \frac{\varrho}{r}\right)$ umgekehrt proportional ist.

Der mittlere Fehler. Liegt eine Reihe von n Beobachtungen vor und ist ε wie bisher das Symbol der wahren Fehler, so ist die Definitionsgleichung für den mittleren Fehler nach Gauss:

$$\mu = \sqrt{\frac{\varepsilon_1^2 + \varepsilon_2^2 + \ldots + \varepsilon_n^2}{n}} = \sqrt{\frac{[\varepsilon^2]}{n}} = \sqrt{\frac{[\varepsilon\varepsilon]}{n}}\,.$$

Zum theoretischen Werte des mittleren Fehlers gelangt man durch folgende Betrachtung: Denkt man sich die Fehler $\varepsilon_1, \varepsilon_2, \ldots \varepsilon_n$ nach ihrer absoluten Größe geordnet und fallen von den n Fehlern in das Intervall von ε bis $\varepsilon + d\varepsilon$ eine gewisse Anzahl s_ε Fehler, welche alle als gleich groß betrachtet werden können, so wird das Intervall $d\varepsilon$ nach dem Verlaufe der Gaussschen Fehlerwahrscheinlichkeitskurve um so stärker besetzt sein, je kleiner die Fehler dem Betrage nach sind. Ein Fehler des Intervalles von ε bis $\varepsilon + d\varepsilon$ ist nun gleich ε, ihre Anzahl beträgt s_ε, es fallen daher in dieses Intervall $s_\varepsilon \cdot \varepsilon$ Fehler. Die Summe der Quadrate dieser Fehler ist $s_\varepsilon \cdot \varepsilon^2$. Je größer die Anzahl der Fehler ist, desto schärfer wird der mittlere Fehler berechnet werden können, denn sein theoretischer

[1]) Die Bestimmung derselben kann auch nach der Theorie des math. Risikos erfolgen, indem man das sogenannte Fehlerrisiko in jedem einzelnen Falle ermittelt.

Wert entspricht einer unendlichen Anzahl von Fehlern. Die Summe aller dieser Fehlerquadratsummen, welche in die unendlich vielen Intervalle $d\varepsilon$ fallen, ist $\sum_{-\infty}^{\infty}\varepsilon\, s_\varepsilon \cdot \varepsilon^2$. Daher ist nach der obigen Definitionsgleichung des mittleren Fehlers:

$$\mu^2 = \frac{\sum_{-\infty}^{\infty}\varepsilon\, s_\varepsilon \cdot \varepsilon^2}{n} = \sum_{-\infty}^{\infty} \frac{s_\varepsilon}{n}\varepsilon^2 .$$

Nun ist aber $\frac{s_\varepsilon}{n}$ die Wahrscheinlichkeit dafür, daß ein Fehler in das Intervall ε bis $\varepsilon + d\varepsilon$ fällt. Diese Wahrscheinlichkeit ist nach den früheren Ausführungen aber auch gleich $\varphi(\varepsilon)\,d\varepsilon$. Es ist daher

$$\mu^2 = \sum_{-\infty}^{\infty} \varepsilon^2 \varphi(\varepsilon)\, d\varepsilon = \int_{-\infty}^{\infty} \varepsilon^2 \varphi(\varepsilon)\, d\varepsilon = \frac{h}{\sqrt{\pi}} \int_{-\infty}^{\infty} e^{-h^2\varepsilon^2} \varepsilon^2\, d\varepsilon =$$

$$= \frac{2h}{\sqrt{\pi}} \int_{0}^{\infty} e^{-h^2\varepsilon^2} \varepsilon^2\, d\varepsilon = \frac{2}{h^2\sqrt{\pi}} \int_{0}^{\infty} e^{-t^2}\, dt,$$

wenn für $h\varepsilon = t$ gesetzt wird. Nach Auswertung dieses Integrals durch partielle Integration ergibt sich für $\mu^2 = \frac{1}{2h^2}$ und für $\mu = \frac{1}{h\sqrt{2}}$, d. h. der mittlere Fehler ist wie der wahrscheinliche Fehler dem Präzisionsmaße somit auch der Genauigkeit umgekehrt proportional.

Der durchschnittliche Fehler. Dieses dem Praktiker zunächst liegende und anschaulichste Genauigkeitsmaß ist das arithmetische Mittel der absoluten Fehlerbeträge: $\vartheta = \frac{[|\varepsilon|]}{n}$. Zum theoretischen Werte führt die gleiche Erwägung wie die beim mittleren Fehler angestellte:

$$\vartheta = \sum_{-\infty}^{\infty}\varepsilon\, \varphi(\varepsilon)\, d\varepsilon = \int_{-\infty}^{\infty} \varepsilon\, \varphi(\varepsilon)\, d\varepsilon = \frac{h}{\sqrt{\pi}} \int_{-\infty}^{\infty} e^{-h^2\varepsilon^2} \varepsilon\, d\varepsilon = \frac{2h}{\sqrt{\pi}} \int_{0}^{\infty} e^{-h^2\varepsilon^2} \varepsilon\, d\varepsilon =$$

$$= \frac{2}{h\sqrt{\pi}} \int_{0}^{\infty} e^{-t^2}\, t\, dt = \frac{2}{h\sqrt{\pi}} \left\{ -\frac{e^{-t^2}}{2} \right\}_{0}^{\infty} = \frac{1}{h\sqrt{\pi}} .$$

Es ist also auch der durchschnittliche Fehler $\vartheta = \frac{1}{h\sqrt{\pi}}$ dem Präzisionsmaße und daher auch der Genauigkeit, wie die bisher besprochenen theoretischen Fehlermaße, umgekehrt proportional.

Die Beziehungen zwischen dem Präzisionsmaße h und den übrigen drei, von den unendlich vielen Genauigkeitsmaßen erwähnten sind demnach:

$$r = \frac{\varrho}{h}; \quad \mu = \frac{1}{h\sqrt{2}}; \quad \vartheta = \frac{1}{h\sqrt{\pi}}; \quad \frac{r}{\mu} = \varrho\sqrt{2} = 0{\cdot}67449;$$

$$r = \varrho\,\mu\sqrt{2}; \quad \frac{\vartheta}{\mu} = \sqrt{\frac{2}{\pi}}; \quad \vartheta = \mu\sqrt{\frac{2}{\pi}}; \quad h = \frac{1}{\vartheta\sqrt{\pi}} = \frac{1}{\mu\sqrt{2}} = \frac{\varrho}{r}.$$

Wellisch[1]) bezeichnet den durchschnittlichen Fehler als das einfachste, den mittleren Fehler als das zweckmäßigste und den wahrscheinlichen Fehler als das natürlichste Fehlermaß.

Diese theoretischen Fehlermaße berücksichtigen den wahren Fehler ε. Wurde z. B. eine Strecke X, deren Länge unbekannt ist, n mal gemessen und haben sich hierbei als Messungsergebnisse die Längen $l_1, l_2, \ldots l_n$ herausgestellt, so wären die wahren Fehler $\varepsilon_i = -l_i + X$. Da nun der wahre Wert von X niemals ermittelt werden kann, so können auch die wahren Fehler ε_i nicht bestimmt werden. Man muß demnach über die Größe X eine Hypothese aufstellen; dieselbe sei ξ. Wie die Größe X das System der Fehler ε zur Folge hat, so erzeugt auch die Hypothese ξ das System der hypothetischen Fehler δ, von welchen angenommen werden muß, daß auch sie das Gausssche Fehlergesetz befolgen. Sind die Beobachtungen gleich genau, dann besteht für sie alle auch das gleiche Präzisionsmaß h und es ergibt sich als Wahrscheinlichkeit dafür, den Fehler $\delta_1, \delta_2, \ldots \delta_n$ zu begehen:

$$\frac{h}{\sqrt{\pi}} e^{-h^2\delta_1^2}\, d\delta, \qquad \frac{h}{\sqrt{\pi}} e^{-h^2\delta_2^2}\, d\delta, \ldots \qquad \frac{h}{\sqrt{\pi}} e^{-h^2\delta_n^2}\, d\delta,$$

wobei das Intervall $d\delta$ wegen seiner Kleinheit als konstant angenommen werden kann. Da nun die Hypothese ξ alle diese Fehler $\delta_1, \delta_2, \ldots \delta_n$ gleichzeitig erzeugt hat, ist die Wahrscheinlichkeit für das Zusammenbestehen aller dieser Fehler nach dem multiplikativen Theorem:

$$P = \left(\frac{h}{\sqrt{\pi}}\, d\delta\right)^n e^{-h^2[\delta_1^2 + \delta_2^2 + \ldots + \delta_n^2]}.$$

Bei Änderung der Hypothese ändert sich nur der Ausdruck in der eckigen Klammer. Die wahrscheinlichste Hypothese wird nun die sein, welche P zu einem Maximum macht. P wird aber ein Maximum,

[1]) Theorie und Praxis der Ausgleichsrechnung, I. Bd., S. 77.

wenn $[\delta_1^2 + \delta_2^2 + \ldots + \delta_n^2] = [\delta^2] = [\delta\delta]$ ein Minimum wird. Da $\delta_i = -l_i + \xi$ ist, wird $[\delta\delta]$ ein Minimum, wenn

$$\frac{d[(-l_1+\xi)^2 + (-l_2+\xi)^2 + \ldots + (-l_n+\xi)^2]}{d\xi} = 0$$

wird. Daraus folgt aber:

$$2(-l_1+\xi) + 2(-l_2+\xi) + \ldots + 2(-l_n+\xi) = 0$$

oder

$$n\xi = l_1 + l_2 + \ldots + l_n$$

und

$$\xi = x = \frac{l_1 + l_2 + \ldots + l_n}{n} = \frac{[l]}{n}.$$

x ist ein Minimum, weil der zweite Differentialquotient

$$\frac{d^2[(-l_1+\xi)^2 + (-l_2+\xi)^2 + \ldots + (-l_n+\xi)^2]}{d\xi^2} = +2n$$

positiv ist. Die wahrscheinlichste Hypothese ist somit das arithmetische Mittel x der Beobachtungen $l_1, l_2, \ldots l_n$. Hieraus ergibt sich noch deutlicher wie früher, warum das Prinzip, welches der Ausgleichung von Beobachtungswidersprüchen zugrunde liegt, als Methode der kleinsten Quadrate (richtiger Fehlerquadratsummen) bezeichnet wird. Durch diese Methode werden jedoch nicht allein die Beobachtungswidersprüche beseitigt, sondern auch die Beobachtungsergebnisse auf ihre Verläßlichkeit geprüft.[1]

4. Ausgleichung von direkten Beobachtungen gleicher Genauigkeit.

An einer Größe X seien unmittelbar Beobachtungen oder Messungen vorgenommen oder es sei durch Zählung festgestellt worden, wie oft eine Größe X unter vielen anderen Erscheinungen auftritt. Es handle sich also z. B. um die Messung der Strecke X. Die direkten Beobachtungen hätten die Längen $l_1, l_2, \ldots l_n$ ergeben. Vorausgesetzt wird ferner, daß sie Beobachtungen gleicher Genauigkeit seien, d. h. ihre Bestimmung erfolge durch unmittelbares Beobachten, Messen, Zählen mit denselben Mitteln, unter denselben Umständen und mit gleicher Sorgfalt. Die wahren Fehler der Beobachtungen erscheinen dargestellt durch die Gleichungen

$$\varepsilon_1 = -l_1 + X,$$
$$\varepsilon_2 = -l_2 + X,$$
$$\cdot\quad\cdot\quad\cdot\quad\cdot\quad\cdot$$
$$\varepsilon_n = -l_n + X.$$

[1]) Czuber, Wahrscheinlichkeitsrechnung usw., 1. u. 2. Aufl.

Wären die wahren Fehler feststellbar (was nicht möglich, weil X nicht bestimmt werden kann), so könnte aus ihnen nach der Definitionsgleichung $\mu = \sqrt{\frac{[\varepsilon\varepsilon]}{n}}$ der mittlere Fehler ermittelt werden. Bestimmbar sind nur die hypothetischen Fehler, insbesondere die Fehler λ nach der wahrscheinlichsten Hypothese des arithmetischen Mittels der Beobachtungen, die sogenannten scheinbaren Fehler oder nach CZUBER[1]) die plausibelsten Fehler:

$$\begin{aligned} \lambda_1 &= -l_1 + x \\ \lambda_2 &= -l_2 + x \\ &\cdots\cdots \\ \lambda_n &= -l_n + x, \end{aligned}$$

wobei $x = \frac{l_1 + l_2 + \ldots + l_n}{n} = \frac{[l]}{n}$ ist.

Es werden demnach die ε durch die λ auszudrücken sein (Ableitung nach GAUSS).

Zu diesem Zwecke sind einige Transformationen mit den Gleichungsystemen der Fehler ε und λ vorzunehmen; die Art der Umformung geht unmittelbar aus der folgenden Ableitung hervor.

$$\begin{aligned} \varepsilon_1\varepsilon_1 &= -\varepsilon_1 l_1 + \varepsilon_1 X \\ \varepsilon_2\varepsilon_2 &= -\varepsilon_2 l_2 + \varepsilon_2 X \\ &\cdots\cdots \\ \varepsilon_n\varepsilon_n &= -\varepsilon_n l_n + \varepsilon_n X \\ \hline [\varepsilon\varepsilon] &= -[\varepsilon l] + X[\varepsilon] \end{aligned}$$

$$\begin{aligned} \varepsilon_1\lambda_1 &= -\lambda_1 l_1 + X\lambda_1 \\ \varepsilon_2\lambda_2 &= -\lambda_2 l_2 + X\lambda_2 \\ &\cdots\cdots \\ \varepsilon_n\lambda_n &= -\lambda_n l_n + X\lambda_n \\ \hline [\varepsilon\lambda] &= -[\lambda l] + X[\lambda] = -[\lambda l], \\ &\text{da } [\lambda] = 0. \end{aligned}$$

$$\begin{aligned} \lambda_1\lambda_1 &= -\lambda_1 l_1 + \lambda_1 x \\ \lambda_2\lambda_2 &= -\lambda_2 l_2 + \lambda_2 x \\ &\cdots\cdots \\ \lambda_n\lambda_n &= -\lambda_n l_n + \lambda_n x \\ \hline [\lambda\lambda] &= -[\lambda l] + x[\lambda] = -[\lambda l] \end{aligned}$$

$$\begin{aligned} \varepsilon_1\lambda_1 &= -\varepsilon_1 l_1 + \varepsilon_1 x \\ \varepsilon_2\lambda_2 &= -\varepsilon_2 l_2 + \varepsilon_2 x \\ &\cdots\cdots \\ \varepsilon_n\lambda_n &= -\varepsilon_n l_n + \varepsilon_n x \\ \hline [\varepsilon\lambda] &= -[\varepsilon l] + x[\varepsilon] \end{aligned}$$

$$\begin{aligned} [\varepsilon\varepsilon] &= -[\varepsilon l] + X[\varepsilon] \\ [\varepsilon\lambda] &= -[\lambda l] \\ -[\lambda\lambda] &= +[\lambda l] \\ -[\varepsilon\lambda] &= +[\varepsilon l] - x[\varepsilon] \\ \hline [\varepsilon\varepsilon] - [\lambda\lambda] &= (X - x)[\varepsilon] \end{aligned}$$

$$\begin{aligned} \varepsilon_1 - \lambda_1 &= X - x \\ \varepsilon_2 - \lambda_2 &= X - x \\ &\cdots\cdots \\ \varepsilon_n - \lambda_n &= X - x \\ \hline [\varepsilon] - [\lambda] &= n(X - x), \\ X - x &= \frac{[\varepsilon]}{n}, \text{ da } [\lambda] = 0. \end{aligned}$$

---

[1]) CZUBER, Wahrscheinlichkeitsrechnung usw., 2. Auflage.

Es ergibt sich daher

$$[\varepsilon\,\varepsilon] - [\lambda\,\lambda] = \frac{[\varepsilon]^2}{n}.$$

Nun ist

$$[\varepsilon]^2 = (\varepsilon_1 + \varepsilon_2 + \dots + \varepsilon_n)^2 = (\varepsilon_1{}^2 + \varepsilon_2{}^2 + \dots + \varepsilon_n{}^2) + \\ + 2(\varepsilon_1\,\varepsilon_2 + \varepsilon_1\,\varepsilon_3 + \dots + \varepsilon_{n-1}\,\varepsilon_n) = \\ = [\varepsilon\,\varepsilon] + 2[\varepsilon_i\,\varepsilon_k],$$

wobei $[\varepsilon_i\,\varepsilon_k] = 0$ wird.

Denn: Da die Fehler ε zufällige Fehler sind und es dem Wesen dieser Fehler entspricht, daß bei dem Auftreten eines positiven Fehlers auch der gleichgroße negative Fehler zu erwarten ist, daß also bei Vorhandensein der Fehler $+\varepsilon_i$ und $+\varepsilon_k$ auch die Fehler $-\varepsilon_i$ und $-\varepsilon_k$ eintreffen werden, ergeben sich die vier möglichen Produkte:

$$(+\varepsilon_i)\cdot(+\varepsilon_k) = +\varepsilon_i\,\varepsilon_k$$
$$(-\varepsilon_i)\cdot(+\varepsilon_k) = -\varepsilon_i\,\varepsilon_k$$
$$(+\varepsilon_i)\cdot(-\varepsilon_k) = -\varepsilon_i\,\varepsilon_k$$
$$(-\varepsilon_i)\cdot(-\varepsilon_k) = +\varepsilon_i\,\varepsilon_k,$$

deren Summe gleich Null ist.

Es wird daher

$$[\varepsilon\,\varepsilon] - [\lambda\,\lambda] = \frac{[\varepsilon\,\varepsilon]}{n}, \quad (n-1)[\varepsilon\,\varepsilon] = n[\lambda\,\lambda]$$

oder

$$[\varepsilon\,\varepsilon] = \frac{n}{n-1}[\lambda\,\lambda].$$

Durch diese Beziehung wird man in den Stand gesetzt, alle Formeln, welche die Summe der wahren Fehlerquadrate enthält, in Funktionen der scheinbaren Fehler überzuführen. Der durch λ ausgedrückte mittlere Fehler ist somit: $\mu = \sqrt{\frac{[\lambda\,\lambda]}{n-1}}$. In einfacher Weise ergibt sich ferner $h = \sqrt{\frac{n-1}{2[\lambda\,\lambda]}}$ usw.

Welcher Zusammenhang besteht nun zwischen diesem mittleren Fehler μ der Beobachtungsreihe $l_1, l_2, \dots l_n$ und dem mittleren Fehler μ_x, der dem arithmetischen Mittel $x = \frac{l_1 + l_2 + \dots + l_n}{n}$ dieser Beobachtungen anhaftet?

Der wahre Fehler des arithmetischen Mittels ist $\varepsilon_x = X - x$. Ist nun ε_i irgend einer der begangenen wahren Fehler, so ist

$$\varepsilon_i = -l_i + X = -l_i - x + x + X = -l_i + x + \varepsilon_x.$$

Bildet man die Summe über alle n Fehler, was wieder symbolisch durch eine eckige Klammer ausgedrückt wird, so ist

$$[\varepsilon] = [-l + x] + n \cdot \varepsilon_x .$$

Da nun

$$[-l + x] = (-l_1 + x) + (-l_2 + x) + \ldots + (-l_n + x) =$$
$$= -(l_1 + l_2 + \ldots + l_n) + n x = -n x + n x = 0$$

ist, folgt $[\varepsilon] = n \cdot \varepsilon_x$ oder beiderseits quadriert: $[\varepsilon]^2 = n^2 \varepsilon_x^2$. Nach den früheren Ausführungen ist aber $[\varepsilon]^2 = [\varepsilon\varepsilon]$, also ist $[\varepsilon\varepsilon] = n^2 \varepsilon_x^2$ oder

$$\varepsilon_x^2 = \frac{[\varepsilon\varepsilon]}{n^2} = \frac{\varepsilon_1^2 + \varepsilon_2^2 + \ldots + \varepsilon_n^2}{n^2}.$$

In dieser Gleichung kann mit Rücksicht auf die Beziehung

$$[\varepsilon\varepsilon] = \frac{n}{n-1}[\lambda\lambda]$$

und im Hinblicke darauf, daß alle Beobachtungen gleich genau sind und ihnen deshalb derselbe mittlere Fehler μ zukommt, für jedes Quadrat des wahren Fehlers das zugehörige Quadrat des mittleren Fehlers gesetzt werden:

$$\mu_x^2 = \frac{\mu^2 + \mu^2 + \ldots + \mu^2}{n^2} = \frac{n\mu^2}{n^2} = \frac{\mu^2}{n}.$$

Für den mittleren Fehler des arithmetischen Mittels ergibt sich demnach:

$$\mu_x = \frac{\mu}{\sqrt{n}} \quad \text{oder für} \quad \mu = \sqrt{\frac{[\lambda\lambda]}{n-1}} \quad \text{gesetzt:} \quad \mu_x = \sqrt{\frac{[\lambda\lambda]}{n(n-1)}}.$$

Der mittlere Fehler des arithmetischen Mittels ist somit kleiner als der mittlere Fehler einer Beobachtung und zwar um so kleiner, je größer die Zahl der Beobachtungen ist. Die Verläßlichkeit des Mittels wächst mit der Zahl der Beobachtungen. Das Ergebnis ist 2, 3, 4 ... mal so genau, wenn 4, 9, 16, ... mal soviele Beobachtungen angestellt werden.

Nach der Definitionsgleichung ist $\mu = \sqrt{\frac{[\varepsilon\varepsilon]}{n}}$ der mittlere Wert der wahren Fehler. Der mittlere Wert m der scheinbaren Fehler λ_1, λ_2, ... λ_n ist somit nach derselben Begriffsbestimmung $m = \sqrt{\frac{[\lambda\lambda]}{n}}$. Da sich auf Grund der Beziehung $[\varepsilon\varepsilon] = \frac{n}{n-1}[\lambda\lambda]$ die Gleichung $\mu = \sqrt{\frac{[\lambda\lambda]}{n-1}}$ ergeben hat, folgt für das Verhältnis $\frac{m}{\mu} = \sqrt{\frac{n-1}{n}}$. Nun ist nach den obigen Ableitungen der Genauigkeitsmaße das

Verhältnis zwischen dem durchschnittlichen $\left(\vartheta = \frac{[|\varepsilon|]}{n}\right)$ und mittleren Werte $\left(\mu = \sqrt{\frac{[\varepsilon\varepsilon]}{n}}\right)$ der wahren Fehler $\frac{\vartheta}{\mu} = \sqrt{\frac{2}{\pi}}$. Da nicht allein die wahren, sondern auch die scheinbaren Fehler das Gausssche Fehlergesetz befolgen (dasselbe wird ja unmittelbar aus den scheinbaren Fehlern abgeleitet), so besteht auch zwischen dem durchschnittlichen $\left(d = \frac{[|\lambda|]}{n}\right)$ und mittleren Werte $\left(m = \sqrt{\frac{[\lambda\lambda]}{n}}\right)$ der scheinbaren Fehler die Beziehung $\frac{d}{m} = \sqrt{\frac{2}{\pi}}$. Aus denselben Gründen ergibt sich auch das Verhältnis:

$$\frac{d}{\vartheta} = \frac{m}{\mu} = \sqrt{\frac{n-1}{n}},$$

woraus endlich für ϑ der Wert $\vartheta = \frac{[|\lambda|]}{\sqrt{n(n-1)}}$ folgt.[1])

Alle diese Beziehungen zeigen den Zusammenhang zwischen den verschiedenen Genauigkeitsmaßen. Mit Hilfe dieser mannigfaltigen Beziehungen ist man deshalb imstande, alle anderen Genauigkeitsmaße zu berechnen, sobald man nur eines von ihnen kennt.

Das Fehlerübertragungs- oder Fehlerfortpflanzungsgesetz.

Der Umfang U_n eines unregelmäßigen Vieleckes ist gleich der Summe aller Seiten: $U_n = X_1 + X_2 + \ldots + X_n$; ist das Vieleck regelmäßig, dann wird $U_n = nX$, da die Seiten alle gleich sind. Der Flächeninhalt eines Dreieckes aus seiner Grundlinie und Höhe wird nach der Formel: $F = \frac{1}{2} G \cdot H$ berechnet. Sind vom Dreieck zwei Seiten und der eingeschlossene Winkel gegeben, so erhält man die Fläche des Dreiecks nach der Formel: $F = \frac{1}{2} AB \sin \Gamma$ usw. Werden die einzelnen Bestimmungsstücke durch Messung gefunden, so sind sie alle mit Fehlern behaftet. Es wird daher irgend eine zu berechnende Funktion dieser Bestimmungsstücke gleichfalls mit Fehlern behaftet sein (die Fehler werden von den einzelnen Größen auf das berechnete Ergebnis übertragen, sie pflanzen sich auf den aus den einzelnen Größen berechneten Funktionswert fort) und es wird sich darum handeln, aus den mittleren Fehlern der einzelnen beobachteten oder gemessenen oder gezählten Größen den mittleren Fehler des berechneten Ergebnisses zu bestimmen.

---

[1]) Wellisch, Theorie und Praxis der Ausgleichsrechnung, I. Bd. S. 104.

Durch direkte Beobachtung der Größen $X_1, X_2, \ldots X_n$ erhalte man die Ergebnisse $l_1, l_2, \ldots l_n$ mit den mittleren Fehlern $\mu_1, \mu_2, \ldots \mu_n$.

Nun sei F eine lineare Funktion der zu messenden Größe X:

$$F = a_1 X_1 + a_2 X_2 + \ldots + a_n X_n,$$

wobei $a_1, a_2, \ldots a_n$ bekannte Koëffizienten bedeuten. Da man die X nicht kennt, so muß man an ihre Stelle die mit Fehlern behafteten Beobachtungen setzen:

$$f = a_1 l_1 + a_2 l_2 + \ldots + a_n l_n.$$

Da die wahren Fehler der X nach der bisherigen Bezeichnung die ε sind, so wird:

$$F = a_1 (l_1 + \varepsilon_1) + a_2 (l_2 + \varepsilon_2) + \ldots + a_n (l_n + \varepsilon_n).$$

Der wahre Fehler von f ist daher:

$$F - f = \varepsilon_f = a_1 \varepsilon_1 + a_2 \varepsilon_2 + \ldots + a_n \varepsilon_n = [a \varepsilon].$$

Beide Gleichungsseiten quadriert, gibt:

$$\varepsilon_f^2 = [a \varepsilon]^2 = [a a \varepsilon \varepsilon] + 2 [a_i a_k \varepsilon_i \varepsilon_k].$$

Da nun die Summe $[a_i a_k \varepsilon_i \varepsilon_k]$ bei zufälligen Fehlern, wie früher gezeigt wurde, gleich Null wird, erhält man:

$$\varepsilon_f^2 = [a a \varepsilon \varepsilon] = a_1^2 \varepsilon_1 \varepsilon_1 + a_2^2 \varepsilon_2 \varepsilon_2 + \ldots + a_n^2 \varepsilon_n \varepsilon_n.$$

Zufolge der oben erhaltenen Beziehung

$$[\varepsilon \varepsilon] = \frac{n}{n-1} [\lambda \lambda] \quad \text{oder} \quad \frac{[\varepsilon \varepsilon]}{n} = \frac{[\lambda \lambda]}{n-1} = \mu^2$$

ergibt sich ferner:

$$\mu_f^2 = a_1^2 \mu_1^2 + a_2^2 \mu_2^2 + \ldots + a_n^2 \mu_n^2.$$

Es ist also

$$\mu_f = \sqrt{a_1^2 \mu_1^2 + a_2^2 \mu_2^2 + \ldots + a_n^2 \mu_n^2}.$$

Für

$$a_1 = a_2 = \ldots = a_n = 1,$$

wird

$$F = X_1 + X_2 + \ldots + X_n, \quad f = l_1 + l_2 + \ldots + l_n$$

und

$$\mu_f = \sqrt{\mu_1^2 + \mu_2^2 + \ldots + \mu_n^2},$$

d. h. der mittlere Fehler der Summe mehrerer Größen ist gleich der Quadratwurzel aus der Summe der Quadrate der mittleren Fehler der einzelnen Größen.

Ist hingegen $F = \varphi(X_1, X_2, \ldots X_n)$ nicht eine lineare, im übrigen aber eine ganz beliebige Funktion, dann wird, da die Größen X unbekannt sind, die Funktion $f = \varphi(l_1, l_2, \ldots l_n)$ berechnet werden müssen. Der hierbei begangene Fehler ist:

$$e_f = F - f = \varphi(l_1 + \varepsilon_1, l_2 + \varepsilon_2, \ldots l_n + \varepsilon_n) - \varphi(l_1, l_2, \ldots l_n).$$

Entwickelt man F nach dem TAYLORschen Satze und vernachlässigt hierbei mit Rücksicht auf die Kleinheit der wahren Fehler ε die Glieder der zweiten und höheren Ordnung von ε, so ergibt sich:

$$F = \varphi(l_1, l_2, \ldots l_n) + \frac{\partial \varphi}{\partial l_1} \cdot \varepsilon_1 + \frac{\partial \varphi}{\partial l_2} \cdot \varepsilon_2 + \ldots + \frac{\partial \varphi}{\partial l_n} \cdot \varepsilon_n$$

und

$$e_f = \frac{\partial \varphi}{\partial l_1} \varepsilon_1 + \frac{\partial \varphi}{\partial l_2} \cdot \varepsilon_2 + \ldots + \frac{\partial \varphi}{\partial l_n} \cdot \varepsilon_n ;$$

oder für

$$\frac{\partial \varphi}{\partial l_1} = a_1, \quad \frac{\partial \varphi}{\partial l_2} = a_2 \text{ usw.}$$

gesetzt, erhält man wie oben $e_f = a_1 \varepsilon_1 + a_2 \varepsilon_2 + \ldots + a_n \varepsilon_n = [a \varepsilon]$. Demnach ergibt sich auch hier:

$$\mu_f = \sqrt{\left(\frac{\partial \varphi}{\partial l_1}\right)^2 \mu_1^2 + \left(\frac{\partial \varphi}{\partial l_2}\right)^2 \mu_2^2 + \ldots + \left(\frac{\partial \varphi}{\partial l_n}\right)^2 \mu_n^2} = \sqrt{\left[\left(\frac{\partial \varphi}{\partial l} \cdot \mu\right)^2\right]},$$

in welcher Formel das allgemeine Fehlerübertragungs- oder Fehlerfortpflanzungsgesetz ausgedrückt erscheint.

5. Beispiel.

Um alle bisherigen Ergebnisse in das richtige Licht zu rücken, sollen wieder die auf Seite 85 ff. vorgeführten 51 tatsächlich beobachteten Versuchsreihen behandelt werden, weil gerade derartige Versuchsreihen für die Theorie der statistischen Methode von grundlegender Bedeutung sind.

Die auf Seite 86 zusammengestellten Ergebnisse seien hier mit Rücksicht auf die sich daran schließenden weiteren Betrachtungen in der Tabelle auf Seite 142 wiederholt.

Es wurden nämlich aus einer Urne mit zwei weißen und drei schwarzen Kugeln 51 mal je 100 Ziehungen gemacht. Nach jedem dieser 51 Versuche wurde die Zahl der gezogenen weißen und schwarzen Kugeln notiert. Die Wahrscheinlichkeit, aus der Urne eine weiße Kugel zu ziehen, ist $\frac{2}{5}$. Bei 100 Ziehungen ist daher der wahrscheinlichste Erfolg das Erscheinen von 40 weißen Kugeln.

1	2	3	4	5	6	7	8
Nr. d. Versuche	Beob-achtungen l	Die wahren Fehler ε	$\varepsilon\varepsilon$	Die wahren Fehler, nach ihrem absoluten Werte der Größe nach geordn. $\|\varepsilon\|$	Die scheinbaren Fehler λ	$\lambda\lambda$	Die scheinbaren Fehler, nach ihrem absol. Werte der Größe nach geordn. $\|\lambda\|$
1	0·44	− 0·04	0·0016	0	− 0·039	0·001521	0·001
2	0·42	− 0·02	0·0004	0	− 0·019	0·000361	0·001
3	0·40	0	0	0	+ 0·001	0·000001	0·001
4	0·46	− 0·06	0·0036	0	− 0·059	0·003481	0·001
5	0·40	0	0	0	+ 0·001	0·000001	0·001
6	0·46	− 0·06	0·0036	0·01	− 0·059	0·003481	0·009
7	0·33	+ 0·07	0·0049	0·01	+ 0·071	0·005041	0·009
8	0·36	+ 0·04	0·0016	0·01	+ 0·041	0·001681	0·009
9	0·44	− 0·04	0·0016	0·01	− 0·039	0·001521	0·011
10	0·38	+ 0·02	0·0004	0·01	+ 0·021	0·000441	0·011
11	0·44	− 0·04	0·0016	0·01	− 0·039	0·001521	0·011
12	0·35	+ 0·05	0·0025	0·01	+ 0·051	0·002601	0·011
13	0·40	0	0	0·02	+ 0·001	0·000001	0·019
14	0·41	− 0·01	0·0001	0·02	− 0·009	0·000081	0·019
15	0·37	+ 0·03	0·0009	0·02	+ 0·031	0·000961	0·019
16	0·38	+ 0·02	0·0004	0·02	+ 0·021	0·000441	0·019
17	0·32	+ 0·08	0·0064	0·02	+ 0·081	0·006561	0·019
18	0·42	− 0·02	0·0004	0·02	− 0·019	0·000361	0·019
19	0·48	− 0·08	0·0064	0·02	− 0·079	0·006241	0·021
20	0·37	+ 0·03	0·0009	0·02	+ 0·031	0·000961	0·021
21	0·34	+ 0·06	0·0036	0·02	+ 0·061	0·003721	0·021
22	0·36	+ 0·04	0·0016	0·03	+ 0·041	0·001681	0·029
23	0·41	− 0·01	0·0001	0·03	− 0·009	0·000081	0·029
24	0·39	+ 0·01	0·0001	0·03	+ 0·011	0·000121	0·031
25	0·42	− 0·02	0·0004	0·03	− 0·019	0·000361	0·031
26	0·45	− 0·05	0·0025	0·03	− 0·049	0·002401	0·031
27	0·42	− 0·02	0·0004	0·03	− 0·019	0·000361	0·031
28	0·43	− 0·03	0·0009	0·04	− 0·029	0·000841	0·039
29	0·34	+ 0·06	0·0036	0·04	+ 0·061	0·003721	0·039
30	0·44	− 0·04	0·0016	0·04	− 0·039	0·001521	0·039
31	0·37	+ 0·03	0·0009	0·04	+ 0·031	0·000961	0·039
32	0·44	− 0·04	0·0016	0·04	− 0·039	0·001521	0·039
33	0·47	− 0·07	0·0049	0·04	− 0·069	0·004761	0·041
34	0·39	+ 0·01	0·0001	0·04	+ 0·011	0·000121	0·041
35	0·42	− 0·02	0·0004	0·04	− 0·019	0·000361	0·041
36	0·37	+ 0·03	0·0009	0·05	+ 0·031	0·000961	0·049
37	0·34	+ 0·06	0·0036	0·05	+ 0·061	0·003721	0·049
38	0·40	0	0	0·05	+ 0·001	0·000001	0·049
39	0·43	− 0·03	0·0009	0·05	− 0·029	0·000841	0·051
40	0·38	+ 0·02	0·0004	0·05	+ 0·021	0·000441	0·051
41	0·45	− 0·05	0·0025	0·06	− 0·049	0·002401	0·059
42	0·40	0	0	0·06	+ 0·001	0·000001	0·059
43	0·36	+ 0·04	0·0016	0·06	+ 0·041	0·001681	0·059
44	0·45	− 0·05	0·0025	0·06	− 0·049	0·002401	0·061
45	0·39	+ 0·01	0·0001	0·06	+ 0·011	0·000121	0·061
46	0·42	− 0·02	0·0004	0·06	− 0·019	0·000361	0·061
47	0·34	+ 0·06	0·0036	0·06	+ 0·061	0·003721	0·061
48	0·46	− 0·06	0·0036	0·07	− 0·059	0·003481	0·069
49	0·35	+ 0·05	0·0025	0·07	+ 0·051	0·002601	0·071
50	0·41	− 0·01	0·0001	0·08	− 0·009	0·000081	0·079
51	0·39	+ 0·01	0·0001	0·08	+ 0·011	0·000121	0·081
	20·46 [l]	− 0·89 + 0·83	0·0828	1·72	+ 0·857 − 0·866	0·082731	1·723
	$x = \frac{[l]}{n} = 0{\cdot}401$	− 0·06 [ε]	[εε]	[|ε|]	− 0·009 [λ]	[λλ]	[|λ|]

Um diesen wahrscheinlichsten Erfolg oszillieren nun die 51 Versuchsergebnisse. Es sind dies zufällige Schwankungen von empirischen Wahrscheinlichkeiten um eine konstante, im gegebenen Beispiele bekannte Grundwahrscheinlichkeit. Diese zufälligen Abweichungen sind ihrem Wesen nach nichts anderes als die zufälligen Fehler, mit denen Messungsergebnisse behaftet sind. Wie die wahre Größe einer zu messenden Strecke nicht ermittelt werden kann und daher unbekannt bleibt, so ist regelmäßig auch die Grundwahrscheinlichkeit, um welche sich die empirischen Wahrscheinlichkeiten nach dem Gesetze der zufälligen Fehler gruppieren, unbekannt. Daß bei den vorliegenden Versuchen die Grundwahrscheinlichkeit $X = 0{\cdot}40$ bekannt ist, hat den Vorteil, daß auch die wahren Abweichungen oder die wahren Fehler ε festgestellt werden können. Im achten Versuche z. B. erscheinen bei 100 Ziehungen 36 weiße und 64 schwarze Kugeln. Wenn die bisherigen Bezeichnungen beibehalten werden, ergeben sich für den achten Versuch folgende Daten: Die zu beobachtende, im allgemeinen unbekannte Größe $X = 0{\cdot}40$, die Beobachtung $l_8 = 0{\cdot}36$, der wahre Fehler

$$\varepsilon_8 = -l_8 + X = -0{\cdot}36 + 0{\cdot}40 = +0{\cdot}04,$$

$$\varepsilon_8^2 = \varepsilon_8 \cdot \varepsilon_8 = (+0{\cdot}04)^2 = 0{\cdot}0016,$$

der scheinbare Fehler $\lambda_8 = -l_8 + x$, wobei

$$x = \frac{[l]}{n} = \frac{20{\cdot}46}{51} = 0{\cdot}401$$

ist, daher

$$\lambda_8 = -0{\cdot}36 + 0{\cdot}401 = +0{\cdot}041$$

und

$$\lambda_8^2 = \lambda_8 \lambda_8 = (+0{\cdot}041)^2 = 0{\cdot}001681.$$[1])

Für die ganze Reihe der 51 Versuche ergibt sich demnach:

$$[l] = 20{\cdot}46, \quad [\varepsilon] = -0{\cdot}06, \quad [\varepsilon\varepsilon] = 0{\cdot}0828$$

und die Summe der absoluten Werte der wahren Fehler $[|\varepsilon|] = 1{\cdot}72$. Die Summe der scheinbaren Fehler sollte nach der Theorie gleich Null sein. Vorliegend ist infolge der Vernachlässigung von Dezimalstellen $[\lambda] = -0{\cdot}009$. Endlich ist $[\lambda\lambda] = 0{\cdot}082731$ und $[|\lambda|] = 1{\cdot}723$.

a) Von den 51 scheinbaren Fehlern λ sind 27 positiv und 24 negativ. Die theoretische Verteilung wäre im gegebenen Falle: 25 positiv, 26 negativ oder 26 positiv, 25 negativ.

[1]) In der Praxis bedient man sich bei größeren Zahlen der Quadrattafeln.

b) Der mittlere Fehler aus den scheinbaren Fehlern ist

$$\mu = \sqrt{\frac{[\lambda\lambda]}{n-1}} = \sqrt{\frac{0{\cdot}082731}{50}} = 0{\cdot}04068 .$$

Der mittlere Fehler aus den wahren Fehlern ist

$$\mu = \sqrt{\frac{[\varepsilon\varepsilon]}{n}} = \sqrt{\frac{0{\cdot}0828}{51}} = 0{\cdot}04029 .$$

Das Präzisionsmaß, ausgedrückt durch den mittleren Fehler ist $h = \frac{1}{\mu\sqrt{2}}$. Bei Verwendung des aus den scheinbaren Fehlern berechneten mittleren Fehlers ist

$$h = \frac{1}{0{\cdot}04068 \cdot \sqrt{2}} = 17{\cdot}38 ,$$

bei Berücksichtigung des aus den wahren Fehlern ermittelten mittleren Fehlers:

$$h = \frac{1}{0{\cdot}04029 \cdot \sqrt{2}} = 17{\cdot}55 .$$

c) Der durchschnittliche Fehler aus den scheinbaren Fehlern ist

$$\vartheta = \frac{[\,|\lambda|\,]}{\sqrt{n(n-1)}} = \frac{1{\cdot}723}{\sqrt{51 \times 50}} = 0{\cdot}0341 ,$$

der durchschnittliche Fehler aus den wahren Fehlern

$$\vartheta = \frac{[\,|\varepsilon|\,]}{n} = \frac{1{\cdot}72}{51} = 0{\cdot}0337 ,$$

das Präzisionsmaß als Funktion des durchschnittlichen Fehlers ist

$$h = \frac{1}{\vartheta\sqrt{\pi}} .$$

Für $\vartheta = 0{\cdot}0341$ gesetzt, folgt: $h = 16{\cdot}55$; $\vartheta = 0{\cdot}0337$ gibt $h = 16{\cdot}73$.

d) Nachdem die der vorliegenden Versuchsreihe zugrundeliegende Wahrscheinlichkeit bekannt ist, kann auch der theoretische Wert der Präzision

$$h = \sqrt{\frac{s}{2pq}} = \sqrt{\frac{100}{2 \cdot \frac{2}{5} \cdot \frac{3}{5}}} = 14{\cdot}43$$

ermittelt werden.

e) Für den wahrscheinlichen Fehler hat sich die Beziehung $r = 0{\cdot}67449\ \mu$ ergeben. Wird für $\mu = 0{\cdot}04068$ gesetzt, so wird $r = 0{\cdot}67449 \times 0{\cdot}04068 = 0{\cdot}02743$. Werden die wahren Fehler ε und die scheinbaren Fehler λ ihrem absoluten Wertbetrage nach ansteigend geordnet, wie dies in den Spalten 5 und 8 der Tabelle geschieht, so erscheint an 26. Stelle für $|\varepsilon| = 0{\cdot}03$ und für $|\lambda| = 0{\cdot}031$.

Es haben somit fast ebenso viele Fehler diesen erhaltenen Betrag nicht erreicht wie überschritten.

f) Der mittlere Fehler des arithmetischen Mittels ist

$$\mu_x = \frac{\mu}{\sqrt{n}} = \frac{0{\cdot}04068}{\sqrt{51}} = 0{\cdot}00569\,.$$

Der wahre Wert 0·400 liegt somit innerhalb der hierdurch bestimmten Grenzen: 0·401 ∓ 0·006 oder $0{\cdot}395 < p < 0{\cdot}407$.

Der wahrscheinliche Fehler des arithmetischen Mittels ist

$$r_x = 0{\cdot}67449 \cdot \mu_x = 0{\cdot}67449 \times 0{\cdot}00569 = 0{\cdot}003838.$$

Der wahre Wert 0·400 erscheint hier eingegrenzt zwischen 0·401 ∓ 0·004, d. h. es ist 1 gegen 1 zu wetten, daß der Wert $p = 0{\cdot}400$ zwischen 0·397 und 0·405 liegt.

g) Die tatsächliche Verteilung der absoluten Werte der scheinbaren Fehler bei den angestellten 51 Versuchen und die nach dem Fehlergesetze sich ergebende Verteilung der $|\lambda|$. Nach Spalte 8 der Tabelle ergeben sich 18 Werte der λ zwischen 0·000 und 0·020. Die Wahrscheinlichkeit, daß der Fehler zwischen $-a = -0{\cdot}020$ und $+a = +0{\cdot}020$ liegt, oder daß der Fehler die Größe $a = 0{\cdot}020$ nicht überschreitet, ist:

$$P = \frac{h}{\sqrt{\pi}} \int_{-a}^{+a} e^{-h^2\lambda^2}\, d\lambda = \frac{2h}{\sqrt{\pi}} \int_0^a e^{-h^2\lambda^2}\, d\lambda\,.$$

Wird für $h\lambda = t$ gesetzt, dann ist $h \cdot d\lambda = dt$ und die neuen Grenzen sind:

$$\begin{cases} \lambda = 0, & t = 0 \\ \lambda = a, & t = ah\,. \end{cases}$$

Die Wahrscheinlichkeit, daß der Fehler die Größe $a = 0{\cdot}020$ nicht überschreitet, ist daher

$$P = \frac{2}{\sqrt{\pi}} \int_0^{ah} e^{-t^2}\, dt\,.$$

Im vorliegenden Falle ist nun $a = 0{\cdot}020$. Als Präzisionsmaß der Versuchsreihe auf Grund des mittleren Fehlers, welcher aus den scheinbaren Fehlern λ berechnet wurde, hat sich oben ergeben: $h = 17{\cdot}38$. Bei Benützung der Tabelle der Funktionswerte:

$$P = f(\gamma) = \frac{2}{\sqrt{\pi}} \int_0^{\gamma} e^{-t^2}\, dt$$

gestaltet sich die weitere Rechnung folgendermaßen:

$$f(ah) = f(0{\cdot}020 \times 17{\cdot}38) = f(0{\cdot}3476) = 0{\cdot}3693644$$
$$0{\cdot}0076133$$
$$\overline{0{\cdot}3769777}$$

$$f(0{\cdot}35) = 0{\cdot}3793819 \qquad \underline{0{\cdot}00100175 \times 7{\cdot}6}$$
$$f(0{\cdot}34) = -\underline{0{\cdot}3693644} \qquad 0{\cdot}0076133$$
$$0{\cdot}0100175$$

Die wahrscheinlichste Anzahl von Fehlern zwischen 0·000 und 0·020 ist nun $Ps = P \cdot 51 = 0{\cdot}3769777 \times 51 = 19{\cdot}226$. In gleicher Weise wird auch die Anzahl von Fehlern zwischen 0·000 und 0·040, zwischen 0·000 und 0·060 usw. berechnet. Es ergibt sich demnach folgende Zusammenstellung:

Der absolute Wert der scheinbaren Fehler $\lvert\lambda\rvert$ liegt zwischen	Anzahl der in das nebenstehende Intervall fallenden scheinbaren Fehler	
	beobachtet (Spalte 8 der Tabelle)	berechnet
0·000 und 0·020	18	19·2
„ „ 0·040	32	34·4
„ „ 0·060	43	43·8
„ „ 0·080	50	48·5
„ „ 0·100	51	50·3

h) Anwendung des Fehlerfortpflanzungsgesetzes auf die vorliegende Versuchsreihe. Es ist die Wahrscheinlichkeit X (im gegebenen Falle bekannt und gleich $\frac{2}{5}$) für das Erscheinen einer weißen Kugel aus der Urne experimentell bestimmt worden. Es ergab sich hierfür der wahrscheinlichste Wert $x = 0{\cdot}401$ mit dem mittleren Fehler $\mu_x = 0{\cdot}006$. Auf Grund dieses mit einem Fehler behafteten Ergebnisses soll die Wahrscheinlichkeit P und ihr mittlerer Fehler bestimmt werden, daß in acht Ziehungen aus der Urne eine weiße Kugel mindestens zweimal und höchstens fünfmal erscheinen werde.

Die vollständige Wahrscheinlichkeit, daß sich bei acht Ziehungen einer von den neun möglichen Erfolgen einstellen werde, ist bekanntlich:

$$P' = [X + (1-X)]^8 = X^8 + \binom{8}{7} X^7 (1-X) + \binom{8}{6} X^6 (1-X)^2 +$$
$$+ \binom{8}{5} X^5 (1-X)^3 + \binom{8}{4} X^4 (1-X)^4 + \binom{8}{3} X^3 (1-X)^5 + \binom{8}{2} X^2 (1-X)^6 +$$
$$+ \binom{8}{1} X (1-X)^7 + (1-X)^8.$$

Die vollständige Wahrscheinlichkeit dafür, daß eine weiße Kugel bei acht Ziehungen wenigstens zweimal und höchstens fünfmal erscheint, ist demnach:

$$P = \binom{8}{5} X^5 (1-X)^3 + \binom{8}{4} X^4 (1-X)^4 + \binom{8}{3} X^3 (1-X)^5 + \binom{8}{2} X^2 (1-X)^6.$$

Nachdem x der wahrscheinlichste Wert für X ist, ist die vorteilhafteste Bestimmung von P

$$w = 56\,x^5(1-x)^3 + 70\,x^4(1-x)^4 + 56\,x^3(1-x)^5 + 28\,x^2(1-x)^6 =$$
$$= 14\,x^2(1-x)^3(x^3+3\,x^2-2\,x+2) = 0{\cdot}844237\,.$$

Um den mittleren Fehler μ_w dieser vorteilhaftesten Bestimmung w von P zu ermitteln, hat man nach der obigen Ableitung $\frac{\partial w}{\partial x}$ zu suchen. Nun ist

$$\frac{\partial w}{\partial x} = 56\,x^4(1-x)^2(5-8\,x) + 280\,x^3(1-x)^3(1-2\,x) +$$
$$+ 56\,x^2(1-x)^4(3-8\,x) + 56\,x(1-x)^5(1-4\,x) =$$
$$= 56\,x(1-x)^2(-2\,x^4 - 4\,x^3 + 6\,x^2 - 4\,x + 1) = 0{\cdot}412272.$$

Es ist daher

$$\mu_w = \frac{\partial w}{\partial x} \cdot \mu_x = 0{\cdot}412272 \times 0{\cdot}006 = 0{\cdot}002474\,.$$

Die gesuchte Wahrscheinlichkeit, daß in acht Ziehungen mindestens zweimal und höchstens fünfmal eine weiße Kugel erscheint, hat die mittleren Grenzen: $0{\cdot}844237 \mp 0{\cdot}002474$ oder liegt zwischen $0{\cdot}841763$ und $0{\cdot}846711$.

6. Ausgleichung von direkten Beobachtungen ungleicher Genauigkeit.

Die unbekannte Größe X werde wieder unmittelbar n mal beobachtet oder gemessen, die Ergebnisse $l_1, l_2, \ldots l_n$ seien aber ungleich genau, d. h. die Größe X sei z. B. mit verschiedenen Instrumenten oder überhaupt unter verschiedenen Umständen gemessen worden. Als Beobachtungen ungleicher Genauigkeit sind auch Versuchs- oder Beobachtungsreihen ungleichen Umfanges anzusehen. Die unter Punkt 5 angeführten 51 Versuche sind in diesem Sinne Beobachtungen gleicher Genauigkeit, weil sie Beobachtungsreihen gleichen Umfanges (es wurden je 100 Ziehungen gemacht) umfaßten.

Die ungleiche Genauigkeit hat aber zur Folge, daß den verschiedenen Beobachtungen oder Versuchen $l_1, l_2, \ldots l_n$ verschiedene Präzisionsmaße $h_1, h_2, \ldots h_n$ zukommen. Im übrigen ist der Gedankengang bei der Entwicklung analog den im Punkt 3 Seite 134 f. Ausgeführten.

Da X nicht ermittelt werden kann, muß über diese Größe wieder eine Hypothese aufgestellt werden; sie sei ξ. Diese Hypothese ξ erzeugt das hypothetische Fehlersystem der δ, und die Wahrscheinlichkeit für das gleichzeitige Bestehen aller dieser hypothetischer Fehler ist:

$$P = \frac{h_1 h_2 \ldots h_n (d\,\delta)^n}{(\sqrt{\pi})^n} e^{-[h_1^2 \delta_1^2 + h_2^2 \delta_2^2 + \ldots + h_n^2 \delta_n^2]} .$$

Es wird nun jene Hypothese als die wahrscheinlichste in Betracht gezogen werden müssen, für welche P ein Maximum wird. P wird aber ein Maximum, wenn

$$[h_1^2 \delta_1^2 + h_2^2 \delta_2^2 + \ldots + h_n^2 \delta_n^2] = [h\,h\,\delta\,\delta]$$

ein Minimum wird. Da aber $\delta_i = -l_i + \xi$ ist, muß

$$h_1^2(-l_1 + \xi)^2 + h_2^2(-l_2 + \xi)^2 + \ldots + h_n^2(-l_n + \xi)^2$$

ein Minimum und der erste Differentialquotient nach ξ:

$$2\,h_1^2(-l_1 + \xi) + 2\,h_2^2(-l_2 + \xi) + \ldots + 2\,h_n^2(-l_n + \xi) = 0$$

werden. Daraus folgt als wahrscheinlichste Hypothese von X

$$x = \frac{h_1^2 l_1 + h_2^2 l_2 + \ldots + h_n^2 l_n}{h_1^2 + h_2^2 + \ldots + h_n^2} = \frac{[h\,h\,l]}{[h\,h]},$$

d. i. das allgemeine arithmetische Mittel der Beobachtungen. Nun sind die $h_1, h_2, \ldots h_n$ lediglich theoretische Genauigkeitsmaße und praktisch nicht verwertbar. Welche innere Bedeutung diesen Genauigkeitsmaßen h_1, $h_2, \ldots h_n$ für den vorliegenden Fall zukommt, kann wieder am anschaulichsten an der obigen Reihe der 51 Versuche dargetan werden. Wie erinnerlich, wurden aus einer Urne mit zwei weißen und drei schwarzen Kugeln 51 mal je 100 Ziehungen gemacht, wobei die gezogene Kugel jedesmal wieder in die Urne zurückgelegt wurde. Nach den ersten 100 Ziehungen wurden 44 weiße und 56 schwarze, nach den zweiten 100 Ziehungen 42 weiße und 58 schwarze Kugeln usw. notiert. Wären nun die Versuche derart eingerichtet worden (was an den tatsächlichen Ergebnissen nicht die geringste Änderung zur Folge gehabt hätte), daß die Zahl der weißen Kugeln nicht nach je 100 Ziehungen, sondern z. B. nach $g_1 = 200$, $g_2 = 300$, $g_3 = 500$, $g_4 = 800$, $g_5 = 600$, $g_6 = 400$, $g_7 = 700$, $g_8 = 100$, $g_9 = 900$ und $g_{10} = 600$ Ziehungen notiert worden wären, dann hätten sich nach den $g_1 = 200$ Ziehungen 86 (= 44 + 42), nach den $g_2 = 300$ Ziehungen 126 (= 40 + 46 + 40), nach den $g_3 = 500$ Ziehungen 197 (= 46 + 33 + 36 + 44 + 38) usw.

weiße Kugeln eingestellt. Als empirische Wahrscheinlichkeiten für die Ziehung einer weißen Kugel aus der Urne hätten sich demnach

$$p_1 = \frac{86}{200}, \quad p_2 = \frac{126}{300}, \quad p_3 = \frac{197}{500} \text{ usw.}$$

ergeben. Das Gesamtergebnis nach dieser Versuchseinrichtung wäre also das folgende gewesen:

Nr. der Versuche oder der Beobachtungen	Beobachtungen (empirische Wahrscheinlichkeiten) l	Anzahl der Ziehungen g	$g \cdot l$
1	$\frac{86}{200}$	200	86
2	$\frac{126}{300}$	300	126
3	$\frac{197}{500}$	500	197
4	$\frac{309}{800}$	800	309
5	$\frac{235}{600}$	600	235
6	$\frac{172}{400}$	400	172
7	$\frac{287}{700}$	700	287
8	$\frac{37}{100}$	100	37
9	$\frac{360}{900}$	900	360
10	$\frac{237}{600}$	600	237
		5100 [g]	2046 [gl]

Wie bei den Versuchsreihen gleichen Umfanges ist das durchschnittliche Ergebnis einer einzelnen Beobachtung (Ziehung) auch hier:

$$x = \frac{2046}{5100} = 0{\cdot}401 = \frac{g_1 l_1 + g_2 l_2 + \ldots + g_n l_n}{g_1 + g_2 + \ldots + g_n} = \frac{[g\,l]}{[g]}\,.$$

Oben hat sich aber für

$$x = \frac{h_1^2 l_1 + h_2^2 l_2 + \ldots + h_n^2 l_n}{h_1^2 + h_2^2 + \ldots + h_n^2} = \frac{[h\,h\,l]}{[h\,h]}$$

ergeben. Das Quadrat des jedem dieser zehn Versuche zukommenden

Genauigkeitsmaßes h_i^2 kann somit durch die Anzahl der gleichgenauen Einzelbeobachtungen (Ziehungen) g_i bei einem Versuche ersetzt werden. Jede einzelne von diesen zehn Versuchsreihen ungleichen Umfanges wird durch die ihr zukommende Anzahl von Ziehungen besonders qualifiziert, sie wird gleichsam durch die ihr zukommende Anzahl von Ziehungen gewogen. Alle 5100 einzelnen Ziehungen sind untereinander gleich genau, dadurch jedoch, daß bei einem Versuche oder bei einer Beobachtung mehr Ziehungen gemacht werden als bei einem anderen Versuche, ist der eine Versuch von größerer Genauigkeit als der andere, fällt der Versuch größerer Genauigkeit mehr ins Gewicht als ein Versuch geringerer Genauigkeit. Man bezeichnet demnach diejenige Zahl, welche angibt, wie viele Ziehungen, oder allgemein Einzel- oder Normalbeobachtungen von gleicher Genauigkeit jeder einzelnen Versuchsreihe oder Beobachtung ungleicher Genauigkeit zukommen, als das Gewicht dieser Versuchsreihe oder Beobachtung. Durch Berücksichtigung dieses Gewichtes wird daher die Ausgleichung von Beobachtungen ungleicher Genauigkeit oder ungleichen Gewichtes auf die Ausgleichung von Beobachtungen gleicher Genauigkeit oder gleichen Gewichtes zurückgeführt.

Wie soll nun das Gewicht gemessen werden? Als Maßeinheit wird das Gewicht einer einzelnen Ziehung oder einer Einzel- oder Normalbeobachtung angenommen. Eine Beobachtung vom Gewichte $g = 1$ oder eine Normalbeobachtung stellt gewissermaßen die Beobachtungseinheit oder die Gewichtseinheit vor. Deshalb kann auch eine Beobachtung mit dem Gewichte g durch g Beobachtungen mit dem Gewicht 1 ersetzt werden.[1]) In diesem Sinne ist demnach unter „Gewicht“ die Anzahl der gleichgenauen Beobachtungen bei einem Versuche aus einer Reihe von ungleich genauen Versuchen zu verstehen. Bezeichnet man $\frac{[h\,h\,l]}{[h\,h]}$ als das allgemeine arithmetische Mittel der Beobachtungen, so nennt man $\frac{[g\,l]}{[g]}$ das gewogene arithmetische Mittel, bestand bei Beobachtungen gleicher Genauigkeit das Ausgleichsprinzip, daß $[\delta\,\delta]$ ein Minimum werde, so gilt für Beobachtungen ungleicher Genauigkeit das Ausgleichsprinzip, daß $[h\,h\,\delta\,\delta]$, oder was nach den soeben angestellten Betrachtungen an dessen Stelle gesetzt werden kann: $[g\,\delta\,\delta]$ ein Minimum werde. Da

$$\delta_i = -\,l_i + \xi$$

---

1) Wellisch, Theorie und Praxis der Ausgleichsrechnung, I. Bd. S. 134.

ist, so wird

$$[g\,\delta\,\delta] = g_1(-l_1+\xi)^2 + g_2(-l_2+\xi)^2 + \ldots + g_n(-l_n+\xi)^2$$

ein Minimum, wenn der erste Differentialquotient nach ξ:

$$2\,g_1(-l_1+\xi) + 2\,g_2(-l_2+\xi) + \ldots + 2\,g_n(-l_n+\xi) = 0$$

wird. Daraus folgt aber

$$[g]\cdot\xi = [g\,l] \quad \text{und} \quad \xi = \frac{[g\,l]}{[g]}.$$

Setzt man $\delta_i\sqrt{g_i} = \delta_i'$, so erhält das Ausgleichsprinzip $[g\,\delta\,\delta]$ die analytische Form: $[\delta'\,\delta']$, d. h. die Ausgleichung von Beobachtungen ungleicher Genauigkeit oder ungleichen Gewichtes kann auf die Ausgleichung von Beobachtungen gleicher Genauigkeit oder von Beobachtungen des Gewichtes 1 zurückgeführt werden, indem man die einzelnen hypothetischen Fehler mit der Quadratwurzel aus den dazu gehörigen Gewichten multipliziert.

Ist g_i das Gewicht einer Beobachtung l_i mit dem scheinbaren Fehler λ_i, dann entspricht der scheinbare Fehler λ_i' einer Beobachtung vom Gewichte 1, denn es besteht auch hier die analoge Beziehung: $\lambda_i' = \lambda_i\sqrt{g_i}$.

Bezeichnen $\lambda_1, \lambda_2, \ldots \lambda_n$ die scheinbaren Fehler der ungleich genauen Beobachtungen $l_1, l_2, \ldots l_n$ mit den verschiedenen Gewichten $g_1, g_2, \ldots g_n$, so sind $\lambda_1', \lambda_2', \ldots \lambda_n'$ die scheinbaren Fehler der gleich genauen Beobachtungen vom Gewichte 1. Bei gleich genauen Beobachtungen haben sich für den mittleren, bzw. durchschnittlichen Fehler einer Beobachtung die Formeln ergeben:

$$\mu = \sqrt{\frac{[\lambda'\,\lambda']}{n-1}} \quad \text{und} \quad \vartheta = \frac{[\,|\lambda'|\,]}{\sqrt{n(n-1)}}.$$

Wird nun $\lambda_i' = \lambda_i\sqrt{g_i}$ eingesetzt, so folgt für den mittleren Fehler der Gewichtseinheit: $\mu_0 = \sqrt{\frac{[g\,\lambda\,\lambda]}{n-1}}$ und für den durchschnittlichen Fehler der Gewichtseinheit: $\vartheta_0 = \frac{[\sqrt{g}\,|\lambda|\,]}{\sqrt{n(n-1)}}$. Bei der Ausgleichung gleich genauer Beobachtungen hat sich als mittlerer Fehler des arithmetischen Mittels ergeben: $\mu_x = \frac{\mu}{\sqrt{n}}$. Für den Fall ungleich genauer Beobachtungen wird nun $\mu = \sqrt{\frac{[g\,\lambda\,\lambda]}{n-1}}$. Da eine Beobachtung vom Gewichte g gleichwertig ist g Beobachtungen vom Gewichte 1, sind die Beobachtungen $l_1, l_2, \ldots l_n$ vom Gewichte $g_1, g_2, \ldots g_n$ gleichwiegend mit $g_1 + g_2 + \ldots + g_n = [g]$ Beobachtungen vom Gewichte 1.

Es ist daher

$$\mu_x = \frac{\mu_0}{\sqrt{[g]}} = \sqrt{\frac{[g\lambda\lambda]}{[g](n-1)}}$$

die Bestimmung des mittleren Fehlers des gewogenen arithmetischen Mittels. Ähnlich findet man den durchschnittlichen Fehler des gewogenen arithmetischen Mittels

$$\vartheta_x = \frac{\vartheta_0}{\sqrt{[g]}} = \frac{[\sqrt{g}\,|\lambda|]}{\sqrt{[g]\,n\,(n-1)}}.$$

Beispiel. Es liegen die oben angeführten zehn Versuche ungleich genauer Beobachtungen vor, welche aus den 51 Versuchen gleicher Genauigkeit oder gleichen Umfanges abgeleitet wurden. Es sollen auf Grund dieses Erfahrungsmateriales einige charakteristische Genauigkeitsmaße ermittelt werden? — Die Erfahrungsdaten und die hieraus sich ergebenden Berechnungen sind in der folgenden Tabelle zusammengestellt.

Nr. der Beobachtung	Beobachtung l	Gewicht g	$g\,l$	Scheinbare Fehler λ	$\lambda\lambda$	$g\lambda\lambda$
1	$\frac{86}{200}$	200	86	− 0·029	0·000841	0·1682
2	$\frac{126}{300}$	300	126	− 0·019	0·000361	0·1083
3	$\frac{197}{500}$	500	197	+ 0·007	0·000049	0·0245
4	$\frac{309}{800}$	800	309	+ 0·014$_{75}$	0·000217$_6$	0·1741
5	$\frac{235}{600}$	600	235	+ 0·010$_3$	0·000106$_1$	0·0637
6	$\frac{172}{400}$	400	172	− 0·029	0·000841	0·3364
7	$\frac{287}{700}$	700	287	− 0·009	0·000081	0·0567
8	$\frac{37}{100}$	100	37	+ 0·031	0·000961	0·0961
9	$\frac{360}{900}$	900	360	− 0·001	0·000001	0·0009
10	$\frac{237}{600}$	600	237	+ 0·006	0·000036	0·0216
		5100 $[g]$	2046 $[g\,l]$			1·0505 $[g\lambda\lambda]$

Es ist demnach

$$x = \frac{[g\,l]}{[g]} = \frac{2046}{5100} = 0{\cdot}401$$

und

$$\mu = \sqrt{\frac{[g\,\lambda\,\lambda]}{n-1}} = \sqrt{\frac{1{\cdot}0505}{9}} = 0{\cdot}3416 \text{ pro Gewichtseinheit,}$$

ferner

$$\mu_x = \frac{\mu}{\sqrt{[g]}} = \frac{0{\cdot}3416024}{\sqrt{5100}} = 0{\cdot}0047834,$$

d. h.

$$x = 0{\cdot}401 \mp 0{\cdot}005$$

oder

$$0{\cdot}396 < (p = 0{\cdot}400) < 0{\cdot}406.$$

7. Ausgleichung vermittelnder Beobachtungen.

Können die unbekannten Größen $X, Y, Z, \ldots$ nicht unmittelbar oder direkt beobachtet oder gemessen werden, bestehen aber zwischen den Größen $L_1, L_2, L_3, \ldots$, welche der unmittelbaren oder direkten Beobachtung oder Messung zugänglich sind, und den unbekannten Größen $X, Y, Z, \ldots$ bekannte funktionale Beziehungen, dann können die unbekannten Größen $X, Y, Z, \ldots$ durch Vermittlung der Größen $L_1, L_2, L_3, \ldots$ beobachtet, bzw. bestimmt werden. Ist z. B. die Funktion $L = \varphi(X)$ bekannt und wird durch eine direkte Beobachtung für L der Wert l gefunden, so kann auf Grund des funktionalen Zusammenhanges $L = \varphi(X)$ für die unbekannte, der direkten Beobachtung nicht zugängliche Größe X ein Wert ξ berechnet werden, welcher der Gleichung $l = \varphi(\xi)$ entspricht. Solange jedoch bloß eine Beobachtung von L vorliegt, kann von einer Ausgleichung nicht gesprochen werden. Wäre aber L z. B. zehnmal gemessen worden und hätten sich zufolge der notwendig anhaftenden zufälligen Beobachtungsfehler zehn verschiedene Werte von L ergeben, so besteht die Aufgabe der Ausgleichsrechnung darin, den Wert von X zu bestimmen, welcher den zehn Beobachtungswerten von L am besten entspricht.

a) Vorausgesetzt wird zunächst, daß die Beobachtungen oder Messungen der Größen $L_1, L_2, L_3, \ldots$, nämlich $l_1, l_2, l_3, \ldots$ alle gleich genau und die Beziehungen zwischen den Größen L und den unbekannten Größen $X, Y, Z, \ldots$ lineare Funktionen von der Form: $L = \varphi(X, Y, Z, \ldots) = a\,X + b\,Y + c\,Z + \ldots$ seien. Hierbei sollen die den einzelnen Beobachtungen der L entsprechenden, von vornherein als bekannt vorausgesetzten oder erst zu bestimmenden Parameter oder Koëffizienten $a, b, c, \ldots$ fehlerfrei sein. Auf Grund dieser

Voraussetzungen ergibt sich demnach das folgende Gleichungssystem (Vermittlungsgleichungen)

$$a_1 X + b_1 Y + c_1 Z + \ldots = L_1 = l_1 + \varepsilon_1 ,$$
$$a_2 X + b_2 Y + c_2 Z + \ldots = L_2 = l_2 + \varepsilon_2 ,$$
$$\ldots\ldots\ldots\ldots\ldots\ldots\ldots$$
$$a_n X + b_n Y + c_n Z + \ldots = L_n = l_n + \varepsilon_n .$$

Dieses Gleichungssystem besteht aus n Gleichungen, die Anzahl der unbekannten, direkt nicht zu beobachtenden Größen $X, Y, Z, \ldots$ sei z. B. k. Ist nun die Zahl der Gleichungen kleiner als die Zahl der Unbekannten, also $n < k$, dann könnten aus diesem unbestimmten Gleichungssystem die Unbekannten überhaupt nicht bestimmt werden. Wäre $n = k$, dann wären allerdings aus diesem bestimmten Gleichungssystem die Unbekannten eindeutig zu ermitteln, man erhielte aber nicht die wahren Werte der unbekannten Größen $X, Y, Z, \ldots$, sondern je einen mit einem Beobachtungsfehler behafteten Näherungswert von $X, Y, Z, \ldots$ Über den Grad der Genauigkeit dieser Näherungswerte kann natürlich nicht die geringste Aussage gemacht werden. Dies ist nur dann möglich, wenn das aufzustellende Gleichungssystem überbestimmt, wenn also $n > k$, d. h. die Zahl der Beobachtungen größer als die Zahl der Unbekannten ist, oder wie man das auch auszudrücken pflegt: Wenn die Beobachtungen überschüssig oder überzählig sind. Der Einfachheit halber sollen bei den folgenden Betrachtungen nur drei unbekannte Größen X, Y, Z angenommen werden. Die Ausdehnung der Ergebnisse auf mehr als drei Unbekannte erhellt daraus ohne weiteres.

Das obige Gleichungssystem wäre nur dann widerspruchslos, wenn alle wahren Fehler $\varepsilon_i = 0$, somit alle $L_i = l_i$ sein würden. Dies ist aber unmöglich, da sich stets zufällige Beobachtungsfehler einstellen werden. Es werden deshalb über die unbekannten Größen X, Y, Z die Hypothesen ξ, η, ζ aufzustellen sein. Diese Hypothesen erzeugen ein System hypothetischer Fehler:

$$\delta_1 = - l_1 + a_1 \xi + b_1 \eta + c_1 \zeta ,$$
$$\delta_2 = - l_2 + a_2 \xi + b_2 \eta + c_2 \zeta ,$$
$$\ldots\ldots\ldots\ldots\ldots$$
$$\delta_n = - l_n + a_n \xi + b_n \eta + c_n \zeta .$$

Da sämtliche Beobachtungen als gleich genau vorausgesetzt wurden, sind die Wahrscheinlichkeiten, die Fehler $\delta_1, \delta_2, \ldots \delta_n$ zu begehen:

$$\varphi(\delta_1)\, d\delta = \frac{h}{\sqrt{\pi}} e^{-h^2 \delta_1^2} d\delta, \quad \varphi(\delta_2)\, d\delta = \frac{h}{\sqrt{\pi}} e^{-h^2 \delta_2^2}, \ldots$$
$$\varphi(\delta_n)\, d\delta = \frac{h}{\sqrt{\pi}} e^{-h^2 \delta_n^2} .$$

Die zusammengesetzte Wahrscheinlichkeit für das gleichzeitige Bestehen des Fehlersystems der δ ist nach dem multiplikativen Theorem:

$$P = \left(\frac{h}{\sqrt{\pi}} d\delta\right)^n e^{-h^2 [\delta\delta]}.$$

Man wird auch hier derjenigen Hypothese den Vorzug geben, welche P zu einem Maximum oder $[\delta\delta]$ zu einem Minimum macht. Denn durch die wahrscheinlichste Hypothese werden die Fehlerquadratsumme und daher auch die Widersprüche in den Fehlergleichungen zu einem Minimum.

Soll eine Funktion $u = f(\xi, \eta, \zeta)$ für ein bestimmtes Wertsystem ξ, η, ζ ein Minimum werden, so müssen die sämtlichen ersten partiellen Differentialquotienten:

$$\frac{\partial u}{\partial \xi} = 0, \quad \frac{\partial u}{\partial \eta} = 0 \quad \text{und} \quad \frac{\partial u}{\partial \zeta} = 0$$

und außerdem das totale zweite Differentiale

$$d^2 f = \frac{\partial^2 f}{\partial \xi^2} dx^2 + 2 \frac{\partial^2 f}{\partial \xi \partial \eta} d\xi\, d\eta + \ldots$$

für die unendlich kleinen Größen $d\xi, d\eta, d\zeta$ positiv sein. Im vorliegenden Falle muß also

$$\frac{\partial [\delta\delta]}{\partial \xi} = 0, \quad \frac{\partial [\delta\delta]}{\partial \eta} = 0 \quad \text{und} \quad \frac{\partial [\delta\delta]}{\partial \zeta} = 0$$

werden. Die Untersuchung der zweiten Bedingung, daß das totale zweite Differentiale positiv sein muß, kann entfallen, weil aus der Natur des Problems klar hervorgeht, daß man es nur mit einem Minimum zu tun haben kann, da ein Maximum von $[\delta\delta]$ nicht existiert. Nun ist

$$\begin{aligned}[\delta\delta] &= \delta_1^2 + \delta_2^2 + \ldots + \delta_n^2 = \\ &= (-l_1 + a_1\xi + b_1\eta + c_1\zeta)^2 + (-l_2 + a_2\xi + b_2\eta + c_2\zeta)^2 + \ldots + \\ &\quad + (-l_n + a_n\xi + b_n\eta + c_n\zeta)^2\end{aligned}$$

und

$$\begin{aligned}\frac{\partial [\delta\delta]}{\partial \xi} &= 2a_1(-l_1 + a_1\xi + b_1\eta + c_1\zeta) + 2a_2(-l_2 + a_2\xi + b_2\eta + c_2\zeta) + \ldots + \\ &\quad + 2a_n(-l_n + a_n\xi + b_n\eta + c_n\zeta) = 0, \\ \frac{\partial [\delta\delta]}{\partial \eta} &= 2b_1(-l_1 + a_1\xi + b_1\eta + c_1\zeta) + 2b_2(-l_2 + a_2\xi + b_2\eta + c_2\zeta) + \ldots + \\ &\quad + 2b_n(-l_n + a_n\xi + b_n\eta + c_n\zeta) = 0, \\ \frac{\partial [\delta\delta]}{\partial \zeta} &= 2c_1(-l_1 + a_1\xi + b_1\eta + c_1\zeta) + 2c_2(-l_2 + a_2\xi + b_2\eta + c_2\zeta) + \ldots + \\ &\quad + 2c_n(-l_n + a_n\xi + b_n\eta + c_n\zeta) = 0.\end{aligned}$$

Das sind die Gleichungen, die der wahrscheinlichsten Hypothese entsprechen. Führt man für die wahrscheinlichsten Werte der Unbekannten X, Y, Z wie bisher die Symbole x, y, z ein und reduziert das Gleichungssystem, so folgt:

$$(a_1^2 + a_2^2 + \ldots + a_n^2)x + (a_1 b_1 + a_2 b_2 + \ldots + a_n b_n)y + \\ + (a_1 c_1 + a_2 c_2 + \ldots + a_n c_n)z = a_1 l_1 + a_2 l_2 + \ldots + a_n l_n,$$

$$(a_1 b_1 + a_2 b_2 + \ldots + a_n b_n)x + (b_1^2 + b_2^2 + \ldots + b_n^2)y + \\ + (b_1 c_1 + b_2 c_2 + \ldots + b_n c_n)z = b_1 l_1 + b_2 l_2 + \ldots + b_n l_n,$$

$$(a_1 c_1 + a_2 c_2 + \ldots + a_n c_n)x + (b_1 c_1 + b_2 c_2 + \ldots + b_n c_n)y + \\ + (c_1^2 + c_2^2 + \ldots + c_n^2)z = c_1 l_1 + c_2 l_2 + \ldots + c_n l_n,$$

oder symbolisch:

$$\left.\begin{aligned} [a\,a]x + [a\,b]y + [a\,c]z &= [a\,l], \\ [a\,b]x + [b\,b]y + [b\,c]z &= [b\,l], \\ [a\,c]x + [b\,c]y + [c\,c]z &= [c\,l]. \end{aligned}\right\}$$

Dieses System von Gleichungen bezeichnet man als die GAUSSschen Normalgleichungen.

Die Auflösung dieses bestimmten Gleichungssystems macht an sich keine Schwierigkeiten. Eine höchst mühselige und langwierige Arbeit ist nur die Bestimmung der Koëffizienten trotz Benützung von Quadrattafeln bei Auswertung der quadratischen Koëffizienten $[a\,a], [b\,b], \ldots$ und von Viertelquadrattafeln $\left([a\,b] = \frac{[(a+b)^2] - [(a-b)^2]}{4}\right)$ bei Berechnung der nicht quadratischen Koëffizienten $[a\,b], [a\,c], \ldots$ Die Bestimmung der Unbekannten gestaltet sich um so schwieriger, je größer die Zahl n der Beobachtungen und die Zahl k der Unbekannten ist. Am zweckmäßigsten geschieht die Auflösung des Gleichungssystems durch sukzessive Elimination der Unbekannten x, y, z. Aus der ersten Gleichung ergibt sich für x der Ausdruck:

$$x = -\frac{[a\,b]}{[a\,a]}y - \frac{[a\,c]}{[a\,a]}z + \frac{[a\,l]}{[a\,a]}.$$

Dieser Wert in die zweite und dritte Gleichung des obigen Systems eingesetzt, folgt:

$$\left\{[b\,b] - \frac{[a\,b][a\,b]}{[a\,a]}\right\}y + \left\{[b\,c] - \frac{[a\,c][a\,b]}{[a\,a]}\right\}z = \left\{[b\,l] - \frac{[a\,l][a\,b]}{[a\,a]}\right\},$$

$$\left\{[b\,c] - \frac{[a\,b][a\,c]}{[a\,a]}\right\}y + \left\{[c\,c] - \frac{[a\,c][a\,c]}{[a\,a]}\right\}z = \left\{[c\,l] - \frac{[a\,l][a\,c]}{[a\,a]}\right\}.$$

Bei Einführung der Gaussschen Symbolik:

Für $[bb] - \frac{[ab][ab]}{[aa]} = [bb\cdot 1]$, $[bc] - \frac{[ac][ab]}{[aa]} = [bc\cdot 1]$ usw.

ergibt sich

$$\left.\begin{aligned}[bb\cdot 1]y + [bc\cdot 1]z &= [bl\cdot 1]\\ [bc\cdot 1]y + [cc\cdot 1]z &= [cl\cdot 1]\end{aligned}\right\}$$

als das System der ersten Eliminationsgleichungen, in welchem nur mehr die Unbekannten y und z vorkommen. Aus der ersten der beiden vorstehenden Gleichungen folgt ferner:

$$y = -\frac{[bc\cdot 1]}{[bb\cdot 1]}z + \frac{[bl\cdot 1]}{[bb\cdot 1]}\,.$$

Durch Einsetzung in die zweite Gleichung erhält man:

$$\frac{[bb\cdot 1][bc\cdot 1]}{[bb\cdot 1]} - \frac{[bc\cdot 1][bc\cdot 1]}{[bb\cdot 1]}z + [cc\cdot 1]z = [cl\cdot 1],$$

oder

$$\left\{[cc\cdot 1] - \frac{[bc\cdot 1][bc\cdot 1]}{[bb\cdot 1]}\right\}z = \left\{[cl\cdot 1] - \frac{[bc\cdot 1][bl\cdot 1]}{[bb\cdot 1]}\right\}.$$

Nach der Gaussschen Symbolik ist wieder

$$[cc\cdot 1] - \frac{[bc\cdot 1][bc\cdot 1]}{[bb\cdot 1]} = [cc\cdot 2] \text{ usw.}$$

Daher ergibt sich $[cc\cdot 2]z = [cl\cdot 2]$ als das System der zweiten Eliminationsgleichungen, das im vorliegenden Falle nur aus einer einzigen Gleichung besteht, da ursprünglich nur drei Unbekannte x, y, z angenommen und die beiden Unbekannten x, y bereits eliminiert wurden. Hiermit ist die Auflösung der Normalgleichungen gegeben nnd man gelangt demnach zu folgendem System:

$$\left.\begin{aligned}x + \frac{[ab]}{[aa]}y + \frac{[ac]}{[aa]}z &= \frac{[al]}{[aa]}\\ y + \frac{[bc\cdot 1]}{[bb\cdot 1]}z &= \frac{[bl\cdot 1]}{[bb\cdot 1]}\\ z &= \frac{[cl\cdot 2]}{[cc\cdot 2]}\end{aligned}\right\},$$

d. i. das System der reduzierten Normalgleichungen.

Wären ursprünglich vier Unbekannte X, Y, Z und V in Betracht gezogen worden, dann hätte sich als System der Normalgleichungen ergeben:

$$\left.\begin{aligned}[aa]x + [ab]y + [ac]z + [ad]v &= [al]\\ [ab]x + [bb]y + [bc]z + [bd]v &= [bl]\\ [ac]x + [bc]y + [cc]z + [cd]v &= [cl]\\ [ad]x + [bd]y + [cd]z + [dd]v &= [dl]\end{aligned}\right\},$$

Hieraus ergeben sich die Systeme der ersten Eliminationsgleichungen:

$$\left.\begin{array}{l}[bb\cdot 1]\,y + [bc\cdot 1]\,z + [bd\cdot 1]\,v = [bl\cdot 1]\\ [bc\cdot 1]\,y + [cc\cdot 1]\,z + [cd\cdot 1]\,v = [cl\cdot 1]\\ [bd\cdot 1]\,y + [cd\cdot 1]\,z + [dd\cdot 1]\,v = [dl\cdot 1]\end{array}\right\},$$

der zweiten Eliminationsgleichungen:

$$\left.\begin{array}{l}[cc\cdot 2]\,z + [cd\cdot 2]\,v = [cl\cdot 2]\\ [cd\cdot 2]\,z + [dd\cdot 2]\,v = [dl\cdot 2]\end{array}\right\},$$

der dritten Eliminationsgleichungen:

$$[dd\cdot 3]\,v = [dl\cdot 3]$$

und der reduzierten Normalgleichungen:

$$\left.\begin{array}{r}x + \frac{[ab]}{[aa]}y + \frac{[ac]}{[aa]}z + \frac{[ad]}{[aa]}v = \frac{[al]}{[aa]}\\ y + \frac{[bc\cdot 1]}{[bb\cdot 1]}z + \frac{[bd\cdot 1]}{[bb\cdot 1]}v = \frac{[bl\cdot 1]}{[bb\cdot 1]}\\ z + \frac{[cd\cdot 2]}{[cc\cdot 2]}v = \frac{[cl\cdot 1]}{[cc\cdot 2]}\\ v = \frac{[dl\cdot 3]}{[dd\cdot 3]}\end{array}\right\}.$$

Anmerkung. Die GAUSSsche Symbolik ist sehr einfach zu handhaben. Die Ziffern 1, 2, 3, ... hinter dem Punkte deuten an, daß die Koëffizienten dem System der ersten, zweiten, dritten, ... Eliminationsgleichungen angehören. Die Bildung der entwickelten Form aus der schematischen erhellt ohne weiteres aus den folgenden allgemeinen Schemen[1]):

$$[ik\cdot 1] = [ik] - \frac{[ai][ak]}{[aa]},$$

$$[ik\cdot 2] = [ik\cdot 1] - \frac{[bi\cdot 1][bk\cdot 1]}{[bb\cdot 1]},$$

$$[ik\cdot 3] = [ik\cdot 2] - \frac{[ci\cdot 2][ck\cdot 2]}{[cc\cdot 2]} \quad \text{usw.}$$

Genauigkeitsbestimmung der Unbekannten.

Als Normalgleichungen (bei Beschränkung auf drei Unkekannte) haben sich ergeben:

$$\left.\begin{array}{l}[aa]\,x + [ab]\,y + [ac]\,z = [al]\\ [ab]\,x + [bb]\,y + [bc]\,z = [bl]\\ [ac]\,x + [bc]\,y + [cc]\,z = [cl]\end{array}\right\}.$$

[1]) WELLISCH, Theorie und Praxis der Ausgleichsrechnung, I. Bd. S. 170.

Um den mittleren Fehler oder das Gewicht der ersten Unbekannten x zu bestimmen, hat man den Anteil jeder der Beobachtungen $l_1, l_2, \ldots l_n$ an dieser Unbekannten zu untersuchen. Zu diesem Zwecke wird man die Unbekannte x als Funktion der direkt beobachteten Elemente l darzustellen trachten.

Multipliziert man die obigen Normalgleichungen der Reihe nach mit den vorläufig noch unbestimmten Koëffizienten k_x', k_x'', k_x''' und summiert hierauf die Gleichungen, so erhält man:

$$\{[a\,a]\,k_x' + [a\,b]\,k_x'' + [a\,c]\,k_x'''\}\,x + \{[a\,b]\,k_x' + [b\,b]\,k_x'' + [b\,c]\,k_x'''\}\,y + \\ + \{[a\,c]\,k_x' + [b\,c]\,k_x'' + [c\,c]\,k_x'''\}\,z = \{[a\,l]\,k_x' + [b\,l]\,k_x'' + [c\,l]\,k_x'''\}.$$

Die Koëffizienten k nennt man die Gewichtskoëffizienten, da sie, wie sich nachträglich herausstellen wird, die Gewichte der Unbekannten bestimmen. Aus der letzten Gleichung können diese Gewichtskoëffizienten ermittelt werden, wenn der Koëffizient von x gleich 1, die Koëffizienten von y und z gleich Null gesetzt werden. Man erhält also folgende Gewichtsgleichungen für die Unbekannte x:

$$\left.\begin{aligned} [a\,a]\,k_x' + [a\,b]\,k_x'' + [a\,c]\,k_x''' &= 1 \\ [a\,b]\,k_x' + [b\,b]\,k_x'' + [b\,c]\,k_x''' &= 0 \\ [a\,c]\,k_x' + [b\,c]\,k_x'' + [c\,c]\,k_x''' &= 0 \end{aligned}\right\}.$$

Dieses System der Gewichtsgleichungen unterscheidet sich von dem der Normalgleichungen nur durch die Bezeichnung der Unbekannten und durch die absoluten Glieder. Setzt man die Koëffizienten von x, y, z in die obige Gleichung ein, dann ergibt sich:

$$x = [a\,l]\,k_x' + [b\,l]\,k_x'' + [c\,l]\,k_x'''.$$

Nun ist

$$\begin{aligned} [a\,l]\,k_x' &= a_1 l_1 k_x' + a_2 l_2 k_x' + \ldots + a_n l_n k_x' \\ [b\,l]\,k_x'' &= b_1 l_1 k_x'' + b_2 l_2 k_x'' + \ldots + b_n l_n k_x'' \\ [c\,l]\,k_x''' &= c_1 l_1 k_x''' + c_2 l_2 k_x''' + \ldots + c_n l_n k_x''' \end{aligned}$$

summiert folgt: $x = (a_1 k_x' + b_1 k_x'' + c_1 k_x''')\,l_1 + (a_2 k_x' + b_2 k_x'' + c_2 k_x''')\,l_2 + \ldots$
$\ldots + (a_n k_x' + b_n k_x'' + c_n k_x''')\,l_n.$

Setzt man die Klammerausdrücke, da hierin alle Glieder bekannt sind, der Reihe nach $\alpha_1, \alpha_2, \ldots, \alpha_n$, so erscheint x als eine lineare Funktion der direkt beobachteten Größen $l_1, l_2, \ldots l_n$:

$$x = \alpha_1 l_1 + \alpha_2 l_2 + \ldots + \alpha_n l_n = [\alpha\,l].$$

Sind k_y', k_y'', k_y''' die Gewichtskoëffizienten der Unbekannten y und k_z' k_z'', k_z''' die der Unbekannten z und führt man mit diesen dieselben Operationen wie hinsichtlich der Gewichtskoëffizienten k_x', k_x'', k_x''' durch, dann stellt sich das System der Gewichtsgleichungen aus den drei Gruppen (weil drei Unbekannte angenommen wurden) von Gewichtsgleichungen dar:

$$\left.\begin{array}{l}[aa]k_x'+[ab]k_x''+[ac]k_x'''=1\\ [ab]k_x'+[bb]k_x''+[bc]k_x'''=0\\ [ac]k_x'+[bc]k_x''+[cc]k_x'''=0\end{array}\right\}$$

$$\left.\begin{array}{l}[aa]k_y'+[ab]k_y''+[ac]k_y'''=0\\ [ab]k_y'+[bb]k_y''+[bc]k_y'''=1\\ [ac]k_y'+[bc]k_y''+[cc]k_y'''=0\end{array}\right\}$$

$$\left.\begin{array}{l}[aa]k_z'+[ab]k_z''+[ac]k_z'''=0\\ [ab]k_z'+[bb]k_z''+[bc]k_z'''=0\\ [ac]k_z'+[bc]k_z''+[cc]k_z'''=1\end{array}\right\}.$$

Bei analoger Durchführung wie oben ergeben sich als lineare Beziehungen zwischen den Unbekannten x, y, z und den direkten, gleich genauen Beobachtungen l:

$$x=[\alpha l],\ y=[\beta l] \text{ und } z=[\gamma l],$$

wobei die Faktoren α, β, γ wie folgt bestimmt sind:

$$\left.\begin{array}{l}\alpha_1=a_1k_x'+b_1k_x''+c_1k_x'''\\ \alpha_2=a_2k_x'+b_2k_x''+c_2k_x'''\\ \dots\dots\dots\dots\\ \alpha_n=a_nk_x'+b_nk_x''+c_nk_x'''\end{array}\right\} \qquad \left.\begin{array}{l}\beta_1=a_1k_y'+b_1k_y''+c_1k_y'''\\ \beta_2=a_2k_y'+b_2k_y''+c_2k_y'''\\ \dots\dots\dots\dots\\ \beta_n=a_nk_y'+b_nk_y''+c_nk_y'''\end{array}\right\}$$

$$\left.\begin{array}{l}\gamma_1=a_1k_z'+b_1k_z''+c_1k_z'''\\ \gamma_2=a_2k_z'+b_2k_z''+c_2k_z'''\\ \dots\dots\dots\dots\\ \gamma_n=a_nk_z'+b_nk_z''+c_nk_z'''\end{array}\right\}.$$

Nach dem Fehlerfortpflanzungsgesetze ist nun der mittlere Fehler der Unbekannten x, wenn μ den mittleren Fehler einer Beobachtung l_i bedeutet, nach der bereits bekannten Formel:

$$\mu_x=\sqrt{\alpha_1^2\mu^2+\alpha_2^2\mu^2+\ldots+\alpha_n^2\mu^2}=\mu\sqrt{[\alpha\alpha]}.$$

Ebenso ist

$$\mu_y=\mu\sqrt{[\beta\beta]} \text{ und } \mu_z=\mu\sqrt{[\gamma\gamma]}.$$

Es handelt sich nun weiter um die Behandlung der Summenausdrücke: $[\alpha\alpha]$, $[\beta\beta]$ und $[\gamma\gamma]$.

Es ist

$$\alpha_1 = a_1 k_x' + b_1 k_x'' + c_1 k_x'''$$
$$\alpha_2 = a_2 k_x' + b_2 k_x'' + c_2 k_x'''$$
$$\cdots\cdots\cdots$$
$$\alpha_n = a_n k_x' + b_n k_x'' + c_n k_x'''.$$

Multipliziert man diese Gleichungen nacheinander mit den entsprechenden α_i, a_i, b_i und c_i und addiert die betreffenden Gleichungssysteme, so gelangt man zu folgenden Gleichungen:

$$[\alpha\alpha] = [a\alpha] k_x' + [b\alpha] k_x'' + [c\alpha] k_x'''$$
$$[a\alpha] = [aa] k_x' + [ab] k_x'' + [ac] k_x''' = 1$$
$$[b\alpha] = [ab] k_x' + [bb] k_x'' + [bc] k_x''' = 0$$
$$[c\alpha] = [ac] k_x' + [bc] k_x'' + [cc] k_x''' = 0.$$

Daher ist $[\alpha\alpha] = k_x'$ und analog $[\beta\beta] = k_y''$, $[\gamma\gamma] = k_z'''$ und

$$\mu_x = \mu\sqrt{k_x'},\quad \mu_y = \mu\sqrt{k_y''},\quad \mu_z = \mu\sqrt{k_z'''}.$$

|: Bei der Ausgleichung direkter Beobachtungen ungleicher Genauigkeit hat sich für das gewogene Mittel, ausgedrückt durch das theoretische Präzisionsmaß h, ergeben:

$$x = \frac{h_1^2 l_1 + h_2^2 l_2 + \ldots + h_n^2 l_n}{h_1^2 + h_2^2 + \ldots + h_n^2} = \frac{[hhl]}{[hh]}.$$

Da nun zwischen dem mittleren Fehler und dem Präzisionsmaß die bekannte Beziehung: $h^2 = \frac{1}{2\mu^2}$ besteht, so ergibt sich für

$$x = \frac{\frac{1}{\mu_1^2} l_1 + \frac{1}{\mu_2^2} l_2 + \ldots + \frac{1}{\mu_n^2} l_n}{\frac{1}{\mu_1^2} + \frac{1}{\mu_2^2} + \ldots + \frac{1}{\mu_n^2}}.$$

Multipliziert man Zähler und Nenner mit μ_0^2, so folgt:

$$x = \frac{\frac{\mu_0^2}{\mu_1^2} l_1 + \frac{\mu_0^2}{\mu_2^2} l_2 + \ldots + \frac{\mu_0^2}{\mu_n^2} l_n}{\frac{\mu_0^2}{\mu_1^2} + \frac{\mu_0^2}{\mu_2^2} + \ldots + \frac{\mu_0^2}{\mu_n^2}}.$$

Für denselben Ausdruck hat sich aber bei der Ausgleichung direkter, ungleich genauer Beobachtungen auch ergeben:

$$x = \frac{g_1 l_1 + g_2 l_2 + \ldots + g_n l_n}{g_1 + g_2 + \ldots + g_n},$$

worin g_i das Gewicht der Beobachtung l_i bedeutete. Demnach ist

$g_i = \frac{\mu_0^2}{\mu_i^2}$. Wird $g_i = 1$ gesetzt, so folgt: $\mu_0^2 = \mu_i^2$ oder $\mu_0 = \mu_i$, d. h. μ_0 ist der mittlere Fehler einer fiktiven Beobachtung vom Gewichte 1.:|

Im vorliegenden Falle ist nun das Gewicht der Unbekannten x, nämlich $g_x = \frac{\mu^2}{\mu_x^2} = \frac{\mu^2}{\mu^2 k_x'} = \frac{1}{k_x'}$. Analog findet man: $g_y = \frac{1}{k_y''}$ und $g_z = \frac{1}{k_z'''}$, d. h. die sog. Gewichtskoëffizienten k_x', k_y'' und k_z''' sind die reziproken Gewichte der Unbekannten x, y, z.

Die Gewichtskoëffizienten k_x', k_y'', k_z''' können aus den obigen drei Systemen der Gewichtsgleichungen bestimmt werden.

In den Gleichungen $\mu_x = \mu \sqrt{k_x'}$, $\mu_y = \mu \sqrt{k_y''}$ und $\mu_z = \mu \sqrt{k_z'''}$ ist demnach nur noch das μ, d. i. der mittlere Fehler einer von den n gleich genauen Beobachtungen unbekannt.

Die gleich genauen Beobachtungen $l_1, l_2, \ldots l_n$ sind mit den wahren Fehlern $\varepsilon_1, \varepsilon_2, \ldots \varepsilon_n$ behaftet. Der mittlere Fehler ist bekanntlich $\mu = \sqrt{\frac{[\varepsilon\varepsilon]}{n}}$. Da die wahren Fehler ε aber nicht ermittelt werden können, hat auch hier die Formel für μ nur einen theoretischen Wert.

Oben hat sich für $x = \alpha_1 l_1 + \alpha_2 l_2 + \ldots + \alpha_n l_n = [\alpha l]$ ergeben. Korrigiert man die mit Fehlern behafteten Beobachtungen l, so gelangt man zum wahren Werte

$$X = \alpha_1 (l_1 + \varepsilon_1) + \alpha_2 (l_2 + \varepsilon_2) + \ldots + \alpha_n (l_n + \varepsilon_n) = [\alpha l] + [\alpha \varepsilon].$$

Wenn man statt des wahren Wertes X die wahrscheinlichste Hypothese x nimmt, so begeht man den wahren Fehler $\varepsilon_x = X - x = [\alpha\varepsilon]$. Ebenso ergeben sich die wahren Fehler hinsichtlich der beiden übrigen Unbekannten, nämlich:

$$\varepsilon_y = Y - y = [\beta \varepsilon] \quad \text{und} \quad \varepsilon_z = Z - z = [\gamma \varepsilon].$$

Bekanntlich kann man mit diesen wahren Fehlern ε nur theoretisch operieren, zugänglich sind nur die scheinbaren Fehler λ. Also muß auch hier wieder eine Beziehung zwischen den ε und den λ durch Gegenüberstellung der Gleichungen für die wahren und scheinbaren Fehler hergestellt werden. Es ist

$$\varepsilon_i = -l_i + a_i X + b_i Y + c_i Z$$

und

$$\lambda_i = -l_i + a_i x + b_i y + c_i z.$$

Durch Subtraktion dieser Gleichungen ergibt sich:

$$\lambda_i = \varepsilon_i - a_i (X - x) - b_i (Y - y) - c_i (Z - z),$$

oder weil

$$X - x = [\alpha \varepsilon],\ Y - y = [\beta \varepsilon] \text{ und } Z - z = [\gamma \varepsilon]$$

ist, folgt:

$$\lambda_i = \varepsilon_i - a_i[\alpha \varepsilon] - b_i[\beta \varepsilon] - c_i[\gamma \varepsilon].$$

Multipliziert man diese Gleichungen einmal mit ε_i, das andere Mal mit λ_i und bildet die Summe für alle i von 1 bis n, so ergeben sich die Gleichungen:

$$[\lambda \varepsilon] = [\varepsilon \varepsilon] - [a \varepsilon][\alpha \varepsilon] - [b \varepsilon][\beta \varepsilon] - [c \varepsilon][\gamma \varepsilon]$$

und

$$[\lambda \lambda] = [\lambda \varepsilon] - [a \lambda][\alpha \varepsilon] - [b \lambda][\beta \varepsilon] - [c \lambda][\gamma \varepsilon].$$

|: Die lineare Beziehung der λ ist: $\lambda_i = - l_i + a_i x + b_i y + c_i z$. Mit λ_i multipliziert und summiert von $i = 1$ bis $i = n$ folgt:

$$[\lambda \lambda] = - [l \lambda] + [a \lambda] x + [b \lambda] y + [c \lambda] z.$$

Da nun $[\lambda \lambda]$ ein Minimum ist, muß $\frac{\partial [\lambda \lambda]}{\partial x} = [a \lambda] = 0$, $\frac{\partial [\lambda \lambda]}{\partial y} = [b \lambda] = 0$ und $\frac{\partial [\lambda \lambda]}{\partial z} = [c \lambda] = 0$ sein. :|

Die letzte Gleichung reduziert sich demnach auf

$$[\lambda \lambda] = [\lambda \varepsilon].$$

Dies in die erste der beiden vorstehenden Gleichungen eingesetzt, folgt: $[\lambda \lambda] = [\varepsilon \varepsilon] - [a \varepsilon][\alpha \varepsilon] - [b \varepsilon][\beta \varepsilon] - [c \varepsilon][\gamma \varepsilon]$.

|: Es ist aber

$$\begin{aligned}[a \varepsilon][\alpha \varepsilon] &= (a_1 \varepsilon_1 + a_2 \varepsilon_2 + \ldots + a_n \varepsilon_n)(\alpha_1 \varepsilon_1 + \alpha_2 \varepsilon_2 + \ldots + \alpha_n \varepsilon_n) = \\ &= (a_1 \alpha_1 \varepsilon_1 \varepsilon_1 + a_2 \alpha_2 \varepsilon_2 \varepsilon_2 + \ldots + a_n \alpha_n \varepsilon_n \varepsilon_n) + \\ &+ (a_1 \alpha_2 \varepsilon_1 \varepsilon_2 + a_2 \alpha_1 \varepsilon_2 \varepsilon_1 + \ldots + a_{n-1} \alpha_n \varepsilon_{n-1} \varepsilon_n + a_n \alpha_{n-1} \varepsilon_n \varepsilon_{n-1}) = \\ &= [a \alpha \varepsilon \varepsilon] + \Sigma a_i \alpha_k \varepsilon_i \varepsilon_k.\end{aligned}$$

Schon in einem früheren Zusammenhange hat sich die Summe $\Sigma a_i \alpha_k \varepsilon_i \varepsilon_k = 0$ ergeben. Denn die wahren Beobachtungsfehler kommen als zufällige Fehler mit gleicher Wahrscheinlichkeit sowohl positiv wie negativ vor. Ist die Anzahl der ε eine unendliche, so wird zugleich mit jedem $+ \varepsilon$ ein gleich großes $- \varepsilon$ eintreten. Die Fehler ε_i und ε_k können daher vier gleich wahrscheinliche Produkte bilden, nämlich:

$$(\pm \varepsilon_i) \cdot (\pm \varepsilon_k) = + \varepsilon_i \varepsilon_k$$

und

$$(\pm \varepsilon_i) \cdot (\mp \varepsilon_k) = - \varepsilon_i \varepsilon_k.$$

Nimmt man von allen möglichen Kombinationen das Mittel, so wird dasselbe, da jedes Produkt ebenso oft positiv wie negativ vorkommt, gleich Null sein müssen. Ist die Anzahl der Fehler nicht unendlich groß, so wird man $[\varepsilon_i \varepsilon_k]$ im Vergleiche zu $[\varepsilon \varepsilon]$, wo alle Summanden positiv sein müssen, vernachlässigen können. Es ist daher

$$[a \varepsilon][\alpha \varepsilon] = [a \alpha \varepsilon \varepsilon].$$

Nach dieser Betrachtung erhält man daher für

$$[a \varepsilon][\alpha \varepsilon] = [a \alpha \varepsilon \varepsilon]$$

und analog für

$$[b \varepsilon][\beta \varepsilon] = [b \beta \varepsilon \varepsilon]$$

$$[c \varepsilon][\gamma \varepsilon] = [c \gamma \varepsilon \varepsilon].$$

Da $\mu = \sqrt{\frac{[\varepsilon \varepsilon]}{n}}$ ist, folgt $[\varepsilon \varepsilon] = n \mu^2$ oder aufgelöst:

$$\varepsilon_1^2 + \varepsilon_2^2 + \ldots + \varepsilon_n^2 = n \mu^2, \text{ daher } \varepsilon_i \varepsilon_i = \mu^2.$$

Es ergibt sich demnach: $[\lambda \lambda] = n \mu^2 - \mu^2 [a \alpha] - \mu^2 [b \beta] - \mu^2 [c \gamma]$. In einem früheren Zusammenhange ergab sich aber für

$$[a \alpha] = 1, \ [b \beta] = 1 \text{ und } [c \gamma] = 1.$$

Daher ist $[\lambda \lambda] = n \mu^2 - 3 \mu^2$ oder $\mu = \sqrt{\frac{[\lambda \lambda]}{n - 3}}$.

Vorausgesetzt waren bei dieser Ableitung drei Unbekannte. Ist die Zahl der Unbekannten k, so ergibt sich analog:

$$\mu = \sqrt{\frac{[\lambda \lambda]}{n - k}}.$$

Dadurch erscheint der mittlere Fehler einer Beobachtung aus den scheinbaren Fehlern bestimmt.

b) Sind die Beobachtungen oder Messungen der Größen L_1, L_2, $L_3, \ldots$, nämlich $l_1, l_2, l_3, \ldots$ ungleich genau, stehen aber die Größen L zu den Größen $X, Y, Z, \ldots$ wieder in linearer Beziehung, dann ergibt sich für dieses Ausgleichsproblem analog den früheren Betrachtungen folgender Gedankengang: Für Beobachtungen ungleicher Genauigkeit besteht bekanntlich das Ausgleichsprinzip: $[g \delta \delta]$ ein Minimum. Nun ist in dem vorliegenden Falle

$$\delta_i = - l_i + a_i \xi + b_i \eta + c_i \zeta$$

(bei Beschränkung auf drei Unbekannte) und

$$[g \delta \delta] = g_1 (- l_1 + a_1 \xi + b_1 \eta + c_1 \zeta)^2 + g_2 (- l_2 + a_2 \xi + b_2 \eta + c_2 \zeta)^2 + \ldots + g_n (- l_n + a_n \xi + b_n \eta + c_n \zeta)^2.$$

Dieser Ausdruck wird ein Minimum, wenn $\frac{\partial [g\delta\delta]}{\partial \xi} = 0$, $\frac{\partial [g\delta\delta]}{\partial \eta} = 0$ und $\frac{\partial [g\delta\delta]}{\partial \zeta} = 0$ werden. Es ist daher:

$$2g_1 a_1(-l_1 + a_1\xi + b_1\eta + c_1\zeta) + 2g_2 a_2(-l_2 + a_2\xi + b_2\eta + c_2\zeta) + \dots$$
$$+ 2g_n a_n(-l_n + a_n\xi + b_n\eta + c_n\zeta) = 0,$$
$$2g_1 b_1(-l_1 + a_1\xi + b_1\eta + c_1\zeta) + 2g_2 b_2(-l_2 + a_2\xi + b_2\eta + c_2\zeta) + \dots$$
$$+ 2g_n b_n(-l_n + a_n\xi + b_n\eta + c_n\zeta) = 0,$$
$$2g_1 c_1(-l_1 + a_1\xi + b_1\eta + c_1\zeta) + 2g_2 c_2(-l_2 + a_2\xi + b_2\eta + c_2\zeta) + \dots$$
$$+ 2g_n c_n(-l_n + a_n\xi + b_n\eta + c_n\zeta) = 0.$$

Das sind die Gleichungen, die der wahrscheinlichsten Hypothese entsprechen. Führt man wieder für die wahrscheinlichsten Werte der Unbekannten X, Y, Z die Symbole x, y, z ein und reduziert das Gleichungssystem, so folgt:

$$(g_1 a_1^2 + g_2 a_2^2 + \dots + g_n a_n^2)x + (g_1 a_1 b_1 + g_2 a_2 b_2 + \dots + g_n a_n b_n)y +$$
$$+ (g_1 a_1 c_1 + g_2 a_2 c_2 + \dots + g_n a_n c_n)z = g_1 a_1 l_1 + g_2 a_2 l_2 + \dots + g_n a_n l_n,$$
$$(g_1 a_1 b_1 + g_2 a_2 b_2 + \dots + g_n a_n b_n)x + (g_1 b_1^2 + g_2 b_2^2 + \dots + g_n b_n^2)y +$$
$$+ (g_1 b_1 c_1 + g_2 b_2 c_2 + \dots + g_n b_n c_n)z = g_1 b_1 l_1 + g_2 b_2 l_2 + \dots + g_n b_n l_n,$$
$$(g_1 a_1 c_1 + g_2 a_2 c_2 + \dots + g_n a_n c_n)x + (g_1 b_1 c_1 + g_2 b_2 c_2 + \dots + g_n b_n c_n)y +$$
$$+ (g_1 c_1^2 + g_2 c_2^2 + \dots + g_n c_n^2)z = g_1 c_1 l_1 + g_2 c_2 l_2 + \dots + g_n c_n l_n;$$

oder symbolisch:

$$[gaa]x + [gab]y + [gac]z = [gal]$$
$$[gab]x + [gbb]y + [gbc]z = [gbl]$$
$$[gac]x + [gbc]y + [gcc]z = [gcl].$$

Dieses System von Gleichungen ist ein dem System der Normalgleichungen völlig gleichgebautes, die weitere Behandlung ist ganz dieselbe wie früher.

Ähnlich wie oben ergibt sich auch das Gleichungssystem der Gewichtskoëffizienten:

$$\left.\begin{aligned}[gaa]k_x' + [gab]k_x'' + [gac]k_x''' &= 1\\ [gab]k_x' + [gbb]k_x'' + [gbc]k_x''' &= 0\\ [gac]k_x' + [gbc]k_x'' + [gcc]k_x''' &= 0\end{aligned}\right\}$$

$$\left.\begin{aligned}[gaa]k_y' + [gab]k_y'' + [gac]k_y''' &= 0\\ [gab]k_y' + [gbb]k_y'' + [gbc]k_y''' &= 1\\ [gac]k_y' + [gbc]k_y'' + [gcc]k_y''' &= 0\end{aligned}\right\}$$

$$\left.\begin{array}{l}[g\,a\,a]\,k_z' + [g\,a\,b]\,k_z'' + [g\,a\,c]\,k_z''' = 0 \\ [g\,a\,b]\,k_z' + [g\,b\,b]\,k_z'' + [g\,b\,c]\,k_z''' = 0 \\ [g\,a\,c]\,k_z' + [g\,b\,c]\,k_z'' + [g\,c\,c]\,k_z''' = 1\end{array}\right\}.$$

Analog wie früher ergibt sich endlich als mittlerer Fehler bei ungleich genauen Beobachtungen:

$$\mu = \sqrt{\frac{[g\lambda\lambda]}{n-k}},$$

wobei k die Anzahl der Unbekannten bedeutet.

c) Endlich sei der Zusammenhang zwischen den beobachtbaren Größen L und den unbekannten Größen X, Y, Z (wieder Beschränkung auf drei Unbekannte) nicht wie bisher ein linearer ($L_i = a_i X + b_i Y + c_i Z$), sondern ein beliebiger, also $L_i = f_i(X, Y, Z)$; wie gelangt man hier zu den wahrscheinlichsten Werten x, y, z?

Es bestehe zwischen den Beobachtungsgrößen L_i und den Unbekannten X, Y, Z der nicht lineare funktionale Zusammenhang $L_i = f_i(X, Y, Z)$, wobei der Index i (genommen von $i = 1$ bis $i = n$) auf die der $i$ten Beobachtungsgröße L_i zukommenden Koëffizienten a_i, b_i, c_i hindeuten soll. Man habe nun für die Beobachtungsgröße L_i z. B. tatsächlich den Wert l_i erhalten. Derselbe wird mit dem wahren Fehler $\varepsilon_i = -l_i + L_i$ oder $\varepsilon_i = -l_i + f_i(X, Y, Z)$ behaftet sein. Bei n Beobachtungen werden sich n solcher Gleichungen ergeben. Einerseits sind aber die wahren Größen der L und daher auch die wahren Fehler ε nicht ermittelbar. Andrerseits müssen diese einer Ausgleichung zu unterziehenden n Gleichungen zunächst linear gemacht werden. Denn die Ausgleichsrechnung kann nur dann eindeutige Resultate liefern, wenn die Gleichungen solche ergeben, d. h. wenn sie Gleichungen ersten Grades sind.

Es werden demnach die nichtlinearen Gleichungen in lineare umgewandelt werden müssen. Dies kann mitunter durch einfache Operationen bewirkt werden. Es sei z. B. $L_i = K e^{aX + bY + cZ}$, dann ist $\log\operatorname{nat} L_i = \log\operatorname{nat} K + aX + bY + cZ$. Wo dies nicht möglich ist, geschieht die Transformation mittels Näherungswerten durch Entwicklung der Gleichungen nach der Taylorschen Reihe.[1] Hierbei gestaltet sich der der eigentlichen Ausgleichsrechnung vorausgehende vorbereitende Vorgang folgendermaßen:

Man wählt aus den vorhandenen n Gleichungen in zweckmäßiger

[1] Zwecks Vereinfachung der numerischen Rechnung geschieht die Einführung von Nährungswerten für die Unbekannten auch bei linearen Funktionen.

Weise so viele Gleichungen aus, als Unbekannte vorhanden sind. Dieses Gleichungssystem ergebe z. B. die Näherungswerte X_0, Y_0, Z_0 für die Unbekannten X, Y, Z. Die Verbesserungen dieser Näherungswerte auf die wahren Werte seien $\xi = X - X_0$, $\eta = Y - Y_0$ und $\zeta = Z - Z_0$. Unter der Voraussetzung, daß die zufälligen Beobachtungsfehler und somit auch die Verbesserungen ξ, η, ζ so klein sind, daß Glieder mit Potenzen und Produkten derselben ohne merklichen Einfluß auf die Ergebnisse vernachlässigt werden können, ergibt sich nach dem TAYLORschen Satze:

$$f_i(X, Y, Z) = f_i(X_0 + \xi, Y_0 + \eta, Z_0 + \zeta) =$$
$$= f_i(X_0, Y_0, Z_0) + \frac{\partial f_i}{\partial X_0}\xi + \frac{\partial f_i}{\partial Y_0}\eta + \frac{\partial f_i}{\partial Z_0}\zeta.$$

Aus der obigen Fehlergleichung wird daher:

$$\varepsilon_i = -l_i + f_i(X_0, Y_0, Z_0) + \frac{\partial f_i}{\partial X_0}\xi + \frac{\partial f_i}{\partial Y_0}\eta + \frac{\partial f_i}{\partial Z_0}\zeta.$$

In dieser Näherungsgleichung für ε_i sind alle Größen bis auf die Verbesserungen ξ, η, ζ bekannt. Setzt man der Kürze wegen

$$l_i - f_i(X_0, Y_0, Z_0) = l_i', \quad \frac{\partial f_i}{\partial X_0} = a_i, \quad \frac{\partial f_i}{\partial Y_0} = b_i \quad \text{und} \quad \frac{\partial f_i}{\partial Z_0} = c_i,$$

so folgt:

$$\varepsilon_i = -l_i' + a_i\xi + b_i\eta + c_i\zeta.$$

Bedeuten nun x, y, z die vorteilhaftesten Werte der Verbesserungen ξ, η, ζ, dann geht die letzte Gleichung über in:

$$\lambda_i = -l_i' + a_i x + b_i y + c_i z.$$

Die vorteilhaftesten Werte der Unbekannten X, Y, Z sind somit: $X_0 + x$, $Y_0 + y$ und $Z_0 + z$.

Ob die oben erwähnte Voraussetzung (Vernachlässigung der Potenzen und Produkte bei der TAYLORschen Reihe) gemacht werden konnte, zeigt die durchgeführte Rechnung. Haben sich für x, y, z so große Werte ergeben, daß die Potenzen und Produkte nicht vernachlässigt werden können, dann ist die ganze Rechnung mit den Werten $X_0 + x$, $Y_0 + y$, $Z_0 + z$ als neuen Näherungswerten nochmals durchzuführen.

Anhang.

Anwendungsfall zur Theorie der vermittelnden Beobachtungen.

Die Ableitung empirischer Formeln.

Es handelt sich hier um das wichtige Problem, einen Komplex von Beobachtungen durch eine empirische Formel analytisch darzustellen.

Es sei eine von den Parametern a, b, c abhängige Größe L n mal beobachtet worden. Das Beobachtungsmaterial besteht also in diesem Falle aus n-Reihen der zusammengehörigen Werte l_i, a_i, b_i und c_i (i genommen von $i = 1$ bis $i = n$). Dieses Beobachtungsmaterial soll nun auf Grund theoretischer Erwägungen oder auf Grund einer Hypothese über die Beziehung zwischen L, a, b, c durch eine analytische Gleichung $L = f(X, Y, Z)$ dargestellt werden.

Die Methode der kleinsten Quadrate, welche für die Lösung dieses Problems in Betracht kommt, erfährt jedoch in diesem Falle eine gewisse Erweiterung.[1]) Bestimmt man nämlich die vorteilhaftesten Werte x, y, z der Unbekannten X, Y, Z und bildet mit diesen die empirische Formel $l = f(x, y, z)$, so handelt es sich hier nicht allein um die Ausgleichung von Beobachtungsfehlern, welche den beobachteten Größen l_i, a_i, b_i, c_i anhaften, sondern meist um Fehler aus der vereinfachenden Annahme bei Aufstellung der analytischen Gleichung auf Grund theoretischer Erwägungen oder auf Grund des Zusammenhanges zwischen der Beobachtungsgröße L und den Parametern a, b, c. Das Ausgleichsprinzip: „$[\lambda\lambda]$ ein Minimum" gewinnt hier die Bedeutung, daß die gewonnene empirische Formel dem Beobachtungsmaterial in seiner Gänze „möglichst genau genüge", die Summe $[\lambda\lambda]$ ist hier ein „Maß für das Genügen". Unter den mehreren Hypothesen in Form von Gleichungen charakterisiert diejenige empirische Formel das Beobachtungsmaterial am zutreffendsten, für welche die Summe $[\lambda\lambda]$ am kleinsten wird.

Beispiel.[2]) Man beobachtete die Sandmasse, welche aus einer Öffnung in der Sekunde ausfloß und fand, wenn ϱ der Radius der

---

[1]) Czuber: Wahrscheinlichkeitsrechnung usw., 2. Auflage, I. Bd. S. 320, und R. Henke: Über die Methode der kleinsten Quadrate, 2. Aufl., Leipzig 1894.

[2]) Vgl. Hagen: Grundzüge der Wahrscheinlichkeitsrechnung und Bobek: Lehrbuch der Ausgleichsrechnung in Kleyers Enzyklopädie der ges. math., technischen und exakten Naturwissenschaften.

Öffnung in Rheinländischen Zollen und m die Sandmasse in Rheinländischen Kubikzollen ist, daß in einer Sekunde ausflossen bei

$$\begin{array}{ll} \varrho = 0{\cdot}05487 & m = 0{\cdot}00912 \\ \quad = 0{\cdot}08052 & \quad = 0{\cdot}02985 \\ \quad = 0{\cdot}09869 & \quad = 0{\cdot}05399 \\ \quad = 0{\cdot}12017 & \quad = 0{\cdot}09532 \\ \quad = 0{\cdot}16784 & \quad = 0{\cdot}23463. \end{array}$$

Man soll aus diesen Beobachtungen eine Formel aufstellen, welche die Abhängigkeit der ausfließenden Masse von der Öffnung darstellt.

Es stelle die empirische Formel $m = f(\varrho, a, b, c, \ldots)$ allgemein den funktionalen Zusammenhang dar, wobei f eine ganz bestimmte Funktion sei, deren Konstanten $a, b, c \ldots$ zu bestimmen wären. Berechnet man z. B. die wahrscheinlichen Fehler der Konstanten $a, b, c \ldots$ und ergeben sich dieselben als sehr klein im Vergleich zu den Parametern $a, b, c, \ldots$, dann ist die aufgestellte Formel verwendbar. Würden sich jedoch im Vergleiche zu $a, b, c, \ldots$ große wahrscheinliche Fehler herausstellen, so ist der Größenzusammenhang analytisch nicht einwandfrei erfaßt und es muß zur Aufstellung weiterer hypothetischer Gleichungen geschritten werden.

Durchführung der Aufgabe.

Angenommen, es bestehe zwischen den obigen Größen ϱ und m die empirische Formel: $m = A\varrho^2 + B\varrho^3$, wobei A und B die zu bestimmenden Konstanten seien. Behufs Erlangung einer Gleichförmigkeit in den Zahlengrößen transformiert man die hypothetische Formel, indem man $l = 10\,\mathrm{m}$, $A = 10x$ und $B = 100y$ setzt. Es wird daher:

$$m = 10x\cdot\varrho^2 + 100y\cdot\varrho^3 \quad \text{und} \quad 10m = x\cdot 100\varrho^2 + y\cdot 1000\varrho^3,$$

oder

$$l = x(10\varrho)^2 + y(10\varrho)^3 \quad \text{oder allgemein:} \quad l_i = a_i x + b_i y,$$

wobei

$$l_i = 10m_i, \quad a_i = (10\varrho_i)^2 \quad \text{und} \quad b_i = (10\varrho_i)^3 \ \text{ist.}$$

I. Aufstellung der „Fehlergleichungen".

$$\left.\begin{array}{l} \lambda_1 = -l_1 + a_1 x + b_1 y + c_1 z \\ \lambda_2 = -l_2 + a_2 x + b_2 y + c_2 z \\ \cdot\;\cdot\;\cdot\;\cdot\;\cdot\;\cdot\;\cdot\;\cdot\;\cdot\;\cdot\;\cdot\;\cdot \\ \lambda_n = -l_n + a_n x + b_n y + c_n z \end{array}\right\}, \text{ wobei } n > k \text{ (Zahl der Unbekannten).}$$

$$\left.\begin{aligned} 1)\ \lambda_1 &= -0{\cdot}0912 + 0{\cdot}301072\,x + 0{\cdot}165198\,y \\ 2)\ \lambda_2 &= -0{\cdot}2985 + 0{\cdot}648347\,x + 0{\cdot}522049\,y \\ 3)\ \lambda_3 &= -0{\cdot}5399 + 0{\cdot}973972\,x + 0{\cdot}961212\,y \\ 4)\ \lambda_4 &= -0{\cdot}9532 + 1{\cdot}444083\,x + 1{\cdot}735355\,y \\ 5)\ \lambda_5 &= -2{\cdot}3463 + 2{\cdot}817027\,x + 4{\cdot}728097\,y \end{aligned}\right\}$$

II. Bildung der Normalgleichungen.

$$\left.\begin{aligned} [a\,a]\,x + [a\,b]\,y &= [a\,l] \\ [a\,b]\,x + [b\,b]\,y &= [b\,l] \end{aligned}\right\}.$$

Die praktische Durchführung geschieht mittelst Quadrattafeln, Viertelquadrattafeln und Logaritmentafeln. Hierbei bedient man sich immer des folgenden Schemas:

No.	*l*	*a*	*b*	*a a*	*a b*
1	0·0912	0·301072	0·165198	0·090644	0·049736
2	0·2985	0·648347	0·522049	0·420355	0·338469
3	0·5399	0 973972	0·961212	0·948621	0·936194
4	0·9532	1·444083	1·735355	2·085376	2·506000
5	2·3463	2·817027	4·728097	7·935640	13·319176
				11·480636	17·149575
				[*a a*]	[*a b*]

No.	*a l*	*b b*	*b l*	*λ*	*λ λ*
1	0 027458	0·027290	0·015066	0·022987	0·0005283
2	0·193531	0·272586	0·155832	0·014510	0·0002105
3	0·525847	0·923928	0·518958	0·001736	0·0000003
4	1·376500	3·011467	1·654140	–0·024952	0·0006225
5	6·609600	22·354901	11·093533	0·006401	0·0000410
	8·732936	26·590122	13·437529		0·0014026
	[*a l*]	[*b b*]	[*b l*]		[*λ λ*]

III. Lösung der Normalgleichungen.

Im gegebenen Falle mit nur zwei Unbekannten lauten die reduzierten Normalgleichungen:

$$\left.\begin{aligned} x + \frac{[a\,b]}{[a\,a]}\,y &= \frac{[a\,l]}{[a\,a]} \\ y &= \frac{[b\,l\cdot 1]}{[b\,b\cdot 1]} \end{aligned}\right\},$$

wobei

$$[b\,l\cdot 1] = [b\,l] - \frac{[a\,b][a\,l]}{[a\,a]} \quad \text{und} \quad [b\,b\cdot 1] = [b\,b] - \frac{[a\,b][a\,b]}{[a\,a]} \text{ ist.}$$

Allgemein			Mit den besonderen Werten des Beispiels		
x	y	Allgemeines Glied	x	y	Allgemeines Glied
$[a\,a]$	$[a\,b]$	$[a\,l]$	11·480636	17·149575	8·732936
1	$[a\,b]:[a\,a]$	$[a\,l]:[a\,a]$	1	1·493783	0·760667
	$[b\,b]$	$[b\,l]$		26·590122	13·437529
$\times\,[a\,b]$	$\frac{[a\,b]}{[a\,a]}\cdot[a\,b]$	$\frac{[a\,l]}{[a\,a]}\cdot[a\,b]$	× 17·149575	25·617744	13·045115

$$\left.\begin{aligned} x + 1{\cdot}493783\,y &= 0{\cdot}760667 \\ y &= 0{\cdot}403561 \end{aligned}\right\}$$

$$x = 0{\cdot}760667 - (1{\cdot}493783 \times 0{\cdot}403561) = 0{\cdot}157835.$$

IV. Berechnung der λ.

Die Fehlergleichungen sind:

$$\begin{aligned} \lambda_1 &= -\,l_1 + a_1\,x + b_1\,y \\ \lambda_2 &= -\,l_2 + a_2\,x + b_2\,y \\ &\;\cdot\;\;\cdot\;\;\cdot\;\;\cdot\;\;\cdot\;\;\cdot\;\;\cdot\;\;\cdot \\ \lambda_5 &= -\,l_5 + a_5\,x + b_5\,y, \end{aligned}$$

oder eingesetzt folgt:

$$\begin{aligned} \lambda_1 &= -\,0{\cdot}0912 + (0{\cdot}301072 \times 0{\cdot}157835) + (0{\cdot}165198 \times 0{\cdot}403561) \\ \lambda_2 &= -\,0{\cdot}2985 + (0{\cdot}648347 \times 0{\cdot}157835) + (0{\cdot}522049 \times 0{\cdot}403561) \\ \lambda_3 &= -\,0{\cdot}5399 + (0{\cdot}973972 \times 0{\cdot}157835) + (0{\cdot}961212 \times 0{\cdot}403561) \\ \lambda_4 &= -\,0{\cdot}9532 + (1{\cdot}444083 \times 0{\cdot}157835) + (1{\cdot}735355 \times 0{\cdot}403561) \\ \lambda_5 &= -\,2{\cdot}3463 + (2{\cdot}817027 \times 0{\cdot}157835) + (4{\cdot}728097 \times 0{\cdot}403561). \end{aligned}$$

Die Werte für die λ und $\lambda\,\lambda$ sind in das obige Schema unter II. eingetragen.

V. Bestimmung der Gewichte der Unbekannten.

Die Gewichtsgleichungen sind:

$$\left.\begin{aligned} [a\,a]\,k_x' + [a\,b]\,k_x'' &= 1 \\ [a\,b]\,k_x' + [b\,b]\,k_x'' &= 0 \end{aligned}\right\} \qquad \left.\begin{aligned} [a\,a]\,k_y' + [a\,b]\,k_y'' &= 0 \\ [a\,b]\,k_y' + [b\,b]\,k_y'' &= 1 \end{aligned}\right\}.$$

Eingesetzt folgt:

$$\left.\begin{array}{l} 11{\cdot}480636\, k_x' + 17{\cdot}149575\, k_x'' = 1 \\ 17{\cdot}149575\, k_x' + 26{\cdot}590122\, k_x'' = 0 \end{array}\right\}$$

und ausgerechnet:

$$k_x' = \frac{26{\cdot}590122}{11{\cdot}480636 \times 26{\cdot}590122 - (17{\cdot}149575)^2} = 2{\cdot}381902.$$

Daher ist das Gewicht der Unbekannten x:

$$g_x = \frac{1}{k_x'} = \frac{305{\cdot}2713 - 294{\cdot}1079}{26{\cdot}590122} = 0{\cdot}41984.$$

Bei Einsetzung der besonderen Werte in das zweite Gleichungssystem ergibt sich ferner:

$$\left.\begin{array}{l} 11{\cdot}480636\, k_y' + 17{\cdot}149575\, k_y'' = 0 \\ 17{\cdot}149575\, k_y' + 26{\cdot}590122\, k_y'' = 1 \end{array}\right\},$$

oder ausgewertet:

$$k_y'' = \frac{11{\cdot}480636}{11{\cdot}480636 \times 26{\cdot}590122 - (17{\cdot}149575)^2} = 1{\cdot}028417.$$

Daher ist das Gewicht der Unbekannten y:

$$g_y = \frac{1}{k_y''} = \frac{305{\cdot}2713 - 294{\cdot}1079}{11{\cdot}480636} = 0{\cdot}97237.$$

VI. Berechnung der mittleren Fehler.

$$\mu = \sqrt{\frac{[\lambda\lambda]}{n-2}} = \sqrt{\frac{0{\cdot}0014026}{3}} = \pm\, 0{\cdot}0216$$

$$\mu_x = \mu\sqrt{k_x'} = \pm\, 0{\cdot}0216\sqrt{2{\cdot}381902} = \pm\, 0{\cdot}0332$$

$$\mu_y = \mu\sqrt{k_y''} = \pm\, 0{\cdot}0216\sqrt{1{\cdot}028417} = \pm\, 0{\cdot}0219.$$

Mit diesen Bestimmungen ist die Aufgabe gelöst. Man kann aber noch ein Mehreres tun und z. B. den wahrscheinlichen Fehler bestimmen.

Derselbe ist nach der bekannten Formel

$$r = 0{\cdot}67449\,\mu = 0{\cdot}67449 \times (\pm\, 0{\cdot}0216) = \pm\, 0{\cdot}01456$$

und

$$r_x = 0{\cdot}67449\cdot\mu_x = \pm\, 0{\cdot}02238$$

$$r_y = 0{\cdot}67449\cdot\mu_y = \pm\, 0{\cdot}01477.$$

Man kann also 1 gegen 1 wetten, daß die wahren Werte von x und y liegen zwischen

$$x = 0{\cdot}157835 + 0{\cdot}02238 \quad \text{und} \quad 0{\cdot}157835 - 0{\cdot}02238$$

$$y = 0{\cdot}403561 + 0{\cdot}01477 \quad \text{und} \quad 0{\cdot}403561 - 0{\cdot}01477$$

und daher die Werte

$$A = 1{\cdot}57835 \pm 0{\cdot}2238$$

$$B = 40{\cdot}3561 \pm 1{\cdot}477$$

sich mit der Wahrscheinlichkeit gleich $^1/_2$ ergeben, wenn das Gesetz $m = A\varrho^2 + B\varrho^3$ angenommen wird.

Die mittleren bzw. wahrscheinlichen Fehler sind im Verhältnis zu den Konstanten hinreichend klein, und man kann demnach für Werte von ϱ, welche nicht viel von den gegebenen abweichen, die Formel $m = 1{\cdot}578\,\varrho^2 + 40{\cdot}3569\,\varrho^3$ annehmen, welche die in der Sekunde ausgeflossene Sandmenge durch die kreisförmige Öffnung vom Radius ϱ angibt.

Dritter Abschnitt.

Die statistische Methode.

I. Allgemeines.

Die statistische Methode ist diejenige **Wissenschaft**, welche die Art und Weise der Untersuchung von Massenerscheinungen zum Inhalte hat. Wie schon das Wort Massenerscheinung selbst zum Ausdruck bringt, hat man es jeweils mit einem Komplex gleichartiger Erscheinungen zu tun, welche einerseits von natürlichen, andererseits von sozialen Ursachen abhängen. Nur solche Erscheinungen können Gegenstand der statistischen Methode sein, welche **zählbar, meßbar und in Zahlen ausdrückbar** sind. Diese eigentlich von selbst einleuchtende fundamentale Erkenntnis wird nichtsdestoweniger dermalen noch vielfach außer acht gelassen. Ganz vage Begriffsbestimmungen, bei denen es lediglich vom subjektiven Gutdünken des jeweiligen Beobachters abhängt, ob er diesen oder jenen quantitativen Inhalt hineinlegt, werden heutzutage ohne weiteres der Messung unterzogen oder doch hierzu vorgeschlagen. Hierher gehören z. B. die hoffnungslosen Versuche, die „Trunksüchtigen“ oder die kriminell „Unverbesserlichen“ zu zählen, um hieraus die weitgehendsten Schlußfolgerungen abzuleiten. Nur für meßbare Einheiten ist es überhaupt möglich, ein bestimmtes und eindeutiges Maß festzusetzen beziehungsweise zu konstruieren. Kann es sich demnach einerseits bei der statistischen Methode nur um meßbare Einheiten handeln und besteht andererseits das Hauptproblem darin, die geeigneten Maße für die Messung von Massenerscheinungen zu finden, dann liegt es auch nahe, daß die statistische Methode als Wissenschaft geradezu die Lehre von den statistischen Maßzahlen ist, ein Gesichtspunkt, den zuerst Lexis und nach ihm Blaschke in seinen Vorlesungen über mathematische Statistik mit besonderer Schärfe betont hat.

Die statistische Methode soll das Rüstzeug liefern, um Zustände und Erscheinungen des gesellschaftlichen Lebens auf Grund der

Beobachtungen an den Massen aufzudecken. Solche Zustände oder Eigenschaften von Massen sind z. B. der Altersaufbau in der menschlichen Gesellschaft, die Leibeslänge, der Brustumfang, das Körpergewicht, die Lebenslänge der einzelnen Individuen einer in Betracht gezogenen Menschenmasse usw. Die Maßzahlen für diese Eigenschaften oder Zustände der Masse sind benannte, absolute Zahlen und werden deshalb auch absolute oder extensive statistische Maßzahlen genannt. Unter den Erscheinungen des gesellschaftlichen Lebens versteht man die Änderungen, welche die Masse im Laufe der Zeit erfährt, also z. B. das sukzessive Absterben, Invalidisieren einer Menschenmasse usw. Die Maßzahlen für diese Änderungen der Masse sind unbenannte, relative Zahlen und heißen relative oder intensive statistische Maßzahlen.

Es kann an dieser Stelle noch nicht tiefer in diese schwierige Materie eingegangen werden, erst die weiteren konkreten Darstellungen sollen es versuchen, das Wesen und die Bedeutung der statistischen Maßzahlen klarzulegen. Es wird demnach im folgenden sukzessive in die Materie eingedrungen werden. Diesen Zweck erfüllt zunächst die Frage nach der Bildung, der Konstruktion statistischer Maßzahlen.

II. Die Bildung statistischer Maßzahlen.

Die mathematische Wahrscheinlichkeit ist bekanntlich das Verhältnis der einem bestimmten Ereignisse günstigen Fälle zu der Gesamtzahl der gleichmöglichen Fälle überhaupt. Offenbar werden durch solche Verhältnisse die Eigenschaften oder Veränderungen einer Erscheinung angezeigt. Es handelt sich demnach zunächst um die richtige Bildung der Zähler- und Nennergesamtheiten. Theoretisch ist das Postulat, daß die Zählergesamtheit aus der Nennergesamtheit hervorgegangen sein muß, leicht erfüllt. Allein die Praxis ergibt hier die größten Schwierigkeiten. Um z. B. das Absterben in der menschlichen Gesellschaft zu studieren, hat man nach der Theorie einfach eine Generation, d. i. die Gesamtheit der in einem und demselben Jahre Geborenen hinsichtlich des Absterbens so lange zu verfolgen, bis das letzte Mitglied dieser Generation gestorben ist. Eine solche Evidenzhaltung einer ganzen Generation ist aber in der Praxis ein Ding der Unmöglichkeit. Die Theorie wird demnach bestrebt sein müssen, zu einander möglichst nahe kommenden Identitäten im Zähler und Nenner zu gelangen und die hierbei begangenen Fehler möglichst zu beseitigen.

Der Vorgang bei der Bildung statistischer Maßzahlen kann auch in folgender Weise dargestellt werden: Wenn man einen Zustand oder eine Erscheinung z. B. der menschlichen Gesellschaft studieren will, hat man zunächst alle diejenigen Individuen in die Beobachtung einzubeziehen, welche für den zu erforschenden Zustand oder die zu untersuchende Erscheinung überhaupt in Betracht kommen; in zweiter Linie hat man zu bestimmen, bei wie vielen Individuen dieser Gesamtheit der gesuchte Zustand oder die verlangte Erscheinung sich tatsächlich vorfindet. Auf diese Weise gelangt man zu zweierlei Gesamtheiten. Das Verhältnis der zweiten Gesamtheit zur ersten ergibt eine Relativzahl, einen echten Bruch, die statistische Maßzahl. Die Bildung statistischer Maßzahlen führt somit zunächst zu dem Problem der Bildung zusammengehöriger Gesamtheiten, zur Theorie der Gesamtheiten. Die Gesamtheiten sind die Elemente, welche zur Bildung der Maßzahlen dienen.

Die statistischen Gesamtheiten ihrerseits sind wieder die Summe aller, mit den gleichen Merkmalen behafteten Individuen. Diese Merkmale, welche auch Ursachen (eine ganz spezifische Bezeichnung in diesem Falle) genannt werden, bilden wieder die Elemente der Gesamtheiten.

Es werden diskontinuierliche und kontinuierliche Ursachen oder Merkmale unterschieden. Ein diskontinuierliches Merkmal ist z. B. das Geschlecht der Individuen. Dieses Merkmal teilt die Gesamtmasse der Individuen nur in zwei Teilmassen. Die Bildung der Gesamtheiten unterliegt also in diesem Falle keiner Schwierigkeit. Auf der einen Seite ist die Gesamtmasse der Individuen gegeben, auf der anderen Seite sind die in dieser Gesamtmasse steckenden männlichen Individuen, welche bereits die Zählergesamtheit bilden. Die kontinuierlichen Ursachen, wie z. B. das Alter der Individuen, teilen die Gesamtmasse in eine unendlich große Anzahl von Teilmassen. Jedes folgende, unendlich kleine Zeitteilchen stellt eigentlich ein anderes Alter dar. In diesem Falle stößt die Bildung zusammengehöriger Gesamtheiten auf Schwierigkeiten.

Nach der Anzahl der Merkmale oder Ursachen teilt man die Gesamtheiten in nullmächtige, einmächtige, zweimächtige, dreimächtige und mehrmächtige Gesamtheiten ein.

Nullmächtige Gesamtheiten sind z. B. die geschlechterweise geteilten Gesamtheiten (das Verhältnis der Knabengeburten zur Summe der Geburten überhaupt, das Geschlechtsverhältnis der Überlebenden, der Verstorbenen, das Verhältnis der Männer zu den

Frauen bei Volkszählungen usw.). Dieselben sind von keiner kontinuierlichen Ursache abhängig. Abgesehen von geringen zeitlichen und örtlichen Schwankungen ist vor allem das Verhältnis der Knabengeburten zur Gesamtheit der Geburten überhaupt ein von der Beobachtungszeit unabhängiges Verhältnis und nähert sich am vollkommensten von allen statistischen Wahrscheinlichkeiten der mathematischen Wahrscheinlichkeit, wie dies bereits zahlreiche Untersuchungen gelehrt haben und später an speziellen Beispielen gezeigt werden wird. Derartige Erscheinungen werden typische Erscheinungen oder typische Gesamtheiten genannt. Nachdem die diskontinuierliche Ursache des Geschlechts die Totalgesamtheit ohne weiteres in zwei Partialgesamtheiten teilt, sind in diesem Falle die beiden zusammengehörigen Gesamtheiten von selbst gegeben.

Einmächtige Gesamtheiten sind z. B. alle somatologischen Erscheinungen (Körperlänge, Brustumfang, Gesichtswinkel, Körpergewicht usw.). Diese sind nur dem Einflusse der Beobachtungszeit unterworfen, also nur von einer kontinuierlich Veränderlichen abhängig. Auch hier ergeben sich keine Schwierigkeiten bei der Bildung von Gesamtheiten.

Zweimächtige Gesamtheiten sind vor allem die biologischen Erscheinungen. Der Lebensprozeß vollzieht sich sowohl unter dem Einfluß der Beobachtungszeit wie unter dem des Alters der Individuen. So sind vor allem zweimächtig diejenigen Gesamtheiten, welche zur Bildung von Sterbenswahrscheinlichkeiten der allgemeinen Bevölkerung führen.

Bei den Sterbenswahrscheinlichkeiten versicherter Leben tritt neben die beiden kontinuierlichen Ursachen des Alters und der Beobachtungszeit noch die Versicherungsdauer. Zur Bildung derartiger statistischer Maßzahlen sind somit dreimächtige Gesamtheiten erforderlich usw.

Die Bildung der zusammengehörigen Gesamtheiten unterliegt bei den zwei- und mehrmächtigen Gesamtheiten außerordentlichen Schwierigkeiten, welche dadurch nicht beseitigt werden, daß man durch Eliminierung aller kontinuierlichen Ursachen bis auf eine einzige die zwei- oder mehrmächtigen Gesamtheiten auf eine besondere Gattung der einmächtigen zurückführt; so, wenn bei Beobachtung der Sterblichkeitsverhältnisse an der allgemeinen Bevölkerung der Einfluß der Beobachtungszeit, bei Beobachtungen an versicherten Leben der Einfluß der Auslese und der Beobachtungszeit vernachlässigt werden. Bei den Absterbeordnungen der allgemeinen

Bevölkerung z. B. berücksichtigt das statistische Verfahren lediglich das Alter, während es die Beobachtungszeit vernachlässigt.

Nach dem bisher Gesagten werden sich die folgenden Ausführungen damit zu beschäftigen haben, wie die Bildung von statistischen Maßzahlen vor sich geht, wenn ihnen zweimächtige Gesamtheiten zugrunde liegen.

Die statistische Methode hat fast ausschließlich nur auf dem Gebiete der Sterblichkeitsmessung eine spontane Entwicklung erfahren. Die Lehre von der Bildung statistischer Maßzahlen auf Grund zwei- bzw. dreimächtiger Gesamtheiten führt dort gewöhnlich die Bezeichnung: Formale Bevölkerungstheorie oder auch die Theorie der zwei- bzw. dreimächtigen Gesamtheiten. Es ist jedoch nicht im Wesen der Sache selbst begründet, die statistische Methode gerade auf dieses einzige Gebiet zu beschränken. Dem mit der Theorie ausgerüsteten praktischen Statistiker eröffnet sich hier ein weites Feld der Betätigung. Wie oft und oft werden heute noch ganz unanaloge und heterogene Massen einander gegenübergestellt! Der Anwendungsbereich für die statistische Methode ist im Gegenteile ein ungemein ausgedehnter und ist reichliche Gelegenheit geboten, die Darstellung aller möglichen Gesamtheiten zu versuchen, die für eine statistische Maßzahl in Betracht kommen, Beziehungen zwischen den Gesamtheiten zu ermitteln und die Gesamtheiten selbst auf ihre Merkmale, ihre innere Struktur und das Verhalten ihrer Elemente in gewissen Zeitkontinuen zu überprüfen.

Die Ermittlung von Gesamtheiten als den Elementen einer statistischen Maßzahl auf analytischem Wege stößt auf prinzipielle Schwierigkeiten. Die zweimächtigen Gesamtheiten, um die es sich hier in erster Linie handelt, sind von kontinuierlichen Ursachen abhängig. Wie viele Personen aus einer bestimmten Gesamtheit von Lebenden in einer gewissen Zeit mit Tod abgehen werden, oder mit anderen Worten: die Größe der aus dieser Gesamtheit von Lebenden hervorgehenden Totengesamtheit ist eine Funktion einerseits der Beobachtungszeit und andererseits des Lebensalters. Da man es hier mit Kontinuen zu tun hat, läge es nahe, bei der Ermittlung zusammengehöriger Gesamtheiten die Integralrechnung heranzuziehen. Nun fußt aber die Integralrechnung bekanntlich lediglich nur auf stetigen Funktionen. Das Leben erzeugt aber, streng genommen, keine stetigen, sondern scheinbar unstetige Funktionen. Es kann sich z. B. eine Gesamtheit gleichaltrig Lebender bei fortschreitendem Alter in jedem durchlaufenen Alterspunkt ändern, sie muß es aber nicht und wird es auch in der Regel nicht.

Der Vorgang spielt sich in der Regel so ab, daß auf eine gewisse Zeitstrecke keine Änderung in der Gesamtheit eintritt, daß durch eine gewisse Zeit keiner aus der Gesamtheit herausstirbt, bis in einem gewissen Zeitpunkte bzw. Alterspunkte eine sprungweise Änderung des Funktionswertes stattfindet. Darin liegt also der prinzipielle Grund für die Unanwendbarkeit der Integralrechnung zur Ermittlung zusammengehöriger Gesamtheiten. Nichtsdestoweniger hat sich aber ergeben, daß die durch Integration gefundenen Ergebnisse mit denen sich decken, welche man durch das geometrische Verfahren strenge zu beweisen in der Lage war.[1]

A. Das geometrische Verfahren, die geometrische Repräsentation.[2]

Es handelt sich hier um das Problem, auf rein geometrischem, formalem Wege zur Nennergesamtheit die zugehörige Zählergesamtheit zu konstruieren, oder mit Rücksicht auf die spezielle Ausbildung dieses Verfahrens in der Sterblichkeitsmessung: Wie müssen die Nennergesamtheiten, das sind die Lebendengesamtheiten, und wie die Zählergesamtheiten, das sind die Totengesamtheiten, bei einer Absterbeordnung beschaffen sein, wie findet man aus einer gegebenen Gesamtheit von Lebenden die aus ihr hervorgegangene Gesamtheit von Toten?

Sehr instruktiv in dieser Beziehung ist zunächst die ZEUNERsche Darstellung im Raum.

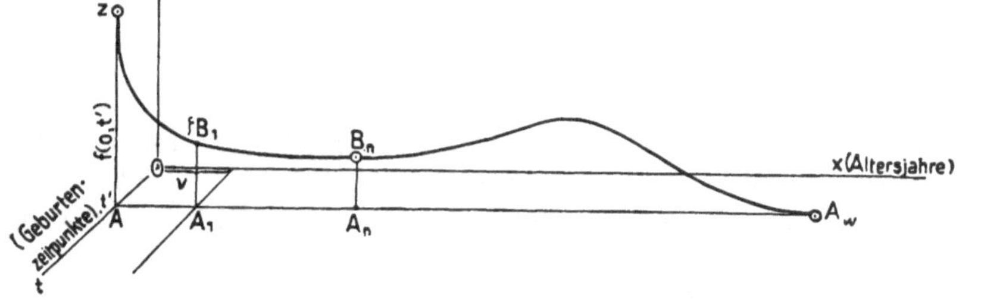

Fig. 24.

Gegeben ist das Raumkoordinatensystem *o x*, *o t* und *o z*. Die Zahl der vorhandenen Lebenden ist die Funktion der zwei Ver-

[1]) Vgl. hierzu KNAPP, die Theorie des Bevölkerungswechsels, 1874.

[2]) Ich folge hier zum Teile der charakteristischen Bezeichnungsweise BLASCHKES in seinen „Vorlesungen zur mathematischen Statistik".

änderlichen, nämlich des Alters n und der Geburtszeit $t: z = f(n, t)$. Scheinbar nimmt noch eine dritte unabhängig Veränderliche bei diesen Gesamtheiten Einfluß, nämlich die Beobachtungszeit, sie heiße τ. Nachdem aber zwischen den Größen τ, n und t der funktionale Zusammenhang:

$$\tau = t + n \left(\begin{array}{ccc} 31.\,12.\,1910 & = & 31.\,12.\,1860 + 50\text{ Jahre} \\ \text{Beobachtungszeit} & & \text{Geburtszeit} \quad \text{Alter} \end{array} \right)$$

besteht, so daß immer die eine Größe durch die beiden anderen ausgedrückt werden kann, erscheinen tatsächlich nur zwei unabhängig Veränderliche, die ihren Einfluß auf die Gesamtheit geltend machen. $z = f(o, t')$ stellt die Geburtenfrequenz im Zeitpunkte t' dar. Die Geburtenfrequenz ändert sich zwar von Zeitpunkt zu Zeitpunkt, es kann jedoch angenommen werden, daß sie durch den unendlich

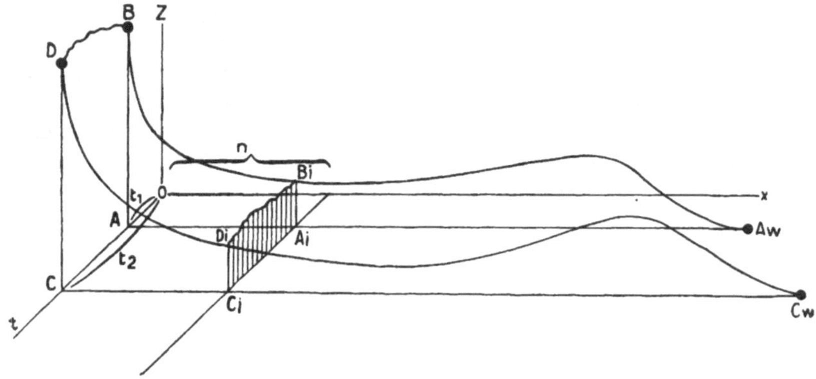

Fig. 25.

kleinen Zeitraum $t + dt$ konstant bleibt. Nach v Jahren (auf der $o\,x$-Achse aufgetragen) werden von der Generation $z = f(o, t')$ nur mehr $\zeta = f(v, t')$ Lebende vorhanden sein, bis endlich nach einer gewissen Reihe von Jahren auch der Letzte aus der ursprünglichen Gesamtheit gestorben sein wird ($A_\omega = 0$). Es ist leicht einzusehen, daß die Linie $z\,A_\omega$ das allmähliche Absterben einer Generation versinnbildet. Wäre die Evidenzhaltung in der Praxis möglich, dann wäre dies auch die einzig richtige Absterbeordnung. Einem jeden Punkte auf der $o\,t$-Achse wird nun eine andere Absterbeordnung entsprechen. Alle diese unendlich vielen, unendlich nahe aneinander liegenden Linien geben in ihrer Gesamtheit eine Fläche, welche man nach Zeuner die Lebensfläche genannt hat. Diese Fläche enthält alle Personen, welche zu irgend einer Zeit geboren sind und in irgend einem Alter leben. Die Kenntnis dieser Lebensfläche ermitteln zum Teil die Volkszählungen und die Beobachtungen über die Sterbenswahrscheinlichkeiten in den einzelnen dazwischen liegenden Jahren.

Figur 25 stellt einen Teil der Lebensfläche zwischen den Geburtenzeitpunkten t_1 und t_2 dar.

Führt man im Abstande von n Altersjahren auf der ox-Achse den Schnitt $A_i B_i D_i C_i$ parallel zur zot-Ebene, so enthält offenbar dieser Schnitt mit der Lebensfläche die Gesamtheit aller in den Zeitpunkten zwischen t_1 und t_2 geborenen und im gleichen Alter lebenden Personen. Diese Gesamtheit von Lebenden wird als die Lebendengesamtheit erster Gattung oder als die Gesamtheit gleichaltrig Lebender bezeichnet: $L_n{}^{\mathrm{I}} = A_i B_i D_i C_i$. Durch Projektion der Schnittfläche $A_i B_i D_i C_i$ auf die xot-Ebene gelangt man zur Darstellung dieser Lebendengesamtheit erster Gattung in der Ebene.

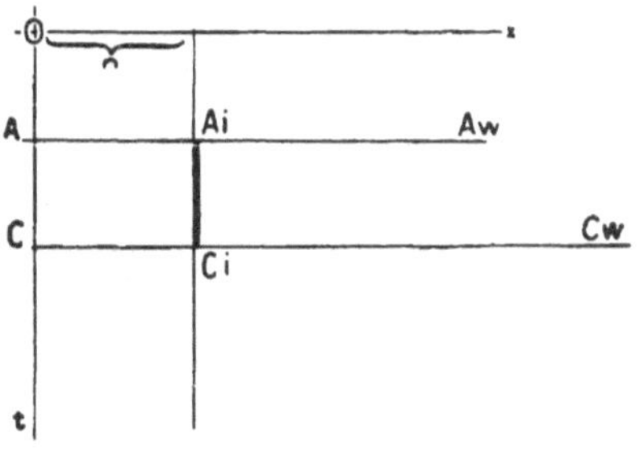

Fig 26.

Das ist die Repräsentationsweise von Lebendengesamtheiten erster Gattung nach Lexis.

Bleibt der Beobachtungszeitpunkt τ (soeben waren es die Altersjahre n) konstant, dann gelangt man zur Gesamtheit von Lebenden zweiter Gattung oder zur Gesamtheit der gleichzeitig Lebenden. Zwischen den Größen τ, n und t herrscht, wie oben erwähnt, die funktionale Beziehung: $\tau = n + t$, d. i. analytisch nichts anderes als die Gleichung einer um 45° gegen die Abszissenachse geneigten Geraden.[1]) Die Zeunersche Darstellung dieser Gesamtheit ist also die folgende:

$$L_\tau{}^{\mathrm{II}} = A_i B_i D_i C_i$$

---

[1]) $\frac{y-b}{x} = \operatorname{tg} \alpha = a; \quad y = ax + b$ für $\sphericalangle \alpha = 45^0$, wird $\operatorname{tg} 45^0 = 1$ und $y = x + b$.

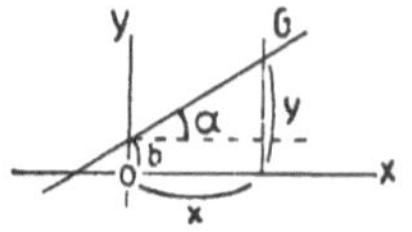

Fig. 27.

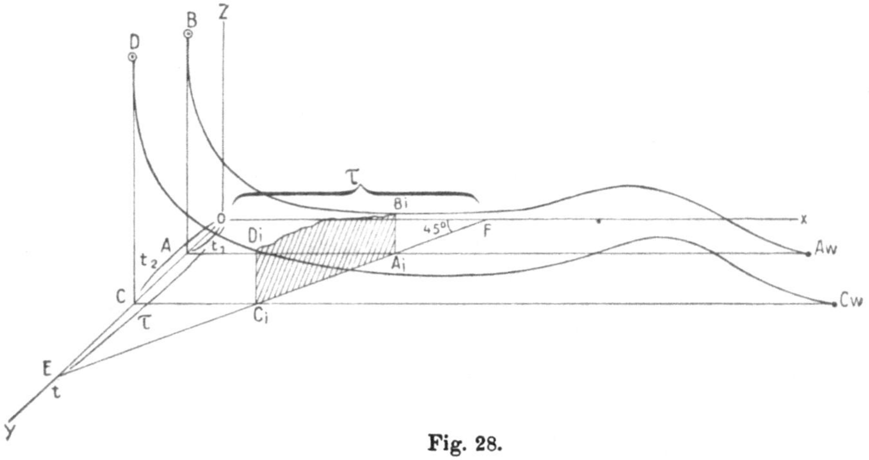

Fig. 28.

und die LEXIS sche Darstellung in der Projektion auf die $t\,o\,x$-Ebene:

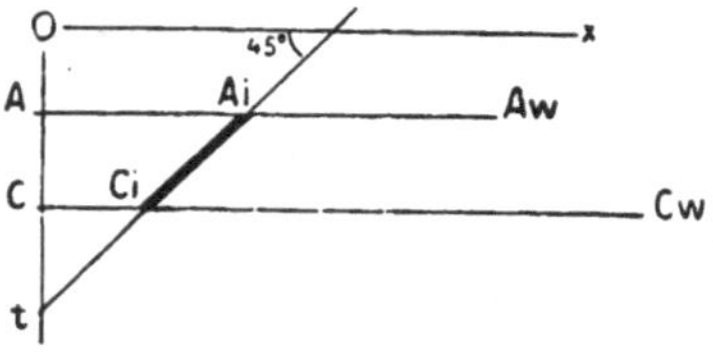

Fig. 29.

Nachstehende Figur zeigt die einer Lebendengesamtheit erster Gattung entsprechende Totengesamtheit erster Gattung: M^1.

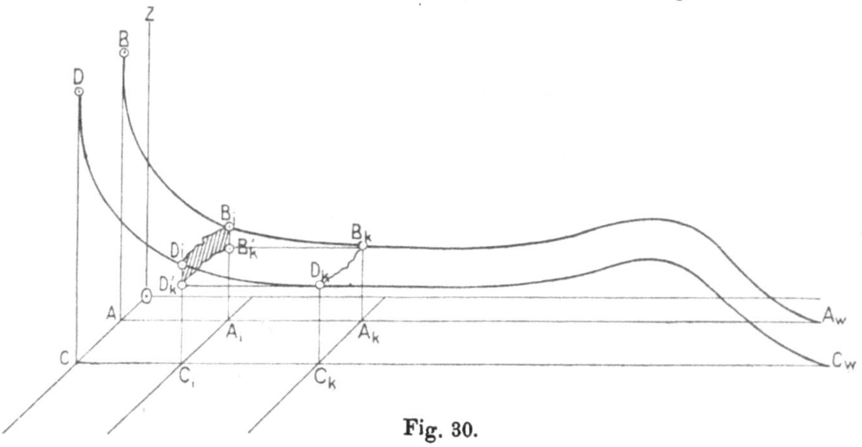

Fig. 30.

Aus der Lebendengesamtheit erster Gattung für das gleiche Lebensalter n_i: $A_i B_i D_i C_i$ wird in dem späteren Lebensalter n_k die kleinere Lebendengesamtheit $A_k B_k D_k C_k$. Offenbar ergibt sich die Totengesamtheit $M^I = A_i B_i D_i C_i - A_k B_k D_k C_k = L^I_{n_i} - L^I_{n_k}$. Die Lexissche Projektion dieser Totengesamtheit auf die $x\,o\,t$-Ebene zeigt die Figur 31.

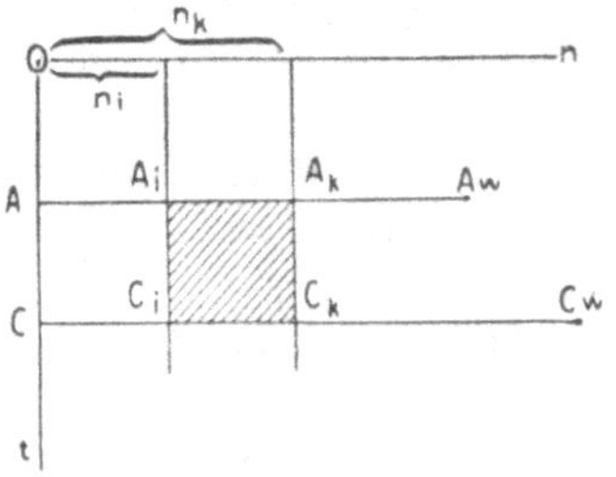

Fig. 31.

Auf ähnliche Weise erhält man auch die der Lebendengesamtheit zweiter Gattung entsprechende Totengesamtheit usw.

Eine andere, sehr gebräuchliche Darstellungsweise der Gesamtheiten in der Ebene ist die von Becker. Dieselbe geht einfach aus der Lexisschen Darstellung hervor, wenn man das ganze System um einen Winkel von 45° dreht. Die Repräsentationsweise nach Becker ergibt somit von den bereits behandelten Gesamtheiten die folgenden Bilder:

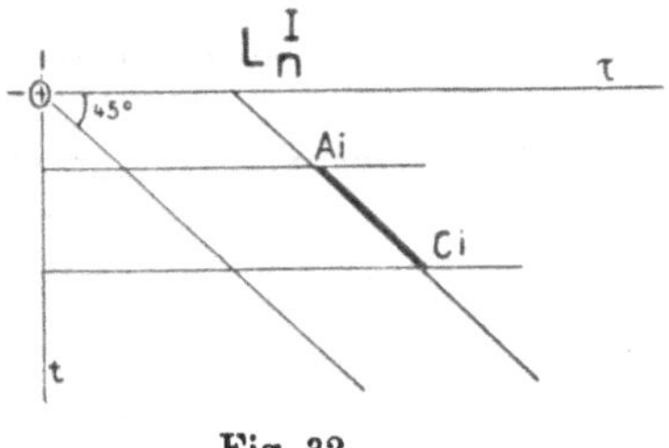

Fig. 32.

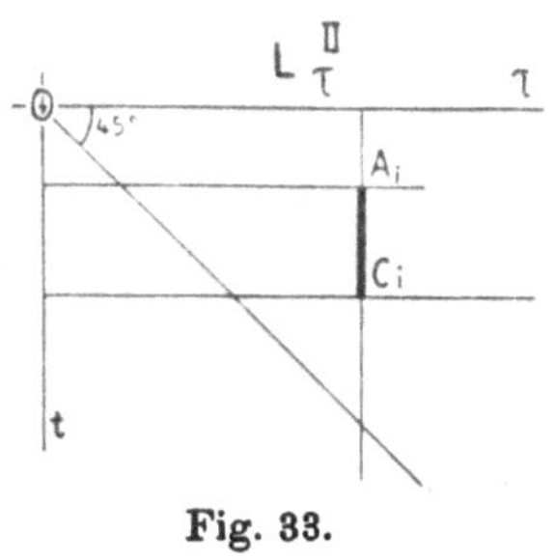

Fig. 33.

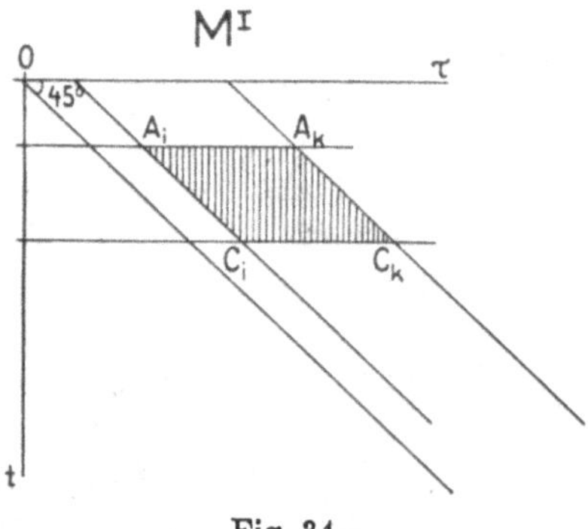

Fig. 34.

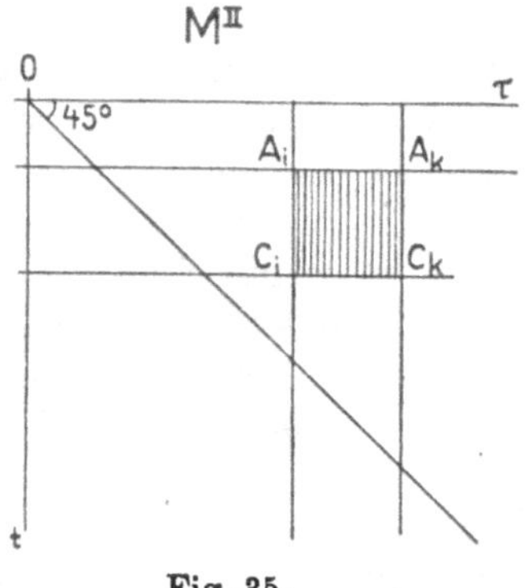

Fig. 35.

Die BECKERsche Darstellung hat vor der LEXISschen voraus, daß die erstere auf beiden Koordinatenachsen kommensurable Größen, nämlich Zeitmomente (Beobachtungszeitpunkte und Geburtenzeitpunkte) aufträgt, während nach der LEXISschen Repräsentation auf der Abszissenachse Altersjahre und auf der Ordinatenachse Zeitmomente (Geburtenzeitpunkte), also inkommensurable Größen, erscheinen.

Die von BECKER ersonnene Repräsentationsweise der Gesamtheiten ist auch auf direktem, planimetrischem Wege leicht zu verfolgen.

Die nachfolgende Figur enthält zunächst alle begrifflichen Bestimmungen.

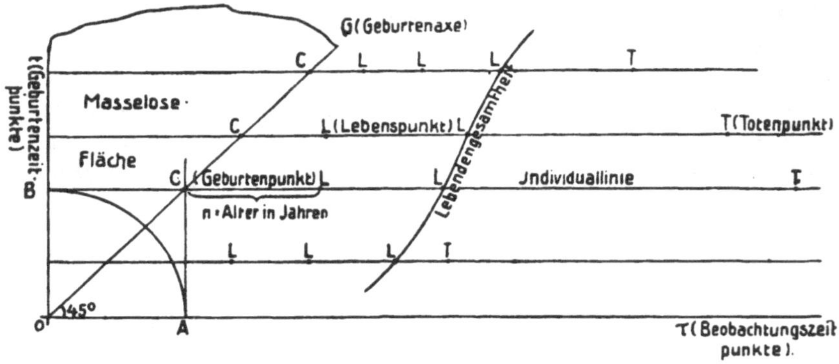

Fig. 36.

Bei der BECKERschen Repräsentation tritt das Individuum im Geburtenpunkte C in die Erscheinung ($\overline{BC} = \overline{AC}$), das Individuum hat in C das Alter $n = 0$. Die Punkte auf der Geburtenachse G bedeuten somit die Geburtenpunkte der einzelnen Individuen, die Geburtenachse G ist der Träger der Geburtenpunkte C. Die durch die Geburtenpunkte parallel zur Abszissenachse gelegten Linien heißen die Individuallinien. Jedes einzelne Individuum ist repräsentiert durch je eine Individuallinie. Eine solche Individuallinie beginnt im Geburtenpunkte C, jeder folgende Punkt derselben stellt dasselbe Individuum in einem bestimmten Lebensalter dar. Je eine Individuallinie ist der Träger der verschiedenen Lebenspunkte L eines und desselben Individuums. Der Endpunkt der Individuallinie ist der Totenpunkt T. Nachdem die Geburtenfrequenz in den einzelnen Monaten eines Jahres eine verschiedene ist, werden die Individuallinien in der Repräsentation auch ungleich dicht auftreten.

Jeder Punkt der Fläche des Winkels $G o \tau$ kann als ein Lebenspunkt aufgefaßt werden; diese Fläche ist also gleichsam mit Masse ausgefüllt, jedes Massenteilchen wird identifiziert mit einem Altersteilchen eines Individuums. In diesem Sinne ist die Fläche des Winkels $G o t$ masselos. Offenbar stellt irgend eine Transversale, welche alle Individuallinien schneidet, schon eine Gesamtheit von Lebenden dar. Solcher Gesamtheiten gibt es aber unendlich viele. Diese sind für den Statistiker, der es mit Massenbeobachtungen zu tun hat, unverwertbar. Nur die einfachsten Gestaltungen sind brauchbar. Es liegt nahe, nur diejenigen Gesamtheiten zu berücksichtigen, welche zu einer der veränderlichen Größen n, τ, t in Beziehung stehen, also die Lebendengesamtheiten parallel zu $o G$, $o t$ und $o \tau$. Nachdem aber die Parallelen zu $o \tau$ die Individuallinien sind, welche als solche keine Gesamtheit bilden, erübrigen somit nur zwei Hauptgesamtheiten von Lebenden, nämlich einerseits die Parallelen zu $o G$ und andrerseits die Parallelen zu $o t$. Natürlich sind Gesamtheiten nur in ihrer Begrenzung einer Vorstellung zugänglich. Die Konstruktion von Gesamtheiten geschieht doch nur zu dem Zwecke, um endlich Wahrscheinlichkeiten zu erhalten, und dies ist nur dann möglich, wenn die Beobachtungen zwischen Grenzen und zwar engen Grenzen geführt werden. Man erhält also wieder wie oben als Repräsentationen der beiden Lebensgesamtheiten:

Hauptgesamtheit von Lebenden I. Gattung $(\| \, o G) : L^{I} = a b$. Lebendengesamtheit gleichaltriger Personen

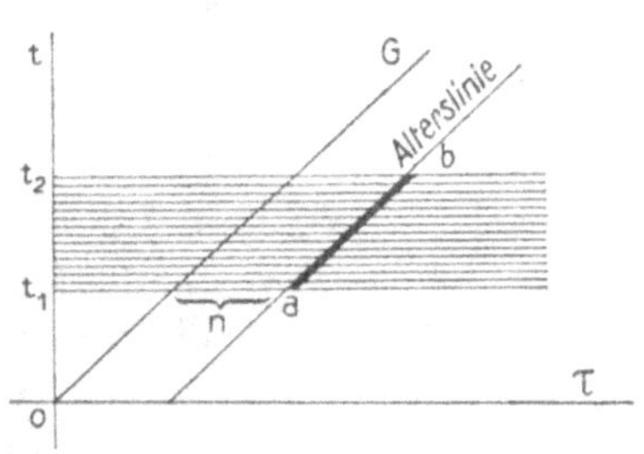

Fig. 37.

Hauptgesamtheit von Lebenden II. Gattung $(\| \, o t) : L^{II} = a b$. Gesamtheit gleichzeitig lebender Personen

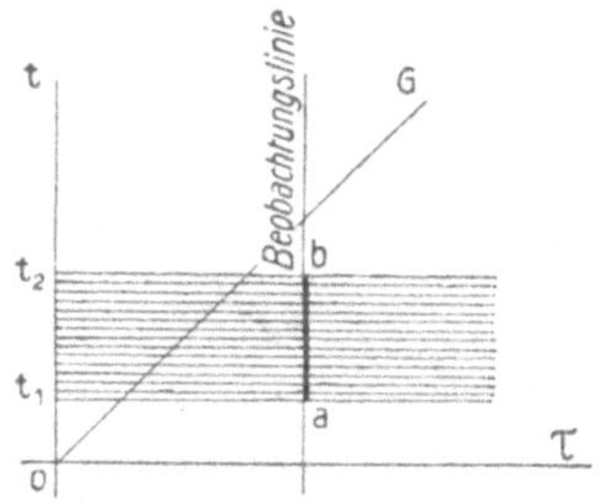

Fig. 38.

Zu den entsprechenden Totengesamtheiten gelangt man auf Grund folgender Erwägungen. Eine Totengesamtheit ist die Summe von Totenpunkten. Eine Totengesamtheit ist jedoch nicht wie früher die Lebendengesamtheit durch eine Linie fixierbar. Eine solche würde nur wenige Totenpunkte umfassen. Hier ist die Eingrenzung eines Flächenstückes notwendig, und es kann sich nur um die Gesamtsumme der in diesem vollständig abgegrenzten Flächenstücke liegenden Totenpunkte handeln. Nachdem aber in einer ebenen Fläche unendlich viele Flächenstücke abgegrenzt werden können, so gibt es theoretisch auch unendlich viele Totengesamtheiten. Für die Praxis verwertbar sind es ihrer aber nur sehr wenige. Macht man zunächst die Einschränkung, daß nur die Parallellinien zu einer der drei Linien $o\tau$, ot und oG die Totengesamtheit begrenzen sollen, so erhält man durch diese drei Parallelsysteme bei sukzessiver Hinweglassung von je einer Seite 1 Sechseck, 6 Fünfecke, 15 Vierecke und 20 Dreiecke. Bleiben die Sechsecks- und Fünfecksgesamtheiten als zu kompliziert außer Betracht und werden auch die offenen Figuren, die nämlich nach einer Seite hin unbegrenzt, also unbestimmt sind, ausgeschieden, so verbleiben noch, abgesehen von den Dreiecken, 9 geschlossene Vierecksgesamtheiten, und zwar 3 Parallelogramme und 6 Trapeze. Nachdem die Trapeze durch Teilung in Parallelogramme und Dreiecke (halbe Parallelogramme) zerlegt werden können, erübrigen demnach nur drei Parallelogramme als praktisch gut verwertbare Repräsentanten von Totengesamtheiten.

I. Hauptgesamtheit von Toten: M^1. Diese geht aus einer Hauptgesamtheit von Lebenden erster Gattung hervor; beide sind einander zugehörige Gesamtheiten und eignen sich daher zur Bildung einer Sterbenswahrscheinlichkeit. Unter den gleichmöglichen Fällen der Lebendengesamtheit ist das Ereignis des Todes eben in den Fällen der Totengesamtheit eingetreten.

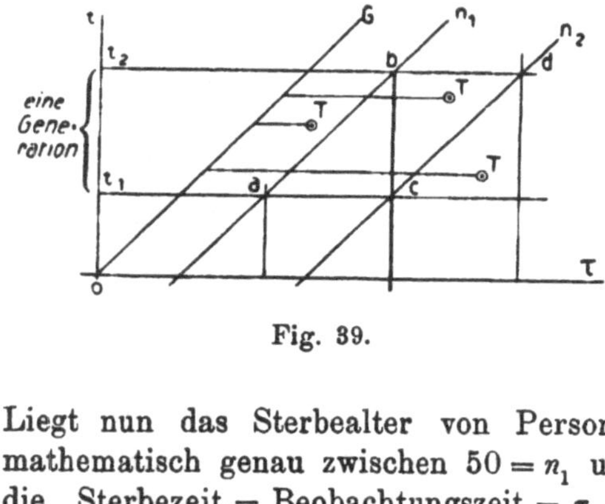

Fig. 39.

$$M^1 = a\,b\,c\,d.$$

Beispiel. Die Generation des Jahres 1860 z. B. bilden die zwischen dem 1./1. 1860 = t_1 und dem 1./1. 1861 = t_2 (richtiger bis zu Mitternacht des 31./12. 1860) Geborenen. Liegt nun das Sterbealter von Personen aus dieser Generation mathematisch genau zwischen $50 = n_1$ und $51 = n_2$ Jahren, so liegt die Sterbezeit = Beobachtungszeit = τ zwischen 1./1. 1910 und

1./1.1912 (oder richtiger Mitternacht des 31./12. 1911), das sind genau zwei Jahre, was auch unmittelbar aus der Figur abgelesen werden kann. Das Spatium der Geburtenzeiten und der Altersjahre beträgt ein Jahr, die Sterbezeit hingegen liegt innerhalb zweier Jahre.

Die Individuallinien bzw. die Individuen, welche ihre Totenpunkte im Parallelogramm $abcd$ haben, müssen noch der Lebendengesamtheit ab, können aber nicht mehr der Lebendengesamtheit cd angehören, d. i. symbolisch ausgedrückt:

$$abcd = ab - cd \quad \text{oder} \quad M^{I} = L^{I}_{n_1} - L^{I}_{n_2},$$

d. h. **eine Hauptgesamtheit von Verstorbenen erster Gattung ist der Differenz zweier Lebendengesamtheiten erster Gattung gleich.** Wenn man sich nämlich gegenwärtig hält, daß ab, cd, $abcd$ usw. Punktgesamtheiten sind, so kann man mit diesen Symbolen wie mit Zahlengrößen rechnen und erhält gleichzeitig auch eine durchsichtige analytische Ausdrucksweise.

Als Sterbenswahrscheinlichkeit gleichaltrig Lebender ergibt sich demnach:

$$p_n = \frac{abcd}{ab} = \frac{M^{I}}{L^{I}_{n_1}}.$$

Weil die einzelnen Verstorbenen in zwei verschiedenen Kalenderjahren sich vorfinden, ist es manipulativ schwer, zu dieser Totengesamtheit zu gelangen. Noch schwerer sind aber die Sterbenswahrscheinlichkeiten Gleichaltriger zu erreichen, weil auch die Hauptgesamtheit der Lebenden nicht direkt dem einzigen, zur Verfügung stehenden Hilfsmittel, den Volkszählungen entnommen werden können, welche nur die gleichzeitig Lebenden nachweisen.

II. **Hauptgesamtheit von Toten:** M^{II}. Die ihr zugehörige Gesamtheit ist die Hauptgesamtheit von Lebenden zweiter Gattung.

$$M^{II} = abcd.$$

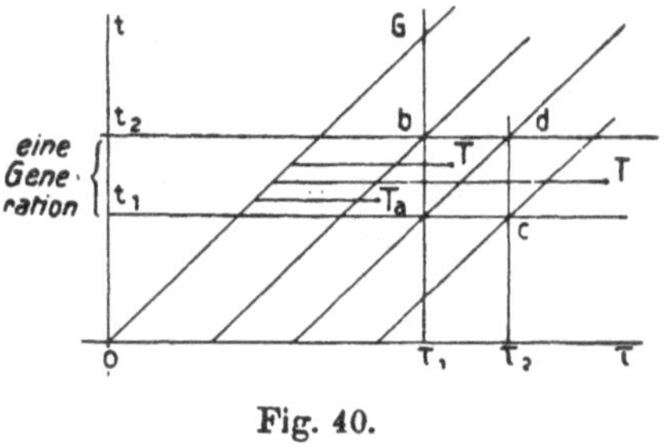

Fig. 40.

Beispiel. Wenn die zwischen 1./1. 1860 und 1./1. 1861 Geborenen zwischen 1./1. 1910 und 1./1. 1911 sterben, so ist einerseits das kleinste Sterbealter 49 Jahre (späteste Geburtenzeit 1./1. 1861 und früheste Todeszeit 1./1. 1910) und das größte Sterbealter 51 Jahre (früheste Geburtenzeit 1./1. 1860 und späteste Todeszeit 1./1. 1911). Die Geburten- und Sterbezeiten bewegen sich also in einem Spatium von einem Jahre, die Sterbealter liegen jedoch um zwei Jahre auseinander.

Ferner ist der Figur sofort zu entnehmen:

$$abcd = ac - bd \quad \text{oder} \quad M^{II} = L^{II}_{\tau_1} - L^{II}_{\tau_2},$$

d. h. die Hauptgesamtheit von Verstorbenen II. Gattung ist der Differenz zweier Hauptgesamtheiten von Lebenden II. Gattung gleich.

Da auch in diesem Falle zwei einander zugehörige Gesamtheiten vorliegen, ergibt sich auch hier eine Wahrscheinlichkeit, nämlich die Wahrscheinlichkeit gleichzeitig Lebender: $p_\tau = \frac{M^{II}}{L^{II}_\tau}$.

III. Hauptgesamtheit von Toten: M^{III}. Hier fehlt die zugehörige Lebendengesamtheit, daher gelangt man zu keinen Wahrscheinlichkeiten, sondern nur zu Näherungswerten solcher, welche jedoch durch ein einfaches Verfahren in Wahrscheinlichkeiten übergeführt werden können.

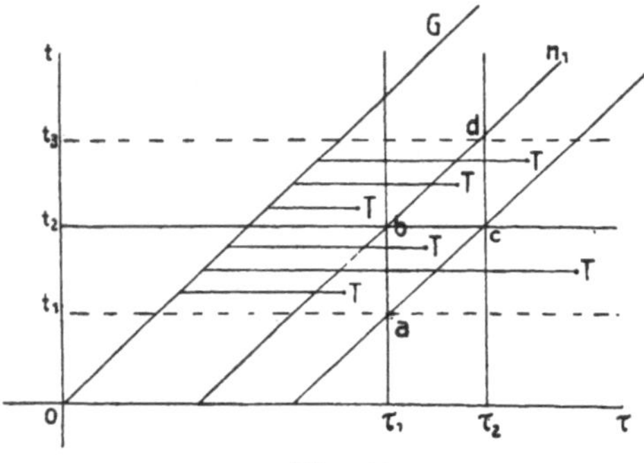

Fig. 41.

$$M^{III} = abcd.$$

Beispiel. Die im Alter zwischen 50 und 51 Jahren in der Zeit zwischen 1./1. 1910 und 1./1. 1911 Verstorbenen stammen aus zwei Generationen. Denn die Geburtenzeiten liegen zwischen 1./1. 1859 (das größte Alter ist 51 Jahre und der früheste Sterbepunkt der 1./1. 1910) und 1./1. 1861 (das kleinste Alter ist 50 Jahre und der späteste Sterbepunkt der 1./1. 1911). Die Sterbepunkte und Alter liegen also ein Jahr, die Geburtenpunkte aber um zwei Jahre auseinander.

Die Summe der Totenpunkte in *abcd* ist offenbar gleich der Summe der Totenpunkte in den Dreiecken *bcd* und *abc*.

Es ist daher

$$abcd = (bd - cd) + (ab - ac) = (bd - ac) + (ab - cd)$$

oder

$$M^{III} = (L^{I}_{n_1} - L^{I}_{n_2}) + (L^{II}_{\tau_1} - L^{II}_{\tau_2}),$$

d. h. die Hauptgesamtheit von Toten III. Gattung ist gleich

der Differenz zweier Lebendengesamtheiten I. Gattung vermehrt um die Differenz zweier Lebendengesamtheiten II. Gattung.

Nachdem sich hier keine zusammengehörigen Gesamtheiten ergeben haben, wird auch keine Sterbenswahrscheinlichheit, sondern nur ein übrigens häufig angewendeter Näherungswert einer solchen, der Sterblichkeitskoëffizient, erzeugt:

$$K = \frac{2\,abcd}{ab + cd} = \frac{abcd}{\frac{1}{2}(ab + cd)} \quad \text{und} \quad K' = \frac{2\,abcd}{bd + ac} = \frac{abcd}{\frac{1}{2}(bd + ac)}.$$

Da gerade die Totengesamtheiten III. Gattung rücksichtlich des manipulativen Verfahrens zur Entwicklung am geeignetsten sind, war man bestrebt, Beziehungen zwischen diesen Näherungswerten und den bisher gefundenen Sterbenswahrscheinlichkeiten zu ermitteln. Zur leichteren Orientierung bringt die nächste Figur den unteren Teil der vorstehenden.

Zunächst muß folgende Hypothese aufgestellt werden:

$$abg : bcd = ab : cd,$$

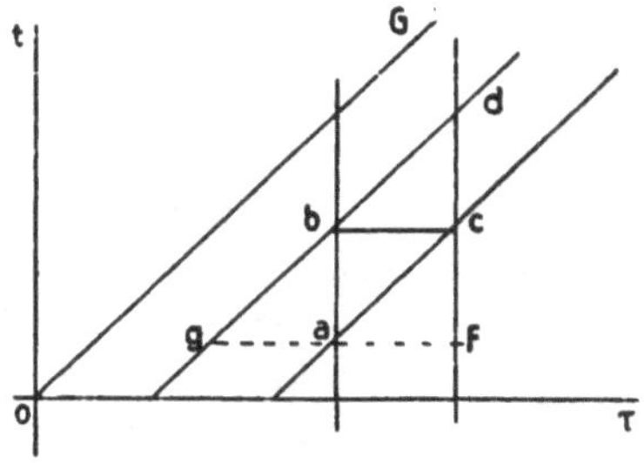

Fig. 42.

d. h. man kann annehmen, daß bei zwei aufeinander folgenden Generationen dieselbe Absterbeordnung herrscht oder daß in zwei aufeinander folgenden Kalenderjahren die gleichen Sterbenswahrscheinlichkeiten vorhanden sind. Unter dieser Annahme wird sich dann aus der verhältnismäßigen Zahl der zu Beginn eines jeden der beiden aufeinander folgenden Kalenderjahre die verhältnismäßige Zahl der im nächsten Jahre Sterbenden entwickeln. Mit Zuhilfenahme dieser Hypothese ergibt sich daher

$$\begin{aligned} abcd &= abc + bcd = abc + abg \cdot \frac{cd}{ab} = \\ &= abc + abg + abg \cdot \frac{cd}{ab} - abg = \\ &= abcg + abg \cdot \frac{cd - ab}{ab}. \end{aligned}$$

Zur Weiterführung der Entwicklung ist abermals eine Hypothese heranzuziehen, nämlich die, daß das Absterben in einem Jahre gleichmäßig vor sich geht, oder mit anderen Worten, daß in abg die Hälfte der Totenpunkte fallen, welche in $abcg$ enthalten sind. Es ist natürlich nur eine Annahme, die mit den tatsächlichen Verhältnissen in Widerspruch stehen kann, da bg die vorhergehende und ac die nachfolgende Altersgrenze ist. Auf Grund dieser Annahme folgt nun weiter:

$$abcd = abcg + \frac{1}{2}\, abcg \cdot \frac{cd - ab}{ab} = abcg\left(1 + \frac{cd - ab}{2ab}\right) =$$

$$= abcg\,\frac{2ab + cd - ab}{2ab} = abcg\,\frac{ab + cd}{2ab}.$$

Nun ist

$$K = \frac{2abcd}{ab + cd} = \frac{abcg}{ab} = \frac{abcg}{bg - abg} = \frac{abcg}{bg - \frac{abcg}{2}} = \frac{\frac{abcg}{bg}}{1 - \frac{1}{2}\,\frac{abcg}{bg}},$$

daher

$$K = \frac{p_n}{1 - \frac{p_n}{2}} \quad \text{und} \quad p_n = \frac{K}{1 + \frac{K}{2}}.$$

Ganz derselbe Weg ist auch bei der Überführung des Sterblichkeitskoëffizienten K' in die Sterbenswahrscheinlichkeit p_τ einzuschlagen. Das Endergebnis ist

$$K' = \frac{p_\tau}{1 - \frac{p_\tau}{2}} \quad \text{und} \quad p_\tau = \frac{K'}{1 + \frac{K'}{2}}.$$

Neben den drei Hauptgesamtheiten von Toten kennt man auch zwei **Grundgesamtheiten von Toten.** Die oben erwähnten drei Parallelsysteme (nämlich die Parallelen zu oG, $o\tau$ und ot) führen bei sukzessiver Weglassung von Parallelen auch zu 20 Dreiecken. Läßt man hiervon die offenen Figuren als unbrauchbar wieder beiseite, so gelangt man schließlich zu zwei Dreiecken, bei welchen je eine Linie aus den drei Parallelsystemen verwendet wird.

I. **Grundgesamtheit von Toten.**

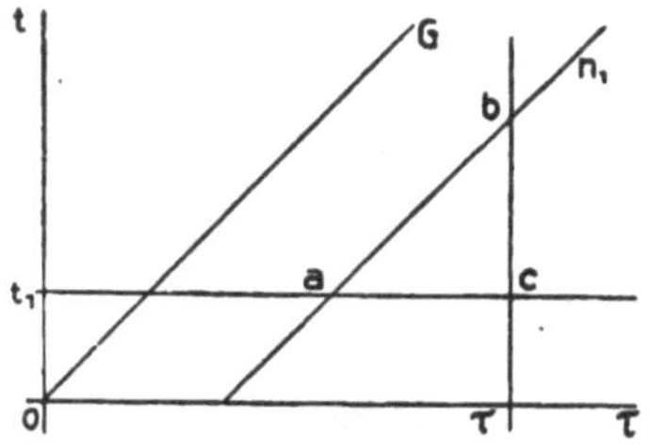

Fig. 43.

$abc = {}_{n_1}G^{\mathrm{I}}_{\tau}$

Eintritt Austritt
der Lebenden

II. **Grundgesamtheit von Toten.**

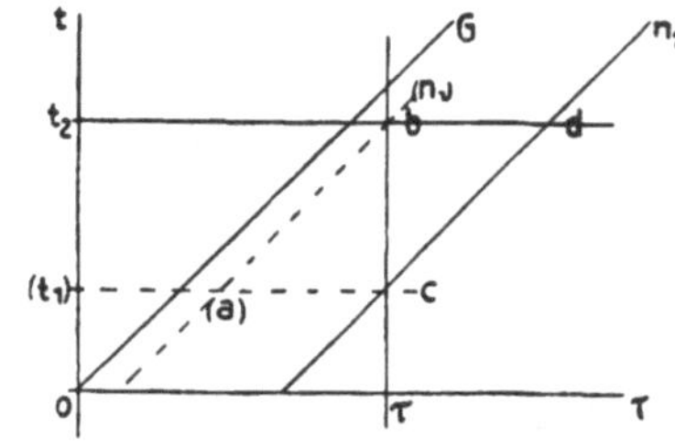

Fig. 44.

$bcd = {}_{\tau}G^{\mathrm{II}}_{n_2}$

Eintritt Austritt
der Lebenden

Aus der linksstehenden der beiden Figuren ist unmittelbar abzulesen:

$$abc = ab - bc \quad \text{oder} \quad {}_{n_1}G^{\mathrm{I}}_{\tau} = L^{\mathrm{I}}_{n_1} - L^{\mathrm{II}}_{\tau},$$

d. h. eine Grundgesamtheit von Toten I. Gattung ist der Differenz aus einer Hauptgesamtheit von Lebenden I. Gattung und einer Hauptgesamtheit von Lebenden II. Gattung gleich. Aus dieser Gleichung folgt weiter:

$$ab = bc + abc \quad \text{oder} \quad L^{\mathrm{I}}_{n_1} = L^{\mathrm{II}}_{\tau} + {}_{n_1}G^{\mathrm{I}}_{\tau},$$

d. h. eine Hauptgesamtheit von Lebenden I. Gattung ist gleich einer Hauptgesamtheit von Lebenden II. Gattung vermehrt um die I. Grundgesamtheit von Toten.

Hierdurch ist erst die Möglichkeit gegeben, die Sterbenswahrscheinlichkeiten gleichaltriger Personen in der Bevölkerungsstatistik tatsächlich zu entwickeln. Denn die oben angeführte Sterbenswahrscheinlichkeit gleichaltriger Personen: $p_n = \frac{M^{\mathrm{I}}}{L^{\mathrm{I}}_{n_1}}$ ist von einer Hauptgesamtheit von gleichaltrig Lebenden abhängig. Nun erhält man Gesamtheiten von Lebenden überhaupt nur durch die Volkszählungen. Diese ermitteln aber nicht Gesamtheiten von gleichaltrigen, sondern nur von gleichzeitig lebenden Personen. Die Gleichung

$$L^{\mathrm{I}}_{n_1} = L^{\mathrm{II}}_{\tau} + {}_{n_1}G^{\mathrm{I}}_{\tau}$$

stellt nun eine sehr einfache Beziehung zwischen beiden her.

Die beiden Grundgesamtheiten von Toten führen zu einer Reihe von sogenannten Elementarwahrscheinlichkeiten.

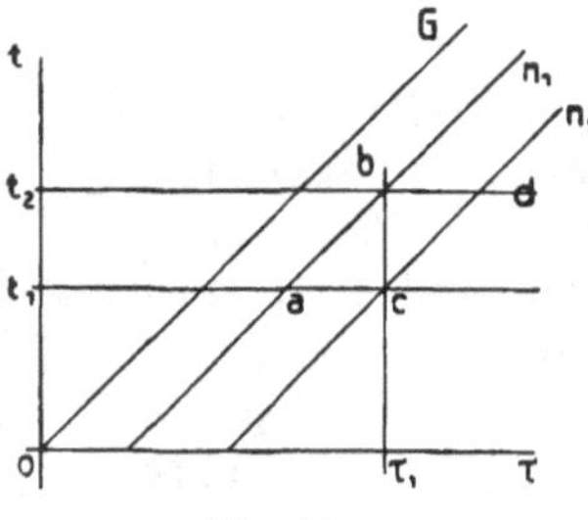

Fig. 45.

$$abcd = abc + bcd$$

der $M^{\mathrm{I}} = {}_{n_1}G^{\mathrm{I}}_{\tau_1} + {}_{\tau_1}G^{\mathrm{II}}_{n_2}$

$$\pi_n = \frac{abc}{ab} = \frac{{}_{n_1}G^{\mathrm{I}}_{\tau_1}}{L^{\mathrm{I}}_{n_1}}$$

$$\pi_\tau = \frac{bcd}{bc} = \frac{{}_{\tau_1}G^{\mathrm{II}}_{n_2}}{L^{\mathrm{II}}_{\tau_1}}$$

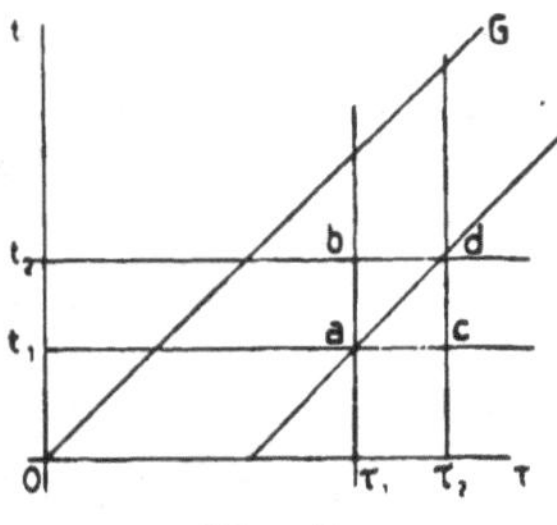

Fig. 46.

$$abcd = abd + acd$$

oder $M^{\mathrm{II}} = {}_{\tau_1}G^{\mathrm{II}}_{n_1} + {}_{n_1}G^{\mathrm{I}}_{\tau_2}$

$$\pi'_n = \frac{acd}{ad} = \frac{{}_{n_1}G^{\mathrm{I}}_{\tau_2}}{L^{\mathrm{I}}_{n_1}}$$

$$\pi'_\tau = \frac{abd}{ab} = \frac{{}_{\tau_1}G^{\mathrm{II}}_{n_1}}{L^{\mathrm{II}}_{\tau_1}}$$

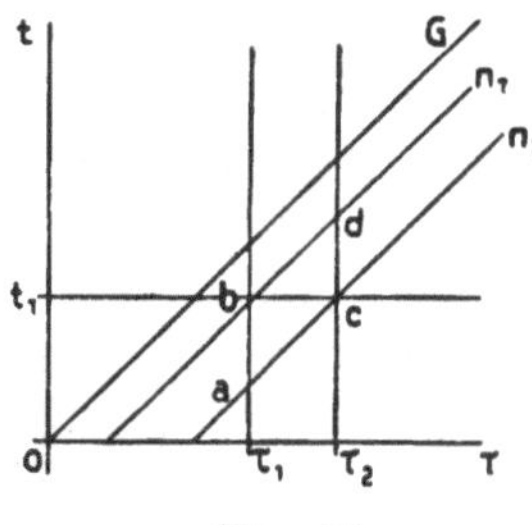

Fig. 47.

$$abcd = abc + bcd$$

oder $M^{\mathrm{III}} = {}_{\tau_1}G^{\mathrm{II}}_{n_2} + {}_{n_1}G^{\mathrm{I}}_{\tau_2}$

Die beiden Grundgesamtheiten von Toten sind hier verschiedenen Generationen angehörig, eignen sich daher nicht zur Bildung von Wahrscheinlichkeiten.

Die Elementarwahrscheinlichkeiten sind immer Teile der entsprechenden kompletten Wahrscheinlichkeiten und zwar näherungsweise die Hälfte der Wahrscheinlichkeiten gleichaltriger oder gleichzeitig lebender Personen.

Die österreichische Volkssterbetafel nach der Volkszählung vom 31. Dezember 1900.

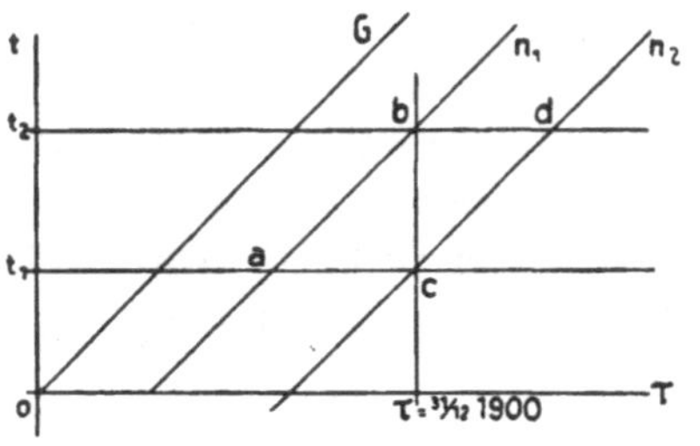

Fig. 48.

Die Sterbenswahrscheinlichkeit gleichaltriger Personen ist

$$p_n = \frac{a\,b\,c\,d}{a\,b} = \frac{M^{\mathrm{I}}}{L_n^{\mathrm{I}}}.$$

Da man aber weder ab (die Volkszählung gibt nur die gleichzeitig lebenden Personen) noch $abcd$ (weil zwei Kalenderjahre) ermitteln kann, ist mit Hilfe der oben entwickelten Beziehungen eine Transformation vorzunehmen.

Es ist nämlich

$$p_n = \frac{a\,b\,c\,d}{a\,b} = \frac{a\,b\,c + b\,c\,d}{b\,c + a\,b\,c} = \frac{{}_{n_1}G_\tau^{\mathrm{I}} + {}_\tau G_{n_2}^{\mathrm{II}}}{L_\tau^{\mathrm{II}} + {}_{n_1}G_\tau^{\mathrm{I}}}.$$

Wären also z. B. die Sterbenswahrscheinlichkeiten für die 50-Jährigen aus der Volkszählung vom 31. Dezember 1910 zu bilden, so entwickelt man zunächst für den Nenner die Zahl der Lebenden, welche am 31./12. 1910 vorhanden sind und aus der Generation des Jahres 1860 (das sind die zwischen 1./1. 1860 und 1./1. 1861 Geborenen) stammen und vermehrt diese Zahl um jene Personen, welche, nach dem 1./1. 1860 geboren, nach Erreichung des 50. Lebensjahres vor dem Eintritt des Zähltermines, d. i. vor dem 31./12. 1910 sterben. Im Zähler steht wieder die letztbeschriebene Gesamtheit, diese ist aber hier um die Zahl jener Personen zu vermehren, welche, vor 1861 geboren, nach dem 31./12. 1910 sterben, bevor sie das 51. Lebensjahr erreicht haben. Es sind also die Sterberegister vor und nach dem Zähltermine, daher für die Volkszählung 1910 die Totenregister von 1910 und 1911 heranzuziehen. Das allgemeine Schema einer auf den angeführten Grundlagen ruhenden Absterbeordnung ist folgendes:

Zähltermin τ: 31./12. 1910.

Alter n in Jahren	Geburtsjahr (vom Zähljahre sind die Altersjahre zu subtrahieren) $(\tau) - n$	Vorhandene Lebende des Geburtsjahres 1860 am Zähltermine 31./12. 1910	Verstorbene: nach Vollendung von $n = 50$ Altersjahren und vor Eintritt des Zähltermines $\tau = 31./12.1910$	Verstorbene: vor Vollendung von $(n+1) = 51$ Altersjahren und nach Eintritt d. Zähltermines $\tau = 31./12.1910$	Sterbenswahrscheinlichkeit
1	2	3	4	5	6
50	1910 − 50 = 1860	bc	abc	bcd	$\frac{abc + bcd}{bc + abc}$

Nachstehend folgt ein Tafelbruchstück aus der österreichischen Absterbeordnung nach der Volkszählung vom 31./12. 1900, welches dem von der k. k. Statistischen Zentralkommission herausgegebenen Quellenwerke der Österreichischen Statistik, LXV. Band, 5. Heft, Seite 169, entnommen ist.

Geburtsjahr $(\tau) - n$	Alter in vollendeten Jahren n	Es wurden am 31. Dez. 1900 aus diesem Jahrgange ermittelt bc	Gestorbene im Jahre 1900 abc	Gestorbene im Jahre 1901 bcd	Lebende (Spalte 3 und 4) $bc+abc$	Gestorbene (Spalte 4 und 5) $abc+bcd$	Wahrscheinlichkeit im nächsten Jahre zu sterben (in ‰ der Lebenden)	Wahrscheinlichkeit das nächste Jahr zu erreichen (in ‰ der Lebenden)
1	2	3	4	5	6	7	8	9
Männlich								
1900	0	396.836	92.282	29.860	489.118	122.142	249·72	750·28
1899	1	330.686	13.510	8.640	344.196	22.150	64·36	935·64
1898	2	325.260	5.175	4.139	330.435	9.314	28·19	971·81
1897	3	329.222	3.304	2.802	332.526	6.106	18·36	981·64
1896	4	325.547	2.228	1.909	327.775	4.137	12·62	987·38
1895	5	308.652	1.479	1.332	310.131	2.811	9·06	990·94
1894	6	293.779	1.156	1.029	294.935	2.185	7·41	992·59
1893	7	290.668	954	887	291.622	1.841	6·31	993·69
1892	8	295.935	617	697	296.552	1.314	4·43	995·57
1891	9	274.791	649	564	275.440	1.213	4·40	995·60
1890	10	267.951	618	566	268.569	1.184	4·41	995·59
1889	11	266.487	471	463	266.958	934	3·50	996·50
1888	12	267.834	454	403	268.288	857	3·20	996·80
1887	13	265.494	420	404	265.914	824	3·10	996·90
1886	14	260.374	427	418	260.801	845	3·24	996·76
1885	15	253.974	420	452	254.394	872	3·43	996·57
1884	16	254.284	473	535	254.757	1.008	3·96	996·04
1883	17	245.302	614	635	245.916	1.249	5·08	994·92
1882	18	244.182	698	746	244.880	1.444	5·90	994·10
1881	19	221.559	717	783	222.276	1.500	6·75	993 25

Darnach ist also z. B. für den Geburtsjahrgang 1881 die Sterbenswahrscheinlichkeit

$$p = \frac{1500}{222.276} = 0{\cdot}006748$$

und die Lebenswahrscheinlichkeit

$$q = 1 - p = 0{\cdot}993252,$$

d. h. für den Geburtsjahrgang 1881 besteht die Wahrscheinlichkeit, daß unter 1000 Personen männlichen Geschlechtes aus diesem Jahrgange sieben Personen im nächsten Jahre sterben und 993 das nächste Jahr erleben werden.

Nicht überall ist der Zähltermin der 31. Dezember. In Sachsen z. B. wird mit Rücksicht auf die stärkere Bevölkerungsbewegung

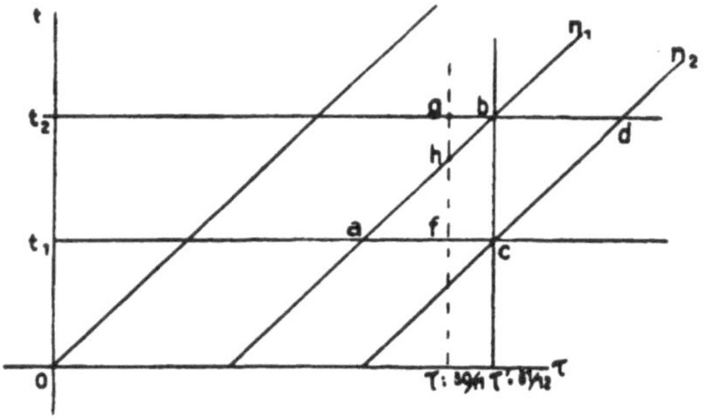

Fig. 49.

am Schlusse des Jahres als Zähltermin der 30. November gewählt. Mit Hilfe der geometrischen Repräsentation ist es ein Leichtes, diese Verschiebung zu berücksichtigen.

Es ist nach Figur 49:

$$bgh = gh - bh \quad ,$$
$$afh = ah - fh.$$

Daraus folgt

$$bh = gh - bgh$$
$$ah = fh + afh$$

summiert: $ab = fg + afh - bgh,$

daher

$$p_n = \frac{afh + bcfh + bcd}{fg + afh - bgh}.$$

Nimmt man wieder die Generation des Jahres 1860 als Beispiel und für $n = 50$ Altersjahre, so ist die Deutung der einzelnen Gesamtheiten des Ausdruckes für p_n folgende:

fg sind die am Zähltermine $\tau = 30./11.$ 1910 vorhandenen Lebenden,

afh sind die nach Erreichung des Alters von $n = 50$ Jahren und vor dem Zähltermine $\tau = 30./11.$ 1910 Verstorbenen,

bgh sind die nach dem Zähltermine $\tau = 30./11.$ 1910 und vor Erreichung des Alters von $n = 50$ Jahren Verstorbenen,

bcfh sind die nach Erreichung des Alters von $n = 50$ Jahren nach $\tau = 30./11.$ 1910 und vor $\tau' = 31./12.$ 1910 Verstorbenen,

bcd sind die nach $\tau' = 31./12.$ 1910 und vor Erreichung des Alters von $(n + 1) = 51$ Jahren Verstorbenen.

Bekanntlich ist die Sterblichkeit in den ersten Lebensjahren, die Säuglingssterblichkeit, eine ungemein große. Es genügt demnach auf diesem Gebiete nicht, die Sterbenswahrscheinlichkeiten nach ganzen Lebensjahren zu erforschen. Schon die überaus große Wichtigkeit des Gegenstandes läßt es notwendig erscheinen, die Sterblichkeit in den ersten Lebensjahren nach aliquoten Teilen eines Jahres zu untersuchen. Die einzelnen Staaten gehen in dieser Beziehung verschieden vor. Die weitaus größte Genauigkeit wird erreicht, wenn man erhebt, in welchem Altersmonate und in welchem Kalendermonate der Säugling gestorben ist. Es fragt sich nun, wie in diesem Falle die Sterbenswahrscheinlichkeiten, oder richtiger diese Elementarwahrscheinlichkeiten zu entwickeln sind. Der Einfachheit halber wird im folgenden das ganze Jahr in vier Vierteljahre geteilt.

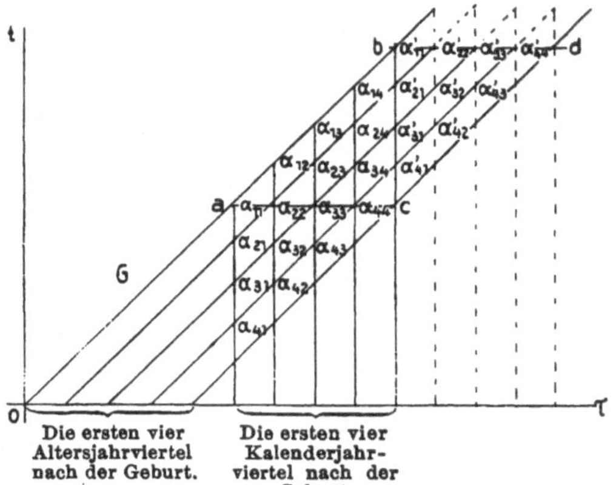

Fig. 50.

α_1, α_2, α_3, α_4 sind die Säuglingsgesamtheiten, welche bzw. im 1., 2., 3., 4. Altersvierteljahre versterben.

α_{11}, α_{12}, α_{13}, α_{14} sind die Säuglingsgesamtheiten, welche im 1. Altersvierteljahre und bzw. im 1., 2., 3., 4. Kalendervierteljahr versterben usw.

$$p = \frac{abcd}{ab} = ?$$

Es ist zunächst

$$abcd = abc + bcd$$

und näherungsweise

$$abc \doteq \frac{1}{2}\alpha_{11} + \alpha_{12} + \alpha_{13} + \alpha_{14} + \frac{1}{2}\alpha_{22} + \alpha_{23} + \alpha_{24} + \\ + \frac{1}{2}\alpha_{33} + \alpha_{34} + \frac{1}{2}a_{44}$$

und

$$bcd \doteq \frac{1}{2}\alpha_{11}' + \alpha_{21}' + \frac{1}{2}\alpha_{22}' + \alpha_{31}' + \alpha_{32}' + \\ + \frac{1}{2}\alpha_{33}' + \alpha_{41}' + \alpha_{42}' + \alpha_{43}' + \frac{1}{2}\alpha_{44}',$$

daher

$$abc + bcd = abcd \doteq \frac{1}{2}(\alpha_{11} + \alpha_{11}') + \alpha_{12} + \alpha_{13} + \alpha_{14} + \alpha_{21}' + \\ + \frac{1}{2}(\alpha_{22} + \alpha_{22}') + \alpha_{23} + \alpha_{24} + \alpha_{31}' + \alpha_{32}' + \frac{1}{2}(\alpha_{33} + \alpha_{33}') + \\ + \alpha_{34} + \alpha_{41}' + \alpha_{42}' + \alpha_{43}' + \frac{1}{2}(\alpha_{44} + \alpha_{44}').$$

Sind jedoch nur die Alter für den Eintritt des Todes in gleichen Abschnitten und zwar in Bruchteilen eines Jahres, die übrigen Stücke jedoch in ganzen Jahren gegeben, dann gestaltet sich die Lösung folgendermaßen:

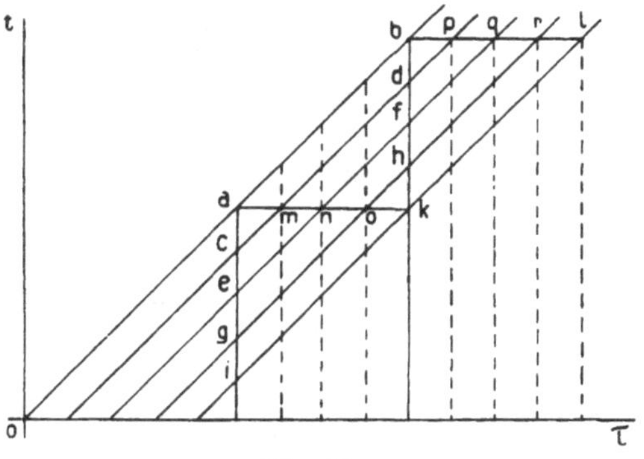

Fig. 51.

Es sei

$$abcd = \alpha_1$$
$$cdef = \alpha_2$$
$$efgh = \alpha_3$$
$$ghik = \alpha_4$$

und

$$abmp = \alpha_1'$$
$$mpnq = \alpha_2'$$
$$nqor = \alpha_3'$$
$$orkl = \alpha_4'$$
$$p = \frac{abkl}{ab} = ?$$

Es ist $abkl = abk + bkl$. Die näherungsweisen Werte für die beiden Gesamtheiten der rechten Gleichungsseite sind:

$$abk = ambd + mndf + nofh + okh$$
$$\doteq \frac{7}{8}\alpha_1 + \frac{5}{8}\alpha_2 + \frac{3}{8}\alpha_3 + \frac{1}{8}\alpha_4$$

und

$$bkl = bdp + dfpq + fhqr + hkrl$$
$$\doteq \frac{1}{8}\alpha_1' + \frac{3}{8}\alpha_2' + \frac{5}{8}\alpha_3' + \frac{7}{8}\alpha_4'.$$

Es ist daher

$$abkl \doteq \frac{1}{8}[(7\alpha_1 + \alpha_1') + (5\alpha_2 + 3\alpha_2') + (3\alpha_3 + 5\alpha_3') + (\alpha_4 + 7\alpha_4')].$$

Endlich können nur die Beobachtungszeiten für den Eintritt des Todes in gleichen Abschnitten und zwar in Bruchteilen eines Jahres, die übrigen Stücke jedoch in ganzen Jahren als gegeben vorliegen.

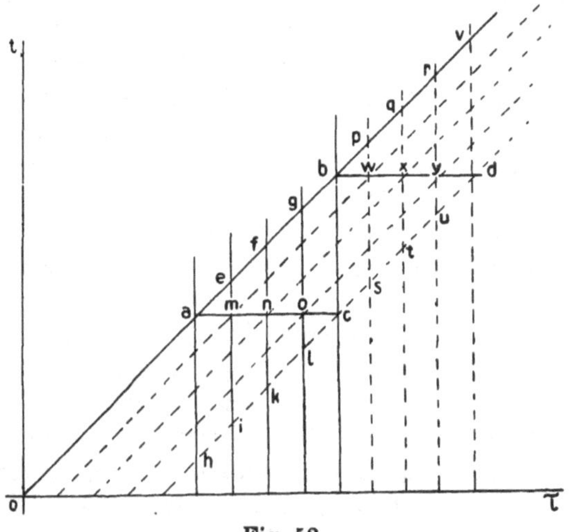

Fig. 52.

Es sei

$$ahei = \alpha_1 \quad \text{und} \quad bcps = \alpha_1'$$
$$eifk = \alpha_2 \qquad psqt = \alpha_2'$$
$$fkgl = \alpha_3 \qquad qtru = \alpha_3'$$
$$glbc = \alpha_4 \qquad rudv = \alpha_4'$$
$$p = \frac{abcd}{ab} = ?$$

Es ist wieder

$$abcd = abc + bcd$$
$$abc = aem + emfn + fngo + gobc$$
$$\doteq \frac{1}{8}\alpha_1 + \frac{3}{8}\alpha_2 + \frac{5}{8}\alpha_3 + \frac{7}{8}\alpha_4$$

$$b c d = b c \omega s + \omega s x t + x t y u + y u d$$

$$\doteq \frac{7}{8} \alpha_1' + \frac{5}{8} \alpha_2' + \frac{3}{8} \alpha_3' + \frac{1}{8} \alpha_4'.$$

Daher

$$a b c d \doteq \frac{1}{8} [(\alpha_1 + 7 \alpha_1') + (3 \alpha_2 + 5 \alpha_2') + (5 \alpha_3 + 3 \alpha_3') + (7 \alpha_4 + \alpha_4')].$$

Zusammenfassende Betrachtungen über die geometrischen Repräsentationen als Bildungsmittel statistischer Gesamtheiten bzw. intensiver statistischer Maßzahlen. Die statistische Methode hat ausschließlich Quantitäten zu untersuchen. Ihre natürliche Grundlage bildet daher die Mathematik. Die organische Entwicklung einer Einheitengesamtheit aus einer anderen vollzieht jedoch das Leben streng genommen nicht in einem stetigen Prozeß, sie geschieht sprungweise. Deshalb erweist sich die Anwendung der höheren Analysis auf Probleme dieser Art nicht besonders fruchtbar, obwohl sie hohen erkenntnistheoretischen Gehalt besitzt. Hingegen erscheinen die geometrischen Repräsentationen zu diesem Zwecke vollkommen tauglich. Gesamtheiten, die sonst nicht übersehen werden könnten, werden durch sie in einfache Beziehungen zueinander gebracht, man kann mit ihnen wie mit Zahlengrößen operieren und gelangt zu sicheren Ergebnissen.

Gerade hier müßte der Hebel angesetzt werden zu einer gesunden und fruchtbaren Weiterentwicklung der statistischen Methode. Dem praktischen Statistiker bieten die Beobachtungsmassen, mit denen er es ausschließlich zu tun hat, Anregungen genug hierzu. Vermöge seiner praktischen Tätigkeit wäre gerade er in der Lage, die Darstellung aller möglichen Gesamtheiten, welche für statistische Maßzahlen in Betracht kommen, zu untersuchen, ihren Eigenschaften nachzugehen, die verborgenen Beziehungen zwischen den Gesamtheiten herzustellen usw. Die statistische Empirie hingegen setzt heutzutage noch fast ausschließlich ganz heterogene Gesamtheiten zueinander in Beziehungen, aus denen Schlußfolgerungen absolut unzulässig sind. Es wird sich im Verlaufe der Ausführungen oft die Gelegenheit bieten, auf diese Sachlage hinzuweisen.

Die außerordentliche Fruchtbarkeit der geometrischen Repräsentationsmethode zeigt sich darin, daß die gesamte moderne Sterblichkeitsmessung auf diesen Fundamenten ruht. Es ist nicht Aufgabe dieser Ausführungen, welche nur die prinzipiellen Grundlagen der statistischen Methode herauszuarbeiten versuchen, auf das weite Gebiet der Sterblichkeitsmessung näher einzugehen. Deshalb mußte auch die ganze Theorie der dreimächtigen Gesamtheiten, auf welcher die

Sterblichkeitsmessung versicherter Leben beruht und wo die Bildung genetisch zusammengehöriger Zähler- und Nennergesamtheiten am einwandfreisten vor sich geht, außer Betracht bleiben. Dem beabsichtigten Zwecke werden einige wenige Andeutungen genügen.

Die gegenwärtige Sterblichkeitsmessung bedient sich der Absterbeordnungen aus den Gesamtheiten von Verstorbenen und Lebenden. Es sind dies die Sterblichkeitstafeln gleichzeitig Lebender, wie sie auf Grund der Volkszählungen und der Totenmatriken des dem Zähltermine vorausgehenden und folgenden Jahres erhalten werden. Unter den bekannteren Absterbeordnungen beruhen auf den Sterbenswahrscheinlichkeiten gleichaltrig Lebender die deutsche Sterblichkeitstafel auf Grund der Beobachtungen in den Jahren 1871 bis 1881, auf welcher die Arbeiterversicherung in Deutschland aufgebaut ist, die Sächsische Sterblichkeitstafel aus den Beobachtungen während der Jahre 1880/81, 1885/86, 1890/91, 1895/96 und 1900/01, sowie die Österreichische Volkssterbetafel nach der Volkszählung 1900. Sterbenswahrscheinlichkeiten gleichzeitig Lebender verwenden die Preußische und Niederländische Absterbeordnung und Sterblichkeitskoëffizienten die Sterblichkeitstafeln von England, Italien und Frankreich. Auch die auf Grund der Volkszählung vom Jahre 1869 aufgestellte Österreichische Sterblichkeitstafel gehört hierher. Endlich beruhen die Böckhschen Berlinischen Absterbeordnungen auf Elementarwahrscheinlichkeiten.

Zum Schlusse sei noch darauf hingewiesen, daß trotz der Genauigkeit der Methode auch bei den Sterblichkeitstafeln gleichzeitig Lebender die Beobachtungen so vieler Generationen benützt werden müssen, als Alter im menschlichen Leben vorkommen, weshalb die völlige Übereinstimmung mit den tatsächlichen Vorgängen nicht erreicht wird. Der einzig richtige Weg wäre eben die Evidenzhaltung einer und derselben Generation bis zu ihrem völligen Absterben, was aber für die Praxis immer ein Ding der Unmöglichkeit bleiben wird.

Die Entwicklungen von Sterbenswahrscheinlichkeiten für alle möglichen Alter in den verschiedenen Sterbetafeln zeigen gewisse Tendenzen, die Wahrscheinlichkeiten fallen bald, bald steigen sie, werden dichter oder schwächer. Es machen sich Diskontinuitäten geltend, welche sich beim Vergleiche mit anderen Sterbetafeln als rein zufällige herausstellen. Solche Reihen werden nun von diesen „Unebenheiten“ befreit, die Reihe der Wahrscheinlichkeitswerte, die man für dieselbe Erscheinung gewonnen hat, wird nach einem bestimmten Prinzip reguliert. Diese Regulierung nennt man Ausgleichung, und Tafeln, welche diesem Regulierungsverfahren unterzogen wurden, ausgeglichene Sterbetafeln zum Unterschiede von den unausgeglichenen. Die Hauptgattungen der Ausgleichsmethoden sind die analytischen (auf Grund eines „statistischen Gesetzes", speziell die Sterbetafel auf Grund der GOMPERTZ-MAKEHAMschen Formel), die mechanischen (Identifizierung einer bestimmten Kurvenart mit der Reihe von statistischen Wahrscheinlichkeiten in einem engbegrenzten Bereiche) und die graphischen Methoden (Durchlegung eines Kurvenzuges, der die „Unebenheiten" abschneidet).

Auf dieses spezielle Gebiet kann hier, wo die statistische Methode nur in ihren Grundzügen dargestellt werden soll, nicht näher eingegangen werden. Bemerkt wird nur noch, daß es oft gerade auf diese „Unebenheiten" ankommt und unausgeglichene Reihen den ausgeglichen vorzuziehen sind, wo die Diskontinuitäten verwischt sind, auf welche es eben ankommt.

B. Analytische Darstellung der Gesamtheiten von Lebenden und Toten.

Offenbar nimmt einerseits das Alter und andrerseits die Zeit, in welcher ein Mensch lebt, auf dessen Sterblichkeit einen Einfluß. Eine Summe von Personen, welche aus irgend einer Geburtszeit t stammen und dann das Alter x erleben, kann durch eine von Alter und Geburtszeit abhängige Funktion dargestellt werden: $z = f(x, t)$. Nach ZEUNER werden nun die Massen von Lebenden wie stetige Funktionen, nämlich als Kontinuen der zwei unabhängig Veränderlichen, des Alters und der Geburtszeit aufgefaßt. Zufolge dieser Fiktion wird in jedem unendlich kleinen Zeitteilchen eine unendlich kleine, durch die Geburt bestimmte und der Größe des Zeitteilchens proportionale Menschenmasse geboren: $f(o, t)\,dt$. Diese Personen stammen somit aus der Generation $t + dt$, wobei dt eine unendlich kleine Zeitgröße ist, z. B. von Mitternacht des 1./1. 1860 bis zum nächsten Augenblicke. Von dieser Menschenmasse erreichen $f(x, t)\,dt$ Individuen das Alter x und sterben zwischen dem Alter x und $x + dx$, wobei dx wieder eine unendlich kleine Zeitgröße vorstellen soll. Man nennt $dz = f(x, t)\,dt$ ein Element der Lebendengesamtheit.

$$dz = f(x, t)\,dt = a\,b\,a_1\,b_1 = \text{Element der Lebendengesamtheit.}$$

Hierbei wird also das x als konstant bleibend behandelt, während das t variiert. Summiert man diese unendlich kleinen und unendlich vielen Elemente, dann gelangt man zu einer endlichen Gesamtheit, die Summe der unendlich kleinen und unendlich vielen Differentiale gibt das Integral. Man erhält eine Lebendengesamtheit erster Gattung, die Gesamtheit gleichaltrig Lebender:

$$L_n{}^{\mathrm{I}} = \int_{t_1}^{t_2} f(x, t)\, dt,$$

d. i. die Gesamtheit von Personen, welche zwischen t_1 und t_2 geboren sind und das Alter x erleben.

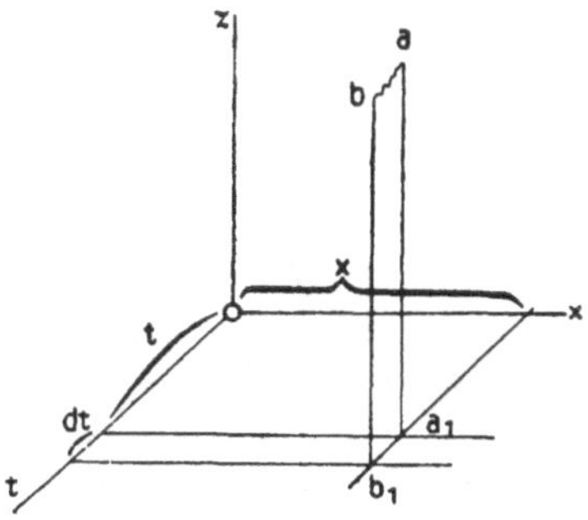

Fig. 53.

Macht man nun von der bekannten Beziehung $\tau = x + t$ Gebrauch und läßt man bei konstant bleibender Beobachtungszeit τ das Alter x von x_1 nach x_2 variieren, dann ergibt sich als Element einer Lebendengesamtheit: $d z_1 = f(x, \tau - x)\, dx$. Zu einer endlichen Lebendengesamtheit gelangt man wieder durch Summierung dieser unendlich kleinen und unendlich vielen Elemente. Die Variable ist in diesem Falle aber x, während $\tau = x + t$ als konstant angenommen wird. Aus $\tau = x + t$ folgt: $d\tau = dx + dt$. Da τ eine Konstante, z. B. der 31./10. 1910 ist, ist $d\tau = 0$ und $dt = -dx$. Die Lebendengesamtheit zweiter Gattung oder die Gesamtheit gleichzeitig Lebender ist somit:

$$L_\tau{}^{\mathrm{II}} = \int_{x_1}^{x_2} f(x, \tau - x) . - dx = - \int_{x_1}^{x_2} f(x, \tau - x)\, dx\,,$$

das sind die gleichzeitig am Zähltermin τ, z. B. am 31./12. 1910 im Alter zwischen x_1 und x_2 Jahren Lebenden.

Das Element einer Totengesamtheit ergibt sich aus folgenden Erwägungen: Nach dem früher Gesagten ist $dz = f(x, t)\, dt$ die Summe der Lebenden des Alters x aus der Generation t bis dt. Von dieser elementaren Lebendengesamtheit werden im nächstfolgenden Alterselemente dx versterben:

$$f(x, t)\, dt - f(x + dx, t)\, dt = - [f(x + dx, t) - f(x, t)]\, dt.$$

Der Ausdruck in der eckigen Klammer ist nun das partielle Differentiale von $f(x, t)$ nach x: $\frac{\partial f(x, t)}{\partial x} dx$. Das Element einer Totengesamtheit ist demnach durch den analytischen Ausdruck:

$$\frac{\partial f(x, t)}{\partial x} dx\, dt$$

festgelegt. Um zu einer endlichen Totengesamtheit zu gelangen, muß man diese Elemente einmal nach den Varianten von x, das andere Mal nach den Varianten von t summieren, oder allgemein:

$$-\iint \frac{\partial f(x,t)}{\partial x}\, dx\, dt$$

oder speziell

$\int\limits_{t_1}^{t_2}\int\limits_{x_1}^{x_2} \frac{\partial f(x,t)}{\partial x}\, dx\, dt = M^1 =$ I. Hauptgesamtheit von Toten = Gesamtzahl der Totenpunkte, welche zwischen einer Generation und den zwei Altern x_1 und x_2 liegen. Ähnlich erhält man die II. Hauptgesamtheit von Toten als ein Doppelintegral zwischen den Grenzen t_1, t_2 und den Grenzen τ_1, τ_2, die III. Hauptgesamtheit von Toten als ein Doppelintegral zwischen den Grenzen τ_1, τ_2 und zwischen x_1, x_2.

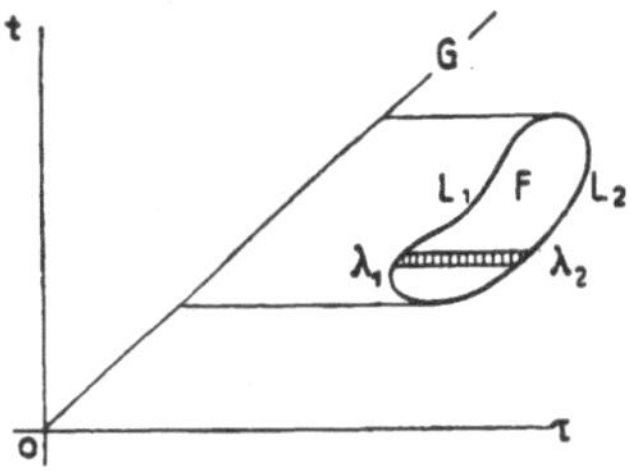

Fig. 54.

Wie gelangt man nun zur Auswertung dieser Doppelintegrale? Welches ist z. B. die Bedeutung des Doppelintegrales

$$-\int\limits_{t_1}^{t_2}\int\limits_{x_1}^{x_2} \frac{\partial f(x,t)}{\partial x}\, dx\, dt?$$

Es stelle in der nebenstehenden Figur die begrenzte Fläche F eine beliebige Totengesamtheit vor. Nun ist ohne Rücksicht auf die Integrationsgrenzen:

$$-\iint \frac{\partial f(x,t)}{\partial x}\, dx\, dt = -\int dt \int \frac{\partial f(x,t)}{\partial x}\, dx.$$

Die Summe der Werte $\frac{\partial f(x,t)}{\partial x}$, wobei x bei konstantem t variiert wird, ergibt den unendlich schmalen, in der Figur schraffierten Parallelstreifen von λ_1 bis λ_2. Der analytische Ausdruck hierfür ist $[f(x,t)]\, dt$. Nun kann man sich das begrenzte Flächenstück F aus unendlich vielen solcher elementarer Flächenstreifen zusammengesetzt denken. Die Summe aller dieser unendlich vielen und unendlich schmalen parallelen Flächenstreifen ergibt:

$$F = \text{beliebige Totengesamtheit } M = -\int [f(x,t)\, dt] =$$

$$= -\left[\int f(\lambda_2, t)\, dt - \int f(\lambda_1, t)\, dt\right] = -[L_2 - L_1] = L_1 - L_2,$$

wobei $\Sigma \lambda_1 = L_1$ den Eintritt und $\Sigma \lambda_2 = L_2$ den Austritt aus der umgrenzten Fläche bedeutet, d. h. jede beliebige Hauptgesamtheit von Toten kann durch die Differenz zweier Lebendengesamtheiten ersetzt werden, welcher Satz sich bereits oben mit Hilfe der geometrischen Repräsentationen auf Grund einer strengen Beweisführung ergab. —

Wenn auch, wie bereits hervorgehoben, die analytische Darstellung der Gesamtheiten keinen praktischen Effekt erzielt, so ist doch die ganze Betrachtungsweise, diese auf Kontinuen gestützte Fiktion von hohem erkenntnistheoretischen Gehalte. Sie führt so recht in das Wesen und den Kernpunkt dieser schwierigen Materie hinein. Es ist deshalb unerläßlich, sich mit diesen Gedankengängen recht vertraut zu machen, um den weiteren Ausführungen folgen zu können.

III. Die intensiven statistischen Maßzahlen.

A. Begriffsbestimmung.

Durch die intensiven statistischen Maßzahlen wird der Einfluß der einzelnen Ursachen auf die Erscheinungen gemessen. Die bekannteste intensive Maßzahl ist die statistische Wahrscheinlichkeit. Am schärfsten hat den Begriff meines Erachtens Blaschke in seinem tiefgründigen Werke: „Vorlesungen über mathematische Statistik“ herausgearbeitet, wenn er sagt: „Die statistische Wahrscheinlichkeit ist ein Bruch, in dessen Nenner die Anzahl der Individuen einer bestimmten Art (des Anfangszustandes), in dessen Zähler die Summe der daraus binnen der Zeiteinheit unter dem Einfluß der zu messenden Ursache hervorgegangenen Änderungen (des Endzustandes) sich befindet.“ Sie heißen intensive Maßzahlen, weil sie die Häufigkeit eines Zustandes oder einer Zustandsänderung aufdecken. Begriffsgemäß sind die intensiven statistischen Maßzahlen Relativzahlen und als solche unbenannt.

Die statistische Wahrscheinlichkeit kann zunächst als Maßzahl für eine diskontinuierliche Ursache auftreten, z. B. das Verhältnis der Knabengeburten in einer bestimmten Zeit und in einem bestimmten räumlichen Gebiete zur Gesamtzahl der Geburten überhaupt, gezählt in derselben Zeit und in demselben räumlichen Gebiete. Bedeutet K die Anzahl der Knabengeburten, M die der Mädchengeburten und $G = K + M$ die der Geburten überhaupt, so stellt das Verhältnis $p = \frac{K}{G}$ eine statistische Wahrscheinlichkeit vor

Das Verhältnis $V = \frac{K}{G-K}$ ist eine Funktion der statistischen Wahrscheinlichkeit $\frac{K}{G}$. Denn aus $p = \frac{K}{G}$ folgt $K = pG$, und dieser Wert in V eingesetzt, gibt $V = \frac{pG}{G - pG} = \frac{p}{1-p}$. Es ist daher

$$V = f(p) = \frac{p}{1-p}.$$

Funktionen von Wahrscheinlichkeiten werden prinzipiell wie diese behandelt, nur bewirken sie in den Berechnungen auf Grund der bestehenden funktionalen Beziehung einige rechnerische Modifikationen. Die statistische Wahrscheinlichkeit als Maß einer diskontinuierlichen Ursache bereitet der theoretischen Behandlung keine besonderen Schwierigkeiten. Denn die diskontinuierliche Ursache scheidet die gesamte Masse ganz genau in wenige scharf abgegrenzte Teilmassen. So scheidet eine allerdings unbekannte Ursache die Zahl der Geburten, abgesehen von Abnormitäten, nur in die Masse der Knabengeburten und in die Masse der Mädchengeburten.

Schwierig liegen die Verhältnisse bei den statistischen Wahrscheinlichkeiten, welche den Einfluß kontinuierlich einwirkender Ursachen zu messen bestimmt sind. Eine solche ist z. B. die bereits mehrfach behandelte Sterbenswahrscheinlichkeit. Die kontinuierlich wirkenden Ursachen sind hier das Lebensalter sowie die Beobachtungszeit oder die Funktion derselben, die Geburtszeit. Im Zähler steht z. B. die Gesamtheit der Verstorbenen einer bestimmten Altersklasse und im Nenner die Gesamtheit der Lebenden, welche die untere Grenze dieser Altersklasse erreicht haben. Lexis nennt solche Wahrscheinlichkeiten genetische oder primäre Maßzahlen oder Beziehungszahlen, während er die statistischen Wahrscheinlichkeiten als Maß von diskontinuierlichen Ursachen durch die Bezeichnung analytische, sekundäre, relative Maßzahlen oder Gliederungszahlen charakterisiert.

Eine genetische Maßzahl kann nie ein vollkommen genaues Maß für den Einfluß der kontinuierlichen Ursachen auf die Erscheinungen abgeben. Denn einerseits berücksichtigt die genetische Maßzahl nur das Endergebnis der Änderungen während der Zeiteinheit, sie gibt aber keinen Aufschluß über die Änderungen der Stärke oder Intensität der Ursache innerhalb dieser Zeiteinheit. Andrerseits wirkt die Ursache innerhalb der Zeiteinheit auf eine sich stets ändernde Menge von Individuen ein. Man glaubte nun ein genaueres Maß für diese Messungen dadurch gefunden zu haben, daß man rücksichtlich der erstgenannten Störung statt der Wahrscheinlichkeit die Ursachenintensität in jedem Augenblicke der Zeiteinheit und hinsichtlich der zweiten Störung, daß man statt der Wahrscheinlichkeit die Änderungen während der Zeiteinheit, jedoch mit Berücksichtigung der in jedem Augenblicke vorhandenen Anzahl von Individuen zu ermitteln trachtete.

Obwohl durch diese angestrebten begrifflichen Verbesserungen bezüglich der Wahrscheinlichkeiten ein tatsächlicher Effekt nicht erzielt wird, ist es doch vom erkenntnistheoretischen Standpunkte von hohem Werte, wenigstens in Kürze auf die Sache näher einzugehen. Anschaulicher werden diese abstrakten Gedankengänge durch das konkrete Beispiel aus der Sterblichkeitsmessung.

Es sei l_0 eine große Anzahl gleichzeitig Geborener. Von dieser Gesamtheit erreichen l_1 das Alter von einem Jahre, l_2 das Alter von 2 Jahren, ... l_x das Alter von x Jahren, l_{x+1} das Alter von $(x+1)$ Jahren, ... und $l_{\omega-1}$ das Alter von $(\omega - 1)$ Jahren. ω Jahre soll kein Individuum dieser Gesamtheit erreichen. Es ist daher $l_\omega = 0$. Die Reihe der sukzessive Überlebenden ist demnach:

$$l_0,\ l_1,\ l_2, \ldots\ l_x,\ l_{x+1}, \ldots\ l_{\omega-1}.$$

Die Anzahl der Überlebenden in einem Alter zwischen x und $x + \varDelta x$, wobei $\varDelta x < 1$ angenommen wird, sei $l_{x+\varDelta x}$. Endlich sei die Anzahl der Verstorbenen in den einzelnen Jahren:

$$t_0,\ t_1,\ t_2, \ldots\ t_x,\ t_{x+1}, \ldots\ t_{\omega-1}.$$

Hieraus ergeben sich schon unmittelbar die Beziehungen:

$$l_1 = l_0 - t_0,\ l_2 = l_1 - t_1, \ldots\ l_{\omega-1} = l_{\omega-2} - t_{\omega-2} \text{ und } 0 = l_{\omega-1} - t_{\omega-1}$$

oder allgemein

$$l_{x+1} = l_x - t_x \text{ und } t_x = l_x - l_{x+1}.$$

Es heißt nun die Wahrscheinlichkeit, daß eine Person, welche das Alter x erreicht hat, vor Erreichung des Alters $(x+1)$ sterben werde, die Sterbenswahrscheinlichkeit zum Alter x: $p_x = \frac{t_x}{l_x}$. Ihr Komplement, nämlich

$$q_x = 1 - p_x = 1 - \frac{t_x}{l_x} = \frac{l_x - t_x}{l_x} = \frac{l_{x+1}}{l_x},$$

ist die Wahrscheinlichkeit, daß eine Person, welche das Alter x erreicht hat, auch das Alter $(x+1)$ vollenden wird, und heißt Lebenswahrscheinlichkeit zum Alter x.

Will man nun die Raschheit des Sterbens, die Sterblichkeitskraft in irgend einem Alter messen, so wird man Größen in Betracht ziehen müssen, welche mit der Sterblichkeitskraft in einem funktionalen Zusammenhange stehen. Offenbar sind das die Größen l_x, das sind die Lebenden des Alters x, ferner die Menge der Todesfälle von x bis $x + \Delta x$, nämlich

$$l_x - l_{x+\Delta x} = -(l_{x+\Delta x} - l_x) = -\Delta l_x$$

und endlich die Größe der Altersdifferenz Δx. Mit diesen Größen sind die funktionalen Beziehungen schon von selbst gegeben: Die Sterblichkeitskraft wird um so größer, je größer die Zahl der Todesfälle $(-\Delta l_x)$ bei gleichbleibender Zahl der Lebenden des Alters x (l_x) und bei derselben Zeitstrecke Δx und je kleiner l_x und Δx bei demselben $-\Delta l_x$ sind. Der Ausdruck $-\frac{\Delta l_x}{l_x \Delta x}$ ist demnach ein Maß der Sterblichkeitskraft bei dem Alter x, und zwar ein um so zutreffenderes, je kleiner das Δx angenommen wird.[1])

Wie schon wiederholt hervorgehoben, geht tatsächlich die Verminderung der ursprünglichen l_0 Personen durch den Tod unstetig, sprungweise, oder noch anders ausgedrückt: in diskreten Zeitpunkten vor sich. Will man jedoch den Einfluß der Sterblichkeitskraft in kontinuierlich aufeinander folgenden Zeitpunkten messen, und dieses Beginnen ist gerechtfertigt, da ja die Sterblichkeitskraft nie Null werden kann, dann wird man auch l_x als stetige und demnach differenzierbare Funktion des Alters x annehmen können. Wie aus dem bisher Gesagten bereits ersichtlich ist, handelt es sich hier um die begriffsmäßige Entwicklung des Differentialquotienten für einen ganz bestimmten Fall, also um eine Entwicklung, welche bereits im ersten Abschnitte dieser Arbeit ausführlich zur Darstellung gebracht wurde. Man bezeichnet den Grenzwert des Quotienten $-\frac{\Delta l_x}{l_x \Delta x}$ für $\lim \Delta x = 0$ als Sterbeintensität bei dem Alter x: $\mu_x = -\frac{1}{l_x}\frac{d l_x}{dx}$. Diese Sterbeintensität ist ihrem Wesen nach nichts anderes als eine fiktive Sterbenswahrscheinlichkeit. Es ist nämlich

$$l_{x+dx} - l_x = -(l_x - l_{x+dx}) = -d l_x$$

die Anzahl der Sterbefälle in dem Zeitintervall von x bis $x + dx$ und $-\frac{d l_x}{d x}$ die Anzahl der Sterbefälle in einem Jahre, jedoch nur unter der Hypothese, daß die in dem Zeitintervalle dx herrschende

[1]) Vgl. Czuber: Wahrscheinlichkeitsrechnung, 2. Aufl., II. Bd. S. 83 f.

Sterblichkeit durch das ganze Jahr unverändert andauert. Hieraus ergibt sich

$$\frac{-\frac{d\,l_x}{d\,x}}{l_x}$$

als Sterbenswahrscheinlichkeit zum Alter x.

Macht man jedoch von dieser Hypothese keinen Gebrauch, so gelangt man zu den Beziehungen zwischen Sterbeintensität und Sterbenswahrscheinlichkeit durch Entwicklung von $\frac{d\,l_x}{d\,x}$ mittels der Differenzreihen.

Zu diesem Zwecke sollen hier in Kürze einige Grundsätze der Differenzenrechnung dargelegt werden. Es sei $l_0, l_1, l_2, \ldots l_n, l_{n+1}, \ldots$ eine Reihe von Größen, welche nach irgend einem bekannten oder unbekannten Gesetze aufeinander folgen. Subtrahiert man jede Größe von der nächstfolgenden, so erhält man eine Reihe von Differenzen:

$$l_1 - l_0,\ l_2 - l_1,\ l_3 - l_2, \ldots\ l_{n+1} - l_n, \ldots$$

Das ist die erste Differenzreihe der Hauptreihe. Man bezeichnet diese Differenzen dadurch, daß man dem jeweiligen Subtrahenden die Charakteristik Δ vorsetzt. Es ist also

$$l_1 - l_0 = \Delta\,l_0,\ l_2 - l_1 = \Delta\,l_1, \ldots\ l_{n+1} - l_n = \Delta\,l_n.$$

Das Bild der ersten Differenzreihe ist demnach folgendes:

$$\Delta\,l_0,\ \Delta\,l_1,\ \Delta\,l_2, \ldots\ \Delta\,l_n, \ldots$$

Ebenso entwickelt man die zweite Differenzreihe aus der ersten, die dritte aus der zweiten usw., wobei wieder

$$\Delta\,l_1 - \Delta\,l_0 = \Delta^2\,l_0,\ \Delta\,l_2 - \Delta\,l_1 = \Delta^2\,l_1, \ldots$$

bzw. $\Delta^2\,l_1 - \Delta^2\,l_0 = \Delta^3\,l_0,\ \Delta^2\,l_2 - \Delta^2\,l_1 = \Delta^3\,l_1 \ldots$ usw. gesetzt wird. Es ergibt sich demnach folgendes Schema:

$$\begin{array}{ccccccccccccccc}
l_0 & & l_1 & & l_2 & & l_3 & & l_4 & & l_5 & & l_6 & & l_7 \ldots \\
& \Delta\,l_0 & & \Delta\,l_1 & & \Delta\,l_2 & & \Delta\,l_3 & & \Delta\,l_4 & & \Delta\,l_5 & & \Delta\,l_6 & \\
& & \Delta^2 l_0 & & \Delta^2 l_1 & & \Delta^2 l_2 & & \Delta^2 l_3 & & \Delta^2 l_4 & & \Delta^2 l_5 & & \\
& & & \Delta^3 l_0 & & \Delta^3 l_1 & & \Delta^3 l_2 & & \Delta^3 l_3 & & \Delta^3 l_4 & & & \\
& & & & \Delta^4 l_0 & & \Delta^4 l_1 & & \Delta^4 l_2 & & \Delta^4 l_3 & & & &
\end{array}$$

usw.

Es ist nun

$$l_1 = l_0 + \Delta l_0$$

$$l_2 = l_1 + \Delta l_1 = l_0 + \Delta l_0 + \Delta l_0 + \Delta^2 l_0 = l_0 + 2\Delta l_0 + \Delta^2 l_0$$

$$l_3 = l_2 + \Delta l_2 = l_0 + 2\Delta l_0 + \Delta^2 l_0 + \Delta l_1 + \Delta^2 l_1 =$$
$$= l_0 + 2\Delta l_0 + \Delta^2 l_0 + \Delta l_0 + \Delta^2 l_0 + \Delta^2 l_0 + \Delta^3 l_0 =$$
$$= l_0 + 3\Delta l_0 + 3\Delta^2 l_0 + \Delta^3 l_0$$

$$l_4 = l_3 + \Delta l_3 = l_0 + 3\Delta l_0 + 3\Delta^2 l_0 + \Delta^3 l_0 + \Delta l_2 + \Delta^2 l_2 =$$
$$= l_0 + 3\Delta l_0 + 3\Delta^2 l_0 + \Delta^3 l_0 + \Delta l_1 + \Delta^2 l_1 + \Delta^2 l_1 + \Delta^3 l_1 =$$
$$= l_0 + 3\Delta l_0 + 3\Delta^2 l_0 + \Delta^3 l_0 + \Delta l_0 + \Delta^2 l_0 + \Delta^2 l_0 + \Delta^3 l_0 + \Delta^2 l_0 + \Delta^3 l_0 + $$
$$+ \Delta^3 l_0 + \Delta^4 l_0 =$$
$$= l_0 + 4\Delta l_0 + 6\Delta^2 l_0 + 4\Delta^3 l_0 + \Delta^4 l^0 \quad \text{usw.}$$

oder allgemein

$$l_i = l_0 + \binom{i}{1}\Delta l_0 + \binom{i}{2}\Delta^2 l_0 + \binom{i}{3}\Delta^3 l_0 + \ldots + \Delta^i l_0,$$

wobei l_i das $(i+1)^{te}$ Glied der Hauptreihe ist.

Daraus folgt aber

$$l_i - l_0 = \frac{i}{1}\Delta l_0 + \frac{i(i-1)}{1\cdot 2}\Delta^2 l_0 + \frac{i(i-1)(i-2)}{1\cdot 2\cdot 3}\Delta^3 l_0 + \ldots$$

und

$$\frac{l_i - l_0}{i} = \Delta l_0 + \frac{i-1}{1\cdot 2}\Delta^2 l_0 + \frac{(i-1)(i-2)}{1\cdot 2\cdot 3}\Delta^3 l_0 + \ldots$$

Für Gesamtheiten für das unendlich kleine Intervall von x bis $x + dx$ der unabhängig Veränderlichen folgt:

$$\lim_{i=0} \frac{l_{x+dx} - l_x}{dx} = \frac{dl_x}{dx} = \Delta l_x - \frac{1}{2}\Delta^2 l_x + \frac{1}{3}\Delta^3 l_x - \frac{1}{4}\Delta^4 l_x + \ldots$$

Da nun nach dem ersten Abschnitte

$$\log(1+z) = z - \frac{1}{2}z^2 + \frac{1}{3}z^3 - \frac{1}{4}z^4 + \ldots$$

ist, folgt

$$\frac{dl_x}{dx} = \log(1 + \Delta 1_x).$$

Die Exponenten in dieser Ableitung sind natürlich nur als Iterationszeichen zu nehmen.

Nun ist die Sterbeintensität beim Alter x:

$$\mu_x = -\frac{1}{l_x}\frac{dl_x}{dx}.$$

Setzt man für $\frac{dl_x}{dx}$ die soeben entwickelte Reihe ein, so folgt:

$$\mu_x = -\frac{1}{l_x}\cdot\frac{dl_x}{dx} = -\frac{1}{l_x}\left[\Delta l_x - \frac{1}{2}\Delta^2 l_x + \frac{1}{3}\Delta^3 l_x - \frac{1}{4}\Delta^4 l_x + \ldots\right].$$

Das μ_x kann man aus dieser Reihe mit jedem beliebigen Grade der Genauigkeit rechnen. Je weniger Glieder man nimmt, desto ungenauer ist μ_x bestimmt. Berücksichtigt man das folgende, dem früheren analoge Schema:

$$\begin{array}{ccccccccc} l_x & & l_{x+1} & & l_{x+2} & & l_{x+3} & & l_{x+4} \ldots \\ & \Delta l_x & & \Delta l_{x+1} & & \Delta l_{x+2} & & \Delta l_{x+3} & \\ & & \Delta^2 l_x & & \Delta^2 l_{x+1} & & \Delta^2 l_{x+2} & & \\ & & & \Delta^3 l_x & & \Delta^3 l_{x+1} & & & \\ & & & & \text{usw.} & & & & \end{array}$$

und begnügt man sich in der obigen Entwicklung mit den Zahlen von der Kleinheit der ersten bzw. zweiten oder dritten Differenzen, so folgt, für $\Delta l_x = l_{x+1} - l_x$ eingesetzt:

$$\mu_x = -\frac{1}{l_x} \cdot \frac{d l_x}{d x} = -\frac{1}{l_x} \cdot \Delta l_x = -\frac{1}{l_x}(l_{x+1} - l_x) = \frac{l_x - l_{x+1}}{l_x} = \frac{t_x}{l_x} = p_x,$$

d. h. die Sterblichkeitskraft ist in erster Annäherung der Sterbenswahrscheinlichkeit gleich.

Behält man in der Entwicklung noch die zweite Differenz bei, dann ergibt sich mit Zuhilfenahme des obenstehenden Schemas:

$$\mu_x = -\frac{1}{l_x}\left[\Delta l_x - \frac{1}{2}\Delta^2 l_x\right] = p_x + \frac{1}{2}\frac{\Delta^2 l_x}{l_x} = p_x + \frac{1}{2}\frac{\Delta l_{x+1} - \Delta l_x}{l_x} =$$

$$= p_x + \frac{1}{2}\frac{(l_{x+2} - l_{x+1}) - (l_{x+1} - l_x)}{l_x} = p_x + \frac{1}{2}\left[\frac{l_x - l_{x+1}}{l_x} - \frac{l_{x+1} - l_{x+2}}{l_x}\right] =$$

$$= p_x + \frac{1}{2}(p_x - p^1_{x+1}) = \frac{3p_x - p^1_{x+1}}{2},$$

wobei p^1_{x+1} die Wahrscheinlichkeit des x-Jährigen bedeutet, im Alter $(x + 1)$ zu sterben usw.

Aus der ganzen Betrachtungsweise geht schließlich hervor, daß die Sterblichkeitskraft sich mit der Sterbenswahrscheinlichkeit nicht identifizieren läßt. Die Sterbenswahrscheinlichkeit ist im allgemeinen größer als die Sterblichkeitskraft. Nur in solchen Lebensperioden, in denen sich die Sterbenswahrscheinlichkeiten nahezu gleichförmig oder linear ändern, wird zwischen Sterbenswahrscheinlichkeit und Sterbeintensität nur ein geringer Unterschied bestehen.

Eine zweite Unstimmigkeit hat sich bei den genetischen Maßzahlen dadurch ergeben, daß die kontinuierliche Ursache innerhalb der Zeiteinheit tatsächlich auf eine sich stets ändernde, d. h. kleiner werdende Menge von Individuen einwirkt. In der Sterbenswahrscheinlichkeit $p_x = \frac{t_x}{l_x}$ ist das l_x also zu groß, die kontinuierliche Ursache hat nicht eine durch die ganze Zeiteinheit unverändert gebliebene Gesamtheit l_x, sondern eine von Zeitmoment zu Zeitmoment kleiner werdende Gesamtheit tatsächlich beeinflußt. Es handelt sich also um eine Korrektur von l_x.

Setzt man für l_x die Gesamtheit l_{x+t}, wobei $t < 1$ sein soll und betrachtet l_x zwischen den Altern x und $x + 1$, so erscheint in dem analytischen Ausdrucke:

$$K = \frac{t_x}{\int\limits_0^1 l_{x+t}\, d t}$$

die Einwirkung der kontinuierlichen Ursache auf eine sich stets ändernde Lebendengesamtheit berücksichtigt. Nimmt man nun an, daß die Zahlen der Lebenden zu Beginn und am Ende eines Beobachtungszeitraumes linear ineinander übergehen, oder mit anderen Worten: Stellt man die Hypothese auf, daß sich die Abnahme der Lebenden in dem Beobachtungszeitraum gleichmäßig auf die ganze Zeitstrecke verteilt — die analytische Ausdrucksweise hierfür ist: $l_{x+t} = l_x - t(l_x - l_{x+1})$ —, so folgt:

$$\int\limits_0^1 l_{x+t} dt = \int\limits_0^1 [l_x - t(l_x - l_{x+1})]\, dt = l_x - \frac{l_x - l_{x+1}}{2} = l_x + \frac{l_{x+1} - l_x}{2}.$$

Es ist daher

$$K = \frac{2\, t_x}{l_x + l_{x+1}} = \frac{2 \frac{t_x}{l_x}}{1 + \frac{l_{x+1}}{l_x}} = \frac{2 p_x}{1 + q_x} = \frac{2 p_x}{1 + (1 - p_x)},$$

d. h.

$$K = \frac{2 p_x}{2 - p_x} = \frac{p_x}{1 - \frac{p_x}{2}}$$

und

$$p_x = \frac{K}{1 + \frac{K}{2}}, \text{ also } K > p_x.$$

Die gleiche Beziehung haben aber auch die geometrischen Repräsentationen zwischen der Sterbenswahrscheinlichkeit und dem aus einer dritten Hauptgesamtheit von Toten gewonnenen Sterblichkeitskoëffizienten ergeben. Der letztere ist somit lediglich ein Näherungswert einer Sterbenswahrscheinlichkeit.

Die angegebenen begrifflichen Verbesserungen haben also lediglich zu Näherungswerten von Wahrscheinlichkeiten geführt, neue statistische Maßzahlen haben sie nicht zutage gefördert.

B. Die Beziehungen der statistischen Wahrscheinlichkeit zur mathematischen Wahrscheinlichkeit.

Die mathematische Wahrscheinlichkeit wurde im zweiten Abschnitte bereits eingehend behandelt. Sie hat sich ergeben als das Verhältnis der einem rein zufälligen Ereignisse günstigen Fälle zur Gesamtzahl der in bezug auf dieses Ereignis möglichen Fälle überhaupt $\left(p = \frac{g}{m}\right)$. Die Begriffsentwicklung führte zwingend zu den drei Grundbedingungen, welche einer mathematischen Wahrscheinlichkeit stets zukommen müssen: 1. die Gleichmöglichkeit der Fälle, die Chancengleichheit; 2. die ununterbrochene Konstanz dieser Gleichmöglichkeit und 3. die Unabhängigkeit der Fälle untereinander. Auf diesen drei Voraussetzungen sind alle wahrscheinlichkeitstheoretischen Lehren aufgebaut. Am vollkommensten erscheinen diese Bedingungen bei Glücksspielen und insbesondere bei Ziehungen von Kugeln aus einer Urne erfüllt. Die Kugeln in der Urne können von einer derartigen Beschaffenheit sein, daß sie für den Tastsinn ununterscheidbar sind. Es besteht nach lebhaftem Durcheinandermischen solcher Kugeln in einer Urne mit undurchsichtiger Wandung für jede Kugel die gleiche Möglichkeit, gezogen zu werden. Auch kann das Experiment ohne weiteres so eingerichtet werden, daß das Mischungsverhältnis von weißen und schwarzen Kugeln z. B. durch die ganze Reihe der Versuche konstant bleibt. Für sämtliche Versuche läge z. B. das Verhältnis von zwei weißen und drei schwarzen Kugeln vor. Inkonstanz wäre vorhanden, wenn bei jedem Versuche ein anderes Mischungsverhältnis der Kugeln vorliegen würde. Denn hierdurch ändert sich die Gleichmöglichkeit der Fälle von Versuch zu Versuch. Je mehr weiße Kugeln als schwarze in der Urne sind, desto eher ist die Möglichkeit vorhanden, eine weiße Kugel zu ziehen und umgekehrt. Würde man endlich nicht zwei Kugeln hintereinander, sondern gleichzeitig aus der Urne ziehen, so würde sich an der Sachlage im Prinzip nichts ändern, wohl aber dann, wenn je zwei Kugeln miteinander verbunden sind. Denn dann würde das Ziehen der einen Kugel zugleich auch das Ziehen der anderen mit sich bringen und die Unabhängigkeit der Fälle untereinander wäre verletzt. Bei ansteckenden Krankheiten z. B. sind die nächsten Verwandten ungleich mehr gefährdet, als fernstehende fremde Personen. Bei Beurteilung der Ansteckungsmöglichkeit beider Personenkategorien erscheint demnach die Unabhängigkeit gestört.

Die statistische Wahrscheinlichkeit wurde oben als ein Bruch definiert, in dessen Nenner die Zahl der Beobachtungsfälle zur Feststellung einer bestimmten Änderung, in dessen Zähler hingegen die Zahl der Fälle steht, in welchen die Änderung binnen der Zeiteinheit tatsächlich eingetreten ist. Bei diesen statistischen Wahrscheinlichkeiten ist keine der drei Bedingungen vollkommen erfüllt. So werden die Sterbenswahrscheinlichkeiten für die ganze Bevölkerung ohne Rücksicht auf die Differenzierung derselben hinsichtlich der sozialen Verhältnisse bestimmt. Offenbar üben aber gerade diese auf die Sterblichkeit einen wesentlichen Einfluß aus. Die Gleichmöglichkeit der Fälle z. B. erscheint hierdurch wesentlich gestört. Die statistischen Wahrscheinlichkeiten werden diesen Grundbedingungen also nur annähernd entsprechen und je nach dem Grade dieser Annäherung wird man sie mit mathematischen Wahrscheinlichkeiten identifizieren und auf sie die wahrscheinlichkeitstheoretischen Grundsätze anwenden können.

Ob einer statistischen Wahrscheinlichkeit eine feste Grundwahrscheinlichkeit zugrunde liegt, kann nie durch Spekulation, sondern immer nur durch das Experiment entschieden werden. Es wird sich im folgenden darum handeln, auf welche Art die näherungsweise Übereinstimmung der beiden Wahrscheinlichkeiten festgestellt werden kann.

Das Kriterium von Lexis.

Zur eingehenden Erläuterung dieses überaus wichtigen Kriteriums muß wieder die Reihe der 51 tatsächlich vorgenommenen und auf Seite 85ff. und 141ff. des zweiten Abschnittes näher zur Darstellung gebrachten Versuche herangezogen werden.

Aus einer Urne mit zwei weißen und drei schwarzen Kugeln wurden in 51 Serien je 100 Ziehungen gemacht und die Zahl der in einer Serie à 100 Ziehungen erschienenen weißen und schwarzen Kugeln jedesmal notiert. Es ist also ν (Gesamtzahl der Ziehungen) = = σ (Zahl der Serien) $\times$ s (Zahl der Ziehungen in je einer der σ Serien).

Das eine Mal wurden die Ergebnisse der 51 Versuche auf Grund des Bernoullischen Theorems untersucht. Alle 51 Versuche müssen dieselbe Präzisionsmaßzahl bzw. denselben mittleren Fehler, überhaupt dieselben Genauigkeitsmaße haben, weil sie gleichen Umfanges sind (jede der 51 Serien umfaßt die gleiche Anzahl von 100 Ziehungen) und ihnen dieselbe mathematische Wahrscheinlichkeit ($\frac{2}{5}$) zugrunde liegt.

Wie das Genauigkeitsmaß einer dieser Serien erhalten wird, ist bereits aus dem zweiten Abschnitte bekannt. Die Ableitung soll jedoch der besonderen Wichtigkeit wegen kurz wiederholt werden.

Die Ereignisse E (Eintreffen einer weißen Kugel) mit der Wahrscheinlichkeit p und F (Eintreffen einer schwarzen Kugel) mit der Wahrscheinlichkeit $q (= 1 - p)$ tragen sich in s Versuchen z. B. m mal bzw. n mal zu, wobei $s = m + n$ ist. Die Wahrscheinlichkeit dieses Erfolges ist $P = p^m q^n$ bei ganz bestimmter Reihenfolge der Ereignisse. Die Reihenfolge derselben ist aber gleichgültig. Die vollständige Wahrscheinlichkeit dafür, daß entweder der eine oder andere Erfolg sich einstellen werde, ist daher $\binom{s}{n} p^m q^n$ und das ist ein Glied der Entwicklung

$$(p + q)^s = \sum_{n=0}^{n=s} \binom{s}{n} p^m q^n = 1 .$$

Als Maximalglied dieser Reihenfolge hat sich ergeben:

$$y_0 = \binom{s}{n} p^m q^n = \frac{s!}{m!\,n!} p^m q^n = \frac{s!}{(p\,s)!\,(q\,s)!} p^{ps} q^{qs} \doteq \frac{1}{\sqrt{2\,\pi\,s\,p\,q}} .$$

Das Glied, welches um x Stellen vor oder nach dem maximalen Gliede steht, ist

$$y_x = \frac{1}{\sqrt{2\,\pi\,s\,p\,q}} \cdot e^{-\frac{x^2}{2pqs}} .$$

Wird für $\frac{1}{\sqrt{2\,p\,q\,s}} = h$ gesetzt, so folgt:

$$y_x = \frac{h}{\sqrt{\pi}} e^{-h^2 x^2} . \tag{I}$$

Die Summe aller dieser x Glieder vor und nach dem maximalen Gliede ist die Wahrscheinlichkeit dafür, daß der eine oder andere Erfolg sich einstellt. Es ist daher

$$P = \int_{-x}^{x} \frac{h}{\sqrt{\pi}} e^{-h^2 x^2} d\,x .$$

Wird $h\,x = t = \gamma$ gesetzt, so folgt:

$$P = \frac{1}{\sqrt{\pi}} \int_{-\gamma}^{\gamma} e^{-t^2} d\,t = \frac{2}{\sqrt{\pi}} \int_{0}^{\gamma} e^{-t^2} d\,t .$$

Ferner haben sich als Präzisionsmaßzahl $h_1 = \sqrt{\frac{s}{2pq}}$ und als mittlerer Fehler $\mu_1 = \sqrt{\frac{pq}{s}}$ ergeben.

(Es werden nur diese beiden Genauigkeitsmaße herangezogen, weil sie die gebräuchlichsten sind).

In dem Beispielproblem der 51 Versuche sind $p = \frac{2}{5}$ und $q = \frac{3}{5}$ bekannt. In der Regel sind aber diese Werte unbekannt. Wie sich bei den wiederholten Versuchen die einzelnen Erfolge y_i um den wahrscheinlichsten Erfolg y_0 gruppiert haben, so verteilen sich bei wiederholten Versuchsreihen die empirischen Wahrscheinlichkeiten der einzelnen Serien um die konstante Grundwahrscheinlichkeit. Liegt die letztere nicht gegeben vor, so wird man eben den erreichbaren wahrscheinlichsten Wert der Grundwahrscheinlichkeit, das arithmetische Mittel aller empirischen Wahrscheinlichkeiten, also eine Durchschnittswahrscheinlichkeit heranziehen müssen. Sie sei mit p_0 bezeichnet. —

Die Reihe der 51 Versuche kann aber auch auf Grund der Fehlertheorie untersucht werden.

Die mathematische Wahrscheinlichkeit, die konstante Grundwahrscheinlichkeit ist im gegebenen Falle $p = \frac{2}{5}$. Um diese oszillieren die 51 Versuchsergebnisse. Es sind dies zufällige Schwankungen von empirischen Wahrscheinlichkeiten um eine konstante, im gegebenen Falle bekannte Grundwahrscheinlichkeit. Diese zufälligen Abweichungen sind ihrem Wesen nach nichts anderes als die zufälligen Fehler, mit denen Messungen an einem und demselben Objekte behaftet sind. Wie die wahre Größe einer zu messenden Strecke z. B. nicht ermittelt werden kann und daher unbekannt bleibt, so ist regelmäßig auch die Grundwahrscheinlichkeit, um welche sich die empirischen Wahrscheinlichkeiten nach dem Gesetze der zufälligen Fehler gruppieren, unbekannt.

Bedeutet σ wieder die Zahl der Serien, p die mathematische, die konstante Grundwahrscheinlichkeit, p_i die empirische Wahrscheinlichkeit, p_0 die besprochene Durchschnittswahrscheinlichkeit, ε_i einen wahren Fehler und λ_i einen scheinbaren Fehler (nach der vom zweiten Abschnitte bereits geläufigen Terminologie), so sind die wahren bzw. die scheinbaren Fehler in den einzelnen Serien:

$$-p_1 + p = \varepsilon_1, \quad -p_2 + p = \varepsilon_2, \quad -p_3 + p = \varepsilon_3, \ldots \quad -p_\sigma + p = \varepsilon_\sigma.$$

und

$$-p_1 + p_0 = \lambda_1, \quad -p_2 + p_0 = \lambda_2, \quad -p_3 + p_0 = \lambda_3, \ldots \quad -p_\sigma + p_0 = \lambda_\sigma.$$

Die im zweiten Abschnitte bereits ausführlich geschilderte Fehlerfunktion $\varphi(x)$ ist nichts anderes als die Wahrscheinlichkeit dafür, wie häufig Fehler einer gewissen Größe x zu erwarten sind. Das System der Fehler ε_i entsteht nun gleichzeitig, daher ist die zusammengesetzte Wahrscheinlichkeit für das gleichzeitige Bestehen dieser Fehler

$$P = \varphi(\varepsilon_1) \cdot \varphi(\varepsilon_2) \ldots \varphi(\varepsilon_\sigma).$$

Da ferner nach den Eigenschaften der Fehlerfunktion die kleineren Fehler häufiger sind als die größeren: $\varphi(\varepsilon) > \varphi(\varepsilon + d\varepsilon)$, so wird die Wahrscheinlichkeit P um so größer, je kleiner die Abweichungen ε_i sind. Die wahrscheinlichste Hypothese ist somit diejenige, für welche das Wahrscheinlichkeitsprodukt ein Maximum wird, weil dann dieser hypothetische Mittelwert die wahrscheinlichste Kombination von Fehlern erzeugt:

$$P = \varphi(\varepsilon_1) \cdot \varphi(\varepsilon_2) \ldots \varphi(\varepsilon_\sigma) = \text{Maximum} \quad \text{oder} \quad \Sigma \log \varphi(\varepsilon_i) = \text{Maximum}.$$

Dieser Ausdruck wird aber dann ein Maximum, wenn $\sum \frac{\varphi'(\varepsilon_i)}{\varphi(\varepsilon_i)} = 0$ wird. Da die ε_i zufällige Fehler sind, so treten erfahrungsgemäß ebenso viele gleichgroße positive wie negative Fehler auf: $\varphi(-\varepsilon_i) = \varphi(+\varepsilon_i)$ und es muß daher $\Sigma \varepsilon_i = 0$ sein.

Die beiden Gleichungen:

$$\left.\begin{array}{ll} 1) & \sum \frac{\varphi'(\varepsilon_i)}{\varphi(\varepsilon_i)} = 0 \\ \text{und} \quad 2) & \sum \varepsilon_i = 0 \end{array}\right\} \text{sind daher koëxistent.}$$

Gleichung (1) kann auch auf folgende Art transformiert werden:

$$\sum \frac{\varphi'(\varepsilon_i)}{\varepsilon_i \varphi(\varepsilon_i)} \cdot \varepsilon_i = \frac{\varphi'(\varepsilon_1)}{\varepsilon_1 \varphi(\varepsilon_1)} \cdot \varepsilon_1 + \frac{\varphi'(\varepsilon_2)}{\varepsilon_2 \varphi(\varepsilon_2)} \cdot \varepsilon_2 + \ldots + \frac{\varphi'(\varepsilon_\sigma)}{\varepsilon_\sigma \varphi(\varepsilon_\sigma)} = 0.$$

Soll Gleichung (2) gleichzeitig bestehen, dann muß

$$\frac{\varphi'(\varepsilon_1)}{\varepsilon_1 \varphi(\varepsilon_1)} = \frac{\varphi'(\varepsilon_2)}{\varepsilon_2 \varphi(\varepsilon_2)} = \ldots = \frac{\varphi'(\varepsilon_\sigma)}{\varepsilon_\sigma \varphi(\varepsilon_\sigma)} = a = \text{konstant sein.}$$

Es ist daher

$$\frac{\varphi'(\varepsilon_i)}{\varepsilon_i \varphi(\varepsilon_i)} = a; \quad \frac{\varphi'(\varepsilon_i)}{\varphi(\varepsilon_i)} = a\,\varepsilon_i \quad \text{und} \quad \frac{\varphi'(\varepsilon_i)\,d\varepsilon_i}{\varphi(\varepsilon_i)} = a\,\varepsilon_i \cdot d\,\varepsilon_i.$$

Beiderseits integriert, folgt:

$$\log \varphi(\varepsilon_i) = \frac{a\,\varepsilon_i^2}{2} + \log K$$

und

$$\varphi(\varepsilon_i) = e^{\frac{a\,\varepsilon_i^2}{2} + \log K} = K e^{\frac{a\,\varepsilon_i^2}{2}}.$$

Je größer ε_i ist, desto kleiner muß die Wahrscheinlichkeit $\varphi(\varepsilon_i)$ werden, einen Fehler von der Größe ε_i zu begehen. Das ist aber nur dann der Fall, wenn a eine negative Größe ist. Es sei daher

$$\frac{a}{2} = -h^2; \text{ folglich wird } \varphi(\varepsilon_i) = K e^{-h^2 \varepsilon_i^2}.$$

Nun ist

$$\int_{-\infty}^{\infty} \varphi(\varepsilon_i)\, d\varepsilon_i = \int_{-\infty}^{\infty} K e^{-h^2 \varepsilon_i^2}\, d\varepsilon_i = 2K \int_0^{\infty} e^{-h^2 \varepsilon_i^2}\, d\varepsilon_i = 1,$$

oder wenn $h\,\varepsilon_i = t$ gesetzt wird:

$$2\frac{K}{h}\int_0^{\infty} e^{-t^2}\, dt = 1 = \frac{2}{\sqrt{\pi}}\int_0^{\infty} e^{-t^2}\, dt.$$

Daraus folgt aber

$$K = \frac{h}{\sqrt{\pi}} \quad \text{und} \quad \varphi(\varepsilon_i) = \frac{h}{\sqrt{\pi}} e^{-h^2 \varepsilon_i^2},$$

oder wenn man statt der wahren Fehler die wahrscheinlichen einsetzt:

$$\varphi(\lambda_i) = \frac{h}{\sqrt{\pi}} e^{-h^2 \lambda_i^2}. \tag{1}$$

(Die ausführliche Ableitung ist im zweiten Abschnitte wiedergegeben).

Es ist also auf diesem Wege derselbe Wert wie früher auf Grund des Bernoullischen Theorems herausgekommen. Das letztere ist daher nur ein spezieller Fall des zweiten, völlig allgemeinen Theorems.

Als Genauigkeitsmaße haben sich nach den Darstellungen im zweiten Abschnitte für die Präzision

$$h_2 = \sqrt{\frac{\sigma - 1}{2\,[\lambda\lambda]}}$$

und für den mittleren Fehler

$$\mu_2 = \sqrt{\frac{[\lambda\lambda]}{\sigma - 1}}$$

ergeben.

Lexis hat die Methode, nach welcher auf Grund des Bernoullischen Theorems die Genauigkeitsmaße einer Versuchsreihe ermittelt werden, die kombinatorische oder indirekte, die Methode, nach welcher auf Grund der Fehlertheorie die Genauigkeitsmaße bestimmt werden, die physikalische oder direkte Methode genannt; kombinatorisch deshalb, weil der Bernoullische Satz seine Wurzeln schließlich in der Kombinatorik hat, indirekt deshalb, weil die

Versuchsreihe nur in ihrer Gesamtheit, mit der von vornherein gegebenen Durchschnittswahrscheinlichkeit p_0 untersucht wird; physikalisch, weil die Methode die Beobachtung an den empirischen Wahrscheinlichkeiten wie Objektsmessungen in der Physik behandelt, direkt, weil die Fehler der einzelnen Reihenglieder in Berücksichtigung gezogen werden.

Eine statistische Wahrscheinlichkeit wird nun die drei Grundbedingungen der Gleichmöglichkeit, Konstanz und Unabhängigkeit wenigstens annähernd erfüllen, sie wird nahezu mit einer mathematischen Wahrscheinlichkeit identifiziert werden können, wenn die praktische oder physikalische Präzisionsmaßzahl annähernd der theoretischen oder kombinatorischen Präzisionsmaßzahl oder wenn der praktische oder physikalische mittlere Fehler nahezu dem theoretischen oder kombinatorischen mittleren Fehler gleich ist. Die absoluten Werte dieser Genauigkeitsmaße sind aber nicht ausschlaggebend, es kommt lediglich auf das Verhältnis beider an:

$$\frac{h_1}{h_2} = \sqrt{\frac{s}{2pq}} \cdot \sqrt{\frac{\sigma - 1}{2[\lambda\lambda]}} = \sqrt{\frac{s[\lambda\lambda]}{pq(\sigma-1)}} \doteq 1$$

und

$$\frac{\mu_2}{\mu_1} = \sqrt{\frac{[\lambda\lambda]}{\sigma-1}} : \sqrt{\frac{pq}{s}} = \sqrt{\frac{s[\lambda\lambda]}{pq(\sigma-1)}} \doteq 1\,.$$

Der Quotient $Q = \frac{h_1}{h_2} = \frac{\mu_2}{\mu_1} \doteq 1$ wird nach Dormoy der Divergenzkoëffizient und nach v. Bortkiewicz die Fehlerrelation genannt.

Massenerscheinungen, bei denen der Divergenzkoëffizient nahezu gleich 1 ist, weisen eine Gruppierung ihrer Reihenglieder auf, welche der Streuung der Fehler nach der Fehlertheorie gleichkommt. Lexis nennt nun solche Massenerscheinungen, bei welchen dieses Kriterium zutrifft, Massenerscheinungen mit normaler Streuung oder normaler Dispersion oder unverbundene Massenerscheinungen. Der Fall der normalen Dispersion entspricht dem Verhalten von Reihenergebnissen über zufällige Ereignisse, er ist der Typus einer menschlichen Massenerscheinung, der ein konstant bleibender Bedingungskomplex zugrunde liegt, es ist eine Massenerscheinung mit konstanter Grundwahrscheinlichkeit. Die ihr zugrunde liegende Wahrscheinlichkeit ist eine typische Wahrscheinlichkeit mit normaler Dispersion. Eine solche Größe ist in der physiologischen Konstanz der beobachteten Massen gelegen und bildet eine sie charakterisierende Konstante, eine massenphysiologische Konstante. (CZUBER, Wahrscheinlichkeitsrechnung usw.).

Erscheinungen, bei welchen der Divergenzkoëffizient $\frac{h_1}{h_2} = \frac{\mu_2}{\mu_1}$ größer als 1 ist, bei welchen also die Streuung der einzelnen Fehler gegen die Erwartung größer ist, werden nach LEXIS **Massenerscheinungen mit übernormaler Dispersion** genannt. Ihnen liegt eine variable Wahrscheinlichkeit zugrunde. Ist der Divergenzkoëffizient hingegen kleiner als 1, die Streuung der einzelnen Fehler somit kleiner, als nach der Fehlertheorie erwartet werden könnte, dann spricht LEXIS von einer **unternormalen Dispersion**. Der bildliche Ausdruck für die verschiedenen Streuungen ist etwa folgender:

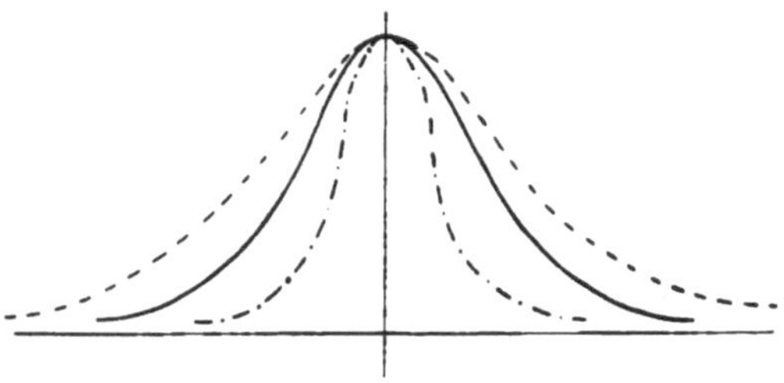

——— normale Dispersion
—·—·— unternormale "
– – – – übernormale "

Fig. 55.

Das ist der Inhalt des berühmten LEXISschen Kriteriums.

Über Massenerscheinungen mit über- und unternormaler Dispersion wird später noch gehandelt werden. Zunächst folgen einige Beispiele von Massen mit normaler Dispersion.

Theoretische Beispiele normaler Dispersion sind die Ergebnisse von Kugelziehungen auf Seite 85 ff. und 141 ff. im zweiten Abschnitte. Sie eignen sich zur Illustrierung deshalb besonders gut, weil die mathematische Wahrscheinlichkeit, die konstante Grundwahrscheinlichkeit ausnahmsweise bekannt ist. Hierdurch wird ein tieferer Einblick in das Wesen der zu behandelnden Verhältnisse gewährt.

Als praktische Beispiele sollen zunächst die Gesamtheiten der im Jahrzehnte von 1901 bis 1910 im Königreiche Sachsen lebend geborenen, ehelichen Kinder untersucht werden. Die Untersuchungsergebnisse sind in der folgenden Tafel zusammengestellt, die Erläuterungen hierzu folgen nach.

Die lebendgeborenen ehelichen Kinder im Königreiche Sachsen.

Im Jahre	Männlich m_i	Männlich und weiblich zus. s_i	$p_i = \frac{m_i}{s_i}$	$\lambda_i = -p_i + p_0$	$\lambda\lambda$	Die λ nach absoluten Werten steigend geordnet $\lvert\lambda\rvert$	
1901	70.229	137.229	0·511765	+0·000247	0·000000061009	0·000007	4 Fälle bis 0·0005
1902	69.170	134.984	0·512431	− 419	175561	247	
1903	66.518	130.378	0·510193	+ 1819	3308761	336	
1904	66.892	130.429	0·512861	− 849	720801	419	
1905	63.881	124.476	0·513199	− 1187	1408969	849	4+3=7 Fälle bis 0·0010
1906	64.213	125.628	0·511136	+ 876	767376	876	
1907	62.133	121.271	0·512348	− 336	112896	969	
1908	61.247	119.847	0·511043	+ 969	938961	1187	7+2=9 Fälle bis 0·0015
1909	59.818	116.556	0·513212	− 1200	1440000	1200	
1910	56.745	110.826	0·512019	− 7	49	1819	9+1=10 Fälle bis 0·0020
1901–1910	640.846	1,251.624	0·512012	−0·000087	0·000008934383	0·007909	
		125.162	p_0	$[\lambda]$	$[\lambda\lambda]$	$[\lvert\lambda\rvert]$	
		$\frac{[s]}{\sigma} = s_0$		4 posit.			
				6 negat.			

Für das Jahr 1901 ist das Ereignis E (Eintreffen einer Knabengeburt, zum Unterschied vom Ereignis F: Einteffen einer Mädchengeburt) in $s_1 = 137.229$ Fällen $m_1 = 70.229$ mal eingetroffen. Die empirische Wahrscheinlichkeit ist

$$p_1 = \frac{m_1}{s_1} = \frac{70.229}{137.229} = 0{\cdot}511765,$$

die Durchschnittswahrscheinlichkeit

$$p_0 = \frac{640.846}{1,251.624} = 0{\cdot}512012,$$

der scheinbare Fehler $\lambda_1 = -p_1 + p_0 = +0{\cdot}000247$ und das Fehlerquadrat $\lambda_1{}^2 = \lambda_1\lambda_1 = 0{\cdot}000000061009$. Die Summe der scheinbaren Fehler: $[\lambda]$ sollte nach der Theorie gleich Null sein, hier ist sie infolge von Vernachlässigung von Dezimalstellen 0·000087. Unter den zehn scheinbaren Fehlern sind vier positiv, sechs negativ, nach der Theorie sollten es fünf positive und fünf negative sein.

Bei den Kugelbeispielen war s durchwegs gleich groß und gleich 100. Die einzelnen Versuchsreihen waren also durchwegs mathematisch genau von gleichem Umfange. Das wird natürlich bei den praktischen Fällen fast nie zutreffen. Man wird aber solche

Serien ungleichen Umfanges dann wie Serien gleichen Umfanges behandeln können, wenn die einzelnen Umfänge $s_1, s_2, \ldots s_\sigma$ von gleicher Ordnung sind, d. h. entweder Hunderter, Tausender, Zehntausender usw. In den Formeln, in welchen s vorkommt, wird das arithmetische Mittel $\frac{[s]}{\sigma} = s_0$ (im vorliegenden Beispiele = 125.162) zu setzen sein, auch die beiden Mittelwerte

$$\frac{p_1 + p_2 + \ldots + p_\sigma}{\sigma} \quad \text{und} \quad \frac{m_1 + m_2 + \ldots + m_\sigma}{s_1 + s_2 + \ldots + s_\sigma}$$

werden nicht erheblich voneinander differieren. Im vorliegenden Beispiele sind die s_i von derselben Ordnung. Trotzdem soll dasselbe Beispiel auch als eine Reihe von Serien ungleichen Umfanges durchgeführt werden.

Bestimmung des Divergenzkoëffizienten.

Es ist

$$\mu_2 = \sqrt{\frac{[\lambda\,\lambda]}{\sigma - 1}} = \sqrt{\frac{0{\cdot}0000089343\,83}{9}} = \sqrt{0{\cdot}000000992709} = 0{\cdot}000996349$$

und

$$\mu_1 = \sqrt{\frac{p_0\,q_0}{s_0}} = \sqrt{\frac{0{\cdot}512012 \times 0{\cdot}487988}{125.162}} = \sqrt{0{\cdot}000001996261} = 0{\cdot}001412892\,.$$

Daher

$$Q = \frac{\mu_2}{\mu_1} = \frac{0{\cdot}00099635}{0{\cdot}00141289} = \underline{0{\cdot}7052}\,.$$

Es entsteht nun die wichtige Frage: Ist diese Abweichung des Divergenzkoëffizienten 0·705 von der Einheit noch zulässig, um von einer normalen Dispersion sprechen zu können oder ist die Abweichung bereits so groß, daß man übernormale Dispersion annehmen muß?

v. Bortkiewcz hat in geistreicher Weise ein Kriterium für die noch zulässige Oszillation der Divergenzkoëffizienten um die Einheit aufgestellt (Mitteilungen des Verbandes der österreichischen und ungarischen Versicherungstechniker, V. Heft, 1901, Seite 1—3:

$$\sqrt{\frac{[(1 - Q_i)^2]}{n}} \doteq \frac{1}{\sqrt{2\,z}},$$

i von 1 bis n genommen, z = Zahl der Reihenglieder, aus denen die Q_i gebildet wurden). Ich glaube aber, daß einerseits sämtliche Beziehungen innerhalb einer und derselben Versuchsreihe erschöpfend untersucht werden müssen und daß andrerseits nur eine reiche Zahl von Ergebnissen aus den mannigfaltigsten Versuchsreihen über eine und dieselbe statistische Wahrscheinlichkeit den Blick hierfür genügend schärfen kann, ob es sich tatsächlich um eine normale oder übernormale Dispersion handelt. Die zahlreichen Versuche über das Geschlechtsverhältnis der Geborenen haben ergeben, daß diese statistische Wahrscheinlichkeit die einzige ist, welche einer mathematischen Wahrscheinlichkeit am nächsten kommt. Und selbst bei dieser größten Annäherung an die mathematische Wahrscheinlichkeit haben sich nicht selten erhebliche zeitliche, örtliche und sachliche Schwankungen ergeben. Der **Gesamteindruck** der Ergebnisse aller hierüber angestellten Versuche wird also mit größerer Sicherheit darüber entscheiden können, ob eine Erscheinung mit normaler oder übernormaler Dispersion vorliegt. Es ist dies zwar ein mühevoller Weg, allein gerade das Experiment und nur dieses kann uns dem Wesen der Dinge näher bringen.

Die beobachtete Fehlerverteilung in dem vorliegenden Beispiele ist folgende: vier Fehler liegen zwischen 0 und $\pm$ 0·0005, sieben Fehler fallen zwischen 0 und $\pm$ 0·0010, neun Fehler zwischen 0 und $\pm$ 0·0015 und die ganzen zehn Fehler zwischen 0 und $\pm$ 0·0020. Die Abstufung nach der Fehlerhäufigkeit und Fehlergröße ist daher 4, 3, 2 und 1, entspricht also vollkommen der Eigenschaft der Fehlerfunktion, wie sie oben festgestellt wurde. Wie die theoretische Fehlerverteilung ermittelt wird, wurde bereits eingehend im zweiten Abschnitte dargelegt. Der Vorgang hierbei soll an dem vorliegenden Beispiele in Kürze wiederholt werden.

Die Wahrscheinlichkeit, daß der Fehler die Größe $a = 0{\cdot}0020$ nicht überschreitet, ist

$$P = \frac{h}{\sqrt{\pi}} \int_{-a}^{+a} e^{-h^2 \lambda^2} d\lambda = \frac{2h}{\sqrt{\pi}} \int_{0}^{a} e^{-h^2 \lambda^2} d\lambda .$$

Wird für $h\lambda = t$ gesetzt, dann ist $h\,d\lambda = dt$ und die neuen Grenzen sind für $\lambda = 0 : t = 0$ und für $\lambda = a : t = a h$. Es wird daher

$$P = \frac{2}{\sqrt{\pi}} \int_{0}^{ah} e^{-t^2} dt .$$

Hierbei ist $a = 0{\cdot}0020$ und die praktische oder physikalische Präzisionsmaßzahl

$$h_2 = \frac{1}{\mu_2 \sqrt{2}} = \frac{1}{0{\cdot}00099635 \times 1{\cdot}4142} = 709{\cdot}72 .$$

(h_2 wird genommen, weil man ja die Fehlerverteilung nach der Fehlertheorie bestimmen muß; die theoretische Präzisionsmaßzahl ist:

$$h_1 = \sqrt{\frac{s_0}{2 p_0 q_0}} = \sqrt{\frac{125162{\cdot}4}{2 \times 0{\cdot}512012 \times 0{\cdot}487988}} = 500{\cdot}47$$

und

$$Q = \frac{h_1}{h_2} = \frac{500{\cdot}47}{709{\cdot}72} = 0{\cdot}7052).$$

Bei Benützung der Tabelle der Funktionswerte

$$P = f(\gamma) = \frac{2}{\sqrt{\pi}} \int_0^\gamma e^{-t^2} d\,t$$

gestaltet sich die weitere Rechnung folgendermaßen:

$$f(a\,h_2) = f(0{\cdot}0020 \times 709{\cdot}72) = f(1{\cdot}41944) = 0{\cdot}9538524$$
$$0{\cdot}0014384$$
$$\overline{0{\cdot}9552908}$$

$$f(1{\cdot}42) = 0{\cdot}9553762$$
$$f(1{\cdot}41) = 0{\cdot}9538524$$

Differenz bei $\frac{10}{1000}$ 0·0015238

„ „ $\frac{1}{1000}$ 0·00015238

„ „ $\frac{9{\cdot}44}{1000}$ 0·00015238 × 9·44 = 0·0014384.

Die wahrscheinlichste Anzahl von Fehlern zwischen 0 und ± 0·0020 ist nun $P\sigma = P \times 10 = 0{\cdot}9552908 \times 10 = 9{\cdot}55 \doteq 9$.

Es ergibt sich demnach, wenn auch die Anzahl der Fehler in den übrigen Fehlergrenzlagen auf die vorstehende Weise bestimmt werden, folgendes Schema der Fehlerverteilung:

λ von 0 bis	Beobachtung			Theorie		
± 0·0005	4	Fälle	4	3·84 ≐ 4	Fälle	4
0·0010	7	„	3	6·84 ≐ 7	„	3
0·0015	9	„	2	8·68 ≐ 9	„	2
0·0020	10	„	1	9·55 ≐ 9	„	0

Die theoretische Fehlerstreuung ist demnach um ein Geringes größer als die beobachtete, was auch dem Divergenzkoëffizienten $Q = 0{\cdot}705$ entspricht. —

$$P = \int_{-a}^{a} \varphi(\varepsilon)\, d\,\varepsilon$$

ist die Wahrscheinlichkeit dafür, daß der Fehler zwischen $-a$ und $+a$ liegt. Man nennt bekanntlich jenen Wert von a, für welchen

$P = \frac{1}{2}$ wird (d. i. die Wahrscheinlichkeit dafür, daß dieser Fehler ebenso oft nicht erreicht wie überschritten wird), den wahrscheinlichen Fehler r; es wird

$$P = \int_{-r}^{r} \varphi(\varepsilon)\, d\varepsilon = \frac{2}{\sqrt{\pi}} \int_{0}^{hr} e^{-t^2} dt = \frac{1}{2}.$$

Daraus folgt

$$hr = 0{\cdot}476936 = \varrho \quad \text{und} \quad r = \frac{\varrho}{h};$$

die Größe der Abweichung ist $\varrho \sqrt{2pqs}$. Für

$$\varrho = 6 \times 0{\cdot}4769 = 2{\cdot}8614 \doteq 2{\cdot}86$$

wird

$$P_\varrho = 0{\cdot}9999476 \doteq 0{\cdot}99995,$$

d. h. der sechsfache wahrscheinliche Fehler ist so groß, daß unter 100.000 Fällen es fünfmal oder unter 20.000 Fällen einmal vorkommt, daß er überschritten wird oder man kann 1 gegen 20.000 wetten, daß die Abweichung des Ergebnisses vom wahrscheinlichsten Werte nicht den sechsfachen wahrscheinlichen Fehler überschreiten wird.

In dem vorliegenden Beispiele sind die scheinbaren Fehler:

	λ	$\lvert\lambda\rvert$
1901	+ 0·000247	0·000007
1902	− 419	247
1903	+ 1819	336
1904	− 849	419
1905	− 1187	849 ⎫
1906	+ 876	876 ⎭
1907	− 336	969
1908	+ 969	1187
1909	− 1200	1200
1910	− 7	1819

Der wahrscheinliche Fehler liegt hier zwischen 0·000849 und 0·000876. Wenn man als Interpolation das arithmetische Mittel wählt, so hat der wahrscheinliche Fehler nach der Beobachtung die Größe 0·000862. Nach der Theorie ist der wahrscheinliche Fehler

$$r = \frac{\varrho}{h_1} = \frac{0{\cdot}4769}{500{\cdot}47} = 0{\cdot}000953 \doteq 0{\cdot}0009$$

oder

$$r = \frac{\varrho}{h_2} = \frac{0{\cdot}4769}{709{\cdot}72} = 0{\cdot}000672 \doteq 0{\cdot}0007.$$

1. Unter den zehn Fehlern wurden vier positiv und sechs negativ beobachtet. Die Verteilung nach der Theorie sollte sein: fünf positive, fünf negative. Diese geringe Abweichung spricht dafür, daß man es hier mit einer Wahrscheinlichkeit zu tun hat, welche das Bernouillische Theorem, bzw. das normale, das Gausssche Fehlergesetz befolgt.

2. Unter den zehn Fehlern geschieht es viermal, daß sie unter 0·0007 liegen, während sechs Fehler größer als 0·0007 sind, bzw. fallen sie sechsmal unter und viermal über 0·0009.

3. Der sechsfache wahrscheinliche Fehler ist $0{\cdot}0009 \times 6 = 0{\cdot}0054$, bzw. $0{\cdot}0007 \times 6 = 0{\cdot}0042$. Es darf sich also kein Fehler über 0·005 ergeben.

Diese Kriterien nennt Blaschke die negativen Kriterien. Sie sind für den Praktiker insofern von Bedeutung, als sie schnell erkennen lassen, ob man es halbwegs mit einer der mathematischen Wahrscheinlichkeit angenäherten statistischen Wahrscheinlichkeit zu tun hat und ob man in tiefer gehende Untersuchungen sich einlassen soll oder nicht.

Im zweiten Abschnitte hat sich als Wert für den durchschnittlichen Fehler nach der Fehlertheorie ergeben:

$$\vartheta_2 = \frac{[|\lambda|]}{\sqrt{\sigma(\sigma-1)}} = \frac{1}{h_2\sqrt{\pi}}\,.$$

Nun ist

$$\mu_2 = \frac{1}{h_2\sqrt{2}}\,, \quad \text{daher} \quad \frac{\mu_2}{\vartheta_2} = \frac{1}{h_2\sqrt{2}}\cdot\frac{h_2\sqrt{\pi}}{1} = \sqrt{\frac{\pi}{2}} = 1{\cdot}253\,.$$

Das muß auch annähernd für das vorliegende Beispiel stimmen:

$$\frac{\mu_2}{\vartheta_2} = \frac{0{\cdot}000996}{0{\cdot}000834} = 1{\cdot}195\,. \text{ —}$$

Sind die einzelnen Serien ungleichen Umfanges, dann liegt der Fall wie bei den direkten Beobachtungen ungleicher Genauigkeit in der Fehlertheorie. Gehen also die Umfänge $s_1, s_2, \ldots s_\sigma$ beträchtlich auseinander, d. h. sind sie von verschiedener Ordnung, z. B. von der Ordnung der Zehner und Hunderter, oder gar von der Ordnung der Zehner, Hunderter und Tausender, dann wird man die Quotienten $p_1, p_2, \ldots p_\sigma$ als Beobachtungen von den Gewichten $s_1, s_2, \ldots s_\sigma$ behandeln und erhält

$$p_0 = \frac{m_1 + m_2 + \ldots + m_\sigma}{s_1 + s_2 + \ldots + s_\sigma}\,, \quad -p_i + p_0 = \lambda_i$$

und

$$\mu_2 = \sqrt{\frac{[s\lambda\lambda]}{\sigma - 1}} = \sqrt{\frac{[s_i(p_i - p_0)^2]}{\sigma - 1}}\,.$$

$\mu_1 = \sqrt{\frac{p_0 q_0}{s}}$ wird dann der mittlere Fehler einer Beobachtung vom Gewichte 1, d. i. einer fiktiven Beobachtung sein, die aus einer Reihe vom Umfange $s = 1$ stammt. Dementsprechend wird hier

$$\mu_1 = \sqrt{p_0(1 - p_0)},$$

daher der Divergenzkoëffizient $Q = \frac{\mu_2}{\mu_1}$ diese speziellen Werte für die mittleren Fehler enthalten müssen.

Obwohl es nicht notwendig ist, das gegebene Beispiel als ein solches mit ungleichen Serien zu behandeln, soll doch an ihm das Verfahren gezeigt werden.

Als Gewichtseinheit wird 10.000 angenommen. Um die vielen hierbei auftretenden Nullen zu vermeiden, werden die Dezimalzahlen in folgender Weise gegeben, z. B. $0{\cdot}0008476 = 8476 \times \frac{1}{10^7}$.

	Gewichte s_i		$\frac{1}{10^{12}}$ $\lambda_i \cdot \lambda_i$		$\frac{1}{10^{16}}$ $s_i\,\lambda_i\,\lambda_i$
1901	13·7229	×	61009	=	8372204061
1902	13·4984	×	175561	=	23697925934
1903	13·0378	×	3308761	=	431389641658
1904	13·0429	×	720801	=	94013353629
1905	12·4476	×	1408969	=	175382825284
1906	12·5628	×	767376	=	96403912128
1907	12·1271	×	112896	=	13691010816
1908	11·9847	×	938961	=	112531658967
1909	11·6556	×	1440000	=	167840640000
1910	11·0826	×	49	=	5430474
					1123328602951 = $[s\lambda\lambda]$

Es ist daher

$$\mu_2 = \sqrt{\frac{[s\lambda\lambda]}{\sigma - 1}} = \sqrt{\frac{1123328602951 \times \frac{1}{10^{16}}}{9}} = 0{\cdot}00353291$$

und

$$\mu_1 = \sqrt{\frac{p_0(1 - p_0)}{10.000}} = \sqrt{\frac{0{\cdot}512012 \times 0{\cdot}487988}{10.000}} = 0{\cdot}0049986,$$

daher

$$Q = \frac{\mu_2}{\mu_1} = \frac{0{\cdot}00353291}{0{\cdot}005} = 0{\cdot}70658 \doteq 0{\cdot}706.$$

Bei der Annahme gleicher Serien hat sich als Divergenzkoëffizient $Q = 0{\cdot}705$ ergeben.

Blaschke hat in seinen „Vorlesungen über mathematische Statistik“ den Divergenzkoëffizienten hinsichtlich der lebend geborenen, ehelichen Kinder im Königreiche Sachsen für das Jahrzehnt 1891 bis 1900 berechnet und hierfür 0·951 erhalten. —

Es handelt sich nun um die weitere Frage, welcher Verfahrensweg einzuschlagen ist, wenn nicht direkt Wahrscheinlichkeiten, sondern Funktionen solcher gegeben sind, wenn also z. B. nicht das Verhältnis der Knabengeburten zu den Geburten überhaupt, sondern das Verhältnis der Knabengeburten zu den Mädchengeburten vorliegt. Bekanntlich ist das letztere Verhältnis bloß eine Funktion einer Wahrscheinlichkeit. Denn ist

$$\frac{K}{K+M} = p \quad \text{und} \quad \frac{M}{K+M} = q,$$

so ist

$$\frac{K}{K+M} : \frac{M}{K+M} = \frac{K}{M} = \frac{p}{q} = \frac{p}{1-p} = f(p).$$

Beobachtet sind somit nicht die p_i, sondern $f(p_i)$. Die Fehler bei den einzelnen Beobachtungen sind nun:

$$\begin{aligned} f(p_1) - f(p) &= \lambda_1' \\ f(p_2) - f(p) &= \lambda_2' \\ &\vdots \\ f(p_\sigma) - f(p) &= \lambda_\sigma'. \end{aligned}$$

Nun ist $f(p_i) = f(p + p_i - p)$ eine Identität. Da die Differenz $(p_i - p)$ bekanntlich sehr klein ist, wird man bei Anwendung des Taylorschen Satzes die höheren Potenzen vernachlässigen und sich mit der Näherungsformel: $f(x+h) = f(x) + h f'(x)$ begnügen können. Es ist daher

$$f(p_i) = f[p + (p_i - p)] \doteq f(p) + (p_i - p) \cdot \frac{d f(p)}{d p}.$$

Daraus folgt

$$p_i - p = \lambda_i = \frac{f(p_i) - f(p)}{\frac{d f(p)}{d p}}, \quad \lambda_i^2 = \frac{\overline{f(p_i) - f(p)}^2}{\left\{\frac{d f(p)}{d p}\right\}^2}$$

und

$$[\lambda \lambda] = \frac{[\overline{f(p_i) - f(p)}^2]}{\left\{\frac{d f(p)}{d p}\right\}^2}.$$

Setzt man diesen Wert in das Lexissche Kriterium:

$$\sqrt{\frac{s}{2pq}} = \sqrt{\frac{\sigma - 1}{2[\lambda\lambda]}}$$

ein, so folgt:

$$\sqrt{\frac{s}{pq}} = \frac{d f(p)}{dp}\sqrt{\frac{\sigma - 1}{[\overline{f(p_i) - f(p)}^2]}}\,.$$

Z. B.

$$f(p) = \frac{p}{1-p}\,;\quad \frac{d f(p)}{dp} = \frac{1}{1-p} + p \cdot \frac{+1}{(1-p)^2} = \frac{1}{(1-p)^2}\,,$$

daher

$$\sqrt{\frac{s}{pq}} = \frac{1}{(1-p)^2}\sqrt{\frac{\sigma - 1}{[\overline{f(p_i) - f(p)}^2]}}\,.$$

Beispiel. Die folgenden Daten über die in Österreich in den Jahren von 1896 bis 1910 lebend geborenen, ehelichen Kinder sind dem von der k. k. Statistischen Zentralkommission herausgegebenen Quellenwerke der „Österreichischen Statistik“ entnommen.

Jahr	männlich m_i	weiblich n_i	$f(p_i)$	$\lambda_i' = -f(p_i)+f(p)$	$\lambda_i' \cdot \lambda_i' = \{-f(p_i)+f(p)\}^2$
1896	415.320	393.349	1·055856	+0·000541	0·000000292681
1897	415.721	393.503	1·056462	− 65	4225
1898	406.690	385.195	1·055803	+ 594	352836
1899	425.181	402.800	1·055564	+ 833	693889
1900	431.011	406.159	1·061188	− 4791	22953681
1901	427.937	405.408	1·055571	+ 826	682276
1902	439.268	415.692	1·056715	− 318	101124
1903	423.746	402.096	1·053843	+ 2554	6522916
1904	431.889	407.754	1·059190	− 2793	7800849
1905	413.667	393.142	1·052208	+ 4189	17547721
1906	432.475	411.378	1·051284	+ 5113	26142769
1907	423.628	401.622	1·054793	+ 1604	2572816
1908	425.186	400.843	1·060729	− 4332	18766224
1909	425.527	401.332	1·060287	− 3890	15132100
1910	417.037	394.778	1·056384	+ 13	169
1896–1910	6,354.283	6,015.051	1·056397		0·000119566276
	$m_0 = 423.619$	$n_0 = 401.003$	$f(p)$		$[\lambda'\lambda']$
	$s_0 = 824.622$				

Das Lexissche Kriterium:

$$\sqrt{\frac{[\lambda\lambda]}{\sigma - 1}} = \sqrt{\frac{pq}{s}}$$

erscheint in folgender transformierter Gestalt:

$$\frac{1}{\frac{d f(p)}{dp}} \sqrt{\frac{[\lambda'\lambda']}{\sigma - 1}} = \sqrt{\frac{p_0 q_0}{s_0}},$$

oder weil für das vorliegende Beispiel

$$\frac{1}{\frac{d f(p)}{dp}} = (1 - p_0)^2,$$

ferner

$$m_0 = \frac{[m_i]}{15}, \quad n_0 = \frac{[n_i]}{15}, \quad s_0 = m_0 + n_0, \quad p_0 = \frac{m_0}{s_0} \quad \text{und} \quad q_0 = \frac{n_0}{s_0}$$

ist, folgt

$$(1 - p_0)^2 \sqrt{\frac{[\lambda'\lambda']}{\sigma - 1}} = \frac{1}{s_0} \sqrt{\frac{m_0 n_0}{s_0}}.$$

Nun ist vorliegend

$$p_0 = 0{\cdot}513712, \quad (1 - p_0) = 0{\cdot}486288, \quad (1 - p_0)^2 = 0{\cdot}236476,$$

$$\sqrt{\frac{[\lambda'\lambda']}{\sigma - 1}} = \sqrt{\frac{0{\cdot}000119566276}{14}} = 0{\cdot}00292240,$$

daher

$$\mu_2 = (1 - p_0)^2 \sqrt{\frac{[\lambda'\lambda']}{\sigma - 1}} = 0{\cdot}236476 \times 0{\cdot}0029224 = 0{\cdot}00069108$$

und

$$\mu_1 = \frac{1}{s_0} \sqrt{\frac{m_0 n_0}{s_0}} = \frac{1}{824.622} \sqrt{\frac{423.619 \times 401.003}{824.622}} = 0{\cdot}00055041,$$

endlich

$$Q = \frac{\mu_2}{\mu_1} = \frac{0{\cdot}00069108}{0{\cdot}00055041} = \mathbf{1{\cdot}255}.$$

Weitere Beispiele zur Sexualproportion.

1. Die im Königreiche Sachsen in der Periode 1901 bis 1910 Geborenen

(Aus den statistischen Jahrbüchern für das Königreich Sachsen).

Jahr	Lebend Geborene						Tot Geborene					
	ehelich			unehelich			ehelich			unehelich		
	männl.	männl. und weibl.	p_i	männl.	männl. und weibl.	p_i	männl.	männl. und weibl.	p_i	männl.	männl. und weibl.	p_i
1901	70.229	137.229	0·511765	10.059	19 644	0 512065	2 660	4.632	0·574266	488	883	0·552661
1902	69.170	134.984	2431	10.075	19.411	0·519035	2.628	4.559	0 576442	471	820	0·574390
1903	66.518	130.378	0193	9.455	18.474	0·511800	2.496	4.430	0·563431	441	805	0·547826
1904	66.892	130.429	2861	9.851	19 315	0·510018	2.449	4.412	0·555077	468	857	0·546091
1905	63.881	124.476	3199	9.712	19.033	0·510272	2.372	4.217	0·562485	447	834	0·535971
1906	64.213	125.628	1136	9.846	19.323	0·509548	2.500	4.363	0 573000	442	807	0·547707
1907	62.133	121.271	2348	10.118	19.546	0·517651	2.362	4.059	0·581917	512	897	0·570791
1908	61.247	119.847	1043	10.240	20.025	0·511361	2.295	4.090	0·561125	463	819	0·565324
1909	59.818	116.556	3212	10.214	20.165	0·506521	2 251	3.942	0·571030	467	817	0·571603
1910	56.745	110.826	2019	9.837	19.274	0·510377	2.156	3.758	0·573709	462	841	0·549346
1901–1910	640.846	1,251.624	0·512012	99.407	194.210	0·511853	24.169	42.462	0·569191	4.661	8.380	0·556205

Sachsen 1901 bis 1910.

	Lebend Geborene			Tot Geborene			Lebend u. tot Geborene zusammen		
	ehelich	unehelich	ehelich u. unehelich	ehelich	unehelich	ehelich u. unehelich	ehelich	unehelich	ehelich u. unehelich
p_0	0·512012	0·511853	0·511990	0·569191	0·556205	0·567051	0·513888	0 513688	0·513861
μ_2	0 000996	0 003761	0·000965	0·008307	0·013239	0·008241	0·001003	0·003924	0 001051
μ_1	0·001413	0·003587	0·001314	0·007599	0 017163	0·006949	0 001389	0·003511	0·001292
$Q = \frac{\mu_2}{\mu_1}$	0 705	1·048	0·734	1·093	0·771	1·186	0·722	1·117	0·814
ϑ_2	0·000834	0 002796	0·000832	0·007364	0 012110	0·007124	0·000832	0·002951	0·000821
$\frac{\mu_2}{\vartheta_2}$	1·195	1·358	1·159	1·128	1·093	1·157	1·206	1·330	1·280
h_2	709·72	188·03	732·93	85·13	53·41	85·80	704·62	180 20	672·45
Fehler-Verteilung[1]	*A B T*	*A B T*	*A B T*	*A B T*	*A B T*	*A B T*	*A B T*	*A B T*	*A B T*
	5 4 4	20 3 4	5 3 4	40 2 4	100 5 5	40 3 4	6 3 4	20 4 4	5 5 4
	10 7 7	40 7 7	10 6 7	80 7 7	200 9 9	80 6 7	12 8 8	40 7 7	10 6 6
	15 9 9	60 9 9	15 9 9	120 8 8	300 10 10	120 8 8	18 9 9	60 8 9	15 8 8
	20 10 9	80 10 10	16 10 9	160 10 9		140 10 9	20 10 9	80 10 9	18 10 9

[1]) *A* = Abweichung = Fehlergröße nach der oberen Grenze in Zehntausenteln, z. B. *A* = 5 heißt: λ von 0 bis ±0·0005.
B = Zahl der beobachteten Fälle.
T = Zahl der nach der Theorie berechneten Fälle.

2. Die in Österreich (in den im Reichsrate vertretenen Königreichen und Ländern) Geborenen in den Jahren 1896—1910. Die Daten sind dem von der k. k. Statistischen Zentralkommission herausgegebenen Quellenwerke der „Österreichischen Statistik“ entnommen.

Jahr	Lebend Geborene						Tot Geborene					
	ehelich			unehelich			ehelich			unehelich		
	männl.	m. u. w.	p_i	männl.	m. u. w.	p_i	männl.	m. u. w.	p_i	männl.	m. u. w	p_i
1896	415.320	808.669	0·513584	72.398	139.750	0·518053	12.571	21.975	0·572059	3.196	5.750	0·555826
1897	415.721	809.224	3727	69.836	135.540	5242	12.428	21.725	0·572059	2.866	5.143	0·557262
1898	406.690	791.885	3572	67.722	131.356	5560	12.135	21.371	0·567825	3.044	5.367	0·567169
1899	425.181	827.981	3515	68.290	132.224	6472	12.892	22.766	0·566283	3.016	5.468	0·551572
1900	431.011	837.170	4842	67.219	130.769	4028	12.833	22.434	0·572033	2.849	5.164	0·551704
1901	427.937	833.345	3517	65.750	128.156	3046	12.636	22.380	0·564611	2.845	5.104	0·557405
1902	439.268	854.960	3787	66.814	129.280	6816	12.351	21.747	0·567940	2.681	4.856	0·552100
1903	423.746	825.842	3107	60.723	118.111	4118	12.207	21.412	0·570100	2.628	4.595	0·571926
1904	431.889	839.643	4372	62.516	121.787	3322	12.218	21.216	0·575886	2.687	4.779	0·562251
1905	413.667	806.809	2719	58.992	114.955	3174	11.459	20.006	0·572778	2.359	4.208	0·560598
1906	432.475	843.853	2500	59.869	117.405	0·509935	12.103	21.404	0·565455	2.577	4.504	0·572158
1907	423.628	825.250	3332	60.164	116.919	4578	11.569	20.265	0·570885	2.520	4.477	0·562876
1908	425.186	826.029	4734	59.333	115.346	4391	11.474	19.970	0·574561	2.397	4.248	0·564265
1909	425.527	826.859	4630	58.709	114.380	3280	11.267	19.684	0·572393	2.373	4.173	0·568655
1910	417.037	811.815	3709	57.383	111.730	3586	11.070	19.136	0·578490	2.347	4.139	0·567045
1896—1910	6,354.283	12,369.334	0·513713	955.718	1,857.708	0·514461	181.213	317.491	0·570765	40.385	71.975	0·561097

Österreich: 1896 bis 1910.

	Lebend Geborene			Tot Geborene			Lebend und tot Geborene zus.		
	ehelich	unehelich	ehel. und unehel. zus.	ehelich	unehelich	ehel. und unehel. zus.	ehelich	unehelich	ehel. und unehel. zus.
p_0	0·513712	0·514461	0·513810	0·570765	0·561097	0·568979	0·515140	0·516200	0·515280
μ_2	0·000691	0·001932	0·000701	0·003921	0·007070	0·003675	0·000712	0·001744	0·000709
μ_1	0·000550	0·001420	0·000513	0·003402	0 007164	0 003073	0·000543	0·001393	0·000506
$Q = \frac{\mu_2}{\mu_1}$	1·255	1·360	1·366	1·152	0·987	1·196	1·310	1·252	1·400
ϑ_2	0·000529	0·001464	0·000552	0·003218	0·006126	0·002907	0·000548	0·001336	0·000556
$\frac{\mu_2}{\vartheta_2}$	1·305	1·319	1·270	1·218	1·154	1·264	1·300	1·305	1·275
h_2	1.023·44	366·03	1.008·47	180·33	100·01	192·44	993·09	405·54	997·61
Fehler-Verteilung[1]	*A B T*	*A B T*	*A B T*	*A B T*	*A B T*	*A B T*	*A B T*	*A B T*	*A B T*
	1 3 2	10 6 6	2 4 3	20 6 6	30 3 5	10 4 3	2 5 3	5 3 3	2 4 3
	5 8 8	20 11 10	4 7 6	40 10 10	60 8 9	20 7 6	4 7 6	10 7 6	4 6 6
	10 12 13	30 13 13	8 11 11	60 13 13	90 11 12	30 9 9	6 9 9	15 11 9	6 10 9
	15 15 15	50 15 15	16 15 15	80 15 14	120 15 14	40 11 11	8 10 11	20 13 11	8 11 11
						50 12 12	10 12 13	40 15 15	10 13 13
						60 14 13	12 14 14		20 15 15
						80 15 14	14 15 14		

[1]) Siehe die Anmerkung S. 230.

3. Die folgenden Daten geben die Geburtenmengen in Österreich für die Jahre 1880 und 1881 nach Monaten und Ländern getrennt (Quelle: Statistisches Jahrbuch für das Jahr 1880 und für das Jahr 1881).

Länder	Männlich m_i	Männl. u. weibl. zus. s_i	p_i	μ_2	μ_1	Q
Niederösterreich .	90.351	175.330	0·51532	0·007387	0·005847	1·264
Oberösterreich .	24.973	48.439	0·51555	0·010069	0·011125	0·905
Salzburg . . .	5.254	10.319	0·50916	0·023483	0·024108	0·974
Steiermark . . .	39.591	76.851	0·51516	0·006492	0·008832	0·735
Kärnten	11.669	22.580	0·51678	0·013730	0·016291	0·843
Krain	17.977	35.112	0·51199	0·013146	0·013069	1·006
Triest mit Geb. .	5.527	10.489	0·52693	0·027277	0·023885	1·142
Görz u. Gradiska	8.072	15.465	0·52195	0·025070	0·019680	1·274
Istrien	11.090	21.403	0·51815	0·017642	0·016733	1·054
Tirol	24.321	46.678	0·52104	0·008656	0·011328	0·764
Vorarlberg . . .	3.431	6.606	0·51938	0·034193	0·030115	1·136
Böhmen	219.145	424.652	0·51606	0·002582	0·003757	0·687
Mähren	83.259	161.543	0·51540	0·005678	0·006091	0·932
Schlesien . . .	21.464	41.567	0·51637	0·019014	0·012008	1·583
Galizien	268.558	520.583	0·51588	0·003932	0·003393	1·159
Bukowina . . .	28.282	54.470	0·51922	0·010044	0·010490	0·958
Dalmatien . . .	17.295	33.859	0·51079	0·012677	0·013309	0·952
Staatsgebiet . .	880.259	1,705.946	0.51599 p_0	0·006081	0·004997	1·217

Im ganzen Staatsgebiet.

Monate 1880	Männlich m_i	Männlich u. weiblich zus. s_i	p_i
Januar	41.977	80.552	0·52112
Februar	40.499	78.591	0·51531
März	40.836	79.043	0·51663
April	38.715	74.803	0·51756
Mai	38.565	74.621	0·51681
Juni	34.212	66.361	0·51554
Juli	35.087	68.327	0·51352
August	34.241	66.623	0·51395
September . . .	32.862	63.624	0·51650
Oktober	35.099	68.157	0·51497
November	32.583	63.171	0·51579
Dezember	33.877	66.136	0·51223

Monate 1881	Männlich m_i	Männlich u. weiblich zus. s_i	p_i
Januar	38.541	74.776	0·51542
Februar	34.624	67.179	0·51540
März	36.638	71.114	0·51520
April	36.805	71.352	0·51582
Mai	37.028	72.042	0·51398
Juni	35.633	69.038	0·51614
Juli	37.579	72.910	0·51542
August	37.069	71.417	0·51905
September . . .	36.477	70.435	0·51788
Oktober	37.926	73.643	0·51500
November	36.716	71.197	0·51570
Dezember	36.670	70.834	0·51769
Zusammen 1880 u. 1881	820.259	1,705.946	0·51599

Daraus ergibt sich für $\mu_2 = 0{\cdot}001852$ und für $\mu_1 = 0{\cdot}001874$, daher

$$Q = \frac{\mu_2}{\mu_1} = \frac{0{\cdot}001852}{0{\cdot}001874} = 0{\cdot}988.$$

Die Fehlerverteilung nach der ersten Tafel ist:

λ von 0 bis	Beobachtung	Theorie
± 0·002	8	4
0·004	12	8
0·006	15	11
0·008	16	14
0·011	17	16

Der allgemeine Eindruck, den die vorstehenden Untersuchungen im ganzen genommen gewähren, ist der, daß man es bei dem Geschlechtsverhältnisse der Geborenen mit einer statistischen Wahrscheinlichkeit zu tun hat, welche einer mathematischen Wahrscheinlichkeit sehr nahe kommt.

Doch hat die Differenzierung nach ehelich und unehelich Geborenen einerseits und nach lebend und tot Geborenen andererseits mancherlei Schwankungen ergeben, welche direkt, ohne weitergehende Untersuchung bereits aus den Zahlen herausgelesen werden können. Auch zeitliche und örtliche Schwankungen sind leicht festzustellen.

So ist die Wahrscheinlichkeit einer Knabengeburt bei Totgeborenen größer als bei Lebendgeborenen. Für Sachsen bzw. Österreich haben sich nämlich die Durchschnittswahrscheinlichkeiten ergeben: Bei den Lebendgeborenen 0·511990 bzw. 0·513810, bei den Totgeborenen hingegen 0·567051 bzw. 0·568979. Es wird also schon im Geburtsstadium selbst das Übergewicht des männlichen Geschlechtes über das weibliche auf diese Weise zum Teil paralysiert. Auch die strenge Untersuchung lehrt, daß einer Knabengeburt bei Totgeborenen eine größere Wahrscheinlichkeit zukommt als bei Lebendgeborenen.

Nach dem BERNOULLIschen Theorem beträgt die Abweichung der empirischen Wahrscheinlichkeit $p_i = \frac{m_i}{s}$ von der konstanten Grundwahrscheinlichkeit $p: \pm \gamma \sqrt{\frac{2pq}{s}}$. Für $\gamma = 3$ ergibt sich als Wahrscheinlichkeit einer Abweichung zwischen diesen Grenzen: $P = 0{\cdot}9999779$; es können demnach $\pm 3\sqrt{\frac{2pq}{s}}$, oder wenn man für $p = \frac{m}{s}$, $q = \frac{n}{s}$ einsetzt: $\pm 3\sqrt{\frac{2mn}{s^3}}$ als äußerste Grenzen der Abweichung betrachtet werden.

Die betreffenden Zahlenwerte lauten nun hinsichtlich der in Österreich in der Periode 1896—1910 Geborenen:

1. Bei den lebendgeborenen ehelichen Kindern:

$$m = 6{,}354.283; \quad n = 6{,}015.051; \quad s = 12{,}369.334; \quad \frac{m}{s} = 0{\cdot}513712.$$

2. Bei den totgeborenen ehelichen Kindern:

$$m' = 181.213; \quad n' = 136.278; \quad s' = 317.491; \quad \frac{m'}{s'} = 0{\cdot}570765.$$

Nun ist

$$3\sqrt{\frac{2mn}{s^3}} = 0{\cdot}000060 \quad \text{und} \quad 3\sqrt{\frac{2m'n'}{s'^3}} = 0{\cdot}003727.$$

Also liegt die Wahrscheinlichkeit für die eheliche Lebendgeburt eines Knaben zwischen den äußersten Grenzen 0·513652 und 0·513772, die Wahrscheinlichkeit für die eheliche Totgeburt eines Knaben zwischen den äußersten Grenzen 0·567038 und 0·574492. Die beiden Intervalle liegen somit völlig getrennt, was auf eine verschiedene Verursachung schließen läßt. Die Wahrscheinlichkeit einer Knabengeburt ist also bei totgeborenen Ehelichen größer als bei lebendgeborenen Ehelichen, was in dem vorliegenden Falle, wie erwähnt, auch schon direkt aus den Zahlen herausgelesen werden kann.

Getrennte Intervalle erhält man im vorliegenden Falle auch bei der Differenzierung der Geburten nach ehelichen und unehelichen.

Die folgenden Daten sind gleichfalls den unter Beispiel 3 zusammengestellten Geburtenmengen in Österreich von 1896 bis 1910 entnommen.

Es ist hinsichtlich der lebendgeborenen Ehelichen:

$$m = 6{,}354.283\,;\quad n = 6{,}015.051\,;\quad s = 12{,}369.334\,;\quad \frac{m}{s} = 0{\cdot}513712\,;$$

hinsichtlich der lebendgeborenen Unehelichen:

$$m' = 955.718;\quad n' = 901.990\,;\quad s' = 1{,}857.708\,;\quad \frac{m'}{s'} = 0{\cdot}514461\,.$$

Als äußerste Grenzen der Abweichung für $\frac{m}{s} = 0{\cdot}513712$ haben sich soeben ergeben: 0·513652 und 0·513712. Ferner ist

$$3\sqrt{\frac{2\,m'\,n'}{s'^3}} = 0{\cdot}000519\,;$$

die äußersten Grenzen sind daher 0·513942 und 0·514980. Die Intervalle sind in diesem Falle also wieder getrennt, nur ist das Spatium ein weit geringeres wie früher:

Lebendgeborene Eheliche:	0·513652—0·513772	
Lebendgeborene Uneheliche:		0·513942—0·514980.

Rücksichtlich der totgeborenen Ehelichen ist endlich

$$m = 181.213\,;\quad n = 136.278\,;\quad s = 317.491\,;\quad \frac{m}{s} = 0{\cdot}570765\,;$$

rücksichtlich der totgeborenen Unehelichen:

$$m' = 40.385\,;\quad n' = 31.590\,;\quad s' = 71.975\,;\quad \frac{m'}{s'} = 0{\cdot}561097\,.$$

Die Intervalle sind wieder getrennt:

Totgeborene Eheliche:		0·567038—0·574492.
Totgeborene Uneheliche:	0·558481—0·563713	

Diese Differenzierungen weisen somit auf verschiedene Ursachenkomplexe hin. Im Falle, als die Untersuchung einer differenzierten Masse übergreifende Intervalle ergibt, ist es zweifelhaft, ob derselben verschiedene Ursachenkomplexe zugrunde liegen.

Diese verschiedenen Ursachenkomplexe bedingen weiter, daß neben den zufälligen Schwankungen auch systematische Schwankungen auftreten. Die zeitlichen und örtlichen Schwankungen der empirischen Wahrscheinlichkeiten sind auf solche zeitliche bzw. örtliche Änderungen des Bedingungskomplexes zurückzuführen. Czuber[1] hat

[1] Wahrscheinlichkeitsrechnung usw., 2. Auflage, 2. Band, S. 54 u. 55.

die gesamte Geburtenmasse einerseits nach ehelichen und unehelichen, andererseits nach Lebend- und Totgeburten gegliedert und ist auf Grund angestellter Untersuchungen zum Schlusse gekommen, daß auf die Gliederung der Geburten in eheliche und uneheliche die wirtschaftlichen Verhältnisse einen erheblichen Einfluß nehmen, während die Differenzierung nach Lebend- und Totgeburten mehr von physiologischen Momenten beeinflußt sein dürfte. Auch vorliegend zeigen die nach diesen beiden Gesichtspunkten differenzierten Geburtenmassen in Österreich für 1896 bis 1910 durchaus nicht den typischen Charakter zufällig gestörter Werte, sondern sind Reihen von Verhältniszahlen mit ausgesprochen symptomatischem Charakter.

Österreich 1896 bis 1910.

Jahr	λ_i	$p_i = \frac{m_i}{s_i}$	Hiervon unehelich Geborene m_i	Gesamte Geburtenmenge s_i	Hiervon Totgeborene m_i'	$p_i' = \frac{m_i'}{s_i'}$	λ_i'
1896	− 0·01703	0·14905	145.500	976.144	27.725	0·02840	− 0·00175
1897	− 1277	0·14479	140.683	971.632	26.868	0·02765	− 100
1898	− 1190	0·14392	136.723	949.979	26.738	0·02815	− 150
1899	− 728	0·13930	137.692	988.439	28.234	0·02856	− 191
1900	− 452	0·13654	135.933	995.537	27.598	0·02772	− 107
1901	− 272	0·13474	133.260	988.985	27.484	0·02779	− 114
1902	− 68	0·13270	134.136	1,010.843	26.603	0·02632	+ 33
1903	+ 551	0·12651	122.706	969.960	26.007	0·02681	− 16
1904	+ 384	0·12818	126.566	987.425	25.995	0·02633	+ 32
1905	+ 605	0·12597	119.163	945.978	24.214	0·02560	+ 105
1906	+ 853	0·12349	121.909	987.166	25.908	0·02624	+ 41
1907	+ 647	0·12555	121.396	966.911	24.742	0·02559	+ 106
1908	+ 817	0·12385	119.594	965.593	24.218	0·02508	+ 157
1909	+ 918	0·12284	118.553	965.096	23.857	0·02472	+ 193
1910	+ 964	0·12238	115.869	946.820	23.275	0·02458	+ 207
896—1910		0·13202	1,929.683	14,616.508	389.466	0·02665	
			$\frac{[m_i]}{15} = 128.645$	$\frac{[s_i]}{15} = 947.434$	$\frac{[m_i']}{15} = 25.964$		

Sowohl die Wahrscheinlichkeit einer Totgeburt wie die einer unehelichen Geburt hat in den letzten 15 Jahren fast ständig abgenommen, ein Oszillieren um eine konstante Grundwahrscheinlichkeit, wodurch eben die zufälligen Abweichungen mit normaler Streuung um den typischen Mittelwert erzeugt werden, ist nicht mehr wahrnehmbar. Hierbei ist der Abstand der extremen Glieder in der Reihe der Verhältniszahlen hinsichtlich der Totgeburten weit kleiner (0·02856 — 0·02458 = 0·00398) als in der Reihe der Verhältniszahlen hinsichtlich der unehelichen Geburten (0·14905 — 0·12238 = 0·02667). Darnach scheinen die wirtschaftlichen Verhältnisse hinsichtlich beider Momente störend einzuwirken, nur in dem einen Falle in weit geringerem Maße als in dem anderen.

Das Geschlechtsverhältnis Geborener ist ferner bei Zusammenfassung größerer Zeiträume nicht unerheblichen zeitlichen Schwankungen ausgesetzt. So hat sich hinsichtlich der lebendgeborenen Ehelichen (einschließlich der aus Militärfamilien Stammenden) in Österreich für die Zeit von 1872 bis 1909 bei einer gesamten Geburtenmenge von 29,453.373, wovon 15,149.525 Knabengeburten waren, für $p_0 = 0·51436$, $\mu_1 = 0·004998$, $\mu_2 = 0·007832$ und für $Q = \frac{\mu_2}{\mu_1} = 1·567$ ergeben.

Die Irritierung der empirischen Wahrscheinlichkeit durch örtliche Gliederung zeigt das vorstehende Beispiel 3 sehr deutlich. Während sich bei der Gliederung der gesamten Geburtenmasse nach den einzelnen Monaten eine große Annäherung der statistischen an die mathematische Wahrscheinlichkeit zeigt (der Divergenzkoëffizient $Q = 0·988$), ergibt sich bei der länderweisen Gliederung eine größere Streuung als die normale. Der Divergenzkoëffizient ist in diesem Falle gleich 1·217.

Ähnlich wie das Geschlechtsverhältnis der Geborenen wurden noch weitere statistische Wahrscheinlichkeiten untersucht, so das Geschlechtsverhältnis der Gestorbenen in den verschiedenen Altersklassen, wodurch der organische Unterschied in der Lebensfähigkeit der beiden Geschlechter zutage tritt, ferner das Geschlechtsverhältnis der Überlebenden in den Kinderjahren, wodurch ein weiterer Einblick gewährt wird, wie das ursprüngliche Übergewicht des männlichen Geschlechtes nach und nach aufgehoben wird, ferner die Untersuchung der Sterblichkeitsverhältnisse in den verschiedenen Altersstufen, und zwar bei der allgemeinen Bevölkerung und bei Versicherten usw.

Aus diesen kurzen Erwägungen ergibt sich ein ungemein wichtiges, fundamentales Postulat jeder statistischen Forschung: Größtmögliche Differenzierung der zu untersuchenden Massen. Je weiter man mit der Differenzierung der Masse geht, desto eher ist man in der Lage, den tatsächlichen Erscheinungen des Lebens auf den Grund zu sehen, desto eher sind Vermutungen über das Wesen der untersuchten Masse aus den Beobachtungen gerechtfertigt. Das, was wir brauchen, sind einzig und allein monographische Spezialuntersuchungen auf Grund der statistischen Methode.

Die übernormale Dispersion. Typische Wahrscheinlichkeitsgrößen mit variabler Grundwahrscheinlichkeit.

Es handelt sich zunächst um folgende wichtige theoretische Untersuchung.

Der Begriff der mathematischen Wahrscheinlichkeit ist auf den drei Grundbedingungen der Gleichmöglichkeit, Konstanz und Unabhängigkeit der Fälle aufgebaut. Auf diesen drei Grundbedingungen fußt im weiteren auch das Bernoullische Theorem. Weil Gleichmöglichkeit, Konstanz und Unabhängigkeit der Fälle bei der mathematischen Wahrscheinlichkeit stets als vorhanden vorausgesetzt werden, befolgen die empirischen Wahrscheinlichkeiten den Bernoullischen Satz und gruppieren sich dieselben nach der Fehlertheorie in normaler Streuung um die mathematische Wahrscheinlichkeit, die konstante Grundwahrscheinlichkeit.

Es entsteht nun die wichtige Frage: Wenn eine statistische Wahrscheinlichkeit wenigstens annähernd den Bernoullischen Satz befolgt, muß dann umgekehrt auch hier Möglichkeit, Konstanz und Unabhängigkeit der Ereignisfälle angenommen werden?

1. Gleichmöglichkeit der Fälle. Es läßt sich leicht zeigen, daß das Bernoullische Theorem auch für solche wahrscheinliche Erscheinungen gilt, bei welchen die Möglichkeit für den Eintritt des Ereignisses bei den einzelnen Versuchsfällen eine verschiedene ist.

Am besten versinnbildet den Vorgang hierbei ein entsprechend eingerichteter Komplex von Urnen mit weißen und schwarzen Kugeln. Wenn man nämlich ein System von Urnen hat, bei welchem in je einem Komplexe von Urnen das Mischungsverhältnis der weißen zu den schwarzen Kugeln ein anderes ist, dann wird offenbar die Gleichmöglichkeit der Fälle bei Ziehungen aus diesen Urnen gestört sein. Denn je größer das Übergewicht der weißen über die schwarzen Kugeln ist, desto eher liegt die Möglichkeit vor, eine weiße Kugel zu ziehen und umgekehrt. Es sei also gegeben:

r_1 Urnen mit weiß. u. schwarz. Kugeln im Misch.-Verh. p_1 (w.) u. q_1 (schw.)
r_2 „ „ „ „ „ „ „ „ p_2 „ „ q_2 „
. . . .
r_n „ „ „ „ „ „ „ „ p_n „ „ q_n „

Nach jedem Zuge wird die Kugel in die betreffende Urne zurückgelegt.

Die Wahrscheinlichkeit, blindlings aus irgend einem der Urnenkomplexe eine Kugel, gleichgültig ob weiß oder schwarz, zu ziehen, ist nun:

$$\frac{r_1}{\Sigma r_i} = k_1, \quad \frac{r_2}{\Sigma r_i} = k_2, \ldots \frac{r_n}{\Sigma r_i} = k_n;$$

die Wahrscheinlichkeit, eine weiße Kugel zu ziehen,

$$k_1 p_1, \quad k_2 p_2, \ldots \quad k_n p_n,$$

die Wahrscheinlichkeit, eine schwarze Kugel zu ziehen,

$$k_1 q_1, \quad k_2 q_2, \ldots \quad k_n q_n.$$

Ferner ist die Wahrscheinlichkeit, aus irgend einer der Urnen überhaupt eine weiße Kugel zu ziehen: $P = \Sigma k_i p_i$ und eine schwarze zu ziehen: $Q = \Sigma k_i q_i$, woraus folgt, daß $P + Q = 1$ ist, weil es ja sicher ist, daß man entweder eine weiße oder schwarze Kugel ziehen wird.

Die Wahrscheinlichkeit, bei σ Ziehungen τ weiße Kugeln, und zwar in einer bestimmten Ordnung zu ziehen, ist $P^\tau Q^{\sigma-\tau}$. Da die Reihenfolge des Erscheinens der Kugeln jedoch gleichgültig ist und es $\binom{\sigma}{\tau}$ Anordnungen der Faktoren in dem Produkte $P^\tau Q^{\sigma-\tau}$ gibt, ist endlich die Wahrscheinlichkeit, bei σ Ziehungen τ weiße Kugeln zu ziehen: $\binom{\sigma}{\tau} P^\tau Q^{\sigma-\tau}$.

Das ist aber nichts anderes als die Wahrscheinlichkeit eines wiederholten Versuches bei einer konstanten Grundwahrscheinlichkeit, obwohl man es hier mit einem Ereignis zu tun hat, bei welchem die einzelnen Möglichkeiten der Fälle verschieden wahrscheinlich sind. Man nennt ein Ereignis, bei welchem die einzelnen möglichen Ereignisfälle verschiedenen Wahrscheinlichkeiten unterliegen, welche jedoch selbst wieder nur als zufällige Schwankungen einer bestimmten konstanten Grundwahrscheinlichkeit anzusehen sind, nach v. Bortkiewicz ein Ereignis mit konstant zusammengesetzter Durchschnittswahrscheinlichkeit.

Es ist somit völlig gleichgültig, ob man mit konstanten Wahrscheinlichkeiten oder mit konstant zusammengesetzten Durchschnittswahrscheinlichkeiten arbeitet. Wenn also die Gleichmöglichkeit der Fälle in einer Versuchsreihe gestört ist, so folgt daraus nicht, daß die Anpassung an den Bernoullischen Satz gestört wird. Wird der Bernoullische Satz befolgt, dann muß auch das LEXISsche Kriterium erfüllt sein. Umgekehrt aber kann aus der Erfüllung des LEXISschen Kriteriums durch eine Versuchsreihe wieder nur ausgesagt werden, daß der ganzen Erscheinung entweder eine mathematische oder eine konstant zusammengesetzte Durchschnittswahrscheinlichkeit zugrunde liegt. Der Umstand, daß trotz Verletzung der Chancengleichheit eine Abänderung des LEXISschen Kriteriums nicht stattfindet, bringt es mit sich, daß eine ganze Reihe von Erscheinungen beobachtet werden kann, bei welchen das LEXISsche Kriterium erfüllt ist. Da die Präzisionsmaßzahl $h = \sqrt{\frac{s}{2PQ}}$ nur von s, P und Q abhängt, ist es hinsichtlich der Genauigkeitsmaße gleichgültig, ob man es mit einer konstanten Grundwahrscheinlichkeit oder mit einer konstant zusammengesetzten Durchschnittswahrscheinlichkeit zu tun hat. Nur in einer Beziehung hat das Vorhandensein der letzteren einen Einfluß: Die Präzision, welche dem Durchschnitte zukommt, ist nicht gleich dem Durchschnitte der Präzisionen (Satz von COURNOT). Das zeigt auch ein Studium der Genauigkeitsmaße in den zuletzt behandelten praktischen Beispielen.

2. Konstanz und Unabhängigkeit der Fälle. Da die Verletzung der Konstanz nichts anderes ist als eine Störung der Unabhängigkeit durch Einflußnahme der Zeit, so können diese beiden Bedingungen zugleich behandelt werden.

Wenn sich die Konstanz bzw. die Unabhängigkeit der Wahrscheinlichkeiten in den Versuchen ändert, entsteht immer übernormale Dispersion.

LEXIS hat angenommen, daß die Änderung der Wahrscheinlichkeit serienweise, also von Beobachtungsreihe zu Beobachtungsreihe, vor sich geht, so daß während einer solchen eine konstante Grundwahrscheinlichkeit herrscht.

Das Ergebnis der Beobachtung des Ereignisses E in σ verschiedenen Jahren oder aus σ getrennten Gebieten sei:

$$\frac{m_1}{s}, \frac{m_2}{s}, \ldots \frac{m_\sigma}{s},$$

das sind die empirischen Bestimmungen von $p_1, p_2, \ldots p_\sigma$. Ferner sei

$$\frac{m_1 + m_2 + \ldots + m_\sigma}{\sigma s} = p_0$$

das arithmetische Mittel der empirischen Bestimmungen

$$\frac{m_i}{s} \quad \text{und} \quad \frac{p_1 + p_2 + \ldots + p_\sigma}{\sigma} = p$$

das unbekannte Mittel der einzelnen Varianten p_i von der konstanten Grundwahrscheinlichkeit p oder mit anderen Worten die auf sämtliche Beobachtungen bezügliche Durchschnittswahrscheinlichkeit, für welche p_0 eine empirische Bestimmung vorstellt. Bei konstant bleibendem p wäre die mittlere Abweichung der $\frac{m_i}{s}$:

$$\mu_1 = \sqrt{\frac{p\,q}{s}}.$$

Setzt man für $-\frac{m_i}{s} + p = \varepsilon_i$, so gibt die bekannte Definitionsgleichung $\mu_2 = \sqrt{\frac{[\varepsilon\,\varepsilon]}{\sigma}}$ die tatsächlich stattfindende mittlere Abweichung. Es handelt sich nun um die Bestimmung von $[\varepsilon\,\varepsilon]$.

Aus

$$-\frac{m_i}{s} + p = \varepsilon_i$$

folgt

$$\varepsilon_i^2 = \left(\frac{m_i}{s}\right)^2 - 2\,p\,\frac{m_i}{s} + p^2 \text{ und } [\varepsilon\,\varepsilon] = \left[\left(\frac{m_i}{s}\right)^2\right] - 2p\left[\frac{m_i}{s}\right] + \sigma\,p^2.$$

Ferner ergibt sich aus

$$\left(-\frac{m_i}{s} + p_i\right)^2 = \left(\frac{m_i}{s}\right)^2 - 2\,p_i\,\frac{m_i}{s} + p_i^2$$

$$\left[\left(\frac{m_i}{s}\right)^2\right] = \left[\left(-\frac{m_i}{s} + p_i\right)^2\right] + 2\left[p_i\,\frac{m_i}{s}\right] - \left[p_i^2\right].$$

Daher wird

$$[\varepsilon\,\varepsilon] = \left[\left(-\frac{m_i}{s} + p_i\right)^2\right] + 2\left[p_i\,\frac{m_i}{s}\right] - \left[p_i^2\right] - 2\,p\left[\frac{m_i}{s}\right] + \sigma\,p^2. \tag{1}$$

Ersetzt man nun jedes Glied durch seinen Mittelwert, also ε_i^2 durch μ_2^2, $\left(-\frac{m_i}{s} + p_i\right)^2$ durch $\frac{p_i(1-p_i)}{s}$ und $\frac{m_i}{s}$ durch p_i, so wird aus Gleichung (1), wenn man aus dem Vorhergehenden berücksichtigt, daß $\frac{\Sigma p_i}{\sigma} = p$ ist:

$$\sigma\,\mu_2^2 = \left[\frac{p_i(1-p_i)}{s}\right] + 2\,[p_i^2] - [p_i^2] - 2\,p\,[p_i] + \sigma\,p^2$$

oder

$$\sigma\,\mu^2 = \left[\frac{p_i(1-p_i)}{s}\right] + [p_i^2] - \sigma\,p^2. \tag{2}$$

Nun folgt aus der Identität:

$$p_i q_i = p\,q + (p - q)(p - p_i) - (p_i - p)^2$$
$$[p_i q_i] = \sigma\,p\,q + (p - q)(\sigma\,p - [p_i]) - [(p_i - p)^2] =$$
$$= \sigma\,p\,q - [(p_i - p)^2]$$

und aus der Identität:

$$(p_i - p)^2 = p_i^2 - 2\,p\,p_i + p^2$$
$$[(p_i - p)^2] = [p_i^2] - \sigma\,p^2.$$

Daher wird aus Gleichung (2):

$$\sigma\,\mu^2 = \frac{\sigma\,p\,q}{s} - \frac{[(p_i - p)^2]}{s} + [(p_i - p)^2].$$

Daraus ergibt sich endlich die überaus wichtige Gleichung:

$$\mu_2 = \sqrt{\frac{p\,q}{s} + \frac{s-1}{s}\,\frac{[(p_i - p)^2]}{\sigma}}. \qquad (3)$$

Diskussion dieser Gleichung. $\sqrt{\frac{p\,q}{s}}\,(= \mu_1)$ ist die mittlere, vom Zufall allein abhängige Schwankung und heißt nach Lexis die unwesentliche Schwankungskomponente, der Normalfehler.

$$M = \sqrt{\frac{s-1}{s}\,\frac{[(p_i - p)^2]}{\sigma}}$$

stammt von den Schwankungen der Grundwahrscheinlichkeit her und wird nach Lexis die physische Schwankungskomponente und nach v. Bortkiewicz der absolute Fehlerexzedent genannt. Die letztere Komponente ist die für das Wesen der Massenerscheinungen mit variabler Grundwahrscheinlichkeit maßgebend.

$$\mu_2 = \sqrt{\mu_1^2 + M^2}$$

ist der analytische Ausdruck für die Verletzung der Konstanz und Unabhängigkeit der Fälle.

Ist $p_i = p$, dann wird $M = 0$, $\mu_2 = \mu_1$ und $Q = 1$, d. h. es herrscht normale Dispersion, Konstanz und Unabhängigkeit sind nicht gestört. Ist $M > 0$, dann wird $\mu_2 > \mu_1$ und $Q = \frac{\mu_2}{\mu_1} > 1$, d. i. das Kriterium von Lexis für übernormale Dispersion. M wird umso kleiner, je kleiner die Schwankungen $(p_i - p)$ der Grundwahrscheinlichkeit sind, je stabiler also die betreffende Massenerscheinung ist. Je größer die Annäherung der physikalischen an die kombinatorische Präzisionsmaßzahl ist, in desto geringerem Grade wird die Konstanz oder Unabhängigkeit gestört. Da $M = \sqrt{\frac{s-1}{s} \frac{[(p_i - p)^2]}{\sigma}}$ nie kleiner als Null werden kann, kann auch μ_2 nie kleiner als μ_1 oder der Divergenzkoëffizient $Q = \frac{\mu_2}{\mu_1}$ nie kleiner als 1 sein. (Kriterium der unternormalen Dispersion). Wenn man dennoch von unternormaler Dispersion spricht, so geschieht dies deshalb, weil Versuchsreihen unter einem gewissen normativen Zwang stehen können. Anläßlich der Einführung von neuen Gesetzen z. B., mit deren richtiger Anwendung die Praxis noch nicht vollkommen vertraut ist, bedient man sich mit vielem Erfolge der Statistik, um die richtige Handhabung der neuen Gesetze zu überwachen. Überhaupt ist das Gebiet der unternormalen Dispersion die Domäne der eigentlichen Verwaltungsstatistik, worauf im nächsten Abschnitte noch zurückzukommen sein wird.

Andererseits gelingt es oft, durch geeignete Weglassung von Jahren mit extremen Abweichungen Versuchsreihen mit übernormaler Dispersion in solche mit unternormaler Dispersion zu verwandeln. Das ist aber eine mißbräuchliche Beeinflussung, die leider nur allzuhäufig in Anwendung gebracht wird. Es kann doch eigentlich nur darauf ankommen, die einzelne Massenerscheinung mit Hilfe der statistischen Methode nach allen möglichen Richtungen hin zu durchleuchten und dann zu untersuchen, was für die einzelne Massenerscheinung daraus folgt, wenn der Divergenzkoëffizient nicht der Einheit gleich ist.

Sind die Umfänge der einzelnen Serien erheblich groß, sind also die s_i sehr große Zahlen, dann wird $\frac{s-1}{s}$ näherungsweise der Einheit gleich, d. h. die physische Schwankungskomponente ist bei erheblich großem s von diesem nur in sehr geringem Grade abhängig; hingegen nimmt die unwesentliche Schwankungskomponente $\mu_1 = \sqrt{\frac{pq}{s}}$ im Verhältnis der Quadratwurzel aus s ab. Bei großem s wird also M fast nicht irritiert, während μ_1 kleiner als M wird: Das aus den Abweichungen $\lambda_i = -\frac{m_i}{s} + p_0$ berechnete μ_2 bringt hauptsächlich die Schwankungen der Grundwahrscheinlichkeit zum Ausdruck. Der Divergenzkoëffizient

$$Q = \frac{\mu_2}{\mu_1} = \sqrt{1 + (s-1)\frac{[(p_i - p)^2]}{\sigma p q}}$$

wächst unter sonst gleich bleibenden Umständen mit s und zwar bei Vorhandensein einer auch noch so geringen physischen Schwankung.

Umgekehrt kann bei verhältnismäßig kleinem s auch M durch μ_1 verdeckt werden. Bei besonders kleinen Ereigniszahlen (v. Bortkiewicz hat unter anderem die Selbstmorde bei Kindern unter zehn Jahren untersucht), hinsichtlich welcher p eine sehr kleine Größe erster Ordnung, q näherungsweise der Einheit gleich ist und $\frac{s-1}{s} \frac{[(p_i - p)^2]}{\sigma}$ eine Größe der Kleinheit zweiter Ordnung wird, welche vernachlässigt werden kann, wird

$$Q = \frac{\mu_2}{\mu_1} = \sqrt{\frac{pq}{s} + \frac{s-1}{s}\frac{[(p_i - p)^2]}{\sigma}} : \sqrt{\frac{pq}{s}} = \sqrt{\frac{pq}{s}} : \sqrt{\frac{pq}{s}} = 1 .$$

Natürlich hat man es in diesem Falle mit keinen Wahrscheinlichkeiten mehr zu tun. v. Bortkiewicz hat diese Erscheinung das „Gesetz der kleinen Zahlen" genannt.

Endlich ist

$$Q = \frac{\mu_2}{\mu_1} = \frac{\sqrt{\mu_1^2 + M^2}}{\mu_1} \quad \text{und} \quad Q^2 = \frac{\mu_1^2 + M^2}{\mu_1^2}, \quad Q^2 \mu_1^2 = \mu_1^2 + M^2 ,$$

daher

$$M = \mu_1 \sqrt{Q^2 - 1} ,$$

d. i. der analytische Ausdruck, das Maß für die Beurteilung der physischen Dispersion. Ist $Q = \sqrt{2}$, dann wird $M = \mu_1$, d. h. das Maß der physischen Schwankungen ist dem der zufälligen gleich. Wird Q größer als $\sqrt{2}$, dann wird M größer als μ_1, d. h. in dem Maße, als Q von dem Werte $\sqrt{2} = 1{\cdot}414$ gegen größere Werte ansteigt, in demselben Maße wächst der Einfluß der physischen gegenüber den zufälligen Schwankungen.

Unternormale Dispersion. Während bei den Massenerscheinungen mit normaler Dispersion nur die Gleichmöglichkeit der Fälle, bei denen mit übernormaler Dispersion auch die Konstanz und Unabhängigkeit der Fälle in einem gewissen Grade gestört werden, werden dennoch bei beiden Massenerscheinungen die Abweichungen der empirischen von der konstanten Grundwahrscheinlichkeit, bzw. die Schwankungen der variablen Wahrscheinlichkeit um eine feste Grundwahrscheinlichkeit lediglich durch zufällige Einflüsse bewirkt, weshalb Lexis sowohl die Massenerscheinungen mit normaler wie mit übernormaler Dispersion zu den unverbundenen Massenerscheinungen zählt.

Anders verhält es sich bei den Massenerscheinungen mit unternormaler Dispersion. Eine unternormale Dispersion, d. h. eine größere Stabilität als die normale kann nur durch einen absichtlichen Eingriff, eine Norm, ein Gesetz usw. zustande kommen. Die Abweichungen haben nicht mehr den typischen Verlauf nach der GAUSSschen Fehlerkurve, sie zeigen vielmehr infolge des normativen Zwanges die Tendenz nach einem ganz bestimmten Verlauf. Die einzelnen Fälle sind nicht mehr voneinander unabhängig, man hat es hier nach LEXIS mit sogenannten verbundenen Massenerscheinungen zu tun. Wie bereits hervorgehoben, sind solche verbundene Massenerscheinungen hauptsächlich das Substrat der Verwaltungsstatistik.

Die Untersuchungsergebnisse von Massenerscheinungen, die entweder von absichtlichen Eingriffen beherrscht werden oder bei denen die physischen Schwankungen in einem ausgesprochenen Maße zur Geltung kommen (erheblich übernormale Dispersion) sind Zahlenreihen, welche symptomatischen Charakter haben und nach LEXIS symptomatische Reihen genannt werden. Der Einfluß der Beobachtungszeit wird hier wesentlich, die Reihen zeigen im zeitlichen Verlaufe entweder eine evolutorische oder involutorische Entwicklung. Erfolgen die Änderungen bei wachsender Beobachtungszeit ohne durchschlagende Tendenz zur Zunahme oder Abnahme, dann nennt man die Reihen oszillatorische oder undulatorische Reihen. Vollziehen sich die Änderungen mit einer gewissen Regelmäßigkeit, dann werden die undulatorischen zu periodischen Reihen.

Während die typischen Reihen durch die normale oder mäßig übernormale Dispersion vollständig charakterisiert sind, müssen bei symptomatischen Reihen die mit der Beobachtungszeit eintretenden Änderungen kontinuierlich untersucht und in Evidenz gehalten werden. Erst hierdurch ist es überhaupt möglich, das Wesen der betreffenden symptomatischen Massenerscheinungen näher zu erforschen.

Zusammenfassung. Der Divergenzkoëffizient ist näherungsweise der Einheit gleich bei reinen Wahrscheinlichkeiten (die statistische Wahrscheinlichkeit ist der mathematischen fast identisch), sowie bei konstant zusammengesetzten Durchschnittswahrscheinlichkeiten. In allen übrigen Fällen, in denen nämlich die physischen Einflüsse die zufälligen weitaus überwiegen, wird der Divergenzkoëffizient die Einheit erheblich überschreiten. Nur bei kleinen Ereigniszahlen (das sog. Gesetz der kleinen Zahlen) ergibt sich immer eine scheinbar normale Dispersion. Im übrigen kann sich eine größere Stabilität als die normale nach dem Fehlergesetze nur dann einstellen, wenn die Erscheinung nach einer ganz bestimmten Richtung hin zwangsweise beeinflußt wird.

Beispiele.

1. Die Verbrechensbetätigung der beiden Geschlechter.

a) Verbrechen überhaupt.

Die folgenden Daten sind dem Quellenwerke der „Österreichischen Statistik": Die Statistik der Rechtspflege, entnommen.

in den Jahren	In Österreich wurden wegen Verbrechen überhaupt verurteilt Personen im Alter von								
	über 14 bis 20 Jahren			über 20 Jahren			über 14 Jahren		
	männlich m	männl. u. weibl. zus. $m + w = s$	p_i	m	s	p_i	m	s	p_i
1880	4.366	5.212	0·837682	23.382	27.376	0·854106	27.748	32.588	0·851479
1881	4.516	5.405	0·835523	23.839	28.064	0·849451	28.355	33.469	0·847202
1882	4.357	5.258	0.828642	22.893	26.834	0·853134	27.250	32.092	0·849121
1883	4.376	5.256	0·832572	21.506	25.103	0·856710	25.882	30.359	0·852531
1884	4.578	5.538	0·826652	21.436	25.054	0·855592	26.014	30.592	0·850353
1885	4.387	5.249	0·835778	22.066	25.616	0·861415	26.453	30.865	0·857055
1886	4.390	5.287	0·830338	21.062	24.419	0·862525	25.452	29.706	0·856797
1887	4.431	5.358	0·826988	20.066	23.387	0·857998	24.497	28.745	0·852218
1888	4.386	5.241	0·836863	19.597	22.871	0·856849	23.983	28.112	0·853123
1889	4.698	5.617	0·836389	19.549	22.899	0·853705	24.247	28.516	0·850295
1890	5.069	6.001	0·844692	19.780	23.089	0·856685	24.849	29.090	0·854211
1891	4.796	5.779	0·829901	19.321	22.654	0·852874	24.117	28.433	0·848205
1892	5.203	6.238	0·834081	21.127	24.629	0·857810	26.330	30.867	0·853014
1893	4.996	5.959	0·838396	19.188	22.539	0·851324	24.184	28.498	0·848621
1894	5.390	6.378	0·845092	20.413	23.755	0·859314	25.803	30.133	0·856304
1895	5.079	5.976	0·849900	19.485	22.733	0·857124	24.564	28.709	0·855620
1896	5.105	5.945	0·858705	19.728	22.953	0·859495	24.833	28.898	0·859333
1897	5.473	6.473	0·845512	19.899	23.179	0·858493	25.372	29.652	0·855659
1898	6.575	7.569	0·868675	23.228	26.880	0·864137	29.803	34.449	0·865134
1899	5.698	6.665	0·854914	23.286	26.998	0·862508	28.984	33.663	0·861005
1900	5.211	6.128	0·850359	23.715	27.419	0·864911	28.926	33.547	0·862253
1901	6.039	7.013	0·861115	25.310	29.292	0·864058	31.349	36.305	0·863490
1902	5.781	6.812	0·848649	24.654	28.683	0·859533	30.435	35.495	0·857445
1903	5.598	6.578	0·851018	23.474	27.362	0·857905	29.072	33.940	0·856570
1904	5.894	6.900	0·854203	23.497	27.302	0·860633	29.391	34.202	0·859336
1905	5.792	6.736	0·859857	23.411	27.401	0·854385	29.203	34.137	0·855465
1906	6.213	7.211	0·861600	23.581	27.397	0·860715	29.794	34.608	0·860899
1907	5.896	6.841	0·861862	22.578	26.095	0·865223	28.474	32.936	0·864525
1908	6.518	7.562	0·861941	24.235	28.269	0·857299	30.753	35.831	0·858279
1909	6.697	7.844	0·853774	25.261	29.295	0·862297	31.958	37.139	0·860497
1880—1889	44.485	53.421	0·832725	215.396	251.623	0·856027	259.881	305.044	0·851946
1890—1899	53.384	62.983	0·847594	205.455	239.409	0·858176	258.839	302.392	0·855972
1900—1909	59.639	69.625	0·856574	239.716	278.515	0·860693	299.355	348.140	0·859869
1880—1909	157.508	186.029	0·846685	660.567	769.547	0·858384	818.075	955.576	0·856107

	Verurteilungen in Österreich wegen Verbrechen überhaupt in den Zeiträumen											
	1880—1889			1890—1899			1900—1909			1880—1909		
	hinsichtlich der männlichen verurteilten Personen im Alter von über											
	14—20 J.	20 J.	14 J.	14—20 J.	20 J.	14 J.	14—20 J.	20 J.	14 J.	14—20 J.	20 J.	14 J.
p_0	0·832725	0·856027	0·851946	0·847594	0·858176	0·855972	0·856574	0·860693	0·859869	0·846685	0·858384	0·856107
μ_2	0·004275	0·003904	0·003116	0·011671	0·003887	0·005240	0·005366	0·003538	0·002998	0·012514	0·004112	0·005002
μ_1	0·005106	0·002213	0·002033	0·004529	0·002255	0·002019	0·004201	0·002075	0·001860	0·004561	0·002177	0·001966
Q	0·837	1·764	1·533	2·577	1·724	2·594	1·277	1·705	1·611	2·744	1·889	2·543
ϑ_2	0·003944	0·003110	0·002453	0·009456	0·002965	0·004046	0·005098	0·002893	0·002600	0·011014	0·003359	0·004129
$\frac{\mu_2}{\vartheta_2}$	1·084	1·255	1·270	1·234	1·311	1·295	1·071	1·223	1·153	1·136	1·224	1·211
h_2	165·42	181·13	226·91	60·58	181·93	135·08	131·76	199·88	235·85	56·50	171·98	141·37
Die Fehlerverteilung[1]	A B T	A B T	A B T	A B T	A B T	A B T	A B T	A B T	A B T	A B T	A B T	A B T
	3 3 5	2 5 4	1 3 2	3 4 2	1 2 2	2 4 3	3 2 4	2 4 4	1 2 3	3 4 6	1 5 6	1 7 5
	4 5 6	4 7 7	3 6 7	9 5 5	3 6 6	4 6 6	6 8 7	4 7 7	3 6 7	6 7 11	2 12 11	2 9 9
	5 8 7	6 8 9	5 9 9	15 8 8	6 9 9	6 7 7	9 10 9	5 9 8	5 10 9	9 11 16	3 15 16	3 11 13
	6 9 8	8 10 10	6 10 9	22 10 9	7 10 9	8 9 9		7 10 9		12 16 20	4 18 20	4 16 17
	7 10 9					10 10 9				15 22 23	5 22 23	5 20 20
										18 26 25	6 26 26	6 22 23
										21 29 27	7 28 27	7 24 25
										22 30 28	8 29 28	8 27 27
											9 30 29	9 29 28
												10 30 29

[1]) A = Abweichung in Tausendstel; B = Zahl der beobachteten Fälle; T = Zahl der nach der Theorie berechneten Fälle.

	Die in Österreich wegen Verbrechen überhaupt verurteilten Personen im Alter von über 20 Jahren.									
	1900		1901		1902		1903		1904	
	männlich m	männl. u. weiblich $m+w=s$	m	s	m	s	m	s	m	s
Wien	1.850	2.208	2.117	2.557	1.907	2.283	1.689	2.052	1.711	2.059
Übriges N.-Österr.	757	870	908	1.030	918	1.037	837	960	763	885
Oberösterreich . .	731	843	709	829	782	924	752	885	580	699
Salzburg . . .	217	267	256	303	249	301	279	323	267	314
Steiermark . .	1.885	2.144	1.990	2.276	1.953	2.243	1.762	2.065	1.649	1.898
Kärnten . .	417	461	437	505	521	593	452	515	495	575
Krain . . .	733	804	655	732	716	787	732	807	687	745
Tirol . . .	768	882	871	998	803	935	734	865	753	879
Vorarlberg .	225	247	225	250	178	204	193	213	168	187
Küstenland . . .	747	816	720	787	658	722	808	883	814	899
Böhmen	3.783	4.341	3.813	4.445	3.817	4.508	3.667	4.290	3.627	4.258
Mähren	2.715	3.282	3.062	3.640	2.872	3.428	2.528	3.018	2.614	3.104
Schlesien	774	907	892	1.036	799	950	804	942	790	915
Westgalizien . .	2.445	2.926	2.593	3.107	2.607	3.140	2.313	2.842	2.489	2.987
Ostgalizien . . .	3.930	4.444	4.215	4.720	4.408	4.944	4.490	5.066	4.422	5.015
Bukowina . . .	848	978	850	971	740	900	738	862	852	974
Dalmatien . . .	890	999	997	1.106	726	784	696	774	816	909
Staatsgebiet . . .	23.715	27.419	25.310	29.292	24.654	28.683	23.474	27.362	23.497	27.302

	Die in Österreich wegen Verbrechen überhaupt verurteilten Personen im Alter von über 20 Jahren.											
	1905		1906		1907		1908		1909		1900—1909	
	m	*s*	*m*	*s*	*m*	*s*	*m*	*s*	*m*	*s*	*m*	*s*
Wien	2.000	2.338	2.100	2.405	2.042	2.390	2.384	2.749	2.464	2.895	20.264	23.936
Übriges N.-Österr.	788	939	816	921	726	808	822	929	829	910	8.164	9.289
Oberösterreich . .	562	672	562	659	538	629	523	631	635	752	6.374	7.523
Salzburg	210	253	230	270	221	262	231	277	238	284	2.398	2.854
Steiermark . . .	1.555	1.801	1.730	1.962	1.607	1.817	1.628	1.879	1.934	2.216	17.693	20.301
Kärnten . . .	404	474	406	458	403	474	429	513	427	499	4.391	5.067
Krain	653	719	549	607	478	521	628	692	642	701	6.473	7.115
Tirol	818	987	786	909	794	909	855	988	970	1.130	8.152	9.482
Vorarlberg . . .	182	208	132	154	153	170	191	212	212	235	1.859	2.080
Küstenland . . .	729	808	660	729	726	775	763	837	823	909	7.448	8.165
Böhmen	3.468	4.065	3.781	4.464	3.436	4.001	3.540	4.246	3.807	4.412	36.739	43.030
Mähren	2.582	3.095	2.569	3.052	2.521	2.970	2.488	2.959	2.505	2.973	26.456	31.521
Schlesien	721	846	704	825	777	911	830	994	915	1.050	8.006	9.376
Westgalizien . .	2.392	2.971	2.336	2.867	2.291	2.761	2.587	3.097	2.632	3.148	24.685	29.846
Ostgalizien . . .	4.550	5.185	4.456	5.088	4.206	4.836	4.588	5.260	4.455	5.144	43.720	49.702
Bukowina . . .	930	1.077	1.002	1.195	941	1.073	961	1.124	926	1.098	8.788	10.252
Dalmatien . . .	867	963	762	832	718	788	787	882	847	939	8.106	8.976
Staatsgebiet . . .	23.411	27.401	23.581	27.397	22.578	26.095	24.235	28.269	25.261	29.295	239.716	278.515

	Untersuchungen über die Sexualproportion auf Grund der Daten der vorhergehenden Tafel.						
	s_0	p_0	μ_2	μ_1	Q	h_2	$\frac{\mu_2}{\vartheta_2}$
Wien	2.394	0·8466	0·017124	0·007363	2·326	41·295	1·112
Übriges Niederösterreich	929	0·8789	0·019809	0·010707	1·850	35·696	1·286
Oberösterreich	752	0·8473	0·010683	0·013118	0·814	66·190	1·299
Salzburg	285	0·8402	0·014745	0·021693	0·680	47·955	1·225
Steiermark	2.030	0·8715	0·009252	0·007424	1·246	76·430	1·257
Kärnten	507	0·8666	0·020139	0·015100	1·333	35·112	1·197
Krain	711	0·9098	0·007597	0·010747	0·707	93·084	1·310
Tirol	948	0·8597	0·013459	0·011280	1·193	52·535	1·327
Vorarlberg	208	0·8937	0·017677	0·021383	0·827	40·000	1·212
Küstenland	816	0·9122	0·009848	0·009908	0·994	71·808	1·428
Böhmen	4.303	0·8538	0·010218	0·005385	1·897	69·204	1·320
Mähren	3.152	0·8393	0·005760	0·006542	0·880	122·850	1·306
Schlesien	938	0·8539	0·010409	0·011536	0·902	67·930	1·408
Westgalizien	2.985	0·8271	0·014460	0·006919	2·090	48·923	1·219
Ostgalizien	4.970	0·8796	0·009138	0·004616	1·980	77·388	1·137
Bukowina	1.025	0·8572	0·018072	0·010929	1·653	39·127	1·203
Dalmatien	898	0·9051	0·010818	0·009871	1·096	65·368	1·273
Staatsgebiet	27.851	0·8607	0·003538	0·002075	1·705	199·880	1·223

Die Fehlerverteilung ist folgende:

	λ von 0 bis	*B*	*T*		λ von 0 bis	*B*	*T*
Wien:	±0·008	2	4	Küstenland:	±0·008	8	6
	0·016	6	6		0·025	10	10
	0·024	9	8	Böhmen:	0·003	3	2
	0·027	10	9		0·006	5	4
Übriges: Nieder-österreich	0·010	6	4		0·009	7	6
	0·020	8	7		0·018	9	9
	0·040	10	9		0·020	10	9
Oberösterreich	0·003	4	2	Mähren:	0·002	4	3
	0·009	7	6		0·004	7	5
	0·012	8	7		0·006	8	7
	0·020	10	9		0·012	10	10
Salzburg:	0·006	3	3	Schlesien:	0·001	3	1
	0·012	7	6		0·002	5	2
	0·018	8	8		0·010	7	7
	0·024	9	9		0·015	8	8
	0·030	10	9		0·020	10	9
Steiermark:	0·005	4	4	Westgalizien:	0·006	2	3
	0·010	7	7		0·012	6	6
	0·015	9	9		0·024	9	9
	0·020	10	10		0·030	10	10
Kärnten:	0·006	2	2	Ostgalizien:	0·003	2	2
	0·012	4	4		0·006	4	5
	0·018	7	6		0·009	6	7
	0·020	8	7		0·012	7	8
	0·040	10	9		0·015	10	9
Krain:	0·002	3	2	Bukowina:	0·006	2	3
	0·004	5	4		0·012	4	5
	0·006	6	6		0·018	6	7
	0·008	8	7		0·024	9	8
	0·016	10	10		0·036	10	9
Tirol:	0·005	3	3	Dalmatien:	0·003	3	2
	0·010	5	5		0·006	5	4
	0·015	9	7		0·009	6	6
	0·030	10	10		0·012	7	7
Vorarlberg:	0·008	4	3		0·015	9	8
	0·016	7	6		0·023	10	10
	0·024	9	8	Staatsgeb.	0·002	4	4
	0·040	10	10		0·004	7	7
Küstenland:	0·001	2	1		0·005	9	8
	0·003	4	2		0·007	10	9
	0·006	5	4				

Die nächsten Tafeln sind den Untersuchungen über die Verbrechensbetätigung der männlichen Jugendlichen gewidmet, und zwar enthält die erste Tafel die absoluten Zahlen, die zweite Tafel die Untersuchung über die örtlichen Änderungen, die dritte die über die zeitlichen Änderungen der Wahrscheinlichkeiten für die männliche Verbrechensbetätigung.

Die in Österreich wegen Verbrechen überhaupt verurteilten Personen im Alter von über 14 bis 20 Jahren.

	1900		1901		1902		1903		1904	
	männlich = *m*	männl. u. weibl. zus. $m + w = s$	*m*	*s*	*m*	*s*	*m*	*s*	*m*	*s*
Wien	532	658	605	763	577	712	482	598	549	675
Übr. Nied.-Öst.	198	232	203	241	255	301	286	348	215	260
Oberösterreich	174	207	246	282	187	230	174	213	156	192
Salzburg . .	37	48	40	57	55	60	41	54	46	59
Steiermark . .	551	626	557	618	593	675	487	582	481	557
Kärnten . .	118	141	111	130	126	156	135	165	112	140
Krain . . .	203	220	209	230	203	225	227	249	205	223
Tirol	167	202	213	252	170	205	172	204	167	204
Vorarlberg .	34	39	58	69	48	53	42	53	26	32
Küstenland .	181	201	208	229	168	191	174	190	216	244
Böhmen . .	810	967	1.015	1.195	865	1.042	847	1.021	894	1.073
Mähren . . .	543	650	634	739	601	708	537	617	639	742
Schlesien . .	161	189	177	206	211	248	180	204	209	239
Westgalizien .	531	610	609	700	706	811	639	728	711	800
Ostgalizien . .	654	767	804	915	736	853	848	973	914	1.046
Bukowina . .	177	219	173	199	150	198	175	213	233	274
Dalmatien . .	140	152	177	188	130	144	152	166	121	140
Staatsgebiet .	5.211	6.128	6.039	7.013	5.781	6.812	5.598	6.578	5.894	6.900

Die in Österreich wegen Verbrechen überhaupt verurteilten Personen im Alter von über 14 bis 20 Jahren.

	1905		1906		1907		1908		1909		1900—1909	
	männlich = *m*	männl. u. weibl. zus. $m + w = s$	*m*	*s*	*m*	*s*	*m*	*s*	*m*	*s*	*m*	*s*
Wien . . .	640	765	763	892	669	817	860	1.016	766	913	6.443	7.809
Übr. Nied.-Öst.	282	333	256	295	238	283	249	278	249	303	2.431	2.874
Oberösterreich	167	201	144	193	154	186	160	193	173	219	1.735	2.116
Salzburg . .	50	62	51	60	57	68	48	70	43	57	468	595
Steiermark . .	456	539	537	609	498	577	489	562	502	583	5.151	5.928
Kärnten . .	119	145	114	130	119	150	128	155	142	163	1.224	1.475
Krain . . .	197	214	202	222	174	190	156	173	211	236	1.987	2.182
Tirol	175	213	180	205	180	219	215	256	219	273	1.858	2.233
Vorarlberg .	26	31	28	34	20	24	35	39	37	39	354	413
Küstenland .	190	218	196	222	208	222	215	232	227	256	1.983	2.205
Böhmen . . .	756	899	952	1.120	820	954	901	1.101	1.000	1.194	8.860	10.566
Mähren . . .	642	730	620	707	580	695	607	691	588	693	5.991	6.972
Schlesien . .	208	245	159	199	197	229	259	296	282	314	2.043	2.369
Westgalizien .	607	688	695	785	691	770	870	974	806	906	6.865	7.772
Ostgalizien . .	919	1.038	940	1.111	917	1.038	936	1.070	1.043	1.227	8.711	10.038
Bukowina . .	206	250	228	272	231	269	232	291	265	313	2.070	2.498
Dalmatien . .	152	165	148	155	143	150	158	165	144	155	1.465	1.580
Staatsgebiet . .	5.792	6.736	6.213	7.211	5.896	6.841	6.518	7.562	6.697	7.844	59.639	69.625

	Die Wahrscheinlichkeiten für die Verbrechensbetätigung der männl. Jugendlichen in den Jahren										
	1900	1901	1902	1903	1904	1905	1906	1907	1908	1909	1900—1909
Wien	0·8085	0·7929	0·8104	0·8060	0·8133	0·8366	0·8554	0·8188	0·8486	0·8390	0 8251
Übriges Niederösterreich	0·8534	0·8423	0·8472	0·8218	0·8269	0·8468	0·8678	0·8410	0·8957	0·8218	0·8459
Oberösterreich	0·8406	0·8723	0·8130	0·8169	0·8125	0·8308	0·7461	0·8279	0·8290	0·7899	0·8199
Salzburg	0·7708	0·7017	0·9167	0·7592	0·7797	0·8064	0 8500	0·8382	0·6857	0·7544	0·7865
Steiermark	0·8802	0·9013	0·8785	0·8368	0·8635	0·8460	0·8818	0·8631	0·8701	0·8611	0·8689
Kärnten	0·8369	0·8538	0·8077	0·8182	0·8000	0·8207	0·8769	0·7933	0·8258	0·8712	0·8298
Krain	0·9227	0·9087	0·9022	0·9116	0·9193	0·9206	0·9099	0·9158	0·9017	0·8941	0·9106
Tirol	0·8267	0·8452	0·8293	0·8431	0·8186	0·8216	0·8780	0·8219	0·8398	0·8022	0·8321
Vorarlberg	0·8718	0·8406	0·9057	0·7924	0·8125	0·8387	0·8235	0·8333	0·8974	0·9487	0·8571
Küstenland	0·9005	0·9083	0·8796	0·9158	0·8852	0·8716	0·8829	0·9369	0·9267	0·8867	0·8993
Böhmen	0·8376	0·8410	0·8301	0·8296	0·8332	0·8409	0·8500	0·8595	0·8183	0·8375	0·8385
Mähren	0·8354	0·8579	0·8489	0·8703	0·8612	0·8794	0·8769	0·8345	0·8784	0·8485	0·8593
Schlesien	0·8518	0·8592	0·8508	0·8823	0·8745	0·8490	0·7990	0·8603	0·8750	0·8981	0·8624
Westgalizien	0·8705	0·8700	0·8705	0·8777	0·8887	0·8823	0·8853	0·8974	0·8932	0·8896	0·8833
Ostgalizien	0·8527	0·8787	0·8628	0·8715	0·8738	0·8853	0·8461	0·8834	0·8748	0·8500	0·8678
Bukowina	0·8082	0·8693	0·7576	0·8216	0·8504	0·8240	0·8382	0·8587	0·7972	0·8466	0·8287
Dalmatien	0·9210	0·9415	0·9028	0·9157	0·8643	0·9212	0·9548	0·9533	0·9576	0·9290	0·9272
Staatsgebiet	0·8503	0·8611	0·8486	0·8510	0·8542	0·8598	0·8616	0·8619	0·8619	0·8538	0·8566
μ_2	0·058372	0·076264	0·063906	0·066692	0·060823	0·055269	0·064670	0·070737	0·082156	0·065245	0·052497
μ_1	0·037040	0·034584	0·035833	0·035609	0·035299	0·034728	0·034526	0·034511	0·034511	0·035327	0 035057
Q	1·576	2·205	1·784	1·873	1·723	1·592	1·876	2·050	2·381	1·847	1·498
Ohne Wien, Salzburg, Krain, Küstenland und Dalmatien:											
p_0'	0·8492	0·8655	0·8482	0·8498	0·8557	0·8590	0 8574	0·8611	0·8603	0·8521	0·8559
μ_2'	0·039010	0·043105	0·060023	0·052535	0·054393	0·050851	0·066215	0·055538	0·065419	0·063908	0·041327
μ_1'	0·035792	0·034117	0·035876	0·035736	0·035128	0·034814	0·034958	0·034584	0·034656	0 035511	0·035114
Q'	1·090	1·263	1·673	1·470	1·549	1·461	1·894	1·606	1·888	1·800	1·177

	Untersuchung der vorliegenden statistischen Wahrscheinlichkeit in den einzelnen Staatsgebietsteilen für die Periode von 1900—1909.				
	s_0	p_0	μ_2	μ_1	Q
Wien	781	0·8251	0·020466	0·013597	1·505
Übriges Niederösterreich	287	0·8459	0·022554	0·021301	1·059
Oberösterreich	212	0·8199	0·033162	0·026420	1·255
Salzburg	59	0·7865	0·069501	0·053137	1·308
Steiermark.	593	0 8689	0·018607	0·013870	1·342
Kärnten	147	0·8298	0·028870	0·030952	0·933
Krain	218	0·9106	0·009287	0·019315	0·481
Tirol	223	0·8321	0·020510	0 025003	0·820
Vorarlberg	41	0·8571	0·048390	0·054462	0·889
Küstenland	221	0·8993	0·021861	0·020259	1·079
Böhmen	1.057	0·8385	0·011417	0·011317	1·009
Mähren	697	0·8593	0·017050	0·013702	1·244
Schlesien	237	0·8624	0·026743	0·022375	1·196
Westgalizien	777	0·8833	0·010037	0·011470	0·875
Ostgalizien	1.004	0·8678	0·012892	0·010693	1·206
Bukowina	250	0·8287	0·033284	0·023835	1·397
Dalmatien	158	0·9272	0·028564	0·020655	1·383
Staatsgebiet	6.962	0·8566	0·005378	0·004214	1·276

Die Fehlerverteilung hinsichtlich der 12 Staatsgebietsteile ohne Wien, Salzburg, Krain, Küstenland und Dalmatien für den Zeitraum von 1900—1909 ist folgende:

λ von 0 bis	Zahl der beob. Fälle B	Zahl der berechn. Fälle T
± 0·006	4	10
0·008	8^{4}	14^{4}
0·02	17^{9}	34^{20}
0·03	28^{11}	49^{15}
0·04	36^{8}	63^{14}
0·05	46^{10}	76^{13}
0·06	57^{11}	86^{10}
0·07	59^{2}	95^{9}
0·08	69^{10}	102^{7}
0·09	73^{4}	107^{5}
0·1	76^{3}	111^{4}
0·2	104^{28}	120^{9}
0·3	115^{11}	—
0·4	119^{4}	—
0·5	120^{1}	—

b) Das Verbrechen des Diebstahls.

(Die Daten sind gleichfalls dem Quellenwerke der „Österreichischen Statistik" entnommen.)

in den Jahren	In Österreich wurden wegen Verbrechen des Diebstahls verurteilt Personen im Alter von								
	über 14 bis 20 Jahren			über 20 Jahren			über 14 Jahren		
	männlich m	männl. u. weibl. zus. $m+w=s$	p_i	m	s	p_i	m	s	p_i
1882	2.950	3.672	0·803377	11.603	14.146	0·820232	14.553	17.818	0·816758
1883	2.913	3.646	0·798958	10.880	13.388	0·812668	13.793	17.034	0·809733
1884	2.971	3.764	0·789320	10.449	12.837	0·813975	13.420	16.601	0·808385
1885	2.745	3.471	0·790838	10.686	12.944	0·825556	13.431	16.415	0·818215
1886	2.670	3.393	0·786914	9.502	11.661	0·814853	12.172	15.054	0·808556
1887	2.731	3.485	0·783644	8.649	10.785	0·801947	11.380	14.270	0·797477
1888	2.596	3.284	0·790499	8.264	10.367	0·797145	10.860	13.651	0·795546
1889	2.912	3.664	0·794760	8.719	10.847	0·803817	11.631	14.511	0·801530
1890	2.952	3.717	0·794189	8.410	10.549	0·797232	11.362	14.266	0·796439
1891	2.974	3.768	0·789278	8.437	10.523	0·801767	11.411	14.291	0·798475
1892	3.269	4.108	0·795764	9.911	12.137	0·816594	13.180	16.245	0·811326
1893	2.941	3.696	0·795725	7.948	9.963	0·797752	10.889	13.659	0·797203
1894	3.053	3.826	0·797961	8.383	10.339	0·810813	11.436	14.165	0·807342
1895	2.882	3.601	0·800333	7.757	9.680	0·801343	10.639	13.281	0·801069
1896	2.922	3.591	0·813701	7.603	9.473	0·802597	10.525	13.064	0·805649
1897	3.142	3.969	0·791635	7.744	9.713	0·797282	10.886	13.682	0·795644
1898	3.738	4.546	0·822261	9.305	11.564	0·804652	13.043	16.110	0·809621
1899	3.134	3.905	0·802561	8.580	10.663	0·804652	11.714	14.568	0·804091
1900	2.997	3.732	0·803055	8.645	10.693	0·808473	11.642	14.425	0·807071
1901	3.454	4.230	0·816548	9.525	11.804	0·806930	12.979	16.034	0·809467
1902	3.412	4.232	0·806238	9.324	11.574	0·805599	12.736	15.806	0·805770
1903	3.235	4.037	0·801338	8.959	11.076	0·808866	12.194	15.113	0·806855
1904	3.546	4.351	0·814985	9.361	11.456	0·817126	12.907	15.807	0·816537
1905	3.487	4.275	0·815672	9.462	11.697	0·808925	12.949	15.972	0·810731
1906	3.662	4.493	0·815046	9.151	11.278	0·811403	12.813	15.771	0·812440
1907	3.530	4.300	0·820930	9.240	11.227	0·823016	12.770	15.527	0.822438
1908	4.081	4.948	0·824778	10.141	12.478	0·812710	14.222	17.426	0·816137
1909	4.238	5.210	0·813436	10.982	13.335	0·823547	15.220	18.545	0·820706
1882—1889	22.488	28.379	0·792417	78.752	96.975	0·812086	101.240	125.354	0·807633
1890—1899	31.007	38.727	0·800656	84.078	104.604	0·803774	115.085	143.331	0·802932
1900—1909	35.642	43.808	0·813596	94.790	116.618	0·812825	130.432	160.426	0·813035
1882—1909	89.137	110.914	0·803659	257.620	318.197	0·809624	346.757	429.111	0·808082

Verurteilungen in Österreich wegen Verbrechen des Diebstahls in den Zeiträumen hinsichtlich der männlichen verurteilten Personen im Alter von über

	1832—1839 14—20 J.	1832—1839 20 J.	1832—1839 14 J.	1890—1899 14—20 J.	1890—1899 20 J.	1890—1899 14 J.	1900—1909 14—20 J.	1900—1909 20 J.	1900—1909 14 J.	1882—1909 14—20 J.	1882—1909 20 J.	1882—1909 14 J.
p_0	0·792417	0 812086	0·807633	0·800656	0·803774	0·802932	0·813596	0·812825	0·813035	0·803659	0·809624	0 808082
μ_2	0·006452	0 009664	0·008346	0·010268	0 006218	0·005723	0 007538	0·006465	0·005907	0 011870	0·008309	0 007738
μ_1	0·006810	0·003548	0·003150	0·006419	0·003883	0·003323	0·005884	0·003612	0·003078	0·006312	0·003683	0·003181
ϑ_2	0·005441	0·008045	0·006926	0·008038	0 004879	0·005186	0·005976	0·005490	0·005221	0·010280	0·006983	0·006215
Q	0 947	2·724	2·649	1·599	1·601	1·723	1·281	1·707	1·919	1·880	2·256	2·433
$\frac{\mu_2}{\vartheta_2}$	1 186	1·201	1·205	1·277	1·274	1·104	1·261	1·178	1 131	1·155	1·190	1·245
h_2	109·59	73·17	84·73	68 87	113·72	123·55	93 80	109·38	119·70	59·57	85 10	91·38

Fehlerverteilung[1]

1832—1839:

14—20 J. *A*	*B*	*T*	20 J. *A*	*B*	*T*	14 J. *A*	*B*	*T*
2	2	2	2	2	1	1	2	1
4	4	4	10	5	5	5	3	4
6	5	5	15	8	7	10	5	6
8	6	6				15	8	7
11	8	7						

1890—1899:

14—20 J. *A*	*B*	*T*	20 J. *A*	*B*	*T*	14 J. *A*	*B*	*T*
2	2	1	1	2	1	3	3	4
4	3	3	2	3	2	6	6	7
6	5	4	3	5	4	9	10	9
8	6	6	8	9	8			
10	7	7	13	10	10			
12	8	7						
14	9	8						
22	10	10						

1900—1909:

14—20 J. *A*	*B*	*T*	20 J. *A*	*B*	*T*	14 J. *A*	*B*	*T*
2	3	2	2	2	2	3	2	4
4	5	4	4	4	5	6	6	7
8	7	7	6	7	6	9	9	9
10	8	8	8	8	8	10	10	9
12	9	9	11	10	9			
13	10	9						

1882—1909:

14—20 J. *A*	*B*	*T*	20 J. *A*	*B*	*T*	14 J. *A*	*B*	*T*
4	6	7	2	5	5	1	3	3
8	10	14	4	8	10	2	8	6
12	16	19	6	14	15	3	11	8
16	23	23	8	19	19	4	13	11
20	26	25	10	20	21	6	14	16
22	28	26	12	22	24	8	16	19
			14	27	25	10	20	22
			16	28	26	12	24	25
						14	27	26
						15	28	26

[1]) *A* = Abweichung in Tausenteln; *B* = Zahl der beobachteten Fälle; *T* = Zahl der nach der Theorie berechneten Fälle·

2. Altersgliederung der Verbrecher.

Die Daten sind wieder dem Quellenwerke der „Österreichischen Statistik“: Die Statistik der Rechtspflege entnommen.

Jahr	Die in Österreich wegen Verbrechen überhaupt verurteilten Personen männlichen Geschlechts im Alter von über 14 bis 20 Jahren.					
	Zahl der Verurteilten m_i	Die männliche, 14—20jährige anwesende Bevölkerung in Tausendern: s_i	p_i	λ_i	$\lambda\lambda$	$\|\lambda\|$
1880	4.366	1.234	0·003538	+0·000163	0·000000026569	0·000021
1881	4.516	1.248	3619	+ 82	6724	24
1882	4.357	1.257	3466	+ 235	55225	37
1883	4.376	1.269	3448	+ 253	64009	51
1884	4.578	1.279	3579	+ 122	14884	82
1885	4.387	1.288	3406	+ 295	67025	86
1886	4.390	1.298	3382	+ 319	101761	89
1887	4.431	1.309	3385	+ 316	99856	97
1888	4.386	1.322	3318	+ 383	146689	106
1889	4.698	1.336	3516	+ 185	34225	110
1890	5.069	1.351	3752	− 51	2601	114
1891	4.796	1.362	3521	+ 180	32400	120
1892	5.203	1.370	3798	− 97	9409	122
1893	4.996	1.383	3612	+ 89	7921	163
1894	5.390	1.393	3869	− 168	28224	168
1895	5.079	1.405	3615	+ 86	7396	180
1896	5.105	1.420	3595	+ 106	11236	180
1897	5.473	1.436	3811	− 110	12100	185
1898	6.575	1.449	4538	− 837	700569	188
1899	5.698	1.465	3889	− 188	35344	235
1900	5.211	1.480	3521	+ 180	32400	253
1901	6.039	1.496	4037	− 336	112896	259
1902	5.781	1.513	3821	− 120	14400	295
1903	5.598	1.528	3664	+ 37	1369	316
1904	5.894	1.545	3815	− 114	12996	319
1905	5.792	1.556	3722	− 21	441	336
1906	6.213	1.569	3960	− 259	67081	375
1907	5.896	1.583	3725	− 24	576	383
1908	6.518	1.599	4076	− 375	140625	837
				+0·000331	0·000001846951	0·005731
1880—$\overline{89}$	44.485	12.840	0·003464	[λ]	[λλ]	[|λ|]
1890—$\overline{99}$	53.384	14.034	0·003804	16 positiv		
1900—$\overline{08}$	52.942	13.869	0.003817	13 negativ		
1880—1908	150.811	40.743	0·003701			

Die Ergebnisse aus den Daten der vorstehenden Tafel sind folgende:

Zeitraum	s_0	μ_2	μ_1	Q
1880 bis 1889	1,284.000	0·00009632	0·00005186	1·857
1890 bis 1899	1,403.000	0·00028856	0·00005197	5·550
(ohne das Jahr 1898	1,398.000	0·00013368	0·00005148	2·596)
1900 bis 1908	1,541.000	0·00018182	0·00004965	3·662
1880 bis 1908	1,405.000	0·00025683	0·00005123	5·016
(ohne das Jahr 1898	1,403.000	0·00020381	0·00005106	3·988)

3. Selbstmorde.

Die folgenden Daten sind der Abhandlung Dr. KUTTELWASCHERS: Selbstmord und Selbstmordstatistik in Österreich, Stat. Mon.-Schrift, Neue Folge, XVII. Jahrgang, V. und VI. Heft, entnommen.

a) Untersuchungen über die Sexualproportion.

(Bei den folgenden Berechnungen wurden die einzelnen Serien als ungleich behandelt und als Gewichtseinheit 100 angenommen).

Zahl der Selbstmorde						
in den Jahren	männlich m_i	männl. u. weibl. zus. $m_i + w_i = s_i$	p_i	λ_i	$\lambda\lambda$	$g\,\lambda\lambda$
1851	613	752	0·31516	−0·02681	0·0007187761	0·00539082075
1852	717	888	0·80743	− 1908	3640464	324001296
1853	797	966	0·82505	− 3670	13468900	1306483300
1854	895	1.078	0·83024	− 4189	17547721	1895153868
1855	916	1.120	0·81786	− 2951	8708401	975340912
1856	920	1.116	0·82437	− 3602	12974404	1453133248
1857	839	1.028	0·81615	− 2780	7728400	796025200
1858	837	1.008	0·83036	− 4201	17648401	1782488501
1859	799	973	0·82117	− 3282	10771524	1044837828
1860	908	1.083	0·83841	− 5006	25060036	2706483888
1861	855	1.065	0·80282	− 1447	2093809	221943754
1862	1.007	1.188	0·84764	− 5929	35153041	4183211879
1863	1.000	1.192	0·83893	− 5058	25583364	3044420316
1864	1.086	1.306	0·83155	− 4320	18662400	2444774400
1865	1.218	1.464	0·83197	− 4362	19027044	2777948424
1866	1.057	1.265	0·83557	− 4722	22297284	2809457784
1867	1.153	1.407	0·81947	− 3112	9684544	1365520704
1868	1.269	1.556	0·81555	− 2720	7398400	1154150400
1869	1.110	1.375	0·80727	− 1892	3579664	490413968
1870	1.261	1.510	0·83510	− 4675	21855625	3300199375
1871	1.880	2.296	0·81881	− 3046	9278116	2133966680
1872	1.475	1.787	0·82540	− 3705	13727025	2457137475
1873	1.962	2.463	0·79659	− 824	678976	167028096
1874	2.141	2.617	0·81811	− 2976	8856576	2320422912
1875	2.248	2.741	0·82014	− 3179	10106041	2769055234
1876	2.717	3.376	0·80480	− 1645	2706025	914636450

Zahl der Selbstmorde						
in den Jahren	männlich m_i	männl. u. weibl. zus. $m_i + w_i = s_i$	p_i	λ_i	$\lambda\lambda$	$g\,\lambda\lambda$
1877	2.924	3.598	0·81267	−0·02432	0·0005914624	0·02129264640
1878	2.766	3.480	0·79483	− 648	419904	146126592
1879	2.760	3.469	0·79562	− 727	528529	183399563
1880	2.891	3.649	0·79227	− 392	153664	56087360
1881	2.813	3.504	0·80280	− 1445	2088025	730808750
1882	2.780	3.530	0·78753	+ 82	6724	2373572
1883	2.811	3.588	0·78344	+ 491	241081	86548079
1884	3.000	3.783	0·79302	− 467	218089	82437642
1885	3.107	3.891	0·79851	− 1016	1032256	401547584
1886	3.013	3.837	0·78525	+ 310	96100	36902400
1887	3.032	3.844	0·78876	− 41	1681	645504
1888	2.881	3.690	0·78055	+ 780	608400	224499600
1889	2.925	3.733	0·78355	+ 480	230400	85939200
1890	2.929	3.715	0·78842	− 7	49	18179
1891	3.015	3.888	0·77546	+ 1289	1661521	646331669
1892	2.965	3.854	0·76933	+ 1902	3617604	1392777540
1893	3.147	4.091	0·76925	+ 1910	3648100	1492072900
1894	3.080	4.018	0·76655	+ 2180	4752400	1910464800
1895	2.808	3.551	0·79076	− 241	58081	20618755
1896	2.976	3.790	0·78522	+ 313	97969	37130251
1897	3.081	3.882	0·79366	− 531	281961	109400868
1898	3.215	4.083	0·78741	+ 94	8836	3605088
1899	3.214	4.168	0·77111	+ 1724	2972176	1239397392
1900	3.262	4.215	0·77390	+ 1445	2088025	879058525
1901	3.342	4.291	0·77883	+ 952	906304	388804416
1902	3.559	4.556	0·78117	+ 718	515524	235078944
1903	3.738	4.726	0·79094	− 259	67081	31729313
1904	3.429	4.515	0·75947	+ 2888	8340544	3761585344
1905	3.849	5.041	0·76353	+ 2482	6160324	3104803296
1906	3.578	4.762	0·75136	+ 3699	13682601	6512918076
1907	3.693	4.863	0·75941	+ 2894	8375236	4070364696
1908	3.773	4.914	0·76781	+ 2054	4218916	2071487756
1909	4.139	5.410	0·76506	+ 2329	5424241	2934514381
1910	4.181	5.488	0·76184	+ 2651	7027801	3858262749
						0·84244323391
1851—1910	140.356	178.037	0·78835	{22 positiv 38 negat.		

Hieraus folgen die nachstehenden berechneten Ergebnisse:

Zeitraum	s_0	p_0	μ_2	μ_1	Q
1851 bis 1860	1.001	0·82311	0·009016	0·012059	0·748
1861 „ 1870	1.333	0·82653	0·014579	0·010373	1·405
1871 „ 1880	2.948	0·80621	0·012627	0·007280	1·734
1881 „ 1890	3.711	0·78920	0·007034	0·006695	1·051
1891 „ 1900	3.954	0·77802	0·010012	0·006609	1·515
1901 „ 1910	4.857	0·76764	0·012055	0·006060	1·989
1851 „ 1910	2.967	0·78835	0·119531	0·040848	2·926

Die Fehlerverteilung hinsichtlich des Zeitraumes von 1851 bis 1910 ist folgende:

λ von 0 bis	Beobachtete Fälle	Berechnete Fälle
±0·01	19^{19}	12^{12}
0·02	30^{11}	22^{10}
0·03	43^{13}	32^{10}
0·04	51^{8}	40^{8}
0·05	57^{6}	47^{7}
0·06	60^{3}	51^{4}
0·07		55^{4}
0·08		57^{2}
0·09		58^{1}
0·10		59^{1}
0·11		59^{0}
0·12		60^{1}

b) Die Selbstmordhäufigkeit.

Jahr	Zahl der Selbstmorde	Die berechnete bzw. gezählte Gesamtbevölkerung	$p_i \cdot \frac{1}{10^8}$	$\lambda_i \cdot \frac{1}{10^8}$	$\lambda\lambda \cdot \frac{1}{10^{16}}$
1895	3.551	24,970.345	14221	+2005	4020025
1896	3.790	25,243.055	15014	+1212	1468944
1897	3.882	25,522.765	15210	+1016	1032256
1898	4.083	25,791.907	15830	+ 396	156816
1899	4.168	26,074.869	15985	+ 241	58081
1900	4.215	26,150.708	16118	+ 108	11664
1901	4.291	26,433.084	16233	− 7	49
1902	4.556	26,712.154	17056	− 830	688900
1903	4.726	26,969.805	17523	−1297	1682209
1904	4.515	27,239.879	16575	− 349	121801
1905	5.041	27,431.382	18368	−2142	4588164
1895—1905	46.818	288,539.903	16226		13828909

Hierbei ist hinsichtlich des Zeitraumes von 1895 bis 1905:

$\mu_2 = 0{\cdot}0000117597$, $\mu_1 = 0{\cdot}0000024870$ und $Q = 4{\cdot}728$.

Besprechung der Untersuchungsergebnisse.

Die geschlechterweise Verbrechensbetätigung bietet ein charakteristisches Beispiel für eine Massenerscheinung mit übernormaler Dispersion. Dies bringen die Detailergebnisse der Untersuchung in ihrem Zusammenhalte ganz deutlich zum Ausdruck. Die tiefe Kluft, welche in biologischer und psychischer Beziehung zwischen den beiden Geschlechtern herrscht, kommt auch bei der Verbrechensbetätigung zum Ausdruck. Dieses natürliche Moment bildet eine massenphysiologische Konstante, welche der ganzen Erscheinung zugrunde liegt und die statistische Wahrscheinlichkeit innerhalb kleiner Zeiträume und ohne örtliche Differenzierung der mathematischen Wahrscheinlichkeit nähert. In größeren Zeiträumen und in verschiedenen räumlichen Gebieten hingegen machen sich schon die sozialen und wirtschaftlichen Verhältnisse insbesondere in einem wesentlichen Maße geltend. Sie bedingen die systematischen Schwankungen, welche neben den zufälligen stärker hervortreten und eine übernormale Streuung hervorrufen. Der Gang der Untersuchung läßt dies deutlich erkennen. Wenn nämlich Gebiete, in welchen der Einfluß der künstlichen Momente (wirtschaftliche, soziale, klimatische Verhältnisse usw.) wesentlich stärker ist als der der natürlichen Momente, wie beispielsweise in Wien, aus dem beobachteten Gesamtkomplex ausgeschieden werden, dann nähert sich die übernormale der normalen Dispersion, der Divergenzkoëffizient strebt der Einheit zu. Demnach kann für nicht übermäßig lange Zeiträume und für ein und dasselbe Gebiet die statistische Wahrscheinlichkeit nach dem Schema der Wahrscheinlichkeitsrechnung behandelt werden. Im übrigen aber werden bei entsprechender Differenzierung der Totalmasse mit Hilfe der statistischen Methode, wie bei einer sehr empfindlichen Wage, die geringsten physischen Störungen angezeigt, durch die statistische Methode wird der ganze zeitliche und örtliche Verlauf der Erscheinung gründlich durchleuchtet.

Von großer Wichtigkeit ist ein weiterer Umstand, der besonders hervorgehoben zu werden verdient. Man hat der Kriminalstatistik den Vorwurf gemacht, daß ihre Ergebnisse unzuverlässig seien, weil sie nur die Verurteilten und nicht — was der Sachlage nach ausgeschlossen ist — die überhaupt straffällig Gewordenen zählt. Dieser Einwand ist zunächst hinsichtlich der geschlechterweisen Verbrechensbetätigung völlig unzutreffend. Die mathematischen Grundlagen haben den strikten Beweis geliefert, daß selbst auf Grund der Verurteilungsdaten allein das strenge Schema der Wahrscheinlichkeitsrechnung für diese Massenerscheinung angewendet werden kann. Ich erblicke in dieser Tatsache eine außerordentlich fruchtbare Grundlage für eine gesunde Entwicklung der Kriminalstatistik und in weiterer Übertragung jeder Anwendung der statistischen Methode in anderen Wissensgebieten. Eine wissenschaftlich einwandfreie Kriminalstatistik muß demnach zunächst die Differenzierung der verschiedenen Massen nach den beiden Geschlechtern zu einem der Grundpfeiler ihres Gebäudes machen. Nach meiner Überzeugung verhält es sich ganz gleich hinsichtlich der Altersgliederung der Verbrecher, obwohl es derzeit wenigstens noch nicht gelungen ist, diese Verhältnisse an praktischen Beispielen, durch das Experiment, einwandfrei zu erhärten. Der Grund hierfür ist einleuchtend. Die statistische Empirie ist heutzutage vielfach noch ein handwerksmäßiger Betrieb, die Kunst der statistischen Methode liegt ihr noch fast völlig ferne. Die Bearbeitungsanlage für eine statistisch zu erforschende Materie wird, ohne Rücksicht auf ihre tiefen inneren Zusammenhänge, lediglich auf Grund einiger in die Augen springender praktischer Momente entworfen. Deshalb kommt es, daß man bei Durchdringung eines gesammelten statistischen Massenmateriales mit Hilfe der statistischen Methode auf Schritt und Tritt auf Widerstände stößt, weil die Massen nicht nach den Gesichtspunkten differenziert werden, welche die tiefen Erkenntnisse der formalen Wissenschaft der statistischen Methode dem Forscher an die Hand geben. Auch dem statistischen Laien muß es beim Quellenstudium der österreichischen Kriminalstatistik beispielsweise auffallen, daß die Verbrechensbetätigung im großen und ganzen eine Funktion des Alters der Individuen ist. Das ergibt schon das Rohmaterial der absoluten Zahlen. Um wieviel mehr müssen die überaus scharfen und empfindlichen Meßinstrumente der statistischen Methode — wenn man diesen Vergleich gebrauchen darf — bei gehöriger Differenzierung der Masse die inneren Zusammenhänge zum Ausdruck bringen! Wie erwähnt, gebricht es dermalen noch an einem entsprechend differenzierten Material, um derartige Untersuchungen einwandfrei durchzuführen, ich hoffe aber, durch Beschaffung des entsprechenden Materiales in den Folgejahren die Untersuchungen nach dieser Richtung hin auf eine solidere Basis aufbauen zu können. Aber auch schon die vorliegenden dürftigen Versuche bestätigen in einem gewissen Grade die Unabhängigkeit der Kriminalstatistik von den eigentlichen Straffälligkeitsdaten bei Erforschung der Verbrechensbetätigung der einzelnen Altersklassen. Das Experiment unter Punkt 2 der vorstehenden Beispiele ergibt zwar durchgehends erheblich starke übernormale Streuungen. Dieselben dürften jedoch einerseits auf der Hauptfehlerquelle beruhen, daß die Nennergesamtheiten der statistischen Wahrscheinlichkeiten nicht gezählt, sondern auf Grund einer sehr unsicheren Rechnungsgrundlage ermittelt worden sind. Andrerseits liefert aber die methodische Separation heterogener Massen ein bedeutsames Symptom. Der Differgenzkoëffizient hinsichtlich des Zeitraumes von 1890—1899 beträgt 5·550. Scheidet man das Jahr 1898 — bekanntlich eine Zeit politischer Unruhen in Österreich, in welcher die männliche Jugend in ganz abnormaler Weise gegenüber den anderen Jahren mit dem Strafgesetze in Konflikt geriet — aus dem Jahrzehnt 1890/1899 aus, dann sinkt der Divergenzkoëffizient sofort von 5·550 auf 2·596. Studiert man jedoch diese Versuchsskizze nach den verschiedenen Kriterien, welche die statistische Methode an die Hand gibt, dann wird man sich dem allgemeinen Eindrucke nicht verschließen können, daß man es auch hier mit Massenerscheinungen zu tun hat, welche sich mit gewissen Einschränkungen dem Schema der Wahrscheinlichkeitsrechnung fügen. Bestärkt wird diese Ansicht auch durch die Untersuchungen von Daten aus der Selbstmordstatistik (unter Punkt 3 der vorstehenden Beispiele). Während in den einzelnen 6 Jahrzehnten von 1851—1910 die Divergenzkoëffizienten hinsichtlich der Sexualproportion keine allzugroße Abweichung von der Einheit aufweisen, stellt sich die Reihe der Verhältniszahlen in den 60 Jahren von 1851—1910 zusammengenommen als eine ausgesprochen symptomatische Reihe dar, welche nicht mehr den typischen Verlauf der durch zufällige Schwankungen erzeugten Abweichungen darbietet. Die Zahl der weiblichen Selbstmörder hat eben in den letzten 60 Jahren ständig zugenommen, die Reihe der Verhältniszahlen ist eine rein evolutorische. Die Fehlerverteilung fällt ganz außerhalb des fehlertheoretischen Schemas. Auch hinsichtlich der Selbstmordhäufigkeit hat man es nicht mehr mit typischen Massenerscheinungen zu tun. Der Divergenzkoëffizient (Beispiel 3b) beträgt für den kurzen Zeitraum von 1895—1905: 4·728. Die Abweichungen sind für die 6 Jahre von 1895—1900 durchgehends positiv, für die folgenden 5 Jahre von 1901—1905 durchgehends negativ. Darnach hat man es wieder mit einer ausgesprochen evolutorischen Reihe zu tun. Die Selbstmordfrequenz hat während dieses 11jährigen Zeitraumes fast ununterbrochen zugenommen.

Die sogenannten statistischen Gesetze.

Wie die Geschichte der statistischen Methode zeigt, sah man ursprünglich hinter der vermeintlichen Konstanz statistischer Daten — tatsächlich stand man überhaupt keiner so überwältigenden Konstanz gegenüber, wie sie einer der ersten bedeutenden Forscher, nämlich

Quetelet, annahm — ein streng gesetzmäßiges Walten, von welchem man sich die gesellschaftlichen Erscheinungen beherrscht dachte. Man suchte auf die eine oder andere Weise zu einem einheitlichen Ausdrucke für diese vermeintlich starren gesetzmäßigen Vorgänge zu gelangen und identifizierte diese Ausdrucksformen gesellschaftlicher Vorgänge im Wege mehr oder weniger zutreffender Analogien mit Naturgesetzen. Diese Anschauungsweise hat gegenüber einer tieferen Erkenntnis der Dinge nicht standhalten können. Die „statistischen Gesetze" bedeuten nach heutiger Anschauung nichts mehr als eine historische Reminiszenz, sie sind formelmäßige Verdichtungen von temporären Vorgängen des gesellschaftlichen Lebens, denen ein definitiver Charakter nicht zukommen kann, sie wollen die Entwicklung der menschlichen Gesellschaft, welche nur durch symptomatische Reihen zur Darstellung gebracht werden kann, durch starre, für alle Zeiten geltende Formeln ersetzen, sind aber in dieser Allgemeinheit ohne jeden realen Hintergrund.

Selbst diejenigen statistischen Wahrscheinlichkeiten, welche der mathematischen Wahrscheinlichkeit sehr nahe kommen, weisen in ihrem zeitlichen und örtlichen Verlaufe oft nicht unerhebliche Schwankungen auf, da das entwicklungsfähige fortschreitende Leben eine absolute Konstanz und Unabhängigkeit nicht kennt. Es kommt geradezu auf das genaue methodische Studium dieser Schwankungen an. Berechtigung haben demnach nur diejenigen Methoden, welche den Verlauf der statistischen Maßzahlen für kurze Zeiträume und kleine Gebiete mit möglichster Schärfe festzulegen imstande sind und welche die dem Laienauge unsichtbaren inneren Vorgänge mit photographischer Treue wiedergeben. Aufgabe der Wissenschaft ist es, das auf Grund ununterbrochen fortgesetzter Beobachtung der Erscheinungen durch Zeit und Raum durchleuchtete Material zu sammeln, die zeitliche und örtliche Entwicklung in ihrer Totalität aufzurollen und aus dieser Erkenntnis sichere Folgerungen und Direktiven für eine günstige Weiterentwicklung des gesellschaftlichen Lebens abzuleiten.

In dieser Beziehung scheint mir die empirische Methode von fundamentaler Bedeutung zu sein. Sie hat bisher auch die breiteste Anwendung gefunden. Man bedient sich derselben überall dort, wo man noch keine sichere Grundlage für die analytische Ausdrucksweise von Lebensvorgängen gefunden hat. Das Wesen dieser Methode ist durch den Anhang auf Seite 168 ff. hinreichend charakterisiert, in welchem als Anwendungsfall zur Theorie der vermittelnden Beobachtungen die Ableitung empirischer Formeln ausführlich erörtert wurde. Die Beobachtungen werden durch eine möglichst einfache analytische Funktion von mit der Erfahrung übereinstimmendem Verlaufe wiedergegeben. Es ist nicht zu leugnen, daß diese Methode mit Rücksicht auf die notwendigen zahlreichen Versuche sehr mühselig ist, sie bedeutet aber für die statistische Methode ein unumgänglich notwendiges Requisit, weil man durch sie erst in der Lage ist, die zeitliche und örtliche Entwicklung statistischer Maßzahlen mit photographischer Treue wiederzugeben.

Von ganz anderen Gesichtspunkten gehen die sogenannten analytischen Methoden aus. Hier wird nämlich die betreffende Eigenschaft oder Änderung der Masse auf Grund eines vermeintlichen inneren Zusammenhanges der statistischen Ursache mit dem biologischen Ergebnisse z. B. festzulegen versucht. Es ist bisher nur in einem einzigen Falle (Absterbeordnung) gelungen, auf Grund eines solchen Zusammenhanges eine brauchbare Formel zu konstruieren. Es ist dies die berühmte Gompertz-Makehamsche Formel.

Gompertz ging hierbei von folgenden Erwägungen aus: Man könne sich nämlich den Tod durch eine bestimmte Ursache, die „Todeskraft“, herbeigeführt denken und diese letztere als Funktion des Alters zu bestimmen versuchen.

Bedeutet $\varphi(x)$ die Todeskraft für das x^{te} Lebensjahr, l_x die Anzahl der Personen vom Alter x, so ist $l_x \varphi(x) dx$ die Anzahl der zwischen den Altern x und $x + dx$ Sterbenden. Da nun $l_x - l_{x+dx} = - d l_x$ ist, wird

$$l_x \varphi(x) dx = - d l_x \qquad (M)$$

Gompertz dachte sich nun die Todeskraft von Alter zu Alter im Verhältnis der Abnahme des Widerstandes des menschlichen Organismus gegen die Zerstörung abnehmend und zwar derart, daß sie am Ende eines jeden gleich großen, unendlich kleinen Altersintervalles stets den gleichvielten Teil des jedesmaligen Restes verliere:

$$\varphi(x) - \varphi(x + dx) = c \cdot \varphi(x) dx .$$

Nach einigen einfachen Transformationen dieser Gleichung gelangt man zu einer Bestimmung von $\varphi(x)$. Es ist nämlich $\frac{-d\varphi(x)}{\varphi(x)} = c \cdot dx$ und $\frac{d\varphi(x)}{\varphi(x)} = - c \cdot dx$. Nach der bekannten Formel: $d \log \text{nat}\, x = \frac{dx}{x}$ ergibt die Integration beider Gleichungsseiten: $\log \varphi(x) = - cx + K$. Daraus folgt

$$\varphi(x) = e^{-cx+K} = e^K \cdot e^{-cx} = A (e^{-c})^x = A q^x ,$$

wenn für $e^K = A$ und für $e^{-c} = q$ gesetzt wird. Nun folgt aus Gleichung (M):

$$\varphi(x)\,dx = -\frac{d\,l_x}{l_x}, \quad \text{daher} \quad -d\log l_x = A\,q^x\,dx.$$

Integriert man ferner beide Seiten der letzten Gleichung nach den bekannten Formeln:

$$d\cdot a^x = a^x \log \text{nat}\, a \cdot dx, \quad \frac{d\cdot a^x}{\log a} = a^x\,dx$$

und daraus

$$\int a^x\,dx = \frac{1}{\log a}\cdot a^x,$$

so erhält man:

$$-\log l_x = \frac{A\,q^x}{\log q} + B$$

oder für $\frac{A}{\log q} = \alpha$ gesetzt:

$$-\log l_x = \alpha\,q^x + B \quad \text{oder} \quad \log l_x = -\alpha\,q^x - B.$$

Daraus folgt weiter

$$l_x = e^{-B-\alpha q^x} = e^{-B}\cdot e^{-\alpha q^x} = s\cdot(e^{-\alpha})^{q^x} = s\,g^{q^x}.$$

Es ist daher

$$l_x = s\cdot g^{q^x}$$

die ursprüngliche, von Gompertz aufgestellte Formel, wobei $s = e^{-B}$ und $g = e^{-\alpha}$ zu setzen ist.

Da der von Gompertz abgeleitete analytische Ausdruck für die Sterblichkeitskraft nicht für alle Todesursachen brauchbar ist, hat Makeham die Formel der Sterblichkeitskraft für die einzelnen Todesursachen durch eine Konstante ergänzt: Nach ihm ist nämlich $\varphi(x) = m + A\,q^x$. Die weiteren Transformationen ergeben sich nach dem obigen einfach: Es ist

$$-d\cdot\log l_x = m\cdot dx + A\,q^x\,dx$$

und beiderseits integriert:

$$-\log l_x = m\,x + \frac{A\,q^x}{\log q} + C,$$

woraus folgt:

$$l_x = e^{-\left(m\,x + \frac{A\,q^x}{\log q} + C\right)} = e^{-C}\cdot e^{-m\,x}\cdot e^{-\frac{A}{\log q}\cdot q^x}.$$

Wird

$$e^{-C} = k,\quad e^{-m} = s \quad \text{und} \quad e^{-\frac{A}{\log q}} = g$$

gesetzt, so ergibt sich endlich

$$l_x = k \cdot s^x \cdot g^{q^x}$$

als die Gompertz-Makehamsche Näherungsformel, wobei, wie leicht nachweisbar ist, s und $g < 1$ und $q > 1$ sein müssen.

Eine noch größere Annäherung an die Wirklichkeit wurde durch die Verbesserungen von Lazarus erzielt. Da jedoch nur die methodischen Prinzipien herausgearbeitet werden sollen, kann auf alle diese interessanten Weiterbildungen nicht im Detail eingegangen werden.

Die modernen Anschauungen über die sogenannten statistischen Gesetze hat Lexis in genialer Weise angebahnt und durch zahlreiche Beispiele erläutert und bekräftigt, Pearson und Edgeworth haben dann des weiteren die Darstellung des funktionalen Verlaufes statistischer Maßzahlen verallgemeinert.

Nach den zur Zeit herrschenden Anschauungen sind bei jeder statistischen Erscheinung einerseits der Zusammenhang des Ergebnisses mit den zugrundeliegenden Ursachen und andererseits die Streuung (das Fehlergesetz), unter welcher das Ergebnis bei der Beobachtung in die Erscheinung tritt, in Betracht zu ziehen. So wird nach Lexis das sogenannte Sterbegesetz einfach als ein Fehlerverteilungsgesetz aufgefaßt. Die Sterbenswahrscheinlichkeiten z. B. werden von den ersten bis in die höchsten Lebensalter untersucht und ihr Verlauf genau festgestellt. Hierbei ergibt sich für den funktionalen Verlauf der Sterbefälle in den einzelnen Lebensaltern nach Lexis folgendes Bild:

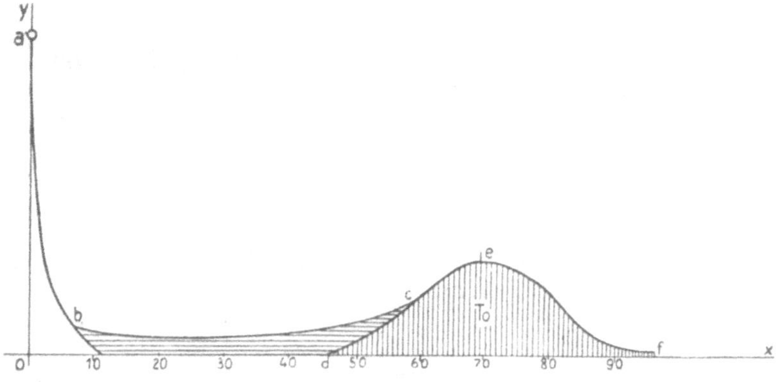

Fig. 56.

Auf der Abszissenachse sind die Lebensalter aufgetragen, die Ordinaten versinnbilden die Zahl der Sterbefälle in den betreffenden Lebensaltern. LEXIS hat auf diese Weise die Verteilung der Sterbefälle für den ganzen Verlauf einer Generation schematisch dargestellt und hierbei drei charakteristische Gruppen festgestellt: 1. Die Normalgruppe *def* mit dem Dichtigkeitsmaximum in *e*, deren Angehörige alle in einem Alter in der Nähe von 70 Jahren (das Normalalter, die normale menschliche Lebensdauer) sterben; 2. eine zweite Gruppe von Lebensunfähigen *ab*, welche alle kurze Zeit nach der Geburt mit Tod abgehen, und 3. die Gruppe der sogenannten minderwertigen Leben *bc*; eine bedeutende Zahl von der Gesamtheit der Geborenen (ungefähr 25 Prozent aller Sterbefälle) stirbt nämlich etwa vom 10. bis zum 60. Lebensjahre, die keiner der beiden ersten Gruppen angehören: „Für diese Gruppe gibt es keine typische Lebensdauer, wie sie für die Normalgruppe und in anderer Weise auch für die der Lebensunfähigen durch das Maximum der Dichtigkeit der Sterbefälle bezeichnet wird. Diese Gruppe überlagert an ihrem Anfange und ihrem Ende die beiden andern, und die Sterbefälle in diesen Übergangsstrecken sind demnach von gemischter Herkunft.“[1])

Wird die Ordinate im Dichtigkeitsmaximum der Normalgruppe (die normale Lebenslänge) mit T_0 bezeichnet und ihr Fußpunkt als der Koordinatenanfangspunkt betrachtet, dann ist $T_0\, d x\, e^{-h^2 x^2}$ der analytische Ausdruck für die Zahl der Verstorbenen in jedem Punkte der Absterbeordnung. Die Anzahl der Verstorbenen überhaupt ist demnach

$$T = \int_0^{\xi} T_0\, d x\, e^{-h^2 x^2}.$$

Wird für $h x = u$ gesetzt, woraus $h\, d x = d u$ folgt, so ergibt sich für die Gesamtzahl der Verstorbenen:

$$T = \frac{T_0}{h} \int_0^{h\xi} e^{-u^2}\, d u.$$

Nun sei M die Anzahl der Personen, welche vom Normalalter an gerechnet bis in die höchsten Alter versterben, dann ist

---

[1]) LEXIS: Abhandlungen zur Theorie der Bevölkerungs- und Moralstatistik, Jena 1903, Seite 88 und 89.

$$M = \frac{T_0}{h} \int_0^\infty e^{-u^2}\, du\,.$$

Da nun bekanntlich

$$\frac{2}{\sqrt{\pi}} \int_0^\infty e^{-u^2}\, du = 1$$

und daraus

$$\int_0^\infty e^{-u^2}\, du = \frac{\sqrt{\pi}}{2}$$

ist, wird

$$T_0 = \frac{2\, h\, M}{\sqrt{\pi}}$$

und

$$T = \frac{2\, M}{\sqrt{\pi}} \int_0^{h\xi} e^{-u^2}\, du\,.$$

Zur Bestimmung von h muß M halbiert werden. Es ergibt sich demnach

$$\frac{M}{2} = \frac{2\, M}{\sqrt{\pi}} \int_0^{h\xi} e^{-u^2}\, du$$

und

$$\frac{2}{\sqrt{\pi}} \int_0^{h\xi} e^{-u^2}\, du = \frac{1}{2}\,;$$

daraus folgt aber bekanntlich für

$$h\,\xi = 0{\cdot}4769 \quad \text{und für} \quad h = \frac{0{\cdot}4769}{\xi}\,.$$

Auf diese Weise hat Lexis eine große Anzahl von Absterbeordnungen untersucht und die Üereinstimmung mit der Wirklichkeit festgestellt. Zur Verdeutlichung der obigen theoretischen Ausführungen soll die nach dieser Richtung hin noch nicht behandelte Österreichische Absterbeordnung vom Jahre 1900 herangezogen werden. Die folgenden Daten sind dem V. Bande des von der k. k. Statistischen Zentralkommission in Wien herausgegebenen Quellenwerke der „Österreichischen Statistik" entnommen.

Lebensalter in vollendeten Jahren	Männer				Frauen			
	Absolute Zahl der im nebenstehenden Alter Verstorbenen	Zahl der im nebenstehenden Abstande v. Normalalter beobachteten Sterbefälle	Abstand vom Normalalter in Jahren	Zahl der nach dem Gaussschen Fehlergesetze berechneten Sterbefälle	Absolute Zahl der im nebenstehenden Alter Verstorbenen	Zahl der im nebenstehenden Abstande v. Normalalter beobachteten Sterbefälle	Abstand vom Normalalter in Jahren	Zahl der nach dem Gaussschen Fehlergesetze berechneten Sterbefälle
61	2.868				2.984			
62	3.012				3.214			
63	3.220				3.221			
64	3.315				3.531			
65	3.342				3.787			
66	3.293				3.602			
67	3.381				3.547			
68	3.242				3.560			
69	2.924				3.235			
70	{ 1.975·5				{ 2.489			
	{ 1.975·5	1.975·5	0·5	1.709	{ 2.489	2.489	0·5	1.996
71	3.027	5.002·5	1·5	5.109	3.372	5.861	1·5	5.968
72	3.094	8.096·5	2·5	8.455	3.637	9.498	2·5	9.876
73	2.996	11.092·5	3·5	11.712	3.441	12.939	3·5	13.680
74	3.111	14.203·5	4·5	14.850	3.601	16.540	4·5	17.345
75	3.183	17.386·5	5·5	17.840	3.862	20.402	5·5	20.837
76	3.007	20.393·5	6·5	20.659	3.476	23.878	6·5	24.129
77	2.735	23.128·5	7·5	23.288	3.078	26.956	7·5	27.199
78	2.662	25.790·5	8·5	25.714	3.082	30.038	8·5	30.032
79	2.286	28.076·5	9·5	27.929	2.520	32.558	9·5	32.618
80	2.655	30.731·5	10·5	29.931	3.218	35.776	10·5	34.954
81	2.035	32.766·5	11·5	31.718	2.277	38.053	11·5	37.041
82	1.694	34.460·5	12·5	33.298	1.948	40.001	12·5	38.877
83	1.324	35.784·5	13·5	34.682	1.404	41.405	13·5	40.492
84	1.231	37.015·5	14·5	35.878	1.407	42.812	14·5	41.887
85	1.034	38.049·5	15·5	36.902	1.265	44.077	15·5	43.086
86	874	38.923·5	16·5	37.770	969	45.046	16·5	44.097
87	667	39.590·5	17·5	38.497	817	45.863	17·5	44.945
88	499	40.089·5	18·5	39.100	627	46.490	18·5	45.649
89	383	40.472·5	19·5	39.594	476	46.966	19·5	46.226
90	332	40.804·5	20·5	39.995	515	47.481	20·5	46.694
91	180	40.984·5	21·5	40.317	220	47.701	21·5	47.070
92	121	41.105·5	22·5	40.573	154	47.855	22·5	47.369
93	79	41.184·5	23·5	40.774	121	47.976	23·5	47.604
94	47	41.231·5	24·5	40.930	92	48.068	24·5	47.786
95	46	41.277·5	25·5	41.051	87	48.155	25·5	47.926
96	49	41.326·5	26·5	41.142	49	48.204	26·5	48.032
97	21	41.347·5	27·5	41.211	35	48.239	27·5	48.113
98	}				}			
99	} 46	41.393·5	30·5	41.327	} 87	48.326	30·5	48.249
100	}				}			

Die nachstehenden Erläuterungen beziehen sich auf die Absterbeordnung für Frauen. Ganz auf dieselbe Weise wurden die Berechnungen auch hinsichtlich der Männer durchgeführt.

Die Zahl der Sterbefälle bei Frauen ist ein Maximum (4.978) im Alter zwischen 70 und 71 Jahren. Die Zahlen der Sterbefälle zu beiden Seiten dieses Dichtigkeitsmaximums korrespondieren im allgemeinen, doch haben die Sterbefälle über diesem Maximum entschieden das Übergewicht:

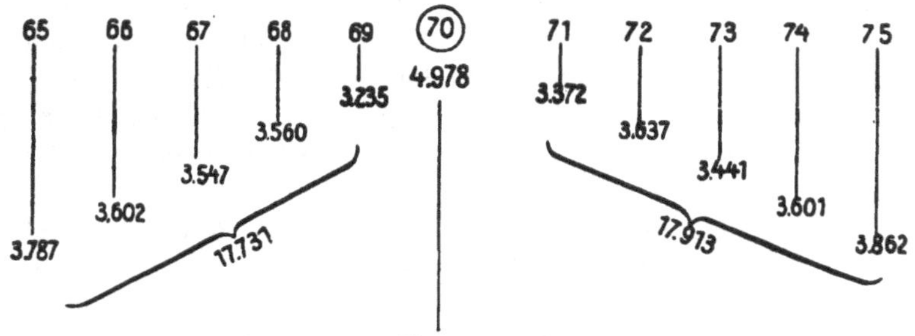

Fig. 57.

Man wird somit das Normalalter bei Frauen mit $70^1/_2$ Jahren annehmen können. Die Gesamtzahl der Sterbefälle über dem Normalalter ist $M = 48.326$; $\frac{M}{2} = 24.163$ Sterbefälle ereigneten sich in einem Abstande von 6·5 bis 7·5 Jahren vom Normalalter. Auf Grund einer einfachen Interpolation: $1:26.956 = x:(24.163 - 23.878)$ erhält man als genaueren Abstand $x = 6·5106$ Jahre. Nun ist $0·476936 = h.6·5106$, woraus sich für $h = 0·073255$ ergibt. Die Zahl der Verstorbenen im Abstande ξ vom Normalalter ist demnach

$$T = 48.326 \cdot \frac{2}{\sqrt{\pi}} \int_0^{0·073255\,\xi} e^{-u^2}\,du\,.$$

Wird z. B. für $\xi = 1·5$ Jahre gesetzt, so kann für das Argument $0·073255 \times 1·5 = 0·1098825$ der Wert der Funktion

$$\frac{2}{\sqrt{\pi}} \int_0^{0·1098825} e^{-u^2}\,du = 0·1234919$$

der bekannten Tafel entnommen werden. Es ergibt sich daher für die Anzahl der Sterbefälle im Abstande von 1·5 Jahren vom Normalalter der Wert $T = 48.326 \times 0·1234919 = 5967·8 = 5968.$

Die zusammenfassende Betrachtung der vorstehenden Ergebnisse zeigt mit voller Deutlichkeit, daß die Symmetrie des Gaussschen Fehlergesetzes auch hinsichtlich der österreichischen Absterbeordnung nur bis zu einer gewissen, sehr beschränkten Anzahl von Jahren gewahrt ist, daß völlige Übereinstimmung mit dem Gaussschen Gesetze wohl nach dem Normalalter herrscht, daß diese aber vor demselben nur für eine kleine Anzahl von Jahren zutrifft. Die näheren Ausführungen zu diesem Gegenstande können erst später in der Theorie der extensiven statistischen Maßzahlen erfolgen.

Wie das Absterben der Menschen, so fügen sich auch die wenigsten anderen Massenerscheinungen vollständig dem normalen Gaussschen Fehlergesetze. Das Bemühen der Theoretiker ging demnach dahin, eine größere Übereinstimmung zwischen Theorie und Erfahrung zu erzielen.

Fechner, der Begründer der Kollektivmaßlehre, glaubte in dieser Hinsicht das Auslangen mit dem sogenannten zweiseitigen Gaussschen Fehlergesetze finden zu können. Während nämlich bei dem Gaussschen Normalgesetze für beide Äste der Fehlerwahrscheinlichkeitskurve eine und dieselbe Präzisionsmaßzahl gilt, ist sie bei dem sogenannten zweiseitigen Gaussschen Gesetze für den linksseitigen Ast der Fehlerwahrscheinlichkeitskurve eine andere wie für den rechtsseitigen, die Fehlerwahrscheinlichkeitskurve ist hier eine asymmetrische. Wie eingehende Forschungen dargetan haben, deckt aber auch dieses erweiterte Gausssche Fehlergesetz nur einen kleinen Teil der Erscheinungen des wirklichen Lebens.

In dem Bestreben nach analytischer Fixierung der Eigenschaften und Veränderungen einer Massenerscheinung hat nun Pearson zunächst einen Erklärungsgrund dafür zu finden gesucht, wie es überhaupt möglich sei, daß Fehlergesetze vorkommen können, die nicht ebenso wie das Gausssche Gesetz symmetrisch sind. Pearson argumentiert folgendermaßen: Das Gausssche Gesetz beruhe auf formalen Voraussetzungen, die in der Wirklichkeit nicht vorlägen. So sei z. B. nicht notwendig die Wahrscheinlichkeit für einen positiven Elementarfehler ebenso groß wie die für einen negativen. Das Gausssche Gesetz setze ferner voraus, daß das ganze System der Elementarfehler an der Bildung eines beliebigen Gesamtergebnisses beteiligt sei. Pearson untersucht nun den Fall, daß nicht das ganze Fehlersystem, sondern z. B. nur r Fehler bei einem bestimmten Ergebnisse einwirken, von denen s Elementarfehler der einen Art von der Wahrscheinlichkeit p seien.

Die Gedankengänge Pearsons und die schließlichen Endergebnisse, zu welchen diese führen, sind zunächst von hohem methodologischen Interesse und bedeuten einen entschiedenen Fortschritt in der Theorie der statistischen Methode, wenn auch nicht geleugnet werden kann, daß die theoretische Entwicklung dieser grundlegenden Ideen auf ihrem Wege zum Endziele immer noch nicht soweit fortgeschritten ist, um zu greifbaren Ergebnissen zu führen.

Der Sachverhalt nach PEARSON ist nun folgender: Vorausgesetzt wird, daß im ganzen n Elementarfehler, und zwar np positive und nq negative Elementarfehler mit der Wahrscheinlichkeit p bzw. q einwirken können, daß tatsächlich aber ein Ergebnis bestimmter Genauigkeit durch die Einwirkung von r Elementarfehlern erhalten werde. Die Wahrscheinlichkeit dafür, daß sich unter den r Elementarfehlern s Fehler einer bestimmten Gattung — also entweder s positive oder s negative — befinden, läßt sich in Analogie mit Ziehungen von weißen und schwarzen Kugeln aus einer Urne entwickeln.

Einrichtung und Formulierung des analogen Kugelbeispieles. Eine Urne enthält np weiße und nq schwarze Kugeln; wie groß ist die Wahrscheinlichkeit, in r Ziehungen $(r - s)$ weiße und s schwarze Kugeln zu ziehen, wobei die gezogene Kugel nicht wieder in die Urne zurückgelegt werden soll?

Die Wahrscheinlichkeit, hintereinander die weißen Kugeln zu ziehen, ist:

$$P_w = \underbrace{\frac{np}{n}}_{1} \cdot \underbrace{\frac{np-1}{n-1}}_{2} \cdot \underbrace{\frac{np-2}{n-2}}_{3} \cdot \underbrace{\frac{np-3}{n-3}}_{4} \cdots \underbrace{\frac{np-r+s+1}{n-r+s+1}}_{(r-s)\text{ weiß}} .$$

Die Wahrscheinlichkeit, sohin hintereinander die schwarzen Kugeln zu ziehen, ist:

$$P_s = \underbrace{\frac{nq}{n-r+s}}_{1} \cdot \underbrace{\frac{nq-1}{n-r+s-1}}_{2} \cdot \underbrace{\frac{nq-2}{n-r+s-2}}_{3} \cdots \underbrace{\frac{nq-s+1}{n-r+1}}_{s\text{ schwarz}} .$$

Das sind die speziellen Wahrscheinlichkeiten für eine ganz bestimmte Reihenfolge des Erscheinens der Kugeln. Die Reihenfolge der Kugeln ist aber für das Endergebnis gleichgültig. Es ist demnach die zusammengesetzte Wahrscheinlichkeit für das Erscheinen von $(r - s)$ weißen und s schwarzen Kugeln in r Ziehungen:

$$Y_{s+1} = \binom{r}{s} \frac{np(np-1)(np-2)\ldots(np-r+s+1)\,nq(nq-1)\ldots(nq-s+1)}{n(n-1)\ldots(n-r+1)} .$$

Diese Formel ist jedoch infolge ihrer Unhandlichkeit praktisch nicht brauchbar. PEARSON hat nun mit Hilfe der bekannten, für kleine Werte geltenden Formel:

$$\frac{dy_x}{dx} = \frac{y_{x+1} - y_x}{\frac{1}{2}(y_{x+1} + y_x)}$$

für die obige, äußerst schwerfällige Funktion einen einfachen, praktikabeln Ausdruck gefunden. Die Transformation auf Grund der soeben angeführten Hilfsformel gestaltet sich nun folgendermaßen: Es ist zunächst

$$y_s = \frac{r!}{(s-1)!\,(r-s+1)!} \cdot \frac{np(np-1)\ldots(np-r+s)\cdot nq(nq-1)\ldots(nq-s+2)}{n\cdot(n-1)\ldots(n-r+1)}$$

und

$$\frac{\left[\frac{r!}{s!\,(r-s)!}\,\frac{np(np-1)\ldots(np-r+s+1)\,nq(nq-1)\ldots(nq-s+1)}{n(n-1)\ldots(n-r+1)} - \frac{r!}{(s-1)!\,(r-s+1)!}\,\frac{np(np-1)\ldots(np-r+s)\,nq(nq-1)\ldots(nq-s+2)}{n(n-1)\ldots(n-r+1)}\right]}{\frac{1}{2}\left[\frac{r!}{s!\,(r-s)!}\,\frac{np(np-1)\ldots(np-r+s+1)\,nq(nq-1)\ldots(nq-s+1)}{n(n-1)\ldots(n-r+1)} + \frac{r!}{(s-1)!\,(r-s+1)!}\,\frac{np(np-1)\ldots(np-r+s)\,nq(nq-1)\ldots(nq-s+2)}{n(n-1)\ldots(n-r+1)}\right]}.$$

Wird nun Zähler und Nenner dieses Bruches einerseits mit $s!$, $(r-s+1)!$ und $(n-r+1)!$ multipliziert und andrerseits durch

$r!$, $np(np-1)\ldots(np-r+s+1)$ und $nq(nq-1)\ldots(nq-s+2)$

dividiert, dann gelangt man zu dem weit einfacheren Ausdrucke

$$\frac{(r-s+1)(nq-s+1)-s(np-r+s)}{\frac{1}{2}[(r-s+1)(nq-s+1)+s(np-r+s)]}.$$

Dieser vereinfachte Ausdruck ist nun weiter zu transformieren. Durch Ausführung der Produkte im Zähler und Nenner folgt:

$$2\cdot\frac{nqr-nqs+nq-rs+s^2-s+r-s+1-nps+rs-s^2}{nqr-nqs+nq-rs+s^2-s+r-s+1+nps-rs+s^2} =$$

$$= 2\cdot\frac{-ns-2s+(nq+1)(r+1)}{2s^2+s[n(p-q)-2(r+1)]+(nq+1)(r+1)} =$$

$$= 2\cdot\frac{-s(n+2)+(nq+1)(r+1)}{2s^2+s[n(p-q)-2(r+1)]+(nq+1)(r+1)}.$$

Wird

$$s-\frac{(nq+1)(r+1)}{n+2}=\sigma$$

gesetzt, so folgt:

$$-2\cdot\frac{\sigma(n+2)}{2\left[\sigma+\frac{(nq+1)(r+1)}{n+2}\right]^2+\left[\sigma+\frac{(nq+1)(r+1)}{n+2}\right][n(p-q)-2(r+1)]+(nq+1)(r+1)}.$$

Wird der Nenner dieses Bruches ausgeführt und Zähler und Nenner derselben sohin durch $(n+2)$ dividiert, dann folgt:

$$-\frac{\sigma}{\frac{\sigma^2}{(n+2)}+2\frac{\sigma(nq+1)(r+1)}{(n+2)^2}+\frac{(nq+1)^2(r+1)^2}{(n+2)^3}+\frac{\sigma n}{2}\frac{(p-q)}{(n+2)}+}$$

$$\frac{\sigma.}{+\frac{n(p-q)(nq+1)(r+1)}{2(n+2)^2}-\frac{\sigma(r+1)}{(n+2)}-\frac{(r+1)^2(nq+1)}{(n+2)^2}+\frac{(nq+1)(r+1)}{2(n+2)}}.$$

|: Bestimmung der Koëffizienten der einzelnen Potenzen von σ im Nenner des vorstehenden Bruches. Es ist zunächst der Koëffizient von σ^2:

$$\frac{1}{n+2}=\beta_3.$$

Der Koëffizient von σ ist:

$$2\frac{(nq+1)(r+1)}{(n+2)^2}+\frac{n}{2}\frac{(p-q)}{(n+2)}-\frac{(r+1)}{(n+2)}=$$

$$=\frac{4(nq+1)(r+1)+n(n+2)(p-q)-2(r+1)(n+2)}{2(n+2)^2}=$$

$$=\frac{(r+1)[4(nq+1)-2(n+2)]+n(n+2)(p-q)}{2(n+2)^2}=$$

$$=\frac{2(r+1)(2nq-n)+n(n+2)(p-q)}{2(n+2)^2}=$$

$$=\frac{4nqr-2nr+2nq-2n+n^2p+2np-n^2q}{2(n+2)^2}=$$

$$=\frac{2nr(2q-1)+n^2(p-q)}{2(n+2)^2}=\frac{2nr(q-p)+n^2(p-q)}{2(n+2)^2}=$$

$$=\frac{-2nr(p-q)+n^2(p-q)}{2(n+2)^2}=\frac{n(p-q)(n-2r)}{2(n+2)^2}=\beta_2.$$

Der Koëffizent von σ^0 ist:

$$\frac{(nq+1)^2(r+1)^2}{(n+2)^3}+\frac{n(p-q)(nq+1)(r+1)}{2(n+2)^2}-\frac{(r+1)^2(nq+1)}{(n+2)^2}+$$

$$+\frac{(nq+1)(r+1)}{2(n+2)}=$$

$$=\frac{1}{2(n+2)^3}[2(nq+1)^2(r+1)^2+n(n+2)(p-q)(nq+1)(r+1)-$$

$$-2(r+1)^2(nq+1)(n+2)+(nq+1)(r+1)(n+2)^2]=$$

$$=\frac{1}{2(n+2)^3}[2(nq+1)(r+1)^2\{(nq+1)-(n+2)\}+$$

$$+(n+2)(nq+1)(r+1)\{n(p-q)+(n+2)\}]=$$

$$=\frac{1}{2(n+2)^3}[2(nq+1)(r+1)^2(nq-n-1)+$$

$$+(n+2)(nq+1)(r+1)(np-nq+n+2)]=$$

$$= \frac{1}{2(n+2)^3}[2(nq+1)(r+1)^2(-np-1)+$$
$$+2(n+2)(nq+1)(r+1)(n-nq+1)] =$$
$$= \frac{1}{(n+2)^3}[-(nq+1)(r+1)^2(np+1)+(n+2)(nq+1)(r+1)(np+1)] =$$
$$= \frac{1}{(n+2)^3}[(nq+1)(r+1)(np+1)\{-(r+1)+(n+2)\}] =$$
$$= \frac{1}{(n+2)^3}[(r+1)\cdot(n-r+1)(np+1)(nq+1)] = \beta_1 .$$

Beim Übergange zur Differentialgleichung ergibt sich also:

$$\frac{d\,y_\sigma}{y_\sigma} = -\frac{\sigma\cdot d\sigma}{\beta_3\sigma^2+\beta_2\sigma+\beta_1}. \tag{M}$$

Damit ist ein einfacher Ausdruck für die Wahrscheinlichkeit gefunden, daß sich bei einem Gesamtsystem von n Elementarfehlern, wovon np positiv und nq negativ sind, nur eine bestimmte Anzahl, nämlich r Fehler in Funktion treten, unter welchen sich s negative Elementarfehler befinden.

Die verschiedenen Lösungen der Differentialgleichung (M) führen zu fünf Typen von Fehlergesetzen.

Zur Charakteristik der Fehlerfunktion (M) ist zu erwähnen, daß β_1 und β_3 gemäß ihren Werten stets positiv sein müssen; für $p = q$ wird der Koëffizient $\beta_2 = 0$, d. h. die Fehlerfunktion besitzt ein einziges endliches Maximum (Gipfel) und zwar im Werte $\sigma = 0$. Im übrigen hängt aber die Natur dieser Funktion wesentlich davon ab, ob die Diskriminante $\varDelta = \beta_2^2 - 4\beta_1\beta_3$ reell oder imaginär ist. Im ersten Falle ist nämlich das Integral der rechten Gleichungsseite rein logarithmisch, im letzteren Falle aber trigonometrisch-logarithmisch. Ferner kann n endlich oder unendlich, $p = q$ oder $p \neq q$ sein. Auf Grund dieser verschiedenen Voraussetzungen ergeben sich die folgenden fünf Kurventypen.

Ableitung.

$$\frac{d\,y_\sigma}{y_\sigma} = -\frac{\sigma\,d\sigma}{\beta_3\sigma^2+\beta_2\sigma+\beta_1}.$$

Man sucht den Bruch in Partialbrüche zu zerlegen und integriert dann. Dies geschieht in folgender Weise:

$$\beta_3\sigma^2+\beta_2\sigma+\beta_1 = 0 \quad \text{oder} \quad \sigma^2+\frac{\beta_2}{\beta_3}\sigma+\frac{\beta_1}{\beta_3} = 0.$$

Daraus folgt

$$\sigma = -\frac{\beta_2}{2\beta_3} \pm \sqrt{\frac{\beta_2^2}{4\beta_3^2}-\frac{\beta_1}{\beta_3}} = -\frac{\beta_2}{2\beta_3} \pm \sqrt{\frac{\beta_2^2-4\beta_1\beta_3}{(2\beta_3)^2}}.$$

I. $\Delta = \beta_2^2 - 4\beta_1\beta_3 > 0$; dann sind die beiden Wurzeln $\sigma = \alpha_1$, $\sigma = \alpha_2$, welche beide entweder positiv oder negativ sein müssen, reelle Werte. Die Fehlerfunktion geht also über in

$$\frac{dy_\sigma}{y_\sigma} = -\frac{\sigma\, d\sigma}{\beta_3(\sigma - \alpha_1)(\sigma - \alpha_2)}$$

|: $$\frac{1\cdot\sigma + 0}{(\sigma - \alpha_1)(\sigma - \alpha_2)} = \frac{A_1}{(\sigma - \alpha_1)} + \frac{A_2}{(\sigma - \alpha_2)} = \frac{A_1(\sigma - \alpha_2) + A_2(\sigma - \alpha_1)}{(\sigma - \alpha_1)(\sigma - \alpha_2)} =$$

$$= \frac{(A_1 + A_2)\sigma + (-A_1\alpha_2 - A_2\alpha_1)}{(\sigma - \alpha_1)(\sigma - \alpha_2)},$$

daher

$$\left.\begin{array}{r} A_1 + A_2 = 1 \\ A_1\alpha_2 + A_2\alpha_1 = 0 \end{array}\right\} \begin{array}{l} A_1 = ? \quad A_1 = 1 - A_2;\ (1 - A_2)\alpha_2 + A_2\alpha_1 = 0 \\ A_2 = ? \quad A_2 = \dfrac{\alpha_2}{\alpha_2 - \alpha_1} \quad \text{und} \quad A_1 = -\dfrac{\alpha_1}{\alpha_2 - \alpha_1} \end{array}$$

$$\frac{\sigma}{(\sigma - \alpha_1)(\sigma - \alpha_2)} = -\frac{\alpha_1}{(\alpha_2 - \alpha_1)(\sigma - \alpha_1)} + \frac{\alpha_2}{(\alpha_2 - \alpha_1)(\sigma - \alpha_2)} = \frac{\alpha_1}{(\alpha_1 - \alpha_2)(\sigma - \alpha_1)} -$$

$$-\frac{\alpha_2}{(\alpha_1 - \alpha_2)(\sigma - \alpha_2)} = \frac{1}{(\alpha_1 - \alpha_2)}\left[\frac{\alpha_1}{\sigma - \alpha_1} - \frac{\alpha_2}{\sigma - \alpha_2}\right]. \quad :|$$

Es wird daher

$$\frac{dy_\sigma}{y_\sigma} = -\frac{d\sigma}{\beta_3(\alpha_1 - \alpha_2)}\left[\frac{\alpha_1}{\sigma - \alpha_1} - \frac{\alpha_2}{\sigma - \alpha_2}\right] =$$

$$= \frac{1}{\beta_3(\alpha_1 - \alpha_2)}\cdot\alpha_1\cdot\frac{d\sigma}{\alpha_1 - \sigma} - \frac{1}{\beta_3(\alpha_1 - \alpha_2)}\cdot\alpha_2\,\frac{d\sigma}{\alpha_2 - \sigma}.$$

|: $\int \frac{d\sigma}{\alpha_1 - \sigma} = ?$ Es sei $\alpha_1 - \sigma = \xi$; dann ist $-d\sigma = d\xi$

$$\int -\frac{d\xi}{\xi} = -\log\text{nat}\,\xi = -\log\text{nat}(\sigma - \alpha_1). \quad :|$$

Wird für $\frac{1}{\beta_3(\alpha_1 - \alpha_2)} = \nu$ gesetzt, so folgt:

$$\frac{dy_\sigma}{y_\sigma} = \alpha_1\nu\cdot\frac{d\sigma}{\alpha_1 - \sigma} - \alpha_2\nu\cdot\frac{d\sigma}{\alpha_2 - \sigma}.$$

Beiderseits integriert, ergibt:

$$\log y_\sigma = -\alpha_1\cdot\nu\log(\alpha_1 - \sigma) + \alpha_2\nu\log(\alpha_2 - \sigma)\log K =$$
$$= \log(\alpha_1 - \sigma)^{-\alpha_1\nu} + \log(\alpha_2 - \sigma)^{\alpha_2\nu} + \log K =$$
$$= \log K(\alpha_1 - \sigma)^{-\alpha_1\nu}(\alpha_2 - \sigma)^{\alpha_2\nu},$$

d. h.

$$y_\sigma = K\cdot(\alpha_1 - \sigma)^{-\alpha_1\nu}(\alpha_2 - \sigma)^{\alpha_2\nu}. \tag{I}$$

II. Ist $p = q$, dann wird $\beta_2 = 0$. Die Fehlerfunktion geht über in

$$\frac{dy_\sigma}{y_\sigma} = -\frac{\sigma\, d\sigma}{\beta_3\sigma^2 + \beta_1}.$$

$|: \int \frac{\sigma\, d\sigma}{\beta_3 \sigma^2 + \beta_1} = ?$ Es sei $\beta_1 + \beta_3 \sigma^2 = \xi$; $\beta_3 \sigma^2 = \xi - \beta_1$; $\sigma^2 = \frac{\xi - \beta_1}{\beta_3}$;

$2\sigma\, d\sigma = \frac{1}{\beta_3} d\xi$; $\sigma\, d\sigma = \frac{1}{2\beta_3} d\xi$; $\frac{1}{2\beta_3}\int \frac{d\xi}{\xi} = \frac{1}{2\beta_3} \log\text{nat}\, \xi. \quad :|$

$$\frac{d y_\sigma}{y_\sigma} = -\frac{\sigma\, d\sigma}{\beta_1 + \beta_3 \sigma^2};\ \log y_\sigma = -\frac{1}{2\beta_3}\log(\beta_1 + \beta_3\sigma^2) + \log K =$$

$$= \log K(\beta_1 + \beta_3\sigma^2)^{-\frac{1}{2\beta_3}},$$

d. h.

$$y_\sigma = K(\beta_1 + \beta_3 \sigma^2)^{-\frac{1}{2\beta_3}}. \tag{II}$$

III. Für $n = \infty$ wird $\beta_1 = (r+1)pq$, $\beta_2 = p - q$ und $\beta_3 = 0$, daher

$$\frac{d y_\sigma}{y_\sigma} = -\frac{\sigma\, d\sigma}{\beta_2 \sigma + \beta_1} = -\frac{\sigma}{\beta_2} \cdot \frac{d\sigma}{\sigma + \frac{\beta_1}{\beta_2}} = \frac{1}{\beta_2}\left(-1 + \frac{\frac{\beta_1}{\beta_2}}{\sigma + \frac{\beta_1}{\beta_2}}\right) d\sigma =$$

$$= -\frac{d\sigma}{\beta_2} + \frac{\beta_1}{\beta_2} \cdot \frac{d\sigma}{\sigma + \frac{\beta_1}{\beta_2}}$$

$$\log y_\sigma = -\frac{\sigma}{\beta_2} + \frac{\beta_1}{\beta_2^2}\log\left(\sigma + \frac{\beta_1}{\beta_2}\right) + \log K = -\frac{\sigma}{\beta_2} +$$

$$+ \log\left(\sigma + \frac{\beta_1}{\beta_2}\right)^{\frac{\beta_1}{\beta_2}} + \log K,$$

d. h.

$$y_\sigma = K \cdot e^{-\frac{\sigma}{\beta_2}}\left(\sigma + \frac{\beta_1}{\beta_2}\right)^{\frac{\beta_1}{\beta_2}}. \tag{III}$$

IV. Für $n = \infty$ und $p = q$ wird $\beta_2 = 0$, $\beta_3 = 0$ und $\beta_1 = (r+1)pq$.

$$\frac{d y_\sigma}{y_\sigma} = -\frac{\sigma\, d\sigma}{pq(r+1)} = -\frac{1}{pq(r+1)}\sigma\, d\sigma$$

$$\log y_\sigma = -\frac{\sigma^2}{2pq(r+1)} + K,$$

d. h.

$$y_\sigma = K\, e^{-\frac{\sigma^2}{2pq(r+1)}} = K\, e^{-h^2\sigma^2}, \tag{IV}$$

wenn für $\frac{1}{2pq(r+1)} = h^2$ gesetzt wird. Dieser Typus ist identisch mit dem Gaussschen Fehlergesetze.

V. Wird die Diskriminante $\Delta = \beta_2^2 - 4\beta_1\beta_3 < 0$, dann ergeben sich imaginäre Wurzelwerte und die Differentialgleichung führt zu trigonometrischen Funktionen. Es ist

$$\beta_3\sigma^2 + \beta_2\sigma + \beta_1 = \sigma^2 + \frac{\beta_2}{\beta_3}\sigma + \frac{\beta_1}{\beta_3} = 0.$$

Daraus ergibt sich für

$$\sigma = -\frac{\beta_2}{2\beta_3} \pm \sqrt{\frac{\beta_2^2 - 4\beta_1\beta_3}{(2\beta_3)^2}} = m \pm n\,i,$$

wenn $m = -\frac{\beta_2}{2\beta_3}$ und $n = \sqrt{\frac{4\beta_1\beta_3 - \beta_2^2}{(2\beta_3)^2}}$ gesetzt wird. Es ist demnach

$$\sigma^2 + \frac{\beta_2}{\beta_3}\sigma + \frac{\beta_1}{\beta_3} = [(\sigma - m) + n\,i][(\sigma - m) - n\,i] = (\sigma - m)^2 + n^2$$

und

$$\frac{d\,y_\sigma}{y_\sigma} = -\frac{\sigma\,d\sigma}{\beta_3[(\sigma - m)^2 + n^2]} = -\frac{1}{\beta_3}\,\frac{(\sigma - m) + m}{(\sigma - m)^2 + n^2}\,d\sigma\,.$$

|: Es sei $\sigma - m = \xi$; daher $\sigma = \xi + m$ und $d\sigma = d\xi$.

$$\int \frac{\xi + m}{\xi^2 + n^2}\,d\xi = ?$$

Integriert wird mit Hilfe der bekannten Formel:

$$\int \frac{d\xi}{1 + \xi^2} = \operatorname{arc\,tg} \xi + K.$$

Es ist daher

$$\int \frac{\xi + m}{\xi^2 + n^2}\,d\xi = \int \frac{\xi\,d\xi}{\xi^2 + n^2} + \int \frac{m\,d\xi}{\xi^2 + n^2}\,.$$

Nun ist

$$m\int \frac{d\xi}{\xi^2 + n^2} = m\int \frac{\frac{1}{n^2}\,d\xi}{\left(\frac{\xi}{n}\right)^2 + 1} = \frac{m}{n}\int \frac{d\left(\frac{\xi}{n}\right)}{\left(\frac{\xi}{n}\right)^2 + 1} = \frac{m}{n}\left[\operatorname{arc\,tg}\frac{\xi}{n} + K\right].$$

Ferner ist $\int \frac{\xi\,d\xi}{\xi^2 + n^2} = ?$ Wird $\xi^2 + n^2 = \zeta$ gesetzt, dann wird

$$\xi^2 = \zeta - n^2,\quad 2\,\xi\,d\xi = d\zeta \quad \text{und} \quad \xi\,d\xi = \tfrac{1}{2}\,d\zeta.$$

Daher

$$\int \frac{\xi\,d\xi}{\xi^2 + n^2} = \frac{1}{2}\int \frac{d\zeta}{\zeta} = \tfrac{1}{2}\log\operatorname{nat}\zeta = \tfrac{1}{2}\log\operatorname{nat}(\xi^2 + n^2).$$

Es ist daher

$$\int \frac{\xi + m}{\xi^2 + n^2}\,d\xi = \tfrac{1}{2}\log(\xi^2 + n^2) + \frac{m}{n}\left(\operatorname{arc\,tg}\frac{\xi}{n}\right) + K.$$:|

Die Integration der Gleichung

$$\frac{d\,y_\sigma}{y_\sigma} = -\frac{1}{\beta_3}\,\frac{(\sigma - m) + m}{(\sigma - m)^2 + n^2}\,d\sigma$$

ergibt demnach

$$\log y_\sigma = -\frac{1}{\beta_3}\left\{\tfrac{1}{2}\log\left[(\sigma - m)^2 + n^2\right] + \frac{m}{n}\left[\operatorname{arc\,tg}\frac{\xi}{n}\right] + K\right\}$$

oder

$$\log y_\sigma = -\frac{1}{\beta_3}\left\{\frac{1}{2}\log\left[\left(\sigma+\frac{\beta_2}{2\beta_3}\right)^2+\frac{4\beta_1\beta_3-\beta_2^2}{(2\beta_3)^2}\right]-\right.$$

$$\left.-\frac{\frac{\beta_2}{2\beta_3}}{\sqrt{\frac{4\beta_1\beta_3-\beta_2^2}{(2\beta_3)^2}}}\left[\operatorname{arc\,tg}\frac{\sigma+\frac{\beta_2}{2\beta_3}}{\sqrt{\frac{4\beta_1\beta_3-\beta_2^2}{(2\beta_3)^2}}}\right]+K\right\}$$

oder

$$\log y_\sigma = K-\frac{1}{2\beta_3}\log\left[\left(\sigma+\frac{\beta_2}{2\beta_3}\right)^2+\frac{4\beta_1\beta_3-\beta_2^2}{4\beta_3^2}\right]+$$

$$+\frac{\beta_2}{\beta_3\sqrt{4\beta_1\beta_3-\beta_2^2}}\operatorname{arc\,tg}\frac{2\beta_3\sigma+\beta_2}{\sqrt{4\beta_1\beta_3-\beta_2^2}}.$$

Wird für

$$\frac{\sqrt{4\beta_1\beta_3-\beta_2^2}}{2\beta_3}=a,\ \frac{1}{2\beta_3}=m,\ \frac{\beta_2}{\beta_3\sqrt{4\beta_1\beta_3-\beta_2^2}}=\nu \text{ und } \sigma+\frac{\beta_2}{2\beta_3}=u$$

gesetzt, dann folgt:

$$\log y_\sigma = K-m\log(u^2+a^2)+\nu\operatorname{arc\,tg}\frac{u}{a}=$$

$$=\log K-\log(u^2+a^2)^m+\nu\operatorname{arc\,tg}\frac{u}{a}=$$

$$=\log\frac{K}{(u^2+a^2)^m}+\nu\operatorname{arc\,tg}\frac{u}{a}$$

daher

$$y = e^{\log\frac{K}{1+\left(\frac{u^2}{a^2}\right)^m}}\cdot e^{\nu\operatorname{arc\,tg}\frac{u}{a}},$$

d. h.

$$y=\frac{K}{\left(1+\frac{u^2}{a^2}\right)^m}\cdot e^{\nu\operatorname{arc\,tg}\frac{u}{a}}$$

oder

$$y = K\left(1+\frac{u^2}{a^2}\right)^{-m}e^{\nu\operatorname{arc\,tg}\frac{u}{a}}. \qquad \text{(V)}$$

Z u s a m m e n f a s s u n g d e r E r g e b n i s s e. Die Auflösung der Differentialgleichung (*M*) hat zu fünf verschiedenen Typen von Fehlergesetzen geführt, und zwar ist die Fehlerwahrscheinlichkeitskurve beim

Typus I: Beiderseits begrenzt und asymmetrisch

$$y_\sigma = K(\alpha_1-\sigma)^{-\alpha_1\nu}(\alpha_2-\sigma)^{\alpha_2\nu},$$

Typus II: Beiderseits begrenzt und symmetrisch

$$y_\sigma = K(\beta_1+\beta_3\sigma^2)^{-\frac{1}{2\beta_3}},$$

Typus III: Einseitig begrenzt und asymmetrisch

$$y_\sigma = K e^{-\frac{\sigma}{\beta_2}} \left(\sigma + \frac{\beta_1}{\beta_2}\right)^{\frac{\beta_1}{\beta_2}},$$

Typus IV: Beiderseits unbegrenzt und symmetrisch

$$y_\sigma = K e^{-\frac{\sigma^2}{2 p q (r+1)}} = K e^{-h^2 \sigma^2}$$

|: das ist das normale GAUSSsche Fehlergesetz :| und

Typus V: Beiderseits unbegrenzt und asymmetrisch

$$y_\sigma = K \left(1 + \frac{u^2}{a^2}\right)^{-m} e^{\nu \operatorname{arctg} \frac{u}{a}}.$$

Die weiteren Ausführungen zum Gegenstande folgen in der Theorie der extensiven statistischen Maßzahlen.

Anhang.

Die intensiven statistischen Maßzahlen und die Wanderungen.

Die Lösung des folgenden Beispielproblems ist für die Art und Weise typisch, wie die statistische Methode Fluktuationen in Gesamtheiten im Wege eines kontinuierlichen Prozesses erfaßt.

Es handelt sich nämlich um die Konstruktion von Sterbenswahrscheinlichkeiten in der Bevölkerungsstatistik unter dem Einflusse der Wanderungen. Dasselbe Problem taucht z. B. auch im Versicherungswesen auf, wenn Sterbenswahrscheinlichkeiten versicherter Leben unter Berücksichtigung des Ein- und Austrittes von Personen in eine Versicherungsgesellschaft oder aus einer solchen gebildet werden sollen. Die Lösung ist, wie überhaupt bei ähnlichem Sachverhalte im allgemeinen, mutatis mutandis dieselbe wie in der Bevölkerungsstatistik. Die Art und Weise der Behandlung solcher Fragen gewährt aber einen weiteren tiefen Einblick in das Wesen der statistischen Methode, weshalb an dieser Stelle auf das gekennzeichnete Problem näher eingegangen werden soll.

Zur Bewältigung der Aufgabe ist die Heranziehung von Hypothesen notwendig. Zunächst wird der ganze Prozeß der Wanderungen als ein kontinuierlicher angesehen, d. h. man nimmt an, daß bei einer gegebenen Bevölkerungsmenge in einem unendlich kleinen Zeitteilchen eine unendlich kleine Menge von Personen einwandert bzw. auswandert. Ist also z. B. $\varphi(x+t)$ eine wandernde Bevölkerung, so bedeutet $\varphi(x+t)\,dt$, d. i. die Einwanderungsfunktion, jene Summe von Personen, welche in der Zeit von $x+t$ bis $x+t+dt$ eingewandert sind; ganz in derselben Weise ergibt sich als Auswanderungsfunktion: $\psi(x+t)\,dt$. Ferner sollen

l_x die lebenden Personen des Alters x,

p_x die Sterbenswahrscheinlichkeit der x-Jährigen,

V_x die vorhandenen Personen, welche das Alter x unter Beobachtung überschritten haben,

E_x die Personen, welche zwischen den Altern x und $x+1$ eingewandert sind: $\varphi(x+t)$,

A_x die Personen, welche zwischen den Altern x und $x+1$ ausgewandert sind: $\psi(x+t)$ und

M_x die Personen bedeuten, deren Ableben zwischen den Altern x und $x+1$ beobachtet wurde.

Zunächst ist eine plausible Annahme über die Verteilung der Ein- und Auswandernden erforderlich. Als solche darf die Hypothese von Wittstein angesehen werden, daß sich nämlich die Ein- und Auswanderungen gleichmäßig über eine einjährige Altersstufe verteilen. Dies vorausgesetzt, stellt sich die Anzahl derjenigen, welche in dem Zeitintervalle $x+t$ bis $x+t+dt$ (t und $t+dt$ positiv und größer als 1) eingewandert sind, auf $E_x\,dt$ oder $\varphi(x+t)\,dt$. Innerhalb einer Altersstufe von 0 bis 1 sind demnach $\int_0^1 \varphi(x+t)\,dt = E_x$ Personen eingewandert und $\int_0^1 \psi(x+t)\,dt = A_x$ Personen ausgewandert.

Eine zweite Annahme ist die über die Verteilung der Sterbefälle. Diese kann, da von den jüngsten Altersklassen abgesehen werden darf, dahin getroffen werden, daß die Todesfälle einer einjährigen Altersklasse sich gleichmäßig über dieselbe verteilen oder analytisch ausgedrückt: $l_{x+t} = l_x - t(l_x - l_{x+1})$. Auf Grund dieser beiden Hypothesen ist demnach der Gang der Entwicklung folgender: Es ist zunächst:

$$V_{x+1} = (V_x - M_x) + E_x - A_x,$$

oder

$$V_{x+1} = \underbrace{V_x \frac{l_{x+1}}{l_x}}_{\substack{\text{Die Über-}\\ \text{lebenden ohne}\\ \text{Wanderung}}} + \underbrace{\frac{l_{x+1}}{l_{x+t}} \int_0^1 \varphi(x+t)\,dt}_{\substack{\text{Änderung durch die}\\ \text{Einwanderung}}} - \underbrace{\frac{l_{x+1}}{l_{x+t}} \int_0^1 \psi(x+t)\,dt}_{\substack{\text{Änderung durch die}\\ \text{Auswanderung}}}.$$

Es ist nun

$$\int_0^1 \frac{\varphi(x+t)\,dt\,l_{x+1}}{l_{x+t}} = l_{x+1}\,E_x \int_0^1 \frac{dt}{l_x - t(l_x - l_{x+1})}$$

| :

$$y = \int_0^1 \frac{dt}{l_x - t(l_x - l_{x+1})} = ?$$

Es sei $l_x - t(l_x - l_{x+1}) = z$, dann ist $t(l_x - l_{x+1}) = l_x - z$ und $t = \frac{1}{l_x - l_{x+1}} \cdot (l_x - z)$; daher $dt = -\frac{dz}{l_x - l_{x+1}}$ und

$$y = -\frac{1}{l_x - l_{x+1}} \int \frac{dz}{z} = -\frac{1}{l_x - l_{x+1}} \log \operatorname{nat} z;$$

somit

$$\int_0^1 \frac{dt}{l_x - t(l_x - l_{x+1})} = -\frac{1}{l_x - l_{x+1}} \log\left[l_x - t(l_x - l_{x+1})\right]_0^1 =$$

$$= -\frac{1}{l_x - l_{x+1}} \left[\log l_{x+1} - \log l_x\right] = -\frac{1}{l_x - l_{x+1}} \log \frac{l_{x+1}}{l_x}\ :|$$

Es ist daher

$$V_x - M_x + E_x - A_x = V_x \frac{l_{x+1}}{l_x} - l_{x+1}\,E_x \cdot \frac{1}{l_x - l_{x+1}} \log \frac{l_{x+1}}{l_x} +$$

$$+ l_{x+1}\,A_x \frac{1}{l_x - l_{x+1}} \log \frac{l_{x+1}}{l_x}\ .$$

Mit Rücksicht darauf, daß $\frac{l_{x+1}}{l_x} = q_x = 1 - p_x$ die Lebenswahrscheinlichkeit der x-Jährigen, p_x die Sterbenswahrscheinlichkeit der x-Jährigen bedeutet und

$$\frac{l_{x+1}}{l_x - l_{x+1}} = \frac{\frac{l_{x+1}}{l_x}}{1 - \frac{l_{x+1}}{l_x}} = \frac{1 - p_x}{1 - (1 - p_x)} = \frac{1 - p_x}{p_x}$$

ist, ergibt sich

$$V_x(1 - p_x) - E_x \frac{(1-p_x)\log(1-p_x)}{p_x} + A_x \frac{(1-p_x)\log(1-p_x)}{p_x} =$$

$$= V_x - M_x + E_x - A_x,$$

oder

$$V_x(1 - p_x) - \frac{(1-p_x)\log(1-p_x)}{p_x}(E_x - A_x) = V_x - M_x + E_x - A_x$$

und

$$M_x = V_x - V_x(1 - p_x) + (E_x - A_x) + \frac{(1-p_x)\log(1-p_x)}{p_x}(E_x - A_x),$$

daher

$$M_x = V_x p_x + (E_x - A_x)\left[1 + \frac{(1-p_x)\log(1-p_x)}{p_x}\right]$$

|: $$\log\text{nat}(1-p_x) = -\frac{p_x}{1} - \frac{p_x^2}{2} - \frac{p_x^3}{3} - \frac{p_x^4}{4} - \ldots$$

$$(1-p_x)\left(-\frac{p_x}{1} - \frac{p_x^2}{2} - \frac{p_x^3}{3} - \ldots\right) = -p_x + \frac{p_x^2}{2} + \frac{p_x^3}{6} + \ldots$$

durch p_x dividiert folgt:

$$-1 + \frac{p_x}{2} + \frac{p_x^2}{6} + \ldots$$

Es wird daher

$$\left[1 + \frac{(1-p_x)\log(1-p_x)}{p_x}\right] = \frac{p_x}{2},$$

wenn man bei der ersten Potenz von p_x mit Rücksicht auf dessen Kleinheit stehen bleibt. :|

Es wird demnach

$$M_x = V_x p_x + (E_x - A_x)\frac{p_x}{2} = p_x\left[V_x + \frac{E_x - A_x}{2}\right]$$

und

$$p_x + \frac{M_x}{V_x + \frac{E_x - A_x}{2}},$$

d. h. in einer Gesamtheit mit Ein- und Auswandernden hat man anzunehmen, daß jeder Ein- oder Auswandernde ein halbes Jahr unter Beobachtung steht.

Zu nahezu demselben Ergebnis gelangt man, wenn man der ganzen Entwicklung die Zeunersche Hypothese zugrunde legt. Diese stützt sich nämlich auf die Vermutung, daß je mehr Personen eines Alters vorhanden sind, um so mehr Personen dieses Alters ein- oder auswandern werden, daß also die Zahl der Ein- oder Auswandernden jeweils proportional ist der Zahl der Lebenden der Absterbeordnung. Auf Grund dieser Hypothese beträgt die Menge der in dem Altersintervalle $x+t$ bis $x+t+dt$ Einwandernden bzw. Auswandernden:

$$\varphi(x+t)\,dt = e\,l_{x+t}\,dt \quad \text{und} \quad \psi(x+t)\,dt = a\,l_{x+t}\,dt$$

und im Intervalle 0 bis 1

$$\int_0^1 \varphi(x+t)\,dt = \int_0^1 e\,l_{x+t}\,dt = E_x \quad \text{und} \quad \int_0^1 \psi(x+t)\,dt = \int_0^1 a\,l_{x+t}\,dt = A_x.$$

Wird auch hier die Hypothese $l_{x+t} = l_x - t(l_x - l_{x+1})$ herangezogen dann ergibt sich:

$$e\cdot\int_0^1 [l_x - t(l_x - l_{x+1})]\,dt = \left[l_x - \frac{l_x - l_{x+1}}{2}\right]e = E_x$$

|: $\int [l_x - t(l_x - l_{x+1})]\,dt = \int t^0 l_x\,dt - \int t^1 (l_x - l_{x+1})\,dt =$

$$= t\,l_x - t^2 \frac{l_x - l_{x+1}}{2}$$:|

und

$$a \cdot \int_0^1 [l_x - t(l_x - l_{x+1})]\,dt = \left[l_x - \frac{l_x - l_{x+1}}{2}\right] a = A_x .$$

Daraus folgt

$$e = \frac{2\,E_x}{l_x + l_{x+1}} \quad \text{und} \quad a = \frac{2\,A_x}{l_x + l_{x+1}} .$$

Es wird demnach aus

$$V_{x+1} = V_x \frac{l_{x+1}}{l_x} + \int_0^1 \frac{\varphi(x+t)\,dt\,l_{x+1}}{l_{x+t}} - \int_0^1 \frac{\psi(x+t)\,dt\,l_{x+1}}{l_{x+t}} =$$

$$= (V_x - M_x) + E_x - A_x$$

für

$$\int_0^1 \frac{\varphi(x+t)\,dt\,l_{x+1}}{l_{x+t}} = \int_0^1 \frac{e\,l_{x+t}\,dt\,l_{x+1}}{l_{x+t}} = \frac{2\,E_x}{l_x + l_{x+1}} \int_0^1 l_{x+1}\,dt = \frac{2\,E_x\,l_{x+1}}{l_x + l_x + 1}$$

und für

$$\int_0^1 \frac{\psi(x+t)\,dt\,l_{x+1}}{l_{x+t}} = \int_0^1 \frac{a\,l_{x+t}\,dt\,l_{x+1}}{l_{x+t}} = \frac{2\,A_x}{l_x + l_{x+1}} \int_0^1 l_{x+1}\,dt = \frac{2\,A_x\,l_{x+1}}{l_x + l_{x+1}}$$

$$M_x = V_x\left(1 - \frac{l_{x+1}}{l_x}\right) + E_x - \frac{2\,E_x\,l_{x+1}}{l_x + l_{x+1}} - A_x + \frac{2\,A_x\,l_{x+1}}{l_x + l_{x+1}}$$

$$= V_x p_x + E_x\left(1 - \frac{2\,l_{x+1}}{l_x + l_{x+1}}\right) - A_x\left(1 - \frac{2\,l_{x+1}}{l_x + l_{x+1}}\right)$$

$$= V_x p_x + (E_x - A_x) \cdot \frac{l_x - l_{x+1}}{l_x + l_{x+1}} = V_x p_x + \frac{p_x}{2 - p_x}(E_x - A_x),$$

|: denn

$$\frac{l_x - l_{x+1}}{l_x + l_{x+1}} = \frac{1 - \frac{l_{x+1}}{l_x}}{1 + \frac{l_{x+1}}{l_x}} = \frac{1 - 1 + p_x}{1 + 1 - p_x} = \frac{p_x}{2 - p_x},$$:|

d. h.

$$p_x = \frac{M_x}{V_x + \frac{E_x - A_x}{2 - p_x}} .$$

Dieser Ausdruck stimmt mit dem früheren

$$p_x = \frac{M_x}{V_x + \frac{E_x - A_x}{2}}$$

nahezu überein.

Auf Grund dieser Kontinuen wird also die Sterbenswahrscheinlichkeit unter dem Einflusse der Wanderungen gefunden, indem man die innerhalb eines Jahres Verstorbenen in Verhältnis bringt zu den Lebenden zu Beginn dieses Jahres vermehrt um die halbe Differenz der Ein- und Auswandernden oder vermehrt um das halbe Inkrement.

Von diesem Satze wird sowohl in der Bevölkerungs- wie in der Versicherungsstatistik Gebrauch gemacht.

In der Bevölkerungsstatistik haben sich bekanntlich drei Sterblichkeitsmaße ergeben: 1) die Sterbenswahrscheinlichkeiten gleichaltriger Personen; 2) die Sterbenswahrscheinlichkeiten gleichzeitig lebender Personen und 3) die Sterblichkeitskoëffizienten.

1) Einfluß der Wanderungen bei der Sterbenswahrscheinlichkeit gleichaltriger Personen.

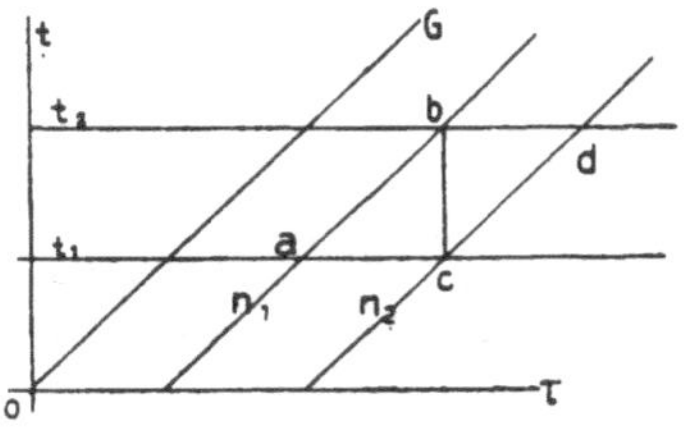

Fig. 58.

Die Sterbenswahrscheinlichkeit Gleichaltriger ohne Wanderung ist:

$$p_n = \frac{a\,b\,c\,d}{a\,b} = \frac{M^{\mathrm{I}}}{L^{\mathrm{I}}_{n_1}}\,.$$

Als Sterbenswahrscheinlichkeit Gleichaltriger mit Wanderung hat sich nach dem Obigen ergeben:

$$p_n = \frac{M^{\mathrm{I}}}{L^{\mathrm{I}}_{n_1} + \frac{1}{2}J}\,.$$

Wie beobachtet man nun das halbe Inkrement $\frac{E_x - A_x}{2} = \frac{J}{2}$ (?) Es sei M eine Totengesamtheit. Dieselbe ist bekanntlich die Summe aller Totenpunkte, die in der geschlossenen Fläche M liegen, und gleich der Summe der Schnittpunkte mit der Kontur links (L_e) weniger der Summe der Schnittpunkte mit der Kontur rechts (L_a), d. i. die bekannte Beziehung:

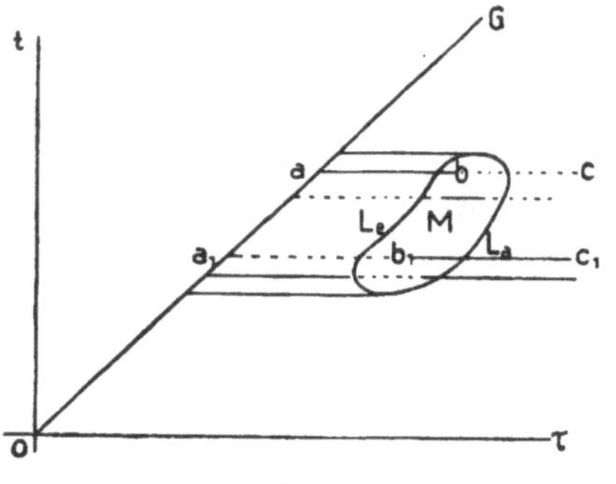

Fig. 59.

$$M = L_e - L_a\,.$$

Es entsteht nun die Frage, wie diese Gleichung ausgedrückt werden muß, wenn die Wanderungen berücksichtigt werden?

Die obigen vier Individuallinien repräsentieren nach BECKER die Wanderungen, und zwar ist das Individuum $\overline{ac}$ z. B. in der Zeitstrecke ab eingewandert und in der Zeitstrecke bc ausgewandert. Die vier möglichen Fälle sind in der vorstehenden Figur eingezeichnet. Offenbar vermindern die Individuen von der Gattung $\overline{ac}$ das L_a, während die Individuen von der Gattung $a_1 c_1$ die Gesamtheit L_a vermehren. Ferner ist klar, daß die beiden anderen Fälle die Gleichung $M = L_e - L_a$ nicht alterieren können. Werden die Individuen von der Gattung $\overline{ac}$ mit ΣA und die von der Gattung $\overline{a_1 c_1}$ mit ΣE bezeichnet, dann ist $M = L_e - L_a - \Sigma A + \Sigma E$; wird weiter für $\Sigma E - \Sigma A =$ Inkrement $= J$ gesetzt, dann folgt $M = L_e - L_a = J$. Das ist eine allgemeine Beziehung, und es ist klar, daß so viele Teilbeziehungen bestehen werden, als es Totengesamtheiten gibt, also z. B.

$$M^{\mathrm{I}} = L^{\mathrm{I}}_{n_1} - L^{\mathrm{I}}_{n_2} + J^{\mathrm{I}}_n \quad \text{oder} \quad M^{\mathrm{II}} = L^{\mathrm{II}}_{\tau_1} - L^{\mathrm{II}}_{\tau_2} + J^{\mathrm{II}}_\tau$$

$$\text{oder} \quad {}_nG^{\mathrm{I}}_\tau = L^{\mathrm{I}}_n - L^{\mathrm{II}}_\tau + {}_nJ_\tau \quad \text{usw.}$$

Wird diese Betrachtung auf die oben unterbrochene Entwicklung angewendet, so folgt aus der vorletzten Figur unmittelbar:

$$abcd = ab - cd + (abcd) \quad \text{oder} \quad ab = cd + abcd - (abcd),$$

wobei für das Inkrement J die Bezeichnung $(abcd)$ gesetzt ist. Macht man von der approximativen Annahme Gebrauch, daß das Inkrement über abc gleich der Hälfte des Inkrementes über $abcd$ ist, so folgt weiter

$$ab = bc + abc - (abc) \quad \text{oder} \quad L^{\mathrm{I}}_{n_1} = L^{\mathrm{II}}_\tau + {}_{n_1}G^{\mathrm{I}}_\tau - {}_{n_1}J_\tau,$$

woraus sich für

$${}_{n_1}J_\tau = \tfrac{1}{2} J_n = L^{\mathrm{II}}_\tau + {}_{n_1}G^{\mathrm{I}}_\tau - L^{\mathrm{I}}_{n_1}$$

ergibt. Wird dieser Wert in die Formel für die Sterbenswahrscheinlichkeit mit Wanderung eingesetzt, so findet man für

$$p_n = \frac{M^{\mathrm{I}}}{L^{\mathrm{I}}_{n_1} + \frac{1}{2} J_n} = \frac{M^{\mathrm{I}}}{L^{\mathrm{I}}_{n_1} + L^{\mathrm{II}}_\tau + {}_{n_1}G^{\mathrm{I}}_\tau - L^{\mathrm{I}}_{n_1}} = \frac{{}_{n_1}G^{\mathrm{I}}_\tau + {}_\tau G^{\mathrm{II}}_{n_2}}{L^{\mathrm{II}}_\tau + {}_{n_1}G^{\mathrm{I}}_\tau} = \frac{M^{\mathrm{I}}}{L^{\mathrm{II}}_\tau + \frac{1}{2} M^{\mathrm{I}}}.$$

Derselbe Wert für p_n hat sich aber auch früher in der Sterblichkeitsmessung auf Seite 188 ff. ergeben, wo die Sterbenswahrscheinlichkeit gleichaltriger Personen ohne Einfluß der Wanderungen bestimmt wurde. Daraus ergibt sich der wichtige Satz: Wenn man Sterbenswahrscheinlichkeiten gleichaltriger Personen in der Bevölkerungsstatistik entwickelt, kann man von den Wanderungen ganz absehen.

2) Einfluß der Wanderungen bei der Sterbenswahrscheinlichkeit gleichzeitig lebender Personen.

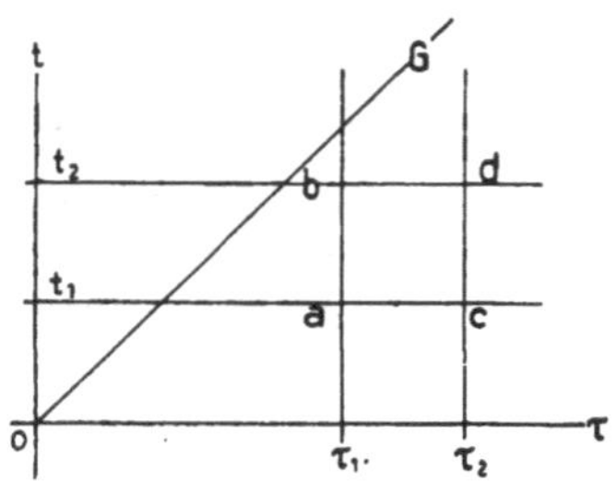

Fig. 60.

Die Sterbenswahrscheinlichkeit ohne Wanderung:

$$p_\tau = \frac{a\,b\,c\,d}{a\,b} = \frac{M^{II}}{L^{II}_{\tau_1}},$$

mit Wanderung:

$$a\,b - c\,d = a\,b\,c\,d - \underbrace{(a\,b\,c\,d)}_{\text{Inkrement}}$$

oder

$$L^{II}_{\tau_1} - L^{II}_{\tau_2} = M^{II} - J$$

oder

$$\tfrac{1}{2} L^{II}_{\tau_1} + \tfrac{1}{2} J = \tfrac{1}{2} M^{II} + \tfrac{1}{2} L^{II}_{\tau_2}.$$

Es ist daher

$$p_\tau = \frac{M^{II}}{L^{II}_{\tau_1} + \frac{1}{2} J_\tau} = \frac{M^{II}}{\frac{1}{2}\left(L^{II}_{\tau_1} + L^{II}_{\tau_2}\right) + \frac{1}{2} M^{II}}.$$

Das heißt: Auch diese Sterbenswahrscheinlichkeit kann zwar ohne Berücksichtigung der Wanderungen ermittelt werden, doch ist ihre Bildung mit Rücksicht auf die sie zusammensetzenden Elemente sehr kompliziert und praktisch undurchführbar. Zufolge der soeben entwickelten Formel müßte nämlich eine Volkszählung zu Beginn und am Ende des Kalenderjahres veranstaltet werden. Um dieses Hindernis zu umgehen, hat man sich damit zu helfen gesucht, daß man die zweite Volkszählung mittels des sogenannten mittleren Schwundes zwischen zwei tatsächlich vorgenommenen Volkszählungen theoretisch konstruierte.

3) Auch bei der dritten Hauptgesamtheit von Toten brauchen die Wanderungen nicht in Berücksichtigung gezogen zu werden, denn die Elemente, welche zu den Sterblichkeitskoëffizienten führen, sind die gleichen mit und ohne Wanderungen. Allein auch hier machen sich gegen die praktische Verwertbarkeit der Endformel dieselben Bedenken wie bei den Sterbenswahrscheinlichkeiten gleichzeitig lebender Personen geltend.

IV. Die extensiven statistischen Maßzahlen.

A) Begriffsbestimmung; die verschiedenen Arten und Eigenschaften der extensiven statistischen Maßzahlen.

Die bisher betrachteten statistischen Maßzahlen waren Relativzahlen und als solche Wahrscheinlichkeiten oder Funktionen von Wahrscheinlichkeiten, mittels welcher die Häufigkeit des Auftretens einer Eigenschaft oder die Intensität einer Zustandsänderung in einer Masse gemessen werden kann. Von diesen intensiven statistischen Maßzahlen verschieden sind die sogenannten extensiven statistischen Maßzahlen, welche durch absolute, benannte Zahlen zum Ausdruck gebracht werden.

Es kann zunächst eine und dieselbe extensive Größe, z. B. eine Strecke, wiederholt gemessen werden. Solche wiederholte Messungen an einem und demselben Objekte kommen z. B. in der Astronomie und Geodäsie vor. Die Unvollkommenheit der menschlichen Sinnesorgane und der verwendeten Meßinstrumente bedingen, daß die wahre Länge der zu messenden Strecke z. B. nie ermittelt werden kann. Die Messungsergebnisse sind durchweg mit Fehlern behaftet. Die Theorie der direkten Beobachtungen gleicher Genauigkeit zeigt, daß diese Fehler eine ganz bestimmte Gruppierung aufweisen, daß sie nämlich das Gaussche Fehlergesetz befolgen. Es hat sich ferner ergeben, daß durch ein entsprechend eingerichtetes Ziehen von Kugeln aus einer Urne empirische Wahrscheinlichkeiten erhalten werden, welche als mit Fehlern behaftete Messungen der zugrunde liegenden mathematischen Wahrscheinlichkeit angesehen werden können. Aus dieser Anschauung und Erkenntnis heraus hat sich die ganze Theorie der intensiven statistischen Maßzahlen entwickelt.

Neben wiederholten Messungen eines und desselben Objektes kennt man aber auch die Untersuchung einer großen Menge von Exemplaren eines und desselben Naturgegenstandes auf ein ganz bestimmtes meßbares und durch Zahlen ausdrückbares Merkmal hin. Man bezeichnet einen solchen Komplex von gleichartigen, nach einem bestimmten meristischen Merkmale statistisch geordneten Exemplaren eines Naturgegenstandes nach Fechner einen Kollektivgegenstand. Die Kollektivmaßlehre umfaßt die Untersuchungen über die Möglichkeit und die Art der mathematischen Beschreibung von Kollektivgegenständen.

Man hat die statistische Behandlung der individuellen Verschiedenheiten, soweit es sich um meristische, d. h. durch Zahlen ausdrückbare Merkmale (das sind Dimensionen oder die Anzahlen sich wiederholender, gleichartiger Organe) handelt, auch Variationsstatistik genannt.[1]) Dieselbe stellt zunächst die absolute Häufigkeit der einzelnen Varianten in bezug auf ein bestimmtes Merkmal unter einer gegebenen Menge von Individuen fest, untersucht die Häufigkeitsbeziehungen jeder einzelnen dieser Varianten zu den übrigen und ist bestrebt, aus diesen gegenseitigen Frequenzverhältnissen Schlußfolgerungen bezüglich des inneren Wesens der individuellen Variation zu ziehen. Die ersten Versuche einer mathematischen Variationsstatistik führen auf die von QUETELET und dann von GALTON angestellten Beobachtungen auf anthropometrischem Gebiete zurück. Weitere Versuche folgten in der Zoologie von WELDON und in der Botanik von DE VRIES. Als der eigentliche Begründer der Kollektivmaßlehre ist jedoch THEODOR FECHNER anzusehen, welcher eine große Reihe von Kollektivgegenständen, wie z. B. die Kopfumfänge von Menschen oder die Körperlänge von Rekruten, auf das eingehendste untersuchte. Durch PEARSONS aufgestellte fünf Fehlergesetztypen fand die Methodik ihre weitere und vertiefte Ausbildung.

Von besonderer Bedeutung ist eine weitere Gruppe von Kollektivgegenständen, hinsichtlich welcher die extensive Größe bei den Elementen einer Masse, insbesondere bei den Individuen einer Menschenmasse, einen Zeitraum bedeutet, der die Dauer eines Zustandes oder den Zeitpunkt zweier Zustandsänderungen mißt. Beispiele solcher extensiven Größen sind die menschliche Lebensdauer, die Ehedauer beider Geschlechter, der Zeitraum zwischen Verwitwung und Wiederverheiratung, zwischen Verheiratung und erster Entbindung, zwischen erster und zweiter, zweiter und dritter, . . . Entbindung bei Frauen eines bestimmten Heiratsalters usw. usw.

Das Studium über die Verteilung der verschiedenen Werte einer extensiven Größe bei den Elementen einer Masse und über die Häufigkeit des Auftretens dieser Werte hat zur Auffindung bestimmter Maßgrößen, zu den extensiven statistischen Maßzahlen geführt. Soweit es die heutigen Einblicke in die inneren Zusammenhänge der Dinge erlauben, kommt unter den extensiven statistischen Maßzahlen nur den Potenzmittelwerten und unter diesen wieder dem

[1]) GEORG DUNCKER: Die Methode der Variationsstatistik, aus dem Archiv für Entwicklungsmechanik der Organismen, herausgegeben von Wilhelm Roux, 8. Band, Leipzig, Verlag von Wilhelm Engelmann.

arithmetischen Mittel, ferner dem Zentralwerte und dem dichtesten Werte eine wesentliche Bedeutung zu. Arithmetisches Mittel, Zentralwert und dichtester Wert sind deshalb auch die am häufigsten verwendeten extensiven statistischen Maßzahlen.

Das geometrische Mittel und die verschiedenen Potenzmittel.

Die Definitionsgleichung für das geometrische Mittel ist

$$M_g = \sqrt[n]{a_1\, a_2 \ldots a_n}.$$

Die allgemeine Potenzmittelgleichung lautet:

$$M = \frac{a_1^{r+1} + a_2^{r+1} + \ldots + a_n^{r+1}}{a_1^r + a_2^r + \ldots + a_n^r}.$$

Für $r = 0$ wird

$$M_a = \frac{a_1 + a_2 + \ldots + a_n}{n} \text{ (arithmetisches Mittel),}$$

für $r = -1$ wird

$$M_h = \frac{n}{\frac{1}{a_1} + \frac{1}{a_2} + \ldots + \frac{1}{a_n}} \text{ (harmonisches Mittel)}$$

oder

$$\frac{1}{M_h} = \frac{1}{n}\left(\frac{1}{a_1} + \frac{1}{a_2} + \ldots + \frac{1}{a_n}\right)$$

und für $r = +1$ wird

$$M_{ah} = \frac{a_1^2 + a_2^2 + \ldots + a_n^2}{a_1 + a_2 + \ldots + a_n} \text{ (antiharmonisches Mittel).}$$

Die Größenverhältnisse dieser vier Mittel untereinander sind derart, daß

$$M_{ah} > M_a > M_g > M_h \quad \text{ist.}$$

Denn für $n = 2$ gesetzt folgt:

$$M_g - M_a = \sqrt{a_1\, a_2} - \frac{a_1 + a_2}{2} = -\frac{(\sqrt{a_1} - \sqrt{a_2})^2}{2}, \text{ daher } M_g < M_a;$$

$$M_h - M_g = \frac{2\, a_1\, a_2}{a_1 + a_2} - \sqrt{a_1\, a_2} = -\frac{\sqrt{a_1\, a_2}}{a_1 + a_2}(\sqrt{a_1} - \sqrt{a_2})^2, \text{ daher } M_h < M_g;$$

$$M_{ah} - M_a = \frac{a_1^2 + a_2^2}{a_1 + a_2} - \frac{a_1 + a_2}{2} = +\frac{(a_1 - a_2)^2}{2\,(a_1 + a_2)}, \text{ daher } M_{ah} > M_a.$$

Der allgemeine Beweis mittelst des Schlusses von n auf $(n+1)$ ist ebenso wie der vorstehende leicht erbracht.

Allen diesen vier Mitteln kommen dieselben charakteristischen Eigenschaften zu. Hinsichtlich des arithmetischen Mittels wurden dieselben bereits im zweiten Abschnitte abgeleitet. Für dieses hat sich nämlich ergeben:

$$M_a = m = \frac{a_1 + a_2 + \ldots + a_n}{n};$$

daraus folgt

$$m n = a_1 + a_2 + \ldots + a_n$$

oder

$$\underset{1}{\overset{}{m}} + \underset{2}{m} + \ldots + \underset{n}{m} = a_1 + a_2 + \ldots + a_n,$$

daher

$$(a_1 - m) + (a_2 - m) + \ldots + (a_n - m) = \Sigma\,(a_i - m) = 0 \qquad \text{(I)}$$

d. h. die Summe der Abweichungen der ins arithmetische Mittel gesetzten Größen von diesem ist gleich Null.

Eine zweite Eigenschaft des arithmetischen Mittels ist die, daß die Summe der Quadrate dieser Abweichungen ein Minimum ist:

$$(a_1 - m)^2 + (a_2 - m)^2 + \ldots + (a_n - m)^2 = \Sigma(a_i - m)^2 = \text{Min.}, \quad \text{(II)}$$

denn dieser Ausdruck ist dann ein Minimum, wenn der erste Differenzialquotient nach m gleich Null wird:

$$-2(a_1 - m) - 2(a_2 - m) - \ldots - 2(a_n - m) = 0.$$

Nun ist aber nach der ersten Eigenschaft $\Sigma(a_i - m) = 0$.

Die Differentiation der Gleichung (II) nach m ergibt somit die Gleichung (I) als Bedingungsgleichung.

Diese beiden Eigenschaften, welche soeben vom arithmetischen Mittel abgeleitet wurden, haben ganz allgemeinen Charakter und gelten in gleicher Weise für die übrigen Potenzmittel wie für das geometrische Mittel. Denn es ist

$$M_g = m = \sqrt[n]{a_1 a_2 \ldots a_n}$$

und

$$\log m = \frac{1}{n}(\log a_1 + \log a_2 + \ldots + \log a_n)$$

oder

$$n \,.\, \log m = \overset{1}{\log} m + \overset{2}{\log} m + \ldots + \overset{n}{\log} m = \log a_1 + \log a_2 + \ldots + \log a_n,$$

daher

$$(\log a_1 - \log m) + (\log a_2 - \log m) + \ldots + (\log a_n - \log m) =$$
$$= \sum(\log a_i - \log m) = 0.$$

Zweitens ist aber auch

$$\sum (\log a_i - \log m)^2 = \text{Minimum}.$$

Denn es ist

$$-2\frac{dm}{m}(\log a_1 - \log m) - 2\frac{dm}{m}(\log a_2 - \log m) - \ldots -$$
$$-2\frac{dm}{m}(\log a_n - \log m) = 0\,.$$

Daraus folgt

$$(\log a_1 - \log m) + (\log a_2 - \log m) + \ldots + (\log a_n - \log m) =$$
$$= \sum (\log a_i - \log m) = 0\,,$$

was wieder der obigen Bedingungsgleichung entspricht. Ebenso ist für das harmonische Mittel:

$$\frac{1}{m} = \frac{1}{n}\left(\frac{1}{a_1} + \frac{1}{a_2} + \ldots + \frac{1}{a_n}\right):$$

$$n \cdot \frac{1}{m} = \frac{\overset{1}{\smile}\atop 1}{m} + \frac{\overset{2}{\smile}\atop 1}{m} + \ldots + \frac{\overset{n}{\smile}\atop 1}{m} = \frac{1}{a_1} + \frac{1}{a_2} + \ldots + \frac{1}{a_n}$$

oder

$$\left(\frac{1}{a_1} - \frac{1}{m}\right) + \left(\frac{1}{a_2} - \frac{1}{m}\right) + \ldots + \left(\frac{1}{a_n} - \frac{1}{m}\right) = \sum \left(\frac{1}{a_i} - \frac{1}{m}\right) = 0\,.$$

$\sum \left(\frac{1}{a_i} - \frac{1}{m}\right)^2$ ist wieder ein Minimum, da

$$\frac{d}{dm}\left[\left(\frac{1}{a_1} - \frac{1}{m}\right)^2 + \left(\frac{1}{a_2} - \frac{1}{m}\right)^2 + \ldots + \left(\frac{1}{a_n} - \frac{1}{m}\right)^2\right] =$$
$$= \frac{2}{m^2}\left(\frac{1}{a_1} - \frac{1}{m}\right) + \frac{2}{m^2}\left(\frac{1}{a_2} - \frac{1}{m}\right) + \ldots + \frac{2}{m^2}\left(\frac{1}{a_n} - \frac{1}{m}\right) =$$
$$= \frac{2}{m^2}\left[\left(\frac{1}{a_1} - \frac{1}{m}\right) + \left(\frac{1}{a_2} - \frac{1}{m}\right) + \ldots + \left(\frac{1}{a_n} - \frac{1}{m}\right)\right] =$$
$$= \frac{2}{m^2}\sum \left(\frac{1}{a_i} - \frac{1}{m}\right) = 0$$

ist. Endlich gilt für das antiharmonische Mittel in gleicher Weise:

$$m(a_1 + a_2 + \ldots + a_n) = a_1{}^2 + a_2{}^2 + \ldots + a_n{}^2,$$

daher

$$m a_1 + m a_2 + \ldots + m a_n = a_1{}^2 + a_2{}^2 + \ldots + a_n{}^2$$

oder

$$(a_1{}^2 - m a_1) + (a_2{}^2 - m a_2) + \ldots + (a_n{}^2 - m a_n) =$$
$$= a_1(a_1 - m) + a_2(a_2 - m) + \ldots + a_n(a_n - m) =$$
$$= \sum a_i(a_i - m) = 0$$

und

$$\sum a_i(a_i - m)^2 = \text{Minimum}\,,$$

weil

$$\frac{d}{dm}\left[a_1(a_1-m)^2+a_2(a_2-m)^2+\ldots+a_n(a_n-m)^2\right]=$$
$$=-2a_1(a_1-m)-2a_2(a_2-m)-\ldots-2a_n(a_n-m)=$$
$$=-2\left[a_1(a_1-m)+a_2(a_2-m)+\ldots+a_n(a_n-m)\right]=$$
$$=-2\sum a_i(a_i-m)=0$$

ist. Berücksichtigt man beim antiharmonischen Mittel die Gewichtsgröße r, dann lauten die beiden Eigenschaftsgleichungen:

$$\sum a_i^r(a_i-m)=0 \quad \text{und} \quad \sum a_i^r(a_i-m)^2=\text{Minimum}.$$

Die beiden Eigenschaften gelten also für alle Potenzmittel und für das geometrische Mittel. Ihr allgemeiner analytischer Ausdruck ist:

$$\sum P_i[f(a_i)-f(m)]=0 \qquad (\mathrm{I}^*)$$

und

$$\sum P_i[f(a_i)-f(m)]^2=\text{Minimum}, \qquad (\mathrm{II}^*)$$

wobei P_i das Gewicht bedeutet. Die Differentiation der zweiten Gleichung nach m ergibt immer die erste Gleichung als Bedingungsgleichung.

Welches Mittel ist nun jeweilig bei einer vorliegenden Massenerscheinung zur Anwendung zu bringen?

Zunächst ist im allgemeinen zu bemerken, daß es gleichgiltig ist, welches Mittel man anwendet, wenn die einzelnen Beobachtungen, die ins Mittel zu setzen sind, sehr wenig voneinander abweichen.

Im übrigen sind aber in jedem einzelnen Falle die gesamten Beobachtungsergebnisse nach der Richtung hin zu prüfen, welche Beziehung zwischen der Fehlerhäufigkeit und der Fehlergröße besteht. Der entwickelte analytische Ausdruck für diese Relation, das Fehlergesetz, bietet die Handhabe dafür, durch welches Mittel die ganze Massenerscheinung am besten charakterisiert ist. So hat sich aus den Ausführungen im zweiten Abschnitte ergeben, daß das arithmetische Mittel die prägnanteste Charakteristik, der typische Ausdruck für alle jene Massenerscheinungen ist, welchen das Gauss-sche Fehlergesetz: $\frac{2}{\sqrt{\pi}}e^{-h^2x^2}$ zugrundeliegt. Zu jedem einzelnen Minimum gehört das ihm entsprechende Fehlergesetz. Die Gleichung $\sum P_i[f(a_i)-f(m)]^2=$ Minimum ist die Bedingung für ein ganz bestimmtes Fehlergesetz, und bei der Entscheidung der Frage, welches Mittel anzuwenden ist, muß zunächst die Frage praktisch gelöst werden, welches Fehlergesetz der ganzen Beobachtung zugrundeliegt.

Die landläufigen Mittel, welche in der statistischen Empirie gang und gäbe sind, entbehren vielfach eines realen Hintergrundes. Es ist in jedem einzelnen Falle wohl zu untersuchen, welcher tiefere reale Sinn hinter dem angewendeten Mittel steckt.

Liegen verschiedene Beobachtungen oder Messungen eines und desselben Objektes vor, dann ist bekanntlich das arithmetische Mittel der wahrscheinlichste Wert des Gegenstandes selbst. Das arithmetische Mittel ist hier ein subjektives Mittel, der Fehlerausschlag liegt im Subjekt selbst. Das arithmetische Mittel hat hier einen greifbaren, realen Hintergrund.

Wird jedoch dieselbe Eigenschaft oder dieselbe Zustandsänderung an vielen gleichartigen Objekten einer Masse oder wird ein bestimmtes meßbares, durch Zahlen ausdrückbares Moment an den gleichartigen Elementen einer Masse beobachtet, eine Sachlage, mit welcher die statistische Methode in der weitaus überwiegenden Zahl der Fälle zu rechnen hat, dann ist das arithmetische Mittel ein sogenanntes objektives Mittel. Es werden z. B. 10.000 gleichaltrige Personen hinsichtlich ihres Absterbens (Sterbenswahrscheinlichkeit) beobachtet oder es werden 1000 Rekruten hinsichtlich ihrer Leibeslänge gemessen. In diesem Falle hat das Mittel, z. B. die mittlere Leibeslänge der gemessenen Rekruten, keine reale Bedeutung wie beim subjektiven Mittel. Die reellen Werte liegen in den einzelnen Rekrutenmaßen gegeben vor. Aber auch hier hat das arithmetische Mittel einen tiefen Sinn und volle Berechtigung. In der Theorie der direkten Beobachtungen gleicher Genauigkeit wurde gezeigt, daß sich die Fehler der einzelnen Messungsergebnisse in ganz bestimmter Weise (nämlich nach dem Gaussschen Fehlergesetz) um den wahrscheinlichsten Wert des gemessenen Gegenstandes gruppieren. Es hat sich ferner herausgestellt, daß die empirischen Wahrscheinlichkeiten bei Kugelziehungen als Messungen der Grundwahrscheinlichkeit anzusehen sind und die gleiche Streuung wie Messungsfehler aufweisen. Verhältniszahlen, die eine solche Verteilung zeigen, sind bekanntlich als zufällig gestörte Werte einer fixen, konstanten Grundwahrscheinlichkeit aufzufassen. Es können demnach auch die einzelnen Werte einer extensiven Größe, denen eine derartige Verteilung um den Mittelwert zukommt, als zufällig gestörte Spezialisierungen eines Grundwertes der betreffenden Größe betrachtet werden, oder mit anderen Worten: Die Exemplare eines Kollektivgegenstandes streben einem ganz bestimmten Werte, einem

Typus zu, die einen erreichen diesen typischen Wert, die anderen bleiben vor ihm stehen oder gehen über denselben hinaus. Ein bekanntes Beispiel dieser Art ist die mittlere Lebenslänge. So aufgefaßt, steckt hinter der Mittelwertbestimmung ein realer Gedanke. Die Aufdeckung der Fehlerfunktion verleiht der ganzen Erscheinung einen greifbaren Hintergrund; die Masse ist gleichzeitig auf das einfachste und schärfste charakterisiert, da zur Kennzeichnung der Verteilung ein einziger Parameter, das Präzisionsmaß, genügt.

Die vielen Mittelwerte der statistischen Empirie hingegen entbehren in den meisten Fällen jeglicher realer Basis. So sind alle Durchschnittsbildnngen aus symptomatischen Reihen besten Falles nur ein mnemotechnisches Hilfsmittel ohne jede erkenntnistheoretische und methodologische Bedeutung. Solche Mittel können die Massenerscheinung nicht mehr repräsentieren, ihnen kommt keinerlei Realität zu, sie sind aus diesem Grunde wertlos und verwirren nur die Sachlage statt dieselbe zu klären. Bei symptomatischen Erscheinungen ist vielmehr deren Entwicklung in kleinen aufeinanderfolgenden Zeitabschnitten (Involution und Evolution) auf das genaueste mittels der statistischen Methode zu studieren. Beispielsweise pflegt die statistische Empirie vielfach Mittel dadurch zu erzeugen, daß sie eine Gesamtheit zeitlich oder räumlich, quantitativ oder qualitativ begrenzt oder daß sie zwei einander ganz fremde Gesamtheiten zueinander in Beziehung bringt (Beziehungszahlen). Solche Mittelwertbildungen sind z. B. die durchschnittliche Einwohnerzahl der verschiedenen Verwaltungsgebiete eines Landes, die Berechnung der Zahl der in einem Jahre Verstorbenen aus der Zahl der während eines 10 jährigen Zeitraumes z. B. Verstorbenen usw. Hierher gehören auch die sogenannten isolierten Mittelwerte. Bei diesen wird aus der bekannten Gesamtsumme s und der Gliederzahl der Durchschnittswert bestimmt, ohne die einzelnen Glieder selbst zu kennen, aus welchen sich die Summe s zusammensetzt. So berechnen die statistischen Empiriker z. B. den Durchschnittslohn, indem sie die Gesamtsumme der Löhne durch die Gesamtzahl der diese Lohnsumme beziehenden Arbeiter dividieren.

In Zusammenfassung des Ausgeführten ergibt sich demnach, daß die statistische Methode nur im Gebiete der subjektiven und objektiven Mittel eine Berechtigung hat. Kann den Mittelwerten ein realer Sinn nicht untergelegt werden, dann kann natürlich auch von einem methodischen Verfahren zur Bestimmung des Mittels nicht die Rede sein. Im Bereiche der echten, mit Realität ausgestatteten Mittelwerte erschließt sich aber für die Praxis ein ungemein weites Feld der Betätigung, da sowohl die intensiven wie extensiven statistischen Maßzahlen durchwegs wieder Mittelwertgebilde sind, die durch möglichst weitgehende Differenzierung der Masse dem wahren Grundwerte immer näher gebracht werden können.

Die beiden weiteren gebräuchlichsten extensiven statistischen Maßzahlen sind der Zentralwert und der dichteste Wert oder Normalwert.

Begriff und Wesen des Zentralwertes sind bereits aus der Fehlertheorie bekannt. Dort hat sich nämlich als ein durch seine zentrale Lage ausgezeichneter Wert der wahrscheinliche Fehler ergeben. Dessen Bestimmung ist einfach: Die absoluten Fehlerbeträge werden nach ihrer Größe steigend vom kleinsten bis zum größten geordnet. Der zentral gelegene Fehlerbetrag ist schon der wahrscheinliche Fehler, der Zentralwert der Fehlerreihe. Ist demnach die Anzahl der Fehler oder allgemein der Reihenglieder ungerade, also $2n + 1$, dann hat die Reihe folgendes Bild: n Glieder — Zentralwert — n Glieder; ist die Anzahl der Reihenglieder eine gerade, also $2n$, dann ist der Zentralwert das arithmetische Mittel der beiden Mittelglieder: $(n - 1)$ Glieder — $\frac{g_m + g_m'}{2}$ = Zentralwert — $(n - 1)$ Glieder. Definitionsgemäß ist also beim Zentralwerte die Zahl der positiven und negativen Abweichungen von diesem gleich groß. Für den Zentralwert ist ferner charakteristisch, daß die Summe der ihrem absoluten Betrage nach gemessenen positiven und negativen Abweichungen vom Zentralwerte kleiner als von jedem anderen Werte ist.

Bedeuten nämlich $g_1, g_2, \ldots, g_k$ die unter dem Zentralwerte x gelegenen Glieder und $g_{k+1}, g_{k+2}, \ldots, g_n$ die über demselben gelegenen Glieder, dann ist

$$[(g_1 - x) + (g_2 - x) + \ldots + (g_k - x)] + [(x - g_{k+1}) + \\ + (x - g_{k+2}) + \ldots + (x - g_n)] = \text{Min.}$$

Ist dieser Ausdruck tatsächlich ein Minimum, dann muß der erste Differenzialquotient gleich Null sein:

$$\frac{d\{[(g_1 - x) + (g_2 - x) + \ldots + (g_k - x)] + [(x - g_{k+1}) + (x - g_{k+2}) + \ldots + (x - g_n)]\}}{dx} = 0.$$

Dies ausgeführt, ergibt: $-k + (n - k) = 0$ oder $n = 2k$ und $k = \frac{n}{2}$, was der Definitionsgleichung des Zentralwertes entspricht, daß nämlich die Anzahl der Einzelwerte unter und über dem Zentralwerte gleich sein muß. Der Zentralwert einer Reihe von Größen ist somit der wahrscheinlichste Wert dieser einzelnen Größen.

Der praktisch weitaus wichtigere Wert ist der **dichteste Wert oder Normalwert**. Er ist der häufigste Wert, in dem eine Erscheinung auftritt. Derselbe kann jedoch selten unmittelbar beobachtet werden, da die Beobachtungen oder Messungen nur in gewissen Abständen der Ursachen gegeben vorliegen. Es handelt sich demnach in erster Linie um die Art der Ermittlung des Normalwertes. Ein dichtester Wert aus dem Bereiche der Sterblichkeitsmessung, das Normalalter, wurde bereits bei Erörterung der sogenannten statistischen Gesetze vorgeführt. Dort wurde der Normalwert approximativ auf Grund einfacher Erwägungen bestimmt, hier soll derselbe auf Grund eines Interpolationsverfahrens ermittelt werden.

Aus der unausgeglichenen österreichischen Volkssterbetafel vom Jahre 1900 ergeben sich folgende Daten:

Alter	Anzahl der Sterbefälle	
	männlich	weiblich
66	3.293	3.602
67	3.381	3.547
68	3.242	3.560
69	2.924	3.235
<u>70</u>	<u>3.951</u>	<u>4.978</u>
71	3.027	3.372
72	3.094	3.637
73	2.996	3.441
74	3.111	3.601
75	3.183	3.862

Aus der vorstehenden Tafel ergibt sich unmittelbar, daß das Maximum der Sterbefälle sowohl für das männliche wie für das weibliche Geschlecht in die Altersjahre zwischen 70 und 71 fällt.

Betrachtet man das Sterben als einen stetigen, kontinuierlichen Vorgang, der z. B. für das Alter x in der Funktion $f(x)$ seinen analytischen Ausdruck findet, dann ist $\int_{x_0}^{x_1} f(x)\,dx$ die Menge der Sterbefälle zwischen den Altern x_0 und x_1. Nimmt man ferner für einen Zeitraum von drei aufeinanderfolgenden Jahren z. B.

$$f(x) = 3\alpha x^2 + 2\beta x + \gamma$$

an, so ergibt sich der dichteste Wert x_0 aus der Gleichung

$$f'(x) = 6\alpha x_0 + 2\beta = 0.$$

Bezeichnet man die größte Zahl der obigen Reihe mit d_0 (3.951 bzw. 4.978), die ihr folgende mit d_1 (3.027 bzw. 3.372), die ihr vorangehende mit d_{-1} (2.924 bzw. 3.235), wobei gleichzeitig das bei dieser Zahl stehende Alter (69) als Nullpunkt der Zählung angenommen wird, so ergeben sich die Koëffizienten α, β und γ aus folgendem Gleichungssystem:

$$\left.\begin{aligned} \int_0^1 f(x)\,dx &= \alpha + \beta + \gamma = d_{-1} \\ \int_1^2 f(x)\,dx &= 7\alpha + 3\beta + \gamma = d_0 \\ \int_2^3 f(x)\,dx &= 19\alpha + 5\beta + \gamma = d_1 \end{aligned}\right\} \quad \begin{aligned} \alpha &= ? \\ \beta &= ? \\ \gamma &= ? \end{aligned}$$

Wird ferner $d_0 - d_{-1} = \Delta_{-1}$ und $d_0 - d_1 = \Delta_1$ gesetzt, so ergeben sich nach Auflösung dieses Gleichungssystems die Werte, und zwar für

$$\alpha = -\frac{\Delta_{-1} + \Delta_1}{6}, \quad \beta = \frac{2\Delta_{-1} + \Delta_1}{2} \quad \text{und} \quad \gamma = d_{-1} - \frac{5\Delta_{-1} + 2\Delta_1}{6},$$

woraus man dann für

$$x_0 = 1 + \frac{\Delta_{-1}}{\Delta_{-1} + \Delta_1}$$

findet.

Führt man diese Rechnung mit Zugrundelegung der Daten aus der österreichischen Sterblichkeitsmessung durch, dann erhält man rücksichtlich des männlichen Geschlechtes für

$$d_{-1} = 2.924, \quad \Delta_{-1} = 1.027, \quad \Delta_1 = 924, \quad \alpha = -325{\cdot}16,$$
$$\beta = 1.489, \quad \gamma = 1.760{\cdot}17$$

und für

$$x_0 = 1 + \frac{1.027}{1.951} = 1 + 0{\cdot}526$$

und hinsichtlich des weiblichen Geschlechtes: für

$$d_{-1} = 3.235, \quad \Delta_{-1} = 1.743, \quad \Delta_1 = 1.606, \quad \alpha = -558{\cdot}16,$$
$$\beta = 2.546, \quad \gamma = 1\,247{\cdot}17$$

und für

$$x_0 = 1 + \frac{1.743}{3.349} = 1 + 0{\cdot}520.$$

Nach der österreichischen Volkssterbetafel vom Jahre 1900 beträgt somit das Normalalter bei Männern 70·53 Jahre und bei Frauen 70·52 Jahre, was mit der obigen approximativen Bestimmung übereinstimmt.

Die beiden Maxima 3.951 und 4.978 teilen sich, und zwar hinsichtlich des männlichen Geschlechtes in $\int_1^{1\cdot5} f(x)\,dx = 1.969$ Sterbefälle vor x_0 und 1.982 Sterbefälle nach x_0, und rücksichtlich des weiblichen Geschlechtes in $\int_1^{1\cdot5} f(x)\,dx = 2.480$ Sterbefälle vor x_0 und 2498 Sterbefälle nach x_0.

Häufig wird der dichteste Wert oder Normalwert auch im Wege einer einfachen geometrischen Betrachtung ermittelt. Zur kurzen Andeutung dieser Verfahrensweise diene ein Beispiel aus Fechners Kollektivmaßlehre, das auch Blaschke in seinen Vorlesungen über mathematische Statistik S. 74 anführt.

Der betreffende Ausschnitt aus der Verteilungstafel über die Rekrutenmaße von 2.047 zwanzigjährigen Leipziger Studenten aus den 20 Jahrgängen von 1843 bis 1862 lautet:

Körperlänge der Studenten in Zoll (Argumentintervalle)	Anzahl der Studenten von dieser Körperlänge
71·25—71·50	75
71·50—71·75	81
71·75—72·00	89
72·00—72·25	79
72·25—72·50	81

Man denkt sich die ganze Erscheinung in einem rechtwinkligen Koordinatensystem als Kurve dargestellt. Es ist nun zu untersuchen, bei welchem Werte die Kurve ein Maximum besitzt. Legt man z. B. in zweckmäßiger Weise durch drei benachbarte Punkte eine Parabel, deren Gleichung $z = a + bx + cx^2$ sei, dann ist der Normalwert das Maximum dieser Parabel. Wäre also $71\cdot75 = z_0$ das scheinbare Maximum im Koordinatenanfangspunkte $x = 0$, z_{-1} mit der Abszisse $x = -1$ ein unmittelbar vorhergehender und z_1 mit der Abszisse $x = 1$ ein unmittelbar folgender Punkt, dann ergeben sich die Koëffizienten a, b und c aus dem Gleichungssystem:

$$\left.\begin{aligned} z_0 &= a \\ z_1 &= a + b + c \\ z_{-1} &= a - b + c \end{aligned}\right\} \begin{aligned} a &= ? \\ b &= ? \\ c &= ? \end{aligned}$$

nämlich $a = z_0$, $b = \frac{z_1 - z_{-1}}{2}$ und $c = z_1 - z_0 - \frac{z_1 - z_{-1}}{2} = \frac{z_1 - 2z_0 + z_{-1}}{2}$.

Die Gleichung der Parabel, welche durch die drei angeführten Nachbarpunkte geht, lautet somit:

$$z = z_0 + \frac{z_1 - z_{-1}}{2} \cdot x + \frac{z_1 - 2z_0 + z_{-1}}{2} \cdot x^2.$$

Für das Maximum dieser Parabel muß

$$\frac{dz}{dx} = \frac{z_1 - z_{-1}}{2} + (z_1 - 2z_0 + z_{-1}) \cdot x = 0$$

sein, woraus sich für den Abstand des Maximums vom Nullpunkte der Wert ergibt:

$$x = -\frac{z_1 - z_{-1}}{2(z_1 - 2z_0 + z_{-1})}.$$

Setzt man in diesem allgemeinen Ausdruck die betreffenden Werte des gegebenen Beispiels ein, so folgt:

$$x = -\frac{79-81}{2(79 - 178 + 81)} = -\frac{-2}{2 \cdot (-18)} = -\frac{1}{18}.$$

Bedenkt man ferner, daß die einzelnen Teilstriche auf der Abszissenachse, die um eine Einheit auseinander stehen, tatsächlich um 25 Zoll auseinanderliegen, so ergibt sich für $x = -\frac{0{\cdot}25}{18} = -0{\cdot}014$. Das wahre Maximum müßte also bei $71{\cdot}75 - 0{\cdot}014 = 71{\cdot}736$ Zoll vermutet werden.

B) Die Beziehungen der extensiven statistischen Maßzahlen zur Fehlerfunktion.

Die grundlegenden Betrachtungen hierüber wurden bereits unter dem unmittelbar vorhergehenden Buchstaben A angestellt. In den folgenden Ausführungen sollen die Gedankengänge für die Fälle auseinandergelegt werden, in welchen einer extensiven Größe ein typischer Wert zugrunde liegt, in welchen also die ganze Erscheinung, wenigstens in gewissen Grenzen, das Gaussche Fehlergesetz z. B. befolgt.

Angenommen wird, daß das Beobachtungsmaterial in der Form gegeben ist, daß man die Reihe der Einzelwerte selbst kennt. In analoger Weise geht man dann vor, wenn die Beobachtungen nur in gewissen Abständen der Ursache gegeben sind (nämlich nach Art der unter A zum Schlusse angegebenen Verteilungstafel).

Sind a_1, a_2, ... a_n die Einzelwerte der unbekannten Größe X, dann kann $x = \frac{a_1 + a_2 + \ldots + a_n}{n}$ unter der Bedingung als ein typisches Mittel angesehen werden, wenn die einzelnen Abweichungen: $\lambda_i = - a_i + x$ das Gausssche Fehlergesetz

$$\frac{h}{\sqrt{\pi}} e^{-h^2\lambda^2} \left(h = \sqrt{\frac{n}{2[\lambda\lambda]}}\right)$$

befolgen; denn dann können die Einzelwerte a_i als gleich genaue, nur von zufälligen Fehlern beeinflußte Beobachtungen der festen Grundgröße X aufgefaßt werden. Man hat nun des weiteren für die verschiedenen Intervalle — dieselben sollen allgemein mit $-\alpha$ und $+\alpha$ bezeichnet werden — zu untersuchen, ob die Anzahl der darin enthaltenen λ mit der wahrscheinlichsten Zahl

$$n \cdot \varphi(\gamma) = \frac{2n}{\sqrt{\pi}} \int_0^\gamma e^{-t^2} dt$$

übereinstimmt, wobei $\gamma = h\alpha$ ist.

Beispiel: Die normale Lebensdauer der Menschen.

Bezug genommen wird auf die Daten der unausgeglichenen österreichischen Volkssterbetafel vom Jahre 1900, welche bereits oben auf S. 272 und 300 behandelt wurde.

Beim männlichen Geschlechte weist diese Tafel zwischen dem Alter von 70·5 Jahren und dem vollendeten 79. Lebensjahre, also bei einer Altersdifferenz von 8·5 Jahren, im ganzen

$$1.982 + 3.027 + 3.094 + \ldots + 2.662 = 25.797 \text{ Sterbefälle}$$

auf, während die Zahl aller Sterbefälle über dem Alter von 70·5 Jahren 41.400 beträgt. Hieraus ergibt sich für die Grenzen $-8·5$ bis $+8·5$ der Abweichung vom dichtesten Werte die Wahrscheinlichkeit:

$$\frac{25.797}{41.400} = 0·623116 = \Phi(\gamma) = \frac{2}{\sqrt{\pi}} \int_0^\gamma e^{-t^2} dt$$

und nach der bekannten Tafel durch einfache Interpolation für $\gamma = 0·624852 = h\alpha$. Daraus folgt für

$$h = \frac{\gamma}{\alpha} = \frac{0·624852}{8·5} = 0·073512.$$

Im Abstande $\alpha = 2·5$ Jahre vom Normalwerte z. B. wird $\gamma = h\alpha = 0·0735 \times 2·5 = 0·18375$ und $\Phi(\gamma) = 0·2050247$, d. h. es besteht die Wahrscheinlichkeit dafür, daß unter 1.000 Personen 205 im Abstande von 2·5 Jahren vom Normalalter versterben. Verhältnismäßig ereignen sich daher bei 41.400 Personen 8.487 Sterbefälle. Die Sterbetafel zeigt 8.135 bzw. 8.103 Sterbefälle, was eine gute Übereinstimmung von Theorie und Erfahrung bedeutet.

Beträgt der Abstand vom Normalalter $\alpha = 5{\cdot}5$ Jahre, dann wird $\gamma = h\alpha = 0{\cdot}0735 \times 5{\cdot}5 = 0{\cdot}40425$ und $\Phi(\gamma) = 0{\cdot}4322229$, d. h. es besteht die Wahrscheinlichkeit dafür, daß unter 1.000 Personen im Abstande von 5·5 Jahren vom Normalalter 432 versterben. Bei 41.400 Personen beträgt die verhältnismäßige Zahl 17.885. Es ergibt sich somit die Wahrscheinlichkeit, daß im Alter von 65 bis 68 bzw. von 73 bis 76 Jahren 17.885 — 8.487 = 9.398 Personen versterben usw.

Ganz in gleicher Weise wird die Verteilung der Sterbefälle hinsichtlich des weiblichen Geschlechtes durchgeführt. Es ergibt sich somit nach Durchrechnung folgende Verteilung der erwartungsmäßigen Sterbefälle, welche gleichzeitig zu denen nach der Erfahrung in Vergleich gesetzt sind.

Alters-Intervalle	Männliches Geschlecht		Weibliches Geschlecht	
	Zahl der Sterbefälle			
	nach der Theorie	nach der Sterbetafel	nach der Theorie	nach der Sterbetafel
62—65	7.907	9.547	9.232	9.966
65—68	9.398	10.016	10.972	10.936
68—70·5	8.487 } 16.974	8.135 } 16.238	9.860 } 19.720	9.275 } 18.782
70·5—73	8.487	8.103	9.860	9.507
73—76	9.398	9.290	10.972	10.904
76—79	7.907	8.404	9.232	9.636
79—82	6.003	6.976	7.009	8.015
82—85	4.140	4.249	4.834	4.759
85—88	2.608	2.575	3.045	3.051
88—91	1.491	1.214	1.741	1.618
91—94	745	380	919	495
94—97	373	142	435	228
97—101	165	67	194	122

Der dichteste Wert der menschlichen Lebensdauer weist also mit gewissen Einschränkungen die Merkmale eines typischen Mittels auf. Wie schon die Berechnungen aus den Daten der österreichischen Volkssterbetafel vom Jahre 1900 anläßlich der Erörterung der sogenannten statistischen Gesetze ergeben haben, besteht gute

Übereinstimmung mit dem Gaussschen Fehlergesetze hinsichtlich der Sterbefälle über dem Normalalter, während unterhalb desselben diese Übereinstimmung nur für eine geringe Anzahl von Jahren zutrifft. Dem ganzen Verlaufe nach betrachtet, ist also die Absterbeordnung keine symmetrische, sondern eine asymmetrische Erscheinung. Bei den symmetrischen Erscheinungen, d. h. bei Erscheinungen, welche nach beiden Seiten vom Normalwerte völlig gleichmäßig verlaufen, für welche also das Gausssche Fehlergesetz seinem ganzen Verlauf nach gilt, fallen die drei besprochenen Werte: das arithmetische Mittel, der Zentralwert und der dichteste Wert zusammen. Völlige Übereinstimmung mit dem Gaussschen Fehlergesetze wird auch bei den symmetrischen Erscheinungen in der Praxis nicht stattfinden. Daß man es aber dennoch mit einer solchen zu tun hat, ergibt die Untersuchung der Erscheinung in ihrer Gänze und nach den verschiedensten Richtungen hin. So werden die Bestimmungen des arithmetischen Mittels und des Zentralwertes bei einer symmetrischen Erscheinung nicht viel von einander abweichen, die Präzisionsmaße für die beiden Kurvenäste rechts und links vom dichtesten Werte werden beiläufig übereinstimmen. Einen weiteren Anhaltspunkt hierfür gibt der Vergleich der wirklichen Verteilung der Abweichungen mit der erwartungsmäßigen usw.

Bei den asymmetrischen Erscheinungen fallen arithmetisches Mittel, Zentralwert und dichtester Wert jedoch auseinander — sie rücken um so weiter auseinander, je stärker die Asymmetrie wird — und es kommt hierbei darauf an, ihre gegenseitige Lage zu prüfen und festzustellen, wodurch die Erscheinung mangels eines anderen einheitlichen Maßes (wie in typischen Fällen durch das arithmetische Mittel) neben der Streuung einigermaßen zutreffend charakterisiert werden kann. Da die Absterbeordnung, ihrem ganzen Verlauf nach betrachtet, eine solche asymmetrische Erscheinung darbietet, fallen auch die drei charakteristischen Werte, welche in der Sterblichkeitsmessung eine ganz bestimmte Bedeutung haben und eine hervorragende Rolle spielen, auseinander. In der Sterblichkeitsmessung ist nämlich das arithmetische Mittel nichts anderes als die mittlere oder durchschnittliche Lebensdauer, d. i. das arithmetische Mittel der verschiedenen Lebenslängen einer Generation, der Zentralwert nach der Wahrscheinlichkeitstheorie die wahrscheinliche Lebensdauer, d. i. der Wert, bei welchem die Anzahl der Todesfälle die Zahl der ursprünglich vorhandenen Personen halbiert $\left(k = \frac{n}{2}\right)$ und endlich der dichteste Wert, das bereits mehrfach erwähnte Normalalter. Hier ist die Lagerung der drei Werte so, daß vom dichtesten Werte gemessen, nämlich dort, wo die beiden ungleichen Kurvenäste zusammenstoßen, auf dem linksseitigen Aste sich das arithmetische Mittel und zwischen diesem und dem dichtesten Werte der Zentralwert befindet, oder mit anderen Worten: Die durchschnittliche Lebensdauer ist kürzer als die wahrscheinliche und diese wieder kürzer als das Normalalter. Im übrigen läßt sich aber auch ganz allgemein beweisen, daß der Zentralwert immer zwischen dem arithmetischen Mittel und dem dichtesten Werte gelegen ist, was neuerlich für die zutreffende Bezeichnung dieses Wertes spricht.

Wie aus dem bisher Gesagten zu ersehen ist, setzt eine asymmetrische Erscheinung ihrer prägnanten Charakterisierung einen großen Widerstand entgegen. Gestützt auf Quetelets Untersuchungen glaubte anfangs auch G. Th. Fechner, der Begründer der Kollektivmaßlehre, daß der Verteilung von Kollektivgegenständen das Gausssche Fehlergesetz zugrunde liege. Die weiteren eingehenden Untersuchungen zeigten ihm jedoch bald, daß das Gausssche Gesetz gerade die Ausnahme und die Asymmetrie die Regel bildet. Behufs richtigerer Charakterisierung der Erscheinungen half er sich dadurch, daß er das sogenannte zweiseitige oder zweispaltige Gausssche Gesetz konstruierte, dessen geometrische Darstellung eine zweiästige Kurve mit einem gemeinsamen maximalen Scheitel ist, wobei jedoch die beiden Äste der Kurve von verschiedener Präzision sind. Nach Fechner ist dieses Gesetz als das allgemeine Verteilungsgesetz der Kollektivgegenstände anzusehen.

Mit der Frage der Zerlegung solcher eingipfeliger Kurven in zwei Teilkurven mit normaler Dispersion hat sich des weiteren der bereits angeführte englische Mathematiker Pearson beschäftigt. Wie er zu seinen fünf Fehlergesetztypen im Wege einer geistreichen mathematischen Ableitung gelangt, wurde bereits oben gezeigt. Czuber führt hierzu in seiner „Wahrscheinlichkeitsrechnung", Band II, Seite 32 und 33 an, wie die Ehedauerkurve nach dem Typus III verläuft. Im übrigen wurde am häufigsten Typus I bei botanischen und Typus IV bei zoologischen Messungen festgestellt.

Im Wege der sogenannten Separationsmethode hat Pearson auch versucht, unsymmetrische statistische Reihen derart in Teilreihen zu zerlegen, daß diese einzelnen Teilreihen dem normalen Fehlergesetze entsprechen, oder geometrisch ausgedrückt: Man kann sich mehrgipfelige Kurven als einen Komplex zweier oder mehrerer eingipfeliger normaler Kurven denken. Ebenso kann auch der Fall in Betracht kommen, wo eine Komplexkurve in eine Reihe von schiefen Teilkurven auseinandergelegt wird.

Bei starker Asymmetrie hat bereits FECHNER die logarithmische Behandlung solcher wesentlich unsymmetrischer Reihen durchgeführt, indem er auf Grund der Logarithmen der einzelnen Reihenwerte den dichtesten Wert bestimmte und hierauf die Verteilung der Abweichungen der einzelnen Logarithmen vom dichtesten Wert untersuchte (logarithmische Verallgemeinerung des zweiseitigen GAUSSschen Gesetzes).

Umgekehrt entwickelt auf Grund der gemachten Beobachtungen EDGEWORTH in der von ihm begründeten sogenannten Translationsmethode folgenden Gedankengang: Bildet man aus einer Reihe, die dem GAUSSschen Fehlergesetz entspricht, eine zweite Reihe in der Weise, daß die Glieder der zweiten Reihe eine bestimmte Funktion der Glieder der ersten sind, so wird die zweite Reihe gewöhnlich eine unsymmetrische Gestaltung haben. Liegt nun eine unsymmetrische Reihe von allem Anfange vor, so kann das Problem dahin gestellt werden, die normale Stammkurve aufzusucheu, indem man die Glieder einer unsymmetrischen Reihe als ganz bestimmte Funktionen der Einzelwerte einer zu bestimmenden normalen Reihe auffaßt. Eine Verallgemeinernng dieser Methode besteht in der Zurückführung gegebener unsymmetrischer Reihen auf unsymmetrische Stammkurven.

Ferner werden Reihen, die nicht bedeutend vom normalen Fehlergesetze abweichen, direkt als unsymmetrische Reihen behandelt und durch schiefe Fehlerkurven dargestellt. Zum Zwecke ihrer näheren Charakterisierung sucht man den Grad der Asymmetrie analytisch zu bestimmen.

Auf diese Weise ist man also bestrebt, auch in unsymmetrischen Reihen durch Abänderungen und Verallgemeinerungen des GAUSSschen Fehlergesetzes — eine weitere Verallgemeinerung desselben hat EDGEWORTH in seinem „Law of Error“, Cambridge Philosophical Transactions, 23. Band, Seite 647ff. und im „Journal of the Royal Statistical Society“, Vol. LXIX, 1906, Seite 497ff.: „The Generalised Law of Error“ vorgeführt — Verteilungsgesetze aufzudecken, durch welche man in den Stand gesetzt wird, auch solche asymmetrische Gestaltungen zu definieren. Ein weiteres Stadium auf diesem mühevollen und schwierigen Forschungswege bildet schließlich die analytische Fixierung des Kollektivgegenstandes durch eine Funktion, welche es ermöglicht, theoretisch zu berechnen, wie viele Exemplare eines Kollektivgegenstandes von gegebenem Umfange auf ein bestimmtes Intervall fallen. Nach dieser Richtung hin haben H. Bruns: Wahrscheinlichkeitsrechnung und Kollektivmaßlehre (1906) und E. Czuber: Die Kollektivmaßlehre (1908) weitere Wege gewiesen.

V. Die Pseudomaßzahlen und die zusammengesetzten statistischen Maßzahlen.

Echte zusammengesetzte statistische Maßzahlen kennt man dermalen nur sehr wenige. Durch dieselben sollen die Änderungen gemessen werden, welche in einer Masse bei gleichzeitiger oder zeitlich aufeinanderfolgender Einwirkung mehrerer Ursachen vor sich gehen. Sie werden direkt aus der Beobachtung gewonnen und sind, der historischen Entwicklung der statistischen Methode gemäß, hauptsächlich in der Sterblichkeitsmessung und in dem angewandten Gebiete der Versicherungstechnik vertreten. Eine solche kombinierte Maßzahl ist z. B. die Wahrscheinlichkeit eines Aktiven, im Laufe des Jahres invalide zu werden und zu sterben, oder invalide zu werden und zu leben. Die Zahl solcher zusammengesetzter Maßzahlen und ihre theoretische Ausbildung werden sich erweitern, sobald man daran geht, die statistische Methode auch außerhalb des Bereiches der Sterblichkeitsmessung zur Anwendung zu bringen.

Alle übrigen Maßzahlen, welche man unter dem Namen der zusammengesetzten Maßzahlen zusammenzufassen pflegt, werden durch Rechnung gewonnen, stehen ausschließlich im Dienste der statistischen Empirie und spielen dort eine ganz besondere Rolle. Wie gleich unten dargetan werden wird, sind das aber gar keine Maße im strengen Sinne der statistischen Methode. Sie sind ihrem Wesen nach inhaltslos und verdienen, sachgemäß eher als Pseudomaßzahlen bezeichnet zu werden.

Solche scheinbare Maßzahlen sind zunächst alle statistischen Ziffern. In der allgemeinen statistischen Praxis sind am häufigsten die Sterblichkeitsziffern, Geburtenziffern, Trauungsziffern und die Verheiratungsziffern anzutreffen. Sie sind durchwegs Brüche: Im Zähler steht die Summe aller Änderungen einer bestimmten Art, welche während der Zeiteinheit aus einer inhomogenen Individuengruppe hervorgehen und im Nenner die Gesamtzahl der unter Beobachtung gestandenen Individuen. Die bekannteste und meist angewendete unter den statistischen Ziffern ist die Sterblichkeitsziffer. Es soll deshalb an ihr das Wesen der statistischen Ziffern dargetan werden. Die Ausführungen über die Sterblichkeitsziffer gelten in gleicher Weise auch für alle übrigen statistischen Ziffern.

Bedeuten $l_1, l_2, l_3, \dots l_n$ die Zahlen der Lebenden der einzelnen Altersjahre von 0 bis n zu Beginn eines Jahres und $t_1, t_2, t_3, \dots t_n$ die aus der betreffenden einjährigen Altersklasse im Laufe eines Jahres hervorgehenden Toten, so entfallen auf $\sum l_i$ Lebende $\sum t_i$ Verstorbene, daher auf einen Lebenden $\frac{\sum t_i}{\sum l_i}$ Tote, auf 100 Lebende $\frac{100 \sum t_i}{\sum l_i}$ Tote und auf 1.000 Lebende $\frac{1.000 \sum t_i}{\sum l_i}$ Tote. Es ist $\frac{\sum t_i}{\sum l_i}$ die Sterblichkeitsziffer, bezogen auf e i n e n Lebenden, $\frac{100 \sum t_i}{\sum l_i}$ die Sterblichkeitsziffer, bezogen auf 100 Lebende (Prozent) und $\frac{1.000 \sum t_i}{\sum l_i}$ die Sterblichkeitsziffer, bezogen auf 1.000 Lebende (der 1.000fache Mittelwert der zusammengesetzten Erscheinung). Wohl zu beachten ist hierbei, daß die Zahlen der Lebenden und Toten ohne Unterscheidung des Alters in Rechnung gestellt werden.

Es ist nun leicht zu zeigen, daß die Sterblichkeitsziffer eigentlich nichts anderes ist als das gewogene arithmetische Mittel einer Reihe von Sterbenswahrscheinlichkeiten.

Behält man die oben eingeführte Bezeichnung bei, dann ist die Sterblichkeitsziffer, bezogen auf e i n e n Lebenden:

$$Z = \frac{t_1 + t_2 + t_3 + \dots + t_n}{l_1 + l_2 + l_3 + \dots + l_n}.$$

Nun ist die Wahrscheinlichkeit eines i-Jährigen, im nächsten Jahre zu sterben: $\frac{t_i}{l_i} = p_i$, woraus sich für $t_i = p_i l_i$ ergibt. Setzt man diese Werte für t_i in die vorstehende Gleichung ein, so folgt:

$$Z = \frac{p_1 l_1 + p_2 l_2 + p_3 l_3 + \dots + p_n l_n}{l_1 + l_2 + l_3 + \dots + l_n},$$

wodurch die obige Behauptung erwiesen ist.

Da alle statistischen Ziffern auf die gleiche Weise gebildet werden, sind auch alle statistischen Ziffern nichts anderes als gewogene arithmetische Mittel von Wahrscheinlichkeiten. Daraus geht aber hervor, daß sie nur einen Durchschnittswert einer Reihe von Werten für dieselbe Erscheinung darstellen, der nicht aufgelöst werden kann und hinter dem kein realer Sinn verborgen liegt. Die statistischen Ziffern sind nicht imstande, die ganze Erscheinung einheitlich zu charakterisieren, wie dies bei den typischen Mitteln der einfachen Erscheinungen der Fall ist. Die statistischen Ziffern sind „lediglich Ergebnisse eines in seinen Einzelheiten nicht dargestellten und im Wege des Mittelwertes auch nicht darstellbaren Gesetzes". (BLASCHKE: Vorlesungen über mathematische Statistik).

Sie sind allenfalls ein bequemes mnemotechnisches Hilfsmittel, das Wesen der Erscheinung zu charakterisieren, sind sie nicht imstande, sie bringen vielmehr nur Verwirrung und Unklarheit in die tatsächlich vorliegenden Verhältnisse. Diese Behauptungen lassen sich auch leicht gerade rücksichtlich der Sterblichkeitsziffer dartun.

Zunächst ist klar, daß auf diese Ziffer nicht nur die Sterblichkeit allein, sondern auch vor allem die Altersbesetzung in der Bevölkerung von ausschlaggebendem Einfluß ist. Denn in dem Bruche

$$Z = \frac{t_1 + t_2 + \ldots + t_n}{l_1 + l_2 + \ldots + l_n}$$

wird der Zähler umso kleiner, der Nenner umso größer, je stärker diejenigen Altersklassen besetzt sind, welche die geringste Sterblichkeit aufweisen und umgekehrt. Unter diesen Umständen kann es auch vorkommen, daß zweien Bevölkerungen, für welche die Sterblichkeitsverhältnisse grundverschieden sind, dennoch gleiche Sterblichkeitsziffern zukommen. Die statistische Ziffer bringt somit weder die Sterblichkeit noch den Altersaufbau einer Bevölkerung richtig zum Ausdruck.

Noch verworrener gestaltet sich die Sachlage, wenn man die Sterblichkeit der verschiedenen Berufskreise auf Grund dieser Ziffer vergleichen will. Blaschke führt in dieser Beziehung in seinen. Vorlesungen über mathematische Statistik ein sehr charakteristisches Beispiel aus Westergaards Lehre von der Mortalität und Morbilität (2. Auflage, Jena 1901) an. Darnach beträgt die auf 1.000 Lebende bezogene Sterblichkeitsziffer der Geistlichen 19, die der Eisenbahnbeamten hingegen 17. Demnach soll also die Sterblichkeit der Geistlichen größer sein als die der Eisenbahnbeamten! Die Ursache dieses schiefen Ergebnisses ist eben die, daß die jüngeren Altersklassen der Eisenbahnbeamten stärker besetzt sind als die der Geistlichen. Bei Annahme einer analogen Altersverteilung in beiden Berufen hat Blaschke als Sterblichkeitsziffer der Eisenbahnbeamten die Zahl 31 erhalten.

Man glaubte nun durch die Annahme einer Bevölkerung von bestimmter Altersverteilung, einer Standard-Population, diese Übelstände zu beseitigen und die internationale Vergleichbarkeit zu ermöglichen (Körösi, Berner Statistischer Kongreß). Aber auch dieser Weg hat aus den Irrtümern nicht herausgeführt, denn je nach dem Standard wechseln auch wieder die Größenverhältnisse unter den Sterblichkeitsziffern. Denn bedeuten die λ_i die Altersbesetzung im Standard, l_i die Lebenden der verschiedenen Altersklassen, t_i die daraus innerhalb eines Jahres hervorgehenden Toten einer zu untersuchenden Bevölkerung (auf l_i Lebende entfallen innerhalb eines Jahres t_i Tote, auf einen Lebenden $\frac{t_i}{l_i}$ Tote und auf λ_i Lebende $\lambda_i \frac{t_i}{l_i}$ Tote), dann ist die Sterblichkeitsziffer nach dem Standard:

$$Z = \left(\lambda_0 \frac{t_0}{l_0} + \lambda_1 \frac{t_1}{l_1} + \ldots + \lambda_n \frac{t_n}{l_n}\right) : (\lambda_0 + \lambda_1 + \ldots + \lambda_n).$$

Berücksichtigt man nur zwei beliebige Altersklassen und sind die Sterbenswahrscheinlichkeiten dieser beiden Altersklassen in dem einen Lande p_1 und p_2, in dem anderen Lande π_1 und π_2, die betreffende Standardbevölkerung in dem ersten Falle λ_1 und λ_2, im zweiten Falle λ_1' und λ_2', dann ergeben sich die folgenden Sterblichkeitsziffern: Für den ersten Standard

$$Z_1 = \frac{\lambda_1 p_1 + \lambda_2 p_2}{\lambda_1 + \lambda_2} \quad \text{und} \quad Z_2 = \frac{\lambda_1 \pi_1 + \lambda_2 \pi_2}{\lambda_1 + \lambda_2}$$

und für den zweiten Standard

$$z_1 = \frac{\lambda_1' p_1 + \lambda_2' p_2}{\lambda_1' + \lambda_2'} \quad \text{und} \quad z_2 = \frac{\lambda_1' \pi_1 + \lambda_2' \pi_2}{\lambda_1' + \lambda_2'}.$$

Daraus folgt für

$$Z_1 - Z_2 = \frac{\lambda_1 (p_1 - \pi_1) + \lambda_2 (p_2 - \pi_2)}{\lambda_1 + \lambda_2} = \frac{d_1 + q_1 d_2}{1 + q_1},$$

wenn für $p_1 - \pi_1 = d_1$, $p_2 - \pi_2 = d_2$ und für $\frac{\lambda_2}{\lambda_1} = q_1$ gesetzt wird. In gleicher Weise ergibt sich für

$$z_1 - z_2 = \frac{d_1 + q_2 d_2}{1 + q_2}.$$

Es ist deshalb

$$Z_1 - Z_2 \gtreqless z_1 - z_2, \text{ wenn } q_1 (d_2 - d_1) \gtreqless q_2 (d_2 - d_1)$$

ist. (Blaschke: Vorlesungen über mathematische Statistik).

Daraus ergibt sich aber die auch ohne jede Beweisführung von selbst einleuchtende Folgerung, daß das Ansteigen der Sterblichkeit in den oberen Altersklassen umso schwächer auf die Sterblichkeitsziffer einwirkt, je rascher der Standard abfällt. Also hat auch dieses vermeintliche Auskunftsmittel fehlgeschlagen.

Zu alldem kommt noch, daß die Altersverteilung außer von der Sterblichkeit auch noch von der Geburtenfrequenz und den Wanderungen abhängt usw. So folgen Momente auf Momente, durch deren Nichtberücksichtigung der wahre Sachverhalt immer ärger entstellt wird. Angesichts dieser Tatsachen ist man daher, um den Dingen auf den Grund zu sehen, bemüßigt, diese Durchschnittswerte, die keine Realität beinhalten, wieder in ihre Elemente aufzulösen, woraus aber wieder zwingend folgt, solche Durchschnittswerte von allem Anfange an gar nicht zu bilden.

Eine Folge der Unklarheit, die Durchschnittswerten solcher Beschaffenheit innewohnt, ist endlich die, daß eine und dieselbe Erscheinung gleichzeitig durch mehrere verschiedene Durchschnittswerte dargestellt wird.

Ein Beispiel hierfür ist die mittlere Lebensdauer.

Dieselbe kann einerseits als Durchschnitt aus der Altersgliederung der Lebenden: $\frac{\sum_0^\infty x\, l_x}{\sum_0^\infty l_x}$ und andererseits als Durchschnitt aus der Altersgliederung der Verstorbenen: $\frac{\sum_0^\infty x\, t_x}{\sum_0^\infty t_x}$ ermittelt werden, wobei l_x die Lebenden und t_x die Toten des Alters x bedeuten. Bei der mittleren Lebensdauer nach der Formel $\frac{\sum_0^\infty x\, l_x}{\sum_0^\infty l_x}$ wird entweder die aus einer Volkszählung sich ergebende Altersbesetzung der Bevölkerung benützt, d. h. es wird das Durchschnittsalter der Bevölkerung bestimmt, welches aber wieder wie die Altersverteilung selbst von der Absterbeordnung, der Geburtenfrequenz und den Wanderungen abhängig ist; oder man berechnet diesen Ausdruck einerseits auf Grund der Lebenden einer Absterbeordnung gleichzeitig Lebender, andererseits wieder mit Hilfe der Zahlen der Lebenden einer Generation. Beispielsweise gelangt man bei der Berechnung der mittleren Lebensdauer der auf einer bestimmten Altersstufe stehenden Personen als Durchschnitt aus der in der Sterbetafel gegebenen Altersgliederung zu folgendem Ausdruck: Bezeichnet man wieder mit l_x die Lebenden, mit t_x die Toten des Alters x, mit l_{x+1} die Lebenden, mit t_{x+1} die Toten des Alters $x + 1$ usw., wobei

$$l_x = t_x + t_{x+1} + t_{x+2} + \cdots$$

ist, dann ergibt sich als mathematische Definition der mittleren Lebensdauer:

$$D_x = \frac{x\, t_x + (x+1)\, t_{x+1} + (x+2)\, t_{x+2} + \cdots}{t_x + t_{x+1} + t_{x+2} + \cdots} =$$

$$= \frac{x\, t_x + (x+1)\, t_{x+1} + (x+2)\, t_{x+2} + \cdots}{l_x}.$$

Da nun

$$t_x = l_x - l_{x+1}, \quad t_{x+1} = l_{x+1} - l_{x+2} \text{ usw.}$$

ist, ergibt sich ferner für

$$D_x = \frac{x(l_x - l_{x+1}) + (x+1)(l_{x+1} - l_{x+2}) + (x+2)(l_{x+2} - l_{x+3}) + \ldots}{l_x} =$$

$$= \frac{x\, l_x - x\, l_{x+1} + x\, l_{x+1} - x\, l_{x+2} + l_{x+1} - l_{x+2} + x\, l_{x+2} - x\, l_{x+3} + 2\, l_{x+2} - 2\, l_{x+3} + \ldots}{l_x} =$$

$$= \frac{x\, l_x + l_{x+1} + l_{x+2} + l_{x+3} + \ldots}{l_x} = x + \frac{l_{x+1} + l_{x+2} + l_{x+3} + \ldots}{l_x} =$$

$$= x + \frac{\sum_{x+1}^{\infty} l_i}{l_x}.$$

Zu ähnlichen, untereinander differierenden Ergebnissen gelangt man, wenn man die mittlere Lebensdauer im Wege des mittleren Alters der Verstorbenen ermittelt. Auch hier erhält man ganz verschiedene Ziffern, je nachdem man die tatsächliche Bevölkerung oder die Absterbeordnung bei der Berechnung heranzieht.

Was bisher von den statistischen Ziffern ausgeführt wurde, gilt in gleicher Weise auch von einer anderen, aus den statistischen Ziffern abgeleiteten Gruppe von Pseudomaßzahlen, den Indizes oder Indexzahlen. Ein Beispiel wird dies sofort klar machen. Man erhält die Mortalitätsindizes, das sind die Indexzahlen für die Sterblichkeit in einer gewissen Reihe von Jahren, wenn man die jährlichen Sterblichkeitsziffern dieses Zeitraumes durch die Sterblichkeitsziffer irgend eines Beobachtungsjahres, des Standardjahres, dividiert. Ein weiteres Beispiel ist die Berechnung von Total Index Numbers zum Vergleiche des Preisniveaus verschiedener Jahre usw. Sehr zutreffend charakterisiert Blaschke in seinen Vorlesungen über mathematische Statistik, Seite 85, diese Gruppe von Pseudomaßzahlen, wenn er sagt, daß solche Zahlenreihen selbstverständlich an allen Mängeln der Grundzahlen leiden, aus welchen sie hervorgegangen sind.

Vierter Abschnitt.

Zusammenfassung und Folgerungen.

(Insbesondere Begriffsbildung der „Statistik“ als Wissenschaft auf Grund der drei vorhergehenden Abschnitte).

Erst durch die Vertrautheit mit den Denkformen der höheren Mathematik, mit den wahrscheinlichkeitstheoretischen Grundbegriffen und Grundlehren und mit den fundamentalen Ergebnissen, welche schöpferische Intuition mit Hilfe der Mathematik und der Wahrscheinlichkeitslehre auf dem Gebiete der Massenbeobachtung siegreich aus dem scheinbaren Chaos der Massenerscheinungen emporgehoben hat, sind wir imstande, tiefere Einblicke in den vielfach noch geheimnisvollen Zusammenhang der Dinge zu tun und einigermaßen legitimiert, Begriff und Wesen desjenigen Wissenszweiges zu untersuchen, den man gemeiniglich mit dem Namen „Statistik“ bezeichnet.

Die unendliche Mannigfaltigkeit der Welt, welche RICKERT[1]) in die extensive Mannigfaltigkeit, im Sinne der Ausdehnung der Welt im Raum und in der Zeit, und in die intensive Mannigfaltigkeit, im Sinne der unübersehbaren Kompliziertheit eines jeden beliebigen, im Raum und in der Zeit noch so eng begrenzten Ausschnittes des Weltalls scheidet, diese unendliche Mannigfaltigkeit hat der menschliche Geist vermöge der der Mathematik innewohnenden gewaltigen denkökonomischen Kraft einigermaßen verstehen und meistern gelernt.

Mit Hilfe des mathematischen Funktionsbegriffes und des ganzen systematischen Baues der Funktionenlehre wird es uns ein Leichtes, **unendliche Reihen** von **quantitativ bestimmten** Einzeltatsachen zu beherrschen. Hiermit sind einerseits die Elemente charakterisiert, welche bei der Übertragung der abstrakten Lehren der Mathematik auf das empirische Forschungsgebiet in Betracht kommen, andrerseits gelangen aber auch die unüberschreitbaren methodo-

---

[1]) „Über die Grenzen der naturwissenschaftlichen Begriffsbildung“.

logischen Grenzen klar zum Ausdruck. Es kann sich 1. nur um Massenbeobachtungen handeln, bei welchen 2. die untersuchten Elemente der Masse quantitativ bestimmbar, d. h. eindeutig zählbar oder meßbar und in Zahlen ausdrückbar sind. Der letzte Punkt kann nicht oft und oft genug auf das Nachdrücklichste betont werden, weil gegen diese fundamentale und nicht überschreitbare Basis der Forschungsmethode gerade die statistische Empirie (auch manche Theoretiker verfallen in diesen Irrtum) immer und immer wieder verstößt.

In der Gleichung $y = x^2$ ist bekanntlich die Größe y eine Funktion der Größe x. Aus dieser Gleichung folgt aber auch $x = \sqrt{y}$ und hier erscheint x als eine von der Größe y abhängige Größe. Der Begriff der funktionalen Abhängigkeit ist somit ein gegenseitiger und gänzlich verschieden von dem Begriffe der kausalen Abhängigkeit von Ursache und Wirkung. Hier ist die Abhängigkeit eine einseitige. Der Funktionsbegriff ist somit der vollkommenere und weitere.

Eine weitere Etappe in der Übertragung der abstrakten mathematischen Lehren auf die empirische Forschung bildet der Begriff der stetigen Funktion, auf welchem die ganze Differential- und Integralrechnung fußt. Die Anwendung der mathematischen Infinitesimalmethode, das Arbeiten mit Kontinuen gestaltet sich im Gebiete der empirischen Durchforschung von Massenerscheinungen äußerst fruchtbar.

Die Funktion $y = f(x)$ ist bekanntlich dann innerhalb der Grenzen $x = a$ und $x = b$ stetig oder kontinuierlich, wenn auch y, während x alle, in unendlich kleinen Abständen voneinander befindlichen Werte ununterbrochen von a bis b durchläuft, bei diesem Übergange des x von a bis b alle, in unendlich kleinen Abständen von einander befindlichen Werte ununterbrochen von α bis β durchläuft. Diese fiktive Denkform der Mathematik hat nun streng genommen in der realen Welt der Erscheinungen allerdings kein Analogon, nichtsdestoweniger kann doch mit derselben bei Durchforschung von Massenerscheinungen gearbeitet werden.

Bekanntlich nennt man eine Summe von Individuen, an welchen die gleiche Eigenschaft oder Änderung beobachtet werden kann, eine Gesamtheit. Eine solche Änderung in einer Menschenmasse ist beispielsweise das Absterben. Die Erfahrung hat dargetan, daß sich die Sterbenswahrscheinlichkeit mit dem Alter, dem Geschlecht, den sozialen Verhältnissen usw. ändert. Die Sterbenswahrscheinlichkeit ist somit eine Funktion der Beobachtungszeit, des Alters der Individuen der Gesamtheit usw., oder allgemein: Die Gesamtheiten sind von gewissen äußeren Merkmalen abhängige Größen. Die Merkmale wie Beobachtungszeit, Alter der Individuen, hat man auch als Ursachen bezeichnet, wohl nicht ganz zutreffend, da diese Ursachen nur in dem eben angegebenen Sinn zu nehmen sind und mit den Ursachen in den Naturwissenschaften, im Sinne des philosophischen Kausalnexus nichts gemein haben und von diesen wohl zu unterscheiden sind. Eingehende Untersuchungen in der Sterblichkeitsmessung haben nun gezeigt, daß eine geringe Änderung der Merkmale oder Ursachen im statistischen Sinn nur eine ebenso geringfügige Änderung der Gesamtheit nach sich zieht. So sind die Änderungen der Sterbenswahrscheinlichkeiten innerhalb geringer Änderungen der Beobachtungszeit oder für geringe Altersunterschiede mit Ausnahme der beiden Altersjahre nach der Geburt nur gering. Das gleiche gilt auch für die Beziehungen zwischen Gesamtheiten von Menschen als nach Motiven handelnden Individuen und sozialen Merkmalen. Die herrschenden Sitten und Gebräuche, die Gewohnheit, der menschliche Nachahmungstrieb erzeugen für gewisse Zeitstrecken ein Beharrungsvermögen, demzufolge sich auch diese Gesamtheiten in kurzen Zeitperioden nur wenig ändern. Erst bei Betrachtung längerer Zeiträume stellen sich in der Mehrzahl der Fälle mehr oder minder deutlich erkennbare Entwicklungstendenzen ein. Es ist sehr zu beklagen, daß gerade die statistische Empirie dieses äußerst fruchtbare und entwicklungsfähige Gebiet der quantitativen Analyse bisher so gut wie unbeachtet gelassen hat.

Gehen wir nun in den Gedankengängen der höheren Mathematik weiter. Es hat sich gezeigt, daß die Geschwindigkeit des Wachstums der Funktion für die verschiedenen Arten von Funktionen und selbst für ein und dieselbe Funktion bei Annahme verschiedener Werte eine verschiedene ist. Das weitere Problem spitzte sich demnach dahin zu, wie die Geschwindigkeit des Wachstums der Funktionen erfaßt werden könne, welches das Maß dieser Funktionsänderungen sei. Als genaues Maß der Geschwindigkeit, mit welcher sich die Funktion ändert, wenn sich die unabhängig Veränderliche von einem bestimmt angenommenen Werte aus ändert, hat sich uns der Differentialquotient ergeben.

Wie können nun diese abstrakten Denkformen auf das empirische Forschungsgebiet übertragen werden?

Zu diesem Zwecke muß zunächst auf die verschiedenen Forschungsmethoden in Kürze eingegangen werden. Ich folge in dieser

Beziehung im allgemeinen den zutreffenden Ausführungen AL. A. TSCHUPROWS, die sich in seiner Abhandlung „Statistik als Wissenschaft", erschienen im Archiv für Sozialwissenschaft und Sozialpolitik, 1906, Neue Folge, V. Band, S. 647 ff., vorfinden.

Der mathematische Beweis, wonach eine auf Grund von bestimmten Voraussetzungen aufgestellte Behauptung allgemeine Geltung beanspruchen kann, wenn sich diese Behauptung bei dem Übergange von n Fällen auf $(n+1)$ Fälle als richtig nachweisen läßt, beinhaltet einen Induktionsschluß. Das ist auch der naturwissenschaftliche Schluß auf Grund eines fixen, eindeutigen Kausalzusammenhanges. Wenn A ist, so ist B, wenn nicht A ist, ist nicht B. Die eine Ursache hat nur eine Wirkung zur Folge, bei Ausbleiben der Wirkung wird mit Rücksicht auf den festen, unzerreißbaren Kausalnexus auch auf das Nichtvorhandensein der Ursache geschlossen. Wird im Wege des Experimentes auf Grund eines naturwissenschaftlichen Induktionsschlusses ein Gesetz gewonnen, so kann dieses Gesetz nur so lange auf allgemeine Geltung Anspruch erheben, als nicht ein Fall bekannt wird, welcher im Widerspruch mit dem durch die Induktion gewonnenen Gesetze steht. Durch einen einzigen solchen Fall wird jedoch der Induktionsschluß ungültig und mit ihm auch der gewonnene Satz, zum mindesten in der ausgesprochenen Allgemeinheit, hinfällig.

Das naturwissenschaftliche Material ist nun grundverschieden von dem statistischen Material. Das erstere ist der Ausdruck von unzerreißbaren ursächlichen Zusammenhängen, dem letzteren liegen nur losere Kausalzusammenhänge, wie solche im Wahrscheinlichkeitsbegriff festgesetzt sind, zugrunde. Treffend charakterisiert TSCHUPROW diese wesentlichen Unterschiede und den inneren Zusammenhang mit dem Wahrscheinlichkeitsbegriff in der bereits angeführten Abhandlung, wenn er ausführt: „Die Methoden der Induktion sind ausschließlich auf das Festhalten der unzerreißbaren ursächlichen Zusammenhänge der Art, daß weder die Ursache ohne die Wirkung, noch die Wirkung ohne die Ursache auftritt, zugespitzt. Nun treten aber in den Vordergrund der Untersuchung Kausalzusammenhänge einer anderen, loseren Art, die gestattet, daß eine Ursache mehrere Wirkungen, bzw. eine Wirkung viele verschiedene — wenigstens bei der oberflächlichen Betrachtung, die der eingehenden Untersuchung vorgeht — Ursachen habe. Hier versagen die Methoden der Induktion . . . Der Begriff der Wahrscheinlichkeit als einer Charakteristik des Zusammenhanges zwischen Ursache und Wirkung im Falle der Pluralität der Ursachen bzw. der Wirkungen tritt hierbei in den Vordergrund als wichtiges Hilfsmittel zur Erfassung der loseren kausalen Zusammenhänge. Aus der bewußten oder unbewußten Anlehnung an den Begriff der Wahrscheinlichkeit erklärt sich dann die Eigenschaft der statistischen Methode, mit zahlenmäßig bestimmbaren Massenerscheinungen zu operieren, und wir gelangen auf diese Weise zu der allgemein üblichen Definition der statistischen Methode."

Lexis, dessen geniale Leistungen für die Begründung der statistischen Methode als Wissenschaft bahnbrechend sind, äußert sich in seinen „Abhandlungen zur Theorie der Bevölkerungs- und Moralstatistik", Jena 1903, und in seiner Abhandlung „Zur Theorie der Massenerscheinungen in der menschlichen Gesellschaft", Freiburg i. B. 1877, über die subtile Wesensgleichheit dieser loseren Kausalzusammenhänge mit dem Begriffe der Wahrscheinlichkeit folgendermaßen: „Der Induktionsschluß von den beobachteten Erscheinungen auf die nicht beobachteten, der auf naturwissenschaftlichem Gebiet eine empirische Gewißheit erlangt, führt in dem unerschöpflichen Reichtum des menschlichen Lebens nur zu einem größeren oder geringeren Grad von Wahrscheinlichkeit. ... Wenn bei einer gegebenen Zahl z von Beobachtungen oder Versuchen ein gewisses Ereignis e mal eintritt, darf man dann den Bruch $\frac{e}{z}$ (Lexis nennt ihn in seiner „Theorie der Massenerscheinungen in der menschlichen Gesellschaft" den Möglichkeitskoëffizienten) als Näherungswert einer mathematischen Wahrscheinlichkeit behandeln, die zugleich die physische Möglichkeit des Ereignisses ausdrückt? Darf man mit diesem Werte rechnen, wie mit einer mathematischen Wahrscheinlichkeit, und entsprechen die weiteren Rechnungsresultate ebenfalls der Wirklichkeit? Diese Frage kann in jedem Falle nur erfahrungsmäßig entschieden werden ... Das Zusammenfallen des Grenzwertes des Möglichkeitskoëffizienten mit einer mathematischen Wahrscheinlichkeit, soweit es näherungsweise durch die Erfahrung festgestellt wird, ist nur durch die Annahme zu erklären, daß die unberechenbare Mannigfaltigkeit der Umstände, welche das Ereignis hervorrufen oder verhindern, eine genügende Analogie des absoluten Zufallsspieles mit E günstigen gegen $Z - E$ ungünstigen Chancen darbietet... Unter Methode einer Wissenschaft versteht Lexis das allgemeine Verfahren, nach welchem sie den unmittelbar gefundenen Stoff in die ihm adäquate wissenschaftliche Auffassungsform überführt ... Die höchste wissenschaftliche Form, in welche die Statistik ihren Stoff fassen kann, ist das Schema der Wahrscheinlichkeitsrechnung. Dieses aber ergibt sich lediglich aus dem tatsächlichen Verhältnis, daß bei einer gegebenen Anzahl von möglichen Fällen eine gegebene Zahl von Fällen einer bestimmten Art vorkommt ... Die Wahrscheinlichkeitsrechnung in ihrer Anwendung auf die Demographie und die Moralstatistik hat den Zweck, einerseits ein verständliches Schema für die Verteilung der Fälle und andrerseits einen Maßstab für die Stabilität der statistischen Verhältniszahlen zu bieten ... Die Theorie der Massenerscheinungen hat die Methode festzustellen, wie eine Masse, deren Elemente zu verschiedenen Zeiten eine Reihe von Veränderungen erfahren, in ihrem gesamten Zustandswechsel korrekt verfolgt werden kann ... Die Wahrscheinlichkeitsrechnung lehrt uns verstehen, wie die größte Mannigfaltigkeit des einzelnen Geschehens mit geringer Veränderlichkeit der numerischen Verhältnisse der Massenerscheinung verbunden sein kann ...“

Diese Erkenntnisse des genialen Begründers der statistischen Methode als Wissenschaft, welche an klarer Prägnanz des Ausdrucks nichts zu wünschen übrig lassen, zeigen recht deutlich, wie sehr der Begriff der mathematischen Wahrscheinlichkeit mit seiner Inbeziehungsetzung der gleichmöglichen Fälle zu den aus ihnen hervorgehenden, für ein bestimmtes Ereignis günstigen Fälle berufen ist, auf Massenerscheinungen angewendet zu werden, denen eine Pluralität der Ursachen bzw. der Wirkungen zugrunde liegt.

Gleichzeitig hat sich hierdurch auch die Übertragungsform für den mathematischen Begriff des Differentialquotienten ergeben. Derselbe ist ein genaues Maß für das Wachstum der Geschwindigkeit von Funktionen. Die Eigenschaften oder Zustandsänderungen einer Massenerscheinung stehen in funktionaler Abhängigkeit von den Merkmalen oder statistischen Ursachen. Das Maß für diese funktionale Abhängigkeit ist die statistische Wahrscheinlichkeit, welche nach Blaschke (Vorlesungen über mathematische Statistik) ein Bruch ist, in dessen Nenner die Anzahl der Individuen einer bestimmten Art (des Anfangszustandes), in dessen Zähler die Summe der daraus binnen der Zeiteinheit unter dem Einflusse der zu messenden Ursache hervorgehenden Änderungen (des Endzustandes) sich befindet. In diesen statistischen Wahrscheinlichkeiten, in diesen intensiven statistischen Maßzahlen haben wir also ein Maß für das positive bzw. negative Wachstum der biologischen und sozialen funktionalen Abhängigkeiten gefunden, welches ebenso wie der Differentialquotient ein Mittel ist, die Funktionsänderungen genau zu messen. Gerade mit dieser Messung von Funktionsänderungen hat sich die statistische Empirie zu beschäftigen. Denn wie diese Änderungen vor sich gehen, kann für jeden konkreten Fall nur durch die Erfahrung gefunden werden. Dieses ungeheure Feld der Betätigung liegt aber heute beinahe noch völlig brach. Daher kommt es auch, daß die statistische Methode, die zwar überall prinzipiell dieselbe ist, in den, den verschiedenen Wissenszweigen eigentümlichen methodologischen Spezialproblemen bisher fast gar keine Förderung und Ausbildung erfahren hat. Man darf sich nicht, wie SCHUMPETER treffend im Vorworte zu seiner Arbeit „Das Wesen und der Hauptinhalt der theoretischen Nationalökonomie“, DUNCKER u. HUMBLOT, 1908, ausführt, die methodologischen Anschauungen a priori zurechtzimmern, man kann das Studium der Methoden nicht von dem konkreten Probleme trennen, denn die Resultate solcher Detailarbeit weichen nicht unerheblich von denen der allgemeinen aprioristischen Diskussion ab. Die Richtigkeit dieser Anschauungen zeigt auch der Umstand, daß gerade diejenigen Theoretiker, welche im Gebiete der Sterblichkeitsmessung und des Versicherungswesens überhaupt praktisch tätig sind, bedeutsame Erfolge hinsichtlich der Weiterbildung der statistischen Methode aufzuweisen haben. Die Zukunft der statistischen Methode liegt deshalb in der allseitigen Durcharbeitung des statistischen Materiales nach der angegebenen Richtung hin. Allerdings ist dies nach der gegenwärtigen Sachlage nur zum geringen Teile möglich, da der Mangel an Kenntnissen über Wesen und Ziele der statistischen Methode es mit sich bringt, daß schon die Anlage der statistischen Erhebungen zu Forschungen solcher Art vielfach noch gänzlich unzulänglich sind.

Die Ausführungen des dritten Abschnittes haben aber auch gezeigt, wie schwierig es ist, in den statistischen Wahrscheinlichkeiten zur Nennergesamtheit die richtige Zählergesamtheit zu finden. Insbesondere bei Bewältigung der Massen im Falle des Einwirkens von kontinuierlichen Ursachen ist man in der Sterblichkeitsmessung auf das sinnreiche Verfahren der geometrischen Repräsentationsmethode verfallen. An die einwandfreie Bildung intensiver statistischer Maßzahlen in ähnlichen Fällen ist man hinsichtlich der Massen in anderen Wissenszweigen bisher überhaupt noch nicht herangetreten.

Gehen wir nun in der logischen Entwicklung der statistischen Methode wieder einen Schritt weiter. Es wird sich gleich zeigen, daß auch bei den weiteren methodologischen Errungenschaften nicht die aprioristische Spekulation, sondern lediglich die aus der Erfahrung geschöpfte Erkenntnis Ausschlag gebend war.

Den Ausgangspunkt bildeten die Erfahrungen, die man bei systematisch eingerichteten Glücksspielen gemacht hatte. Die beste Gewähr für die genaue Erfüllung der in dem Begriffe der mathematischen Wahrscheinlichkeit liegenden Voraussetzungen bilden die Ziehungen aus einer Urne, in welcher sich weiße und schwarze Kugeln in einem bestimmten Mischungsverhältnisse befinden.

In dem Beispiel Nr. 4 auf Seite 84 befinden sich in einer Urne weiße und schwarze Kugeln in einem bestimmten Mischungsverhältnisse, das man aber nicht kennt. Den Beobachtungen liegt in diesem Falle eine ganz bestimmte mathematische Wahrscheinlichkeit zugrunde, die durch alle Versuche konstant bleibt. Befinden sich also beispielsweise zwei weiße und drei schwarze Kugeln in der Urne, so liegt den Versuchen die konstante mathematische Wahrscheinlichkeit von $\frac{2}{5} = 0{\cdot}40$ für das Ziehen einer weißen Kugel zugrunde. Da die Kugel nach jeder Ziehung wieder in die Urne zurückgelegt wird, kann sich das Mischungsverhältnis der Kugeln in der Urne nicht ändern. Es ist klar, daß bei dem angenommenen Mischungsverhältnisse (2 : 3) sich die schwarzen Kugeln gegenüber den weißen hinsichtlich des Gezogenwerdens im Vorteil befinden. Dieser Vorteil prägt sich immer schärfer aus, je mehr Ziehungen aus der Urne gemacht werden. So sind bei 100 vorgenommenen Ziehungen z. B. 36 weiße und 64 schwarze Kugeln notiert worden. Es hat sich somit für das Ziehen einer weißen Kugel unter dem vorliegenden unbekannten Mischungsverhältnis eine empirische Wahrscheinlichkeit von $\frac{36}{100} = 0{\cdot}36$ ergeben. Es wurde gezeigt, daß mit einer der Gewißheit nahekommenden Wahrscheinlichkeit angenommen werden kann, daß der wahrscheinlichste Erfolg oder die mathematische Wahrscheinlichkeit, die konstante Grundwahrscheinlichkeit (im vorliegenden Falle 0·40) zwischen den Grenzen 0·09 und 0·63 eingeschlossen ist. Bei 1.000 vorgenommenen Ziehungen haben sich als Grenzen 0·321 und 0·497, bei 5.000 Ziehungen die Grenzen 0·362 und 0·441 usw. ergeben. Man sieht also, daß mit wachsender Zahl der Versuche die konstante Grundwahrscheinlichkeit immer enger und enger eingegrenzt wird. Man kann nun die Zahl der Ziehungen oder die der Beobachtungen oder Versuche so groß wählen, daß mit einer der Einheit beliebig nahen Wahrscheinlichkeit erwartet werden darf, daß die konstante Grundwahrscheinlichkeit innerhalb beliebig eng festgesetzter Grenzen zu liegen kommt (Umkehrung des Gesetzes der großen Zahlen). Aus einer großen Anzahl von Versuchen kann somit ersehen werden, wie das Mischungsverhältnis der Kugeln in der Urne ist. Die Übertragung auf diejenigen Verhältnisse des menschlichen Lebens, welche auf natürlicher, biologischer Grundlage beruhen, ist klar (Geschlechtsverhältnis der Geborenen).

Von grundlegender Bedeutung sind ferner die Ergebnisse mit wiederholten Versuchsreihen (Beispiel 5, Seite 85 ff.). Es wurden an der soeben bezogenen Stelle des zweiten Abschnittes die Erfahrungen vorgeführt, die man bei einem derartig eingerichteten Zufallsspiel machen kann. Es wurden dort tatsächlich bei einem Urneninhalte von zwei weißen und drei schwarzen Kugeln 51 Versuche zu je 100 Ziehungen gemacht. Jede einzelne Versuchsserie ergab eine empirische Wahrscheinlichkeit, welche mehr minder von der zugrundeliegenden mathematischen Wahrscheinlichkeit abwich. Alle diese 51 Werte von empirischen Wahrscheinlichkeiten sind aber als durch Zufall gestörte Werte einer und derselben mathematischen Wahrscheinlichkeit, einer festen und konstanten Grundwahrscheinlichkeit anzusehen. Wie sich bei den wiederholten Versuchen die einzelnen Erfolge um den wahrscheinlichsten Erfolg (Bernoullisches Theorem) gruppiert haben, so kann man bei wiederholten Versuchsreihen von einer wahrscheinlichen Gruppierung, Verteilung, Streuung oder Dispersion dieser empirischen Wahrscheinlichkeiten um die mathematische Wahrscheinlichkeit sprechen. Diese empirischen Wahrscheinlichkeiten erscheinen gleichsam als mit zufälligen Fehlern behaftete Messungswerte der mathematischen Wahrscheinlichkeit. Wir haben die verschiedenen, untereinander vertretbaren Maße kennen gelernt, von denen schon ein einziges hinreicht, die Gruppierung der Einzelwerte um den festen Grundwert kurz und eindeutig zu charakterisieren (kombinatorische Methode).

Die bereits angeführte Analogie, daß nämlich empirische Wahrscheinlichkeiten als mit zufälligen Fehlern behaftete Messungswerte einer und derselben mathematischen Wahrscheinlichkeit anzusehen sind, bringt es mit logischer Notwendigkeit mit sich, diese Versuche vom Standpunkte der Fehlertheorie aus zu betrachten. Bezug genommen wird auf Punkt VI, 5 des zweiten Abschnittes Seite 141 ff., wo dieser Übergang an demselben Beispiele wie oben mit den 51 Versuchsreihen durchgeführt erscheint. Bekanntlich besteht das Wesen der Fehlertheorie in folgendem. Zufolge der Unzulänglichkeit der menschlichen Sinnesorgane und der konstruierten Meßeinrichtungen kann die wahre Länge einer Strecke z. B. nicht ermittelt werden. Eine Anzahl von Messungen, Beobachtungen oder Versuchen — unter der Annahme, daß sie alle gleich genau sind —

21*

ergibt eine Reihe von Werten, welche, als mit zufälligen Fehlern behaftet, von der wahren, aber unbekannten Länge der Strecke mehr minder abweichen werden. Es ist nun die Gesetzmäßigkeit zu ergründen, welche zwischen der Fehlerhäufigkeit und der Fehlergröße besteht. Nimmt man als wahrscheinlichste Hypothese für die wahre Länge der Strecke das arithmetische Mittel der einzelnen Messungsergebnisse an, so ergibt die Beziehung zwischen Fehlerhäufigkeit und Fehlergröße das Gausssche Fehlergesetz, das normale, symmetrische Fehlergesetz. Es besteht eine ganz bestimmte Gruppierung, Verteilung, Streuung oder Dispersion der empirischen Näherungswerte um die wahrscheinlichste Hypothese, das arithmetische Mittel. Auch hier hat sich gezeigt, wie diese Gruppierung durch untereinander vertretbare Genauigkeitsmaße eindeutig charakterisiert werden kann. Jeder Streuung von bestimmter Präzision entspricht auch nur eine einzige, ganz bestimmte Fehlerwahrscheinlichkeitskurve. Von den unregelmäßigen Beziehungen zwischen Fehlerhäufigkeit und Fehlergröße soll vorläufig noch abgesehen werden.

Wie die wahre Größe einer zu messenden Strecke nicht ermittelt werden kann und daher unbekannt bleibt, so ist regelmäßig auch die Grundwahrscheinlichkeit, um welche sich die empirischen Wahrscheinlichkeiten nach dem Gesetze der zufälligen Fehler gruppieren, unbekannt. Wohl aber ist die Art der Gruppierung durch die Ermittlung eines einzigen Wertes, der Präzision, genau bestimmt. Die Berechnung derselben geschieht aber hier nach den Sätzen der Fehlertheorie. Weil dieselbe auf Grund von Beobachtungen, die man bei Messungen an einem und demselben Objekte, wie solche in der Physik und Astronomie vorkommen, aufgebaut ist, hat Lexis die Methode, die Größe der Dispersion nach der Fehlertheorie zu bestimmen, die physikalische Methode genannt.

Wie Lexis diese beiden Methoden, die kombinatorische und die physikalische miteinander verbunden hat, um zu untersuchen, ob die einzelnen Werte einer Reihe von statistischen Wahrscheinlichkeiten nur zufällige Schwankungen einer konstanten Grundwahrscheinlichkeit sind (normale Dispersion, maximale Stabilität), ob neben den zufälligen Abweichungen auch die wesentlichen Schwankungen der Grundgröße zum Ausdruck kommen, oder ob die einzelnen Reihenwerte die Abweichungen von einer variablen Grundwahrscheinlichkeit, einer konstant zusammengesetzten Durchschnittswahrscheinlichkeit darstellen (übernormale Dispersion, unternormale Stabilität), ist aus dem dritten Abschnitte, Seite 212 ff. bekannt.

In seiner Theorie der Massenerscheinungen in der menschlichen

Gesellschaft (Seite 22 f.) charakterisiert Lexis die verschiedenen Dispersionsarten wie folgt:

Wenn das Vorkommen des Ereignisses in einer größeren Zahl von Versuchsreihen sich so gestaltet, als ob es von einem reinen Glücksspiele mit E Chancen gegen $Z—E$ abhinge, so liegt uns ohne Zweifel eine unverbundene Massenerscheinung vor (normale Dispersion).

Ist die Dispersion der Reihenergebnisse noch größer, als sie unter der Voraussetzung eines Zufallsspieles mit konstanter Wahrscheinlichkeit des Ereignisses zu erwarten wäre, so tritt die Unverbundenheit der Massenerscheinung noch entschiedener zutage. Dieser Fall ist zu vergleichen mit dem zufälligen Ziehen von schwarzen und weißen Kugeln aus verschiedenen Urnen, die von Reihe zu Reihe zufällig gewählt werden und die nicht sämtlich schwarze und weiße Kugeln in gleichem Verhältnis enthalten, sondern ungenau, und zwar mit zufälligen Fehlern gefüllt worden sind (übernormale Dispersion).

Zeigte sich dagegen in einer großen Zahl von Versuchsreihen eine entschieden geringere Dispersion der einzelnen Resultate, als dem Schema eines Glücksspieles entspricht, so würde es mit der steigenden Zahl der Versuchsreihen immer wahrscheinlicher, daß eine Beziehung zwischen den Einzelfällen besteht, welche auf das Zustandekommen eines festen Endergebnisses direkt hinwirkt (unternormale Dispersion).

Die Begriffsentwicklung der mathematischen Wahrscheinlichkeit zu Beginn des zweiten Abschnittes hat zu drei Grundbedingungen geführt, welche einer mathematischen Wahrscheinlichkeit stets zukommen müssen: 1. Die Gleichmöglichkeit der Fälle, die Chancengleichheit; 2. die ununterbrochene Konstanz dieser Gleichmöglichkeit und 3. die Unabhängigkeit der Fälle untereinander. Auf diese drei Voraussetzungen sind auch alle wahrscheinlichkeitstheoretischen Lehren aufgebaut. Weil Gleichmöglichkeit, Konstanz und Unabhängigkeit der Fälle bei der mathematischen Wahrscheinlichkeit stets vorhanden sind, befolgen die empirischen Wahrscheinlichkeiten den Bernoullischen Satz und gruppieren sich dieselben nach der Fehlertheorie in normaler Streuung um die mathematische Wahrscheinlichkeit. Bei statistischen Wahrscheinlichkeiten ist nun keine dieser drei Bedingungen vollkommen erfüllt, sie entsprechen ihnen besten Falles nur annähernd, und je nach dem Grade dieser Annäherung wird man sie, wie bereits im dritten Abschnitte ausgeführt wurde, mit mathematischen Wahrscheinlichkeiten identifizieren und auf sie die wahrscheinlichkeitstheoretischen Grundsätze anwenden können. Alle diese Zusammenhänge ergeben sich aber nicht durch Spekulation, sondern lediglich durch die Erfahrung, durch Schaffung von vielen Versuchsreihen.

Wir haben ferner gesehen, daß bei Massenerscheinungen, bei denen die Gleichmöglichkeit der Fälle gestört ist — und das ist in der Realität der Erscheinungen fast regelmäßig der Fall —, trotzdem die statistischen Wahrscheinlichkeiten annähernd den Bernoullischen Satz befolgen und das Lexissche Kriterium von der normalen Dispersion erfüllen können. Ändern sich jedoch Konstanz bzw. Unabhängigkeit der Fälle, dann entsteht immer übernormale Dispersion.

Massenerscheinungen mit normaler Dispersion kommen nur selten vor. Einer solchen Massenerscheinung liegt dann ein konstant bleibender Bedingungskomplex zugrunde. Die in die Erscheinung tretenden Fälle sind nur zufällige Abweichungen von der nach Lexis bezeichneten typischen Wahrscheinlichkeitsgröße mit normaler Dispersion. In einer solchen Massenerscheinung herrscht völlige Unabhängigkeit der einzelnen Fälle untereinander, weshalb Lexis solche Massenerscheinungen als unverbundene bezeichnet. Diese zugrunde liegende typische Wahrscheinlichkeitsgröße mit normaler Dispersion ist in der physiologischen Konstitution der Masse begründet. Wie erwähnt, sind solche Grundgrößen äußerst selten und ist es bisher überhaupt nur in einem Falle, dem Geschlechtsverhältnis der Geborenen, zur Gänze gelungen, die annähernde Identität der statistischen mit der mathematischen Wahrscheinlichkeit nachzuweisen. Aber auch hier machen sich mitunter größere Schwankungen bei zeitlicher und örtlicher Differenzierung der Masse geltend.

Es treten aber neben den zufälligen Abweichungen auch wesentliche Schwankungen der Grundgröße auf. Solche störende Einflüsse, denen das rein biologische Moment durch die nicht zu isolierenden sozialen Verhältnisse ausgesetzt ist, bewirken dann, daß aus der typischen Wahrscheinlichkeitsgröße mit normaler Dispersion eine solche mit übernormaler Dispersion wird. Die Massenerscheinung ist zwar immer noch eine unverbundene, die Stabilität jedoch ist eine geringere.

Gewöhnlich wird aber solchen unverbundenen Massenerscheinungen mit übernormaler Dispersion eine variable Grundwahrscheinlichkeit oder nach v. Bortkiewicz eine konstant zusammengesetzte Durchschnittswahrscheinlichkeit zugrunde liegen. Bei derartigen Massenerscheinungen setzt sich die mittlere Abweichung aus zwei

Komponenten zusammen, nämlich aus der unwesentlichen Schwankungskomponente, d. i. die vom Zufall allein abhängige Schwankung, und aus der physischen Schwankungskomponente, welche von den Schwankungen der Grundwahrscheinlichkeit herrührt. (Lexis: Über die Theorie der Stabilität statistischer Reihen, VIII. Abhandlung in der Sammlung „Abhandlungen zur Theorie der Bevölkerungs- und Moralstatistik"). Als Beispiel derartiger Massenerscheinungen hat sich uns die Verbrechensbetätigung nach Geschlechtern ergeben. Speziell an diese Ergebnisse müssen einige Betrachtungen und Folgerungen allgemeiner Natur geknüpft werden.

Seit jeher waren die Meinungen über Begriff, Zweck, Ziele und Grenzen der Kriminalstatistik geteilt. In den letzten Jahren ist der Streit darüber besonders lebhaft entbrannt und dauert auch gegenwärtig noch fort. Es ist hier nicht der Platz, die ganze einschlägige Literatur vorzuführen und kritisch zu besprechen. Nur im Prinzip soll an diese Streitfragen herangetreten werden. Allerdings liegt die prinzipielle Stellungnahme auch zu diesen Fragen bereits in den Ausführungen der ersten drei Abschnitte dieser Arbeit vollständig gegeben vor. Da aber die bisherigen Ausführungen über die statistische Methode als Wissenschaft erst fortgesetzt und zum Abschluß gebracht werden müssen, sollen vorläufig einige Andeutungen im Anschluß an die streng nach der statistischen Methode durchgeführten Untersuchungen über die Verbrechensbeteiligung der beiden Geschlechter genügen.

Wir verstehen unter Kriminalstatistik zunächst die Anwendung der statistischen Methode als selbständigen Wissenschaft auf das Wissensgebiet des Strafrechtes. Mit dem Begriff und Wesen der statistischen Methode als selbständigen Wissenschaft sind auch Begriff und Wesen der Kriminalstatistik und die Grenzen ihrer Anwendungsmöglichkeit eindeutig bestimmt. Die beiden Grundpfeiler, auf denen die statistische Methode beruht, sind die Mathematik und die Wahrscheinlichkeitstheorie. Wir haben gesehen, wie der mathematische Funktionsbegriff geradezu prädestiniert ist, in das scheinbare Chaos der Massenerscheinungen Ordnung zu bringen. Dieser siegreichen Durchdringung und Meisterung sonst unübersehbarer Massen ist aber im Funktionsbegriffe selbst eine unüberschreitbare Schranke gesetzt. Der mathematische Funktionsbegriff setzt Zahlgrößen voraus. In seiner Übertragung auf das Gebiet der Massenerscheinungen kann die funktionale Abhängigkeit nur dann einwandfrei ergründet werden, wenn die Elemente der Masse zählbare, meßbare und durch Zahlen ausdrückbare Größen sind. Ist dies nicht der Fall, dann kann auch die tatsächliche funktionale Abhängigkeit nicht gemessen werden. Gegen diese fundamentalste, eigentlich von selbst einleuchtende Erkenntnis wird jedoch heute noch im Gebiete der Kriminalstatistik — die Anwendung der statistischen Methode als selbständigen Wissenschaft auf andere Wissenszweige wird an dieser Stelle nicht besprochen — arg gesündigt, so daß es begreiflich wird, wenn einige Strafrechtstheoretiker zu dem Ausspruche gelangen, mit der Statistik könne man alles und nichts beweisen. Die statistische Empirie — von der Anwendung der statistischen Methode als selbständigen Wissenschaft kann wohl heute im allgemeinen noch nicht gesprochen werden — auf dem Gebiete der Strafrechtsmaterie arbeitet noch vielfach mit Begriffen, d. h. die zu untersuchende Masse setzt sich nicht aus zählbaren, meßbaren und in Zahlen ausdrückbaren Elementen, sondern aus Begriffen zusammen, die für die verschiedenen Beobachter jedesmal wieder einen verschiedenen Inhalt haben, die nicht gemessen und nicht in Zahlen ausgedrückt werden können. Wenn man z. B. die Bedeutung des Alkoholismus in der Ätiologie des Verbrechens studieren will, läßt man auch den Fragepunkt beantworten, ob der Verbrecher trunksüchtig sei oder nicht. Was heißt und was ist „trunksüchtig"? Bekanntlich sind die Meinungen hierüber sehr geteilt. Auf Grund dieses vagen Begriffes werden nun die Verbrecher gezählt und aus dem Verhältnis der Zahl der trunksüchtigen Verbrecher zu den nicht trunksüchtigen werden nun die abenteuerlichsten Schlüsse gezogen. Ganz gleich verhält es sich, wenn man quantum und quale des vor Begehung der strafbaren Handlung genossenen Alkohols statistisch erheben will. Glaubt man denn wirklich, daß dieses quantum und quale durch Zeugenaussagen, durch die Verantwortung des Beschuldigten richtig ermittelt werden kann? Und wenn ja, dann bleibt noch immer die Frage hinsichtlich der Einwirkung des Alkohols auf die Körperkonstitution des betreffenden Individuums offen, die selbst bei einem und demselben Menschen zu verschiedenen Zeiten wieder eine verschiedene sein kann. Nicht in letzter Linie ist ferner zu bedenken, daß es auch fraglich bleibt, ob denn tatsächlich ein begangenes Verbrechen auf den Alkoholgenuß vor Begehung der Tat zurückzuführen sei. In vielen Fällen wird trotz des genossenen Alkohols das Verbrechen lediglich in anderen Verursachungen seine Quelle haben usw. Ein anderes Beispiel. Es handelt sich um die viel umstrittene Begriffsbestimmung der unverbesserlichen Verbrecher. Unseres Erachtens ist diesfalls eine taugliche Begriffsbestimmung überhaupt niemals aufzufinden.

Wenn nun verlangt wird, der Richter soll im Urteil vermerken, ob es sich um einen Gelegenheitsverbrecher, um einen „Unverbesserlichen“ oder um einen „Besserungsbedürftigen und Besserungsfähigen“ handelt, wenn dieser Vermerk zwecks Zählung auf statistische Zählkarten übertragen werden soll, so ist leicht einzusehen, daß man mit einem Material, das sich auf solch vage Begriffe stützt, alles und nichts beweisen kann. Diese Beispiele könnten leicht um eine große Anzahl vermehrt werden.

In allen diesen Fällen wird der fundamentalste Grundsatz der statistischen Methode nicht beachtet, die Ergebnisse ihrer Anwendung müssen deshalb wertlos sein. Aus dieser mißbräuchlichen Anwendung der statistischen Methode wird jedoch auf die Leistungen der Statistik überhaupt gemeiniglich zurückgeschlossen. Das ist aber irrig und ungerecht. Die statistische Methode, in ihrer Reinheit und Unverfälschtheit angewendet, ist auch auf dem Gebiete des Strafrechtes befähigt, äußerst wertvolle Ergebnisse zutage zu fördern, an deren Richtigkeit und Übereinstimmung mit der Wirklichkeit nicht zu zweifeln ist. Eine solche Kriminalstatistik ist jedoch bis heute noch nicht geschrieben, da die statistische Methode mit ihrem selbständigen wissenschaftlichen Gehalt bisher nur auf dem Gebiete der Sterblichkeitsmessung angewendet wurde und dort infolge der innigen Berührung mit der Wirklichkeit und der Erfahrung ihre heutige Ausbildung überhaupt erlangt hat.

Ist dieser prinzipielle Verstoß gegen das Wesen der statistischen Methode mit Rücksicht auf seine Kraßheit leicht abgetan, so geht es nicht so leicht mit einem anderen Vorwurfe, den man gegen die Kriminalstatistik erhebt: Der Kriminalstatistik kann die tatsächliche Straffälligkeit überhaupt niemals bekannt werden. Sie ist gezwungen, nur mit Verurteilungszahlen zu arbeiten. Daraus wird ganz allgemein und mit Rücksicht auf alle Erhebungsmomente geschlossen, daß ihre Ergebnisse und die daran geknüpften Schlußfolgerungen mit der Wirklichkeit nie übereinstimmen werden. Die statistische Empirie ist gegen diesen Vorwurf bisher so gut wie wehrlos. Anders die statistische Methode, die wie jede andere Wissenschaft bis in die letzten Zusammenhänge der Dinge vorzudringen sucht. Man hat sich bisher gemeiniglich darüber hinwegzuhelfen gesucht, daß man sagte, Straffälligkeit und Verurteilungen seien proportional, die Verurteilungsmasse bilde einen von Jahr zu Jahr sich nur proportionaliter ändernden, im Wesen aber gleichbleibenden Ausschnitt aus der allgemeinen Straffälligkeit. Gegen solche aprioristische Spekulationen hatte es der statistische Kritizismus leicht, konnte aber auch seinerseits keinen schlagenden Beweis für das Gegenteil ins Feld führen. So stehen also im Grunde beweislose Meinungen einander gegenüber. Auch hier schafft die statistische Methode Wandel. Wir knüpfen an die im dritten Abschnitt dieser Arbeit durchgeführten Beispiele über die Verbrechensbetätigung der beiden Geschlechter an. Natürlich konnten auch hier nur Verurteilungszahlen der Untersuchung zugrunde gelegt werden. Es hat sich nun gezeigt, daß sich die statistischen Wahrscheinlichkeiten, nämlich die Brüche:

$$\frac{\text{Zahl der wegen Verbrechen überhaupt verurteilten männlichen Individuen}}{\text{Zahl der wegen Verbrechen überhaupt verurteilten männlichen und weiblichen Individuen zusammen}}$$

und

$$\frac{\text{Zahl der wegen Verbrechen des Diebstahls verurteilten männlichen Individuen}}{\text{Zahl der wegen Verbrechen des Diebstahls verurteilten männlichen und weiblichen Individuen}}$$

wie in einer unverbundenen Massenerscheinung um eine typische Wahrscheinlichkeitsgröße gruppieren. Wir haben neben zufälligen Abweichungen auch wesentliche Schwankungen dieser Grundgröße angetroffen. Die Untersuchung, nach allen Richtungen hin zusammengefaßt und beurteilt, hat u. E. eine typische Wahrscheinlichkeitsgröße mit übernormaler Dispersion ergeben. Diese typische Wahrscheinlichkeitsgröße ist in dem biologischen Moment des Geschlechtsunterschiedes begründet. Derselbe bildet eine massenphysiologische Konstante, welche die gefundene Stabilität der Reihen bedingt. Die wesentlichen Schwankungen der Grundgröße rühren von dem Einschlage der sozialen Verhältnisse her. Wir halten das physiologische Moment des Geschlechtsunterschiedes als ausschlaggebend, weshalb wir auch nicht vermuten, daß der ganzen Massenerscheinung eine variable Grundwahrscheinlichkeit zugrunde liegt. Aber auch diese Annahme wäre durch die Ergebnisse der Untersuchung vielleicht begründet.

Zu solchen Ergebnissen haben also diese Ausschnitte aus der tatsächlichen Straffälligkeit, die Verurteilungszahlen, geführt. Vielleicht wäre die Dispersion auf Grund von Straffälligkeitszahlen weniger übernormal, es ist jedoch nicht zu leugnen, daß schon die Verurteilungszahlen uns das wichtige Ergebnis geliefert haben: Für das Moment des Geschlechtsunterschiedes ist es völlig gleichgültig, ob man mit Straffälligkeitszahlen oder Verurteilungszahlen arbeitet. Die Verwendung der letzteren in der Kriminalstatistik ist somit mit Rücksicht auf dieses Moment vollkommen gerechtfertigt.

Behufs näherer Erforschung dieser Massenerscheinung der geschlechterweisen Verbrechensbetätigung sind die Untersuchungen dahin auszudehnen, daß die Verbrechen, welche hier nur in ihrer Gesamtheit (mit Ausnahme des Verbrechens des Diebstahls) in die Untersuchung eingestellt wurden, nach den einzelnen Verbrechenstatbeständen, nach Zeit und Ort differenziert werden. Das allein bedeutet schon ein ungeheures Anwendungsgebiet der statistischen Methode. Das Zahlenmaterial, das Jahr für Jahr aufgespeichert wird, harrt noch seiner Erlösung, die darauf verwendete Kraft und Zeit werden die Untersuchungsergebnisse, welche zufolge des exakten methodologischen Verfahrens nur ein Spiegel der Wirklichkeit sind, reichlich lohnen.

Ein weiteres Erhebungsmoment, rücksichtlich dessen die Verurteilungszahlen ohne Beeinträchtigung der Richtigkeit der Ergebnisse die Straffälligkeitszahlen ersetzen können, ist das Alter der Verbrecher. Schon die bisherigen Ergebnisse der Kriminalstatistik weisen zwingend darauf hin, wenn nach den Statistiken fast aller Kulturstaaten der dichteste Wert der Verbrechenshäufigkeit für das männliche Geschlecht im Alter von 20—25 Jahren und für das weibliche Geschlecht im Alter von 18—20 Jahren gelegen ist. Es wäre nun eingehend zu untersuchen, wie sich um diese dichtesten Werte die übrigen Glieder der Reihe gruppieren. Zu diesem Zwecke wären die Untersuchungen nach den einzelnen Altersjahrgängen einzurichten und eine eingehende Differenzierung nach Zeit und Ort vorzunehmen. Sichere Anhaltspunkte für die vorgetragenen Anschauungen hat schon das auf S. 259ff. besprochene Beispiel hinsichtlich der Altersgliederung der Verbrecher geboten. Die Massen sind jedoch dermalen noch nicht genügend differenziert, um die angegebenen Untersuchungen durchführen zu können. Dieselben werden jedoch das bedeutsame Resultat zutage fördern, daß Verbrechensintensität und Alter der Individuen in funktionaler Abhängigkeit zueinander stehen, daß das Verbrechen nichts anderes als eine Alterserscheinung ist, die in einem gewissen Alter ihren Höhepunkt erreicht und nach demselben nach Art der Fehlerwahrscheinlichkeitskurve wieder abflaut. Alle übertriebenen Beängstigungen über die hereinbrechende Verbrecherflut werden dann in die richtigen Grenzen zurückgewiesen werden können.

Auf diese Weise werden auch andere biologische und soziale

Momente von Erheblichkeit zu untersuchen sein. Hierdurch ist für die Anwendung der statistischen Methode als selbständigen Wissenschaft auf dem Gebiete des Strafrechtes ein unerschöpfliches Feld der Betätigung eröffnet. Es ist zwar noch nicht abzusehen, welche Spezialprobleme sich anfangs hindernd in den Weg stellen werden. Durch deren Lösung wird jedoch wieder die methodologische Ausbildung der Kriminalstatistik bereichert werden. Jedenfalls haben schon die im dritten Abschnitte dieser Arbeit vorgeführten Beispiele dargetan, daß jede einwandfrei angelegte Kriminalstatistik von der Geschlechts- und Altersgliederung auszugehen und zunächst diese beiden biologischen Fundamente nach allen möglichen zeitlichen, räumlichen und sachlichen Gesichtspunkten zu differenzieren hat.

Die Richtigkeit dieses Standpunktes erscheint unseres Erachtens mit Rücksicht auf dessen mathematische und wahrscheinlichkeitstheoretische Fundierung erwiesen. Daß kriminalstatistische Forschungen nur in diesem Sinne angestellt werden können, hat Hoegel, einer der bedeutendsten Kriminalpolitiker und Kriminalstatistiker, schon längst — wenn auch nicht erwiesen — so doch intuitiv erkannt und seinen Standpunkt im Detail in seinen Arbeiten „Die Grenzen der Kriminalstatistik“ (Statistische Monatsschrift, 1907, der ganzen Reihe XXXIII. Jahrgang), „Gesamtreform des österreichischen Strafrechts“, Leipzig, 1909 und „Kriminalstatistik und Kriminalätiologie“ (Monatsschrift für Kriminalpsychologie und Strafrechtsreform, VIII. Jahrgang, Seite 657ff.) mit nicht mißzuverstehender Prägnanz und Schärfe vertreten. Expressis verbis bringt er die hier aufgestellten und auch bewiesenen Behauptungen im „Gerichtssaal“, LXXVII. Band, 2.—3. Heft, Seite 178ff. anläßlich einer Besprechung der österreichischen Statistik der Strafrechtspflege zum Ausdruck, wenn er auf Seite 186 ausführt: „Ich bin wiederholt dafür eingetreten, die ganze Kriminalstatistik auf die Verteilung nach Geschlechtern und Altersklassen aufzubauen... Es würden sich mit dieser Methode ganz andere Schlüsse psychologischer und sozialer Natur ergeben als nach der üblichen, auf Grund welcher den Jugendlichen unter dem Sammelnamen der Erwachsenen eine Reihe von Altersgruppen verschiedener Straffälligkeit entgegengestellt wird. Es wird dadurch ein falsches Bild erzeugt, das in den letzten Jahrzehnten zu ungezählten falschen Schlüssen über die Straffälligkeit der Jugendlichen, ihre Ursachen und deren Bekämpfung führte...“

Aus allen diesen Ausführungen, welche an die im dritten Abschnitte untersuchten Beispiele mit übernormaler Dispersion geknüpft wurden, kann auf Grund des speziellen Falles der Kriminalstatistik beiläufig ersehen werden, wie wir uns die Anwendung der statistischen Methode als selbständigen Wissenschaft auf die verschiedenen Wissensgebiete denken. Nach dieser Richtung ist aber bis heute so gut wie gar nichts geschehen. Der mühevolle Forschungsweg, den die Theorie auf dem Felde der Erfahrung und in ununterbrochener Verbindung mit derselben unbedingt in der Zukunft wird wandeln müssen, wird in den einzelnen Wissenschaften zu festgefügten Methoden führen, mit deren Hilfe man dann imstande sein wird, im Wege der Massenbeobachtung die Realität der Dinge und ihre verborgenen Zusammenhänge zu erfassen.

Wir haben nun im folgenden die logische Entwicklung der statistischen Methode weiter fortzusetzen.

Es gibt Reihen von Verhältniszahlen — und solche bilden die überwiegende Mehrzahl —, die sich nicht auf das Schema der Wahrscheinlichkeitsrechnung zurückführen lassen. Bei näherer Untersuchung und Umbildung beinhalten solche Reihen Präzisionen von Tendenzen, sie sind symptomatisch für Massenerscheinungen, welche sich fortwährend im vollen Flusse der Entwicklung, sei es nach der positiven Seite, der Evolution oder nach der negativen Seite, der Involution, befinden. Lexis nennt solche Reihen symptomatische Reihen. In seiner Theorie der Massenerscheinungen in der menschlichen Gesellschaft (Seite 91) charakterisiert Lexis dieselben folgendermaßen: „Formell kann man jeden Einzelwert einer symptomatischen Reihe ebenfalls als Näherungswert einer abstrakten Wahrscheinlichkeitsgröße betrachten; aber da man dann weiter annehmen muß, daß sich die zugrunde liegende Wahrscheinlichkeit selbst von Jahr zu Jahr oder von irgend einer Zeitmaßstrecke zur anderen in einer uns unbekannten Weise ändert, so ist mit solcher Einführung des Wahrscheinlichkeitsbegriffes wenig gewonnen. Mögen dann auch die Einzelwerte streckenweise nur geringe Schwankungen aufweisen, so fügen sie sich doch nicht in das Schema der Wahrscheinlichkeitsrechnung“.

Die Untersuchungen im dritten Abschnitte über die Verteilung der Selbstmorde nach dem Geschlechte und über die Selbstmordhäufigkeit (Beispiel 3, Seite 260ff.) haben zu rein evolutorischen Reihen geführt. Dieselben haben nicht mehr den typischen Verlauf der durch zufällige Schwankungen erzeugten Abweichungen, die Fehlerverteilung fällt ganz außerhalb des fehlertheoretischen Schemas.

Symptomatische Reihen, welche, sofern die Entwicklung unregelmäßig oder regelmäßig unterbrochen wird, zu oszillatorischen bzw. periodischen Reihen werden, sind nach dem bekannten Fundamentalsatz zu untersuchen, daß eine geringe Änderung der Ursache auch nur eine geringe Änderung der Gesamtheit zur Folge hat. Solche Untersuchungen sind in ausgedehntestem Maße und nach allen möglichen Differenzierungen vorzunehmen. Eine wichtige Rolle spielt hierbei die graphische Darstellung. Auf Grund dieses Verfahrens wird der historische Verlauf von symptomatischen Massenerscheinungen sicher und in voller Übereinstimmung mit der Wirklichkeit festgelegt. Die Darstellung des ununterbrochenen Verlaufes von symptomatischen Massenerscheinungen über möglichst weite Zeitstrecken hinaus ist für die Kausalitätsforschung, auf die später zurückzukommen sein wird, unerläßlich.

Wir haben gesehen, daß Massenerscheinungen, denen der Charakter des Zufälligen zukommt, nur normale oder übernormale Dispersion aufweisen können. Es liegt ihnen entweder eine konstante oder variable Wahrscheinlichkeitsgröße zugrunde. Ein anderes Verhalten der Grundgröße ist ausgeschlossen. Massenerscheinungen, welche eine geringere Dispersion der Einzelwerte zeigen, als dem Schema eines Glücksspieles entspricht, gehören daher nicht mehr zu den unverbundenen, sondern zu den verbundenen Massenerscheinungen. Diese werden nicht mehr vom Zufall beherrscht, es besteht vielmehr zwischen den Einzelfällen eine Beziehung, welche auf das Zustandekommen eines ganz bestimmten Endergebnisses hinwirkt. Die Unabhängigkeit der Einzelfälle ist durch einen absichtlichen Eingriff, durch eine Norm, ein Gesetz beseitigt. Solche Massen zeigen auch nicht den Fluß der Entwicklung, die Dispersion ist vielmehr eine unternormale, die Stabilität eine übernormale, d. h. eine größere als bei den Zufallsspielen. Der Mittelwert aus der Reihe der Relativzahlen kann nicht mehr als die empirische Bestimmung einer Wahrscheinlichkeit oder der Funktion einer solchen gelten, er ist nichts mehr als eine quantitative Beschreibung des äußeren Verlaufes der Erscheinung während der Beobachtungsperiode (Czuber: Wahrscheinlichkeitsrechnung usw., II. Band, Seite 46). Die Untersuchung derartiger Massen verfolgt nicht mehr wissenschaftliche Zwecke, sondern geht lediglich darauf hinaus, die Erfüllung eines bestimmten, bereits bekannten Endergebnisses zu überprüfen.

Derartige Untersuchungen bilden nun den Hauptinhalt dessen, was wir als Verwaltungsstatistik im engeren Sinne bezeichnen. In einer weiteren Fassung des Begriffes versteht man heute zuweilen unter Verwaltungsstatistik Anwendungsgebiete der statistischen Methode, in welchen außer den rein verwaltungstechnischen auch wissenschaftliche Gesichtspunkte — und mitunter sogar fast ausschließlich — eine Rolle spielen. Wir hingegen möchten das statistische Verfahren auf Grund von Massenerscheinungen mit unternormaler Dispersion von den übrigen Anwendungsgebieten der statistischen Methode als selbständigen Wissenschaft unbedingt trennen.

Die Verwaltungsstatistik in diesem engeren Sinne ist ein unentbehrliches Hilfsmittel jeder Verwaltung. Wir sehen hierbei von der allerdings auch notwendigen Evidenzhaltung und Inventarisierung der Objekte, von dem budget des choses, ab. Das ist Sache der Buchhaltung und hat mit der statistischen Methode nichts zu schaffen. Das Hauptgewicht darauf zu legen, hieße die Statistik auf das Niveau des buchhalterischen Reglements herabdrücken und die mühelosen Pfade der alten Statisten wandeln. Die Verwaltungsstatistik in dem von uns verstandenen Sinn hat eine ganz andere und bedeutsame Aufgabe zu erfüllen. Sie soll in erster Linie darüber wachen, ob die bestehenden Gesetze und Verordnungen erfüllt und richtig gehandhabt werden, sie soll bei Einführung neuer Gesetze die Art und Weise der Handhabung derselben durch die Praxis zeigen, um eventuell irrige Auslegungen zu beseitigen und überhaupt das rasche Einleben neuer Gesetze zu fördern, die verwaltungsstatistischen Ergebnisse sollen der Gesetzespolitik, der Verordnungspolitik und der Verwaltungspolitik im allgemeinen zweckentsprechende Direktiven für allfällige, in der Zukunft notwendige Reformen an die Hand geben usw. Ein Beispiel für viele. Es ist bekannt, welche Dienste die österreichische Justizstatistik anläßlich der Einführung der neuen Zivilprozeßgesetze in Österreich geleistet hat. Auf Grund ihrer Ergebnisse konnten die Handhabung der neuen Gesetze durch die Gerichte beurteilt, irrige Auslegungen in die richtige Bahn geleitet, die Opportunität neuer Institutionen geprüft, die Raschheit des Prozeßverfahrens gemessen und mit der Dauer der alten Prozesse verglichen werden usw.

Nach dem Inhalte ist aber jeder Zweig der Verwaltungsstatistik mit dem betreffenden Verwaltungsressort organisch verbunden. Die Trennung von demselben entzieht der Verwaltungsstatistik gleichsam den Nährboden, ohne welchen sie entweder nur ein kümmerliches Dasein führen kann oder völlig absterben muß. Nur der Fachmann, der die Vorzüge und Schäden, die Bedürfnisse und Eigentümlichkeiten des betreffenden Verwaltungsressorts bis ins kleinste Detail kennt, der die betreffenden verwaltungsrechtlichen Normen vollkommen beherrscht, mit der einschlägigen wissenschaftlichen Literatur, mit dem Strom der Entwicklungstendenzen infolge der sich ändernden gesellschaftlichen Verhältnisse völlig vertraut ist, wird in der Lage sein, sich die geeigneten Massen mit subnormaler Dispersion zu schaffen, um auf Grund der Ergebnisse solcher Massenerscheinungen das Funktionieren des Verwaltungsapparates zu studieren. Erst dann ist er imstande, allfällig überflüssige Bestandteile an der Maschine zu entfernen, den vielleicht mehr als notwendig komplizierten Mechanismus unbeschadet oder aber gerade zur wesentlichen Erhöhung der Leistungsfähigkeit durch ein einfaches System von wenigen, aber gut ineinander greifenden, rasch und sicher wirkenden Bestandteilen zu ersetzen. Er wird genau die Hindernisse, die sich dem raschen und sicheren Funktionieren des Apparates entgegenstellen, aufdecken und durch das Studium ihrer Natur und ihres Wesens die geeigneten Mittel zu ihrer Beseitigung ersinnen können. Für den Nichtfachmann sind verwaltungsstatistische Massenerscheinungen, auch wenn sie von kundiger Hand angelegt und geschaffen wurden, lediglich ein totes Zahlenmaterial, er kann sie nicht zum Leben erwecken, er versteht ihre Sprache nicht, und bei der Zwangslage, in Unkenntnis der Zusammenhänge das Material dennoch bearbeiten zu müssen, werden ihn einfache Zahlenübergänge, die für den Fachmann sofort verständlich sind, bei einiger Phantasie zu den abenteuerlichsten Schlüssen verleiten. Es ist hier leider nicht der Platz, sich über Organisation, über die systematischen Grundlagen und die rationelle Entwicklung der Verwaltungsstatistik weiter zu verbreiten. Angesichts der immer dringender werdenden Verwaltungsreform ist es aber sicherlich ein zwingendes Gebot der Notwendigkeit, sich über Wesen und Ziele der Verwaltungsstatistik klar zu werden. —

Wir haben gesehen, daß selbst typische Wahrscheinlichkeitsgrößen mitunter ganz bedeutenden zeitlichen, örtlichen und sachlichen Schwankungen unterworfen sein können, daß ferner die Änderungen der Sterbenswahrscheinlichkeiten zwar innerhalb geringer Änderungen der Beobachtungszeit nur gering sind, daß aber doch bisher eine stete Abnahme der Sterblichkeit erfahrungsgemäß zu verzeichnen ist. Kommen also schon hier, wo doch der ganzen Massenerscheinung ein konstant bleibender Bedingungskomplex, eine „massenphysiologische Konstante“ zugrunde liegt, wesentliche Schwankungen vor, so machen sich dieselben in einem noch viel stärkeren Maße geltend, sobald die Einwirkung der sozialen Verhältnisse von einschneidender Bedeutung wird.

Zur Zeit, als die statistische Methode als selbständige Wissenschaft noch nicht ihre heutige Entwicklung aufzuweisen und noch nicht in die tieferen Zusammenhänge der Dinge hineingeleuchtet hatte, war man ganz anderer Anschauungen über die Ordnung des Weltganzen wie heute. Betäubt durch das siegreiche Vordringen der Naturwissenschaften im 18. Jahrhundert, glaubte man, gestützt auf die angenommene Konstanz der Zahlen — tatsächlich wies das herangezogene Material gar keine so frappierende Konstanz, mitunter sogar eine greifbare und klaffende Inkonstanz auf — daß sich auch das Leben der menschlichen Gesellschaft nach sozialen Gesetzen abwickle, nach Gesetzen, die man auf eine Stufe mit den Naturgesetzen stellte und ihnen wesensgleich hielt. Unter diesem geistigen Banne mußte QUÉTELET seine „Physik der Gesellschaft" schreiben. Da der willensfreie Mensch mit dieser Anschauung nicht im Einklang stand, wurde er einfach zu einer willenlosen Maschine degradiert und mußte Fatalist werden, nur der Determinismus konnte die Grundfesten für diesen Spekulationsbau bilden. Bald jedoch mußte dieser stolze Bau zufolge der Minen zusammenstürzen, welche die erkenntnistheoretische Kritik gelegt hatte. Zunächst untersuchte man das Material, dessen vermeintliche Konstanz den Anstoß zur „Physik der Gesellschaft" und zu dem Glauben an das Bestehen von „sozialen Gesetzen" gab, und fand es unvollständig und die gepriesene Konstanz weitaus überschätzt. Die auf das richtige Maß zurückgeführten Zahlenregelmäßigkeiten standen für den ruhigen Beobachter mit der menschlichen Willensfreiheit auch nicht mehr in Widerspruch. Sitten und Gebräuche, Gewohnheiten, das den Menschen bis zu einem gewissen Grade innewohnende Beharrungsvermögen, der mächtige Nachahmungstrieb ließen die auftretenden Regelmäßigkeiten in den Zahlen begreiflich erscheinen.

Volle Klarheit brachten endlich die grundlegenden Errungenschaften der statistischen Methode als selbständigen Wissenschaft. Für denjenigen, der in die Tiefen der Zusammenhänge eingedrungen ist, welche die statistische Methode aufgedeckt hat, ist das, wenn auch abgeschwächte Konstruieren von sozialen oder empirischen Gesetzen oder, wie man diese Kunstprodukte sonst noch bezeichnen mag, ein längst überwundener Standpunkt. Es ist aber nicht zu leugnen, daß sich ein Teil der Forscher auch heute noch nicht von diesen Wahngebilden völlig hat losringen können.[1])

[1]) Näheres hierzu siehe die Abhandlung WASSERMANNS: Wandlungen der Ansichten über Wesen und Zweck der Krim.-Stat. Beiträge zu einer Geschichte der Krim.-Stat., wo auch die einschlägige Literatur angeführt ist.

Wo stünde die medizinische Wissenschaft, wenn sie darauf hätte warten wollen, bis die Zusammenhänge zwischen Geist und Materie aufgedeckt sind! Die Strafgesetzbücher wären bis heute noch ungeschrieben, wollte man sie auf die Entscheidung der Frage, ob Determinismus oder Indeterminismus, stützen. Unseres Erachtens kann diese Frage überhaupt niemals entschieden werden. Wer eine Freude an solchen metaphysischen Spekulationen hat, der mag sie immerhin haben, das frisch pulsierende Leben mit seinen Anforderungen braucht klare Entschlüsse und sichere Richtlinien. Warum soll man dem Menschen die Freiheit des Willens rauben, wenn dessen Unfreiheit bisher nicht bewiesen ist und auch nicht bewiesen werden kann! Sitten und Gebräuche, Gewohnheiten, das menschliche Beharrungsvermögen, der Nachahmungstrieb, das soziale Milieu bringen es mit sich, daß sich die Gesamtheiten, als in funktionaler Abhängigkeit von sozialen Momenten stehend, bei geringer Änderung dieser statistischen Ursachen auch nur wenig ändern und in ihrer zahlenmäßigen Konstitution gewisse Regelmäßigkeiten aufweisen. Aber Beharren ist im Leben der Menschheit nur die Ausnahme, die Regel ist die Evolution in aufsteigender oder absteigender Richtung. (Lexis: Zur Theorie der Massenerscheinungen usw.) Anläßlich der Behandlung der Variationsmethode und ihrer Analogie mit der Denkweise der Infinitesimalmethode führt Schumpeter in seiner Arbeit „Das Wesen und der Hauptinhalt der theoretischen Nationalökonomie", Seite 460f., zum Gegenstande folgendes aus: „Die Resultate werden der Wirklichkeit erträglich näher kommen, wenn man kurze Zeitperioden betrachtet. ... In der Tat, die ‚systembestimmenden Tatsachen' ändern sich im allgemeinen nicht schnell. Sie können für kurze Perioden als konstant aufgefaßt werden, ohne daß man fürchten müßte, zu weit von der Wirklichkeit abzukommen. Auch das Leben und die Gewohnheiten der Menschen beharren verhältnismäßig zähe, und nur, wenn man die Betrachtung derselben auf einen längeren Zeitraum ausdehnt, erkennt man, daß sie im Flusse einer stetigen Änderung sind. So kann man denn von einem bestimmten Zustand der Wirtschaft aus bei Eintritt einer nicht zu großen oder vehementen Störungsursache im allgemeinen mit Beruhigung deren wirtschaftliche Folgen voraussagen und erwarten, daß dieselben in der nächsten Zukunft sich auch wirklich erkennen lassen werden. Aber nur in der nächsten Zukunft. Denn sehr bald überflutet sie der Strom der Entwicklung." — Man nehme also die Regelmäßigkeiten als das, was sie tatsächlich sind: als den Ausdruck von mäßigen zufälligen oder selbst systematischen Schwankungen von typischen oder variablen Wahrscheinlichkeitsgrößen, welche manchen Massenerscheinungen zufolge des physiologischen Momentes zugrunde liegen, oder als eine Konstanz, welche symptomatischen Massenerscheinungen während kurzer Zeitperioden mit Rücksicht auf den Erfahrungssatz zukommt, daß sich eine Gesamtheit bei geringer Änderung der Ursache auch nur wenig ändert. In längeren Zeiträumen machen sich jedoch stets Entwicklungstendenzen geltend, die jedoch nicht voraussehbar sind, sondern von Fall zu Fall genau untersucht und festgestellt werden müssen. Wir haben in dieser Sachlage nicht einmal ein entferntes Analogon zu den Naturgesetzen. Aber selbst hier, in dem einzigen Falle, wo der naturwissenschaftliche Begriff eines Gesetzes am Platze ist, gelten diese Gesetze nur so lange und kann auf Grund derselben nur so lange eine sichere Voraussage gemacht werden, als nicht durch eine einzige instantia contraria der Induktionsschluß hinfällig wird. Es wird aber Niemandem ernstlich beifallen können, auf Grund statistischer Regelmäßigkeiten und Entwicklungstendenzen eine Voraussage zu machen und dieselbe als unfehlbar in der Zukunft eintreffend hinzustellen. Um Irrtümern vorzubeugen, sollte man daher das Wort Gesetz bei Massenerscheinungen gänzlich vermeiden.

Es ist aber von besonderem wissenschaftlichen Wert und von großer praktischer Bedeutung, die Regelmäßigkeiten und Entwicklungstendenzen analytisch zu präzisieren. In der Sterblichkeitsmessung ist dies auch durch die Gompertz-Makehamsche Formel geschehen. Diese analytische Präzisierung soll nicht das Gesetz der menschlichen Sterblichkeit darstellen, das ewig und überall gilt, es ist nur der einfache prägnante Niederschlag einer Unmasse von Beobachtungen darüber, wie das Sterben in der menschlichen Gesellschaft in der Jetztzeit, bei den Kulturnationen, unter den bestehenden klimatischen und sozialen Verhältnissen usw. vor sich geht. Die Änderungen der Sterbenswahrscheinlichkeiten sind innerhalb geringer Änderungen der Beobachtungszeit zwar gering, es ist aber schon heute festgestellt, daß die Sterblichkeit bisher in steter Abnahme begriffen ist. Unter vollständig geänderten Bedingungen, nach ein, zwei oder mehr Jahrhunderten ist es ganz gut denkbar, daß die Gompertz-Makehamsche mathematische Fixierung der gegenwärtigen Sterblichkeit sich bereits weit von der Wirklichkeit entfernt hat. Gegenwärtig leistet sie aber im Versicherungswesen ganz unschätzbare Dienste. Ganz dasselbe gilt von der mathematischen Präzisierung von Entwicklungstendenzen jeder Art. Gerade durch diese adäquate Ausdrucksweise von Tendenzen sind wir erst in die Lage versetzt, dieselben zu überschauen und aus dem Verlaufe derselben wertvolle Schlüsse für die Wissenschaft und Praxis zu ziehen. Die Methoden, nach welchen solche Tendenzen mathematisch fixiert werden können, sind im dritten Abschnitte, Seite 266 ff. ausführlich besprochen und durch Beispiele illustriert.

Von besonderer Bedeutung ist zunächst die empirische Methode in den Fällen, in welchen sich noch keine sichere Grundlage für die analytische Ausdrucksweise von Lebensvorgängen gefunden hat. Ein diesbezügliches Beispiel ist auf Seite 168 ff. durchgeführt. Bei der analytischen Methode wird die betreffende Eigenschaft oder Zustandsänderung der Masse auf Grund eines inneren Zusammenhanges der statistischen Ursache mit dem biologischen Ergebnisse z. B. festzulegen versucht. Bisher ist es nur im Falle der Absterbeordnung gelungen, auf Grund eines solchen Zusammenhanges eine brauchbare Formel, nämlich die GOMPERTZ-MAKEHAMsche Formel abzuleiten (Seite 267 ff.). Weitere Darstellungen des funktionalen Verlaufes statistischer Maßzahlen und Entwicklungstendenzen hat LEXIS (rechnungsmäßige Bestimmung des Normalalters, Seite 269 ff.) angebahnt, PEARSON (Seite 274 ff.) und EDGEWORTH (Seite 307 ff.) haben durch ihre Forschungen insbesondere auf dem biologischen Gebiete die Verfahrensarten weiter ausgebildet und dieselben bereits zu einer hohen Entwicklungsstufe gebracht. Davon soll jedoch in einem späteren Zusammenhange noch weiter die Rede sein.

Wir haben kennen gelernt, wie durch die Übertragung des mathematischen Funktionsbegriffes auf die funktionale Abhängigkeit zwischen Gesamtheiten und statistischen Ursachen die Massenerscheinungen gemeistert werden können, wie sich uns in Analogie des Differentialquotienten unter Zugrundelegung des begrifflichen Gehaltes der mathematischen Wahrscheinlichkeit ein Maß für die Größe der Änderung der funktionalen Abhängigkeit zwischen Masse und der auf sie einwirkenden statistischen Ursache ergeben hat, wie also durch die statistischen Wahrscheinlichkeiten oder durch die intensiven statistischen Maßzahlen, das sind Relativzahlen und als solche unbenannt, die Eigenschaften und Zustandsänderungen in einer Massenerscheinung gemessen werden können. Die statistischen Wahrscheinlichkeiten haben sich als mit zufälligen Fehlern behaftete Messungsergebnisse einer konstanten Grundwahrscheinlichkeit herausgestellt. Auf Grund dieser Erkenntnis hat man die Streuung einerseits nach dem BERNOULLIschen Theorem und andererseits nach der Fehlertheorie festgestellt und ist durch den Vergleich beider Streuungen zu den beiden Dispersionsmöglichkeiten gelangt. Die Fehlertheorie hat sich logisch in der Weise entwickelt, daß man bei dem Umstande, als man z. B. die wahre Länge einer Strecke niemals ermitteln kann, danach gestrebt hat, wenigstens zu einem Werte zu gelangen, welcher dem wahren Werte am nächsten kommt. Dieser Wert ist bekanntlich das arithmetische Mittel. Diese Bedeutung des arithmetischen Mittels war auch dem Laien zufolge der bisherigen und der eigenen Erfahrungen schon längst geläufig, bevor noch die tieferen Zusammenhänge aufgedeckt waren. Man verglich nun die einzelnen empirischen Messungswerte mit dem wahrscheinlichsten Werte der zu messenden, aber unbekannten Größe, man ordnete ihre Abweichungen von dem wahrscheinlichsten Werte, die Fehlergröße, statistisch in der Weise ein, daß man die gleichen Fehlergrößen in eine Gruppe zusammentat und die Anzahl der Fälle von gleicher Fehlergröße in den einzelnen Gruppen tatsächlich abzählte. Hierdurch gelangte man auf Grund der Erfahrung bereits zu gewissen Beziehungen zwischen Fehlerhäufigkeit und Fehlergröße. Es stellte sich nämlich immer und überall heraus, daß die Zahl der negativen Fehler nahezu gleich der Zahl der positiven Fehler war, und zwar in der Weise, daß negative Fehler einer bestimmten Größe ebenso oft vorkamen wie positive Fehler derselben Größe. Die kleineren Fehler waren immer in größerer Anzahl vorhanden als die großen. All die unzähligen Messungen zeigten also eine funktionale Abhängigkeit zwischen Fehlerhäufigkeit und Fehlergröße in dem Sinne, daß die Häufigkeit der Fehler von den kleinen gegen die größeren und großen Fehler hin abnahm. Über gewisse Grenzen hinaus kamen Fehler überhaupt nicht mehr vor. Diese langjährigen und sich gleichbleibenden Erfahrungen, welche die Praxis bei Vornahme von Messungen zu sammeln reichlich Gelegenheit hatte, bildeten die Grundlage für die analytische Fixierung der funktionalen Abhängigkeit zwischen Fehlerhäufigkeit und Fehlergröße. Der mathematische Ausdruck für diese Beziehung ist das von Gauss unter Zugrundelegung des arithmetischen Mittels als der wahrscheinlichsten Hypothese aufgestellte Fehlergesetz, das Gausssche Gesetz, das normale oder symmetrische Fehlergesetz. Zufolge desselben gruppieren sich die verschiedenen Messungsfehler um das arithmetische Mittel in ganz bestimmter Weise. Der geometrische Ausdruck der Gruppierung nach dem Gesetze der zufälligen Abweichungen ist die Fehlerwahrscheinlichkeitskurve, welche vom Maximum aus nach beiden Seiten symmetrisch verläuft.

Zu diesem symmetrischen Fehlergesetze gelangte man also schließlich auf Grund der Erfahrungen, welche man bei wiederholten Messungen eines und desselben Objektes machte. Es lag nun nahe, diese wiederholten Messungen eines und desselben Objektes auf je eine einmalige Messung einer großen Zahl gleichgearteter Objekte zu übertragen. Eine derartige Untersuchung erstreckte sich also auf eine große Menge von Exemplaren eines und desselben Gegenstandes in bezug auf ein ganz bestimmtes, meßbares und durch Zahlen ausdrückbares Merkmal. Neben die physikalischen Messungen traten die Messungen von Kollektivgegenständen. Auch bei den letzteren handelte es sich zumeist um die Messung von extensiven Größen, die ihren Ausdruck nur in benannten Zahlen finden können. Das Maß solcher extensiver Größen kann wieder nur eine extensive Größe sein. Auch hier ordnete man die Messungsergebnisse in der Weise statistisch ein, daß man die Exemplare von gleicher Größe des zu untersuchenden Merkmales in Gruppen zusammenfaßte, man legte sogenannte Verteilungstafeln an. Man fand hierbei die verschiedenen Gruppen verschieden dicht besetzt. Es ergab sich ferner des öfteren ein einziger, dichtester Wert, d. h. eine ganz bestimmte Merkmalgröße, welche verhältnismäßig die meisten der untersuchten Exemplare des Kollektivgegenstandes aufwiesen. Diesem Werte mußte natürlich die größte Beachtung zuteil werden. Bringt doch schon das alltägliche Leben eine große Menge solcher Werte dem ungeschulten Auge des Laien zum lebhaften Bewußtsein. Auch für ihn bilden solche leicht erkennbare Werte bereits ein beiläufiges Maß für die Beurteilung der ihn umgebenden Verhältnisse. Die Erfahrung zahlloser Untersuchungen und Beobachtungen ließ diesen dichtesten, häufigsten Wert, der den Erscheinungen normalerweise zukam (daher auch der Name Normalwert) alsbald als das geeignete Maß extensiver Größen erkennen. Man untersuchte nun des weiteren die Abweichungen der übrigen Gruppen von diesem dichtesten Werte und erforschte die Beziehungen, welche zwischen der Häufigkeit und Größe derartiger Abweichungen bestehen.

Die ersten Untersuchungen dieser Art wurden auf anthropometrischem Gebiete angestellt (Quételet). Man maß Länge und Breite von menschlichen Schädeln, man bestimmte die Körperlänge und den Brustumfang einer großen Zahl von Personen einer bestimmten Kategorie usw. und fand hinsichtlich der letztgenannten Merkmale tatsächlich eine dem Gaussschen Fehlergesetze entsprechende symmetrische Verteilung der Einzelwerte um den dichtesten Wert. Es zeigte sich ferner, daß der Zentralwert, ein gleichfalls wie der dichteste Wert durch seine Stellung in der Reihe der Einzelwerte ausgezeichneter Wert und identisch mit dem wahrscheinlichen Fehler in der Fehlertheorie, und das arithmetische Mittel annähernd gleich groß waren. Man hatte somit in diesen drei Werten, dem dichtesten Wert, dem Zentralwert und dem arithmetischen Mittel, absolute typische Größen — wie LEXIS sie nennt — gefunden, um welche sich die zufällig gestörten Einzelwerte in symmetrischer Anordnung gruppierten. Man dachte sich die Sache so — und diese Anschauung ist auch gegenwärtig die herrschende —: die Natur strebe einem gewissen Typus, z. B. einer ganz bestimmten Körperlänge beim Menschen, zu. Infolge individualer Einflüsse bleibt ein Teil der Individuen hinter diesem Typus zurück, ein weiterer Teil hingegen geht über diesen Typus hinaus. Daß die Natur aber einem bestimmten Typus zustrebt, zeigt eben, daß derselbe am häufigsten auftritt. In diesen absoluten typischen Größen hatte man nun ein geeignetes Maß für extensive Größen gefunden und nannte sie im Gegensatze zu den intensiven statistischen Maßzahlen die extensiven statistischen Maßzahlen.

Zu einer Zeit, als die Mannigfaltigkeit der angestellten Versuche noch ziemlich gering war, glaubte man, daß das symmetrische Fehlergesetz hinsichtlich der Kollektivgegenstände ganz allgemeine Gültigkeit habe (QUÉTELET). Erst als man daran ging, Untersuchungen an den verschiedenartigsten Kollektivgegenständen anzustellen, zeigte es sich, daß vielfach eine unsymmetrische Verteilung um den Mittelwert platzgriff und daß die drei genannten extensiven statistischen Maßzahlen nicht mehr zusammenfielen. Auch hier ging die Aufdeckung der Unregelmäßigkeiten nur schrittweise vor sich. Zunächst stieß man auf Kollektivgegenstände, die eine Verteilung der Werte um den dichtesten Wert in der Weise zeigten, daß zwar beide Äste der Fehlerwahrscheinlichkeitskurve den Verlauf der symmetrischen Fehlerwahrscheinlichkeitskurve nahmen, daß ihnen aber verschiedene Präzisionen zukamen (FECHNER, zweiseitiges GAUSSsches Gesetz). Bei weiteren Untersuchungen von Kollektivgegenständen konnte man aber auch mit diesem zweiseitigen GAUSSschen Gesetze nicht mehr das Auslangen finden. Die neuen Erscheinungen erforderten einen weiteren Ausbau, eine Verallgemeinerung des Fehlergesetzes. Auf Grund der Erwägungen, daß das GAUSSsche Gesetz auf formellen Voraussetzungen beruhe, die in der Wirklichkeit nicht vorliegen, ließ PEARSON zunächst nicht wie beim GAUSSschen Gesetze das ganze System der Elementarfehler an der Bildung eines bestimmten Endergebnisses teilnehmen, sondern setzte voraus, daß nur ein Teil derselben in Aktion trete. Hierdurch erhielt er auch ungleich viele positive und negative Fehler, das stimmte aber gerade zu seinen Gedankengängen, da er weiter annahm, daß die Forderung des GAUSSschen Gesetzes, die Wahrscheinlichkeit für einen positiven Fehler müsse ebenso groß sein wie die für einen negativen Fehler, mit der Natur der Kollektivgegenstände nicht übereinstimmte. So gelangte PEARSON im weiteren Verlaufe seiner Untersuchungen und nach geistreichen mathematischen Entwicklungen zur Aufstellung seiner fünf Fehlergesetztypen, welche bereits Seite 274 ff. eingehend dargestellt wurden. Damit ist aber die Untersuchung von Kollektivgegenständen mit unsymmetrischer Verteilung der Einzelwerte noch nicht abgeschlossen. Im Wege der Separation hat PEARSON versucht, unsymmetrische statistische Reihen in Teilreihen mit symmetrischer Verteilung zu zerlegen oder Komplexkurven mit mehreren Gipfeln (die statistische Reihe hat mehrere dichteste Werte) in mehrere einzipflige Normalkurven oder auch in mehrere schiefe Teilkurven zu spalten. EDGEWORTH verfährt ferner in der Weise, daß er bestrebt ist, unsymmetrische statistische Reihen durch geeignete Transformation der Reihenglieder auf symmetrische zurückzuführen. Auch mit der direkten Darstellung unsymmetrischer Reihen hat man sich bereits befaßt. Alle diese Bestrebungen, Forschungen und Untersuchungen, die gegenwärtig in vollem Flusse sind, gehen schließlich darauf hinaus, den Kollektivgegenstand durch eine einfache Funktion eindeutig analytisch zu fixieren.

Alle diese verschiedenen Verfahrensarten sind auch unter dem gemeinsamen Namen „Methode der Variationsstatistik“ bekannt. Sie spielen insbesondere auf dem Gebiete der Biologie eine bedeutende Rolle und haben es dort, dank der emsigen Forscherarbeit und dem ununterbrochenen Zusammenarbeiten mit der Erfahrung, bereits zu einer hohen Entwicklungsstufe gebracht.[1]) Die Variationsmethode in diesem Sinne ist auch das geeignete Mittel, die Lebenserscheinungen aller Organismen zu durchforschen, nur sind der statistischen Methode auch hier dieselben unüberschreitbaren Schranken gewiesen. Leider werden dieselben auch auf diesen Anwendungsgebieten vielfach durchbrochen, wenn nicht meßbare und durch Zahlen nicht ausdrückbare Merkmale dem ganzen Verfahren zugrunde gelegt werden. Die fehlerhafte Anwendung kommt denn auch sehr deut-

[1]) Siehe hierüber das jüngst erschienene Referat ŽIŽEKS: „Statistik und Rassenbiologie einschließlich Rassenhygiene“ und die dort angeführte neueste Literatur, Statist. Mon.-Schrift, 1912, Neue Folge, XVII. Jahrgang, Seite 431 ff.

lich darin zum Ausdruck, daß die verschiedenen Forscher auf Grund desselben statistischen Materiales zu ganz diametral gegenüberstehenden Schlußfolgerungen gelangen. Die statistische Behandlung der individuellen Verschiedenheiten ist nur möglich — man kann dies nicht oft genug betonen —, soweit es sich um meßbare, zählbare und durch Zahlen ausdrückbare Merkmale handelt. Solche Merkmale können einerseits Dimensionen, andrerseits Anzahlen sich wiederholender, gleichartiger Organe sein. Bei Anwendung der statistischen Methode beispielsweise in der Botanik wird zur näheren Durchforschung der individuellen Verschiedenheit in einer bestimmten Pflanzengattung ein charakteristischer Bestandteil des Pflanzenorganismus, z. B. die Länge der Staubfäden gemessen oder die Anzahl der Blumenblätter, der Staubgefäße usw. gezählt. Die Messungs- oder Zählungsergebnisse auf Grund einer großen Menge von auf ein bestimmtes Merkmal untersuchten Individuen werden nun statistisch in der Weise geordnet, daß Individuen mit gleicher Größe des Merkmales oder Individuen, bei denen sich das untersuchte Merkmal eine bestimmte Anzahl mal vorfindet, in eine Gruppe zusammengelegt werden. Man stellt also zunächst wieder eine Verteilungstafel auf. Hierdurch ist die absolute Häufigkeit der einzelnen Varianten eines Merkmales unter einer gegebenen Menge von Individuen bestimmt. Diese Feststellung bildet die Grundlage für die weitere Forschung. Es handelt sich auch hier wieder um die Entwicklung eines analytischen Ausdruckes für den funktionalen Zusammenhang zwischen Fehlerhäufigkeit und Fehlergröße bzw. hier zwischen Variantenhäufigkeit und Variantengröße. Hierdurch wird die bunte Mannigfaltigkeit der Erscheinungen individueller Variation auf wenige Kategorien zurückgeführt und eine übersichtliche Klassifikation der Variationserscheinungen ermöglicht. Darin liegt die systembildende Kraft der statistischen Methode und ihre Bedeutung für die Systematik im allgemeinen.

Nun kann die Variation eines Merkmales von der Variation eines anderen derart abhängig sein, daß den Veränderungen des einen Merkmales bestimmte, entweder gleichsinnige oder entgegengesetzte Veränderungen des anderen Merkmales entsprechen (z. B. die Dimensionen verschiedener Körperteile). Solche Beziehungen zwischen zwei oder mehreren Merkmalen innerhalb der Formeneinheit bezeichnet man als Korrelation. Die Beziehung ist entweder eine direkte (Korrelation im engeren Sinne), wenn die Abänderung des einen Merkmales die Ursache, bzw. Wirkung der Abänderung des anderen ist, oder sie kann eine indirekte sein, wenn dieselben Ursachen die Abänderung des einen wie des anderen Merkmales bewirken. Das Bestreben geht nun dahin, nicht nur Korrelation zweier oder mehrerer Merkmale überhaupt, sondern auch den Grad dieser Korrelation festzustellen und Berechnungsmethoden für den sogenannten Korrelationskoëffizienten ausfindig zu machen. Es ist klar, daß das ganze Verfahren in sich zusammenfallen muß, wenn das Objekt desselben, das Merkmal, nicht eine meßbare oder zählbare und in Zahlen ausdrückbare Größe ist. Wie Duncker in seiner bereits oben angeführten Arbeit „Die Methode der Variationsstatistik" ausführt, besteht der besondere Vorzug der statistischen Methode darin, daß die Verläßlichkeit ihrer Ergebnisse einen zahlenmäßigen Ausdruck erhält; ihr Nachteil zeigt sich in der Einseitigkeit, daß nur meristische, d. h. durch Zahlen ausdrückbare Merkmale ihre Objekte sein können. Dadurch, daß sie mit großen Mengen von Untersuchungsobjekten zu arbeiten gezwungen ist, deckt sie, auf Grund des Gesetzes der großen Zahlen, Beziehungen zwischen Merkmalen sowie zwischen Individuen auf, die früher wohl geahnt, aber nicht nachgewiesen werden konnten.

Von besonderer Wichtigkeit ist nun die Übertragung aller dieser Gedankengänge und Verfahrensarten von den biologischen auf die sozialen Erscheinungen. Von der Übertragung der Denkformen und Verfahrensarten ist bereits in früheren Zusammenhängen vielfach die Rede gewesen. Es wurde z. B. das Wesen und die Leistungsfähigkeit der geometrischen Repräsentation zur Bildung von richtigen Zähler- und Nennergesamtheiten und demnach zur Bildung intensiver statistischer Maßzahlen auf dem Gebiete der Sterblichkeitsmessung dargestellt. Die Operation mit zweimächtigen Gesamtheiten ist hierbei übertragbar auf drei- oder mehrmächtige Gesamtheiten. Ob und wie die geometrische Repräsentationsmethode auf dem Gebiete der Sterblichkeitsmessung überhaupt auf die Konstruktion von Gesamtheiten bei Massenerscheinungen in anderen Wissensgebieten übertragen werden kann, ist eine Frage, die bis heute noch gar nicht gestellt, geschweige denn beantwortet ist. Es ist nicht zu leugnen, daß sich solchen Übertragungen besondere Schwierigkeiten entgegenstellen und besondere Vorsicht dringend geboten ist, wollen wir nicht wieder gleichsam auf den Standpunkt der naturwissenschaftlichen Analogien herabsinken, hinter welchen keine Realität steckt. Die Variationsmethode hat Merkmale zum Objekte, die entweder nach ihrer Größe gemessen oder nach der Anzahl des Vorkommens bei einem und demselben organischen Individuum gezählt werden. Hierdurch erscheinen diese

Merkmale an den Elementen der Massenerscheinungen aus dem Pflanzen- und Tierreiche z. B. hinreichend gekennzeichnet. Solche Merkmale, entweder nach der Größe oder nach der Anzahl charakterisiert, sind nun auch bei den Elementen der sozialen Massenerscheinungen aufzusuchen. Ein Merkmal, das nach seiner Größe bestimmt wird, ist z. B. die menschliche Lebensdauer; wenn man des weiteren die verschiedene Kinderzahl der einzelnen Frauen z. B. erhebt, sucht man zu Merkmalen zu gelangen, die durch die Anzahl des Vorkommens mathematisch genau bestimmt sind. Auf Grund dieser beiden Merkmale können die Korrelationsverhältnisse zwischen Fruchtbarkeit und Lebensdauer studiert werden. Durch Aufstellung weiterer geeigneter biologischer und sozialer Merkmale wird mit Hilfe der statistischen Methode ihre Variabilität und Korrelation erforscht werden können. Die statistische Behandlung der Probleme der Variation, der Vererbung, der Selektion, selbst bereits eine Übertragung einfacherer Grundformen, ist auf die große Mannigfaltigkeit der gesellschaftlichen Erscheinungen zu übertragen. Hat es die statistische Methode auf Grund der extensiven statistischen Maßzahlen seit den ersten anthropometrischen Untersuchungen bereits zu einer hohen Stufe der Entwicklung gebracht, so ist sie bei vielseitigerer Anwendung zweifellos noch weiterer bedeutender Erweiterungen fähig. Die gleiche Expansionsfähigkeit der statistischen Methode, insoweit ihre Objekte die intensiven statistischen Maßzahlen sind, wurde bereits in früheren Zusammenhängen wiederholt hervorgehoben.

In den bisherigen Ausführungen wurde versucht, auf Grund der drei vorhergehenden Abschnitte Wesen und Inhalt der statistischen Methode nach den grundlegenden Gedankengängen von den ersten Anfängen bis zur gegenwärtigen Höhe der Entwicklung darzulegen. Im folgenden soll in Kürze auf die Kausalitätsforschung auf Grund und mit Hilfe der statistischen Methode eingegangen werden. Auch diesfalls liegen die Ergebnisse bereits vollständig in den drei ersten Abschnitten dieser Arbeit vor. Die statistische Methode fußt eben zur Gänze auf der Mathematik und der Wahrscheinlichkeitstheorie, ihre logische Entwicklung ist auf die sukzessive Übertragung mathematischer und wahrscheinlichkeitstheoretischer Denkformen zurückzuführen.

Das Endziel der statistischen Methode ist die mathematische Präzisierung der funktionalen Abhängigkeitsverhältnisse in den Massenerscheinungen. Da aber der Begriff der funktionalen Abhängigkeit ein gegenseitiger und gänzlich verschieden von dem Begriffe der kausalen Abhängigkeit von Ursache und Wirkung im naturwissenschaftlichen Sinne ist, so kann mit Hilfe der statistischen Methode wohl festgestellt werden, daß ein Unterschied in der Verursachung überhaupt besteht, in der Regel aber nicht, welcher Art derselbe ist, was nämlich als Ursache und was als Wirkung anzusehen ist. Experimentierende Gruppenbildung, Isolierung einer bestimmten Ursache können darauf führen, gewöhnlich gelangt man aber erst auf nichtstatistischem Wege zur Aufhellung einer erheblichen Änderung des Ursachenkomplexes und zur Erkenntnis, welche von den beiden variablen Größen, dessen gegenseitige funktionale Abhängigkeit durch die statistischen Zahlreihen ausgedrückt erscheint, die Ursache und welche die Wirkung ist.

Wir haben im allgemeinen zwei große Gruppen statistischer Zahlreihen kennen gelernt. Erstens statistische Reihen, in welchen sich die Einzelwerte entweder um typische Wahrscheinlichkeitsgrößen oder um absolut typische Größen nach dem Gesetze der zufälligen Abweichungen gruppieren. Solche statistische Reihen sind der Ausdruck von Massenerscheinungen mit normaler oder übernormaler Dispersion. Ob zweien solcher statistischer Reihen ein verschiedener Bedingungskomplex zugrunde liegt, kann nun durch den Vergleich der beiden Verhältniszahlen oder Mittelwerte, um welche die übrigen Einzelwerte der Reihe nach dem Gesetze der zufälligen Abweichungen gruppiert sind, d. i. durch die sogenannte Differenzmethode, ermittelt werden.

Die zweite Gruppe statistischer Reihen, die sogenannten symptomatischen Reihen, welche man durch empirisch-mathematische Formeln darzustellen versucht, waren derart beschaffen, daß sie eine Erklärung mittels der Wahrscheinlichkeitslehre bzw. der Fehlertheorie infolge der unregelmäßigen Gruppierung der Einzelwerte um den Mittelwert nicht zuließen, andrerseits aber wieder Entwicklungstendenzen zum Ausdruck brachten, deren mathematische Präzisierung vermöge einer anderen regelmäßigen Gestaltung möglich und von größter Bedeutung für die Kausalitätsforschung ist.

Wesen und Verfahren der sogenannten Differenzmethode wurden bereits auf Seite 235ff. durch Beispiele illustriert. Dort wurde nämlich eine Differenzierung der Geborenen nach ehelich und unehelich Geborenen einerseits und nach lebend oder tot Geborenen andrerseits vorgenommen, die Größenunterschiede der verschiedenen sich ergebenden Wahrscheinlichkeitsgrößen untersucht und beispielsweise die Wahrscheinlichkeit einer Knabengeburt bei Totgeborenen in Vergleich gestellt zur Wahrscheinlichkeit einer Knabengeburt bei

Lebendgeborenen. Dies geschieht in der Weise, daß man zunächst die beiden Wahrscheinlichkeiten, deren gegenseitige Größenverhältnisse zu erforschen sind, eingrenzt und zwar die äußersten Grenzen bestimmt, innerhalb welcher sie mit einer an die Gewißheit heranreichenden Wahrscheinlichkeit liegen müssen. Nun können diese beiden Grenzenintervalle eine dreifache Lage zueinander haben: 1. Das eine Grenzenintervall liegt ganz innerhalb des anderen; 2. die beiden Grenzenintervalle sind übereinandergreifend und 3. die beiden Grenzenintervalle sind völlig getrennt. Im Falle 3, wo die beiden Intervalle völlig getrennt liegen, muß auf eine verschiedene Verursachung geschlossen werden. Den beiden Massenerscheinungen liegen verschiedene Ursachenkomplexe zugrunde. Im Falle 2, wo die Untersuchung übergreifende Intervalle ergibt, bleibt es zweifelhaft, ob man es mit verschiedenen Ursachenkomplexen zu tun hat. Im Falle 1, wo das eine Intervall zur Gänze innerhalb des anderen liegt, sind die beiden untersuchten empirischen Wahrscheinlichkeiten nur zufällig gestörte Werte einer und derselben Grundwahrscheinlichkeit, den beiden Massenerscheinungen liegt jedoch im großen und ganzen ein und derselbe Ursachenkomplex zugrunde. Nach dieser Differenzmethode hat Tschuprow in seiner Arbeit: „Die Aufgaben der Theorie der Statistik“ in Schmollers Jahrbuch 1905, Heft 2, die Sterblichkeitsverhältnisse in den beiden Städten Wien und Prag untersucht. Hierbei benützte er aber nicht reine Wahrscheinlichkeiten oder Funktionen solcher, sondern in Ermanglung derselben Sterblichkeitsziffern. Die Untersuchung ergab, daß sich die Lebensverhältnisse in Prag hinsichtlich der Sterblichkeit während des beobachteten Zeitraumes ungünstiger als in Wien gestalteten. Wir erfahren zwar nicht den eigentlichen Grund dieser Verschiedenheit, die Feststellung allein aber, daß überhaupt eine solche Verschiedenheit besteht, ist schon wertvoll, da wir hierdurch eine sichere Grundlage für die weitere Forschung nach den Gründen dieser Verschiedenheit gefunden haben.

Die Bewertung der Differenz zwischen zwei empirischen Wahrscheinlichkeitsgrößen kann auch mittels des Vergleiches der tatsächlichen Differenz mit dem mittleren Fehler der beiden Häufigkeiten oder mit dem mittleren Fehler des Unterschiedes derselben oder mit der für dieselben berechneten wahrscheinlichen Abweichungen usw. vorgenommen werden. Natürlich müssen hierbei die beiden verglichenen Größen tatsächlich empirische Wahrscheinlichkeiten oder Funktionen solcher sein. Denn nur die empirischen Wahrscheinlichkeitsgrößen können als Näherungswerte der zugrunde liegenden typischen Wahrscheinlichkeitsgrößen aufgefaßt werden, nur dann kann einwandfrei festgestellt werden, ob und mit welcher Wahrscheinlichkeit solche empirische Mittelwerte trotz ihrer ziffermäßigen Differenz als Näherungswerte derselben Grundgröße oder aber mit Rücksicht auf ihre **wesentliche** Differenz als Näherungswerte verschiedener Grundgrößen zu betrachten sind und deshalb eine verschiedene Verursachung anzunehmen ist. Beim Vergleiche örtlich oder zeitlich differenzierter Massen kann lediglich die Tatsache und nicht die Art der Verschiedenheit, bei sachlich differenzierten Massen hingegen im Wege einer geeigneten Anlage der Untersuchung unter Umständen auch die Ursache dieser Verschiedenheit festgestellt werden.

Das Interessante in den „moralstatistischen" Zahlen und Zahlenverhältnissen ist nicht ihre Stabilität, sondern ihre Veränderlichkeit. Bedeutende Änderungen solcher Größen sind unmittelbar symptomatisch für Änderungen des Ursachensystems der betreffenden Erscheinungen. Diese Kausalitätsverhältnisse nachzuweisen, ist aber für die Gesellschaftswissenschaft ohne Zweifel wichtiger als die Feststellung, daß die Schwankungen gewisser statistischer Verhältnisse dem Gesetze der rein zufälligen Abweichungen von einem Mittelwerte entsprechen. (Lexis: Abhandlungen zur Theorie der Bevölkerungs- und Moralstatistik, Seite 98 f.). Kommt es bei den Elementen einer Massenerscheinung vorwiegend auf ihre physiologische Konstitution an und werden hauptsächlich die biologischen Merkmale der Massenelemente in Betracht gezogen, so gelangt man eben mit Rücksicht auf die der ganzen Massenerscheinung zugrunde liegenden „massenphysiologischen Konstanten" und mit Rücksicht auf den der Masse infolge dieser Konstanten zugrunde liegenden konstanten Bedingungskomplex zu statistischen Reihen, welche mehr oder weniger eine Gruppierung nach dem Gesetze der zufälligen Abweichungen aufweisen. Die Kausalitätsforschung geht hier mittels der Differenzmethode vor sich. Sind es aber hauptsächlich die sozialen Merkmale an den Elementen der Masse, welche in die Untersuchung einbezogen werden, dann treten mehr die Entwicklungstendenzen in den Vordergrund, an die Stelle des nur zufälligen Störungen ausgesetzten konstanten Bedingungskomplexes treten wesentliche Veränderungen des Ursachensystems ein und bedingen eine Gruppierung der Einzelwerte um den Mittelwert, welche nicht mehr in das Schema der Wahrscheinlichkeitsrechnung eingefügt werden kann. Solche Massenerscheinungen finden ihren Ausdruck in den sogenannten symptomatischen Reihen, welche gerade mit

Rücksicht auf die durchbrechenden Entwicklungstendenzen immerhin noch eine Regelmäßigkeit in der Gesamtgestaltung aufweisen, welche einer präzisen mathematischen Formulierung zugänglich ist. Es handelt sich nun darum, zu zeigen, wie sich die Kausalitätsforschung auf Grund solcher symptomatischer Reihen gestaltet.

Auch symptomatische Reihen sind das Produkt funktionaler Abhängigkeit zweier oder mehrerer veränderlicher Größen. Die mathematische Präzisierung dieser funktionalen Abhängigkeit gibt zugleich ein Bild über den Kausalzusammenhang zwischen den beiden Veränderlichen. Aber auch hier gibt der Parallelismus, z. B. zwischen Getreidepreisen und Diebstahl, oder der Antagonismus, z. B. zwischen Getreidepreisen und Körperverletzungen, in den beiden Veränderlichen lediglich das Bestehen eines funktionalen Zusammenhanges zwischen denselben an. Es liegt, wie bereits erwähnt, die Gegenseitigkeit im Wesen des Funktionsbegriffes. Der Kausalbegriff im naturwissenschaftlichen Sinne ist ein einseitiger, nach demselben geht genau hervor, was Ursache und was Wirkung ist. Bei den vorliegenden funktionalen Zusammenhängen hingegen bleibt es unbestimmt, welche Veränderliche die Ursache und welche die Wirkung ist. Dazu kommt, daß man noch mit einer allfälligen wechselseitigen Beeinflussung der beiden Veränderlichen, mit einer Abhängigkeit beider Veränderlichen von einer gemeinsamen unbekannten Ursache, kurz mit einer Pluralität von Ursachen beziehungsweise mit einer Pluralität von Wirkungen zu rechnen hat. Durch die statistische Methode kann also lediglich nur festgestellt werden, daß überhaupt ein Kausalzusammenhang zwischen zwei oder mehreren Veränderlichen besteht, welcher Art derselbe ist, wird gewöhnlich auf nichtstatistischem Wege festgestellt werden müssen.

Reihen, in welchen die Änderungen der einen Variablen mit den Änderungen der anderen streng proportional verlaufen, sind sehr selten. Nichtsdestoweniger hat man auch hier, ähnlich wie bei der Korrelation zwischen individuellen Merkmalen, bei der Korrelationsmessung auf biologischem und anthropologischem Gebiete, versucht, einen analytischen Ausdruck für den Parallelismus zu finden und haben besonders die englischen Mathematiker Pearson, Edgeworth, Yule u. a. auf Grund der Wahrscheinlichkeitsrechnung Verfahrensarten entwickelt, um mit Hilfe derselben den Grad der Korrelation zweier Reihen zu messen und den sogenannten Korrelationskoëffizienten zu bestimmen. In den allgemeinen Grundzügen sind diese Theorien in den verschiedenen Referaten niedergelegt, welche bei der 12. Tagung des Internationalen Statistischen Institutes zu Paris,

1909, gehalten und im Bulletin de l'Institut International de Statistique, Tome XVIII, Paris 1909, veröffentlicht wurden. Diese Tagung ist, nebenbei bemerkt, insofern besonders bemerkenswert, weil sie sozusagen zum ersten Male die Wichtigkeit der besonderen Pflege und Ausbildung der statistischen Methode in den Vordergrund der Verhandlungen stellte. Wir erwähnen von den ausgezeichneten Referaten der I. Sektion dieser Tagung unter anderen die von MARCH: De l'application des procédés mathématique à la comparaison de statistiques, von YULE: The application of the method of correlation to social and economic statistics, von EDGEWORTH: On the applications of the calculus of probabilities to statistics, von BOREL: Sur l'emploi de la méthode différentielle pour la comparaison des statistiques und von BOWLEY: A suggestion for the international comparaison of wages by the use of the median.

Der Kausalitätsforschung auf statistischem Gebiete sind aber Schranken gezogen, mag es sich nun um typische oder symptomatische statistische Reihen handeln. Von einer Einschränhung war bereits die Rede. Die Übertragung des mathematischen Funktionsbegriffes auf die funktionalen Abhängigkeiten in den Massenerscheinungen bedingt es, daß auf Grund der statistischen Methode in der Regel nicht festgestellt werden kann, welche von den beiden Erscheinungen die Ursache und welche die Wirkung ist. Gewöhnlich hat es mit der tatsächlichen Aufdeckung von Kausalzusammenhängen überhaupt sein Bewenden. Die Art dieser Zusammenhänge ergibt meist die nichtstatistische Forschung.

Eine zweite Grenze ist der statistischen Kausalitätsforschung darin gesetzt, daß die richtige Vergleichung zweier Massen nur dann möglich ist, wenn außer den beiden, der Differenzierung der Massen zugrunde gelegten Ursachen sich keine weiteren ursächlichen Einflüsse geltend machen, oder, wie man dies auch auszudrücken pflegt, daß der Kausalitätsschluß nur unter der Voraussetzung ceteris paribus zulässig ist. Diese Voraussetzung ceteris paribus, welche SCHUMPETER treffend als das Motto der Isoliermethode bezeichnet, wird aber fast nie vollkommen zutreffen, die volle Isolierung einer Ursache gelingt in den seltensten Fällen. Daher ist auch der Kausalitätsschluß nur ein hypothetischer. Die statistische Kausalitätsforschung ist demnach mit großen Gefahren zu Fehlschlüssen verbunden. Es ist daher äußerste Vorsicht dringend geboten. Es ergibt sich aber daraus die weitere Konsequenz, daß eine richtige Würdigung eines auf Grund der statistischen Methode bearbeiteten Materials nur von dem betreffenden Fachmann, dem in Theorie und Praxis gleich sattelfesten Handelspolitiker, Agrarpolitiker, Kriminalpolitiker, Finanzpolitiker usw. vorausgesetzt werden kann. Die Anwendung der statistischen Methode als selbständigen Wissenschaft in den verschiedenen Wissensgebieten erfordert einen ausgezeichneten Kenner des betreffenden Wissensgebietes, der gleichzeitig auch mit der statistischen Methode vollkommen vertraut ist. Die Wechselwirkungen, Anregungen und Befruchtungen sind so mannigfaltig, der ununterbrochene Kontakt ist ein so fester, daß diese beiden Qualitäten des Forschers unmöglich von einander getrennt werden können, soll nicht die Durchforschung von Massenerscheinungen wesentlichen Schaden leiden. Diese Bedingung ist heutzutage fast nur auf dem Gebiete der Sterblichkeitsmessung zur Gänze erfüllt. Beweis dessen, daß die Anlage der statistischen Erhebungen auf anderen Wissensgebieten eine Unvollkommenheit zeigt, welche eine rationelle Handhabung der statistischen Methode geradezu ausschließt. Schon die Untersuchungsanlage erfordert dringend die Vereinigung beider Qualitäten in einer Person. Das ist aber gegenwärtig fast nie der Fall. Daraus erklärt sich auch weiter, daß der spezielle Ausbau der statistischen Methode in den verschiedenen Wissensgebieten bis auf den heutigen Tag noch gar nicht in Angriff genommen wurde. Hierzu ist jedoch einerseits völlige Vertrautheit mit den mathematischen und den wahrscheinlichkeitstheoretischen Denkformen, mit dem Wesen und der Leistungsfähigkeit der statistischen Methode, andererseits eine harmonisch durchgebildete Kenntnis von Theorie und Praxis des betreffenden Wissensgebietes unbedingt erforderlich. Die Zukunft muß und wird auch diese Weiterentwicklung bringen. —

Wir haben uns in den bisherigen Ausführungen des vierten Abschnittes bemüht, auf Grund der in den beiden ersten Abschnitten bloßgelegten fundamentalen Denkformen der höheren Mathematik und der Wahrscheinlichkeitstheorie und auf Grund der Vorführung der Übertragungsweisen dieser Denkformen im dritten Abschnitte, Wesen, Inhalt und Ziele der statistischen Methode — ohne in das nähere Detail einzugehen — nach ihren Fundamenten logisch zu entwickeln. Wir wollen nun versuchen, durch eine straffe Zusammenfassung der bisherigen Erkenntnisse zu einer Begriffsbestimmung der „Statistik“ vorzudringen. Wir vermeiden hierbei wie bisher geflissentlich jede Art von aprioristischer Spekulation oder abstrakter Ausführung, nur das durch die Erfahrung Geschaute und als richtig Bewiesene, nur die prinzipiellen Lösungen konkreter Probleme von allgemeiner Bedeutung sollen auch den weiteren Ausführungen zugrunde gelegt werden.

Objekt der statistischen Methode sind Massenerscheinungen, und zwar nicht bloß eine bestimmte Gruppe, sondern Massenerscheinungen, wie sie ausnahmslos auf allen Wissensgebieten anzutreffen sind. Es gibt nun zweierlei, nach Wesen und Gehalt grundverschiedene Massenerscheinungen. In der einen Gruppe stehen die Elemente der Masse in einem ganz bestimmten Kausalnexus. Die in die Erscheinung tretenden Elemente der Masse sind nichts anderes als die gleichen Wirkungen einer und derselben Ursache. Ist *A*, dann ist *B*, ist nicht *A*, dann ist nicht *B*. Solange keine instantia contraria eintritt, bleibt der einmal aufgedeckte Kausalnexus fortbestehen und gilt überall. Weil sich eine ganz bestimmte Tatsache unter einer ganz bestimmten Voraussetzung unter der endlichen Zahl der Beobachtungen bisher immer in gleicher Weise eingestellt hat, ist man zu dem Schlusse berechtigt, daß sich die Sache auch in aller Zukunft so verhalten werde. Mit solchen Massenerscheinungen, z. B. die Zahl der beobachteten Weglängen eines frei herabfallenden Körpers, haben es die Naturwissenschaften zu tun. Die Durchforschung solcher Massenerscheinungen geschieht mit Hilfe des Induktionsschlusses. Auf Grund desselben gelangen die Naturwissenschaften zu unverrückbaren Kausalzusammenhängen und ihr Streben ist darauf gerichtet, kausale Beziehungen festzustellen, die ewig und überall gelten. Die Aufgabe der Naturwissenschaften besteht hiermit in der Auflösung des Komplizierten in dessen möglichst einfache Bestandteile und in der Bildung allgemeiner Begriffe. In diesem Sinne hat man als Natur, mit welcher die Naturwissenschaften befaßt sind, die Wirklichkeit mit Rücksicht auf das Allgemeine betrachtet, bezeichnet. Weil die naturwissenschaftlichen Forschungen infolge der zugrunde liegenden bestimmten Kausalzusammenhänge zur Aufdeckung von Naturgesetzen führen, welche ewig und überall gelten, hat man die Naturwissenschaften in dem System der Wissenschaften unter die nomologischen eingereiht. Der Induktionsschluß auf Grund eines bestehenden naturwissenschaftlichen Kausalnexus ist deshalb das geeignete Werkzeug, die ungeheure Mannigfaltigkeit der Erscheinungen im Weltall auf einfache Formen zurückzuführen und so die sonst unübersehbare Menge von Erscheinungen zu meistern.

Mit ganz anderen Massenerscheinungen hat es hingegen die statistische Methode zu tun. Die Elemente einer solchen Masse sind nicht mehr durch einen Kausalnexus in dem Sinne miteinander verknüpft, daß eine ganz bestimmte Ursache eine ganz bestimmte Wirkung zur Folge hätte. Im Gegenteile, hier herrscht Pluralität der Ursachen bzw. Pluralität der Wirkungen. Die Massen können demnach hier nicht durch das Mittel des Induktionsschlusses gemeistert werden, die Bewältigung der unübersehbaren Mannigfaltigkeit der Erscheinungen kann hier nur durch Aufdeckung funktionaler Abhängigkeiten geschehen. Der mathematische Funktionsbegriff ist aber ebenso wie seine Übertragung auf das Gebiet derartiger Massenerscheinungen ein gegenseitiger und kein einseitiger wie der naturwissenschaftliche Kausalbegriff. Ganz dieselbe Pluralität der Ursachen bzw. der Wirkungen, die auf dem Gebiete der Massenerscheinungen der statistischen Methode auftritt, hat sich logisch aus dem Begriffe der mathematischen Wahrscheinlichkeit entwickeln lassen. Funktionale Zusammenhänge solcher Art können jedoch höchstens zu kleineren oder größeren Regelmäßigkeiten oder zu Entwicklungstendenzen mehr oder minder ausgeprägter Art führen. Von Gesetzen im naturwissenschaftlichen Sinne kann hier keine Rede mehr sein. Die Regelmäßigkeiten, die Tendenzen sind selbst wieder fortwährenden Veränderungen nach Zeit und Ort ausgesetzt. Die Struktur dieser Massen bringt es mit sich, daß der Blick des Forschers nicht auf das Zeitlose und überall Geltende, sondern auf das an einem bestimmten Orte zu einer bestimmten Zeit Geschehende gerichtet ist. Man kann also in diesem Sinne hier nicht sowie bei den Naturwissenschaften von einer Allgemeinheit, sondern von einem Individuellen, einem Besonderen sprechen. Es ist aber auch nicht das absolut Individuelle, das hier in Betracht kommen kann, denn bei der Beobachtung des absolut Individuellen geht man auf das einzelne Individuum für sich zurück, es handelt sich aber darum, die unübersehbare Menge von Erscheinungen mittelst der funktionalen Abhängigkeit durch die Massenbeobachtung zu erfassen und festzustellen, wie sich die nach Zeit und Ort sich ändernden erheblichen Erscheinungen unter dem Gesichtswinkel der Massenbeobachtung individualisieren. Bei den Massenerscheinungen der statistischen Methode kann es sich daher nicht um das absolut Individuelle, sondern nur um das relativ Individuelle handeln. In diesem Sinne trifft Tschuprow in seiner bereits angeführten Arbeit „Die Statistik als Wissenschaft“ den Kernpunkt, wenn er sagt: Das Interesse an relativ Individuellem ist das, was man als das statistische Interesse schlechthin bezeichnen darf. Natur ist die Wirklichkeit mit Rücksicht auf das Allgemeine betrachtet, Geschichte ist dieselbe Wirklichkeit mit Rücksicht auf das Besondere betrachtet. Deshalb hat man auch zutreffend die „Statistik“ unter die zweite große Gruppe des Systems der Wissenschaften, unter die

Geschichtswissenschaften, die ontologischen Wissenschaften eingereiht. Die Statistik erscheint als eine ontologische Wissenschaft, welche in dieser Eigenschaft die systematische Erforschung des Individuellen zum Gegenstande hat, aber nur soweit es sich um das relativ Individuelle handelt (TSCHUPROW: Statistik als Wissenschaft). Die Statistik hat, soweit sie einen selbständigen wissenschaftlichen Zweck verfolgt und nicht bloß als Hilfsorgan der praktischen Verwaltung dient, objektiv und zahlenmäßig das relativ Stetige und Typische im Bestande und der Veränderung der menschlich-sozialen Erscheinungen zu konstatieren. Sie muß zu diesem Zwecke Massenbeobachtungen anstellen, weil jenes relativ Stetige nicht in der Einzelerscheinung hervortritt, sondern nur in der Verbindnng der Einzelerscheinungen in dem gesellschaftlichen Ganzen. (LEXIS: Abhandlungen zur Theorie der Bevölkerungs- und Moralstatistik, Seite 240f.)

Hierdurch sind wir also zu Kriterien gelangt, welche die Naturwissenschaften einerseits von den Geschichtswissenschaften andererseits scharf trennen. Auf der einen Seite der naturwissenschaftliche Kausalnexus, der durch den Induktionsschluß aufgedeckt wird und zu Gesetzen führt, die ewig und überall gelten; es ist ein wissenschaftliches Ringen von der Kompliziertheit zur einfachen Allgemeinheit, das Nomologische beherrscht dieses Gebiet. Auf der andern Seite eine Pluralität von Ursachen bzw. Wirkungen wie bei der mathematischen Wahrscheinlichkeit. Gemeistert wird diese Pluralität durch Auffindung von funktionalen Abhängigkeiten, die zu Regelmäßigkeiten oder Entwicklungstendenzen führen. Diese sind jedoch nicht zeitlos und überall geltend, sie unterliegen vielmehr einer steten Änderung nach Zeit und Ort. Es ist die Heraushebung des an einem bestimmten Orte zu einer bestimmten Zeit Geschehenden aus der Fülle der Erscheinungen. Die Geschichtswissenschaften sind ontologische Wissenschaften; in dieser Allgemeinheit ausgesprochen erfassen sie sowohl das absolut wie das relativ Individuelle. Die statistische Methode, deren Objekte nur Massenerscheinungen sein können, kann nur das relativ Individuelle aus der unübersehbaren Mannigfaltigkeit auf Grund funktionaler Abhängigkeiten zum Ausdruck bringen.

Nach welchen Gesichtspunkten sind nun die Massenerscheinungen auszuwählen, um dem statistischen Verfahren unterzogen zu werden? Mit Recht weist TSCHUPROW den RIEKERTschen „Wertgesichtspunkt" in seiner Allgemeinheit zurück. Die Wertgesichtspunkte, welche die ontologische Forschung leiten, lassen sich auf allgemein gültige Formeln prinzipiell nicht zurückführen (TSCHUPROW:

Statistik als Wissenschaft). Ob das eine oder andere Merkmal an den Elementen einer Masse von Bedeutung ist, kann die aprioristische Spekulation nie und nimmer feststellen. Erst das Studium der konkreten Probleme, die intensive Forscherarbeit im Detail der Erscheinungen läßt ein Moment als erheblich und wesentlich erscheinen, das die strenge Abgeschiedenheit von der Erfahrung nicht als bedeutungsvoll zu erkennen vermochte.

Wir haben schon oben hervorgehoben, daß es sich bei der statistischen Methode als selbständigen Wissenschaft um Massenerscheinungen handelt, die ausnahmslos in allen Wissensgebieten anzutreffen sind, in der Physik und Chemie (insbesondere zur Eliminierung störender Faktoren), Astronomie, Meteorologie, Anthropologie, Biologie, Botanik, Zoologie, in den verschiedenen Zweigen der Gesellschaftswissenschaft usw. Dies führt uns zu einem Punkte, von welchem an wir den ausgezeichneten und zutreffenden logischen Entwicklungen Tschupoows über Wesen und Gehalt der statistischen Methode nicht weiter folgen können. Wir vermögen nämlich die Ansicht Tschuprows, daß es neben der statistischen Methode auch eine statistische Wissenschaft gebe, nicht zu teilen.

Die statistische Methode ist an und für sich eine selbständige Wissenschaft und als solche die Lehre von den statistischen Maßzahlen. Sie ist eine formale Wissenschaft und nimmt geradeso wie die Logik unter den Wissenschaften eine selbstständige Stellung ein. Ihren Inhalt bilden die logische Entwicklung und systematische Darstellung der Verfahrensarten bei Zurückführung komplizierter Massenerscheinungen auf die einfachsten Formen mit Hilfe der übertragenen mathematischen und wahrscheinlichkeitstheoretischen Denkformen. Ihr Operationsfeld bei der Entwicklung und weiteren Ausbildung der Verfahrensarten zur Überführung der ontologischen Mannigfaltigkeit in einfache adäquate Formen sind die Massenerscheinungen aller Wissensgebiete ohne Ausnahme. Die Erfolge und positiven Ergebnisse, welche durch die Meisterung der Massenerscheinungen mit Hilfe der verschiedenen Verfahren erzielt werden, gehören jedoch unbedingt, je nach ihrem Inhalte, zu dem positiven Bestande des betreffenden Wissensgebietes. In den verschiedenen Wissensgebieten ist ja schon heute der positive Gehalt entweder durch die Individualforschung, auf induktivem und deduktivem Wege geschaffen worden. An diese Ergebnisse reihen sich einfach solche, welche ihr Dasein eben der statistischen Methode verdanken und mit Hilfe der ihr eigentümlichen Schlußform gewonnen werden. Wie soll man sich denn eine Wissenschaft vorstellen, deren Inhalt sich aus Ergebnissen aus dem Gebiete der Physik, Chemie, Meteorologie, Astronomie, Anthropologie, Botanik, Zoologie, der Bevölkerungslehre, der verschiedenen Sozialwissenschaften usw. usw. zusammensetzt? Man hatte bereits von jeher die größten Schwierigkeiten, der „Statistik als Wissenschaft" ein positives Substrat zu schaffen. Als die statistische Methode auf dem Gebiete des Bevölkerungswesens mit ihren Erfolgen einsetzte, bezeichnete man die Demologie schlechthin als die „Statistik". Nebenher fanden sich aber auch schon bedeutende Statistiker, Logiker und Systematiker, welche einen einheitlichen positiven Inhalt der „Statistik als Wissenschaft" nicht entdecken konnten und die „Statistik" auf das formale Gebiet verwiesen. So ist die Statistik nach dem Ausdrucke Rümelins eine allgemeine methodologische Hilfswissenschaft der Erfahrungswissenschaften vom Menschen. Auch der Logiker Sigwart stellt die statistische Methode in den Vordergrund, wenn er sagt, die Statistik sei insofern Wissenschaft, als durch sie eine eigenartige Form der Begriffsbildung angebahnt werde, insoweit sie Begriffe bilde. Die statistische Methode könne nicht nur auf die biologischen und somatologischen Erkenntnisse über den Menschen, sondern im Bereiche der gesamten Naturwissenschaften Anwendung finden und brauche auch bei den Erscheinungen, welche durch den nach Motiven handelnden Menschen veranlaßt werden, nicht Halt zu machen. Späterhin, als sich insbesondere die statistische Empirie in den Massenerscheinungen der Sozialwissenschaften herumtummelte, fing man an, die „statistische Wissenschaft" in systematische Gebäude einzuzwängen. Wir halten diese Art von Systematisierungen für gezwungen, sie werden die Sachlage nicht klären, sondern nur noch mehr verwirren. Man mag immerhin auch in Hinkunft von Kriminalstatistik, Wirtschaftsstatistik, Finanzstatistik usw. sprechen, im Grunde genommen handelt es sich tatsächlich nur um die Anwendung der statistischen Methode als selbständigen Wissenschaft auf die Gebiete des Strafrechts, der Volkswirtschaftslehre, der Finanzwissenschaft usw. Die durch die statistische Methode errungenen positiven Ergebnisse können jedoch wieder nur einen integrierenden Bestandteil des positiven Gehaltes der Strafrechtswissenschaft, der Nationalökonomie, der Finanzwissenschaft usw. bilden. Unseres Erachtens liegt der Hauptfehler in dem Übersehen, daß die statistische Methode gerade auf den diametral einander gegenüberstehenden Gruppen von Wissenschaften, in den Naturwissenschaften und in den Geschichtswissenschaften zur Anwendung kommt. Unter solchen Umständen liegt es nahe und ist es logisch begründet, statt die heterogensten Erkenntniskomplexe künstlich zusammenzufügen, jeden derselben in das ihm zugehörige Wissensgebiet zu verweisen. Hierdurch ist man aller Schwierigkeiten enthoben, die Einreihung vollzieht sich mit großer Leichtigkeit und der Zuwachs an positivem Gehalte in dem betreffenden Wissensgebiete wird sich von dem bereits vorhandenen nur dadurch unterscheiden, daß diese neuen Ergebnisse der intensiven Durchdringung der Massenerscheinungen durch die statistische Methode ihr Dasein verdanken. Man könnte dagegen einwenden, daß hierdurch der Zusammenhang zwischen den Ergebnissen in den einzelnen Wissensgebieten verloren ginge. Solche Zusammenhänge haben auch bis heute unter den verschiedenen Wissensgebieten bestanden, und doch ist es Niemandem beigefallen, deshalb die systematischen Grenzen fallen zu lassen und diese Wissensgebiete zusammenzulegen. Im Gegenteile, die Wissenschaften differenzieren sich immer mehr und mehr und dennoch geht der Zusammenhang unter denselben nicht verloren. Überdies ist der Zusammenhang durch die statistische Methode als selbständige Wissenschaft von selbst gegeben. Ihren Inhalt bilden die verschiedenen Verfahrensarten, die man auf Grund der Durchforschung von Massenerscheinungen der verschiedensten Art entwickelt und weiter ausbildet. Obwohl die statistische Methode im Prinzip bei allen Massenerscheinungen dieselbe ist, ergeben sich doch in den verschiedenen Wissensgebieten zahlreiche Spezialprobleme, man gelangt zu speziellen Verfahrensarten der statistischen Methode. Die Lösungen solcher Probleme auf den verschiedensten Wissensgebieten bedeuten ebensoviele Bausteine, die zur Vollendung des Baues der statistischen Methode gesammelt, logisch eingereiht und systematisiert werden. Schon der gegenwärtige Bestand der statistischen Methode als selbständigen Wissenschaft — obwohl erst in den Anfängen — zeigt diese Entwicklung mit voller Deutlichkeit.

Wir haben uns daher im folgenden nur mehr mit dem Wesen und Inhalt der statistischen Methode als selbständigen Wissenschaft kurz zu beschäftigen, soweit dies nicht schon im Bisherigen geschehen ist.

Die Forschungsobjekte der statistischen Methode sind Massenerscheinungen, insoweit deren Elemente und die Merkmale derselben quantitativ bestimmbar, also meßbar, zählbar und durch Zahlen ausdrückbar sind. Da die Wissenschaft, welche das Operieren mit Zahlgrößen lehrt, die Mathematik ist, bildet die letztere die fundamentale Grundlage der statistischen Methode. Sind die Elemente oder die Merkmale nicht von solcher Beschaffenheit, dann kann auch die

Mathematik als Hilfsmittel nicht in Betracht kommen, es fehlt jede sichere Grundlage, die Ergebnisse sind völlig unbestimmt und vieldeutig und daher wertlos. Ferner sind die Massenerscheinungen mit ihren „loseren Kausalzusammenhängen" für die Anwendung der wahrscheinlichkeitstheoretischen Grundsätze geradezu prädestiniert. Man könnte demnach die statistische Methode dahin charakterisieren: **Das Wesen der statistischen Methode als selbständigen Wissenschaft besteht darin, für das relativ Individuelle in Massenerscheinungen mit Hilfe der übertragenen mathematischen und wahrscheinlichkeitstheoretischen Denkformen die der Wirklichkeit adäquate einfachste Form aufzufinden. Inhalt der statistischen Methode ist die logische Entwicklung und systematische Darstellung der verschiedenen Verfahrensarten.**

Zu ähnlichen Ergebnissen gelangten in jüngster Zeit auch C. A. Verrijn-Stuart (Einführung in das Studium der Statistik, Haarlem 1910) und G. Uduy Yule (Einführung in die Theorie der Statistik, London 1911). Für beide ist die Statistik eine wissenschaftliche Methode, keine eigene Wissenschaft. Es wird zwar der Charakter der statistischen Methode als selbständigen Wissenschaft, wie es hier geschieht, nicht herausgearbeitet, immerhin aber die statistische Methode in den Vordergrund gestellt und die „Statistik als Wissenschaft" negiert.

Will man das Wesen der statistischen Methode durch ihren Inhalt, die Verfahrensarten, charakterisieren, so geschieht dies unseres Erachtens am zutreffendsten, wenn man die statistische Methode als die **Lehre von den statistischen Maßzahlen** definiert. Die genaue Verfolgung der in den drei ersten Abschnitten dargestellten Gedankengänge läßt diese Definition als den prägnantesten Niederschlag der vorgeführten Denkformen erscheinen, sie faßt alle Gedankenzusammenhänge logisch zu einer Einheit zusammen. Die Begriffe der mathematischen Funktion und der mathematischen Wahrscheinlichkeit haben zu den intensiven statistischen Maßzahlen geführt, im Wege der Fehlertheorie sind wir zu den extensiven statistischen Maßzahlen gelangt. Den weiteren Inhalt bildet die Lösung der Frage, auf welche Weise intensive, bzw. extensive Größen durch die statistischen Maßzahlen gemessen werden können. Hierbei bildet das geometrische Repräsentationsverfahren, die Lehre von den Gesamtheiten und die Darstellung der Maßzahlen, keinen Fremdkörper in der Lehre von den statistischen Maßzahlen. Zur gegenteiligen Meinung könnte man verleitet werden, wenn man sich an die isolierte Stellung erinnert, welche die formale Bevölkerungstheorie in den Systemen vielfach einnimmt. Die Lehre von den Gesamtheiten und ihrer geometrischen Repräsentation ist aber ihrem Wesen nach ein integrierender Bestandteil der Lehre von den statistischen Maßzahlen, ist sie doch die Lehre von der Bildung statistischer Maßzahlen. Die Lehre von den Gesamtheiten hat im ganzen System sogar einen sehr breiten Raum einzunehmen. Wenn dies bisher nicht der Fall ist, so liegt der Grund hierfür darin, daß man nur auf dem Gebiete der Sterblichkeitsmessung zur Konstruktion von Gesamtheiten geschritten ist. Bei Verallgemeinerung dieses ungeheuer wichtigen Problems wird der Lehre von den Gesamtheiten auch innerhalb des Systems der ihr gebührende Platz eingeräumt werden müssen. —

Die intensive und extensive Entwicklung und Fortbildung der statistischen Methode hängt nun in erster Linie von der Geschicklichkeit und Erfindungsgabe des mit ihr arbeitenden Forschers ab. In diesem Sinne ist die statistische Methode eine Kunst. Wir haben gesehen, wie tief sie schon bei ihrer gegenwärtigen Entwicklung in das Wesen und den Zusammenhang der Dinge einzudringen vermag. Wie hat sich die Erkenntnis seit den Zeiten der „Physik der Gesellschaft" geklärt! Dazu hat die statistische Methode noch lange nicht die Resultate geliefert, die sie liefern kann. Sie ist in der Mehrzahl der Wissensgebiete nicht einmal über das Anfangsstadium ihrer Entwicklung hinausgekommen. Wie der schaffende Künstler das Fühlen und Denken seiner Zeit restlos in sich aufnimmt und intuitiv das ewig Beständige im steten Wechsel der Dinge herausfühlt und hierfür die adäquaten, nur durch sein Ingenium emporgehobenen und geläuterten Formen der spröden Materie abzuringen bemüht ist, so sind die Entdeckungen in den Naturwissenschaften vielfach in der Weise zustande gekommen, daß Zusammenhänge der Dinge geahnt und daß diesen intuitiv geschauten Zusammenhängen im Wege des Experimentes nachgegangen wurde. Geschicklichkeit und Erfindungsgabe wußten diese Experimente so einzurichten, daß sie schließlich aus der regellos scheinenden Vielheit heraus- und zur klaren gesetzlichen Einheit emporführten. In dem gleichen Sinne ist auch das Schaffen des statistischen Forschers ein künstlerisches, nur steht ihm nicht wie dem Naturforscher das Experiment zur Verfügung, er findet aber in der statistischen Methode einen gleichwertigen Ersatz. Von der Meisterung dieses Instrumentes wird es abhängen, ob seine intuitiv geschauten Zusammenhänge durch die Realität der Dinge bestätigt werden. Findet er dieses Instrument noch nicht so vielseitig, um mit demselben in den gewünschten Tiefen operieren zu können, dann wird er dasselbe zu vervollkommnen trachten. Newton und Leibniz haben ja auch, als sie sahen, daß die vorhandenen Lehren der Mathematik für ihre Forschungen nicht ausreichten, zu gleicher Zeit, aber jeder für sich, die Infinitesimalrechnung ersonnen.

Zu diesem Studium der Methoden und zur Möglichkeit ihrer weiteren Ausgestaltung gelangt man aber nur durch das Studium der konkreten Probleme. Hiermit sind wir bei einem zweiten Postulate der Möglichkeit einer intensiven und extensiven Weiterentwicklung der statistischen Methode angelangt. Dieses zweite Postulat ist der ununterbrochene und feste Kontakt zwischen statistischer Theorie und statistischer Praxis. Der theoretische Statistiker muß Praktiker und der praktische Statistiker muß Theoretiker sein. Weil diese unbedingt notwendige Forderung noch nicht allgemein erfüllt ist, weil Theorie und Praxis nicht miteinander, sondern getrennt gehen, hat man bis heute einerseits der Theorie den Nährboden des frischpulsierenden Lebens entzogen und andrerseits der statistischen Empirie die sichere Grundlage vorenthalten und sie zur Produktion mehr minder belangloser Werte verurteilt. Was das ununterbrochene Zusammenwirken von Theorie und Praxis vermag, zeigt die aufstrebende methodologische Entwicklung auf dem Gebiete des Versicherungswesens. Im übrigen ist die statistische Methode so ziemlich im Zustande der Stagnation. Welch ungeheures Zahlenmaterial wird Jahr für Jahr produziert, welches Zahlenmeer schaffen die periodisch wiederkehrenden Volkszählungen! Und wie steht es mit der vollen wissenschaftlichen Ausnützung dieser gewaltigen Quantitäten durch die statistische Methode? Wir sind der festen Überzeugung, daß bei Zusammengehen von Theorie und Praxis aus diesen kolossalen Zahlenmassen methodologische Probleme, wenn schon nicht gelöst, so doch zum mindesten zur Frage gestellt, sicher aber schon auf Grund des jetzigen Entwicklungsstadiums der statistischen Methode wertvolle und erwiesen sichere Erkenntnisse zutage gefördert worden wären.

Haben wir die reine Verwaltungsstatistik als organisch verbunden mit dem betreffenden Verwaltungsressort erkannt und sie deshalb unbedingt in dasselbe verwiesen, so muß dem statistischen Forscher volle Freiheit gelassen werden. Welche Stätte für die freie und volle Entfaltung der Fähigkeiten und Kräfte auf dem Arbeitsfelde der wissenschaftlichen statistischen Forschung die geeignetste wäre — man könnte an einen rationellen Ausbau der verschiedenen statistischen Zentralbureaus oder vielleicht auch an die vor kurzem im Deutschen Reiche ins Leben getretenen Forschungsinstitute denken —, müssen wir hier dahingestellt sein lassen. Das sind Fragen der Organisation, mit denen wir uns an dieser Stelle nicht beschäftigen können.

Ein weiterer Grund für den allzu losen Kontakt zwischen Theorie und Praxis ist die Art der Behandlung der statistischen Studien auf den Hochschulen. Das dem so ist, bezeugt der Umstand, daß allenthalben Reformbestrebungen sich nach dieser Richtung hin bemerkbar machen.

Wir empfinden schon heute recht deutlich, daß wir mit den humanistisch-formalistischen Denkformen allein unser Auslangen nicht finden können, daß wir zur Erfassung des Wesens und der Zusammenhänge der Dinge auch noch der mathematisch-technischen Denkformen bedürfen. Das gilt in gleicher Weise für den Theoretiker wie für den Praktiker. Dieser Mangel macht sich z. B. heute bereits in fast allen praktischen juristischen Berufszweigen empfindlich fühlbar. Bei dem hohen Bildungswerte, der den mathematischen und wahrscheinlichkeitstheoretischen Denkformen innewohnt, liegt es nahe, diese Denkformen in ihren Grundzügen wenigstens schon an den Mittelschulen vorzuführen. Unseres Wissens geschieht dies bereits in der obersten Klasse der Realschulen. Der zukünftige praktische Statistiker wird sich aber in diese Denkformen unbedingt noch weiter zu vertiefen haben. Die statistische Methode in ihrer Allgemeinheit ist heute noch kein Lehrgegenstand auf unseren Hochschulen, denn die „mathematische Statistik" ist der Hauptsache nach dem speziellen Wissensgebiete der Versicherungstechnik angepaßt. Unseres Erachtens wird aber nur derjenige, welcher mit der statistischen Methode als selbständigen Wissenschaft völlig vertraut ist, in der statistischen Praxis seine Fähigkeiten und Kräfte voll entfalten können. Auch diese Fragen sind organisatorischer Natur, wir begnügen uns deshalb auch hier mit den gegebenen Andeutungen.

Es mögen vielleicht Manche die am Schlusse dieser Arbeit vorgebrachten Ansichten und Anregungen als unerfüllbare Zukunftsmusik belächeln, wir sind jedoch der festen Überzeugung, daß die statistische Methode als selbständige Wissenschaft zu Nutz und Frommen ihrer intensiven und extensiven Entwicklung diese Wege wandeln **muß** und — wenn auch vielleicht erst in der fernen Zukunft — gewiß auch wandeln wird.

Literaturverzeichnis

zu den ersten drei Abschnitten.

POISSON, Recherches sur la probabilité etc., Paris 1837, deutsch von SCHNUSE, Braunschweig 1841.

COURNOT, Grundlehren der Wahrscheinlichkeitsrechnung, deutsch von SCHNUSE, 1849.

WITTSTEIN, Mathematische Statistik, Hannover 1867.

ZEUNER, Abhandlungen aus der mathematischen Statistik, Leipzig 1869.

BECKER, Zur Berechnung von Sterbetafeln an die Bevölkerungsstatistik zu stellende Anforderungen, Berlin 1874.

KNAPP, Theorie des Bevölkerungswechsels, Braunschweig 1874.

LEXIS, Einleitung in die Theorie der Bevölkerungsstatistik, Straßburg 1875.

LEXIS, Das Geschlechtsverhältnis der Geborenen und die Wahrscheinlichkeitsrechnung, CONRADS Jahrb. f. Nat. u. Stat. 1876.

LEXIS, Zur Theorie der Massenerscheinungen in der menschlichen Gesellschaft, Freiburg i. S. 1877.

HERR, Lehrbuch der höheren Mathematik, Wien 1877/78.

LEXIS, Über die Theorie der Stabilität statistischer Reihen, CONRADS Jahrb. f. Nat. u. Stat. 1879.

L. PEROZZO, Della rappresentatione di una collectività etc., Annali di Statistica (2) XII (1880), deutsch von LEXIS, CONRADS Jahrb. f. Nat u. Stat. 1880.

J. v. KRIES, Die Prinzipien der Wahrscheinlichkeitsrechnung, 1886.

BORCHARDT, Einführung in die Wahrscheinlichkeitslehre, Berlin 1889.

WESTERGAARD, Grundzüge der Theorie der Statistik, Jena 1890.

BOBEK, Lehrbuch der Wahrscheinlichkeitsrechnung; Lehrbuch der Ausgleichsrechnung, beide in KLEYERS Encyklopädie, Bremerhaven 1891.

v. BORTKIEWICZ, Kritische Betrachtungen zur theoretischen Statistik, 3 Artikel, CONRADsche Jahrbücher 63., 65. u. 66. Band 1894—1896.

PEARSON, On the mathematical theorie of evolution 1895.

EDGEWORTH, The representation of statistics by mathematical formulae, London 1896.

FECHNER, Kollektivmaßlehre, herausgegeben von LIPPS, Leipzig 1897.

v. BORTKIEWICZ, Gesetz der kleinen Zahlen, Leipzig 1898.

BLASCHKE, Über die analytische Darstellung von Regelmäßigkeiten bei unverbundenen statistischen Massenerscheinungen, Mitteilungen des Verbandes der österr.-ungar. Versich.-Techn. I. Heft, Wien 1899.

DUNCKER, Methode der Variationsstatistik, Leipzig 1899.

LEXIS, Gesetz, dann Moralstatistik im CONRADschen Handwörterbuche der Staatswissenschaften, 1900.

WESTERGAARD, Die Lehre von der Mortalität und Morbilität, 2. Aufl., Jena 1901.

LEXIS, Abhandlungen zur Theorie der Bevölkerungs- und Moralstatistik, Jena 1903.

FISHER-IRVING, Kurze Einleitung in die Differential- und Integralrechnung, Leipzig 1904.

BLASCHKE, Über die Gesamtheiten von Lebenden und Toten in ihrer Abhängigkeit von Alter, Versicherungsdauer und Beobachtungszeit, Mitteilg. d. österr.-ungar. Verbandes d. Priv.-Vers.-Anstalten 1905.

TSCHUPROW, Die Aufgaben der Theorie der Statistik, in SCHMOLLERS Jahrb., 29. Jahrg. 1905.

EDGEWORTH, Law of Error, Journal of the Royal Statistical Society, 1905 und 1906.

BLASCHKE, Vorlesungen über mathematische Statistik, Leipzig und Berlin 1906.

TSCHUPROW, Statistik als Wissenschaft, Archiv für Sozialwissensch. u. Sozialpolitik, 22. Band, 1906.

BRUNS, Wahrscheinlichkeitsrechnung und Kollektivmaßlehre, 1906.

CZUBER, Die Kollektivmaßlehre, Wien und Leipzig 1908.

ZIŽEK, Die statistischen Mittelwerte, Leipzig 1908.

WELLISCH, Theorie und Praxis der Ausgleichsrechnung, I. Band, Wien und Leipzig 1909.

CZUBER, Wahrscheinlichkeitsrechnung und ihre Anwendung auf Fehlerausgleichung, Statistik und Lebensversicherung, 2. Auflage, Leipzig und Berlin 1910.

FSC
www.fsc.org
MIX
Papier | Fördert gute Waldnutzung
FSC® C083411

Kolibri 360 GmbH
Ferdinand-Jühlke-Straße 7
99095 Erfurt, Deutschland
produktsicherheit@kolibri360.de

Der Baukredit

Von

Dr. Karl F. Stöhr
Diplomingenieur in München

1921

München, Berlin und Leipzig
J. Schweitzer Verlag (Arthur Sellier)

Druck von Dr. F. P. Datterer & Cie., München-Freising

Vorwort.

Ich habe in meiner Abhandlung die Absicht gehabt, einige Klarheit und Übersicht über die Art und den Weg zu geben, auf dem der für das Rechts- und Wirtschaftsleben so wichtige „Baukredit" in Erscheinung tritt. Ferner habe ich versucht, die äußerst umfangreichen Baukreditquellen unter Scheidung nach Erwerbs- und gemeinnützigem Kredit in zwei große Gruppen zu zerlegen, die ihrerseits in eine Reihe von Einzelgruppen zerfallen. Nachdem die Praxis eines Finanziers, sei es eine Bank oder ein Privater, nicht an engherzige gesetzliche Regeln und Vorschriften gebunden ist, die Bankgeschäfte in steter Abhängigkeit von der wechselnden Konjunktur sind und die Bedürfnisse auf einzelnen Gebieten des Geldmarkts sich oftmals über Nacht ändern (Beleihungsform, Zinsfuß, Tilgungsart usw.), ist es aber ein Ding der Unmöglichkeit, die Kreditquellen scharf nach obengenannten Gesichtspunkten zu unterscheiden und gegenseitiges Übergreifen und Ausnahmen gehören nicht zu den Seltenheiten.

Das Wort „Baukredit" entstand in der Praxis und ist seines fließenden Begriffes halber weder gesetzlich präzisiert worden, noch ist ein Gesetz entstanden, das sich ausdrücklich damit befaßt. Das BauforderG. vom 21. Juni 1909, das zum Schutz der Sicherung der Bauhandwerker verabschiedet wurde, hat sich mit der Sicherstellung des Baukredites, aber nicht mit dessen genauer Definition und Anwendungsform befaßt.

Als „Baukredit" wird in Kreisen der Bauhandwerker, Unternehmer und Bauleute im allgemeinen lediglich der kurzfristige Kontokorrent-Kredit verstanden, dessen Aufnahme oftmals als Zeichen von Zahlungsunfähigkeit betrachtet wird und deshalb mit unangenehmem Beigeschmack behaftet ist. Ich habe mich von dieser Auffassung völlig freigehalten und der Lehre bedeutender Realkreditpolitiker angeschlossen, die unter Baukredit den kurz- oder langfristigen Kredit zum Bauen verstehen mit der Begründung, daß der weitaus größere Teil der kurzfristig aufgenommenen Kredite ohne weiteres in langfristige übergeleitet werden und die Kreditgeber kurzfristige Kredite gewöhnlich nur dann geben, wenn deren Sicherstellung durch eine Hypothek verbürgt ist. Außerdem hat der Kreditnehmer selbst begründetes Interesse, den hoch verzinslichen Kontokorrent-Kredit, der überdies mit kurzfristiger Zurückzahlung verbunden ist, im Interesse seines Unternehmens und seines Privatbudget möglichst bald in die Form einer langfristigen Tilgungshypothek mit niederem Zinssatz überzuführen.

Der „Baukredit" hat in den letzten Jahren, vor allem durch Ausbildung des gemeinnützigen Kredites eine wesentliche Bedeutung gewonnen, besonders nachdem der Staat selbst als Hauptkreditgeber in den Vordergrund gerückt ist und die Grundstücks- und Bauspekulation, die gewöhnlich die Baukreditgebung in die Hände von Wucherern legte, zum größten Teil ausgeschaltet wurde.

Tübingen, den 12. Dezember 1919.

Stöhr.

Inhaltsverzeichnis.

Seite

Vorwort III

Literaturverzeichnis VII

Einleitung: Derzeitige unglückliche Lage des Arbeitsmarktes. — Welche Entwicklung der Städte führte zur Wohnungsnot? — Gewaltige Nachfrage nach Baukrediten für Wohnungsbau. — Bedeutung des Bodenpreises für den Wohnhausbau. — Boden- und Bauspekulation. — Notwendige Entwicklung des gemeinnützigen Wohnhausbaues 1

A. Beschaffung und Sicherung der Baukredite im Allgemeinen.

I. Kapitel: Allgemeine Betrachtung über Kredit 5

a) Was ist Kredit, Kreditgeschäft? 5

b) Welche verschiedene Kreditarten gibt es? 6

II. Kapitel: Was sind Baukredite? Wer ist Baugeldempfänger, Geber u. dgl.? 8

a) Was sind Baukredite im weitesten Sinne? 8

1. Bei Landwirtschaft 8

2. Bei Städtebau: Bodenkredit, Baukredit, Betriebskredit . 9

b) Was sind Baukredite in engerem Sinne? 9

1. Wirtschaftliche Bedeutung 10

2. Rechtliche Bedeutung 10

3. Unterschied zwischen uneigentlichem und eigentlichem Baugeld 11

c) Wer ist Baugeldempfänger, Gläubiger, Geber? 12

d) In welcher Form werden Baukredite gegeben? 14

1. Kurzfristige (Kontokorrent) Kredite 14

2. Erwerbs- oder gemeinnützige Kredite 16

3. In Form von Bürgschaft 18

4. Baukredite auf im Erbbaurecht vergebene Grundstücke . . 18

III. Kapitel: Auf welcher Grundlage wird ein Gebäude finanziert? (Rentabilitätsberechnung) . . . . Seite 20
IV. Kapitel: Wer gibt hauptsächlich Erwerbskredite? 22
In welcher genaueren Form?
1. Hypothekenbanken 22
2. Private Versicherungsgesellschaften 27
3. Sparkassen 30
4. Kreditvereine u. ähnl. 32
5. Grund- und Hausbesitzervereine 34
6. Öffentliche Bodenkreditinstitute, private Bodenkreditgesellschaften und ähnliche 35
7. Stiftungen 37
8. Private 37
V. Kapitel: Bau- und Bodenspekulationen, eine Begleiterscheinung der Baukreditnot. Vorteile und Schäden der Spekulation 38
VI. Kapitel: Abhilfe der Schäden der Bauspekulation durch Sondergesetz vom 21. Juni 1909 44
a) Allgemeine Sicherungsmaßregeln 44
b) Dingliche Sicherung der Bauforderung 47
VII. Kapitel: Welche Folgen treffen denjenigen, der Baugeld nicht richtig verwendet? 49
a) Zivilrechtliche Folgen 49
b) Öffentlich-rechtliche Folgen 50

B. Beschaffung und Sicherung der gemeinnützigen Baukredite.

I. Kapitel: Allgemeine Betrachtung über den Kleinhausbau und Beschaffung der hiezu nötigen Kredite 50
a) Was sind Kleinhäuser? Wodurch sind sie ins Leben gerufen worden 50
b) Formen der Kleinhäuser 52
aa) auf dem Lande:
1. Rentengut 52
2. Kriegerheimstätte, Kriegersiedlung 55
3. Arbeiterwohngebäude auf dem Lande 58
4. Gartenstadt 61
bb) anschließend an eine größere Stadt.
1. Villenkolonie 62
2. Fabrikkolonien 62
3. Gartenvorstadt (Gartendorf) 62
4. Vorstädte in geschlossenem Bausystem 63
c) Für wen werden sie vornehmlich geschaffen? 64
d) Welche Grundforderungen sind mit dem gemeinnützigen Kleinhausbau verbunden? 65
1. Billiger Bauplatz, geringe Baukosten 65
2. Rentabilität 66
3. Gemeinnütziger Baukredit 68

Seite
II. Kapitel: Wer sind die Träger des Kleinhausbaues? 69
a) Die spekulative Bautätigkeit? 69
b) Die gemeinnützige Bautätigkeit 70
1. Reich, Staat, Gemeinde 70
2. Arbeitgeber und Stiftungen 75
3. Organisationen der gemeinnützigen Bautätigkeit 77
aa) Aktiengesellschaften 77
bb) G. m. b. H. 79
cc) Baugenossenschaften 82
dd) Vereine 88
III. Kapitel: Wer ist insonderheit Geldgeber für den gemeinnützigen Kleinhausbau? 91
a) in Form von Darlehen
1. Landesversicherungsanstalten 93
2. Reichsversicherungsanstalt für Angestellte 94
3. Landeskulturrentenanstalten und ähnliche 95
4. Reich und Staat 96
5. Gemeinde und Kommunalverbände 98
6. Rentenbanken 98
7. Verschiedene Kreditquellen und Einrichtungen zur Baukreditbeschaffung 99
8. Private 99
b) in Form von Bürgschaft 100
c) im Erbbaurecht 100

C. Kreditverbesserungsvorschläge.

I. Kapitel: Kreditlage vor, während und nach dem Kriege 101
II. Kapitel: Welche Maßnahmen können getroffen werden, um der für die Wohnungsnot so verhängnisvollen Kreditnot zu steuern? . . . 103
a) Öffentlich-rechtliche Maßnahmen.
1. Richterliche Moratorien 103
2. Gesetzesänderungen und neue Gesetze 103
3. Steuerliche Erleichterungen 104
4. Erhöhung der Beleihungsgrenze 105
5. Bereitstellen öffentlicher Mittel 105
6. Vereinfachung der Bauordnung 105
b) Privatrechtliche Maßnahmen:
1. Amortisationshypothek 106
2. Hypotheken- und Lastenschutz 107
3. Gründung von Instituten für II. Hypotheken 108
4. Erhöhter Ausbau der Verbindung von Hypotheken mit Lebensversicherung 109
5. Heranziehung des Privatkapitals 110
6. Verbilligung des Bauens und rationelles Arbeiten . . . 110
Schluß: Bekämpfung der Kreditnot und Vorbereitung von Krediterleichterungen aller Art für kommende normale Bautätigkeit . . 111

Literaturverzeichnis.

H. Albrecht-B. Dernburg, Geld für Kleinwohnungen. Groß-Berliner Verein für Kleinwohnungswesen, Heft II, Berlin 1915.

Bälz P., Wie bauen wir heute billige Kleinhäuser und Kriegerheimstätten? Eßlingen 1916.

Behrens P, Vom sparsamen Bauen, Verlag der Bauwelt, Berlin 1918.

Berthold, Geldbeschaffung für die Errichtung von Arbeiterwohngebäuden auf dem Lande.

Beuster F, Die Finanzierung neuer Vororte, Berlin 1916. — Städtische Siedelungspolitik nach dem Kriege, Berlin 1916.

Carthaus V., Zur Geschichte und Theorie der Grundstückskrisen in deutschen Großstädten mit besonderer Berücksichtigung Berlins. Dissertation Tübingen, Jena 1916.

Conrad J., Grundriß der pol. Ökonomie, I. und II Teil, Jena 1915, 1919.

Dannenbaum, F, Deutsche Hypothekenbanken, Berlin 1911.

Deumer, R, Das Hamburgische Hypothekenkreditwesen, Hamburg 1917.

Drost H., Die Sicherung der Bauforderungen nach dem BGB., insbesondere nach § 648, Dissertation Heidelberg, Heiligenstadt 1906.

Eber K, Staat und Realkredit in Deutschland, Berlin 1918.

Eberstadt R, Handbuch des Wohnungswesens, Jena 1917.

Ehrlich P, Wirtschaftliche Bedeutung des HypothekenbankGes. Berlin 1919.

Eickemeyer W., Zur Frage der zweiten Hypothek beim privaten Wohnungsbau und -besitz in Deutschland, Berlin 1913.

Flohr R, Die rechtliche Natur des Baugeldes, Dissertation Greifswald 1917.

Fuchs C. J., Volkswirtschaftslehre, Sammlung Göschen, Bd. 133, Berlin und Leipzig 1918. — Zur Wohnungsfrage, Leipzig 1904. — Die Wohnungsfrage vor und nach dem Kriege, München und Leipzig 1917. — Die Wohnungs- und Siedlungsfrage nach dem Kriege, Stuttgart 1918. — Kriegerheimstätten und Wohnungsfürsorge (Vortrag der Gehestiftung zu Dresden, Bd. 9, Heft 3), Leipzig 1918. — Artikel über die Wohnungsfrage in Conrads Handbuch der Staatswissenschaft.

Gatzen A., Der städt. Kleinwohnungsbau und die Eindeckung seiner heutigen Mehrkosten, München 1918.

Goldbaum, W., Wie sichere ich meine Bauforderung, Berlin 1910.

Hagelberg, Kommentar zum Reichsgesetz über die Sicherung der Bauforderungen, Berlin 1910.

Holzer, O., Denkschrift über die Verhältnisse auf dem Wohnungsmarkt der Stadt Augsburg im Kriegsjahr 1918, Augsburg 1918.

Humar, J., Die Selbsthilfe des Hausbesitzers, München 1917.

Jaeger, E, Die Wohnungsfrage, Bd. I und II, Berlin 1902.

Janker J., Der Entwurf eines Gesetzes über die Sicherung der Bauforderungen, seine geschichtliche Entwicklung und bisherige Kritik, Dissertation Erlangen, München 1909.

Krähling Th., Der Baugeldvertrag nebst Baugeldverwendungspflicht. Dissertation Heidelberg, Köln 1911.

Luther, Wohnungs- und Siedelungspolitik nach dem Kriege, Münster 1916.

Muthesius, Kleinhaus und Kleinsiedlung, München 1918.

Nußbaum A., Deutsches Hypothekenwesen, Tübingen 1913.
Pfeiffer E., Eigenes Heim und billige Wohnungen, Stuttgart 1896.
Polenske K., Forschungen zur Bodenreform, III. Bd, Jena 1910.
Reichstagsverhandlungen, Sten. Berichte und Drucksachen.
Scheidt, Handbuch für Baugenossenschaften.
Schulte F, Die Hypothekenbanken, München und Leipzig 1918.
Schulz E., Die Baugeldverwendungspflicht, die Gründe ihrer Entstehung und ihre gesetzliche Ausgestaltung, Glückstadt 1912.
v. Schelhorn, Ansiedelungsgesetz, Ansbach 1918.
Simon, Reichsgesetz über Sicherung der Bauforderungen, Leipzig 1909.
Sombart W., Der moderne Kapitalismus, Bd I und II, München und Leipzig 1916
Stierstorfer K, Neue Gedanken und Vorschläge zur Reorganisation des Realkredites, München 1916
Terhalle F., Die Kreditnot am städtischen Grundstücksmarkt, Jena 1916.
Wagner M, Neue Bauwirtschaft, Schriften des deutschen Wohnungsausschusses, Berlin 1918.
Wagner, Tätigkeit der Stadt Ulm auf dem Gebiete der Wohnungsfürsorge für Arbeiter und Bedienstete, Ulm 1903.
Wohnungsfürsorge in Augsburg durch Großindustrie, Baugenossenschaften, Verkehrsverwaltung, Stadtgemeinde
Wopfner, Verkehrswissenschaftliche Vorträge, München 1910.

Zeitschriften:

Deutscher Ökonomist.
Bankarchiv.
Heim und Scholle.
Zeitschrift für Wohnungswesen in Bayern.
Schriften des westfälischen Vereins zur Förderung des Kleinwohnungswesens in Münster.
Die Bauwelt.
Die Deutsche Stadt (herausgegeben von der Deutschen Gesellschaft für Kommunalwesen).

Geschäftsberichte und Verträge von Hypotheken-Banken, private und öffentliche Versicherungsanstalten, Sparkassen, Baugenossenschaften u. dgl.

Einleitung.

Die schnelle und durchgreifende Entwicklung unseres Handels, unserer Industrie und Technik haben vor dem Weltkriege unsere Finanzleute in nicht geringem Maße damit beschäftigt, wie die im Rückstand gebliebene Wohnungsfrage, besonders für die minderbemittelten Klassen, am schnellsten und besten eine Regelung finden könnte. Der Krieg hat alle diese Probleme zurückgestellt, nachdem die ganze Volkskraft und die Staatsfinanzen lediglich für Waffen-, Munitions- und Ausrüstungsbeschaffung eingespielt waren; die Wohnungsfrage mußte aus Finanz- und bautechnischen Gründen (Baumaterialienknappheit) und Menschenmangel fast völlig von der Karte gestrichen werden; man konnte zur Not davon absehen, nachdem der größte Teil der Männer im Felde stand, deren Familien zu Verwandten zogen und so eine Reihe von Wohnungen überflüssig geworden war.

Aber mit dem Ende des Krieges ist es neben Lebensmittel- und Rohstoffbeschaffung, Wiederaufnahme des Handels und der Industrie zum Wiederaufbau unseres Wirtschaftslebens eine Kardinalfrage für unseren Staat geworden, für die heimgekehrten Männer und deren Familien Wohnstätten zu schaffen, in denen sie ein menschenwürdiges Unterkommen finden können. In der neuen Reichsverfassung vom 11. August 1919 hat der Staat in Art. 155 den Willen kundgegeben, jedem Deutschen eine gesunde Wohnung und den deutschen Familien, besonders den kinderreichen, eine ihren Bedürfnissen entsprechende „Wohn- und Wirtschaftsheimstätte" zu sichern, wobei den Kriegsteilnehmern bei dem zu schaffenden Heimstättenrecht besonderes Augenmerk zugewendet werden soll. (Näheres s. Reichsverfassung vom 11. August 1919, Art. 10, 155, 156.)[1])

Da aber gerade jetzt unübersehbare Schwierigkeiten sich jeglichem Bauen infolge der hohen Löhne, der geringen Arbeitslust und des geradezu katastrophalen Kohlen- und Baumaterialienmangels entgegenstellen, die Finanzen des Staates die denkbar schlechtesten sind, wird die Lösung der Baugeldfrage besonders vordringlich (zwar zunächst rein theoretisch) und wir werden erst,

[1]) Im Sinne dieser Paragraphen der neuen Reichsverf. ist eine „Verordnung des Reiches zur Behebung der dringendsten Wohnungsnot" vom 15. Jan. 1919 bzw. 9. Dez. (RGBl. Nr. 237 S. 1968) ausgegeben worden.

wenn wir eine Gesundung unserer sozialen und wirtschaftlichen Verhältnisse verzeichnen können, eine endgültige (praktische) Lösung dieser Frage ins Auge fassen können.

Baukredite und Baugelder sind Darlehen, die von einer juristischen oder privaten Person gegen bestimmte Sicherung und Verzinsung an Einzelpersonen oder Gesellschaften zur Errichtung eines Baues gegeben werden; es handelt sich dabei in erster Linie um Wohnungsbau, nachdem die öffentlichen Bauten durch den Staat gedeckt werden. Die Frage des Industriebaues soll hier der derzeitig geringen Wichtigkeit halber nicht näher betrachtet werden. Uns interessieren die Baugelder, die zur Errichtung des Wohnungsbaues vonnöten sind. Zunächst wollen wir einen kurzen Blick auf die Ursachen unserer teilweisen schlechten Wohnungsverhältnisse in den Großstädten werfen.

Die Frage erhöhter Bautätigkeit wurde durch den Zuzug von Menschen aus der Provinz nach den Städten geschaffen, der eine unmittelbare Folge des gewaltigen Aufblühens von Handel und Industrie seit den 70er Jahren war. Für diese Neuankömmlinge waren keine Wohnungen vorhanden, sondern mußten erst ins Leben gerufen werden.

Mit dem Aufschwung von Handel und Industrie ging in gleichem Schritt ein erhöhter Anspruch auf dem Gebiet der Hygiene, mit der es in den Städten teilweise sehr schlecht bestellt war; man brauchte Gebäude für das geistige und körperliche Wohl und die Erziehung der Menschen. Die Hygiene verlangte den Bau von Kanalisationen, Krankenhäusern, Waisen- und Kinderheimen, das geistige Wohl die Anlage von Schulen und Theatern, das körperliche die von Hotels, Speisehäusern, Turnhallen, Bäder und dergleichen. Für all diese Zwecke war Geld nötig, das auf den Markt gebracht werden mußte, um in der Hand Unternehmungslustiger alle diese Gebäude erstehen zu lassen. Unter den hauptsächlichsten Geldgebern sind Banken aller Art, Staat, Gemeinden und Private zu nennen, jedoch geben diese kein Darlehen ohne Sicherstellung durch Gegenwert und diese besteht nun zunächst in dem Bauplatz. Boden, Gebäude und die aus letzteren erhältliche Rente stehen in unmittelbarem Verhältnis zueinander, der Wert eines Grundstückes wächst mit der verbesserten Gattung und der Lage eines daraufstehenden Gebäudes zum Zentrum einer Stadt. Man nennt den letztgenannten Wert den „Verkehrswert eines Grundstückes", der ins Unermeßliche steigen kann (in Großstädten Nordamerikas bis zu 50000 Dollars per Quadrat-Fuß der Frontlänge eines Gebäudes). —

Von größter Bedeutung für die heutige Volkswirtschaft ist die Erbauung und Beleihung von Kleinhäusern für die weniger bemittelte Bevölkerung. Durch das Aufblühen der städtischen Industrie wurde eine Unmenge von Arbeitskräften, die bis dahin im Ackerbau beschäftigt waren, nach den Städten und Industriezentren geholt, um dort zu Hunderten und Tausenden tagsüber in den Fabriken beschäftigt zu werden. Entgegen früheren Zeiten vor Entwicklung der Manufaktur und Fabrik, in denen die den Zünften angehörige Handwerkerschaft in dem jeweiligen Wohngebäude ihres Meisters auch ihr Gewerbe ausübte und gleichzeitig wohnte, mußte jetzt von seiten der Stadt- und Gemeindeverwaltung Unterkunft für eine gewaltige Masse von Fabrikarbeitern geschaffen werden. Leider hat es in Deutschland sehr lange gedauert, bis von seiten des Staates die Frage der Unterbringung der Neuankömmlinge ernstlich in Betracht gezogen und geeignete Vorsorge getroffen wurde. Die erste Art der Unterbringung war daher in den meisten deutschen Groß- und Mittelstädten ein Zusammenpferchen in ungesunden, unschönen Mietskasernen in den Vorstädten, die in Eile vom Privatkapital geschaffen worden waren. Diese Kasernen entstanden auf Grundstücken, die von der sogenannten Spekulation in großen Mengen im Umkreise der Stadt zu billigem Geld aufgekauft und lange Zeit zurückgehalten worden waren, um dann an zahlungsunfähige Bauunternehmer zu hohem Preise abgegeben zu werden. Zu diesem übermäßig erhöhten Bodenpreis kamen noch eine Reihe von Steuerbelastungen, unsinnige Baukosten infolge prunkhafter Ausschmückung der Außenseite des Gebäudes, so daß der Hauseigentümer, der gewöhnlich schon tief verschuldet war, gezwungen wurde, sich durch hohe Mieten an seinen Inwohnern schadlos zu halten, lediglich um die Zinsen für die Belastung des Hauses aufbringen zu können. Der Mieter seinerseits war zur Aufnahme von Aftermietern und Schlafgängern gezwungen, um sich die Mittel zur Zahlung der hohen Wohnungsmiete zu verschaffen. Eine Folge des engen Zusammenlebens[2]) in diesen Miethäusern war ein schlechter Gesundheitszustand der Inwohner, die viel unter Krankheiten zu leiden hatten und schwächliche, arbeitsunlustige Nachkommen zur Welt brachten; diese Behausungen bedeuteten eine Brutstätte des verelenden Proletariats. Ausbrechende Seuchen[3]) forderten in diesen Mietskasernen die meisten Opfer und boten den Ärzten große Schwierigkeiten bei deren Bekämpfung. Das Unvermögen, den Mietzins aufzubringen, zwang den Arbeiter vielfach, seine Wohnung zu wechseln, womit oftmals ein Wechsel des Arbeitsplatzes verbunden war. So kam in erster Linie die deutsche Metall-, Berg- und Textilindustrie, für die ein möglichst einheitlich eingelernter und ansässiger Arbeiterstand von allergrößtem Werte sein muß, auf den Gedanken, für ihre Beamten und Arbeiter in unmittelbarer Nähe ihre Betriebe geräumig und wohlgefällig gestaltete, in Gärten liegende Häuser anzulegen, in denen sie ihre eingesessenen Angestellten unter teilweiser pekuniärer Beteiligung derselben unterbrachten. Arbeiter und Kleinbeamte schlossen sich in der Folgezeit zusammen, um mit Unterstützung von aller

[2]) Schulte, Hypoth.-Banken S. 468.
[3]) Jäger, Die Wohnungsfrage, Berlin 1902, S. 27.

Art Geldinstituten, Privaten und aus eigenen Mitteln auf dem Wege der Genossenschaft wohlgefällige, preiswerte Heimstätten zu schaffen. Auch der Staat begann mit allen möglichen Mitteln zu helfen, Mißständen, die sich bei der Kapitalbeschaffung herausgebildet hatten, durch Gesetze entgegenzutreten (BauforbG. vom 21. Juni 1909), die Wege für Geldvermittlung von seiten der Bankinstitute zu regeln (HypBankG. vom 13. Juli 1899, RGBl. 99 S. 375—392, VAG. vom 12. Mai 1901, RGBl. 01 S. 139—173, SparkassenG. vom 23. Juli 1912, GS. 1913 S. 3) und auf die Gemeinde einen Druck auszuüben, zum Zwecke der Kleinhausbauten billigen Baugrund und Baukredit zur Verfügung zu stellen.

A. Beschaffung und Sicherung der Baukredite im Allgemeinen.

I. Kapitel.

Allgemeine Betrachtung über Kredit.

a) Was ist Kredit, Kreditgeschäft?

Wird beim Abschluß eines Kaufes oder Verkaufes der verlangte Preis nicht gleich bezahlt, sondern gestundet, so sprechen wir von einem Kredit und ebenso, wenn eine Geldsumme leihweise einem Dritten überlassen wird. „Kredit" ist also Überlassung der Nutzung einer Geldsumme im Vertrauen auf späteres Bezahlen oder Zurückbezahlen.[1])

Andererseits nennt man Kredit das Vertrauen, das man jemanden schenkt in der Annahme, daß er seinen eingegangenen Verpflichtungen nachkommen wird. Unter „Kredithaben" versteht man die Möglichkeit, auf Grund des Vertrauens gegen das Versprechen der Gegenleistung Vermögensteile anderer freiwillig zur Benützung zu erhalten.[2])

Ein „Kreditgeschäft" besteht also auf unserem Gebiet in der Hingebung von Werten gegen ein Zahlungsversprechen oder in der Gewährung von Darlehen in Geld, sei es zum Kauf eines Grundstückes, dessen landwirtschaftliche Verbesserung oder Bearbeitung oder zur Errichtung eines Gebäudes auf demselben gegen Versprechen der Verzinsung und der seinerzeitigen Rückzahlung des Darlehens. Das Versprechen allein wird jedoch dem Darlehensgeber nicht genügen, drei Momente sind es, die er als die Grundlagen zur Kreditgewährung voraussetzt:

Zunächst die Leistungsfähigkeit des Schuldners, der nach seinen Vermögensverhältnissen, seiner geschäftlichen Tüchtigkeit, nach den allgemeinen Konjunkturen und dem Gang seines Geschäftes für zahlungsfähig gelten kann. Der kreditgebende Rentner oder die Bank ist geneigt, dem Grundbesitzer ein Hypothekendarlehen zu geben, wenn sie voraussetzen, daß das verpfändete Gut einen höheren Wert hat, als die kreditierte Summe beträgt, so daß sie zu jeder Zeit durch den gerichtlichen Verkauf des Gutes ihr Darlehen zurückerhalten können.

---

[1]) Fuchs, Volkswirtschaftslehre S. 11.

[2]) Conrad, Grundr. d. pol. Ökonomie I. T., S. 117.

Ferner muß eine berechtigte Annahme für den guten Willen des Schuldners vorhanden sein, daß er seinen Versprechungen nachkommt.

Schließlich muß der Darlehensgeber die Zuversicht haben, daß der widerstrebende Schuldner zur Erfüllung der Zahlungsverpflichtung gezwungen werden kann, wenn seine Leistungsfähigkeit vorliegt. Hiezu dient ein gutes Gerichts- und Vollstreckungsverfahren und die Zuverlässigkeit der Richter, welche den Gläubiger auf Grund des Gesetzes zu unterstützen haben, seine Forderung durchzusetzen. Da bei unserem verwickelten Geschäftsverkehr vielfach Meinungsverschiedenheiten im Betreff des Schuldverhältnisses eintreten können, so ist in unserer Zeit die Entscheidung des Gerichtes und die Unterstützung durch dasselbe zur Aufrechterhaltung des Rechtes von höchster Bedeutung

b) Welche verschiedenen Kreditarten gibt es?

Man unterscheidet kurz- und langfristige Kredite, je nachdem wie Kreditgeber und -nehmer sich bei Abschluß des Geschäftes geeinigt haben; abhängig ist die Kreditdauer von der Art des Kredites, der wirtschaftlichen Lage des Kreditnehmers und des kreditierten Objektes. Das Geschäfts-(Vertrags-)Verhältnis bleibt bei Kreditoperationen bestehen, bis das Zahlungsverhältnis erfüllt ist, was bei langfristigen Krediten (Hypotheken) erst nach Jahren geschehen kann. Nachdem derartige geschäftliche Verbindungen nicht vereinzelt sind, sondern in großer Anzahl in unserer Wirtschaft auftreten, so hat sich damit eine besondere Form der Volkswirtschaft ausgebildet (Kreditwirtschaft), die gleichen Schritt mit der Geldwirtschaft geht; durch die Kreditorganisationen wird das Geld immer entbehrlicher gemacht.[3])

Eine weitere Analyse der Kreditarten scheidet diese in Kreditgeschäfte im weiteren und solche im engeren Sinne. Die Kreditgeschäfte im weiteren Sinne sind den Leuten im allgemeinen als solche nicht bewußt; ich erinnere an Pacht eines Grundstücks, Miete einer Wohnung oder eines Zimmers und an den Wochenlohn eines Arbeiters. Kreditgeschäfte im engeren Sinne nennt man Darlehen in Form von Geld oder Waren.[4])

Alle vorkommenden Kredite scheiden sich in öffentlichen oder privaten Kredit; den öffentlichen Kredit finden wir bei Staats- oder Kommunalanleihen.

Ferner unterscheiden wir Produktions- und Konsumptionskredit. Eine kurze Betrachtung der beiden letzten Arten nach ihrer Vergangenheit ist von Interesse. Produktionskredit hatte im Mittelalter keine Bedeutung, es fehlte an Kapital und die Produktion wurd in primitivster Weise durchgeführt; sie basierte auf Verwertung der Naturkräfte, insbesondere des Grund und Bodens in

[3]) Fuchs, Volkswirtschaftslehre S. 31

[4]) Conrad, Grundr. d. pol. Ökonomie I. T., S. 119 ff

Verbindung mit der Arbeitskraft. Darlehen wurden nur in Zeiten der Not begehrt, um den Konsum fortsetzen zu können. Der Schuldner befand sich in einer bedrängten Lage und konnte durch das Darlehen keine Nutzung gewinnen, während der Gläubiger durch Fortgabe des Kapitals keinen Schaden erlitt, da er es nicht produktiv verwenden konnte. Deshalb ist es begreiflich, daß nach kanonischem Rechte Zinsbezug als Wucher angesprochen wurde, weil Geld nicht Geld erzeuge und es andererseits eine Härte sei, den Schuldner zu zwingen, mehr zurückzubezahlen, als er empfangen hatte, da er doch mit dem Darlehen nicht produziert hatte. Mit dem Einsetzen einer modernen auf Geldwirtschaft sich aufbauenden Kultur trat der Produktionskredit mit zunehmender Bedeutung in Erscheinung, während der Konsumptionskredit als unwirtschaftlich in das Hintertreffen geriet.

Je nach der Art der gebotenen Sicherheit unterscheidet man zwischen Real- und Personal-Kredit.

Personalkredit liegt bei einem Darlehen auf Handschlag oder Schuldschein vor, wobei lediglich die Person des Schuldners und dessen Vermögen bürgt; bei Realkredit wird das Vertrauen in die Person des Schuldners durch ein Pfand besonders unterstützt (dingliche Sicherung), an welches sich der Gläubiger halten kann, wenn der Schuldner seinen Verpflichtungen nicht nachkommt. Dies kann durch Faustpfand oder in Form einer Hypothek geschehen sein. Im ersteren Falle bekommt der Gläubiger ein Faustpfand sofort in die Hand (z. B. eine Uhr, ein Möbelstück, Wertpapiere bei Lombarddarlehen), das er veräußern kann, wenn der Schuldner nicht zahlt, um sein Darlehen dadurch wieder in die Hand zu bekommen. Im Falle der Hypothek verbleibt das Pfandobjekt in den Händen des Schuldners, während der Gläubiger erst dann seine Hand darauf legen kann, wenn der Schuldner nicht zahlt und das Gericht ihm zur Seite steht. Ein Haus- oder Gutsbesitzer, der ein Darlehen auf Hypothek genommen hat, kann neben Weiterbewirtschaftung den Besitz vererben und verkaufen, wobei der Rechtsnachfolger seine Verpflichtung ipso iure übernimmt. Erst wenn der Schuldner die Verzinsung des Darlehens unterläßt, kann der Gläubiger zu Gericht gehen, um durch teilweise Veräußerung von Gegenständen des Schuldners sich schadlos zu halten; genügt das nicht, ist Kündigung des Darlehens erfolgt und kann das Kapital nicht zurückbezahlt werden, so kann der Darlehensgeber die Subhastation des beliehenen Gutes bei Gericht veranlassen. Als Tilgungsform für Realkredit eignet sich die unkündbare Hypothek in Gestalt der Amortisationshypothek.[5]

Personalkredit findet Anwendung, wenn Darlehen auf kürzere Zeit gefordert werden und Zeitverlust und Kosten bei einem Kreditgeschäft vermieden werden müssen; diese Kreditform wird

[5]) Deumer, Hamburger Hypothek- u. Kreditwesen S. 33.

nur stattfinden, wenn der Darlehensgeber den Darlehensforderer persönlich gut kennt, mit ihm in kaufmännischem Verkehr steht, wobei die Kreditierung Wochen und Monate währt und ein Geschäft das andere ablöst. Wenn zwei Kaufleute gegenseitig ihre Finanzen genau kennen und ebenso Banken die Zahlungsfähigkeiten ihrer Kunden wissen, die bei ihnen ein Kontokorrent haben, so genügt ein Schuldschein in Wechselform; Realkredit würde sich hiebei viel zu umständlich gestalten.

Nach diesen Betrachtungen über Kredit im allgemeinen, Kreditart und Form, die den Zweck hat, uns die ethymologische Bedeutung des Wortes „Baukredit" und dessen wirtschaftliche Zusammenhänge mit anderen Kreditarten zu entwickeln, wollen wir das Wort selbst einer genaueren Untersuchung unterziehen bzw. feststellen, in welche der oben angeführten Kreditarten er sich einreihen läßt.

II. Kapitel.

Was sind Baukredite? Wer ist Baugeldempfänger, Geber und dergleichen?

a) Was sind Baukredite im weitesten Sinne?

Der Name „Baukredite" besagt, daß damit Kredite gemeint sind, die zum Zwecke der Herstellung eines Baues oder Bauwerkes gehören, die in Städten und auf dem Lande errichtet werden. Nachdem jedoch, wie schon in der Einleitung der Arbeit erwähnt, der Hausbau mit dem Grundstücke, auf dem er steht, engste wechselseitige Beziehungen unterhält, andererseits das Grundstück für das Bauwerk und umgekehrt Gewähr leistet und wertbestimmend ist, so wird sich eine Betrachtung der einzelnen bei dem Landwirt und Städtebauer vorkommenden Kreditarten nötig zeigen. Von Krediten für andere Bauarten, wie Berg- und Waldbau und dgl. Bauformen wird der Kürze halber nicht gesprochen werden, um so mehr als diese Baukredite gewöhnlich als reine Betriebskredite zu bezeichnen sind.

1. Bei der Landwirtschaft.

In der Landwirtschaft können wir Grund-, Bau- oder Meliorations- und Personalkredit als vorkommend nennen, denen bei der städtischen Bauwirtschaft Boden-, Bau- und Betriebskredit gegenüberstehen mag. Die genannten sechs Kreditarten können wir schlechtweg als Baukredite im weitesten Sinne bezeichnen, da sie teilweise von einander abhängig sind, teilweise ineinander greifen, während Baukredit im eigentlichen Sinne das Baugeld bezeichnet, welches in Form eines Darlehensvertrages an einen Darlehensnehmer zum Zwecke der Errichtung eines Bauwerkes gegeben wird. Die Verhältnisse des landwirtschaftlichen Kredits näher zu beleuchten, erübrigt sich in unserem Falle als zu weit gehend.

Was nennt man nun Boden-, Bau- und Betriebskredit beim städtischen Bausystem?

2. Beim Städtebau.

Bodenkredit.

Eine physische oder juristische Person beabsichtigt, ein Grundstück in oder außerhalb einer Stadt zu kaufen, mit der Absicht, darauf ein Haus zu bauen, hat jedoch nicht die nötigen Barmittel in der Hand; sie läßt sich von einem Privatkapitalisten oder einer Bank ein Darlehen geben, zu dessen Sicherung grundbuchamtlich eine Hypothek auf das zu kaufende Grundstück eingetragen wird, die im Laufe der Jahre verzinst und zum Teil amortisiert werden muß.

Baukredit.

Baukredit ist ein Darlehen, das einem Bauplatzinhaber, einem Bauunternehmer oder einem Dritten gegeben wird, der beabsichtigt, ein Haus zu bauen und dem die nötigen Mittel hiezu fehlen; es gibt verschiedene Formen des Baukredites, auf die a. a. O. mehr eingegangen wird. Die Leihfrist kann lang oder kurz sein, je nachdem eine Hypothek aufgenommen wird oder nicht.

Betriebskredit.

Ist ein Bau schon teilweise fertig und benötigt der Unternehmer noch Baugelder bzw. Zwischenkredite, so bekommt er dieselben kurzerhand gegen wechselmäßige oder lombardmäßige Sicherung oder gegen Aufnahme einer kurzfristigen sogenannten Diskonthypothek;[1]) der Betriebskredit wird aus Gründen der Zweckmäßigkeit in den überwiegenden Fällen in den Anlage-(Real-) Kredit umgewandelt.

Aus den vorhergehenden Betrachtungen über Kreditarten kann festgestellt werden, daß „Baukredit"

1. kurz- und langfristig,
2. Privatkredit (kann auch öffentlicher Kredit sein, der jedoch wirtschaftlich als Privatkredit in Erscheinung tritt),
3. Produktionskredit,
4. Real- und Personalkredit

sein kann.

Diese Tatsachen näher zu beleuchten, wird Aufgabe der folgenden Ausführungen sein.

b) Was sind Baukredite im engeren Sinne?

BaufordG. vom 21. Juni 1909 sagt in § 1:

„Baugeld sind Geldbeträge, die zum Zwecke der Bestreitung der Kosten eines Baues in der Weise gewährt werden, daß zur Sicherung der Ansprüche des Geldgebers eine Hypothek oder Grundschuld auf dem zu bebauenden Grundstücke dient oder die Übertragung des Eigentums an dem Grundstück

---

[1]) Deumer, Hamburger Hypotheken- u. Kreditwesen S. 49.

erst nach gänzlicher oder teilweiser Herstellung des Baues erfolgen soll. Als Geldbeträge, die zum Zwecke der Bestreitung der Kosten eines Baues gewährt werden, gelten insbesondere:

1. solche, deren Auszahlung oder nähere Bestimmung der Verwendung nach Maßgabe des Fortschreitens des Baues erfolgen soll,
2. solche, die gegen eine als Baugeldhypothek bezeichnete Hypothek gewährt werden.".

Man kann Baugeld im wirtschaftlichen und gesetzlichen Sinne unterscheiden. Für beide ist eines gemeinsam, daß die Gewährung der Baugeldbeträge auf Grund eines Darlehensvertrages geschieht, dessen Wesen darin besteht, daß der Darlehensnehmer dem Darleiher das Empfangene in Sachen von gleicher Art, Güte und Menge zurückzuerstatten hat (§ 607 BGB.). Von seiten des Darlehensgebers muß beim Baugeldvertrag die Hingabe von Geldbeträgen, nicht von anderen vertretbaren Sachen erfolgen. Nach der herrschenden Meinung wird in der Darlehenshingabe der Abschluß des eigentlichen Darlehensvertrages und in der Vereinbarung zur Hingabe eines Darlehens ein Vorvertrag des eigentlichen Hauptvertrages, ein pactum mutuo dando gesehen,[2]) hiernach liegt in dem Akt der sachlichen Hingabe die Begründung des Schuldverhältnisses, so daß der Darlehensvertrag als Realvertrag aufgefaßt wird. Nachdem der Hauptbestandteil des Baugeldvertrages eine Zweckbestimmung bedeutet, so nennen wir den Baugeldvertrag ein Zweckdarlehen.

1. Wirtschaftliche Bedeutung.

Das Baugeld hat eine hohe wirtschaftliche Bedeutung; die Gebäudeproduktion, besonders in der Stadt, würde nur langsam und in für die Volkswirtschaft geradezu schädlichem Tempo vor sich gehen, wenn nicht das Baugeld unternehmungslustigen Bauherrn und Spekulanten die Möglichkeit geben würde, Gebäude in Vorrat für den allgemeinen Wohnungsmarkt zu schaffen. Die Leute, die hinreichend Geld haben, um sich ein Haus bauen zu können, sind nicht allzu zahlreich, und wenn sie es haben, so legen sie begreiflicherweise mehr Wert auf ein Einfamilienhaus, als auf ein Miethaus, das ihnen unter Umständen mehr Sorge macht, während es verhältnismäßig geringen Gewinn abwirft. Ebenso liegt Baugeld lediglich im wirtschaftlichen Sinne vor, wenn Geld zur Bestreitung der Baukosten gegen irgendwelche andere Sicherung als das bebaute Grundstück, ohne Sicherung oder ohne dingliche Sicherung verliehen wird.

2. Rechtliche Bedeutung.

Das Hauptmerkmal des Baugeldes im gesetzlichen Sinn ist die Verwendungspflicht zur Befriedigung von Personen, die auf

---

[2]) Schulz, Baugeldverw.-Pflicht S. 61.

Grund eines Werk-, Dienst- oder Lieferungsvertrages an der Bauherstellung beschäftigt sind (BauforдG. § 18).

Baugeld sind also Geldbeträge, die in Erfüllung des Baugeldvertrages gewährt werden oder deren Hingabe den Abschluß eines Realdarlehensvertrages darstellt. Baugeld ist aber m. E. auch Geld, das für gewisse mit dem Bau in losem Zusammenhang stehende Ausgaben oder zur Befriedigung von Gläubigern aufgenommen werden kann, für das die gesetzliche Verwendungspflicht nach § 1 BauforдG. nicht besteht und das durch das Grundstück dinglich gesichert wird. Gesetzliches Baugeld im rechtlichen Sinne liegt aber nicht vor, wenn zwischen Baugeldgeber und Baugeldnehmer kein Baugeldvertrag abgeschlossen oder zu spät abgeschlossen wurde.

3. Unterschied zwischen uneigentlichem und eigentlichem Baugeld.

Die Bankinstitute treffen eine Unterscheidung zwischen uneigentlichem und eigentlichem Baugeld, die sich ihnen durch die Praxis aufgedrängt hat. Uneigentliches Baugeld nennen sie diejenigen Gelder, die für andere mit dem Neubau zusammenhängende Zwecke als für Bestreitung der reinen Baukosten bestimmt sind, eigentliches Baugeld dagegen die lediglich zur Errichtung eines Neubaues erforderlichen, vom Darlehensnehmer gewünschten Barmittel.

Das uneigentliche Baugeld dient zur Ablösung der Vorhypothek, Deckung der Ansprüche der Gläubigerin (Bank) auf Zinsen, Provisionen, Taxgebühren, Gerichts- und Notariatskosten im Pauschalbetrage, sowie der einschlägigen Stempelgebühren. All diese Beträge sind in voller Höhe in Rechnung zu setzen. Die Taxgebühren sind mit dem 14fachen Betrag der Einzelabgabegebühr einzusetzen, eine Maßnahme, die die Praxis ergeben hat. Ferner sind die Zinsen vom ganzen Baukapital ohne Rücksicht auf Zeitpunkt der Ratenzahlungen, auf die ganze Vertragsdauer (8—9 Monate) in Rechnung zu setzen; die Unkosten-Kaution ist so hoch einzuschätzen, daß Ausfälle nach Möglichkeit vermieden werden. Die Gesamtsumme aller hier genannten Beträge ergibt das nicht eigentliche Baugeld, zu dessen Sicherung das Bankunternehmen sich eine Hypothek an erster Stelle ins Grundbuch eintragen läßt, die die „nicht eigentliche Baugeldhypothek" genannt wird; daneben sichert sich die Bank für das auf Grund eines Darlehensvertrages gegebene reine Baugeld die „eigentliche Baugeldhypothek".

Die Form der Eintragung der Baugeldhypothek ist verschieden, je nachdem der Kunde der Bank gleichzeitig Baustelleneigentümer ist oder nicht. Ist er zugleich Eigentümer und Baugeldnehmer, so belastet die Bank das Grundstück in üblicher Weise mit einer ersten Hypothek und der Notar muß von den Bankkunden eine genaue Abschrift des Darlehensvertrages vorgelegt erhalten, die einfache

Angabe des vollen Betrages genügt nicht. Besteht zwischen dem Eigentümer des Grundstücks und dem Darlehensnehmer keine Identität, so hat der Eigentümer die Hypothek zu bestellen, nicht der Bankkunde. Man sagt, der Eigentümer bestellt eine Hypothek auf fremde Schuld, was unter entsprechender Verständigung des Notars zu erfolgen hat. Trotzdem fällt dem Eigentümer kein Anspruch auf Auszahlung der Darlehensvaluta zu, die dem Bankkunden allein vorbehalten ist; die Quittungen der Bank sind sinngemäß abzufassen.

Es ist vorgekommen, daß ein Kunde letztgenannter Art bereits früher eine Baugeldhypothek auf das Grundstück aufgenommen bzw. sich gesichert hat, für die er jedoch noch keine Zahlung erhalten hatte.

Diese noch nicht valutierte Baugeldhypothek ist in Wirklichkeit eine Eigentümergrundschuld (siehe BGB. § 1191 Abs. 1), weshalb der eingetragene Hypothekengläubiger über die Hypothek nicht ohne weiteres durch Zession verfügen kann.

Die Bank hat nun gegebenenfalls den Antrag auf Löschung dieser nicht valutierten Hypothek im Grundbuch zu stellen; ist die Löschung ohne weiteres nicht zu erreichen, so kann die Zession nur entgegengenommen werden, wenn gleichzeitig der Eigentümer in besonderer notarieller Urkunde seine Genehmigung hiezu erteilt.

Erst nach Vollziehung dieser Formalitäten kann von der Bank an eine Gewährung des Baugeldes herangetreten werden.

c) Wer ist Baugeldempfänger, -Gläubiger, -Geber?

Baugeldempfänger ist im allgemeinen derjenige, der auf seinen Antrag hin von irgendeiner Seite Geldbeträge erhält, die zur Bestreitung der Baukosten gehören, zu deren Sicherung der Baugeldgeber sich eine Hypothek auf das zu bebauende Grundstück (Baugeldhypothek) eintragen läßt. Baugeldempfänger im Sinne des BauFordG. wird derjenige sein, dem Geldbeträge zur Bestreitung der Baukosten zur Verfügung gestellt werden, der sie dann gemäß § 1 Abs. 3 des Ges. nur an diejenigen Personen als Zahlung gibt, die an der Herstellung des Baues auf Grund eines Vertrages beschäftigt sind, wobei das Baugrundstück dingliche Sicherung leistet. Dieses Recht und diese Pflicht des Baugeldempfängers kann entweder unmittelbar aus der Vereinbarung mit dem Baugeldgeber stammen, oder es kann vom ersten Baugeldempfänger weiter übertragen werden; hiebei muß aber der erste Baugeldempfänger dem Dritten gegenüber betonen, daß es sich um Baugeld im Sinne des Gesetzes handelt und daß derselbe auf Grund eines Vertrages die Verpflichtung seines Vormannes einzugehen hat.

Baugeldempfänger kann auf Antrag des Baugeldgebers eine dritte, nicht durch einen Bauvertrag gebundene bzw. am Bau selbst völlig unbeteiligte und uninteressierte Person sein, die als „Treuhänder“ die Baugeldauszahlung nach Maßgabe des Baugeldgebers, gewöhnlich in sog. Bauraten auf Grund eines Bauvertrages den Baugläubigern anweist bzw. anweisen läßt. Dieser Treuhänder braucht jedoch nicht, wie BauforbG. § 35 sagt, vom Amtsgericht bestimmt zu sein, sondern es genügt ein vom Baugeldgeber gewählter, gesetzlich vereidigter Bausachverständiger.

Wer ist Baugläubiger?

Die gesetzliche Definition ist im BauforbG. § 18 aufgestellt, der besagt:

„Baugläubiger sind die an der Herstellung des Gebäudes auf Grund eines Werk- oder Dienstvertrages Beteiligten sowie diejenigen, welches zur Herstellung des Gebäudes Sachen geliefert haben, sofern die Werk-, Dienst- oder Lieferungsverträge von dem Eigentümer der Baustelle oder für seine Rechnung geschlossen worden sind. Dem Eigentümer der Baustelle steht gleich, wer den Bau mit Zustimmung des Eigentümers als Bauherr ausführt.“

Zu diesen dortselbst näher bezeichneten Baugläubigern treten als weitere Baugläubiger nach § 19 des Gesetzes die sogenannten Nachmänner, d. s. Handwerker, Lieferanten oder Arbeiter, die einen Auftrag am Bau vom Eigentümer, seinem Vertreter und dgl. erhalten haben.[3]) Der Handwerker, Lieferant oder Arbeiter ist jedoch nur Baugläubiger im Sinne des § 18, wenn der Eigentümer des Bauplatzes bei der Auswahl des Unternehmers leichtsinnig oder dolos war, d. h. einen unzuverlässigen, unehrlichen Unternehmer nahm, sei es, daß er es wußte, oder nach Lage der Dinge wissen mußte.[4]) Dabei ist es gleichgültig, ob die Nachmänner unmittelbar mit dem ersten Unternehmer abschließen oder ob sich ein Zwischenunternehmer findet. Bedingung ist nur, daß zwischen dem Grundstückseigentümer oder Generalunternehmer und den Nachmännern eine Kette von Verträgen besteht, die sich sämtliche auf die Herstellung des Gebäudes beziehen. Baugläubiger selbst können aller Art von Personen sein, die auf Grund eines Werk-, Dienst- oder Lieferungsvertrages an der Herstellung des Gebäudes beteiligt sind, wie Unternehmer, Baumeister, Architekt, Ingenieure, Baumateriallieferanten, Fuhrwerksbesitzer, Handwerker, Arbeiter und dgl.

Wer sind Baugeldgeber?

Baugeldgeber finden sich in den Reihen der Kapitalisten, die gegen Erzielung eines prozentualen Gewinnes bereit sind, Geldbeträge zu Bauzwecken zur Verfügung zu stellen, um dieselben produktiv zu verwenden; es können dies Privatkapitalisten, Banken aller Art, Versicherungsanstalten und Sparkassen und dgl. sein.[5]) Auch Baumateriallieferanten können in Kreditform Baugeld

[3]) Polenske, Bodenreform S 9

[4]) Simon, Reichsgef über die Sicherung der Bauforderung S 58.

[5]) Eickemeyer, Frage der II Hyp S. 28

geben, indem sie die Materialien unter Stundung der Bezahlung zum Bau liefern. Ausnahmsfälle sind es, die man erwähnen kann, daß z. B. ein Vater seinem Sohne oder seiner sich verheiratenden Tochter Baugelder ohne Zinsforderung und Sicherung zur Verfügung stellt. Schließlich finden wir in neuester Zeit, besonders bei Genossenschaftsbauten, daß Reich, Staat und Gemeinde die Bauüberteuerungssumme (den sog. verlorenen Bauaufwand) aus eigenen Mitteln tragen; nähere Ausführungen hierüber folgen später.

Die in Betracht kommenden Summen werden vom Land- bzw. Reichstag oder dem Magistrat einer Stadt genehmigt und den Baugenossenschaften und dgl. ausbezahlt.

d) In welcher Form werden Baukredite gegeben?

Nach der Art der Sicherung und Tilgungszeit der Schuld lassen sich Baukredite in kurz- und langfristige unterscheiden (Personal- oder Realkredit); nach Höhe der Verzinsung der Schuld in Erwerbs- und gemeinnützige Kredite, wobei der Erwerbskredit kurz- oder langfristig sein kann, während der gemeinnützige Kredit der Natur der Sache entsprechend nur langfristig gewährt wird.

1. Kurzfristige (Kontokorrent)-Kredite und langfristige (hypothekarische) Kredite.

Der kurze Kredit wird als Kredit in laufender Rechnung als Kontokorrentkredit gewährt, der von dem Übernehmer mit 1% über dem Reichsbanksatz (Lombardsatz) zu verzinsen ist (rd. 6¼%) nach dem Stande vom 1. Januar 1920 und nach Fertigstellung des Hauses nach ¼jähriger Frist im Kontokorrent gekündigt werden kann. Eine sehr gebräuchliche, besonders auch im Bauhandwerk übliche Form des Personalkredites ist die Wechselform. Der Baumaterialienhändler liefert seine Waren zum Bau gegen Eingehen eines 3 Monatsakzeptes durch den Bauunternehmer; falls Letzterer seine Schuld sofort in bar begleichen will, läßt sich der Baulieferant als Prämie 2% Diskont in Abzug bringen.

Die weitaus häufigere Form ist die langfristige, bei der das Darlehen auf eine Reihe von Jahren gegeben wird, was bei den sog. Amortisationshypotheken bis zu 50 Jahre in Anspruch nimmt. Eberstadt sagt in seinem Werke „Handbuch des Wohnungswesens", daß zu den beiden Hauptgebieten des Wohnungswesens: Bodenparzellierung und Hausform als Drittes der Realkredit hinzukommt. Die Verbindung zwischen diesen drei Gebieten ist eng und unlösbar. Die Einrichtung des Realkredites erfüllt heute zwei gänzlich verschiedene Aufgaben,[6]) einerseits die Investierung von Produktivkapital in einem Grundstück (Kapital wird immobilisiert) und die Herausziehung von Rentenkapital aus dem Boden (der Bodenwert wird mobilisiert). Im ersten Falle benötigt der Grund-

[6]) Eberstadt, Handb. d. Wohn.-Wes. S. 371 ff.

eigentümer oder der Bauunternehmer Kapital, das er nicht hinreichend zur Ausführung eines Gebäudes besitzt, in letzterem Falle benötigt der Bodeneigentümer Geld, um eine Verpflichtung gegenüber Dritten decken zu können oder er hat auf dem Grundstück eine Wertsteigerung erzielt, die er realisieren möchte.

Im ersteren Falle wird auf das Grundstück eine Baugeldhypothek eingetragen, in letzterem Falle wird das bebaute oder unbebaute Grundstück mit einer Gebäude- bzw. Grundstückhypothek belastet. Für unsere Betrachtung kommt lediglich der erste Fall in Frage, bei dem Baugeld in langfristiger Kreditform gesichert ist, wobei das gegebene Darlehen im Falle einer ersten Hypothek mit $4^1/_3$—$4^3/_4$ % verzinst wird, während die Verzinsung einer zweiten Hypothek nach einem wesentlich höheren Zinsfuß (5—6 %) geschieht, wozu gewöhnlich noch ein entsprechender erstmaliger und sich häufig wiederholender Provisionsabzug erfolgt.

Die Unterscheidung zwischen erster und zweiter bzw. dritter Hypothek beruht auf der Rangordnung und hat nichts mit der grundbuchlichen Numerierung zu tun. Eine jede hypothekarische Eintragung erhält im Grundbuch eine neue Nummer, so daß die erste Hypothek z. B. die Nummer 5 haben kann, wenn Nr. 1—4 gelöscht bzw. im Range zurückgetreten sind. Erste und zweite Hypotheken sind oftmals grundbuchlich nicht eine einheitliche Hypothek, sondern bedeuten eine Gruppe von homogenen Hypotheken, die infolge ihrer Gleichwertigkeit als eine geschlossene gleichrangige Hypothek erachtet werden. Die sog. Baugeldhypothek ist, obschon sie gewöhnlich an erster Stelle steht, keine erste Hypothek im technischen Sinne, die sie erst wird, wenn sie durch eine definitive erste Hypothek nach Abschluß des Neubaues abgelöst wird.[7]) Die normale erste Hypothek pflegt bis zu $^2/_3$ des Grundstückswertes einzunehmen, während die normale zweite Hypothek sich auf die von der ersten Hypothek freigelassenen Wertteile des Grundstückes bis zur Grenze von 75—80 % des Grundstückswertes erstreckt. Der Rest ist, soweit er nicht durch andere Hypotheken absorbiert wird, Kapital des Eigentümers, das vor dem Kriege sich nach dem aus dem Rentenertrage des Hauses ergebenden Betrage mit 5 % verzinsen und einen Überschuß ergeben sollte, der das Entgelt für die Arbeit und das Risiko des Eigentümers darstellt. Der Zinsfuß der ersten Hypothek ist im Durchschnitt 1—2 % niedriger, als derjenige der Nachhypotheken, da im Zinsfuß der Letzteren eine Risikoprämie enthalten ist. Daraus ist ohne weiteres ersichtlich, daß der Grundstückseigentümer bestrebt ist, einen möglichst großen Posten als erste Hypothek zu erhalten; außerdem kann im allgemeinen die erste Hypothek vom Gläubiger erst nach 10 Jahren (und mehr), die zweite schon nach 5 Jahren gekündigt werden. Die Fälligkeitsbedingungen sind bei den ersten Hypotheken viel zahl-

[7]) Nußbaum, Deutsches Hyp.-Wesen S. 194.

reicher und schärfer als bei den zweiten, da bei den gewaltigen Summen, die bei den ersten Hypotheken auf dem Spiele stehen, größte Vorsicht geboten ist. Der Umstand, daß als erste Hypothek oftmals große Summen gegeben werden müssen, hat dazu geführt, daß die ersten Hypotheken auf städtische Grundstücke nur von sehr kapitalkräftigen Geldgebern ausgeliehen werden, die sich mit einem relativ niedrigen Zinsfuß begnügen und ihr Kapital lange Zeit festlegen können; viele Bankinstitute erblicken sogar in einer möglichst langen hypothekarischen Anlage ihrer Gelder eine große, willkommene Sicherheit der von ihnen verausgabten Pfandbriefe und Schuldscheine, die einer langfristigen Amortisation unterliegen (z. B. in Württemberg: Landessparkasse und Württembergischer Kreditverein). Die zweiten Hypotheken stammen größtenteils aus dem Privatkapital, womit zusammenhängt, daß die Amortisationshypothek fast nur bei ersten Hypotheken anzutreffen ist, weil sie sich bei dem privaten Geldgeber geringer Beliebtheit erfreut.[8])

2. Erwerbs- oder gemeinnützige Kredite.

Erwerbskredite unterscheiden sich von gemeinnützigen Krediten dadurch, daß bei ersteren der Darlehensgeber sein Kapital nur zum Zwecke der produktiven Nutzung bzw. Verzinsung auf den Markt bringt, während bei der zweitgenannten Kreditart neben der Nutzung des Kapitals, die hier wesentlich geringer ist, das gemeinnützige Moment maßgebend ist, das kapitalschwachen Schuldnern in physischer und juristischer Gestalt ermöglichen soll, auch mit ihrem verhältnismäßig geringem Einkommen die Darlehensschuld für ein errichtetes Heim im Laufe der Zeit zum Abtrag zu bringen. Erwerbskredite geben Privatkapitalisten und alle Arten von Banken, während gemeinnützige Kredite von Staat und Kommune, gewissen Geldinstituten und teilweise von Privaten (Großindustriellen) zum Zwecke der Erbauung von Kleinwohnhäusern gewährt werden.

Gemeinnützige Kredite kommen in Form von ersten und zweiten Hypotheken auf den Markt, die fast ausschließlich unkündbar sind, dafür aber sämtlich den Charakter von langfristigen Tilgungshypotheken tragen; Kreditnehmer sind vornehmlich gemeinnützige Baugenossenschaften. Von den Instituten, die hiebei erste Hypotheken bis zu 60% des Schätzungswertes von Gebäude und Bauplatz beleihen, seien genannt die Sparkassen, private Versicherungsanstalten, Landesversicherungsanstalten, Reichsversicherungsanstalten für Angestellte und Stiftungen.[9])

Zur Illustrierung der von den genannten Instituten geforderten Hypothekenzinsen, Provisionsgebühren und Tilgungssätzen

[8]) Nußbaum, Deutsch. Hyp.-Wesen S. 196 ff.

[9]) Albrecht, Großberliner Verein für Kleinwohnungswesen, Heft 2, Ref. f. Immobiliar-Kreditkommission.

in Prozenten diene nachfolgende Tabelle mit dem Stand vom 1. Januar 1920.

	Hypotheken-Banken %	Spar-kassen %	Priv. Vers.-Anstalt %	Landesvers.-Anstalt %	Reichsver-sicherung %	Stiftungen %
Hyp.-Zinsf. .	$4^1/_2$—$4^3/_4$	$3^1/_2$—5	$4^1/_4$	3—$4^1/_2$	$4^1/_8$—$4^5/_8$	3—$4^1/_2$
Prov.-Geb. .	1—2	—	1	—	—	—
Tilg.-Satz . .	Tilgungssatz nach gegenseitiger Vereinbarung ($^1/_2$—6 %)					

Bei Darlehensaufnahme werden zwischen Bank und Schuldner von Fall zu Fall gesonderte Bedingungen vereinbart.[10])

Daneben geben Staat, Kommunen und einige hiezu gesetzlich ermächtigte Institute, die für die Lebensfähigkeit der Baugenossenschaften so notwendigen zweiten Hypotheken. Unter den organisierten Einrichtungen zur Förderung des Realkredites für die gemeinnützige Bautätigkeit steht an erster Stelle das Reich, die Darlehensbewilligung erfolgt nur an solche Genossenschaften, die ausschließlich oder zu einem Teil für Arbeiter oder gering besoldete Beamte in den Betrieben und Verwaltungen des Reiches Wohnungen beschaffen. Die Darlehen werden nur zur zweiten Stelle und zwar bis 90% der Selbstkosten von Bau, Grund und Boden bewilligt. Das Darlehen ist mit 3% zu verzinsen und mit 1% unter Zuwachs der ersparten Zinsbeträge zu tilgen. Preußen gibt in derselben Art Darlehen bei 3% Verzinsung und 1% Amortisation, Bayern bei 3% Verzinsung und ½% Amortisation (die Darlehensgewährung nur an Gemeinden), Sachsen bei 3¼% Verzinsung und 1% Tilgung; andere Bundesstaaten haben eine ähnliche Einrichtung. Nach den gesetzlichen Bestimmungen sind ferner die Landesversicherungsanstalten berechtigt, bis zu ¼ ihres Vermögens zu zweitstelliger Beleihung von Kleinwohnhausbauten zu verwenden; die meisten Anstalten gehen bis zu 80% des Taxwertes; der geforderte Zinsfuß ist 3—4% bei ½—1% Tilgung. Ansehnliche Beträge sind von einer Reihe von Städten im Wege der direkten Kreditgewährung an einzelne gemeinnützige Vereine und Baugenossenschaften gegeben worden (die Stadt München hat besonders große derartige Aufwendungen gemacht; München hat bis Ende 1912 fast 9 Millionen Mark aus Anleihemitteln [zum größten Teil von der Landeskulturrentenanstalt aufgenommen] für den Bau von Kleinwohnungen in Form von Tilgungshypotheken gegeben. Beleihungsgrenze bis 25% der Herstellungskosten bei einer Verzinsung von 4%). Die zunehmende Kreditnot, der sich zurzeit die private Bautätigkeit gegenübergestellt sieht, hat zur Gründung von städtischen Hypothekenanstalten oder Hypo-

[10]) Schulte, Die Hypothekenbanken S. 119.

thekenfonds geführt, die mit Vorliebe Häuser mit Kleinwohnungen auf zweite Hypothek beleihen.

3. Bürgschaft.

Eine bedeutsame Unterstützung der allgemeinen diskreditierten zweiten Hypothek, die für den gemeinnützigen Wohnhausbau Lebensfaktor geworden, haben verschiedene Einzelstaaten damit geschaffen, daß sie selbst für die von Geldinstituten und Privaten gegebenen zweiten Hypotheken Bürgschaft leisten und veranlaßten, daß zahlreiche Kommunen und Landesversicherungsanstalten diesem Beispiele folgten (z. B. Preuß. BürgschSicherungsGes. vom 10. April 1918, Preuß. GesSammlung 1918 S. 43, Württemberg. WohnungsbürgschGes. vom 30. Mai 1919, Regierungsbl. f. Württemberg Nr. 19 vom 2. Juli 1919 und dergleichen).

Diese Bürgschaften verhelfen mittelbar zur Belebung und Beschickung des Baugeldmarktes mit den für den reellsten Baugeldgeber unsicheren Baukrediten.

4. Baukredite auf im Erbbaurecht vergebene Grundstücke.

Zum Schlusse sei noch der Beleihung des Erbbaurechtes Erwähnung getan, von der sich Boden- und Wohnungs-Reformer eine wesentliche Besserung der Wohnungsverhältnisse mit günstiger Rückwirkung auf die Bodenverhältnisse erwarten.[11]) Beleihung des Erbbaurechtes ist eine neuere Art des gemeinnützigen Baukredits, die leider noch wenig zur Ausführung kam, was in der bisherigen unerschöpfenden und unzulänglichen Behandlung des Erbbaurechtes in den §§ 1012—1017 BGB. begründet war. Diese sind in jüngster Zeit außer Kraft gesetzt worden und an ihre Stelle ist eine Verordnung des Reiches über das Erbbaurecht vom 15. Januar 1919 (RGBl. 1919 Nr. 14 S. 72) getreten. —

In den 39 Paragraphen dieser neuen Verordnung sind die Verhältnisse des Erbbaurechtes zwischen Erbbauberechtigtem und dem Grundstückseigentümer zur beiderseitigen Befriedigung gelöst worden. Grundstückseigentümer und Erbbauberechtigter können nunmehr Vereinbarung treffen, die dem Letzteren ein Vorrecht auf Erneuerung des Erbbaurechtes nach dessem Ablauf einräumen oder den Grundeigentümer verpflichten, das Grundstück an den jeweiligen Erbbauberechtigten zu verkaufen (§ 2 Ziff. 6 und 7 des Ges.). Ferner kann vereinbart werden, daß der Erbbauberechtigte zur Belastung des Erbbaurechtes mit einer Hypotheken-, Grund- oder Rentenschuld ebenso bei Verkauf des Erbbaurechtes der Zustimmung des Grundeigentümers bedarf (§ 5 des Ges.), wenn jedoch der Grundstückseigentümer ohne ausreichenden Grund sich weigert, darauf einzugehen, so kann die Zustimmung auf An-

[11]) Albrecht, Großberliner Verein f. Kleinwohnungswesen S. 53ff.

trag des Erbbauberechtigten durch das Amtsgericht ersetzt werden, in dessen Bezirk das Grundstück liegt (§ 7 Abs. 3 des Ges.).

Die Verordnung spricht ferner von dem Entgelt des Erbbaurechtes und wiederkehrenden Leistungen (Erbbauzins), der sich nach den Vorschriften des BGB. über Reallasten richtet; der Erbbauzins muß nach Zeit und Höhe für die ganze Erbbauzeit im Voraus geregelt sein (§ 9 des Ges.). Das Erbbaurecht kann nur zu ausschließlich I. Rangstelle bestellt werden, auch kann der Rang nicht geändert werden. Die auf das Erbbaurecht aufgenommene Hypothek darf die Hälfte des Wertes des Erbbaurechtes nicht überschreiten (§ 19 des Ges.); die planmäßige Tilgung der Hypothek muß unter Zuwachs der ersparten Zinsen spätestens 10 Jahre vor Ablauf des Erbbaurechtes endigen (§ 20 des Ges.). Die Grundbuch-Ordnung hat dahingehend eine Abänderung erfahren, daß für das Erbbaurecht ein besonderes Grundbuchblatt (Erbbaugrundbuch) angelegt wird. Sehr wichtig und wertvoll für einen Erbbauberechtigten ist schließlich die Bestimmung in §§ 27 und 32 der Verordnung, daß im Falle des Zeitablaufes des Erbbaurechtes, oder bei Eintreten des Heimfallanspruches auf seiten des Grundstückseigentümers dieser dem Erbbauberechtigten, wenn derselbe den minderbemittelten Bevölkerungskreisen angehört, mindestens $^2/_3$ des gemeinen Wertes entschädigen muß, den das Bauwerk bei Ablauf des Erbbaurechtes hat. Diese Neuregelung des Erbbaurechtes wird höchstwahrscheinlich die Beleihung im Erbbaurecht in der Folgezeit beleben und schon lassen sich allerorts Anzeichen hiefür feststellen.

Die geringe Zahl der Baukredite, die auf das Erbbaurecht bisher gegeben wurden, beschränken sich mit wenigen Ausnahmen auf Beleihung gemeinnütziger Bauunternehmungen und zwar hauptsächlich durch öffentliche Körperschaften, wie Reich, Staat, Gemeinden und einzelne Landesversicherungsanstalten.

Das Reich hat in neuerer Zeit nicht nur Grund und Boden an einen beschränkten Kreis von Baugenossenschaften abgegeben, sondern die Erbbaurechte bis zu einer Höhe von 8000000 ℳ belehnt. Erbbauzins ist 2% der für den Ankauf und Erschließung des Geländes aufgewandten Selbstkosten. Weitere derartige Darlehen hat das Reich auf durch den preuß. Staat und diverse Gemeinden im Erbbaurecht vergebene Grundstücke bewilligt. Die Beleihung erfolgt auf Grund eines Darlehensvertrages, der bezüglich Beleihungsgrenze, Zins und Tilgungssatz die gleichen Bestimmungen enthält, wie sie im allgemeinen bei Hergabe von Hypotheken auf das Eigentum vom Reiche gehandhabt werden. Die Sicherheit des Darlehens wird durch die sogenannte Rückübertragung gewährleistet, d. h. falls der Erbbauberechtigte seinen Verpflichtungen nicht nachkommt, geht das Erbbaurecht auf den Grundeigentümer über (Eigentümererbbaurecht). Für Verkauf des Erbbaurechtes sichert sich das Reich das Vorkaufsrecht am Erbbaurecht.

III. Kapitel.

Auf welcher Grundlage wird ein Gebäude finanziert? (Rentabilitätsberechnung.)

Der Darlehensgeber, sei es, daß er ein Privatmann oder ein Institut ist, überzeugt sich eingehend, bevor er das Geldgeschäft macht, ob einerseits der Darlehensnehmer kreditwürdig ist und ob andererseits das beliehene Objekt Aussicht auf ein sicheres Unternehmen bietet. Der Kapitalist wird sich durch Auskunftsbüros, Handelskammer und Handwerkskammer, darüber Aufschluß geben lassen, ob der Kredit benötigende Bauunternehmer einige Sicherheiten durch sein Vermögen und besonders in seiner eigenen Person bietet, bzw. ob er ein tüchtiger, ehrlicher und verlässiger Geschäftsmann ist oder nicht. Ist dieser Punkt in Ordnung, so wird das zu beleihende Unternehmen selbst einer eingehenden Betrachtung unterzogen, wobei bei zu erstellenden Neubauten von großem Interesse ist, welche hypothekarische Belastung bereits auf dem zu bebauenden Grundstücke liegt, in welche Gegend das zu bebauende Haus zu stehen kommt, ob es von den Architekten zweckdienlich geplant ist und was der springende Punkt ist, ob nach menschlicher Berechnung das Gebäude nach seiner Herstellung sich rentieren wird. Ein Bauwerk wird sich dann rentieren, wenn die aus demselben zu erzielende Rente, die „Brutto-Rente" genannt, im Jahre höher ist, als die jährlichen Zinsen aus den auf Bauplatz und Bauobjekt lastenden Obligationen (Hypotheken, Annuitätenkapital und dgl.).

Um diese feststellen zu können, werden amtlich vereidigte Bausachverständige, gewöhnlich Architekten und Baumeister, die große praktische Erfahrung im Grundstückswerten und Baukosten haben, von den Bankinstituten beauftragt, eine Rentabilitätsschätzung zu errechnen und zwar auf Grund des zu bebauenden Grundstückes (A), einer auf Grund von Plänen des Architekten für den Neubau erstellten Kalkulation der Baukosten (B) und der jährlich voraussichtlich erzielten Brutto-Renteneinnahme (C), abzüglich diverser Spesen und Kosten, die in das Gebäude verwandt werden müssen. Unter den genannten Spesen und Unkosten versteht man den erwachsenden Aufwand des Hauseigentümers für Ausbesserungen, Umänderungen und nötigen Neuanschaffungen für das Gebäude einerseits, die Auslagen für Steuern und Umlagen andererseits.

Falls diese Schätzung von der den Bau erstellenden Bauunternehmung gemeinschaftlich mit dem Architekten und Bauleiter erstellt ist, so läßt sie die Bank oder der Privatkapitalist durch einen von ihnen gewählten ehrenamtlich verpflichteten Vertrauensmann nachprüfen und je nachdem, ob die Rechnung ein günstiges Ergebnis gibt, treten sie der Baugeldgebung näher oder nicht. Der Baugeldgeber will damit rechnen können, daß er nicht nur mit Mühe seine Zinsen für das geliehene Kapital bekommt, sondern das Geschäft sogar als eine gute Kapitalsanlage betrachten kann; sodann wird der Vertrag zwischen Baugeldgeber und -nehmer aufgestellt und nach Angabe des Bausachverständigen das Baugeld in Raten entsprechend dem Fortschritt des Baues zur Auszahlung gebracht.

Im Nachfolgenden sind zwei Rentabilitätsberechnungen aus der Praxis gegeben; im ersten Fall dreht es sich um den Bau eines Geschäfts- und Wohnhauses in der Altstadt Münchens in der Zeit kurz nach dem Kriege, wobei die Baukosten und die zukünftige Rentabilität des Hauses veranschlagt werden. Im zweiten Falle handelt es sich um ein Familienhaus in einem vornehmen Stadtviertel Münchens (geschätzt vor dem Kriege), wobei das Gebäude bereits vorhanden ist und der Eigentümer Geld zu einem Bauwerk auf demselben Bauplatze benötigt und auf Grund des ersteren Objektes Baugeld von der Bank haben will, der dann dieses Objekt als Sicherheit dienen soll. Wenn im letzteren Falle der Hausbesitzer Geld für ein auf einem anderen Platze geplanten Neubau erhalten will (wobei jedoch angenommen ist, daß das Familienhaus und der dazugehörige Bauplatz annähernd schuldenfrei sind), so wird die Bank auf Grund der summierten Sicherheit aus dem ersten und zweiten Objekt ihre Beleihung geben.[1])

Fall 1.

A. Grundfläche 8880 Quadratfuß à 2,60 ℳ . . .	230 000 ℳ
B. Veranschlagte Baukosten	283 520 „
	513 520 ℳ
Rentenberechnung (Bruttorente)	32 280 ℳ
Hievon ab: rd. 18—20% für Unterhalt, Abgaben, Steuern und dergleichen	5 800 „
C. Netto-Rente	26 480 ℳ
Diese Netto-Rente entspricht zu 4½% einem Kapital von	588 000 ℳ
Hiezu Summe A und B	513 520 „
	1101 520 ℳ
Mittlerer Schätzungswert: $\frac{1\,101\,520}{2}$ = ...	550 760 ℳ
Die Bank gibt auf Grund des obigen mittleren Schätzungswertes bis zu 50% desselben.	
Beleihung: 50%	275 380 ℳ

Fall 2.[2])

A. Grundfläche 24 000 Quadratfuß à 3,30 ℳ . .	79 200 ℳ
B. Gebäudewert 300 qm überbaut, 3720 cbm umbauter Raum à 35.— ℳ	142 000 „
	221 200 ℳ

[1]) Ausführliche Aufstellung im Anhang Anl. Nr. 1.
[2]) Ausführliche Aufstellung im Anhang Anl. Nr. 2.

Übertrag	221 200 ℳ
Rentenberechnung (Bruttorente)	8 500 ℳ
Hievon ab: 25% für Kosten der Ausbesserung, Steuer und dergleichen	2 125 „
C. Netto-Rente	6 375 „
Diese entspricht zu $4\frac{1}{2}$% einem Kapital von . .	141 800 „
Hiezu Summe A und B	221 200 „
Gesamtsumme:	363 000 ℳ
Mittlerer Schätzungswert: $\frac{363\,000}{2}$	181 500 ℳ
Die Bank wird auf Grund der Schätzung 50% von 181 500 ℳ Beleihung geben, sohin rund . . .	90 000 ℳ

Aus diesen beiden Beispielen kann man für Bankbeleihung folgende Formel aufstellen:

Mittlerer Schätzungswert $= \frac{\text{Realwert} + \text{Rentenwert}}{2}$, wobei Realwert die Summe der Werte von Bauplatz und Gebäude darstellt, während Rentenwert den kapitalisierten Mietertrag nach Abzug der Unkosten, Lasten und dergleichen bedeutet.

IV. Kapitel.

Wer gibt hauptsächlich Erwerbskredite? In welcher genaueren Form?

1. Hypothekenbanken.

Wie schon vorher erwähnt, kann der Interessent für Baukredite bzw. Baudarlehen dasselbe von Bankinstituten und Privatkapitalisten in Form von Hypotheken und kurzfristigen Krediten zugewiesen bekommen. Die Baukreditbeschaffung für Kleinwohnhausbauten wird ihrer besonderen Bedeutung und Eigentümlichkeit halber a. a. O. besonders behandelt werden; Veranlassung hiezu gibt der Umstand, daß infolge gesetzlichen Eingriffes des Staats in Anbetracht der Wohnungsnot und des Kreditmangels für Kleinbauten, für die einzelnen Institute zu diesem Zwecke Erleichterungen geschaffen wurden, die nur dem „gemeinnützigen" Bau zugute kommen sollen.

Die größte Bedeutung für mittel- und unmittelbare Baukreditgebung haben die Hypothekenbanken;[1]) sie haben seinerzeit teilweise das Baugeldergeschäft in wesentlich größerem Umfange betrieben, wobei einzelne Institute bodenspekulatorische Tendenzen verfolgten, die schließlich die bekannten Grundstückskrisen erzeugten. Seit Inkrafttreten des HypBankG. vom 13. Juli 1909 ist das

[1]) Eber, Staat und Realkredit in Deutschland S. 108. Schulte, Die Hypothekenbanken S. 125.

Baugeldergeschäft der Hypothekenbanken seinem Umfange nach erheblich eingeschränkt worden. Dieses Gesetz hatte den Zweck, Kautelen gegen die Gefahren zu schaffen, die von seiten der spekulativen Hypothekenbanken der Volkswirtschaft drohten. Die Sicherheitsarten scheiden sich in:[2])

1. Schutz der Pfandbriefgläubiger,
2. Schutz vor schädlicher Spekulation in Grundstücken,
3. Schutz vor übermäßiger Verschuldung des Grundbesitzes,
4. Schutz der Darlehensnehmer.

Die Wirkung dieses Gesetzes ist nicht ausgeblieben. Gemäß § 12 des HypBankG. dürfen die zur Deckung von Hypothekenpfandbriefen verwendeten Hypotheken an Bauplätzen, sowie an noch nicht fertiggestellten Neubauten zusammen den zehnten Teil des Gesamtbetrages der zur Deckung der Hypothekenpfandbriefe benützten Hypotheken, sowie den halben Betrag des eingezahlten Grundkapitals nicht überschreiten. Trotz der Strenge dieses Gesetzes stehen nach wie vor die Hypothekenbanken mit Baukreditgebung an erster Stelle. Nach sachverständiger Taxierung betrugen z. B. 1910 die Gesamtanlagen der rd. 40 deutschen Hypothekenbanken in Hypotheken auf städtischem Hausbesitz über 30 Milliarden Mark.[3])

Die Baugeldbeleihung durch Hypothekenbanken vollzieht sich im Deutschen Reiche, abgesehen von einigen kleinen Formverschiedenheiten von Fall zu Fall im wesentlichen in folgender Weise:

Der Baugeldnehmer legt den baubehördlich genehmigten Plan mit Rentabilitäts- und Kostenberechnung für den Neubau bei einem Bankunternehmen vor und stellt gleichzeitig unter Anerkennung der allgemeinen, von dem Bankinstitut festgelegten Darlehensbedingungen einen schriftlichen Antrag auf Gewährung des Baugeldes (näheres über Form und Inhalt eines derartigen Antrages siehe Nußbaum, Deutsches Hypotheken-Wesen S. 289 ff. und prakt. Beispiele für Beleihungsformen am Anhange dieser Arbeit). Die Bank läßt sodann durch einen amtlich vereidigten Schätzer und dgl. die Angaben der Darlehensforderers nachprüfen und erklärt sich, wenn nach Angabe des Vertrauensmannes das Geschäft empfehlenswert und der Bankkunde vertrauenswürdig erscheint, bereit, auf das Unternehmen eine Beleihung bis zu 50% des amtlichen Schätzungswertes zu geben. Diese Schätzungen werden in Württemberg, Baden und Hessen von einem gemeinderätlichen Schätzer, in Bayern bzw. einigen anderen Bundesstaaten durch vereidigte Sachverständige der Banken, in Preußen nach Einführung des Schätzungsamtsgesetzes vom 8. Juni 1918 (Preuß. GesS. Jahrg. Nr. 20 S. 83) von eigenen staatlichen Schätzämtern vollzogen.

---

[2]) Deutsch. Ökonomist, Jahrg. 91 S. 439.
[3]) Eber, Staat und Realkredit in Deutschland S. 108.

Die gemeinderätlichen bzw. vereidigten privaten Schätzer, wie sie in den erstgenannten Ländern sind, fertigen auf Grund der voraussichtlichen Baukosten und Bauzeit eine überschlägig gerechnete Bauratenaufstellung, auf Grund deren seinerzeit mit kleineren Abänderungen die Auszahlung des Baugeldes, je nach Fortschritt des Neubaues erfolgt.

(Siehe Beispiel einer amtlichen Schätzung in Württemberg, Anhang, Anlage Nr. 3.)

Nach Einführung des preuß. Schätzungsamtsgesetzes, das nach § 27 des Ges. erst nach Ablauf von 5 Jahren seit der Beendigung des Kriegszustandes, also im Laufe des Jahres 1924, durch eine neuerliche Verordnung zur Einführung gelangen soll, wird das Schätzungsamt auf Antrag der Bank, des Grundstückeigentümers oder dergleichen die Schätzung vornehmen und die einschlägigen Bauraten in Vorschlag bringen (§ 3 des Schätzungsamtsgesetzes vom 8. Juni 1918). Das Bankinstitut trifft sodann Veranlassung, daß der Darlehensnehmer für das geforderte Darlehen nebst Zinsen eine Hypothek an dem zu bebauenden Grundstücke im Grundbuch des zuständigen Amtsgerichts bestellt und gleichzeitig verspricht, dieser Hypothek die erste Stelle zu verschaffen. Diese Hypothek wird zunächst, da ihre endgültige Größe vor Abschluß des Baues nicht genau festgelegt werden kann, als Sicherungshypothek eingetragen, die seinerzeit nach Baubeendigung in eine Briefhypothek umgeändert wird, wobei das Grundbuchamt den zu erteilenden Hypothekenbrief an die Bank aushändigt. Gleichzeitig mit der Regelung der Frage der Baugeldhypothek wird zwischen Bank und Unternehmer ein Baugeldvertrag abgeschlossen, in dem eingehend die Bedingungen klargelegt sind, unter denen sich das Institut verpflichtet, nach Fortschreiten des Baues nach den bereits genannten Bauraten das Baugeld abzugeben, wenn nicht auf Grund von im Bauvertrag näher angegebenen Begebenheiten die Auszahlung derselben eingestellt werden muß; in diesem Falle ist die Bank berechtigt, die sofortige Rückzahlung der ausgezahlten Beträge zu verlangen.[4]) (Siehe Anhang Anl. Nr. 4, 4a—e). Oftmals verlangen die Bankinstitute, daß der Baugeldvertrag beim Notar zum Abschluß kommt und daß dem Institut eine Baugeldschuldurkunde vom Kunden übergeben wird. Ist das mit der Baugeldhypothek zu belastende Grundstück bereits mit Hypotheken belastet, so verlangt die Bank, daß dieselben im Range hinter die erststellig einzutragende Baugeldhypothek zu treten haben (oftmals bei Restkaufgeld der Fall), oder sie betätigt die Löschung derselben eigenhändig und läßt sich dafür auf den Namen des Baugeldnehmers eine Hypothek an erster Stelle eintragen, die im II. Kapitel (Abschnitt b 3) die uneigentliche Baugeldhypothek genannt wurde.

Erst nach Lösung all dieser Fragen und Aushändigung und Prüfung der Hypothekendokumente durch die Gläubigerin tritt

[4]) Nußbaum, Deutsches Hyp.-Wesen S. 292.

diese an die Auszahlung des geforderten Darlehens heran; dieses wird von der Bankabteilung der Hypothekenbank dem Baugeldnehmer ausbezahlt, während die Hypothekenabteilung für diese Summe während der Bauzeit bürgt; nach Fertigstellung des Neubaues wird das ausgezahlte Geld von der Hypothekenabteilung der Bankabteilung gutgeschrieben und erstere tritt dann in den Besitz der in Form eines Hypothekenbriefes vom Grundbuchamt ausgestellten ersten Hypothek. Andere Hypothekenbanken kontrahieren von Anfang an eine feste Hypothek mit dem Baugeldnehmer, dem sie dann das Baugeld je nach Fortschreiten des Baues in sog. à Contozahlungen gewähren (dem Darlehensnehmer wird bei der Bank ein sog. Kontokorrentkonto eröffnet).[5]) Der Bauunternehmer hatte diese Hypothek der beleihenden Bank mit $4^1/_2$—$4^3/_4$ % zu verzinsen und eine einmalige Abschlußprovision von 1—2% zu entrichten, die bei der Auszahlung des Darlehens zusammen mit den sonst erwachsenen Kosten in Abzug gebracht werden. Die Zinszahlung hat in halbjährigen Raten zu erfolgen, im Falle einer Verzögerung mit der Zinszahlung sind im allgemeinen 5% Verzugszinsen vom Verfalltage an zu entrichten; außerdem tritt bei Verzögerung von mehr als 4 Wochen nach Verfall eine weitere Erhöhung des Zinsfußes für das betr. Halbjahr von rd. $^1/_2$% ein.

Die Auszahlung des Baugelddarlehens erfolgt in Raten nach Fortschreiten des zu errichtenden Baues, wobei sich der Darlehensnehmer dem Urteil, dem Gutachten und Taxen des Bausachverständigen der Bank unbedingt unterwerfen muß; diese Forderung kann von den Bauunternehmern als sehr hart empfunden werden, wenn die Aufsichtsorgane sich peinlichst genau an das Bauprogramm und die Ausführungsvorschriften halten. Die erste Rate ist zahlbar nach Fertigstellung der Kellerdecke, die zweite nach Verlegung der Balken über dem I. Stock, die dritte nach entsprechendem Ausbau des II. Stockwerkes usw.; in der Praxis spricht man vom ersten, zweiten Tramlager. Weitere Zahlungen erfolgen nach Fertigstellung des Rohbaues, Aufschlagen des Dachstuhles und Herstellung der Spenglerarbeiten, Putzarbeiten, Legen der Fußböden, Anschlagen von Tür und Fenster usw. Gewöhnlich werden zum Schluß 5% Kaution von der Bank bis zum Ablauf einer gewissen Garantiezeit zurückbehalten. Neben diesen materiellen Erfordernissen werden die Zahlungstermine auch dem Datum nach festgelegt, so daß beispielsweise die 4. Rate am 15. März nach Aufstellen des Dachstuhls fällig wird. Die Festsetzung der Kalendertage richtet sich nach den ortsüblichen Erfahrungen hinsichtlich der Zeit, welche für ein normales Fortschreiten des Baues erforderlich ist. Auf pünktliches Innehalten der Termine wird vom Geldgeber nicht nur aus bautechnischen Gründen geachtet, sondern auch deshalb, weil eine verzögerte Bauausführung für das Pfandobjekt

[5]) Ehrlich, Wirtschaftl. Bedeutung der Hyp.-Banken-Ges.. S. 81.

wirtschaftliche Nachteile mit sich bringt. Darum pflegt ein verspätetes Fertigwerden des Baues, wobei eine gewisse Endfrist überschritten wird, für den Geldgeber ein Rücktrittsrecht vom Vertrage zu begründen; der Baugeldgeber läßt sich vertraglich vom Unternehmer für jeden Tag, den der Bau später vollendet wird, eine bestimmte Konventionalstrafe (z. B. 200 ℳ, 500 ℳ) zahlen. Die Höhe der vertraglich festgelegten Baugeldraten kann auf Grund des Gutachtens des Sachverständigen der Bank Änderungen erfahren. Die Raten können eventuell gekürzt werden, wenn die Bauausführung sich als geringwertiger, wie angenommen, zeigt, bzw. wenn die Gesamtsumme der zu bezahlenden Beträge im Grundbuche mit einer Zahl auslaufen würde, die den für das Institut gesetzlich und statutarisch zulässigen Beleihungssatz des Grund- und Bauwertes von 50—60% übersteigen würde. Tritt der Darlehensnehmer vom Vertrage zurück und zwar in der Zeit vor erfolgter erster Ratenzahlung, so hat derselbe der Bank eine Rücktrittsprovision von rd. 2% zu zahlen, außerdem alle dem Institut bis dahin entstandenen Kosten für Ausfertigung und Prüfung der Schuldurkunden und sonstige Kosten zu vergüten.

Neben dieser hypothekarischen Beleihungsmethode geben Aktien-Hypothekenbanken, auch Kontokorrentbanken genannt, sogenannte Kredite in laufender Rechnung (Kontokorrentkredit), die mit 1% über Reichsbanksatz (Lombardsatz genannt) zu verzinsen sind; hiezu tritt rd. ¼% aus:

1. dem zur Verfügung gestellten Kredit oder } Kreditprov.
2. dem in Anspruch genommenen Kredit oder }
3. von der größeren Kontoseite (Aktiva- oder Passivaseite) oder } Umsatz-Prov.
4. aus dem bestimmt zu fixierenden Betrag (doppeltes oder dreifaches Höchstkreditmaß). }

Die Banken sind bei dieser Beleihungsart mit der Auswahl des Schuldners besonders vorsichtig. Nach Baufertigstellung tritt in der Regel eine vierteljährige Frist ein, dann kann das Darlehen im Kontokorrent vierwöchentlich gekündigt werden. Nachdem der Kontokorrentkredit eine höhere Verzinsung als der hypothekarische Kredit erfordert, außerdem die strengen Kündigungsbedingungen und die Kurzfristigkeit der Kündigungsmöglichkeit des Gläubigers für den Baugeldgeber bedrohliche Folgen annehmen können, so wird derselbe möglichst bald eine feste Hypothek auf das bebaute Grundstück aufzunehmen trachten, um seinen Kontokorrentkredit in einen hypothekarischen umzuwandeln. Nachfolgendes Zahlenbeispiel zeigt eine Art der Zinsenberechnung eines Kontokorrentkredites:

Mittlerer Gebäudeschätzungswert	100 000 ℳ
Beleihung (50%)	50 000 „

Zinsermittlung:

Lombardsatz (1% über Reichsbanksatz):	
6% von 50000 ℳ	3000 ℳ
+ $^1/_3$ von mindestens $2^1/_2$ mal des höchsten Kredites 125000 ℳ	416 „
Gesamtzins:	3416 ℳ

Der Hamburger Hypothekenmarkt kennt sog. Diskontposten, d. h. zur Deckung eines vorübergehenden Geldbetrages auf 3—6 Monate hingegebene Leihgelder zu einem den gewöhnlichen Hypothekenzinsfuß um 1—2% übersteigenden Zinssatz.[6]) Ihrem Wesen nach sind sie in Diskont gegebene Hypotheken; sie sind als Sicherheit eingetragenen Hypothekenposten für ein kurzfristiges Darlehen zum üblichen Bank- oder Privatdiskontsatz, wobei die Zinsen im Vornherein bei Hingabe des Darlehens abgezogen werden. Der Bauunternehmer greift zu dieser Kreditform, wenn er plötzlich laufende Gelder für Löhne, Materialien und dgl. braucht und nicht die Absicht hat, eine langfristige Hypothek aufzunehmen, da er in Bälde von anderer Seite Geld zu erhalten hofft, um damit die Hypothek wieder heimzahlen zu können.

Ich möchte hier noch erwähnen, daß zufolge § 14 des Hyp.-BankG. die hypothekarischen Darlehen von den Banken in Geld zu gewähren sind; ausnahmsweise können die Darlehen in Hypothekenpfandbriefen zum Nennwert gegeben werden, wenn die Satzung der Bank es gestattet und der Schuldner es ausdrücklich so bestimmt. Die Hypothekenbank setzt die bei der Ausgabe von Pfandbriefen erhobene Talonsteuer dem Baugeldgeber in Rechnung. Die Notenbanken z. B. geben für gewöhnlich Darlehen nur in Form von Hypothekenpfandbriefen aus.

2. Private Versicherungsgesellschaften.

Die Versicherungsunternehmungen sind bis zum Ausbruch des Krieges in steigendem Maße dazu übergegangen, ihre Kapitalien in Hypotheken anzulegen und haben so auch in ihren wirtschaftlichen Funktionen eine gewisse Ähnlichkeit mit den Hypothekenbanken erlangt.[7]) Zufolge § 60 der VSG. vom 12. Mai 1901, RGBl. 139—173 ist den privaten Versicherungsgesellschaften die Beleihung von Bauplätzen und Neubauten, welche noch nicht fertiggestellt und ertragsfähig sind, also das Baugeldergeschäft aus Mitteln des Prämien-Reservefonds (§ 59 VAG.) entzogen. Wir haben jedoch bei dem Vermögen der privaten Versicherungsgesellschaften zu unterscheiden zwischen

1. gebundenem Vermögen, d. s. die den Prämien-Reservefond bildenden Vermögensbestände,

[6]) Deumer, Hamburger Hypothek- u. Kreditwesen S. 49.
[7]) Eber, Staat- u. Realkredit in Deutschland S. 1.

2. freiem Vermögen, d. i. das übrige Vermögen der Gesellschaften.

§ 60 des VAG. handelt nur von den Vermögensbeständen des Prämien-Reservefonds. Die Anlage des freien Vermögens wird durch die Satzungen der einzelnen Versicherungsgesellschaften geregelt. Für Beleihungen aller Art, also sowohl aus dem gebundenen, wie dem freien Vermögen hat die Aufsichtsbehörde der privaten Versicherungsgesellschaften, das Reichsaufsichtsamt in Berlin besondere Beleihungsgrundsätze herausgegeben, welche den Versicherungsgesellschaften als Richtschnur zu dienen haben. In § 9 dieser (für die Beleihung und Ermittlung des Wertes inländischer städtischer Grundstücke) Grundsätze des Reichsaufsichtsamts Berlin heißt es: „Zur Anlegung von Beständen des Prämienreservefonds dürfen Darlehen auf Neubauten, welche noch nicht fertiggestellt und ertragsfähig sind, nicht verwendet werden. Aus dem sonstigen Vermögen sind Beleihungen von Neubauten nur in den Grenzen zulässig, in denen sie durch die Satzung (Gesellschaftsvertrag) oder durch eine von der Aufsichtsbehörde genehmigte Beleihungsordnung (Regulativ) ausdrücklich gestattet sind.“ Nach diesen Grundsätzen sind aus dem freien Vermögen-Beleihungen von Neubauten nur in den Grenzen zulässig, die von der Satzung der Gesellschaft oder durch die Anordnung der Aufsichtsbehörde gesteckt sind. Der einschlägige Paragraph der Satzung einer der größten Versicherungsgesellschaften Deutschlands (Allgemeiner Deutscher Versicherungsverein Stuttgart) lautet: „Neubauten, welche noch nicht fertiggestellt und noch nicht ertragsfähig sind, können insoweit beliehen werden, als die einschlägigen persönlichen und sachlichen Verhältnisse (Solvenz des Schuldners, Lage und Beschaffenheit des Grundstücks) keine Bedenken ergeben und insbesondere die demnächstige planmäßige Fertigstellung und die Ertragsfähigkeit des Gebäudes gesichert erscheint. In der Regel muß mindestens der Rohbau fertiggestellt sein; von dieser Bedingung darf nur an solchen Orten abgegangen werden, wo dem Verein die einschlägigen Verhältnisse genau bekannt sind und insbesondere auch eine angemessene Überwachung der Bauausführung gesichert ist.

Auszahlungen auf unvollendete Gebäude sind nur mit Beschränkung auf den mit Zwischentaxen zu ermittelnden jeweiligen Wert des Grundstücks zulässig, wobei überdies bis zur vollständigen Fertigstellung der jeweilige Beleihungsprozentsatz um mindestens 10% zu kürzen ist.“

Nach den Satzungen dieser Gesellschaft können bei Gasthöfen, Krankenhäusern oder anderen zum überwiegenden Teile gewerblichen Zwecken dienenden Grundstücken, wenn sie zum Umbau in Wohnungen geeignet sind, außer dem Wert des Grund und Bodens auch der Gebäudewert nach Abzug der Umbaukosten beliehen werden. Nach der baulichen Vollendung solcher Anwesen bleibt es den Versicherungsgesellschaften unbenommen, die Hypotheken, welche aus dem freien Vermögen gegeben sind, späterhin in den Prämien-Reservefond zu übernehmen. Die Satzungen der übrigen privaten Versicherungsgesellschaften weichen nur wenig von denen der Allg. Deutschen Versicherungsgesellschaft Stuttgart ab und bewegt sich deshalb deren Baugeldgabe in denselben Formen und Grenzen.

Die Formalitäten, denen sich der Baugeldnehmer bei der Geldaufnahme zu unterziehen hat, sind im wesentlichen die gleichen, wie sie bereits bei den Hypothekenbanken im vorhergehenden Kapitel besprochen wurden. Der Baugeldantrag des Klienten wird durch einen amtlichen Schätzer überprüft und eine Bauratenaufstellung erstellt. Diese Unterlagen werden von einer Ausleihkommission, die sich bei der Versicherungsgesellschaft befindet, überprüft und dem Darlehensnehmer ein Darlehen in Höhe von 50% des amtlichen Schätzungswertes zugesagt, wobei die Gesellschaft zur Bedingung macht, daß der Schuldner sogleich beim Grundbuchamt die Eintragung einer erststelligen Hypothek zugunsten der Versicherungsgesellschaft beantragt. Sind auf dem zu bebauenden Grundstücke bereits Lasten eingetragen, so müssen dieselben gelöscht oder deren Rücktritt im Range hinter die Hypothek der Gesellschaft vom Darlehensnehmer bewerkstelligt werden. Die Versicherungsgesellschaft nimmt es selbst in die Hand, sich wegen Löschung dieser fraglichen Vorhypotheken mit den bisherigen Gläubigern auseinanderzusetzen, wobei sie vom Darlehensnehmer die zur Tilgung derselben nötigen Zuschüsse zur Einzahlung an die Versicherungskasse fordert und dessen Zustimmung zur Löschung (gemäß § 27 Grundbuchordnung). Die Bauraten werden nach Fortschreiten des Baues in Höhe von 40% des jeweiligen Bauwertes ausbezahlt und müssen, solange diese à conto-Zahlungen laufen, mit 5% verzinst werden; nach Auszahlung des gesamten Darlehens hat die eingetragene erste Hypothek vom Schuldner mit 4½% verzinst zu werden. Die Rückzahlung der Summe hat nach vorausgegangener Kündigung von 3 Monaten, die sowohl dem Gläubiger, wie dem Schuldner freisteht, nach Ablauf der vereinbarten Rückzahlungsfrist der Hypothek (7, 10 und mehrere Jahre) zu erfolgen. Der oder die Darlehensnehmer, je nachdem es eine physische Person oder eine Gesellschaft (off. Handelsgesellschaft, G. m. b. H., Komm.-Ges. und dgl.) ist, haften für das Darlehen persönlich als Gesamtschuldner, ein Umstand, der schon aus dem Wesen der Hypothek sich ergibt, die eine obligatio ist und außer persönlicher Haftung des Schuldners mit seinem Gesamtvermögen ein Realpfand in der Form des zu bebauenden Grundstücks verlangt; außerdem kann eine Zession für eine Grundschuld oder Hypothek, die das zu bebauende Grundstück bereits belasten, von dem Darlehensnehmer der Versicherungsgesellschaft gegenüber nur vollzogen werden, wenn die Gläubiger dieser Lasten vorher gehört werden und sich einverstanden erklären. Falls der Schuldner mit der Zinszahlung, die halbjährlich zu entrichten ist, ganz oder teilweise länger als 30 Tage nach Verfall im Rückstand ist, so erhöhen sich dieselben für das betreffende Halbjahr um 1/2 % aus dem gesamten Darlehen. Der Darlehensnehmer ist verpflichtet, im Falle einer Veräußerung der belasteten Grundstücke dem Versicherungsunternehmen innerhalb eines Monats nach der Auflassung eine Ausfertigung des betreffenden Vertrages mit Nachweis der Schuldübernahme durch den Erwerber in vollstreckbarer Form zuzustellen. Wenn der Darlehensnehmer dies versäumt oder nicht befolgt, wenn eine so bedeutende Verminderung des Grundstückswertes eingetreten, daß selbst nach Abzug etwa gemachter Kapitalrückzahlungen eine den ursprünglichen Darlehensbedingungen entsprechende, mindestens doppelte Sicherheit nicht mehr besteht, wenn ferner der Schuldner seine Zinszahlungen einstellt, die Feuerversicherung der belasteten Gebäude vermindert oder aufhebt, oder wenn vom Gericht der Konkurs über das Vermögen des Schuldners eröffnet bzw. die Zwangsverwaltung der belasteten Grundstücke angeordnet wird, so kann die Gesellschaft die Rückzahlung des Kapitals ohne vorausgegangene Kündigung jederzeit verlangen. Der Gläubiger hat schließlich das Recht, auf Kosten der Schuldner jederzeit durch einen Beamten oder Bevollmächtigten den Zustand der belasteten Objekte untersuchen und die über ihre Verwaltung geführten Bücher und Belege, insbesondere die Mietverträge einsehen zu lassen. Auch während des Baues hat der Beauftragte der Gesellschaft jederzeit das Recht der Beanstandung und Abhilfe schlechter Arbeit unter gleichzeitiger Herabminderung und Zurückhaltung der folgenden Baurate. Die Versicherungsgesellschaft ist gegen Verluste für Feuer, Explosion, Wasser und dgl. bei einer Rückversicherungsgesellschaft gedeckt.

Eine genaue Zusammenstellung eines Beleihungsfalles einer privaten Versicherungsgesellschaft und der bei dieser Gelegenheit abgefaßten Verträge und Zuschriften findet sich im Anhang, Anlage Nr. 5, 5a u. b.

3. Sparkassen.

Die Sparkassen werden durch ihre Statuten in der Regel dem Baugeldergeschäft ferngehalten, da dies für sie ein größeres Risiko als die Hergabe einer Hypothek auf ein gutes Grundstück bedeutet. Trotzdem geben die Sparkassen in nicht geringem Maße Darlehen gegen hypothekarische Sicherung an Private in Form eines gewöhnlichen Realkredites, ferner an Gesellschaften, besonders Baugesellschaften und Gemeinden in gemeinnütziger Form; letzteres wird a. a. O. behandelt werden. Im preuß. Gesetz betr. Anlegung von Sparkassenbeständen in Inhaberpapieren vom 23. Dezember 1912 heißt es in § 1: „Die öffentlichen Sparkassen haben von ihrem verzinslich angelegten Vermögen Mindestbeträge in mündelsicheren Schuldverschreibungen auf den Inhaber anzulegen und zwar 15 %, wenn ihr Einlagebestand 5 Millionen Mark nicht übersteigt und sich ihre Grundstückbeleihungen und die Gewährung von Darlehen als Personalkredit nach der Satzung künftig auf den Stadt- oder Landkreis, in dem der Garantiebezirk gelegen ist, beschränken usw."

Zu diesen verzinslich angelegten Vermögen gehören in erster Linie die Darlehensgewährungen an Private gegen Verpfändung von Grundstücken und die Darlehen an Gemeinden und Korporationen. Die Baukredite, die die Kassen geben, werden für gewöhnlich lokale Verwendung bekommen.

Der Vorgang der Einleitung des Beleihungsprozesses zwischen Darlehensnehmer und Kasse, Antrag desselben auf Baugeld, Schätzung des Bauplatzwertes und der einzelnen Bauraten, Abschluß des Vertrages zwischen Schuldner und Gläubiger und grundbuchamtlicher Eintragung der I. Hypothek für die Sparkasse von seiten des ersteren, vollzieht sich in diesem Falle wiederum ähnlich wie bei den bisher genannten Geldinstituten. Auf Grund der vorläufigen amtlichen Schätzung wird von seiten der Kasse ein Darlehen von 50% des sich nach Vollendung des Bauwerkes ergebenden Schätzungswertes in Bauraten zur Auszahlung gebracht; nachdem die Sparkassen gewöhnlich ihre Darlehen kleinen Handwerksmeistern geben, die über wenig Barmittel verfügen, so verlangen die Kassen, daß die Raten mindestens 1000 *M* groß sein müssen. Die Bauraten waren vor dem Kriege mit 4½% zu verzinsen, wozu während der Bezugszeit des Darlehens bis zur Schlußabrechnung ½% mehr Zins zu entrichten ist. Bei einem Verzug in der Zinszahlung von mehr als 30 Tagen ist nochmals ein Zinszuschlag von ½% zu entrichten. Die Rückzahlung der Hauptsumme hat 3 Monate nach der Kündigung, welche beiden Teilen freisteht, zu geschehen. Teilzahlungen sind in durch 100 teilbaren Teilbeträgen zulässig; den Schuldnern ist gestattet, Heimzahlungen in jedem Vierteljahre bis zu 1000 *M* ohne Einhaltung einer Kündigungsfrist zu leisten. Die Anstalten machen von ihrem Kündigungsrecht nur in äußerst seltenen Fällen und dann nur gegen besonders lässige Zinszahler oder bei Gefährdung des Sicherheitsobjektes durch Konkurs, Zwangsversteigerung, Veräußerung, Aufhebung der Feuerversicherung, Gebrauch. Wenn auf Grundstücken persönliche Dienstbarkeiten oder Reallasten (Nutznießung, Wohnrecht, Leibgeding usw.) ruhen, so haben die Berechtigten mit diesen Ansprüchen im Range hinter die Hypothek des Instituts zurückzutreten. Dies gilt auch dann, wenn ein den Eltern am Vermögen der Kinder zustehendes Nutznießungsrecht im Grundbuche nicht eingetragen ist. Soweit solche Schuldposten aus dem neuen Darlehen zu bereinigen sind, trägt hiefür die Sparkasse selbst Sorge, zu welchem Zwecke der Kreditnehmer einen etwa noch zu leistenden Zuschuß rechtzeitig an die Kasse einzubezahlen hat. Provisionen wie die Hypothekenbanken verlangen die Sparkassen nicht, jedoch muß der Schuldner 1% des geforderten Kapitals bei Rücktritt vom Vertrag als Entschädigung bezahlen. Falls während der Bauzeit zutage getretene Anstände binnen einer von der Kasse gestellten Frist nicht beseitigt werden, so lehnt diese eine Verantwortung des bestimmten Auszahlungstermines ab und behält sich vor, vom Vertrag zurückzutreten. Bei wesentlicher Verschlechterung der Vermögensverhältnisse des Klienten behält sich die Gläubigerin vor, im Sinne von § 610 BGB. ihr Versprechen zur Hingabe des Darlehens zu widerrufen. Ein Zahlenbeispiel auf Grund eines Darlehensvertrages dieser Art findet sich im Anhange in Anl. Nr. 6.

4. Kreditvereine und ähnliche.

Große Sicherheit für den Darlehensnehmer bilden auf Grund ihrer Satzung die Kreditvereine und ähnliche Anstalten (z. B. Württ. Kreditverein, Charl. Hyp.-Bankverein, Frankfurter Hypotheken-Kreditverein und dgl.), deren Mitglieder Haus- und Grundbesitzer, Handwerk- und Gewerbetreibende usw. sind, die durch langfristige Amortisationshypotheken ihren Mitgliedern eine gesicherte Kapitalsanlage gewährleisten, während andererseits die Darlehensnehmer durch Einlage ihrer Gebäudewerte in den Fond des Vereins diesem einen allseitig guten Kredit nach außen und innen bieten. Einer der bedeutendsten Vereine dieser Art ist der Württ. Kredit-Verein (rechtsfähig durch Verleihung), der für die Baukreditgebung Württembergs von großer Bedeutung ist; dessen vorbildliche Verhältnisse sollen hier näher betrachtet werden. Jeder Darlehensnehmer kann bei Aufnahme eines Darlehens Mitglied desselben werden; die mit I. Hypotheken belasteten Grundstücke und Gebäude der einzelnen Mitglieder treten gleichsam bei Darlehensaufnahme in den Besitz des Vereins über, wobei derselbe einen gewissen Wert darauf legt, nur gute und unverschuldete Objekte als Kapitalsanlage zu wählen. Der Verein geht bei Baukreditgewährung sehr vorsichtig zu Werke; er beleiht nur unverschuldete Grundstücke und zwar erst dann, wenn das auf demselben zu errichtende Gebäude bereits unter Dach ist. Der Unternehmer reicht Plan- und Kostenberechnung beim Vereine ein, die dieser von einem amtlichen Schätzer technisch überprüfen läßt. Die rechtliche Prüfung der Darlehensgesuche und die gebotene Sicherheit werden von einem Rechtskundigen des Vereins (beim Württ. Kredit-Verein ein Rechtsrat) selbst betätigt. Das Darlehen wird in Geld- oder in Schuldverschreibungen des Vereins auf einmal oder in Raten zur Auszahlung gegeben. Hat nun der Baugeldnehmer bereits einen Kontokorrentkredit von einem Bankinstitut oder einem Privaten aufnehmen müssen, so kann er diese Schuld mit dem ihm vom Verein gegebenen Darlehen tilgen und bekommt andererseits noch Baugeld zur Fertigstellung des Gebäudes in Vorrat; der Verein läßt als Sicherheit für das gegebene Geld eine erststellige Hypothek grundbuchamtlich vom Schuldner eintragen, die derselbe in Form von Renten zu amortisieren hat. Die Beleihung wird vom Verein bis zu 50% des amtlichen Schätzungswertes gegeben, bei besonders guten

Objekten ist er laut Konstitution berechtigt, bis zu 60% zu gehen; bei industriellen Unternehmungen wird nur der von der jeweiligen Benützungsart unabhängige, dauernde Wert berücksichtigt. Der Verein gibt den Grundeigentümern (Privatpersonen und Gemeinden) Gelegenheit, die Darlehen in einer gewissen Reihe von Jahren durch sich gleichbleibende Verzinsung, Kapitalsablösung und Beitrag zum Reservefond in sich greifende Rentenzahlungen zu tilgen. Der Zinsfuß betrug vor dem Kriege 4½%. Die längste Dauer des Rentendarlehens beträgt 50 Jahre, die kürzeste 10 Jahre; die vom Schuldner zu zahlende Jahresrente besteht aus dem Zinse, welchen das Mitglied aus seinem Rentendarlehen zu bezahlen hat und aus der Tilgungsquote des Kapitals einschließlich des Beitrags zum Reservefond; das Rentendarlehen ist von seiten des Vereines unkündbar und demzufolge eine Erhöhung des Zinsfußes über die ganze Dauer des Schuldverhältnisses ausgeschlossen. (Beim württ. Kreditverein sind bis heute noch über 50 Millionen Mark Gelder zu 3½% im Ausstand.) Der Verein kann jedoch, ohne an eine Kündigungsfrist gebunden zu sein, die Rückzahlung der Rentenschuld verlangen, wenn der Kreditnehmer in der Herbeischaffung von Belegen und Zahlungsanweisungen säumig ist, wenn sein Besitz in Subhastation kommt oder wenn er aus der staatlichen Brandversicherungsanstalt austritt und dgl. Bezahlung der Jahresrente erfolgt in halbjährlichen gleichen Raten auf Kosten des Schuldners an die Vereinskasse. Wenn der Rentenschuldner die Rente nicht innerhalb 20 Tagen vom Verfalltermin bezahlt, so hat er 5% Verzugszins vom Verfalltermin an zu bezahlen. Der Vorstand des Vereins kann, wenn ein Mitglied plötzlich zahlungsunfähig wird, die in der Rente enthaltene Kapitalstilgung auf die Dauer von höchstens 5 Jahren sistieren, so daß nur der Zins aus dem zur Zeit der Sistierung bestehenden Kapitalbetrag zu entrichten ist. Das Mitglied des Kreditvereins kann seine Rentenschuld nach dreimonatlicher Kündigung ganz oder teilweise zurückzahlen, wobei die Teilzahlungen mindestens den Betrag von 300 ℳ erreichen müssen. Die Kreditvereine geben ausnahmsweise auch Darlehen an Leute, die nicht Mitglieder des Vereins werden wollen; hiebei besteht die für Rentendarlehen vorgeschriebene hypothekarische Sicherheit auf gegenseitige Kündigung oder gegen Verpfändung von Vereinsverschuldungen. Für diese Darlehen ist jedoch durch vereinssatzliche Bestimmungen eine Grenze gesetzt.

Die zur Erfüllung des Vereinszweckes erforderlichen Mittel werden durch Ausgabe von Schuldverschreibungen auf den Inhaber, welche mit Zinsscheinen und Erneuerungsschein versehen sind, beschafft. Diese Einrichtung der Ausgabe von Schuldscheinen ist der Ausgabe von Pfandbriefen durch die Hypothekenbanken und von Obligationen aller Art (Reichsschatzscheine, Banknoten, Darlehenskassenscheine) durch den Staat ähnlich. Diese Schuldscheine werden in unserem Falle für 104 ⅙ ℳ pro 100 ℳ in den Handel gesetzt, sind 50 Jahre lang für den Inhaber unkündbar und uneinlösbar, bieten aber eine durchaus für alle Zeiten sichere, gute Kapitalsanlage, die gegenwärtig den staatlichen Papieren vorzuziehen ist. Der Ertrag aus dem Verkauf der Schuldscheine und die Ersparnisse an Zinsen bilden für den Württ. Kreditverein den Fond, aus dem er seine Baukredite der Öffentlichkeit zur Verfügung stellt. (Der Württ. Kreditverein ist der Aufsicht der Staatsregierung unterstellt.)

5. Grund- und Hausbesitzervereine.

Die Grund- und Hausbesitzervereine setzen sich lediglich aus städtischen Grund- und Hausbesitzern zusammen, haben ihre eigenen Banken (Grund- und Hausbesitzerbanken), die über das ganze Reich verteilt sind und die sich den Schutz des notleidenden Hausbesitzers gegen Wucher zur Aufgabe gemacht haben. Sie tragen gewöhnlich die gesetzliche Form der e. G. m. b. H. Der Geschäftskreis dieser Banken umfaßt zunächst alle möglichen Arten von Bankgeschäften, besteht sodann in Vermittlung von ersten und zweiten Hypotheken an ihre Mitglieder und in Darleihung von Kontokorrentkrediten und II. Hypotheken; zu den umfangreichen I. Hypotheken würden bei diesen Banken nicht genügend Mittel vorhanden sein. Die Hausbesitzerbanken sehen die Hingabe von Baugeldern als eine nebensächliche Aufgabe an und wollen damit lediglich ihre flüssigen Gelder möglichst günstig unterbringen; die Hauptaufgabe erblicken sie in der Schaffung aller denkbaren Vorteile bei Erlangen von Geldern für ihre Mitglieder, die letztere lediglich vordem gegen unerschwingliche Verbindlichkeiten aus der Hand des Privatkapitals erhalten haben und die den Grund- und Hausbesitzerstand aufs stärkste gefährdeten. Diese Banken geben bei plötzlichem Geldbedarf Kontokorrentkredite, die mit jährlich rd. 6% (1% über Reichsbanksatz) zu verzinsen sind; als Abschlußprovision kommen 1—3%, als laufende Provision im Jahre dreimal rd. 1/4% zur Verrechnung. Ferner befassen sich die Grund- und Hausbesitzerbanken mit Ausgabe von II. Hypotheken, bei denen sie bis zu 75% des Schätzungswertes gehen; diese Hypotheken sind mit 5% zu verzinsen und 1% zu tilgen, die Tilgung selbst erfolgt in 36 3/4 bzw. in 42 3/4 Jahren. Wird nicht die Form der Tilgungshypothek zwischen Bank- und Geldnehmer vereinbart, so soll die Abtragung dieser Hypotheken spätestens in 5 Jahren betätigt werden. Die Kontokorrentkredite werden durch grundbuchamtlichen Eintrag von Sicherungshypotheken durch Aufstellung eines Schuldanerkenntnisses und eines Sichtwechsels gedeckt. Die Sicherungshypothek, wie auch der Sichtwechsel werden für eventuell anfallende Zinsen um 10% höher ausgestellt; die Sichtwechsel müssen, um Schiebungen möglichst vermeiden zu können, auch von der Ehefrau unterzeichnet werden. Um ihre Bargeldmittel zu erweitern, geben die Grund- und Hausbesitzerbanken teilweise unkündbare, nicht börsenfähige Schuldverschreibungen[8]) bis zu einer gewissen Höhe aus, die al pari verkauft werden mit $4^1/_2$% verzinslich und mit einem Agio von 2—3% rückzahlbar sind.

Diese Genossenschaftsbanken sind unter sich zu einem Revisionsverband zusammengeschlossen, der die Bezeichnung „Verband der Hausbesitzergenossenschaften" trägt.

6. Öffentliche Bodenkreditinstitute, private Bodenkreditgesellschaften und ähnliche.

Große Bedeutung für Beschaffung von Baudarlehen hat die umfangreiche, nach deren Institutionen so verschiedene, jedoch durchwegs auf Boden- und Realkredit sich aufbauende Gruppe der öffentlichen Bodenkreditinstitute, privaten Bodenkreditgesellschaften und dergleichen.

Unter Bodenkredit-Instituten versteht man Korporationen und Anstalten, die ihre hauptsächliche Aufgabe in der Beleihung von Grundstücken im Gegensatz zu Anstalten des persönlichen Kredits, wie Effektenbanken erblicken. Die Höhe der für die Bodenbeleihung erforderlichen Kapitalien und der verhältnismäßig niedrige Ertrag der sicheren hypothekarischen Anlage bringt es mit sich, daß die Bodenkredit-Institute sich das Kapital durch Ausgabe von Schuldverschreibungen zu verschaffen pflegen und nur in Ausnahmefällen Hypotheken aus eigenem Fond erwerben. Die Schuldverschreibungen der Bodenkreditinstitute werden auf der Grundlage der erworbenen Hypotheken je nach dem Fortschreiten der hypothekarischen Beleihung ausgegeben; man spricht dabei von Pfandbriefen.[9])

Durch die bei Anwendung des Pfandbriefsystems eintretende Stückelung der hypothekarischen Anlage wird es auch dem Kleinkapitalisten ermöglicht, an den Vorteilen dieser Anlage teilzunehmen, besonders fällt die Sicherheit derselben hiebei in die Wagschale.

Die Bodenkredit-Institute des Staates haben sämtliche einen öffentlich-rechtlichen und gemeinnützigen Charakter, als Hauptvertreter seien hier die Landeskreditkassen, die städtischen Hypothekenämter und staatlichen Rentenbanken genannt.

Die Landeskreditkassen befassen sich mit der Pflege des ländlichen und städtischen, hauptsächlich des kleineren und mittleren Grundbesitzes und machen so den Staatskredit der allgemeinen Landeswohlfahrt zugänglich. Die städtischen Hypothekenämter sind nach dem Muster der 1900 in Dresden gegründeten Grundrenten- und Hypotheken-Anstalt, auch in anderen Städten errichtet worden; in Preußen wird den städtischen Hypothekenämtern auch die Gewährung II. Hypotheken bis zur Höhe von 70% des Grundstücks-

[8]) Siehe Anlage Nr. 7.
[9]) Nußbaum, Deutsches Hypothekenwesen S. 217 ff.

wertes staatlicherseits gestattet. Die staatlichen Rentenbanken (in Preußen pro Provinz gewöhnlich eine), zu denen auch die staatlichen Landeskulturrentenbanken in Sachsen, Bayern und Hessen gehören, haben in der Hauptsache in unserem Falle Bedeutung als Baugelder für Gemeinden, denen sie zweitstellige Hypotheken in ziemlichem Umfange beschaffen. (Näheres siehe Abschnitt B, III. Kapitel a 3.)

Unter den öffentlichen Kreditorganisationen sind hier ebenfalls die preußischen Stadtschaften zu nennen, deren Verhältnisse durch ein neues preußisches Gesetz (Stadtschaftsgesetz vom 8. Juni 1918, preuß. Gesetzes-Sammlung 1918 Nr. 20 S. 97—98) eingehend geregelt wurde. Stadtschaften sind nach obigem Gesetz preußische öffentliche zufolge staatlicher Verleihung rechtsfähige Kreditanstalten, die durch Vereinigung von Eigentümern bebauter oder in der Bebauung befindlichen Hausgrundstücke oder von Erbbauberechtigten zu dem Zwecke gebildet sind, den Mitgliedern der Vereinigung durch Hypotheken oder Grundschulden gesicherte Tilgungs- oder Abzahlungsdarlehen zu gewähren, die seitens der Stadtschaft unkündbar sind (§ 4 Abschn. 1 und 2 des Stadtschaftgesetzes). Um diese Stadtschaften ins Leben zu rufen, hat der preuß. Staat die Regierung ermächtigt, der Preuß. Zentralgenossenschaftskasse zum Zwecke der Gewährung von Darlehen zur Förderung der Gründung von Stadtschaften einen Betrag von 10 Millionen Mark zur Verfügung zu stellen.

Private Bodenkreditanstalten sind alle Hypothekenbanken, die unbestritten die erste Stelle in der Baukreditgebung einnehmen und deren Tätigkeit hierin a. a. O. bereits ausführlich dargelegt wurde. Ich möchte nicht versäumen darauf hinzuweisen, daß man es z. B. bei der Preuß. Bodenkredit-Aktien-Bank, der Preuß. Zentral-Bodenkredit-A.-G., der Sächsischen, Schlesischen, Westdeutschen Bodenkreditanstalt und der Süddeutschen Bodenkredit-Bank mit reinen Hypothekenbanken zu tun hat.[10]) Zu den privaten Bodenkreditanstalten zählen gleichfalls die gemischten Hypothekenbanken, von denen nur mehr 4 im Reiche vorhanden sind, die sich sämtliche in Bayern befinden. Es sind dies die Bayerische Hypotheken- und Wechselbank, die Bayerische Handelsbank, Bayerische Vereinsbank und Vereinsbank Nürnberg.

Geringe Bedeutung haben einzelne private Bodenkreditgesellschaften, wie z. B. die neue Bodenaktiengesellschaft und die Westliche Boden-A.-G. in Berlin, die gleichzeitig Grundstücksverkäufer und Baugeldgeber sind. Diese stellen bei Baugeldabgabe an einen Bauwilligen die Bedingung, daß die Baugeldhypothek sich im Range an ihre Restkaufgeldhypothek unmittelbar anschließt.

---

[10]) Dannenbaum, Deutsche Hypothekenbanken S. 8.

7. Stiftungen.

Als von nicht zu unterschätzender Bedeutung für Baukreditgebung in Form von Hypotheken kommen eine größere Anzahl von Stiftungen in Betracht, die privater, öffentlicher oder kirchlicher Natur sein können; die ausgeliehenen Gelder bestehen, wie gesagt, lediglich in Hypotheken und zwar finden wir bei diesen Organisationen eine besondere Art der Hypotheken, die sog. Ewigkeitsgelder. „Ewigkeitsgelder" sind I., II., III. Hypotheken und dgl., die mit 4½% zu verzinsen sind, unter normalen Verhältnissen nie gekündigt werden und für die kein Tilgungszwang besteht. Die Beleihungsarten sind jedoch, wie gewöhnlich, bei allen Stiftungen im Prinzip ähnlich, weichen nur in gewissen Einzelheiten voneinander ab, wobei der Wille des Stifters und der Zweck der Stiftungen maßgebend sind. Eine der bedeutendsten Stiftungen Deutschlands, die schon sehr lange besteht und für gewisse Teile Bayerns als Baukreditgeber (auf dem Lande) eine große Rolle spielt, ist die Universität München. Das rentierende Vermögen derselben beträgt rd. 7 Millionen Mark und setzt sich zusammen aus dem eigentlichen Universitätfond, dem Fond vom Priesterhaus, dem allgemeinen Stipendienfond, dem Universitäts-Stipendienfond, der Reisingerschen Stiftung und dem Stiftungsfond des Maximilianeums. Von diesem Fond beträgt das in I. und nachstelligen Hypotheken angelegte Kapital 2 035 766 ℳ nach dem Stand von 1918. Die Hypotheken werden an Kreditsuchende jeglicher Art gegeben, wobei die Beleihung bis zu 50% des amtlichen Schätzungswertes des Anwesens gehen darf. Der amtliche Schätzungswert berechnet sich aus Brandversicherungssumme + geschätztem Wert des Bauplatzes, Garten und Ackers. Bei Wertzunahme kann weiterhin bis zur Höhe von 50% des neu errechneten Schätzungswertes eine Nachbeleihung erfolgen. Vom Tage der notariellen Beurkundung ab muß die aufgenommene Hypothek in den Terminen 1. April und 1. Oktober mit 4¼% jährlich verzinst werden. Kündigung, die ¼ jährlich ist, steht beiden Teilen jederzeit frei, wird jedoch von der Stiftung nur in ganz außergewöhnlichen Fällen betätigt. Bei Besitzwechsel infolge Zwangsversteigerung des beliehenen Objektes wird ohne Kündigung von seiten des Kreditgebers die kostenfreie Rückzahlung des Darlehens für den Darlehensnehmer fällig. In Anlage finden sich zwei Formulare für Darlehensverträge der Universität, bei denen Anlage Nr. 8 für I. Hypotheken, Anlage Nr. 8a für nachstellige Hypotheken Gültigkeit hat.

8. Private.

Eine Hauptquelle für Baugeldsuchende, sowohl für Kontokorrent- wie für hypothekarischen Kredit, ist und bleibt das Privatkapital.

Privatkapitalisten, die teilweise Spekulanten sind, stellen in erheblichem Maße den Interessenten Baugelder zur Verfügung.

die sie als kurz- oder langfristige Kredite geben, letztere in Form von I. und nachstelligen Hypotheken. Zinsfuß, Tilgungsart und Sicherungsform richten sich nach dem Zustande des jeweiligen Geldmarktes und werden von Fall zu Fall zwischen den beiden Kontrahenten in Form eines notariellen Vertrages vereinbart, wobei der Privatkapitalist oftmals Gelegenheit nimmt, aus der Geldnot seines Klienten in Form wucherischer Zinsen und Provisionen Kapital zu schlagen. Diese Verhältnisse werden im folgenden Abschnitt über Bau- und Bodenspekulation einer eingehenden Betrachtung gewürdigt. Schließlich kommen, wie bereits a. a. O. erwähnt, als indirekte Baugeldgeber die Baumateriallieferanten und Bauhandwerksmeister in Betracht, die Waren und Arbeit in Kredit liefern und auf seinerzeitige Barzahlung bzw. hypothekarische Regelung rechnen; am gebräuchlichsten erfolgt diese Kreditierung in Form der 3-Monatsakzepte.

V. Kapitel.

Bau- und Bodenspekulation, eine Begleiterscheinung der Baukreditnot. Vorteile und Schäden der Spekulation.

Eine große gesellschaftliche und wirtschaftliche Schädigung, die in erster Linie das Bauhandwerk betraf, bedeutete für lange Zeit bei uns die Bauspekulation, die mit der Bodenspekulation Arm in Arm ging.

Bau- und Bodenspekulation finden wir in allen Kulturstaaten, in denen das kapitalistische Prinzip der Volkswirtschaft herrschte; wir finden diese Verhältnisse nachweisbar zum ersten Male im alten Rom.[1]) Der Zusammenfluß aller Reichtümer der Erde und großer Menschenmassen hatten dortselbst eine chronische Wohnungsnot geschaffen. Schlechte Verkehrsmittel, die gewaltige Ausdehnung der Stadt und die großen Ausmaße der Grundstücke der Reichen im Zentrum der Stadt trieben die Bodenpreise in die Höhe und erzeugten so eine ständig zunehmende Wohnungsnot. Bau- und Bodenspekulanten nutzten diese Not zu ihrem Vorteile aus; einer der bekanntesten römischen Spekulanten war M. Lic. Grassus. Dieser kaufte vorzugsweise abgebrannte und eingestürzte Häuser auf, ließ sie abbrechen und verkaufte die Bauplätze mit enormen Gewinnaufschlag; daneben beschäftigte er rd. 500 Sklaven (Handwerker), die er an Baumeister vermietete, von denen auf diesen Plätzen Mietskasernen mit 7—8 Etagen (insulae gen.) erbaut wurden. Die Hauptfolge der hohen Bodenpreise waren unerschwingliche Mietspreise, die oftmals der römischen Bevölkerung zu Unruhen und Aufständen Anlaß gaben.

In Deutschland war Boden- und Bauspekulation eine Folge des Wohnungsmangels und der damit zusammenhängender Krisen,

[1]) Jäger, Die Wohnungsfrage, I. Bd. S. 105.

beginnend in den 70er Jahren, deren Unwesen erst mit der Einführung des BaufordG. vom 1. Juni 1909, RGBl. 1909, S. 449 bis 468 Abbruch zu tun versucht wurde. Wie schon eingangs erwähnt, wurde der Wohnungsmangel in den Großstädten durch die umfangreiche Zuwanderung von Arbeitskräften für die Industrie vom Lande und aus dem Ausland erzeugt, für die nicht rechtzeitig Unterkunft geschaffen wurde.

Das Wesen der Bodenspekulation bestand darin, aus der Wertsteigerung des unbebauten Bodens im Umkreise einer Stadt Gewinn zu schlagen; die Grundstücke werden von Privaten und Terrain-Gesellschaft in der Erwartung, sie seinerzeitig zu einem wesentlich höheren Preis als dem Ankaufspreis loszuschlagen, in großen Massen aufgekauft. So zeigt sich das Bild, daß sich gleichsam ein Ring des in Händen weniger Leute liegenden Baugeländes um den bebauten Teil einer Stadt herumzog und deren gesunde Ausdehnung nach der Peripherie zu gewaltsam verhinderte. Nachdem der Grundbesitz fast ausschließlich in Händen von wenig geschäftsgewandten Landwirten war, so konnten die Bauplatzspekulanten denselben meist zu verhältnismäßig billigem Preise ankaufen. Ein Vorteil für den Städtebau muß auf das Konto der Spekulation gebucht werden, nämlich, daß sie durch Parzellierung[2]) und Straßenführung die unbebauten Grundstücke gleichsam erschloß und baureif machte. Diese neuen Bauplatzbesitzer haben jedoch das erschlossene Gelände nicht zur Bebauung zu rechtmäßigen Preisen abgegeben, sondern den Verkauf möglichst lang hinausgeschoben, um schließlich unerschwingliche Preise bei der Veräußerung zu erzielen. Eberstadt spricht in seinem Buche „Handbuch des Wohnungs-Wesens" von einer Handels- und einer Wertspekulation. Wer Häuser ohne bestimmten Auftrag auf eigenes Risiko baut, treibt die für den Wohnungsmarkt notwendige Handelsspekulation; wer Gelände kauft, um es bei Umsetzung und Verkauf teuerer an den Mann zu bringen, betreibt Wertspekulation; so gemeinnützig die erste, so gefährlich ist die zweite Art zu nennen.

Drei Momente sind es im allgemeinen, die den Bodenpreis sowohl natürlich, wie künstlich beeinflussen (Eberstadt, Handbuch des Wohnungs-Wesens S. 95ff.). Das erste natürliche Moment sehen wir in dem mit der wirtschaftlichen Entwicklung steigenden Bedürfnis einer Stadt nach Bauland, wobei sich der Bauplatzwert zusehends erhöht, je mehr die Hausrente an die Stelle der verdrängten landwirtschaftlichen Grundrente tritt. Das zweite Moment für die Bestimmung des Bodenwertes liegt in der Art von Gebäuden, die den Bauplatz umgeben (ob es Fabriken oder Wohngebäude sind); bei Wohngebäuden richtet sich der Bodenpreis wiederum nach der Art der Bebauung, wobei das Mietzinsergebnis von ausschlaggebender Bedeutung für die Grundrente ist. Das dritte

[2]) Eberstadt, Handbuch des Wohnungswesens S. 96ff.

Moment für die Preiserhöhung des Bodenwertes beruht in der baubehördlichen Politik, die hohe Stockwerksbauten nicht nur im Stadtinnern, sondern auch in dem umgebenden Bauland gestattet.[3])

Die Spekulation ging folgendermaßen zu Werke: Während sie das an die bebaute Stadt anschließende Gelände vom Verkauf zurückhielt, gab sie an der äußersten Peripherie gelegenes Land um einen verhältnismäßig niederen Preis zum Kaufe ab; die an und für sich teuere Baustelle bedingte einen Stockwerksbau, um die Nettorente aus den Mieten zu erzielen. So kam es, daß weit außerhalb der Stadt sog. „Mietskasernen" entstanden, die den Preis des umgehenden Bauplatzes in unnatürlicher Weise in die Höhe trieben. Nachdem jedoch ein Bau, dessen finanzielle Lebensfähigkeit von vorneherein gefährdet ist, nur von Bauunternehmern gemacht werden konnte, die nichts zu verlieren hatten, so fanden sich zu diesem Zwecke eine Reihe von Leuten, die sich bereit erklärten, bei diesen unsauberen Geschäften den Bodenspekulanten an die Hand zu gehen; das waren die Bauspekulanten. Ich möchte nicht versäumen, zu sagen, daß eine Reihe von kleinen Unternehmern und Handwerkern aus Mangel an Beschäftigung sich zum gefügigen Handwerk der Bauspekulation machten, daß sie also durch Not dazu gezwungen wurden; das Bauspekulantentum hatte aber auch Leute in seiner Mitte, die vom Bauhandwerk nichts verstanden und sich nur aus Gewinnlust auf derartige Geschäfte stürzten.

Nach diesen Worten über Entstehung und Wesen der Spekulation soll betrachtet werden, in welcher Form und an wen Kredit zu spekulativen Zwecken gegeben wurde und welche Gefahren diese Art des Baukredites für das nicht kapitalstarke Unternehmertum und in zweiter Linie für die Baulieferanten und Bauhandwerker brachte.

Diese Bauunternehmer, die gewöhnlich Kleinhandwerksmeister, daneben aber auch Wirte, Fuhrwerksbesitzer und dgl. waren, kauften sich von einem Bodenspekulanten einen Bauplatz, den sie jedoch nicht bezahlten, bzw. nur eine Anzahlung von 10% leisteten. Der Bauplatzeigentümer ließ sich auf den Namen des Bauunternehmers eine Restkaufgeldhypothek eintragen. Der Bauunternehmer ließ sodann Baupläne für einen Neubau auf das gekaufte Grundstück erstellen[4]) und veranlaßte deren Genehmigung bei der Baubehörde. Um bauen zu können, brauchte der Unternehmer Kapital und suchte dieses für gewöhnlich von privaten Geldgebern zu erlangen, die Baukredit bis zur Höhe von 60 und 70% der Baukosten gewährten. Der Baukapitalist ließ sich eine Baugeldhypothek auf das Grundstück eintragen, wobei der Bauplatzverkäufer mit dem Kaufschillingsrest auszuweichen hatte, mindestens insoweit als das

[3]) Eberstadt, Handbuch des Wohnungswesens S. 374.
[4]) Schulz, Baugeldverw.-Pflicht S. 8.

Kaufgeld den wahren Wert der Baustelle überschritt.[5]) Für die Kreditierung des Baugeldes durch den Kapitalisten mußte der Bauunternehmer an denselben in der Regel 5—6% laufenden Zins auf die Dauer der Ausführung des Baues entrichten, die im allgemeinen auf 9 Monate festgelegt war; ferner verlangte der Kreditgeber eine einmalige Abschlußprovision von 6—10%. Verlängerte sich die Bauzeit, so wurde eine erneute Abschlußprovision von 4—6% auf die Dauer von 3 Monaten festgelegt. Aus diesen Zinsberechnungen ist das wuchermäßige Geschäftsgebaren dieser Baukapitalisten in klaren Farben ersichtlich. Aber diese Kapitalisten trieben vielfach den Wucher noch weiter; sie gaben den Bauunternehmern Baugeld unter der Bedingung, daß diese das Geld mit 5—6% verzinsten und alle 3 Monate erneut eine Abschlußprovision von jeweils 6% zu zahlen hatten und das solange, bis sie Bankgeld aufnahmen.

Beispiele der spekulativen Baukreditgebung.

1. Fall:

Der Unternehmer bekam ein Baukapital von 100 000 ℳ auf die Zeit von 9 Monaten, Zinsfuß 5%. Der sich für diese Zeit berechnende Zins aus 100 000 ℳ beträgt	3 750 ℳ
Abschlußprovision von 6% auf 9 Monate	4 500 „
zu zahlender Zins in 9 Monaten	8 250 ℳ

Diese Summe entspricht einer Jahresverzinsung von 100 000 ℳ zu 11%.

2. Fall:

Der Unternehmer bekam ein Baudarlehen von 100 000 ℳ zu 5% auf 9 Monate; außerdem hat er für je 3 Monate eine volljährige Abschlußprovision von 6% auf die Zeit von 9 Monaten zu entrichten. 5% aus 100 000 ℳ auf 9 Monate	3 750 ℳ
Abschlußprovision auf 9 Monate pro 3 Monate 6000 ℳ	18 000 „
für 9 Monate	21 750 ℳ

Die Summe von 21 750 ℳ entspricht einer Jahresverzinsung von 100 000 ℳ zu 29%.

Die sich aus dieser Verzinsung ergebenden Zinsen und Provisionen wurden von den Baukapitalisten dem Baugeldnehmer in Abzug gebracht.

Wenn man bedenkt, daß der Bauunternehmer von vorneherein mittellos ist, womöglich noch andere Schulden zu verzinsen hat

[5]) Verhandlg. des Reichstages, XII. Legislatur-Periode, I. Session, Jahrg. 1907 S. 2130.

und sein eigenes Existenzminimum herausschlagen will, so ist erklärlich, daß das Baugeld gewöhnlich nicht in die Hände der Baulieferanten und Bauarbeiter kam; die ersteren waren dabei gewöhnlich der leidtragende Teil, nachdem die Bauarbeiter wöchentlich zu bezahlen sind und eine einmalige Nichtauszahlung der Löhne gleichbedeutend mit Arbeitsniederlegung und Streik gewesen wäre. Die Bauunternehmer schafften sich dadurch eine Existenz, daß sie die Herstellung mehrerer aufeinanderfolgender Bauten sog. Kettenbauten in Angriff nahmen und die noch von einem Bau ausstehenden Schulden mit dem Gelde zahlten, das ihnen als Baudarlehen für einen weiteren Bau zur Verfügung gestellt war. Wir fanden in den Zeiten, in denen das Bauspekulationswesen in voller Blüte war, daß nicht wenige dieser Leute zu großen Vermögen kamen, zumal wenn ihre Bauten in die Zeit einer günstigen Konjunktur fielen, wenn sie ihre Häuser schnell und gut verkaufen bzw. vermieten konnten und sich ihnen Gelegenheit bot, eine erste Hypothek zu bekommen, die noch einen Überschuß über die abzulösende Baugeldhypothek ergab. Sehr oft kam es aber auch vor, daß bei Nichteintreten günstiger Verhältnisse das Baugrundstück in Subhastation kam, wobei die Baulieferanten und kleinen Handwerker infolge ungenügenden Rechtsschutzes mit ihren Forderungen bei der Zwangsversteigerung durchfielen. (2 gute Beispiele für Bau- und Bodenspekulation, die den Berliner Verhältnissen entnommen sind, finden sich in den stenographischen Berichten der Reichstagsverhandlungen, XII. Leg.-Per., I. Session, Jahrg. 1907 S. 2130 ff.)

Es darf nicht übersehen werden, daß die Bau- und Bodenspekulation es war, die große Teile einzelner Städte in Zeiten gebaut hat, in denen die maßgebenden behördlichen Stellen keinen besseren Weg für Wohnungsbau wußten. Man denke an die 70er und 80er Jahre, in denen großer Wohnungsmangel herrschte und in der die Privatwirtschaft allein Wohnungen in dem wünschenswerten Umfange mit der notwendigen Schnelligkeit erstehen ließ.[6])

Das Beispiel eines genialen, spekulativen Finanzmannes bietet ein Mann namens H., der in den 80er Jahren in München lebte, dessen tollkühnem Spekulantentum Teile Münchens ihre Existenz verdanken. H. verstand es, durch geschickte Ausnützung von Boden- und Bauspekulation, aufbauend auf dem damaligen außerordentlichen Wohnungsmangel, durch Kauf und Verkauf von Grundstücken und Gebäuden in und außerhalb Deutschlands und Benützung derselben als Kreditunterlage für Kapitalbeschaffung, Bauten ins Leben zu rufen, die ohne ihn wohl nie, jedenfalls nicht in der Kürze der Zeit entstanden wären. München hat auf diese Weise eine ansehnliche Reihe von Wohngebäuden, Hotels und dgl. erhalten, die der herrschenden Wohnungsnot über eine Krise hin-

[6]) Luther, Wohnungs- u. Siedlungspolitik nach dem Kriege S. 14.

weghalfen. H. kaufte das an die Altstadt anschließende Baugelände, damals Wiesen und Felder, zu billigem Preise von den Vorbesitzern, ließ sich Baulinienpläne von den Behörden genehmigen und den Eintrag von Bauplätzen ins Grundkataster vollziehen. Für den Quadratfuß zahlte er z. B. bei Ankauf 30 Pfennig, ein Preis, der sich nach Abtretung der Straßen und sonstigen Auslagen auf Grund des Bebauungsplanes auf rd. 1 ℳ erhöhte.

Es sei nun der praktische Fall herausgegriffen, daß H. das in München sehr bekannte und heutzutage noch zu den ersten Cafés zählende Café Luitpold bauen wollte (großes Büro- und Wohngebäude), dessen Bauplatz ihm gehörte und dessen Bau er von Unternehmern ausführen ließ, wobei er die Rolle des Baugeldgebers spielte. Schätzungsweise Baukosten waren 2¼ Millionen Mark. Jeder Unternehmer, der eine Arbeit für diesen Bau haben wollte, bekam dieselbe vorzugsweise zugesichert, wenn er sich verpflichtete, für seine Leistungen einen Bauplatz, sagen wir in der Größe von 6000 Quadratfuß, um den Preis von 6 ℳ pro Quadratfuß zu einer Gesamtsumme von 36 000 ℳ mit allen daraufliegenden Lasten käuflich zu übernehmen. H. stand der Bauplatz mit 1 ℳ pro Quadratfuß zu Buch (wie oben angegeben), kostete ihm also selbst 6000 ℳ. Er hatte sich bereits vor dem Verkaufe von einer Hypothekenbank eine Hypothek mit 18 000 ℳ (50% des Schätzungswertes) auf das Grundstück geben und valutieren lassen. Eine II. Hypothek von weiteren 18 000 ℳ hatte er sich als Restkaufgeldhypothek auf seinen Namen auf das an den Bauunternehmer verkaufte Grundstück eintragen lassen; von dieser II. Hypothek machte er durch Verkauf des ersten Teiles derselben (9000 ℳ) mit 10% Nachlaß an einen Privaten 8100 ℳ flüssig, während den zweiten Teil von 9000 ℳ der Bauunternehmer in Gegenrechnung für seine Leistung am Bau unternehmen mußte. Demnach hatte H. allein für dieses Grundstück einen Betrag von (18 000 + 8100 + 9000) = 35 100 ℳ erzielt, von dem 6000 ℳ Selbstkosten abgingen, so daß ihm 29 100 ℳ Reinerlös aus dem Verkauf des genannten Grundstücks zu Baugeldzwecken zur Verfügung standen. H. hatte demnach das Grundstück an den Unternehmer mit rd. 500% Gewinn verkauft. Nachdem er gleichzeitig mit mehreren Bauunternehmern, die an dem Neubau des genannten Cafés beteiligt waren, derartige Zwangskäufe abschloß, so erzielte er durch dieses Vorgehen eine ansehnliche Summe Baugeldes. Der Unternehmer suchte seinerseits durch in Rechnungstellen guter Preise und teilweise mangelhafte Ausführung der Arbeiten die ihm auferlegten Verpflichtungen wettzumachen. Trotz verschiedener Vorteile, die die Spekulation mit sich brachte, erzeugte sie, wie schon ausgeführt, durch den unsoliden Aufbau ihrer Finanzierung viele Schädigungen in den Kreisen der Bauhandwerker, so daß die Einführung des lange vorbereiteten BaufordG. notwendig geworden war.

VI. Kapitel.

Abhilfe der Schäden der Bauspekulation durch Sondergesetz vom 21. Juni 1909.

a) Allgemeine Sicherungs-Maßregeln.

Obwohl ein wirksamer Schutz der Bauhandwerker von den Behörden als unbedingt notwendig anerkannt wurde und die Idee eines Schutzes der Bauforderung in breiten Schichten des Volkes als unumgänglich gefordert war, so herrschte doch im Reichstag eine geteilte Stimmung bei Erwägung der wirtschaftlichen Vor- und Nachteile eines diesbezüglichen Gesetzes. Zwei sozialpolitische Gegenstände standen sich einander gegenüber: Schutz der wirtschaftlich Schwachen und Hebung und Erhaltung des Bauhandwerkes.[1]) Es liegt klar auf der Hand, daß eine Sicherung der Bauforderungen, die in einer erststelligen Belastung des Grundstückes bestand, die Kreditaufnahmefähigkeit desselben herabdrückte und so für das Baugewerbe notwendigen Zufluß von Baukapital erschwerte und teilweise unmöglich machte. Werfen wir nochmals einen kurzen Blick auf das in der Zeit der Vollblüte der Bauspekulation so reichhaltig beschäftigte Bauhandwerk, dem von Seite banklicher Institute und besonders Privater reiche Geldquellen zuflossen, wodurch der Wohnungsnot gesteuert wurde, so begreift man die Bedenken, die die Gesetzgeber vor Inkrafttreten des BaufordG. beseelt haben. Schon das HypBankG. vom 13. Juli 1899 hatte der Beleihungslust der Hypothekenbanken einen Riegel vorgeschoben, nachdem § 11 dieses Gesetzes eine qualitative, § 12 eine quantitative Einschränkung bei Hypothekenbeleihungen bedeuten mußte. Man war sich klar, daß die Einführung des BaufordG. nicht ohne Schädigung des gesamten Bauhandwerkes vor sich gehen würde, da durch das teilweise Ausscheiden des reichlich zufließenden Privatkapitals der Baumarkt geschädigt werden mußte; man ging daran, durch Beseitigung eines größeren Übels ein kleineres groß zu ziehen, wenn man nicht durch ein Weiterumsichgreifen des Baugeldwuchers eine wirtschaftliche Schädigung einer breiten Volksschicht fernerhin dulden wollte. Das Reich hatte sich vor Einführung des BaufordG. lediglich in 2 Paragraphen, BGB. §§ 647, 648, veranlaßt gesehen, der Bauhandwerker schützend zu gedenken; § 647 spricht von einem Pfandrecht des Unternehmers an den von ihm erstellten Sachen des Bestellers, während § 648 dem Unternehmer eines Bauwerkes für seine Forderungen aus dem Vertrage eine Sicherungshypothek an dem Grundstück des Bestellers einräumt. Dieser den Bauhandwerkern eingeräumte Schutz hat sich als unzulänglich und mangelhaft gezeigt, wofür das Unwesen des Bauspekulantentums den besten Beweis erstellte. § 648 spricht jedoch nicht von dem Rang der zu gebenden Sicherheitshypothek,

---

[1]) Drost, Sicherung der Bauforderung S. 1.

der von Bedeutung für deren Wichtigkeit ist, da für gewöhnlich die Grundstücke schon vor Baubeginn mit Hypotheken aller Art belastet sind, so daß bei Eintreten von Zahlungsunfähigkeit des Unternehmers und Konkurseröffnung die Bauhandwerker mit ihrer rechtlichen Forderung leer ausgehen. Der Hauptmangel des § 648 bestand darin, daß er den geldgebenden Unternehmer nicht zwingt, das Baugeld lediglich zur Entlohnung von Arbeiten, die in den Neubau verwandt wurden, auszugeben; eine andere Verwendung desselben durch den Unternehmer war nicht kontrollierbar, da derselbe zur Führung von Geschäftsbüchern gesetzlich nicht gezwungen war und er es oft mit Absicht unterließ, um seine Geldverwendung in Nebel zu hüllen.

Die Abhilfe gegen diese letztgenannten Schäden bilden die Kardinalpunkte des BauforbG. vom 21. Juni 1909, ein Reichsgesetz, das in zwei organisch getrennte Abschnitte zerfällt. Der erste Abschnitt (§§ 1—8) hat als Reichsgesetz Gültigkeit, während der zweite (§§ 9—67) nur in dem Teile des Reiches Geltung hat, in denen er durch landesherrliche Verordnung in Kraft gesetzt wird. (Bisher in keinem Bundesstaat geschehen.) Im ersten Fall des BauforbG. sind die drei Pflichten eines Baugeldnehmers genannt:

1. Baugeldverwendungspflicht,
2. Pflicht zur Führung eines Baubuches,
3. Pflicht zur Anbringung eines Anschlages.

Verstoß gegen diese 3 Pflichten führt bei 1. und 2. Bestrafung des Baugeldnehmers herbei, wenn er seine Zahlungen einstellt, in Konkurs gerät und die Baugläubiger benachteiligt worden sind, im Falle 3 tritt auf Grund einer strafrechtlichen Übertretung sofortige Bestrafung des Schuldigen ein.

Der Baugeldempfänger hat die Pflicht, die ihm zur Herstellung eines Neu- oder Umbaues zur Verfügung gestellten Gelder zur Befriedigung derjenigen Personen zu verwenden, die auf Grund eines Werk-, Dienst- oder Lieferungsvertrages am Bau beteiligt sind. Eine anderweitige Verwendung ist bis zu dem Betrage statthaft, als der Baugeldempfänger die Gläubiger bereits aus anderen Mitteln befriedigt hat (BauforbG. § 1 Abs. 1). Das Gesetz kommt nicht nur den Bauhandwerkern, sondern auch den Lieferanten zugute. Aber nicht alle Lieferanten sind Baugläubiger, nach § 18 des Gesetzes nur diejenigen, die an der Herstellung des Gebäudes beteiligt sind; zur Herstellung eines Gebäudes gehören jedoch nur Arbeiten, die sich auf die Bestandteile des Hauses beziehen (BGB. § 95), weshalb z. B. der Lieferant einer umfangreichen Hoteleinrichtung (bewegliches Zubehör) nicht Baugläubiger im Sinne des Gesetzes ist.[2]) Das Gesetz verpflichtet den Baugeldempfänger, das Baugeld zur Befriedigung des Baugläubigers zu verwenden; er

---

[2]) Simon, Reichsges. über die Sicherung der Bauforderung S. 54.

muß jedoch dasselbe nicht sofort Letzterem in die Hand drücken, sondern kann dies erst tun, wenn es ihm beliebt oder wenn er auf Grund des Bauvertrages dazu aufgefordert werden kann. Es ist dem Baugeldempfänger lediglich untersagt, Baugeld zu anderen als dem vorgeschriebenen Zwecke zu verwenden; er hat also mehr eine Unterlassungs- als eine Verwendungspflicht.[3]) Der Baugläubiger muß ständig befürchten, daß sein Geld anderweitig verwandt wird, wofür der Baugeldempfänger zwar bestraft wird, womit dem Baugläubiger aber wenig genützt ist, da hiedurch sein Zinsverlust durch das Warten auf Baugeld nicht verhindert wird. Eine weitere Gefahr für die Sicherung des Baugeldes liegt darin, daß der Baugeldnehmer nach seinem Ermessen aus anderen Mitteln Baugläubiger befriedigen kann und daß er Baugeld in der Höhe dieser Verwendung für sich behalten darf; gesetzt, der Baugeldnehmer hätte den Lieferanten einer Betonmaschine, eines Bauaufzuges und dgl. für einen Baulieferanten, bezahlt dessen Rechnung aus der Baugeldsumme, so kann trotzdem der Baugeldempfänger nicht eines Vergehens gegen die Verwendungspflicht schuldig erkannt werden. Auch der Umstand, daß der Baugeldempfänger das Baugeld in der Höhe der Hälfte des angemessenen Wertes der von ihm in den Bau verwendeten Leistung usw. für sich behalten darf (§ 1 Abs. 2) birgt die Gefahr in sich, daß der Baugeldempfänger die Aufstellung einer fingierten Leistung betreibt oder den Wert derselben zu hoch einschätzt. Diese beiden besprochenen Punkte sind als eine Dehnbarkeit des Gesetzes zu betrachten.

Die zweite Pflicht des Baugeldempfängers ist die Führung eines Baubuches, die den Zweck hat, eine genaue Feststellung der Personen zu geben, die auf Grund eines Vertrages zum Bau liefern, ferner eine buchmäßige Aufstellung sämtlicher mit der Herstellung des Baues in Zusammenhang stehender Zahlungsgeschäfte; besonders soll die Verwendung des gesetzlichen Baugeldes klar daraus hervorgehen. Das Buch ist bis zum Ablauf von 5 Jahren nach Beendigung des Baues aufzubewahren (BaufordG. § 2). —

Der Begriff „Baubuch" ist bis zum Inkrafttreten des Gesetzes fremd gewesen; § 2 desselben kam dadurch zustande, daß unter den Baugewerbetreibenden ein Teil von Nichtfachleuten sich befand, die entweder keine Bücher führten, sie nicht führen konnten oder, was am meisten glaubwürdig, der Einfachheit halber nicht führen wollten, um ihre Geldmanipulationen geheimzuhalten. Das Gesetz verlangt ausdrücklich nicht die Führung von Handelsbüchern im Sinne des HGB. §§ 38 ff., sondern lediglich eine klare Aufschreibung der in § 2 BaufordG. Abs. 3 verlangten Punkte. Ich glaube kaum, daß es heutzutage in Städten einen Bauunternehmer gibt, der nicht das Baubuch in der vom HGB. vorgeschriebenen Form führen

---

[3]) Goldbaum, Wie sichere ich meine Bauforderung? S. 25 ff.

läßt, das von ihm, da er nach dem HGB. § 1 Kaufmann ist, durch § 38 HGB. an und für sich verlangt wird. Der Wert der Vorschrift des Baubuches wird im wesentlichen dadurch beeinträchtigt, (abgesehen davon, daß nur bei Zahlungseinstellung und Konkurs strafrechtliche Folgen für den Unternehmer zu erwarten sind), daß eine Aufbewahrung der Buchgrundlagen (Verträge, Quittungen) nicht vorgeschrieben ist.[4]) Vor allem ist im Gesetz unterlassen, einer bestimmten Behörde das Recht der Baubuchkontrolle zu übertragen, wodurch die Einrichtung eine wirkliche Bedeutung erlangt. Es ist mangels einer besonderen Anweisung sogar zweifelhaft, ob die Baugeldinteressenten nach § 810 BGB. überhaupt ein Recht auf Vorlage des Baubuches haben.[5])

Die dritte Pflicht des Baugeldempfängers ist die zur Anbringung eines Anschlages an gut sichtbarer Stelle, aus dem Namen und Stand des Unternehmers zu ersehen ist; ist der Unternehmer nicht Generalunternehmer und hat er einige Arbeiten des Ausbaues (Spengler, Schreiner, Kanalisations-, Heizungs-, Maler- und Anstreicherarbeiten usw.) an Unterakkordanten vergeben, während er selbst nur die Rohbauarbeiten (Maurer-, Eisenbeton- und Zimmerarbeiten) ausführt, so muß auf dem Anschlage (Bautafel) auch Name und Art der Arbeiten dieser Unternehmer ersichtlich sein (§ 4 BauforδG.). Dieser § 4 statuiert eine Pflicht, deren Verletzung eine Übertretung im Sinne des Strafgesetzbuches ist (lex perfecta). Mit Einführung des BauforδG. ist die bis dahin schon geübte Sitte, den Namen der Unternehmer an Tafeln bekanntzugeben, zur Rechtspflicht geworden; man wollte damit bezwecken, daß jeder Unbeteiligte ohne weiteres Einblick gewinnen konnte, durch welche Persönlichkeiten der Neubau ausgeführt wird, um zu verhindern, daß Vertreter verschiedener Gewerbe, wie: Schneider, Bäcker, Metzger und dgl., wie vordem ungestört zum Bauen zugelassen wurden. Durch diesen öffentlichen Anschlag würden diese Nichtfachleute an den Pranger gestellt werden und jeder sich am Bau beteiligende Handwerker und Lieferant wird rechtzeitig davor gewarnt, sich mit Nichtfachleuten in ein gefährliches Unternehmen zu stürzen. Bayern hat anschließend an das BauforδG. ein Landesgesetz vom 10. Juni 1911 erlassen, das seine Spitze gegen Nichtfachleute und Unehrenhafte im Baugewerbe richtet.

b) Dingliche Sicherung der Bauforderung.

Die Vorschriften über die dingliche Sicherung der Bauforderung sind umfangreich und schwierig durchzuführen. Bei der Kompliziertheit der Materie und der Vielheit der zu schonenden Interessen scheute man sich, diesem größeren Abschnitt des Bau-

[4]) Nußbaum, Deutsches Hypothekenwesen S. 298.

[5]) Hagelberg, Komm. z. RG. über die Sicherung der Bauforderung S. 109.

fordG. ohne weiteres reichsgesetzliche Kraft zu verleihen und überließ den einzelnen Bundesstaaten dessen Einführung durch landesherrliche Verordnung, wobei Gemeinde, Handelskammer, Handwerkskammer und gesetzliche Arbeitervertretungen gehört werden müssen (§ 9 BaufordG.).

Der zweite Teil ist im wesentlichen eine Verstärkung und Durchbildung des Baugläubiger-Schutzes. Die polizeiliche Bauerlaubnis wird bedingt gegeben: Erforderlich ist, daß entweder in Höhe eines Drittels der Baukosten in Geld oder mündelsicheren oder bei der Reichsbank in der 1. Klasse lombardfähigen Wertpapieren (90% Kurswert) zugunsten der Baugläubiger Sicherheit geleistet wird oder diesen Gläubigern ein bestimmter Teil des Grundstückswertes durch grundbuchamtliche Eintragung des Bauvermerks vorbehalten wird (§§ 11 und 12 BaufordG.). Mit Eintrag des Bauvermerks erwerben die Baugläubiger den Anspruch auf Eintragung einer Hypothek für ihre Bauforderungen (Bauhypothek); Bauvermerk hat die Wirkung einer Vormerkung zur Sicherung des Anspruches. Unter Aufrechterhaltung der Prioritäts-, aber unter Durchbrechung des Spezialitätsprinzips wird den Baugläubigern trotz der Unbestimmtheit ihrer künftigen Forderungen der Vorrang vor den später zur Eintragung gelangenden dinglichen Rechten gesichert.[6]) Wenn das Grundbuch schon mit Hypotheken (Restkaufgeldhypothek, Baugeldhypothek) belastet ist, so muß der Unternehmer in Höhe des Betrages eine Differenzkaution stellen, als 3/4 des Grundstückswertes von den Belastungen überschritten sind (§ 13 BaufordG.). Der Rang der Bauhypothek bestimmt sich gegenüber anderen Rechten nach der Eintragung des Bauvermerks; Nießbrauch- und Wohnungsrechte stehen der Bauhypothek im Range nach (§ 32 BaufordG.). Das Hauptbedenken gegen den Bauvermerk liegt darin, daß die Unbestimmtheit der Forderungen, die durch ihn gedeckt werden, den Wert der im Range hinter dem Bauvermerk stehenden Hypotheken beeinträchtigen und Baugeldkredit unmöglich machen würde, wenn man der Hypothek des Baugeldgebers keine Bevorzugungen gegenüber der Bauhypothek einräumte. Das Gesetz gibt daher der Baugeldhypothek nebst 5% Zinsen und gewissen Nebenforderungen aus § 1118 BGB. den Vorrang vor dem Bauvermerk in Höhe derjenigen Baugeldzahlungen, durch die Bauforderungen zur Tilgung gebracht sind (§§ 34—36 BaufordG.). Als Folge dieser Bestimmung nahm man an, daß der Baugeldgeber sich das Recht, an die Baugläubiger unmittelbar zu zahlen, ausbedingen werde.[7]) Hiebei tritt die Schwierigkeit auf, daß die Baugläubiger oftmals ungerechtfertigte und zweifelhafte Forderungen geltend machen. Für diesen Fall hat man angeordnet, daß der Baugeldhypothek der Vorrang für

[6]) Nußbaum, Deutsches Hypothekenwesen S. 301.
[7]) Nußbaum, Deutsches Hypothekenwesen S. 301.

ungerechtfertigte Zahlungen dann eingeräumt wird, wenn der Baugeldgeber die ungerechtfertigte Forderung bewußt oder aus grober Fahrlässigkeit beglichen hat. Um aber der hiemit verbundenen Gefahr zu entgehen, kann der Baugeldgläubiger einen Treuhänder (Sachverständigen) bestellen lassen, der die Baugeldzahlungen auf eigene Verantwortung zu vermitteln und anzuweisen hat; das Amtsgericht, in dessen Bezirk die Baustelle ist, bestellt auf Antrag des Baugeldgebers den Treuhänder. Alle von Letzterem angewiesene Zahlungen begründen ohne weiteres den Vorrang der Baugeldhypothek. Die Kosten des Treuhänders soll nach dem Gesetz der Baugeldgeber tragen, der sie durch den Baugeldvertrag auf seine Schuldner abwälzen kann.

„Hauptkaution", der durch den Bauvermerk bzw. die Bauhypothek vorbehaltene Teil des Grundstückswertes und die „Differenzkaution" dienen den Baugläubigern zur Deckung; das Gesetz gibt außerdem in den §§ 18 und 19 eine umständliche Definition der Baugläubiger und dgl., die vergeblich versucht, Klarheit in die verworrenen, unübersichtlichen Verhältnisse der Bauhandwerker und deren gegenseitige Beziehungen zu bringen, ein Umstand, der besonders bei Feststellung gerechtfertigter Forderungen und deren Teilung Gefahren mit sich bringt. In Kapitel II Abschnitt c wurde bereits ausführlich darüber gesprochen. Für Bestimmung der Hauptkaution und Feststellung des Baustellenwertes behufs Ermittlung der Differenzkaution sind gemeindliche Bauschöffenämter vorgesehen (§ 50 BauforderG.), die auch als Einigungsämter dienen. Bisher ist von einer Einführung des zweiten Teiles des BauforderG. kein Gebrauch gemacht worden, nachdem anzunehmen ist, daß nach Inkrafttreten dieses Teiles nur mehr von kapitalkräftigen Unternehmern gebaut werden kann. Es würde ferner eine Reihe solider, aber weniger kapitalkräftiger Elemente aus den Reihen der Bauunternehmer ausscheiden müssen und der Zufluß von Baukrediten zum Wohnungsbau wesentlich abnehmen.

VII. Kapitel.

Welche Folgen treffen denjenigen, der Baugeld nicht richtig verwendet?

a) Zivilrechtliche Folgen.

Außer der im Gesetz besonders geregelten strafrechtlichen Verantwortlichkeit des Baugeldempfängers nach § 5 BauforderG. kann die Übertretung der Verpflichtung zu bestimmungsgemäßer Verwendung auf vertraglichem und gesetzlichem Schuldgrund beruhen und vermögensrechtliche Nachteile für den Baugeldempfänger und dritte Personen nach sich ziehen.[1]) Auch die Übertretung des § 1 BauforderG. kann zu einem vorwiegend im öffentlichen Interesse

[1]) Schulz, Baugeldverw.-Pflicht S. 419.

liegenden Verbot der Gewerbsausübung durch den Baugeldempfänger führen (siehe bayer. GVBl. Nr. 5718 II vom 28. März 1907 S. 226). Nach diesem Gesetz ist einer Person der Betrieb des Gewerbes als Bauunternehmer und Bauleiter, sowie Betrieb einzelner Zweige des Baugewerbes zu untersagen, wenn sich Tatsachen vorfinden, welche die Unzuverlässigkeit des Gewerbetreibenden in bezug auf diesen Gewerbebetrieb dartun (desgleichen GewO. vom 26. Juli 1900 §§ 35, 54).

Schadensersatzberechtigt sind nur die Personen, zu deren Schutz das Gesetz gemacht wurde, m. a. W. alle, die auf Grund eines Werk- usw. Vertrages an der Bauherstellung beteiligt sind. Der Anspruch auf Schadensersatz ist auch erblich, weshalb z. B. die Witwe eines tödlich verunglückten Baugläubigers in die Forderungen ihres verstorbenen Mannes ohne weiteres eintritt.[2]) Geldgeber und Hypothekarier sind durch das Gesetz nicht geschützt. Schadensersatz begründet sich auf BGB. § 823 und § 826.

b) Öffentlich-rechtliche Folgen.

Die Baugläubiger erstreben bei Verfolgung ihrer vermögensrechtlichen Interessen, die auf privatrechtlichen Titeln beruhen und deren Grundlage § 1 BauforbG. bildet, unmittelbare Befriedigung oder Sicherung ihrer Bauforderungen.[3]) Nach § 5 des BauforbG. und §§ 35, 35a, 53a der RGewO. sind Maßregeln vorhanden, die eine Ausschließung ungeeigneter Personen aus dem Baugewerbe bewirken und den Schäden der an der Herstellung von Bauten beteiligten Personen vorbeugen sollen.

B. Beschaffung und Sicherung der gemeinnützigen Baukredite.

I. Kapitel.

Allgemeine Betrachtung über den Kleinhausbau und Beschaffung der hiezu nötigen Kredite.

a) Was sind Kleinhäuser? Wozu sind sie ins Leben gerufen worden?

Der Wohnungsfrage ist vom Staate vor dem Kriege trotz aller Bemühungen und kräftigen Auftretens der Wohnungsreformer nicht die gebührende Aufmerksamkeit geschenkt worden; man hat es dem Spiel des Zufalls überlassen, wie und in welcher Form der Wohnungsnot gesteuert wurde und erst als die Spekulation ihr Unwesen zu stark trieb, ging der Staat daran, gesetzlich gegen diese ungesunden Verhältnisse einzuschreiten, und sich für die

---

[2]) Hagelberg, RG. über Sicherung der Bauf. S. 83.
[3]) Schulz, Baugeldverf.-Pflicht S. 176.

Wohnungsbeschaffung der Staatsbürger in erhöhtem Maße zu interessieren. Es wäre Aufgabe des Staates gewesen, für seine minderbemittelten Bürger Geldmittel zur Erstellung von Wohnungsbau auf den Markt zu bringen und der Baulust seiner Bürger durch Schaffung von Bauerleichterungen, Gesetzen und Vorschriften den Weg zu ebnen; indessen haben sich die Anordnungen des Staates mehr aus Prohibitiv- als aus aktuellen Hilfsmaßnahmen zusammengesetzt; die schon beizeiten einsetzende umfassende Unterstützung des Staates bei Wohnungsbau seiner Beamten und Arbeiter sei dabei aber nicht vergessen. Die verhängnisvollen Folgen der Spekulation sind in den vorhergehenden Kapiteln bereits eingehend behandelt worden. Es sei lediglich wiederholt, daß das bedeutendste und unheilvollste Produkt der staatlichen Vernachlässigung der Wohnungsfrage das Massenmiethaus oder die sog. Mietskaserne war. Als in den Zeiten der sog. Landflucht bei Aufblühen unserer Industrie die Volksmassen nach den Städten strömten, waren deren Lebensansprüche auf ein Minimum eingespielt; die sog. Reize der Großstadt ließen sie das Elend ihrer wohnlichen Verhältnisse übersehen. Allmählich jedoch erwachte mit Zunahme von Bildung und Aufklärung bei den Leuten der wohlbegreifliche Trieb, wegab vom Lärm der Fabrik und des Straßenverkehrs der Großstadt ein ruhiges, in Garten oder Wald gelegenes, eigenes Heim zu bauen und zu besitzen. Der Krieg hat bei unseren Arbeitern und Minderbemittelten, die die zahllosen Kleinwohnungen und Siedlungen in Belgien und Nordfrankreich sahen und während der Kriegsjahre die meiste Zeit im Schützengraben oder Feuerstellung verbrachten, den Trieb nach einem eigenen und gesunden Heim noch verstärkt.

Böhmert sagt in seiner Abhandlung „Nachklänge zum Frankfurter Wohnungskongreß" (Europa, Wochenschrift für Kultur und Politik, 1905): „Die Menschenmassen, die vor 30 Jahren in unsere damals viel kleineren Städte hereinströmten, kamen zum großen Teil vom platten Land oder von kleineren Städten, sie brachten einen an harte Daseinsbedingungen gewöhnten Körper mit, ihre Kulturbedürfnisse waren gering und erstreckten sich jedenfalls nicht auf die Art der Behausung. Darin ist ein fühlbarer Umschwung eingetreten. Unsere heutigen Großstädter stammen zum großen Teil schon von Großstädtern ab, sie sind im Banne der städtischen Kultur aufgewachsen, sie empfinden nicht nur das Gesundheitsschädliche, sondern auch das Kulturwidrige unseres heutigen städtischen Wohnungswesens viel schärfer. Die Massen haben das Bewußtsein, daß sie nicht nur in unleidlichen Wohnungsverhältnissen leben, sondern daß auch die Mittel vorhanden sind, um ihnen zu helfen."[1])

Die Idee des Kleinhausbaues ist althergebracht, war auf dem

[1]) **Böhmert**, Nachklänge z. Frankf. Wohnungskongr. S. 1026/27.

Lande von jeher verwirklicht und wurde erst allmählich in mehr oder weniger veränderter Form von den Städten übernommen. Der Bau von Kleinhäusern besteht in der Errichtung von Siedlungen für Menschen, die in kleinen Verhältnissen leben bzw. leben müssen, bei denen die Wohnungsmiete eine wirtschaftliche Lebensfrage bedeutet, die durch ein kleines Mehr oder Weniger des Einkommens entscheidend beeinflußt wird.[2]) Drei Faktoren sind es, die für den Kleinhausbau sprechen: ein gesundheitliches, ein sittliches und ein ernährungspolitisches Moment.[3]) Das gesundheitliche Moment besteht in Forderung von Licht und Luft, das sittliche in Trennung der Geschlechter (im Kleinhausbau durch Schaffung von zwar kleineren, aber zahlreicheren Räumen als beim übrigen Wohnungsbau); das ernährungspolitische besteht in der im Krieg entstandenen Notwendigkeit für den Einzelnen, sich die Erzeugnisse des eigenen Bodens für das folgende Jahr aufstapeln zu müssen, eine Maßnahme, mit der nach Kriegsende voraussichtlich noch einige Jahre gerechnet und welchem Bedürfnisse durch Schaffung geeigneter Räume im Kleinhaus und durch Anlage eines Gartens Rechnung getragen werden muß.

b) Formen der Kleinhäuser.

aa) Auf dem Lande.

1. Rentengut.

„Rentengut" ist die Form einer Siedlung, die auf geeigneten Rechtseinrichtungen, Verwaltungsmaßnahmen und Organisationen aufgebaut ist. Rentengüter sind solche Grundstücke, die zu vollem Eigentum besessen werden und zur Tilgung des Erwerbspreises mit einer festen Grundrente belastet sind. Regelmäßig entsteht das Rentengut dadurch, daß ein großes Gelände in kleine und mittlere Stellen verlegt wird. Ursprünglich als Form der Ansiedlung für landwirtschaftlichen Kleinbesitz eingeführt, wurde die Einrichtung des Rentengutes dann auch Industriearbeitern zugänglich gemacht und zu einem allgemeinen Mittel des Erwerbs eines mit Landzulage verbundenen Kleinhauses ausgestaltet.[4]) Fast getrennt von der Entwicklung der Kleinsiedlung für den gewerblichen Arbeiter ist eine Bewegung gegangen, die auf die Besiedlung des flachen Landes durch kleine landwirtschaftliche Betriebe abzielt und gewöhnlich unter dem Begriff „innere Kolonisation" zusammengefaßt wird. Sie verfolgt den Zweck, Gebiete, die wirtschaftlich noch weniger erschlossen sind, intensiverer landwirtschaftlicher Ausnützung zuzuführen. Teils sollen größere Güter in kleinere Bauerngüter zerschlagen werden, um den ländlichen Mittelstand durch Schaffung neuer Kleinbauerngüter zu stärken, teils werden Industriearbeiter durch Landzuweisung dem Landleben wieder zugeführt und so der-

[2]) Schneegans, Kleinwohnhausbau S. 1.
[3]) Luther, Wohnungs- und Siedlungspolitik nach dem Kriege S. 5.
[4]) Eberstadt, Handbuch des Wohnungswesens, VI. T. S. 452.

Industrie, die Überschuß an Arbeitskräften hat, entzogen und dem entvölkerten Lande zum Wohle der an Arbeitskräften Mangel leidenden Landbevölkerung wieder eingereiht. Innere Kolonisation erfolgte bisher hauptsächlich im preußischen Osten, im Westen war für die innere Kolonisation zunächst weniger Gelegenheit, doch sind auch dort im Laufe der Zeit viele größere Güter in kleinere Bauerngüter aufgeteilt worden. Nach dem neuen Siedlungsgesetz vom 29. Januar 1919 sind die einzelnen Bundesstaaten verpflichtet, zur Schaffung neuer Ansiedlungen gemeinnützige Siedlungsunternehmungen zu begründen, soweit solche noch nicht vorhanden sind (§ 1 des Ges.); diese gemeinnützigen Siedlungsunternehmen haben ein Vorkaufsrecht auf alle in ihrem Bezirke gelegenen landwirtschaftlichen Grundstücke im Umfang von 20 ha aufwärts (in Bayern sogar 5 ha) und sind im Bedarfsfalle berechtigt, geeignetes Siedlungsland aus dem Besitzstand der großen Güter gegen angemessene Entschädigung im Wege der Enteignung in Anspruch zu nehmen (§ 4 bzw. 15 des Ges.).

Gerade in der Gegenwart nach Abschluß des unglücklichen Krieges und des erfolgten Gewaltfriedens, der Deutschlands Industrie in Trümmer schlägt, geht man, wie auch das Reichssiedlungsgesetz vom 29. Januar 1919 zeigt, mit aller Energie daran, die Landwirtschaft, der durch das mächtige Anwachsen unserer Industrie der größte Teil ihrer arbeitenden Bevölkerung entzogen wurde, durch Aufteilung großer fiskalischer Güter und Fideikommisse und Verteilung billigen Landes an Land- und Stadtbewohner, erneut zu beleben und zu kräftigen.

Das Rentengut ist zur eigentlichen Bedeutung im Sinne des Kleinwohnhausbaues dadurch gekommen, daß Hausbauten mit kleinem Landbesitz (1250 qm) als Rentengüter zugelassen wurden.[5]) Während in den 50er und 60er Jahren Rentenschuld und Erbpacht in Preußen, Hannover und Schleswig-Holstein durch die Gesetzgebung aufgehoben worden waren, machte sich auf dem Gebiete der ländlichen Siedlungswerke in den 70er Jahren ein Umschwung der Anschauungen geltend, der sich namentlich gegen den die Eigenart des Kleinbesitzes nicht berücksichtigenden, schablonisierenden Systematismus wandte. Seit den 70er Jahren traten in Preußen vielfach Bestrebungen hervor, die den Erwerb von kleinen und mittleren Bauerngütern fördern und im Interesse der Minderbemittelten das Rentenzahlungsprinzip an Stelle des Kapitalzahlungsprinzipes setzen wollten. Die praktische Durchführung nimmt ihren Ausgang von dem preuß. Ansiedlungsgesetz vom 26. April 1886, das den Interessenten den Erwerb von Bauerngütern gegen eine feste Jahresrente ermöglicht; die Institution wurde durch ein neues Gesetz vom 7. Juli 1891 auf ganz Preußen ausgedehnt. Der Erwerber eines „Rentengutes" leistet eine mäßige Anzahlung von

---

[5]) **Muthesius**, Kleinhaus- und Kleinsiedelung S. 103.

einigen 100 M, während 75% des Kaufwertes durch eine staatliche Bank — die Rentenbank — aufgebracht wird, die den Betrag der ersten Hypothek in Rentenbriefen an den Käufer auszahlt, während die noch fehlende Geldsumme von gemeinnützigen Anstalten oder Verbänden (wie Landesversicherungsanstalten, Sparkasse, Provinzialkasse, Landschaften und dgl.) gegeben wird, die sich dann ihrerseits auf den Besitz eine II. Hypothek eintragen lassen. Der Käufer des Rentengutes hat die Rentenbriefe mit 3½% zu verzinsen und mit 1½% zu tilgen; bei der Abtragung der II. Hypothek liegen ähnliche Verhältnisse vor; die Hypotheken sind seitens der Gläubiger unkündbar. In letzter Zeit haben Beleihungen bis zu 9/10 des Wertes durch eine staatliche Rentenbank bei einer Verzinsung zu 4% und einer Tilgung zu ½% stattgefunden. Die weitreichende Bedeutung des Gesetzes beruht darin, daß der Ansiedlungstätigkeit in der Rentenbankeinrichtung eine fest begründete Geldquelle erschlossen ist, die jedem ermöglicht, ohne viel Geldmittel gegen Leistung einer Rente ein landwirtschaftliches Besitztum zu erwerben.

Die Einrichtung des Rentengutes wurde von der landwirtschaftlichen auf die industrielle Bevölkerung übertragen, was im MinErl. vom 8. Januar 1907 zum Ausdruck kam, der das Gesetz gleichzeitig auf Anwesen mit einer Mindestgröße von 1/8 ha = ½ Morgen ausdehnte.[6])

Durch das Gesetz vom 8. Mai 1916 wurde eine weitere Erleichterung dadurch geschaffen, daß der Staat für den bei der Errichtung von Rentengütern erforderlichen Zwischenkredit (Kredit zur Tilgung der Schulden, die auf dem aufzuteilenden Grundstück lasteten, sowie als Baukredit für die darauf zu errichtenden Wohn- und Wirtschaftsgebäude) 115 Millionen Mark zur Verfügung stellt, Erleichterungen in der Beleihung und in Gewährung von Freijahren gibt, wobei auf Ansiedlung von Kriegsbeschädigten besondere Rücksicht genommen werden sollte. All diese Momente kommen den gemeinnützigen Gesellschaften bei der Gründung von Siedlungen zugute. Für den beim Verkauf der 4%igen Rentenbriefe entstehenden Kursverlust wird bei gemeinnützigen Siedlungsgesellschaften und bei privaten Rentengutseigentümern eine Vergütung gewährt, von der die Landwirtschaftsverwaltung ¾ übernimmt; außerdem wurde bestimmt, daß bei Betrieben, die ohne fremde Arbeitskräfte bewirtschaftet werden müssen (sog. Familienbetriebe) die Beleihung bis zu 9/10 des geschätzten Grund- und Gebäudewerts erstreckt werden kann. In Preußen sind zur Förderung der inneren Kolonisation die sog. Generalkommissionen, 6 an der Zahl, eingesetzt, die innere Kolonisation in Westpreußen und Posen wurde jedoch hauptsächlich durch die Ansiedlungskommission bewirkt; letztere verfügte über beträchtliche Geld-

[6]) Eberstadt, Handbuch des Wohnungswesens S. 453.

mittel, mit denen sie in Zwangsverwaltung kommende, besonders polnische Güter ankaufte und an deutsche Siedler weitergab. Die Generalkommissionen übernehmen nur die Vermittlung bei Umwandlung von größeren Ländereien in Rentengütern; die A.-K. hingegen kaufte die großen Güter auf, zerschlug sie und verkaufte die Teile an Kleinbauern und Ansiedler weiter; auch ein Bankinstitut „die Landbank" ist in ähnlichem Sinne wie die A.-K. tätig. Es sei hier noch erwähnt, daß die Ansiedlungskommission zwei Gegner zur Bekämpfung hatte: erstens weigerten sich die Polen, ihre Güter wegen angedrohten Boykotts ihrer Landsleute zur Verfügung zu stellen, zweitens waren auch polnische Banken (Ziemski-Bank) an der Arbeit, die Parzellierung und Finanzierung von Gütern in ihrem Sinne durchzuführen. Das 1908 eingeführte Enteignungsrecht gegenüber polnischen Gütern war eine gute Gegenmaßnahme, die jedoch kaum zur Ausführung kam. Hand in Hand mit den Siedlungskommissionen arbeiteten gemeinnützige Siedlungsgesellschaften, wie die pommersche, ostpreußische Landessiedlungsgesellschaft und die Landessiedlungsgesellschaft „Eigene Scholle" in Frankfurt a. O. Bei all diesen Gesellschaften hat der Staat sich mit $^1/_3$—$^1/_2$ am Gesellschaftskapital beteiligt.

Eine umfassende Tätigkeit hat die Landessiedlungsgesellschaft „Eigene Scholle" entfaltet, die bis 1917 allein über 800 Rentengüter ins Leben gerufen hat. Die Siedlungsgesellschaft „Sachsenland" hat in der Industriestadt Sömmerda[7]) während des Krieges eine größere Siedlung für Arbeiter die Rentengutssiedlung Gartenberg angelegt, die aus Einfamilienhäusern mit $^1/_8$ ha Nutzgarten im Preis von 4—5000 ℳ besteht. Nebst der Förderung der Rentengutsanlage durch Siedlungsgesellschaften hat eine Reihe von Stadtgemeinden Rentengüter für ihre Mitbürger ins Leben gerufen.

2. Kriegerheimstätte — Kriegersiedlung.

Schon bald nach Ausbruch des Weltkrieges tauchte bei den Daheimgebliebenen der Wunsch auf, für diejenigen, die ihr Blut für das Vaterland vergossen, des wenigen Besitzes, den sie inne hatten, noch obendrein verlustig gingen und als Krüppel und Verstümmelte mit halber Arbeitskraft zurückkehrten, dahingehend Sorge zu tragen, daß sie in der Heimat nicht dem wilden Konkurrenzkampf ausgeliefert wurden, bei dem sie infolge ihrer beschränkten Leistungsfähigkeit ein trauriges Schicksal erwartet hätte. Das bei Staat und Volk im Kriege mächtig erstarkte soziale Gewissen konnte das hiebei zu erwartende Elend nicht dulden, das gerade in Deutschland, dem Mutterlande der sozialen Gesetzgebung, in erster Linie verhindert werden müßte. Schon früher haben vereinzelt große Feldherrn und Fürsten, die ein Herz für ihre Soldaten

[7]) Eberstadt, Handbuch des Wohnungswesens S. 456.

hatten, in vorsorglicher Weise die Unterbringung ihrer altgedienten und kriegsverletzten Leute betrieben; ich erinnere an Friedrich den Großen nach dem 7jährigen Kriege und an Napoleon Bonaparte. Man durfte unmöglich zugeben, daß die Kriegsverletzten wieder, wie vor dem Kriege, auf das Massenmiethaus mit seinen Schrecken angewiesen waren, außerdem ging der Wunsch in dem Menschen jeden Standes in den letzten Jahren dahin, möglichst auf dem Lande, fern dem Großstadtlärm, wohnen zu können, Hand in Hand mit der durch die Lebensmittelknappheit geschaffenen Notlage der Selbstversorgung mit landwirtschaftlichen Produkten. Der Gedanke gewann Raum, daß die geeignetste Art und Weise, für die Kriegsverletzten zu sorgen, sein würde, jedem bei seiner Rückkehr ein kleines Häuschen in einer ländlichen Siedlung zu geben. Man trug sich im Anfange mit dem Gedanken, die Kriegsbeschädigten (Handwerker, Techniker, Kaufleute und dgl.) in besonderen Siedlungen in den Außenbezirken der Städte unterzubringen, wodurch wahre Stätten des Elends geschaffen worden wären, wenn ja auch wohl auf der Hand liegt, daß dies der billigste Weg gewesen wäre. Es war hiebei wohl die Idee maßgebend, gemeinsame Werkstätten für alle Berufsarten einzurichten, deren Anlage infolge Vorhandensein gewisser Einrichtungen, wie: elektrischen Strom, Wasserleitung, Gas usw. und der unmittelbaren Nähe des Absatzmarktes sich wesentlich verbilligen und besser rentieren würde. Der Härte einer derartigen Anordnung bewußt, kam man auf den Gedanken, gemeinsame Werkstätten und Fabrikanlagen auf dem Lande zu erbauen, bei welcher Gelegenheit Gesunde und Kriegsverletzte in denselben Betrieben schaffen und in ihrer freien Zeit nebenbei ein kleines Landgut bewirtschaften können. Durch den unglücklichen Ausgang des Krieges, der unsere Industrie zum größten Teil vernichtet, und durch den Raub unserer Kohlengebiete werden wir gezwungen, unsere mächtigen Wasserkräfte auszubauen und gleichzeitig einen Teil unserer Fabriken auf das Land zu verlegen. Auf diese Weise wird der Anlage von Kriegerheimstätten in Verbindung mit der Landindustrie in großem Maße Vorschub geleistet, und somit dem Volke die Liebe zur Landwirtschaft neuerdings eingepflanzt, der es in den letzten Jahrzehnten untreu geworden war. Muthesius schlägt als Form für Kriegerheimstätten Gartenstadt und Rentengut vor.[8]) In beiden Fällen ist den Kriegsverletzten Gelegenheit geboten, in der freien Natur sich als Landwirte und Gärtner, in sog. Werkhäusern und Werkhöfen in dem gelernten Handwerke zusammen mit gesunden Menschen zu betätigen. Bei Vertrieb von Heimerzeugnissen, falls solche in Betracht kommen, muß durch gesetzliche Anordnung die bisher übliche Lohndrückerei durch den Verleger und Zwischenhändler unterbunden werden.

Die Kriegeransiedlung wird wesentlich unterstützt durch das Reichsgesetz vom 3. Juli 1916, das sog. „Kapitalabfindungsgesetz",

[8]) Muthesius, Kleinhaus u. Kleinsiedlung S. 121.

(RGBl. Nr. 5315 S. 680—684), das dem Rentenempfänger eine einmalige Kapitalabfindung zum Erwerb landwirtschaftlichen Grundbesitzes gewährt, auch für den allgemein üblichen Fall des Hauserwerbes durch Mitgliedschaft bei einer gemeinnützigen Baugenossenschaft. Wie Genossenschaften Baukredite schaffen, wird a. a. O. genauestens erklärt werden.

Das bayer. Gesetz über Ansiedlung von Kriegsbeschädigten in der Landwirtschaft vom 15. Juli 1916 ermächtigt die Landeskulturrentenanstalt, Darlehen unmittelbar (ohne Vermittlung der Gemeinden) an Kriegsbeschädigte zur Ansiedlung in landwirtschaftlichen Betrieben oder zur Stärkung landwirtschaftlichen Besitzes zu geben. Die Landeskulturrentenanstalt ist in der Regel nur in der Lage, das dritte Viertel des Schätzungswertes zu beleihen. Für die erste Hälfte des Wertes muß sich der Gesuchsteller anderweit bei Banken, Genossenschaften und dgl. Geld beschaffen. Im Ausnahmsfall können über dieses Maß hinausgehende Darlehen von der Landeskulturrentenanstalt gegeben werden (Bekanntmachung des bayer. Ministeriums für Landwirtschaft vom 20. Juni 1919). Letztgenannte Bekanntmachung hat einige weitere Vorteile für Gelderlangung und Verzinsung für Kriegerheimstätten geschaffen und den Begriff „Kriegsbeschädigte als Darlehensnehmer" in weiterem Sinne aufgefaßt. Auch das neue Reichssiedlungsgesetz vom 11. August 1919 hat ebenfalls Erleichterungen für Schaffung von Siedlungsland für Kriegsbeschädigte vermerkt.

Das Problem der Kriegerheimstätten ist bereits verschiedentlich im Reiche in die Wirklichkeit übertragen worden, während vorbereitende Maßnahmen in großem Umfang in die Wege geleitet sind, deren Ausführung derzeit infolge katastrophaler Geldnot des Staates und der damit verbundenen schlechten Zahlungsbilanz, ferner der enormen Baukosten und des Baumaterialienmangels wegen zurzeit nicht realisierbar ist. Die schlesische Landgesellschaft hat im Jahre 1916 unter 123 Ansiedlern 70 Kriegsverletzte, die fast sämtliche aus Groß- und Mittelstädten stammen, untergebracht.[9]) Gleiches hat die Siedlungsgesellschaft „Sachsenland" in Halle a. d. Saale getan. Die Landgesellschaft „Eigene Scholle" in Frankfurt a. d. O. übernimmt alle Kosten, die mit den Kriegerheimstätten verbunden sind (mit Ausnahme der Stempelsteuer) und gibt bei geringer Anzahlung den Rest des Kaufgeldes, den sie sich in Form der Grundrente oder einer ersten Hypothek sichert.[10]) Württemberg hat zwei Anstalten, den Stuttgarter Verein für Kriegerheimstätten (e. V.) und den schwäbischen Siedlungsverein (e. V.), die sich mit dem Problem der Kriegersiedlungen beschäftigen. In der Umgebung Münchens bei Unterhaching steht eine große geplante Anlage vor der Ausführung, ebenfalls in Schwaig bei Nürnberg usw.

[9]) Heim und Scholle 16 S. 243.
[10]) Eberstadt, Handbuch des Wohnungswesens S. 461.

3. Arbeiterwohngebäude auf dem Lande.

Arbeiterwohnungsbau auf dem Lande und Bauernansiedlung gehören untrennbar zusammen und bilden das Problem der inneren Kolonisation, die von öffentlich-rechtlichen Korporationen ausgeführt wird, wobei der Staat erhebliche Hilfsmittel unterstützend beitragen muß.[11])

Die Arbeiterbevölkerung auf dem Lande, die in der Landwirtschaft Dienst leistete, lebte bis in die jüngste Zeit hinein teilweise in traurigen Wohnverhältnissen, die diese Arbeiter infolge ihres geringen Verdienstes nicht aus eigenen Mitteln bessern konnten. Die wachsende Unzufriedenheit unter den ländlichen Arbeitern, die häufig ihre Arbeitsstelle wechselten und der Umstand, daß jährlich das Angebot an Arbeitskräften auf dem Lande hinter der Nachfrage zurückblieb, gab für die Gutsbesitzer Veranlassung, der Wohnungsfrage erhöhte Bedeutung beizumessen und so entstanden die neuen gutseigenen Wohnungsbauten für die Arbeiter im Osten und die hofeigenen im Westen. Die Industrie breitete sich ebenfalls auf dem flachen Lande aus, besonders waren es Betriebe, die sich an den Quellen der Rohstoffe niederließen, um dieselben zu gewinnen, umzusetzen und zu verarbeiten; man denke an Bergwerke, Hütten, Ziegeleien, Zementbrüche, Porzellanfabriken und dgl.; diese Fabriken waren genötigt, ihre Arbeiter in der Nähe der Werke in kleinen Kolonien, die hiefür gebaut wurden, unterzubringen, nachdem es gewöhnlich unmöglich war, bei den umliegenden Bauerndörfern genügend Wohnungen zu finden. Außerdem siedelten sich entlängs der Bahnlinien, Wasserstraßen und dgl. ländliche Industrien an, deren Entstehung durch billige Arbeitslöhne (infolge billigerer Lebensweise der Arbeiter) und billigere Wasserkräfte veranlaßt wurde; im Kriege haben sich diese Industrien wesentlich vermehrt und vergrößert und werden nach aller Voraussicht auch in der Folgezeit bei billigeren Arbeitsverhältnissen leichter existieren können, als Betriebe in den überindustriealisierten Städten. Fast die meisten dieser ländlichen Fabriken haben ihren Arbeitern finanzielle Unterstützung beim Bau von Kleinhäusern mit anschließendem Garten und teilweise kleinerer Ökonomie angedeihen lassen oder selbst Kleinhäuser gebaut, die sie ihren Leuten gegen Miete zur Verfügung stellen. Allmählich werden diese Häuser, und dieser Umstand ist vom sozialethischen Gesichtspunkt zu begrüßen, in den Eigenbesitz der Arbeiter übergehen, ein Vorgehen, das öffentlich-rechtliche Bauvereinigungen und Baugenossenschaften in Stadt und Land seit geraumer Zeit bereits verfolgen.

Wer baut nun auf dem Lande Kleinhäuser für Arbeiter und wer ist Kreditgeber dafür?

---

[11]) Berthold, Geldbeschaffung für die Errichtung von Arbeiterwohngeb. auf dem Lande S. 4.

1. Privatunternehmer, die Zinshäuser errichten,
2. Arbeitgeber, sei es Großgrundbesitzer oder Fabrikherren,
2. Kommunalverbände oder sonstige Verbände des öffentlichen Rechtes und
4. Gemeinnützige Bauverbände.

Zu Ziff. 1. In verschiedenen Gegenden Deutschlands, in denen sich Industrie auf dem Lande vorfindet, haben dort ansässige Bauunternehmer, die in besseren Verhältnissen lebten, Kleinhäuser mit Wohnungen für zwei bis drei Familien erbaut, die sie dann in Miete an Industriearbeiter und kleine Handwerker vergaben und schließlich diesen Leuten, wenn sie in bessere Verhältnisse kamen, auch verkauften. Als Baugeld kamen bei diesen Bauten für den Unternehmer Bankgeld in Form von ersten Zinshypotheken außer vornehmlich eigenen Mitteln in Betracht. Als Ausgleich für das Risiko, das diesen Bauunternehmern aus derartigen Bauten erwuchs, erhoben dieselben einen, den normalen um Einiges übersteigenden Zinssatz, womit diese Bauten zu Spekulationsbauten gestempelt wurden, die den Erwerb-, nicht den gemeinnützigen Kredit voraussetzten. Nachdem derartige hochverzinsliche Kleinwohnhäuser ein gewisses erhöhtes Einkommen ihrer Mieter erforderten, so kamen dieselben ausschließlich für den wohlhabenderen und sparsameren Teil der Arbeiterbevölkerung in Betracht.

Zu Ziff. 2. Als Arbeitgeber, die für ihre Arbeiter Häuser auf dem Lande bauen, kommen Gutsherrn und Fabrikbesitzer in Frage. Der Staat hat die Bedeutung dieser Sache erkannt und so hat z. B. der preußische Staat dem Domänenstaat Zuwendungen für Vermehrung und Besserung der Arbeiterwohnungen gemacht. Der private Gutsbesitzer erstellt diese Arbeiterhäuser auf Gutsland aus bereiten Mitteln oder durch vorübergehende Inanspruchnahme seines Personalkredites; falls der Grundbesitz teilweise verschuldet ist und dem Gutsherrn die nötigen Barmittel fehlen, stößt eine Darlehensaufnahme bei einer Bank auf Schwierigkeiten, da die Aufnahme eines hypothekaren Darlehens auf das bereits stark belastete Gesamtgrundstück undurchführbar ist.[12]) Dies führt in der Regel dazu, daß von dem Hauptgrundstück ein lastfreies Teilgrundstück unter gleichzeitiger Bildung eines selbständigen Grundbuchblattes mit Hilfe eines Unschädlichkeitsattestes abgelöst wird, das dann eine eigene Belastung erhält. Die Bildung verschiedener Grundbuchblätter für ein und dasselbe größere geschlossene Gut kann zur Folge haben, daß bei Zwangsversteigerungen das Hauptgrundstück und das abgetrennte in verschiedene Hände kommen. Durch Vorrangeinräumung an Kreditgeber derartiger Hypotheken (z. B. Landesversicherungsanstalt) haben die preußischen Land-

---

[12]) Schwerin, Arbeiterwohnungen auf dem Lande S. 15.

schaften verschuldeten Gutsbesitzern sehr geholfen, denen sie selbst des öfteren sog. Zusatzdarlehen geben.[13])

Fabrikherren schaffen in drei verschiedenen Formen Kleinhäuser für ihre Arbeiter; in Form von Werkwohnungsbauten, Wohnungskolonien und bäuerlichen Siedlungen. Die „Werkwohnungen" i. e. S. liegen in unmittelbarer Nähe oder innerhalb des Werkes und dienen zur Unterbringung von Leuten, die Tag und Nacht in der Fabrik benötigt sind, z. B. Maschinisten, Heizer, Werkführer und dgl.; diese Art findet sich bei fast allen größeren Betrieben. Die Wohnungskolonien können nur von finanziell gutgestellten Fabrikherrn erstellt werden und zeigen einen edlen Sinn ihres Erbauers, wenn auch ein gewisser Egoismus nicht von der Hand zu weisen ist. Mustergültiges haben hierin Ulrich Gminder (Spinnerei) in Reutlingen in Württemberg und Krupp in Essen, um Beispiele zu nennen, geleistet. In beiden Fällen werden die Kleinhausbauten für die Beamten und Arbeiter von den Fabrikherren aus eigenen Mitteln auf eigenem Grund erstellt und die Arbeiter wohnen dortselbst für gewöhnlich in Miete. Die bäuerlichen Siedlungen bestehen in einem Ankauf von kleinen Bauernhöfen in der Umgebung der Fabriken durch die Arbeiter selbst, wobei der Fabrikherr Kredit gibt, den er sich hypothekarisch auf das Grundstück sichern läßt; obendrein wird in einem zwischen Arbeitnehmer und Arbeitgeber abgeschlossenen Vertrag vereinbart, daß die Kreditgebung von der Arbeitswilligkeit des Beliehenen in der Fabrik abhängt und Lösung des Arbeitsverhältnisses Hypothekenkündigung in Gefolgschaft haben kann.

Zu Ziff. 3. Kommunalverbände, die gewöhnlich über reichliche Mittel verfügen und deren Bedeutung für die Wirtschaft täglich zunimmt, beschäftigen sich seit den letzten Jahren eingehend nicht nur mit Verbilligung der Lebensmittel durch gemeinsamen großzügigen Einkauf, durch Bau und Pacht von großen Metzgereien und Bäckereien, sondern auch mit der Finanzierung von Kleinhäusern für ihre Mitglieder.

Zu Ziff. 4. Baugenossenschaften haben für Arbeiterkleinhäuser, wo es sich um rein landwirtschaftliche Arbeiter handelt, geringe Bedeutung (von Schwerin, Geldb. für Arbeiterwohnungen auf dem Lande S. 16). In Pommern existieren zwei Genossenschaften, die die von einem Gute für Bau von Arbeiterwohnungen abgetretenen Grundstücke in ihren Besitz nehmen und sich von der Landesversicherungsanstalt ein Darlehen darauf geben lassen. Große Bedeutung haben die Baugenossenschaften da erlangt, wo es sich um Erstellung von Kleinhäusern für Arbeiter in Gebieten ländlicher Industrie handelt, da die Arbeiterschaft sich durch Ausschaltung der Fabrikherren beim Wohnungsbau von dem Drucke lossagen will, der sie bei fabriksherrlicher Bautätigkeit an bestimmte Werke

[13]) Schwerin, Geldbeschaffg. f. Arbeiterwohng. a. d. Lande S. 15.

für lange Zeiten binden kann. Es wurden zwar die meisten Baugenossenschaften unter Beteiligung der Arbeitgeber begründet, sobald jedoch die Genossenschaft in guten Verhältnissen war, wurde die Entfernung und Abfindung dieser Art von Genossen mit allen Mitteln erstrebt und lediglich einige wenige Kapitalisten beibehalten, die keine Arbeitgeber waren und die ihre Dienste ehrenamtlich leisteten.

Als Baukreditgeber für den Arbeiterkleinhausbau auf dem Lande kommt das große Privatkapital (Bankinstitute, Sparkassen, private Versicherungsanstalten, Landschaften und dgl.) in Betracht. Es ist einleuchtend, daß die Beleihung von Häusern, die über das ganze Land verteilt sind, von diesen Gesellschaften nicht eigenhändig gemacht werden können und daß es hiezu einer Mittelperson in Gestalt eines Kommunalverbandes (in Preußen Landkreise) bedarf.[14]) Letztere nehmen das Darlehen auf und geben es unter Zuschlag der Selbstkosten zum Zwecke des Kleinwohnhausbaues als Realkredit weiter. Die Leiter der Kommunalverbände, die meist gleichzeitig Leiter von Sparkassen sind, kennen die Kreditverhältnisse der einzelnen Darlehensnehmer und die Art der Sicherheit des zu belastenden Grundstückes und werden den Baukredit zu einem möglichst geringen Zinsfuße von den Landesversicherungsanstalten erhalten. Sie können, wenn die Gelder nicht besonders reichlich fließen, den dafür zu bildenden Fond dadurch entlasten, daß sie sich von privater Seite und von Sparkassen erste Hypotheken in der Grenze der Mündelsicherheit geben lassen und die II. Hypotheken aus ihrem eigenen Anleihefond und aus sonstigen Beisteuerungen billigen Geldes (von Stiftern, Gemeinden usw.) decken.

4. Gartenstadt.

Gartenstadt ist eine Form der Siedlung, die die Vorzüge des städtischen Zusammenwohnens und der daraus entspringenden gesellschaftlichen und geschäftlichen Vorteile mit denen zu vereinigen trachtet, die ein Leben auf dem Lande bietet.[15]) Die Grundrente und deren Steigerung durch den Städtebau ist Gemeingut der Gemeinde, das jegliche spekulative Ausnützung verhindert und so eine gesunde Basis zur Schaffung billiger und gutgesicherter Baukredite bildet. Fuchs bezeichnet als „Gartenstadt" i. e. S. eine größere, auf Grund eines einheitlichen Bebauungsplanes geschaffene Anlage mit einem städtischen, durch Handel und Gewerbe gebildeten Kern, umgeben von einem Wohngürtel, in dem eine hygienisch und menschlich ideale Form des Wohnens verwirklicht ist.[16]) Dem Land- und Gartenbau bleibt ein erheblicher Teil des Bodens vorbehalten, während Gewerbe und Industrie in be-

[14]) Schwerin, Geldbeschaffg. f. Arbeiterwohng. a. d. Lande, S. 17.
[15]) Eberstadt, Handbuch des Wohnungswesens S. 463.
[16]) Fuchs, Wohnungs- und Siedlungsfrage nach dem Kriege S. 41.

sonders geeignete Bezirke verlegt werden. Die Idee der Gartenstadt stammt von Deutschland, wurde von England übernommen, das 45 km nördlich London eine Gartenstadt (Letchworth) nach vorgenanntem Muster errichtete, die über 2000 Häuser und rund 10000 Einwohner besitzt. Deutschland hat Veranlassung genommen, dem englischen Beispiel folgend, zu versuchen, eine Reihe von ähnlichen Anlagen zu bauen, die sich wohl Gartenstädte nennen, jedoch nur als Gartenvorstädte bezeichnet werden können.[17]) Die Gartenstadt hat daher für Deutschland keine praktische Bedeutung erlangt und nehme ich deshalb davon Abstand, weiter darauf einzugehen.

bb) Anschließend an eine größere Stadt.

1. Villenkolonie.

Fast in allen größeren und mittleren Städten, in denen Industrie vorhanden und in deren Innerem viel Verkehr und Lärm herrscht, finden wir ein sog. „besseres Viertel", in dem sich die wohlhabenderen Teile der Stadtbevölkerung Einfamilienheime mit Gartenanlage in mehr oder weniger reicher Ausfertigung erstellen. Es würde zu weit führen, Beispiele solcher Anlagen anzuführen, deren es in Europa ungezählte gibt; in England teilweise und durchgehends in den Vereinigten Staaten besteht sogar eine Scheidung von city und residence-town, in welch letzteren ohne Unterschied der Vermögensklassen die Stadtbewohner in ihrer berufsfreien Zeit leben. Die Villenkolonien der Reichen sind gewöhnlich auf dem Boden von Terraingesellschaften entstanden, die die Grundstücke nur an gutfundierte Käufer abgeben, da die Preise für die Minderbemittelten unerschwinglich sind. Eine Inanspruchnahme von Bankkredit wird in vorliegendem Falle für gewöhnlich unnötig werden, da der Bauherr selbst im Besitze des Baugeldes ist, das er in sicherer Weise zu investieren betreibt.

2. Fabrikkolonien.

Beamten- und Arbeiterkolonien finden sich häufig im Weichbild einer Stadt und zwar in der Nähe der Fabriken oder Werkstätten, in denen die Inwohner der Kolonien beschäftigt sind. Baukredite hiefür geben die Arbeitgeber aus eigenen Mitteln, ob sie nun Staat, Stadt oder Private heißen mögen oder sie beteiligen sich bei öffentlichen Verbänden (Genossenschaften usw.) durch Zurverfügungstellen von Baugelände und Barmitteln, woran sie gewisse Bedingungen knüpfen, deren Vorteile ihren Arbeitern zugute kommen.

3. Gartenvorstadt (Gartendorf).

Gartenvorstadt ist eine gartenmäßige Siedlung, die an eine bereits bestehende Stadt angebaut wird, deren Häuser Kleinhäuser

---

[17]) Fuchs, Wohnungs- u. Siedlungsfrage n. d. Kriege, III., S. 39 ff.

sind, die im Block- oder Pavillonsystem zwischen Gärten und Waldparzellen zu liegen kommen. Die Finanzierung und der Ausbau derartiger Anlagen, die sowohl für die wohlhabende, als auch für die minderbemittelte Bevölkerung geschaffen sind, werden meist von gemeinnützigen Gesellschaften in die Wege geleitet, die Kredit in mannigfaltiger Form von öffentlichen und privaten Geldgebern aufzunehmen gezwungen sind.

4. Vorstädte in geschlossenem Bausystem.

Die meisten Vorstädte, die zur Unterbringung der minderbemittelten Bevölkerung einer Großstadt dienen, wurden durch die sich in die Hand arbeitende Bau- und Bodenspekulation geschaffen. In richtiger Erkenntnis der Schäden der Spekulation und der großen Wohnungsnot gingen einige Städte, wie z. B.: Freiburg i. B., Ulm, Stuttgart, Augsburg und München daran, Kleinhausbauten mit Erwerbsmöglichkeit für ihre Inwohner zu erbauen. Kreditgeber für die Stadt Ulm z. B. waren für den ersten Bauteil die Oberamtssparkasse Ulm mit 226000 ℳ, für den zweiten, dritten und vierten Teil die Württembergische Landesversicherungs-Anstalt in Stuttgart mit 510000 ℳ; beide Institute gaben den Baukredit in gemeinnütziger Weise zu 3%. Von größter Bedeutung für den Bau genannter Vorstädte sind einige gemeinnützige Bauvereinigungen, von denen ich als eine der bedeutendsten den bereits über 50 Jahre in Stuttgart bestehenden „Verein für das Wohl der arbeitenden Klassen" nenne, der seit 1891 rund 550 Häuser an der Peripherie der Stadt errichtete, die ungefähr 7000 Menschen gesunde Unterkunft bieten. Die drei größten derartigen Anlagen sind Ost-, Süd- und Westheim, die einen Kapitalaufwand von 7½ Millionen mit 383 Häusern, 1,04 Millionen für 39 und ¾ Millionen für 30 Häuser erforderten. Kreditgeber waren der Württembergische Kreditverein und die Landesversicherungsanstalt Württemberg; außerdem hat sich der Verein Baukredit durch Ausgabe von nicht börsenfähigen 3%igen unkündbaren Schuldscheinen verschafft, die von Privaten aufgekauft werden. Rund 150 von etwa 550 gebauten kleinen Häusern wurden an Inhaber derselben verkauft. Außerdem hat der Verein kurz vor Kriegsbeginn eine Kolonie für mittlere Beamte, Privatangestellte und dergleichen mit dem Namen Ostenau errichtet (rd. 50 Häuser), die infolge ihrer kostspieligen Ausstattung einen Aufwand von 3174000 ℳ erforderte, der in der oben angegebenen Weise von der Landesversicherungsanstalt Württemberg, verschiedenen Kreditanstalten und aus Mitteln des Vereines aufgebracht wurde.

Das Grundstück, auf dem Ostenau errichtet wurde, konnte von einem Gönner in Größe von 23245 qm zu einem ausnahmsweise billigen Preise erworben werden. Ostenau, das eine völlig in sich geschlossene, im Innern mit Zier- und Nutzgärten ausgestattete Anlage ist, soll in dauerndem Eigenbesitz des Vereins bleiben und wird in Gestalt von 3-, 4- und 5-Zimmerwohnungen an Mitglieder vermietet.

Bedeutendes auf letztgenanntem Gebiete hat die Stadt München geleistet, in deren Peripherie in geschmackvoller Weise eine Reihe von Kleinhausanlagen entstanden sind, die hauptsächlich dem Stadtsäckel ihre Entstehung verdanken; München hat große Summen für den Bau gesunder, in Gärten liegender Vorstadtanlagen flüssig gemacht. Der Ende des vorigen Jahrhunderts dortselbst entstandene „Verein zur Verbesserung der Wohnungsverhältnisse" hat sich in tonangebender Weise dem gemeinnützigen Wohnhausbau und dessen Finanzierung gewidmet und eine Reihe von Anlagen geschaffen, die a. a. O. in tabellarischer Anordnung gebracht werden.

c) Für wen werden sie vornehmlich geschaffen?

Die „Kleinwohnungsfrage" ist bei uns zugleich auch ein und zwar der größte Bestandteil einer allgemeinen Wohnungsfrage, welche heute in Deutschland wenigstens in den meisten Groß- und Mittelstädten, d. h. im Herrschaftsgebiet der gedrängten Bauweise oder des vielstöckigen Etagenhauses fast alle Klassen der Bevölkerung, von einer kleineren obersten Schicht abgesehen, erfaßt.[18])

Wir können die Interessenten von Kleinwohnhäusern in zwei Gruppen teilen, zur ersteren zählen die wohlhabenden Leute, die aus eigenen Mitteln sich ein Haus bauen können, zur zweiten wesentlich größeren diejenigen, die nur mit Unterstützung von dritter Seite in der Lage sind, sich gegen teilweise langjährige Verschuldung ein Eigenheim zu schaffen und dies nur bei Aufnahme eines gemeinnützigen Kredites. Die Finanzierung von sog. Herrenhäusern, vornehmen Landhäusern und dgl. fällt, falls von den Bauenden Kredit aufgenommen werden sollte, unter Teil A dieser Abhandlung, nachdem es sich in diesem Falle lediglich um Erwerbskredit handeln kann. Kleinwohnhäuser, deren Finanzierung uns hier interessiert, kommen vornehmlich für

1. Beamte,
2. Kleinbürger,
3. gehobene Arbeiter und
4. wenig bemittelte Arbeiter

in Betracht, die sich auf Grund von gesetzlichen Erleichterungen zur Selbsthilfe organisieren.[19]) Die ersten drei Gruppen haben auf diese Weise in der Zeit vor dem Kriege eine ganz ansehnliche Zahl von Kleinhäusern geschaffen, während die vierte Gruppe infolge ihres geringen Existenzminimums und Ermangelung geeigneter Hilfsmaßnahmen von seiten des Staates bisher leer ausgehen mußte. Alle unsere Genossenschaften, Gartenstädte und dergleichen

[18]) Fuchs, Die Wohnungsfrage vor und nach dem Kriege, II, S. 23.
[19]) Jäger, Die Wohnungsfrage S. 246.

waren doch nur für solche Leute erreichbar, deren Einkommen über dem normalen Einkommen eines Arbeiters standen oder die sich durch große Sparsamkeit ein Vermögen zusammengespart hatten.[20] Die Miete war zu hoch, die Umzugskosten zu groß, so daß alle diese schönen Veranstaltungen nicht demjenigen zugute kamen, die sie am meisten brauchten, nämlich den unbemittelten kinderreichen Familien. Man kann allerdings auch nicht sagen, daß die Verkehrspolitik der öffentlichen Anstalten alles das geleistet hat, was hier notwendig gewesen wäre. Man ist auch bei ihnen zu stark auf dem privatwirtschaftlichen Standpunkt stehen geblieben, einer nach den Gesetzen zwar gesunden, aber doch nicht hinreichend sozialen Wirtschaftsauffassung. Die durch den Krieg bzw. durch die Revolution geschaffenen Verhältnisse haben eine Vermögensverschiebung zugunsten der ärmsten Volksklasse, des sog. Proletariats, geschaffen, deren Wirkung sich in den folgenden Jahren höchstwahrscheinlich auch im Wohnungsbau zeigen wird.

d) Welche Grundforderungen sind mit dem gemeinnützigen Kleinhausbau verbunden?

Billige Platz- und Baukosten, Rentabilität und besonders gemeinnütziger Baukredit bilden die Karyatiden des Kleinhausbaues. Dazu treten noch einige finanzielle Erleichterungen, wie gänzlicher oder teilweiser Erlaß der Straßenkosten, Kanalgebühren, Ermäßigung der Steuern und Abstufung der baupolizeilichen Vorschriften nach Größe und Charakter der Häuser.

1. Billiger Bauplatz, geringe Baukosten für das Haus.

Das Baugelände muß möglichst billig in die Hand der Bauenden kommen, womöglich kostenlos durch Gemeinde oder Staat zur Verfügung gestellt werden. Es soll in hygienisch einwandfreier, möglichst in wald- und vegetationsreicher Gegend liegen und durch gute und schnelle Verkehrswege (Stadtbahn, Schnellbahn) mit der Stadt des Arbeitsplatzes und des Lebensmittelmarktes verbunden sein. Diejenigen Körperschaften, welche Grund und Boden billig zur Verfügung stellen, bedienen sich verschiedener Verfahren, wie: Wiederkaufs- und Erbbaurecht, um zu verhindern, daß die Anwesensbesitzer mit dem Hause Geschäfte treiben. Würde den Dingen freier Lauf gelassen, so könnte die mit jeder Bebauung eintretende natürliche Wertsteigerung den neuen Hausbesitzer verlocken, seinen Besitz zu erhöhtem Preis zu verkaufen. Die Folge hievon würde sein, daß die Werte sämtlicher umliegender Besitztümer in der gleichen Weise in die Höhe getrieben werden, was mit einer Steigerung der Mieten bei den der Körperschaft nicht mehr gehörigen Häusern gleichbedeutend sein würde. Die Beschränkung der Verkäuflichkeit allein hält die Mieten ständig auf der mäßigen Höhe, die durch gemeinnützige Maßnahmen zu erreichen versucht wurde; sie muß durch vertragskräftige Bindung erfolgen und bedeutet

[20]) Dernburg, Vom sparsamen Bauen S. 9.

eine Art Obereigentum der bodengebenden Körperschaften, die das Schicksal der Siedlungen auch ferner mitbestimmend im Bereich ihrer Einwirkung haben wollen.

Die Bauenden haben sich, um die Kosten möglichst herabzusetzen, teilweise Mäßigung ihrer Wohnungsansprüche aufzuerlegen.[21]) Die Bauweise soll einfach und schlicht und mehr auf praktische Zwecke als auf übertriebene künstlerische Wirkung abzielen; die zur Verwendung kommenden Konstruktionen und Baustoffe sollen zwar gut sein, müssen aber nicht immer auf die teuersten auf dem Baumarkte zurückgreifen.[22]) Eine wesentliche Verbilligung wird außerdem erzeugt, wenn bei einer großen Anzahl von Kleinwohnhäusern Typen für Fenster, Türen, Möbel und dgl. in großem Maßstab verwandt werden, was durch geschickte Architektenhand ohne ästhetische Schädigung des Gebäudes geschehen kann. Gerade die heutzutage gewaltigen Baumaterialienpreise geben dieser Forderung zur Verbilligung des Baues besondere Wichtigkeit. Von höchstem Einfluß auf das Ausmaß der Baukosten ist ferner die Bauordnung, deren zweckmäßige Vereinfachung die Bausumme um Tausende von Mark verringern kann, ohne im geringsten auf die statische und feuersichere Haltbarkeit der Gebäude schädlichen Einfluß auszuüben. (Hierin ist in letzter Zeit schon vieles Ersprießliches geschehen.) Endlich muß der Höhe der Baukosten durch Verkürzung, Vereinfachung und Verzweckmäßigung der Arbeitsmethoden nach dem bekannten System des Amerikaners Taylor in einer unseren Verhältnissen angepaßten Form Abbruch getan werden.

2. Rentabilität.

Die wichtigste und zugleich die schwierigste Vorbereitung für den Kleinwohnhausbau und dessen Finanzierung ist die Ertragsberechnung,[23]) m. a. W. die Feststellung, ob sich das Objekt vorteilhaft verzinst. Die Ertragsberechnung muß schon zu einer Zeit aufgestellt werden, in der ihre wichtigsten Bestandteile, so vor allem die Beleihung noch nicht endgültig geregelt ist; zur Erlangung eines Baukredites müssen bereits die fertigen Vorarbeiten eingereicht werden. Die seinerzeitigen Baukosten, die über Nacht eine bedeutendere Höhe annehmen können, bringen gegenüber dem vorläufigen Kostenvoranschlage vielfach Überraschungen. Verschiedene Arbeiten, wie Gründungsarbeiten, Abführung der Abwässer, Froste, Streiks, Lohnerhöhungen und Materialsteigerungen, wie sie besonders jetzt an der Tagesordnung sind, können die Bausumme um ein Vielfaches vermehren. Auch die Höhe der öffentlichen Abgaben, die Ausgaben für Wasser, Beleuchtung und dgl.

---

[21]) Baelz, Wie bauen wir heute billige Kleinhäuser u. Kriegerheimstätten S. 13.

[22]) Reichs- u. Preuß. Staatskommissar für das Wohnungswesen, Ersatzbaustoffe und Bauweisen zur Verbilligung des Wohnbaues S. 3ff.

[23]) Muthesius, Kleinhaus- und Kleinsiedlung S. 316ff.

unterliegen starken Schwankungen. Daher ist eine möglichst genaue Unkosten- und Ertragsberechnung für das klare Erkennen dessen wichtig, was den zukünftigen Mietern der Häuser am Mietzins zugemutet werden muß und kann, um das Unternehmen lebensfähig zu erhalten. Man nimmt gewöhnlich an, daß ein Arbeiter $^1/_5$—$^1/_6$ seines Verdienstes für Wohnung anlegen darf, in Großstädten bis zu $^1/_4$ seines Einkommens, was jedoch nicht ohne Einschränkung der sonstigen Lebensverhältnisse geschehen kann.

Von großer Bedeutung für die Ertragsberechnung ist der Zinsfuß, der für die Leihgebühr gezahlt werden muß; es ist notwendig, festzustellen, welche Art von Beleihung nachgesucht werden kann, bzw. mit welchem Kapital bei einer Baugenossenschaft die Genossen selbst beispringen. Die anfallenden Unkosten scheiden sich in zwei Teile, die einmaligen und die sich periodisch wiederholenden.[24] Die einmaligen Unkosten zerfallen in:

1. Ankaufspreis des Grundstücks und Unkosten des Ankaufs (Notarkosten, Stempelgebühren, Umsatzsteuern, Umschreibungsgebühren usw.).
2. Kosten für Aufschließung des Geländes, Straßenbaukosten, Kosten für Zuleitung von Wasser, Gas elektrisches Licht usw.
3. Eigentliche Baukosten, Architektenhonorar, diverse Gebühren für Baupolizei, Geometer usw.

Aus der Verzinsung allen Aufwands ergibt sich die Gesamtmiete der Häuser.

Die fortlaufenden Kosten zerfallen in:

1. Kosten für Instandhaltung der Wohnungen,
2. Kosten für Unterhaltung der Wege und öffentlichen Anlagen,
3. Verzinsung der Leihgelder.
4. Steuern und Abgaben, soferne diese nicht durch Gesetz aufgehoben sind,
5. Bei Genossenschaften: Geschäftsunkosten für Verwaltung.

Ferner ist durch Bestimmung des HGB. geforderte jährliche Abschreibung als Ausgleich für die allmählich eintretende natürliche Abnützung notwendig. Der dafür angenommene Satz bewegt sich heute im Betrage von 1—2% des Bauwertes. Die Abschreibung geschieht nur von den Baukosten, nicht dem Grundstückswert, da durch die Bebauung des Grundstückes keine Wertminderung desselben, sondern eine Wertsteigerung eintritt.

Als Beispiel für eine Mietzinsberechnung aus je 100 ℳ des gesamten Bauaufwandes sei hier eine Aufstellung aus einer Denkschrift über die Verhältnisse auf dem Wohnungsmarkte der Stadt Augsburg im Kriegsjahre 1918 von Oberbaurat Holzer[25]) angeführt. (In Augsburg sind rund 10 gemeinnützige Baugenossenschaften, die durch Vermittlung der Stadtgemeinde mit Baukrediten versehen wurden.)

[24]) Muthesius, Kleinhaus- und Kleinsiedlung S. 317.

[25]) Holzer, Denkschrift über d. Verh. a. d. Wohnmarkt der Stadt Augsburg im Kriegsjahr 1918 S. 50ff.

Die Finanzierung für diese gemeinnützigen Bauvereinigungen geschieht im allgemeinen dadurch, daß sie sich das Baukapital (Grund-, Erwerbs-, Baukosten) gemäß dritter Abschnitt Art. 15 des bayer. Gesetzes über die Landeskulturrentenanstalten vom 31. März 1908 durch Vermittlung der Stadtgemeinde ein Landeskulturrentendarlehen in Höhe von 90% der Gesamtkosten beschaffen. Da mit der Valutierung der Landeskulturrentenscheine ein Verlust von 8 auf 100 ℳ verknüpft ist (der Kurs ist zurzeit 92), so entsprechen die 90% nominelle Landeskulturrenten nur rund 83%[26]) der Gesamtbaukosten, so daß 17% anderweitig gedeckt werden müssen. 7% werden durch die Stammeinlagen der Genossen ausgeglichen, während die übrigen 10% anderweitig beschafft werden müssen. Die restigen 10% werden nun bei den großen Schwierigkeiten auf dem Geldmarkte in der jetzigen Zeit durch Darbietung eines städtischen Personalkredites aufgebracht werden. Hieraus ergibt sich für die Mietzinsberechnung aus je 100 ℳ des gesamten Bauaufwandes folgende Zusammenstellung:

4% aus nom. 90 ℳ Landeskulturrentengeld	3.60 ℳ
¾% Amortisation aus 90 ℳ Landeskulturrentengeld	—.68 „
4% aus 7 ℳ Stammeinlage	—.28 „
6½% aus 10 ℳ städt. Darlehen	—.65 „
Dazu kommt noch 1% für den Bauunterhalt aus der eigentlichen Bausumme und die allgemeinen Geschäftsspesen usw. Die Bauplatzkosten betragen im Mittel 1/15 der genannten Bausumme. Darnach ist 1% nur aus (100 — 7) = 93 ℳ zu nehmen . . .	—.93 „
Mindestverzinsung für je 100 ℳ	6.14 ℳ

3. Baukredit (gemeinnützig).

Nachdem die Interessenten für Kleinwohnhäuser weder mit Geldmitteln noch mit realisierbaren Werten, wie Grundstücke und dgl., die als Sicherheit für Kreditaufnahme in Betracht kommen können, gesegnet sind, so wurde der gemeinnützige Baukredit für Errichtung von Kleinwohnungen von ausschlaggebender Bedeutung; mit ihm steht und fällt der gemeinnützige Wohnhausbau. Der Kreditgeber schlägt aus seinem Darlehen keinen oder nur geringen Nutzen, der Zinssatz beträgt rund 3½%, die Hypothek, die der Kreditgeber sich auf Bauplatz und Bauobjekt eintragen läßt, baut sich auf dem gesamten möglichst hoch gegriffenen Realwert von Platz und Gebäude auf, wobei einer Entwertung desselben keine Rechnung getragen wird, wodurch diese erste oder zweite Hypothek an Sicherheit Einbuße erleidet. Die Form der Schuldtilgung ist im allgemeinen die der unkündbaren Tilgungshypothek, die für den Geldgeber ein langfristiges Ausstehen der Schuld bedeutet,

[26]) $100 : 92 = 90 : X = \frac{92 \times 90}{100} = \frac{8280}{100}$ = rd. 83.

während es dem Darlehensnehmer ermöglicht, in einer langen Zeitspanne bei geringem Zinsfuß und kleinen Tilgungsraten seine Schuld zu annullieren. Über die Einzelheiten der Tilgungsform, sowie über gewisse Rechte, wie Vorkaufsrecht, Wiederkaufsrecht und dergleichen, die der Kreditgeber sein eigen nennt, wird in den folgenden Kapiteln näheres ausgeführt werden.

II. Kapitel.

Wer sind die Träger des Kleinhausbaues?

a) Die spekulative Bautätigkeit.

Die spekulative Bautätigkeit, die hier verhältnismäßig eine unbedeutende Rolle spielt, wird auch privatwirtschaftliche Bautätigkeit genannt.

Wie bereits in vorhergehenden Kapiteln klargelegt, haben in verschiedenen Mittel- und Großstädten Deutschlands vor 2—3 Jahrzehnten Terraingesellschaften die größten Teile des städtischen Baulandes billig aufgekauft, für geraume Zeit zurückgehalten und erst, wenn die Bodenpreise künstlich in die Höhe getrieben waren, sind diese Gesellschaften erneut an einen Verkauf der Grundstücke unter großem Gewinn herangetreten. Käufer waren Private und Baugenossenschaften; die hohen Bodenpreise gaben Anlaß, beim Bau von Kleinwohnungen zur Mietskasernenform, also nicht zum Kleinhausbau zu schreiten, um die Bauten rentabel zu gestalten. Unzweckmäßiger Bebauungsplan, Straßenbau und überreiche äußere Ausschmückung verteuerten das infolge des hohen Grundstückpreises an und für sich kostspielige Unternehmen. Nachdem solche Anlagen auf einem großen Risiko aufgebaut waren, gestaltete es sich schwer, billige Baukredite zu erhalten; Erwerbskredit mit hoher Verzinsung und Tilgung waren an der Tagesordnung; als nachstellige Hypothekare waren gewöhnlich der Bauunternehmer und der Grundeigentümer (Terrain-A.-G.) zu gleichem Rang eingetragen.[1])

Die Finanzierung gestaltete sich bei der spekulativen Bautätigkeit im allgemeinen folgendermaßen:

50% als I. Hypothek durch ein Bankunternehmen,
30% als II. Hypothek von der Stadtgemeinde,
10% eigene Mittel der Genossenschaft,
10% III. Hypothek durch bauausführende Firma.

Nachdem durch diese Art der Finanzierung die Baugeschäfte des öfteren viel Geld einbüßten und infolgedessen für derartige Unternehmen schwer zu gewinnen waren, so ging man bei der Beteiligung der Baugeschäfte von 10 auf 5% herab. Auch heutigen Tages finden wir vereinzelt, trotz des Genossenschaftsgesetzes vom

[1]) Baelz, Wie bauen wir heute billige Kleinhäuser u. Kriegerheimstätten? S. 28.

1. Mai 1899 verkappte, spekulative Genossenschaften, deren Schwäche in den allzu hohen Ankaufskosten des Grundstücks liegt.

Auch Einzelpersonen, die den Reihen der Unternehmer und Handwerker entstammen, haben sich mit dem Bau von Kleinhäusern befaßt und damit Spekulationen getrieben. Als Geldgeber kamen in Betracht Banken, die oftmals de facto bis zu 90% Beleihung geben, den Rest deckten der Bauunternehmer, irgendein privater Baukapitalist und die an den Bau liefernden Geschäftsleute. Die hohe Beleihung von seiten der Banken ist dadurch erklärlich, daß sie sich bei der vom Hypothekenbankgesetz (§ 11) vorgeschriebenen Beleihung von 60% des Objektes an den Rentenwert desselben hielten, nicht an den reinen Gestehungswert (Bauplatz + Baukosten); der Rentenwert wurde durch billigen Geländekauf, geringe Baukosten, geschickte Ausnützung des Geländes und Baues und der damit verbundenen guten Mietseinnahme in die Höhe getrieben. Die Bautätigkeit der ausgesprochenen Spekulanten im Kleinhausbau, die vor Einführung des Bauforderungssicherungsgesetzes vom 21. Juni 1909 in Großstädten festzustellen war, bei der für gewöhnlich die Unterakkordanten und Geschäftsleute des Ausbaues stark zu Schaden kamen (diese Leute mußten jeweils eine letztrangige sogenannte Verbandshypothek auf das Objekt übernehmen), wurde a. a. O. bei den Schäden der Spekulation eingehend behandelt. Im Vergleich zum gemeinnützigen Kleinhausbau spielt der erwerbsmäßige aber eine untergeordnete Rolle.

b) Die gemeinnützige Bautätigkeit.

Die größte Bedeutung für den Kleinhausbau besitzt die gemeinnützige Bautätigkeit oder auch „Bautätigkeit unter Gewinnverzicht" genannt, die jegliche Absicht auf Erwerb und Gewinn aus dem Hausbau selbst und dem Vermieten der Wohnungen verneint. Die gewinnlose Bautätigkeit ist unter dem Einfluß neuzeitlicher Gedanken aus einem Werkzeug des Brotherrn zu einer sozialen und sozial-politischen Schöpfung geworden.[2])

1. Reich, Staat, Gemeinde.

Die Beteiligung der öffentlichen Körperschaften an der gewinnlosen Bautätigkeit kann in drei Formen erfolgen:

aa) Durch Eigenbau von Kleinwohnungen,
bb) durch Gewährung von Baukrediten,
cc) durch Hergabe billigen Baulandes oder Verleihung desselben im Erbbaurecht.

Das Reich.

Das Reich baut selbst für die Reichsmarine und Reichspostverwaltung Kleinwohnhäuser in Regie; außerdem sieht dasselbe im Budget regelmäßig eine bestimmte Summe für Wohnungszwecke

---

[2]) Eberstadt, Handbuch des Wohnungswesens S. 493.

seiner Angestellten vor, die in Form von hypothekarischen Darlehen an Baugenossenschaften zum Wohnungsbau gegeben werden, wobei das Reich darauf Rücksicht nimmt, daß die Mitglieder dieser Gesellschaften vornehmlich aus Beamten und Arbeitern sich zusammensetzen, die im Reichsdienst stehen. Bis 1918 sind hiefür rund 70 Millionen Mark in den Reichshaushaltsetat eingestellt worden. So ist unter Unterstützung des Reiches die 1914 gegründete Gartenstadt Staaken, e. G. m. b. H. bei Berlin-Spandau ins Leben gerufen worden, die mit einem Aufwand von 5 470 000 ℳ 444 Häuser mit 804 Wohnungen erstehen ließ, welche wiederum aus 298 Einfamilien- und 146 Mehrfamilienhäusern bestehen. Neben umfangreichem Baukredit ist der Grund und Boden für sämtliche Häuser vom Reichsfiskus der Genossenschaft im Erbbaurecht abgegeben worden,[3]) das Gelände war vom Reiche zu 2 ℳ für den Quadratmeter erworben und ist der Gartenstadt Staaken gegen einen jährlichen Erbpachtzins von 2% zur Verfügung gestellt worden. Ähnliche Anlagen wurden vom Reiche mit einer Genossenschaft Neuschottland in Danzig geschaffen, wo das Bauland in Erbpacht auf 85 Jahre abgegeben wurde und am Kaiser Wilhelmskanal, wo eine größere Siedlung ausgebaut wurde.

Der Einzelstaat.

Preußen hat in der Fürsorge für das Wohnungswesen der Arbeiter im staatseigenen Bergbau Ersprießliches geleistet; es hat in der Zeit von 1865—1902 rund 5 Millionen Mark an sog. Hausbauprämien und 7,7 Millionen Mark in Form unverzinslicher Darlehen vom Wohnungsbau seiner Arbeiter gegeben. (Die unverzinslichen Darlehen sind durch Lohnabzüge rückzahlbar.) Diese Häuser, rund 7200 an der Zahl, welche durch Vermittlung von Genossenschaften und Vereinen geschaffen wurden, gingen in den Besitz der Leute über; außerdem baute Preußen selbst Wohnhäuser, die es an seine Arbeiter mietweise überließ. Ebenso hat dieses Land in der Eisenbahnverwaltung den Wohnungsbau seiner Angestellten dadurch gehoben, daß es Baukredite auf drei verschiedene Arten auf den Markt brachte und zwar:

1. aus Mitteln des Etats,
2. aus Mitteln des Wohnungs-Fürsorgefonds,
3. aus Mitteln der Pensionskasse für die Arbeiter der Preuß.-Hess. Eisenbahngemeinschaft. —

Preußen hat bis Anfang 1913 zur Besserung der Wohnungsverhältnisse von Arbeitern, die in staatlichen Betrieben beschäftigt sind und von gering besoldeten Staatsbeamten, gesetzlich bewilligte Mittel im Betrage von 158 Millionen Mark aufgewandt, wovon 99 Millionen der Staatsbahnverwaltung überwiesen wurden.[4]) All diese Mittel wurden teilweise zum Bau von Wohnhäusern,

[3]) Geschäftsbericht der Gartenstadt Staaken 1918.
[4]) Wopfner, Verkehrswissenschaftliche Vorträge S. 197.

die der Staat an seine Arbeiter vermietet, verwandt, teilweise als Darlehen an Genossenschaften gegeben, die sich mit dem Wohnungsbau für Staatsbedienstete befassen. Nachfolgende Tabelle zeigt die Größe und Art der zum Kleinwohnungsbau zur Verfügung gestellten Mittel des Preuß. Staates.

	zu staatseigenen Bauten	Wohnungen	zu Darlehen an Baugenossenschaften	Klein-Darlehen für Rentengüter
Eisenbahnverwaltung	57 611 005	12 049	54 390 463	8 372 378
Bergverwaltung . .	29 629 868	6 547	2 684 000	—
Bauverwaltung . .	11 759 657	339	—	27 000
Verwalt. d. Inneren	—	—	39 555 066	—
	99 000 530	18 935	96 629 529	8 399 378

(Siehe Eberstadt, Handbuch des Wohnungswesens S. 495.)

Württemberg. Eine umfangreiche Tätigkeit im Wohnungsbau für einen großen Teil seiner Angestellten, die sich in mittlere, untere Beamte und staatliche Arbeiter gliedern, hat Württemberg entfaltet; zur ersteren Gruppe gehören Bahnhofvorstände, Vorstände der Dienstesstellen, Bahnhofaufseher, Weichenwärter, Bahnwärter und dgl. Beide Gruppen teilen sich wieder in pragmatische Beamte und Arbeiter mit Dienstwohnungsberechtigung, ferner Arbeiter ohne Dienstwohnungsberechtigung. Württemberg hat, ebenso wie Preußen, Wohngebäude, die es gegen Miete an seine Angestellten abgibt, gebaut und sich mit hypothekarischen Darlehen an Kleinwohnungsanlagen von Genossenschaften zu günstigen Bedingungen für diese beteiligt. Solche Anlagen sind entstanden in Stuttgart (Postdörfle und auf der Prag), Cannstadt, Kornwestheim, Ulm, Crailsheim, Tübingen. Aus nachfolgender Tabelle in die Zahl der errichteten Gebäude und Wohnungen für Eisenbahn- und Postbeamte und die hiefür aufgewandten Baukosten zusammengestellt, ersichtlich. (Stand vom März 1913.)

Für wen gebaut?	Zahl der Gebäude	Zahl der Dienstwohnungen	Zahl der Mietwohnungen	Gesamter Bauaufwand in Mk.
Eisenbahn	2366	3239	1687	28 162 086
		4926		
Post	193	99	371	13 454 949
		470		

Die Baukostenzuschüsse an Genossenschaften hat der Staat an die Bedingung geknüpft, daß sowohl bei Vermietung als auch bei

Kaufanwartschaft die Beamten der Verkehrsanstalten ausschließlich oder mindest im Verhältnis der finanziellen Beteiligung des Staates Berücksichtigung finden. Die Mieten waren bisher für die Beamten so festgesetzt, daß sie 3/4 der ortsüblichen Preise ausmachen; nach einem neueren Antrag ans Ministerium sollen sie die ortsübliche Höhe erreichen.

Bayern hat, ähnlich wie Württemberg, sich um die Wohnungsverhältnisse der staatlichen Beamten und Arbeiter große Verdienste erworben. Neben Militär- und Finanzverwaltung, die gleiche Tendenzen verfolgt haben, steht die Wohnungsfürsorge der bayerischen Verkehrsverwaltung an erster Stelle; bei einer Gesamtzahl von 64 219 Mann Eisenbahnerpersonal kommen bei Abrechnung von 10% Ledigen auf 100 Mann in Bayern 25,02 Wohnungen gegenüber 15,21 in Preußen.[5]) Die Verkehrsverwaltung greift mit eigener Bautätigkeit und mit Gewährung von Baukrediten ein, wenn an einem Orte für ihr Personal nicht ausreichend oder nur zu verhältnismäßig hohen Preisen Wohnungen erhältlich sind. Nach dem Stande vom 1. Januar 1917 hat Bayern mit nachfolgenden Summen an Wohnungen geschaffen:

Für wen gebaut?	Zahl der Dienstwohnungen	Zahl der Mietwohnungen	Zahl der genossenschaftlichen Wohnungen	Zur Verfügung gestellte Mittel
Eisenbahn	11 899	76	3975	30 865 900
		15 950		
Post	373	111	410	2 895 100
		894		

(S. Löhner, Die Wohnungsfürsorge in Bayern, 15. Jahrg. S. 302.)

Diese 30 865 900 ℳ wurden in nachfolgender Weise untergebracht.[6])

12 584 378	ℳ	Darlehen für Baugenossenschaften
11 797 620	„	eigene Wohnungen der Eisenbahnverwaltung
2 265 580	„	Grunderwerb, Straßen- und Kanalbau
4 208 322	„	diverse Projekte
10 000	„	Erwerb von 50 Geschäftsanteilen der Baugenossenschaft Markt Redwitz.
30 865 900 ℳ.		

Zur Verfügung stehen weitere Mittel in Höhe von 4 Millionen für Eisenbahn und 700 000 ℳ für Postverwaltung. Auch andere Bundesstaaten, wie Sachsen, Hessen und Baden, haben als Wohnungsbauer und Baukreditgeber für ihre Angestellten Bedeu-

[5]) Wopfner, Verkehrswissenschaftliche Vorträge S. 218.
[6]) Wopfner, Verkehrswissenschaftl. Vorträge S. 204.

tung erlangt. (Näheres siehe Fuchs, Die Wohnungs- und Siedlungsfrage nach dem Kriege, S. 301 ff.)

Gemeinde.

Die Gemeinden haben bisher schon eine Bedeutung für Baukreditgebung erlangt und werden gerade jetzt und in der Folgezeit hierin eine erste Stelle einnehmen, nachdem fast die meisten übrigen Kreditquellen stagnieren. Durch reichsgesetzliche und bundesstaatliche Maßnahmen wird außerdem auf die Gemeinden ein Druck ausgeübt, sich der Kleinwohnungsfürsorge zu widmen. Es würde zu weit führen, all die Städte Deutschlands zu erwähnen, die hiefür Bedeutung erlangt haben; als Beispiel sei Ulm und Augsburg herausgegriffen.

Ulm a. D. hat einen Gesamtgrundbesitz innerhalb und außerhalb der Markung von 3815 ha (über 2/3 der Gesamtmarkung) und ist durch diesen großen Grundbesitz befähigt, den Bodenpreis zu diktieren und in vernünftigen Grenzen zu halten. Spekulation mit Baugrund ist damit ausgeschaltet und billigem Wohnungsbau der Boden geebnet. Sowohl bei industriellen Anlagen als auch bei Überlassung von Grund und Boden zum Bau von Wohnhäusern für Minderbemittelte hat sich die Stadtgemeinde ein Wiederkaufsrecht im Sinne des § 497 BGB. und ff. gesichert und zwar bei Industrien auf 15—30, bei Kleinhausbauten auf 100 Jahre. Wenn Industrien, die städtischen Grund gekauft haben, damit spekulieren, fällt derselbe an die Stadt zurück, wobei 3% Zinsenentschädigung zu zahlen ist. Die Stadt hat bis zum Sommer 1914 305 Häuser mit 458 Wohnungen für 2700 Einwohner zum Preise von 2½ Millionen Mark in eigener Regie erstellt.[7]) Als Geldgeber für die Stadt kamen die städtische Oberamtskasse und die Württembergische Landesversicherungsanstalt in Betracht, die das erforderliche Kapital zum Zinsfuß von 3—3½% gegen eine I. Hypothek gegeben haben.[8]) Die Stadt baut die Häuser, der Käufer übernimmt sie mit 10% (jetzt nur 5%) Baranzahlung und verzinst die darauf liegende Hypothek mit 3½%; Amortisation ist bei Einfamilienhäusern 1¼, bei Zweifamilienhäusern 1½—2½% zu zahlen. Um für alle Zeiten die niederen Kauf- und Mietpreise zu garantieren, ist die Stadt ermächtigt, die Gebäude zum ursprünglichen Preis zurückzuerwerben, wenn der Besitzer seine Zinszahlung einstellt, wenn er Schlafgänger aufnimmt, höhere als vom Gemeinderat festgesetzte Mieten einnimmt und wenn er das Haus verkaufen will. Ulm hat auch während des Krieges Kleinhausbauten, die reizvoll auf die Gärten seiner umliegenden Höhen (Kuhberg und Michelsberg) verteilt sind, geschaffen und mit Abschluß des Krieges erneut die ganze Kraft

---

[7]) Holch, Übersicht der Bodenpolitik u. Wohnungsfürsorge der Stadt Ulm S. 4.

[8]) Wagner, Tätigkeit der Stadt Ulm S. 58.

auf den Wohnungsbau für seine Mitbürger geworfen. Außer diesen Bauten, die die Stadt in eigener Regie erstellte, hat sie Baukredit in Form von billigem Bauland (rund 6 ℳ pro Quadratmeter) an gemeinnützige Bauvereine abgegeben; einer aus Lehrern, mittleren Beamten usw. zusammengesetzten Baugenossenschaft hat die Stadt die genossenschaftlicherseits erstellten Erbbauhäuser bis zu 90% des Herstellungswertes beliehen und den Baugrund zu einem Erbbauzins von 20—30 Pfennig pro Quadratmeter überlassen.[9])

Die Leistungen der Stadt Augsburg für den Kleinhausbau sind ebenfalls vorbildlich; die Stadt hat zusammen mit industriellen und gewerblichen Unternehmern, sowie Stiftungen und Baugenossenschaften nach dem Stande vom 1. Jan. 1917 726 Wohngebäude mit 3316 Wohnungen für die minderbemittelte Bevölkerung geschaffen. (Die Stadt hat hiebei für gewöhnlich Darlehen zur II. Stelle gegeben.)[10]) Zurzeit baut die Stadt eine Kleinhauskolonie in Lechhausen (Lützowstraße) aus eigenen Mitteln unter Unterstützung von Banken und Privaten. Augsburg hat eine städtische Beleihungsanstalt für II. Hypotheken während des Krieges gegründet, und für die Anlage einen Betrag von 500 000 ℳ aus verfügbaren Beständen der städtischen Sparkasse zur Verfügung gestellt. Die Darlehen werden ausschließlich als Amortisationshypotheken gegeben; der Zinsfuß soll 3/4% mehr als der jeweilige Zinsfuß der Sparkasse für Hypothekendarlehen an I. Stelle betragen, mindestens 5%. Der Darlehensnehmer hat in den ersten drei Jahren außer den Zinsen je 1% der Darlehenssumme als Beitrag zu den Verwaltungskosten und zur Sicherheitsrücklage zu bezahlen.[11])

2. Arbeitgeber und Stiftungen.

Die Wohnungsbautätigkeit der Arbeitgeber betrifft entweder die Förderung des Erwerbs eigener Wohnhäuser durch die Arbeiter selbst, die sich in Genossenschaften zusammenschließen oder den Bau von Wohnhäusern, die an den Arbeiter nur vermietet, nicht verkauft werden.[12]) Teilweise sind die Arbeitgeber selbst die Erbauer und Kreditgeber; in diesem Falle ist mit der Fabrik oftmals eine Mietssparkasse vereinigt, in welche der Fabrikherr durch wöchentlichen Lohnabzug die Miete einlegt. Der Zins, der ihm durch die Wochenzahlung erwächst, gestattet ihm, den Arbeitern eine billigere Miete anzurechnen.[13]) Privatbetriebe in

---

9) Holch, Übersicht über Bodenpolitik und Wohnungsfürsorge der Stadt Ulm S. 3.

10) Holzner, Denkschrift über die Verhältnisse a. d. Wohnungsmarkt der Stadt Augsburg S. 36.

11) Schriften des bayer. L.-V. zur Förderung des Wohnungswesens, Heft 13 S. 36.

12) Fuchs, Die Wohnungs- u. Siedlungsfrage n. d. Kriege S. 274 ff.

13) Jäger, Wohnungsfrage S. 257.

Deutschland, die für ihre Arbeiter Wohnhäuser zum Eigenerwerb hergestellt haben, sind z. B.: Friedrich Krupp in Essen, Mansfelder Kupferschiefergesellschaft, Villeroy & Boch in Mettlach (Terrakottenfabrik), Messing- und Metallwarenfabrik Wieland & Co. in Ulm a. D. u. a.

Einen wesentlich größeren Umfang als die Herstellung von Verkaufshäusern hat der Bau von Mietshäusern der Arbeitgeber genommen, z. B. Krupp in Essen, Bad. Anilin- und Sodafabrik, Höchster Farbwerke und zahlreiche Werke der Montan-, Textil- und Elektroindustrie.

Als Beispiel für Finanzierung, Baukosten und Mietshöhe sei die Musteranlage von Ulrich Gminder, Spinnerei G. m. b. H. in Reutlingen in Württemberg genannt. Die Anlage besteht zurzeit aus rund 53 Gebäuden (Doppel- und Reihenhäuser) mit Wirtschaft, Altenhof, Schule und Kinderkrippe und liegt inmitten von Gärten auf einer anmutigen, an Wälder angelehnten Höhe und wurde um den Preis von 2 Millionen Mark (Grund und Boden eingerechnet) in den Jahren 1903—1919 nach Plänen von Prof. Dr. Th. Fischer, von Gminder aus eigenen Mitteln erbaut. Nachfolgende Tabelle zeigt die Art, Herstellungskosten und Miethöhe der vorkommenden Wohnungstypen:

Art der Wohnung	Gartengröße qm	Herstellungskosten	Jahresmiete
2 Zimmer, Küche	80	5000.—	182.—
3 " "	130	6000.—	195.—
4 " "	170—200	7500.—	234.—
2 " Wohnküche	100	5500.—	182.—
3 " "	130	6500.—	208.—

Diese Kleinwohnungshäuser sind mit einer jährlichen Verzinsung von rund 3,7% veranschlagt, was auf den gemeinnützigen Zweck der Anlage schließen läßt. Sämtliche in dieser Anlage (Gmindersdorf genannt) wohnenden Arbeiter der Fabrik sind in Miete; Kaufmöglichkeit der Häuser ist vorgesehen.

Die in Betracht kommenden Stiftungen stammen meist von Arbeitgebern und haben den Zweck, den Arbeitern Wohnungen zu billigen Mietpreisen zu schaffen.[14]) Diese Stiftungen bekommen die Gestalt einer juristischen Person, die die Stiftungsgelder zu Kleinhausbauten verwendet. Zwei historische Stiftungen finden wir in der alten Industriestadt Augsburg, die im 14. und 16. Jahrhundert zum Zwecke des Kleinhausbaues geschaffen wurden: die paritätische Jakobspfründe und die Fuggerei, erstere besteht aus 4, letztere aus 53 Kleinwohnungsbauten. Näheres siehe Woh-

[14]) Fuchs, Die Wohnungs- u. Siedlungsfrage n. d. Kriege S. 280 ff.

nungsfürsorge in Augsburg, histor. Kleinhausbauten. Unter den modernen großen Stiftungen sei die Margarethe-Krupp-Stiftung in Essen, Adersstiftung in Düsseldorf, Zeisstiftung in Jena, Meyersche Stiftung in Leipzig genannt, die sämtliche zum Zwecke des gemeinnützigen Kleinhausbaues geschaffen wurden und den Minderbemittelten Gelegenheit geben sollen, um ein Geringes dort wohnen zu können. Die Verzinsung der Stiftungsgelder beträgt durchschnittlich 2½—3%.

3. Organisationen der gemeinnützigen Bautätigkeit.

Die gemeinnützige Bautätigkeit umfaßt diejenige Bautätigkeit unter Gewinnverzicht, die durch private Vereinigungen ausgeführt wird.[15]) Die für diesen Zweck gewählte Form kann eine unpersönliche in Gestalt einer A.-G. oder G. m. b H. sein, oder sie kann das persönliche Moment in den Vordergrund schieben, was wir bei Genossenschaft und Verein zum Ausdruck gebracht finden. Diese vier Arten von Organisationen sind in großer Zahl über das ganze Reich verteilt; ein Teil dieser Verbände befaßt sich lediglich theoretisch mit dem Kleinhausbau, macht Propaganda, sucht das Augenmerk des Staates, der Gemeinde und von Privaten auf die gemeinnützige Tätigkeit hinzulenken, um gesetzliche Besserungen zu erreichen. Um ihre Pläne in die Tat umzusetzen, rufen sie eigene Gesellschaften (sog. Tochtergesellschaften) ins Leben, die dann in der Stadt, wo besonders Nachfrage herrscht, der praktischen Durchführung des Gedankens Rechnung tragen. Die Bauvereinigungen bauen entweder Häuser, die sie in dauerndem Eigenbesitz behalten und lediglich an ihre Mitglieder vermieten oder sie bauen dieselben zum sofortigen oder späteren Ankauf durch die einzelnen Genossen, wobei sie sich, um Spekulation zu vermeiden, ein Wiederkaufs- bzw. Vorkaufsrecht für bestimmte eintretende Fälle sichern.

aa) Aktiengesellschaften.

Durch die Form der A.-G. sollen die Vorteile des Großbetriebes dem Kleinhausbau zugewendet werden; die A.-G. eignet sich nicht für den kleinen Sparer, weil die Einzahlungen für Arbeiter (da mindest 1000 ℳ pro Aktie) zu hoch sind. Mit Genehmigung des Bundesrats können jedoch für gemeinnützige Aktiengesellschaften Aktien zu 200 ℳ zugelassen werden; der Weg hiezu ist gewöhnlich zeitraubend und mühevoll. Die Wohnungs-A.-G. haben sich in den großen Städten niedergelassen, wo ihnen Kapital des interessierten Handels und der Industrie, sowie der wohlhabenden Bürgerschaft zufließt. Gewöhnlich sind sie dann in diesen Städten die alleinigen Träger des Kleinhausbaues und saugen die bereits entstandenen Baugenossenschaften und Vereine auf. Drei der bedeutendsten A.-G. seien hier betrachtet, je eine in Köln, Duisburg und Leipzig. Die Kölner A.-G. für Wohnungsbau ist

[15]) Eberstadt, Handbuch des Wohnungswesens S. 522ff.

1913 in Köln a. Rh. als zusammenfassende Organisation des gemeinnützigen Wohnhausbaues mit einem Aktienkapital von 1 220 000 ℳ gegründet worden, das 1918 auf 6½ Millionen Mark erhöht wurde; von diesen 6½ Millionen sind 3,29 Millionen von Kreisen der Industrie und des Handels, 2,6 Millionen von der Stadt Köln, der Rest von der Kölner Bürgerschaft und gemeinnützigen Vereinen gezeichnet worden. Die Gesellschaft hat auf einem von der Stadt zur Verfügung gestellten Grundstück von 11 ha, das sie um 440 000 ℳ (4 ℳ pro Quadratmeter) von derselben gekauft hat, bis Ende 1918 193 Häuser mit 196 Wohnungen erbaut, von denen 190 Einfamilien-, 3 Doppelfamilienhäuser sind. Als Kreditgeber kam vor und während des Krieges die L.-V.-A. Rheinprovinz in Betracht, die unter Bürgschaft der Stadt Köln bis zu 90% die Gebäude belieh; die restlichen 10% der Baugelder wurden von eigenen Mitteln der Gesellschaft getragen. Nach dem Kriege greift diese A.-G., nachdem die L.-V.-A. für Baugeldgabe zurzeit infolge Überschuldung mit Kriegsanleihe dazu nicht in der Lage sind, zu öffentlichen Kassen (Sparkassen und dgl.) und beabsichtigt auch für einen Teil des Hypothekenbedarfs auf Darlehen des allgemeinen Hypothekenmarktes trotz höheren Zinsfußes zurückzugreifen; die derzeitige Überteuerung der Bauten wird durch Zuschuß von Reich, Staat und Gemeinde auch im besetzten Gebiete voraussichtlich getragen werden. Beleihungsform ist die der unkündbaren Tilgungshypothek, die bei Übernahme der selbstschuldnerischen Bürgschaft durch die Gemeinde bis zu 90% der nach Abzug des Überteuerungszuschusses verbleibenden Gesamtherstellungskosten sich erstreckt. Die Häuser werden als Erwerbshäuser mit Kaufanwartschaft bei ganz geringer Anzahlung vornehmlich an Versicherte der L.-V.-A. vermietet. Bei Vorbehalt eines 100jährigen Wiederkaufsrechtes (Ulmer System) seitens der A.-G. können die Häuser nach 3 Jahren Miete bei Anzahlung von ⅓ des Kaufpreises an die Mieter käuflich übertragen werden.

Die gemeinnützige Baugesellschaft A.-G. Duisburg hat auf einem Grundstücke, das mit 1 919 388 ℳ zu Buch steht, bis Anfang 1919 328 Häuser mit 578 Wohnungen im Werte von 1 838 192 ℳ errichtet. Geldgeber waren die L.-V.-A. Rheinprovinz und die städtische Sparkasse Duisburg. Die Beleihung ist in zweierlei Art vor sich gegangen; in einem Fall hat die L.-V.-A. Rheinprovinz Baukredit bis zu 60% der Herstellungskosten gegeben, während der Rest durch die A.-G. getragen wurde, im zweiten Fall gab die L.-V.-A. Rheinprovinz wiederum Kredit bis zu 60% aus I. Hypothek, die II. Hypothek wurde unter Bürgschaft der Stadt Duisburg von der städtischen Sparkasse bis zu 80% der Gesamtkosten gegeben, während der Rest von 20% von der A.-G. getragen wurde. Die Häuser sind Erwerbshäuser und gehen bei geringer Anzahlung und allmählicher Abzahlung in das Eigentum der Kaufanwärter über.

Die gemeinnützige Baugesellschaft A.-G. Leipzig-Lößnitz hat 137 Häuser mit zusammen 1105 Wohnungen auf einem Grundstück von 8,2 ha errichtet, das die Stadt Leipzig gegen jährlichen Erlös von 12 Pfennig pro Quadratmeter an die A.-G. in Erbpacht vergeben hat. Geldgeber ist die L.-V.-A. Sachsen, die unter Bürgschaft der Stadt Leipzig bis zu 80% der Gesamtbausumme auf I. Hypothek gibt; der Rest wird durch die A.-G. selbst aufgebracht, die Häuser gehen nach Verlauf von 100 Jahren in den Besitz der Stadt Leipzig über.

Schließlich sei noch die gemeinnützige Heimstätten-A.-G. Altona erwähnt; Geldgeber ist die Reichsversicherungsanstalt für Angestellte, die unter Bürgschaft der Stadt Altona bis zu 90% der Bau- und Grundkosten kreditiert; die restlichen 10% müssen die Mieter und Käufer der Häuser aufbringen. Die I. Hypothek der Reichsversicherungsanstalt ist zu dem hohen Zinsfuß von $4^5/_8$% zu verzinsen. Die Häuser werden vermietet und gehen nach Anzahlung von 25% des rentierlichen Bauwertes in den Besitz des Käufers bei Übernahme der Hypothek der Reichsversicherungsanstalt durch Ersteren über.

Ein Vorzug der A.-G. ist der Umstand, daß sie eine gewisse Stetigkeit gewährleistet und somit eine festere und sichere Grundlage für die Erledigung der Geschäfte als die anderen Gesellschaftsformen bietet. Als Nachteil der A.-G. ist zu nennen, daß durch die Verschiebung des Aktienbesitzes die Vereinigung einer erdrückenden Stimmenzahl auf eine Person möglich ist,[16]) so daß die übrigen, weniger mit Kapital beteiligten Mitglieder trotz ihrer vielleicht größeren Einsicht und Sachkenntnisse keinen entscheidenden Einfluß nehmen können.

Zusammenstellung ausführlicher Angaben über drei der genannten A.-G. siehe Tabelle S. 80.

bb) G. m. b. H.

Die Form der G. m. b. H. hat, obwohl ihr manche Vorzüge zu eigen sind, für den gemeinnützigen Wohnhausbau nur wenig Bedeutung erlangt und finden wir diese Form mehr bei Gesellschaften, die sich mit der Herstellung von Villen, Herrenhäusern usw. befassen (z. B. Baugesellschaft für Familienhäuser und Villen G. m. b. H. München). Mindestanteil bei G. m. b. H. ist 500 ℳ, ein für den Arbeiter zu hoher Betrag. Die G. m. b. H. kann daher am Platze sein, wenn kapitalkräftige Leute (Industrielle) sich zusammenschließen, um für ihre Arbeiter Wohnungen zu schaffen, z. B. Zeppelin-Wohlfahrt, Friedrichshafen am Bodensee.

Folgende Beispiele von gemeinnützigen G. m. b. H. seien angeführt, deren Mitglieder aus Arbeitern und vereinzelten Kapitalisten bestehen:

---

[16]) Muthesius, Kleinhaus- und Kleinsiedlung S. 281.

Zahlenmäßige Zusammenstellung über drei gemeinnützige Aktiengesellschaften.

Name der Gesellschaft	Größe des Bauplatzes	Preis des Platzes	Häuser-Zahl	Wohngs.-Zahl	Aktienkapital	I. Hypothek	Bürgschaft	Gesamtbausumme	Verz. in %	Tilg. in %
Gemeinnützige Aktiengesellschaft für Wohnungsbau Köln	110 000	440 000	193	196	6 500 000	1 425 000 L.-V.-A. Rheinprovinz	Stadt Köln	—	$3^1/_2$	1
Gemeinnützige Baugesellschaft Duisburg	383 800	1 919 388	328	578	500 000	989 071 L.-V.-A. Rheinprovinz 90 900 Duisburger Sparkasse	Stadt Duisburg	$2^1/_2$ Millionen	$3^1/_2$	1
Gemeinnützige Baugesellschaft Leipzig-Lößnitz	82 000	12 ₰ Erbpacht pro qm im Jahr	137	1105	500 000	4 500 000 L.-V.-A. Sachsen	Stadt Leipzig	4 696 105	$3^1/_2$	$^1/_2$

1. Gartensiedlung Gronauer Wald G. m. b. H. in Berg.-Gladbach bei Cöln; die Gesellschaft, die zusammen mit einer gemeinnützigen Ansiedlergenossenschaft e. G. m. b. H. tätig ist, hat bisher rund 30 Einfamilienhäuser gebaut. Das zu bebauende Grundstück hat eine Größe von 26 ha; die Gesellschaft besitzt ein Stammkapital von 355000 M.[17]) Als Geldgeber kommt die Rhein.-Westfäl. Bodenkreditbank in Cöln in Betracht die bis zu 60% des Taxwertes bei dem normalen Hypothekenbankzins von 4¼% und bei rund 1% Tilgung die Bauten beliehen hat. Die restlichen 40% werden durch die Einzahlung der Hausbesitzer auf Darlehen gegen Schuldschein und durch Ausgabe von 4½%igen, unkündbaren Schuldverschreibungen aufgebracht. Die Gebäude und Grundstücke werden unter grundbuchlicher Eintragung eines dem Wert nach bestimmten, auf 999 Jahre bemessenen und sich bei jedem Besitzwechsel von selbst erneuernden Wiederkaufsrechtes in Erbpacht von der Gesellschaft den Mitgliedern abgegeben.

2. Gartenstadt Leipzig-Marienbrunn G. m. b. H. Die Bauten dieser Gesellschaft, hauptsächlich Einfamilienhäuser, werden an die Mitglieder der Gesellschaft vermietet. Die nötigen Baugelder werden dadurch aufgebracht, daß 75% der Baukosten vom Magistrat der Stadt Leipzig gegen eine I. Hypothek gegeben werden, die mit 4% zu verzinsen und rund 0,3% zu tilgen ist; die restierenden 25% sind von den Mietern aufzubringen, der Bauplatz wird von der Stadt Leipzig in Erbpacht gegeben, wovon jährlich für 1 qm ein Pachtschilling von 12 Pfennig zu zahlen ist.

3. Eine Reihe von G. m. b. H. finden wir in Württemberg. Unter Mitwirkung und Beteiligung des schwäbischen Siedlungsvereines E. V. sind bis jetzt 12 Siedlungsgesellschaften in verschiedenen Teilen des Landes in Form der G. m. b. H. gegründet worden, deren bedeutendste der Siedlungsverein Groß-Stuttgart mit einem Stammkapital von 300000 M ist. Letzterer hat bereits 38 Tagwerk Grund um den billigen Preis von 250000 M erworben. Diese Siedlungsgesellschaften haben noch nicht gebaut, lediglich Pläne und Finanzierung festgelegt; letztere im Hinblick auf das Württ. Wohnungs-Bürgschaftsgesetz vom 30. Mai 1919 (RegBl. f. Württ. Nr. 19 vom 2. Juli 1919), demzufolge Staat und Gemeinde verpflichtet sind, bei gemeinnützigen Bauten bis zu 90% des Schätzungswertes Deckung zu geben. Die Finanzierung dieser genannten G. m. b. H. vollzieht sich folgendermaßen:[18])

60% der Baugelder gibt die Württ. Vereinsbank mit Hilfe des Wohnungs-Bürgschaftsgesetzes,
20% werden aus eigenen Mitteln der G. m. b. H., Stiftungen, Schenkungen und dgl. gedeckt,
20% Anzahlung des Käufers.

[17]) Behnisch, Gartensiedlung Gronauer Wald S. 2ff.
[18]) Göhrum, Priv. Mitteilg. des Geschäftsführers des schwäbischen Siedlungsvereins.

Die Siedlungs-Gesellschaft errichtet zur Ansammlung der notwendigen Anzahlung für künftige Siedler eine Siedler-Sparkasse, welche vom übrigen Vermögen getrennt gehalten wird. Die Einlagen werden zu 5% verzinst und samt den aufgelaufenen Zinsen am Tag der Auflassung der vom Sparer erworbenen Heimstätte als Anzahlung verwendet; solange der Sparer Anwärter auf eine Heimstätte ist, kann er die Einlage weder ganz, noch teilweise zurückziehen.

4. Gemeinnützige Baugesellschaft Alte Haide, G. m. b. H., München. Diese Gesellschaft hat von der Nymphenburger Terraingesellschaft ein Grundstück von 20 Tagwerk um den Preis von 750 000 M (1 qm 12.50 M) erbaut und baut derzeit 124 Sechsfamilienhäuser in Blocks zu 2 und 5 Häusern mit insgesamt 767 Wohnungen. Die geschätzten Baukosten betragen 12 386 000 M und werden folgendermaßen gedeckt:

Verlorener Bauaufwand (Mehraufwand) . . .	3 786 000 M
Eigenes Kapital (4 Großindustrielle)	1 000 000 „
I. Hypothek Bayerische Handelsbank	4 730 000 „
II. Hypothek Landes-Kultur-Renten-Anstalt . . .	2 870 000 „
	12 386 000 M

Weitere 600 000 M Lohnüberteuerung werden durch die Stadt München getragen. Die I. Hypothek der Handelsbank wird mit 4½% verzinst und rund ½% getilgt, die II. Hypothek mit 4% verzinst und rund ¾% getilgt; außerdem leistet die Stadt München Bürgschaft in Höhe der II. Hypothek der Landeskultur-Rentenanstalt.

Die Gemeinde München ist berechtigt, für ihre Leistungen einen Sicherheitszuschlag von ⅛% zu erheben.

cc) Baugenossenschaften.

Die sozialpolitisch beste Form unter den gemeinnützigen Bauvereinigungen ist die Baugenossenschaft, bei der sich eine große Anzahl von Arbeitern auf dem Wege der Selbsthilfe zusammenschließt und im Sinne des Gesetzes betreffend Erwerbs- und Wirtschaftsgenossenschaften vom 20. Mai 1898 (RGBl. 1898, Nr. 25 S. 810—45) einen Verband bilden. Die Zahl der von den Baugenossenschaften im Reiche errichteten Wohnungen wird rund 90 000 übersteigen. Die Baugenossenschaften scheiden sich in solche, die Wohnungsinteressenten aller Handwerke zusammenschließen und solche, die nur aus Reichs- und Staatsangestellten bestehen; die Genossenschaften bauen teilweise Häuser für den Eigenerwerb der Mitglieder, teilweise vermieten sie lediglich dieselben; bei einzelnen Gesellschaften sind beide Ziele vereint. In nachfolgender Tabelle S. 84 f. ist eine Zusammenstellung der Finanzierung einer größeren Zahl von Baugenossenschaften in allen Teilen des Deutschen Reiches gegeben, die ein gewisses System und Regelmäßigkeiten der Kreditgebung aufweist; trotzdem ist es nicht von der Hand zu weisen, daß je nach Lage des Geldmarktes und des Standortes der einzelnen Genossenschaften die Baugeldbeschaffung ein Problem darstellt, das geschickte und weitsichtige Finanzleute an der Spitze der Genossenschaft erfordert.

Am einfachsten gestaltet sich die Finanzierung von Kleinwohnungsgesellschaften, die zum größten Teil und ausschließlich aus Angestellten des Reiches oder der Einzelstaaten bestehen. Als Geldgeber für I. Hypotheken kommen hiebei Arbeiter-Pensions-Kassen, Reichsversicherungs-Anstalten für Angestellte, Private usw. in Betracht, während II. Hypotheken gewöhnlich vom Fiskus und dem Reichsarbeitsamt unter Bürgschaft einzelner Städte aufgebracht werden. Die Verzinsung der Hypothek bewegt sich zwischen 3 und 4¼ %, während die Tilgung ½—1 % einnimmt. I. und II. Hypotheken zusammen umfassen für gewöhnlich bis zu 90 % der gesamten Bau- und Platzsumme, während die restlichen 10 % durch Mitgliederbeiträge und Ausgabe von Schuldverschreibungen beschafft werden.

Ähnliche Verschiedenheiten zeigen die Arten und Formen der Baukreditgebung für Genossenschaften, deren Mitgliederschaft sich nicht aus staatlichen Angestellten zusammensetzt. Die I. Hypothek wird fast ausschließlich von den L.-V.-A., die über das ganze Reich verteilt sind, bis zu 60 % des Schätzungswertes bei 3½ % Verzinsung und 1 % Tilgung gegeben; die II. Hypotheke wird aus Mitteln der Städte und städtischen Sparkassen bis zu 90 % des amtlichen Schätzungswertes bei 3½—4½ % Verzinsung und rund ½—1 % Tilgung aufgebracht. Gewöhnlich übernehmen die Städte Bürgschaft für die II. Hypothek bis zu 90 % der Bausumme. Die restlichen 10 % werden aus eigenen Mitteln der Genossenschaft (Beiträge, Anteile, Spareinlagen der Genossen und Schuldverschreibungen) beschafft. Eine Hauptrolle für die Beibringung der fehlenden Mittel bietet die Ausgabe unkündbarer Schuldverschreibungen, von denen in jedem Jahr ein bestimmter Betrag (1—2 %) zur Auslosung und Rückzahlung gelangt; die Schuldverschreibungen lauten gewöhnlich auf 100 ℳ. Die Sicherheit, die eine Baugenossenschaft ihren Mitgliedern außer Verpfändung der Grundstücke bietet, besteht in ihrem eigenen Vermögen, das in das Geschäftsguthaben der Mitglieder und den Reservefond zerfällt.[19]) Die Kreditfähigkeit einer Genossenschaft steigt mit der Zunahme ihres Vermögens. Nach § 7 Abs. 2 des GenGes. muß in den Satzungen der Genossenschaft die Höhe des Geschäftsanteiles und die Höchstbeteiligungsmöglichkeit eines Genossen genau festgesetzt werden. Der Geschäftsanteil bewegt sich zwischen 100 und 300 ℳ und können sich von 10—100 Anteilen in der Hand eines und desselben Genossen befinden; jeder Genosse haftet bis zur Höhe seiner Geschäftsanteile. Der Reservefond, der gesetzlich festgelegt ist, wird aus Rücklagen aus dem Einkommen bzw. Reingewinn der Genossenschaft gebildet.

[19]) Scheidt, Handbuch für Baugen. S. 99 ff.

Nr.	Name der Genossenschaft	Ort	Größe des Bauplatzes qm	Preis des Bauplatzes	I. Hypothek	wieviel %
1	Baug. München d. bayr. Post- u. Telegraphen-Verbandes	München	4 817	220 000.—	513 249.— (Arb.-Pens.-Kasse Rosenheim)	55
			4 500	108 000.— Erbbauzins = 6 ₰ pro Quadratfuß	246 000.— (Arb.-Pens.-Kasse Rosenheim)	50
2	Bauverein Wettin	Annaberg-Sachsen	6 940	Von der Stadt Annaberg geschenkt	150 000.— (L.-V.-A. Sachsen)	80
	" "	"	—	do.	45 000.— (Privatmann)	30
3	Allg. Wohn- und Spargenossenschaft Cassel, e. G. m. b. H.	Cassel	13 964	20 946.—	203 000.— (L.-V.-A. und Private)	50
4	Deutsche Gartenstadt-Ges. Berlin-Grünau	Berlin	60 000	168 000.—	550 000.— (R.-V.-A. f. Ang.)	50
5	Baug. München d. bayr. Eisenb.-Verb.	München	30 000 (der qm zu 7.20 Mk.)	216 000.—	2 401 841.— (Eisenb.-Verw.)	80
6	Bau- u. Sparverein der Württ. Staatsunterbeamten und Arbeiter der Verkehrsanstalten	Ulm a. D.	3625,6	32 630.— (9 Mk. pro qm)	27 500.— (L.-V.-A. Württemberg)	50
7	Baug. Augsburg-Pfersee	Augsburg	12 000	15 400.—	134 000.— * 46 500.— ** 180 500.— * (B. Ver.-Bank) ** (L.-V.-A. Schwaben)	64
8	Baugen. Augsburg (e. G. m. b. H.)	Augsburg	10 000 rd. 12 300 (Quadratfuß = 0.70—1.00)	148 000.— (von Stadt Augsburg gekauft)	938 900.— (L.-V.-A. Schwaben)	75
9	Allg. Baugen. für Augsburg und Umgebung	Augsburg	29 100	265 000.—	1 392 671.— (L.-V.-A. Schwaben)	70
10	Baugen. Göppingen	Augsburg	180 000	23 000.—	300 000.— (L.-V.-A. Schwaben)	95
11	Erbbauverein Geislingen	Geislingen	3713	Geschenk eines Privaten	114 005 — (L.-V.-A. Württemberg)	66

[1]) Unter Zuwachs der ersparten Zinsbeträge. [2]) Die II. Hypothek wird nicht getilgt; um die 60 Jahren den Gesamtbesitz zum Preise der Hypothek mit der Verpflichtung, die Wohnung vorzugs-

II. Hypothek	wieviel %	Restgeld	wieviel %	Zahl der gebauten Häuser	Gesamtsumme	% Verz.	Tilg. %	Bemerkung
410 597.— (Postfiskus)	45	—		13 (Miete)	923 846.—	3½ u. 3	½	
246 000.— (Postfiskus)		—		9 (Miete)	493 000.—	3¾ u. 3	½	
—	—	Mitgliederbeitrag und Schuldscheinausgaben	20	2	190 000.—	3 u. 3½	1	
62 000.— (Reichsarb.-Amt)	41	„	29	3	150 000.—	4¼ u. 3	1	4¼ d I. Hyp. 3% II. „
190 000.— (Wohnh.-Fonds für Beamte)	45	15 000.—	5	19 (mit 52 Wohn.)	408 000.—	3½ u. 3	1	3½% I. „ 3% II. „
440 000.— (Reichsarb.-Amt)	40	Beiträge der Genossen 110 000.—	10	—	1 100 000.— (einschl. Land- und Straßenbaukosten)	4⅛ u. 3	1	
200 000.— * 300 000.— ** 500 000.— * (Brauerei) ** (Baufirma)	15	rd. 100 000.—	5	51 (443 Wohn.)	rd. 3 000 000	2,3,4	nach Vereinbarung	I. Hyp. 3% II. „ 4%
75 829.—	15	111 853 92	35	17	493 061.64	3½ 4½	1 [1])	
90 000.— * 10 000.— ** 100 000.— * (Stadt Augsburg) ** (Brauerei)	36			13 (56 Wohn.)	280 500.—	3½ 4 4½ 5¼	½, 1	Vereinsb. 4½ L.-V.-A. Schw. 3½ u. 4 Augsburg 3½, 5¼ Brauerei 4½
235 000.— (Stadt Augsburg)	19	73 940.— Gelder der Genossen	6	26 (250 Wohn.)	1 257 000.—	3 4½	½–1	I. H. 3 u. 3½% II Hyp. 3% und keine Tilgung [2])
398 925.— (Stadt Augsburg)	20	178 291.— (Eig. Gelder)	10	55 (356 Wohn.)	1 949 893.—	3 3½ 4½	½–1	L.-V.-A. (I. H.) 3, 3½ Stadtg. (II. H.) 3½, 4½
—		33 000.— (Beitragsgelder)	10	21 (52 Wohn.)	330 000.—	3 3½	½	
64 000.—	34	—		19	178 005.—	3 3½	1	

Spekulation nach Rückzahlung der I. Hypothek auszuschalten, übernimmt die Stadt Augsburg nach
weise an versicherungspflichtige Personen zu vermieten.

Nr.	Name der Genossenschaft	Ort	Größe des Bauplatzes qm	Preis des Bauplatzes	I Hypothek	wieviel %
2	Gartenstadt Staaken	Berlin	350 000	70 000.—	800 000.— (L.-V.-A. Brandenburg)	15
13	Baugen. Hellerau e. G. m. b. H.	Dresden	87 336	235 245.—	2 591 850.— (L.-V.-A. Sachsen)	92
14	Halle'scher Bauverein	Halle a. S.	—	—	L.-V.-A. Sachsen-Anhalt	60
15	Gartenstadt Karlsruhe	Karlsruhe	100 000	300 000.—	1 172 069.— (L.-V.-A. Baden, Städt. Sparkasse und Private)	75
16	Gemeinnützige Baugenoss. Einfamilienhäuser Falterau	Stuttgart-Degerloch	17 200	91 972.—	453 307.— (L.-V.-A. Württemberg)	80
17	Gartenstadt Nürnberg	Nürnberg	62 344	80 990.— (5000 Mk. Zuschuß des Ministeriums des Innern)	1 009 919.— (L.-V.-A. Mittelfranken)	66,04
18	Baugen. München v 1871	München	2 154 (Ankaufspr. v. 1 Quadratfuß = $3^1/_2$ Kreuzer)	117 419.—	383 400.— (Städt. Sparkasse)	56
19	Baugen München-Schwabing	München	72 960 Quadratf. 6 080 qm	286 000.—	1 071 000.— (Bayer. Landeskultur-Rentenanstalt)	76
20	Spar- und Bauverein Duisburg	Duisburg	qm 30 000	pro qm 5.— 150 000.—	1 279 000.— (L.-V.-A. Rheinprovinz)	51
21	Bau- und Sparverein	Reutlingen a. N.		5.— pro qm	351 791.— (L.-V.-A. Württemberg)	90
22	Bauverein Giesing	München	8 930	146 776.—	50 % d. Herst.-kosten (L.-V.-A. Oberbayern)	50

II. Hypothek	wieviel %	Restgeld	wieviel %	Zahl der gebauten Häuser	Gesamt-bausumme	Verz. %	Tilg. %	Bemerkung
5 800 000.— (Reichsversichg.-Fürsorgefonds)	80	100 000.—	5	444 (804 Wohn.)	6 600 000.—	3½ u. 3	½, 1	I. Hyp. 3½, ½ II. „ 3, 1
—	—	305 020.— (Beiträge v. Genossen, Schuldverschreib., eig. Sparkasse)	8	336 (345 Wohn.)	2 693 625.—	3, 3½ u. 4½	1	Unter Bürgsch. der Stadt Dresden
Stadt Halle	25	24 000.— (Schuldverschreibungen und Privat-Hyp.-Beitr.	15	10 (80 Wohn.)	—	3½, 4, 5	1	
—	—	449 000.— (Beiträge der Mieter)	25	200	1 828 452.—	3½—4½	1	Teilweise ohne Tilgung
—	—	Beitrag der Hauskäufer	20	55	501 067.—	3½	1	Amortisation in 46 Jahren
216 585.—* 25 324.—** *Landeskultur-Rentenanstalt **Städt. Spark.	13,96	305 305.— (Geschäftsanteile und Spareinlag.)	20	202	1 557 133.—	3½ 4¼	1 ¾	L.-V.-A. 3½, 1 L.-K.-A. 4, 1 Sparkasse 4¼, ¾ %
		124 181.— 600 000.— (eigene Mittel der Genossen)	44	54	1 195 000.—	3½—4½	rd. 1	
32 500.— (Baufirma)	24	38 500.— (zählt zu II. Hypothek)		14 (196 Wohn.)	1 396 000.—	3¼ u. 3	¾ u. 2	
35 000.— (Städt. Sparkasse Duisburg)	2,5	150 000.— (Schuldverschreibung u. Beiträge)	46,5	328 (410 Wohn.)	2 515 889.22	3½ 4½	1 ¾	
—	—	Spargelder und sonstige Mittel des Vereines	10	50 (100 Wohn.)	411 795.—	3, 3½	1	Unter Bürgsch der Stadt Reutlingen
32,5 % d. Herstellungskosten (L.-Kult.-R.-Anst. Baufirma III. Hypothek)	32,5 13	Mitgliederbeiträge	4,5	12 (200 Wohn.)	—	3½, 4	¾, 1	bei L.-K.-A. ⅛ % Vergüt. vom Magistrat München

dd) Vereine.

Als vierte Gesellschaftsform der Träger des gemeinnützigen Wohnhausbaues sind die Vereine zu nennen; in den 80er und 90er Jahren des verflossenen Jahrhunderts sind in Deutschland eine beträchtliche Anzahl solcher Vereine als „wirtschaftliche und nichtwirtschaftliche" Vereine gegründet worden. Durch die Einführung des BGB. vom 18. August 1896 (RGBl. 96 S. 195—603) und des GenGes. vom 20. Mai 1898 (RGBl. 98 S. 810—845) wurde ein verschwindend kleiner Teil dieser wirtschaftlichen Vereine rechtsfähig durch staatliche Verleihung zufolge BGB. § 22, ein größerer Teil (nichtwirtschaftlicher Vereine) nahm die Form des E. V. zufolge § 55 BGB. an, ein dritter, und dies war der weitaus umfangreichste, erwarb gem. § 1 GenGes. vom 20. Mai 1898 die Rechte einer eingetragenen Genossenschaft, fast ausschließlich mit beschränkter Haftung (Form der E. G. m. b. H.).

Die Form des „e. V." nach §§ 55ff. BGB. wurde von verschiedenen Organisationen gewählt und der Genossenschaftsform vorgezogen, weil sie den Beitritt kapitalkräftiger Mitglieder erleichtert, denselben (entgegen der Genossenschaft) ein entsprechend gesteigertes Stimmrecht zugesprochen werden und durch Statut die Kündigung der Geschäftsanteile unmöglich gemacht werden kann. Nachteil des e. V. ist, daß die Grenzen der persönlichen Haftung des einzelnen Mitglieds und seiner Rechte und Pflichten durch das Gesetz nicht gezogen sind. Bei „Bau- und Siedlungsvereinen" unterscheidet man zwischen rein theoretischen Vereinen und bauenden Vereinen; die theoretischen Vereine befassen sich lediglich mit Propaganda und gründen zur praktischen Verwirklichung ihrer Ideen an in Frage kommenden Orten zusammen mit den dortigen Gemeinden Tochtergesellschaften, die sie auch zusammen mit den Gemeinden finanzieren. Beispiele hiefür sind der Schwäbische Siedlungsverein, der Württ. Landesverein für Krieger-Heimstätten (beide in Stuttgart), dann vor allem die Landes- und Provinzialwohnungsvereine in Preußen und in anderen Bundesstaaten.[20]) Von den bauenden Vereinen haben in Süddeutschland zwei Vereine große Bedeutung durch ihre umfangreiche Bautätigkeit erhalten. Der „Verein für das Wohl der arbeitenden Klassen" in Stuttgart und der „Verein für Verbesserung der Wohnungsverhältnisse" in München; ich führe diese beiden Vereine als Beispiele an, nachdem mir deren Verhältnisse gut bekannt sind.

Der Verein für das Wohl der arbeitenden Klassen (rechtsfähig durch Verleihung) hat bisher 544 Häuser (rund) in den Stadtvierteln Ost-West und Südheim und Ostenau in Stuttgart erbaut.

---

[20]) Fuchs, Die Wohnungs- und Siedlungsfrage n. d. Kriege S. 321.

Die Bauten wurden dadurch finanziert, daß bankliche Institute, wie die Württembergische Landessparkasse, der Württembergische Kreditverein und die Württembergische Landesversicherungsanstalt I. Hypotheken bis zu 66²/₃% des amtlichen Schätzungswertes gaben, während der Rest von 33¹/₃% aus eigenen Mitteln des Vereins aufgebracht wurde, der nebenbei unkündbare, nicht börsenfähige und zu 3% verzinsliche Schuldverschreibungen ausgab. Die Gesamtherstellungskosten der bisher erbauten Gebäude betragen über 9 Millionen Mark.

Zahlenbeispiel der Finanzierung von rund 100 Häusern, die in Ostheim erbaut wurden:[21])

1. Vom Verein ausgegeben, von seiten der Darleiher unkündbare Schuldscheine zu 3%	460 000 ℳ
2. Anzahlung und Spareinlagen der Anwärter und Käufer zu 3½%	142 050 „
3. Rücklagen der Anwärter	8 730 „
4. Aus eigenen Mitteln des Vereins	92 000 „
5. Unkündbares Darlehen von Freunden	1 000 000 „
6. Hypothek. gesich. Darlehen der Invaliden- und Altersversicherungsanstalt zu 3½% (I. Hypothek)	590 400 „
7. Hypothek. gesich. Darlehen der Württemberger Sparkasse zu 3⅞% (I. Hypothek)	214 000 „
8. Schwebende Schuld zu 4%	143 000 „
	2 650 180 ℳ

Der Verein für Verbesserung der Wohnungsverhältnisse in München, gegr. 1899, hat bis zum Heutigen 123 Häuser mit einer Gesamtbausumme von 7 282 000 ℳ gebaut. Die einschlägigen Gelder wurden bis zu 60% des Schätzungswertes von der Landesversicherungs-Anstalt Oberbayern, in einem Falle von der Bayer. Vereinsbank als I. Hypothek, von 60—80% von der Landeskulturrenten-Anstalt, Sparkasse München und Bayer. Vereinsbank als II. Hypothek, die restlichen 20% wurden aus eigenen Mitteln des Vereines beschafft. Die I. Hypothek ist mit 3½—4% zu verzinsen und mit rund 1% zu tilgen, die II. Hypothek mit 3⅝—4½% zu verzinsen und mit rund ¾% zu tilgen.

Zahlenbeispiel der Finanzierung der Münchener Bauten des Vereins für Verbesserung der Wohnungsverhältnisse siehe Tabelle S. 90.

Gegenwärtig ist eine weitere Anlage in Obersendling in Bau, deren Finanzierung sich folgendermaßen gestaltet:

Bauplatz (45 000 qm, pro qm 5.70 ℳ)	256 500 ℳ
Gesamtbausumme veranschlagt	1 750 000 „

---

[21]) Pfeiffer, Eigen. Heim und billige Wohnungen S. 208.

Zahlenbeispiel der Finanzierung der Münchner Bauten des Vereins für Verbesserung der Wohnungsverhältnisse, siehe Verein für Verbesserung der Wohnungsverhältnisse. XVII. Jahersbericht 1915/16.

Ort	I. Hypothek	Von wem gegeben?	Verz. %	Tilg. %	II. Hypothek	Von wem gegeben?	Verz. %	Tilg. %	Gesamtbausumme	Restgeld	Häuserzahl
Sendling	1 215 500	L.=V.A. Oberbayern	4	4	220 000	Stadtgemeinde München			1 750 000	534 500	24
Nymphenburg . . .	300 000	Bayerische Vereinsbank	3 1/2 5 5/8	Feste Kap.=rente	300 000	Bayerische Vereinsbank			700 000	100 000	13
Rosenheimerstraße .	830 000	L.=V.=A. Oberbayern	4	1	470 180	Landeskultur=Rentenanstalt	4	3/4	1 640 000	349 820	57
Giesing	400 000	L.=V.=A. Oberbayern	4	1	73 535	Landeskultur=Rentenanstalt	4	3/4	585 000	111 465	10
Dachauerstraße . . .	977 000	L.=V.=A. Oberbayern	4	1	204 310	Landeskultur=Rentenanstalt	4	3/4	1 395 000	207 690	24
Zumpestraße . . .	296 000	L.=V.=A. Oberbayern	4	1	88 200	Landeskultur=Rentenanstalt	4	3/4	472 000	87 800	6
Haidhausen	438 000	L.=V.=A. Oberbayern	4	1	143 050	Landeskultur=Rentenanstalt	4	3/4	740 000	158 950	9

Die Gesamtbausumme wird aufgebracht durch:

1. I. Hypothek von städt. Sparkasse zu 4½% Verzinsung und ½% Tilgung	600 000 ℳ
2. II. Hypothek von Landeskulturrenten-Anstalt zu 4% Verzinsung und ¾% Tilgung (unter Bürgschaft der Stadt München)	300 000 „
3. Eigene Mittel	100 000 „
4. Verlorener Bauaufwand	750 000 „
	1 750 000 ℳ

Aus diesen Betrachtungen ist ersichtlich, daß gemeinnützige A.-G., G. m. b. H. und E. V. infolge des Umstandes, daß sie mit der Beteiligung kapitalkräftiger Leute rechnen (die vornehmlich in größeren Städten wohnen), die Stätte ihres Wirkens gewöhnlich in Großstädten aufschlagen, während die Genossenschaften in Groß-, Mittel- und Kleinstädten zur Förderung des Kleinhausbaues und dessen Finanzierung Fuß fassen.

Es sei hier noch erwähnt, daß in letzter Zeit auch Konsumvereine und Arbeitervereine in immer größerer Zahl und wachsender Bedeutung als Träger des Kleinhausbaues in Betracht kommen; wenn auch infolge der Kreditnot die Tätigkeit der Verbände zunächst meist theoretischer und vorbereitender Natur ist, so wird trotzdem in kommender Zeit mit Bautätigkeit derselben wahrscheinlich gerechnet werden können.

III. Kapitel.

Wer ist insonderheit Geldgeber für den gemeinnützigen Kleinhausbau?

a) In Form von Darlehen.

Als schwierigstes Problem bei der Errichtung von Kleinhausbauten drängt sich die Frage der Beschaffung der Geldmittel in den Vordergrund; wenn schon vor dem Kriege die üblichen Baukreditgeber: Hypothekenbanken, Sparkassen, nichtöffentliche Versicherungsgesellschaften und Private, so gut wie versagt haben,[1]) so ist jetzt nach Abschluß des Krieges infolge der unerschwinglichen Arbeitslöhne und Baumaterialienpreise, die durch die Inflation unseres Geldes in der Hauptsache veranlaßt sind, ein Bauen ohne die tatkräftige Unterstützung von seiten des Reiches, Staates und Kommune eine Utopie geworden. Das Reich hat bereits am 31. Oktober 1918 eine Verordnung, betreff Gewährung von Baukostenzuschüssen für Wohnungsbauten erlassen (Bestimmung des Bundesrats vom 31. Oktober 1918, Zentralblatt für das Deutsche Reich, S. 1160). Diese Verordnung behandelt die Frage des verlorenen Bauaufwandes und wurde z. B. in Württemberg durch

[1]) Muthesius, Kleinhaus- und Kleinsiedlung S. 303.

eine Verfügung des Ministeriums des Innern vom 15. Januar 1919, in Bayern durch Gesetz- und Verordnungsblatt für den Volksstaat Bayern Nr. 81 S. 1243 vom 28. November 1918 übernommen und erweitert.[2])

Durch Baukostenzuschüsse von seiten des Reiches, Staates und Gemeinde soll dem Bauherrn Ersatz für den Teil des Bauaufwandes geleistet werden, der durch die infolge des Krieges herbeigeführte vorübergehende Überteuerung des Bauens verursacht ist, m. a. W.: dem Bauherrn wird die in späteren Zeiten zu erwartende Entwertung des Bauobjektes bei Eintritt stabiler Geld- und Preisverhältnisse ersetzt.

Die Baukostenzuschüsse werden den Bauherren in barem, in der Regel nicht zurückzahlbaren, unverzinslichen Beträgen gewährt (Ziff. II, 4 der Verordnung); die Baukostenzuschüsse können an Gemeinden, gemeinnützige Bauvereinigungen und private Unternehmer gewährt werden, sofern die Bauherren bereit sind, die an die Gewährung der Zuschüsse zu knüpfenden Bedingungen für sich und ihre Rechtsnachfolger zu übernehmen und durch grundbuchamtliche Eintragung sicherzustellen (Ziff. II, 1). Die an die Gewährung der Baukostenzuschüsse geknüpften Bedingungen (wie: Der Bauherr darf die Mieten einschließlich aller Nebenabgaben nur mit vorheriger Zustimmung der Gemeinde oder des Gemeindeverbandes festsetzen — das Grundstück einschließlich der darauf zu errichtenden Baulichkeiten ohne vorherige Gemeindezustimmung nicht zu anderen als Wohnzwecken zu benützen — kinderreiche Familien und dgl. bei der Vermietung von Wohnungen vorzugsweise zu berücksichtigen) stempeln die gemeinnützigen Bauvereinigungen zu reinen Bauverwaltern für die Gemeinden; die Vergütung des verlorenen Mehraufwandes bringt mit sich die Preisgabe der wichtigsten Rechte der genossenschaftlichen Selbstverwaltung zugunsten der Geldgeber.[3])

Die Verordnung des Bundesrats vom 31. August 1918 besagt, daß der verlorene Bauaufwand zu tragen ist:

$1/2$ vom Reich,
$2/6$ vom Einzelstaat,
$1/6$ von der Gemeinde,

wobei die Einzelstaaten ihre Unterstützung von der Übernahme des letzten Sechstels durch die Gemeinde abhängig machen können. Diese bundesrätliche Verordnung betrifft lediglich die durch den Krieg hervorgerufene Überteuerung des Bauens und hat mit der Schaffung des übrigen Baukredites für Kleinwohnungsbau nichts zu tun. Reichsarbeitsminister Schlicke hat am 23. April 1920 der

[2]) Stützel, Vom verlorenen Bauaufwand, Zeitschr. für Wohnungswesen in Bayern, 16. Jahrg. S. 180.

[3]) Busching, Die gemeinnützigen Bauvereinigungen in ihrem Verh. zum Staat und Gemeinde, Zeitschr. für Wohnungswesen in Bayern, 17. Jahrgang, S. 46.

verfassunggebenden Deutschen Nationalversammlung einen Gesetzentwurf über eine Abgabe zum Baukostenausgleich überreicht, nach welchem der verlorene Bauaufwand durch Erträgnisse aus einer Mietzinssteuer zu decken sei (Drucks. der Deutschen National-Versammlung Nr. 2756 vom 23. April 1920). Die Hauptquellen für diesen Kredit bilden öffentliche Kassen und besonders bewilligte öffentliche Mittel, die zu einem billigeren, dem sog. gemeinnützigen Zinsfuße gegeben werden und deren Beleihungsgrenze die normale um ein großes Teil überschreitet. Die Zuführung der öffentlichen Gelder steht im untrennbaren Zusammenhange mit der Bautätigkeit, wie sie von gemeinnützigen A.-G., G. m. b. H., Baugenossenschaften und Bauvereinen erfolgt.

Darlehen werden gegeben in Form von I. und II. Hypotheken, von Bürgschaft durch Kommunen und durch Zurverfügungstellung von Grundstücken im Erbbaurecht und Beleihung derselben.

Als Kreditgeber kommen in Betracht:

1. Die Landesversicherungsanstalten.

Diejenige Geldquelle, an die sich baulustige Verbände zuerst wenden und die für den Kleinwohnhausbau von größter Bedeutung sind,[4]) sind die auf das ganze Reich verteilten 31 Landesversicherungsanstalten, die bis Ende 1915 im Ganzen 575 Millionen Mark für den Kleinhausbau verwandt haben. Die Landesversicherungsanstalten gaben früher Baukredite für den Kleinhausbau zu 3%, durch einen Erlaß des Reichsversicherungsamtes vom 11. Mai 1910 wurde jedoch der Zinsfuß auf 3½% erhöht, ein Umstand, der der gemeinnützigen Bautätigkeit einen schweren Schlag versetzte. Zu diesem Zinssatz tritt noch eine Tilgung von 1—1½% (Tilgungsdauer rund 50 Jahre). Kredit wird in Form von I. und II. Hypotheken gegeben, von denen die I. bis zu 75%, die II. von 75—80% des geschätzten Bau- und Bodenwertes geht. In einzelnen Fällen, besonders bei Übernahme der Bürgschaft durch die Gemeinden und Kreise ist bis zu 85 und 90% gegangen worden. Die Landesversicherungsanstalt Hannover hat sogar bis zu 100% der Selbstkosten beliehen.[5]) Bei entsprechender Sicherstellung bildet die Gewährung von Teilzahlungen schon während der Bauzeit die Regel. Die Landesversicherungsanstalten knüpfen ihre Beleihung an die Vorlage von Bauplänen, Kostenvoranschlägen und Rentabilitätsberechnungen, die von den staatlichen Bauberatungsstellen überprüft und verbessert werden. Welch große Bedeutung die Landesversicherungsanstalten für Baukreditgebung haben, beweist eine Zusammenstellung der ausgegebenen Baukredite der Landesversicherungsanstalt Württemberg zur Förderung des Kleinwohnungswesens nach dem Stand vom 31. Dezember 1917, wie folgt:

---

[4]) Fuchs, Die Wohnungs- und Siedlungsfrage n. d. Kriege S. 303.
[5]) Großberliner Verein für Kleinwohnungswesen, Heft II S. 42.

a) 34 Genossenschaften, Gesellschaften, Vereine .	8 448 199.98 ℳ
b) 11 Gemeinden	2 154 916.46 „
c) 2 Arbeitgeber	52 629.14 „
d) 2571 Arbeitnehmer (Versicherte)	10 712 214.25 „
e) 22 Ledigenheime	2 001 587.52 „
Gesamtsumme:	23 369 547.35 ℳ

Die acht bayer. Landesversicherungsanstalten haben bis Ende 1913 für Kleinhausbau Darlehen im Betrage von 27 715 717 ℳ ausgegeben. Als besonderer Schutz für die minderbemittelten Klassen ist der Umstand zu betrachten, daß sich verschiedene Landesversicherungsanstalten entschlossen haben, zur Tilgung der Darlehen die Lebensversicherung heranzuziehen. Dadurch ist es einem Schuldner ermöglicht, über den von der Versicherungsanstalt erhaltenen Darlehensbetrag oder über den noch vorhandenen Rest der Schuld eine Lebensversicherung abzuschließen und sie der Versicherungsanstalt zum Zwecke der Darlehenstilgung zu verpfänden. Schließt der Schuldner eine solche Lebensversicherung ab, so hat er an die Landesversicherungsanstalt an Stelle der Tilgungsrate die Lebensversicherungsprämie zu bezahlen. Letztgenannte Tatsache bietet für den Darlehensnehmer den Vorteil, daß bei seinem Tode die Angehörigen sich nicht um die Abtragung der restierenden Schuld zu kümmern haben. Die Landesversicherungsanstalt Württemberg hat z. B. mit 9 privaten Lebensversicherungsanstalten Vereinbarung über die Verbindung der Darlehenstilgung mit der Lebensversicherung getroffen. Von den 10 Sonderanstalten, die auf Grund der Reichsversicherungsordnung zugelassen sind, kommen 4 für gemeinnützige Bautätigkeit als Kreditgeber in Betracht. Die bisher in Mark verausgabten Kredite dieser Anstalten sind:

a) Pensionskasse für Arbeiter der preußisch-hessischen Eisenbahngemeinschaft mit	18,0 Mill.
b) Arbeiterpensionskasse der bayerischen Verkehrsanstalten	2,2 „
c) Arbeiterpensionskasse der sächs. Staatseisenbahnen	2,5 „
d) Arbeiterpensionskasse der badischen Staatseisenbahnen und Salinen	1,06 „
	23,76 Mill.

Zinsfuß für diese Darlehen: 3—3½ %. Die übrigen Träger der sozialen Versicherungen, Berufsgenossenschaften und Krankenkassen, haben ebenfalls für Kleinwohnungsbau Baukredite zur Verfügung gestellt. Beispiel für Darlehens-Verträge siehe Anlage Nr. 9 u. 9a.

2. Reichsversicherungsanstalt für Angestellte.

Die Reichsversicherungsanstalt für Angestellte ist auf Grund des § 225 des VersGes. für Angestellte vom 20. Dezember 1911 ebenso wie die Landesversicherungsanstalten befugt, mit Zustimmung des Reichskanzlers bis zu ¼ ihres Vermögens in nicht mündelsicheren Unternehmungen anzulegen, die ausschließlich und überwiegend Versicherten zugute kommen. Von ihrem Gesamtvermögen von 381 Millionen hat die Reichsversicherungsanstalt für Angestellte 64 Millionen in Hypotheken und nicht landwirtschaftlichem Grundeigentum angelegt. Diese Anstalt hat für ihre Beleihungen wesentlich ungünstigere Bedingungen aufgestellt wie die Landesversicherungsanstalten; dabei unterscheidet die Reichsversicherungsanstalt für Angestellte Bauunternehmungen, die erstens etwa 1/3, zweitens mehr als die Hälfte Wohnungen den Versicherten der Anstalt oder deren Angestellten zur Verfügung stellen. Im ersteren Falle besteht die Begünstigung der Kreditgabe in Herabsetzung des Zinsfußes unter den auf dem Hypothekenmarkt üblichen und in Verminderung des Verwaltungskostenbeitrages, im zweiten Fall gibt die Reichsversicherungsanstalt für Angestellte I. und II. Hypotheken bis zu 75% des gemeinen Wertes; in besonderen Fällen gewährt sie Baukredit vor Vollendung der Baulichkeiten, soferne diese sichergestellt ist. Die Höchstgrenze der Beleihung bleibt im allgemeinen hinter dem Wunsche der Bauvereinigungen zurück. Dazu kommt die grundsätzliche Forderung eines Verwaltungskostenbeitrages, der in Höhe von 1/2% des Darlehens angerechnet wird, was die Landesversicherungsanstalten, Reich und Staat unterlassen. Der Zinsfuß für Darlehen bewegt sich in Höhe von 4 1/8—4 5/8%, also ebenfalls wesentlich höher als bei den Landesversicherungsanstalten; es besteht berechtigte Hoffnung, daß in der Folgezeit bessere Darlehensbedingungen bei der Reichsversicherungsanstalt für Angestellte zu erwarten sind.

3. Landeskulturrentenanstalten und ähnliche.

Landeskulturrentenbanken haben in Preußen, Hessen, Oldenburg, Sachsen und Bayern schon seit langer Zeit bestanden; es waren dies staatliche Anstalten, die sich mit Kreditgebung für alle möglichen Kulturarbeiten befaßten.[6]) Die Tätigkeit dieser Anstalten wurde in Bayern durch das Gesetz vom 24. März 1908 und in Sachsen durch ein Gesetz vom 30. Juni 1914 auf die Kleinwohnhaus-Fürsorge ausgedehnt; Bedeutung für Schaffung II. Hypotheken für Kleinwohnhausbau hat die bayer. Landeskulturrentenanstalt erhalten. Durch die Novelle vom 24. März 1908 zum Gesetz über die Landeskulturrentenanstalten sind die Mittel derselben für Zwecke der Darlehensgewährung für den Bau von Kleinwohnungen für die minderbemittelte Bevölkerung verfügbar gemacht worden. Die Landeskulturrentenanstalt zahlt ihre Darlehen zumeist in 3 1/2%—4%igen Landeskulturrentenscheinen aus und gewährt den Gemeinden Mittel zur Hingabe von in der Regel II. Hypotheken; ausnahmsweise, wenn das Geld nicht anderweitig aufgebracht werden kann, gibt sie auch I. Hypotheken. Die Darlehen werden in der Regel ohne Sicherheitsbestellung an Gemein-

[6]) v. Schelhorn, Die bayer. Gesetze betr. die Landeskultur-Rentenanstalt S. 3 ff.

den zur Herstellung oder gesundheitlichen Verbesserung von Kleinwohnungshäusern und zur Ansiedlung von landwirtschaftlichen Arbeitern gegeben. Wenn die Gemeinde die Bauten selbst ausführt, so geht die Beleihung bis 100% der Kosten für Boden und Bau; bis zu 90%, wenn die Gemeinde die empfangenen Mittel an Baugenossenschaften und zur Ansiedlung von landwirtschaftlichen Arbeitern gibt. Die Darlehen sind mit 3½ oder 4% zu verzinsen und in der Regel mit 1% zu tilgen. Auf Antrag kann die Amortisationsgebühr auf ¾% herabgesetzt werden. Bedingung eines Darlehens ist Bau von Wohnungen mit regelmäßig nicht mehr als 3 Zimmer, Küche und Zubehör. Die Anträge für Darlehen sind an die Gemeinde zu richten, bei Ablehnung kann die Baugenossenschaft bei der vorgesetzten Verwaltungsbehörde beantragen, daß die Gemeinde zur Darlehensvermittlung angehalten wird. Die Darlehen werden im Ganzen oder nach Fortschreiten der Bauten in Raten ausbezahlt. Die bayer. Landeskulturrentenanstalt hat bisher rund 15 Millionen an Hypotheken für Kleinwohnungsbau zur Auszahlung gebracht. Nach Art. 5 und 19 des bayer. Ges. betr. die Landeskulturrentenanstalt vom 31. März 1908 ist die Anstalt zur Hypothekenkündigung bei vertragswidrigem Vorgehen des Darlehensnehmers berechtigt, was jedoch in Wirklichkeit sehr selten vorkommt.[7])

Die sächsische Landeskulturrentenbank hat bisher als Kreditgeber für Kleinwohnungsbau geringe Bedeutung, nachdem dieselbe erst kurz vor Kriegsausbruch durch das Gesetz hiezu ermächtigt wurde.

4. Reich und Staat.

Reich und Staat waren bereits vor dem Kriege neben den öffentlichen Versicherungsanstalten Baukreditgeber für den Kleinwohnhausbau, beide jedoch nur, wenn die Mitglieder der zu unterstützenden Bauvereinigung ganz oder teilweise aus Beamten oder in Reichs- oder Staatsdienst beschäftigten Arbeitern bestand;[8]) Reich und Staat unterstützten den Kleinhausbau nur als Arbeitgeber. Die Darlehen werden in der Regel nur zur II. Stelle und zwar bis zu einer Beleihungsgrenze von 90% der Selbstkosten des Baues und Bauplatzes bewilligt. Die I. Hypothek muß also anderweitig beschafft werden, was bei zugesagter Staatsunterstützung nicht schwer ist und werden diese I. Hypotheken von Landesversicherungsanstalten, Sparkassen und dgl. gegeben. Die Baukredite des Reichs sind mit 3% zu verzinsen und rund 1% jährlich unter Zuwachs der ersparten Zinsbeträge zu tilgen. Auf Antrag werden Teilzahlungen auf die bewilligten Reichsdarlehen und Bauvorschüsse auf die von dritter Seite zugesagten Darlehen während

[7]) v. Schelhorn, Die bayer. Gesetze, betr. die Landeskultur-Rentenanstalt S. 145 und 246.

[8]) Muthesius, Kleinhaus- und Kleinsiedlung S. 306.

der Bauzeit bei entsprechender Sicherstellung vom Reiche geleistet.[9]) Bauvereinigungen, die Kleinhäuser hauptsächlich zum Vermieten bauen, werden bevorzugt, während jedoch auch solche, die ihre Häuser ihren Mitgliedern zum Ankauf erstellen, von Reich und Staat berücksichtigt werden.

Die Einzelstaaten geben nach denselben Normen und Bedingungen für Verzinsung und Amortisation Darlehen an Genossenschaften, die ganz oder teilweise für ihre Angestellten Kleinwohnungen errichten. Preußen hat seit 1895 Baukredite an Genossenschaften unter obengenannten Bedingungen gegeben. Nachdem anfänglich aus den zur Verfügung stehenden Mitteln auch Beträge zur I. Hypothek ausgeliehen waren, ist der preuß. Staat neuerdings dazu übergegangen, nur noch Gelder zur II. Stelle zu geben. Bis 1911 waren rund 160 Millionen Mark innerhalb der Grenzen von 50—90% des amtlichen Schätzungswertes der Boden- und Baukosten oder nach Wahl der Baugenossenschaft innerhalb 50 und 100% der als angemessen bestätigten Baukosten angelegt worden.[10])

Bayern hat durch eine Novelle vom 24. März 1908 zum Gesetz über die Landeskulturrentenanstalten die Mittel dieser Anstalt für Zwecke der Darlehensgewährung für den Bau von Kleinhäusern für die minderbemittelte Bevölkerung verfügbar gemacht und zur II. Stelle begeben. Das Darlehen darf den vollen Betrag der Kosten für Grundwert und Bauausführung erreichen, wenn die Gemeinde für ihre Rechnung die Grundstücke erwirbt und die Bauten selbst herstellt, dagegen nur 90%, wenn die Gemeinde die erhaltenen Mittel an rechtsfähige gemeinnützige Bauvereinigungen als Darlehen weitergibt. Für einen beschränkten Personenkreis, die Bediensteten der Staatseisenbahnen, stehen in Bayern Mittel in der Form zur Verfügung, daß den Baugenossenschaften (54 an der Zahl) des Staatseisenbahnpersonals Darlehen bis zu 80% des Erstellungswertes oder bis zu 100% des gesamten Bauaufwandes zu einem Zinsfuß von 3% bei ½% Tilgung gewährt werden.

In Sachsen wurden 4 Millionen Mark als Baukredite an gemeinnützige Bauvereine zur Besserung der Wohnverhältnisse der Eisenbahnbediensteten gegeben. Die Kapitalsanlage erfolgte zu II. Stelle hinter einer I. Hypothek, die von der Arbeiterpensionskasse der Sächsischen Staatsbahnen bis zu 50% gewährt wurde. Beleihungsgrenze der II. Hypothek 90% des Herstellungswertes; der Zinsfuß ist infolge Geldverteuerung auf 3¼% erhöht worden, Tilgungsrate zirka 1%. Ferner sei erwähnt, daß durch Gesetzentwurf vom 30. Juni 1914 die Sächs. Landeskulturrentenbank mit Beschaffung von Baukrediten zur II. Stelle beauftragt wurde, was bereits a. a. O. ausgeführt.

---

9) Großberliner Verein für Wohnungswesen, Heft II S. 33ff.
10) Albrecht, Geld für Kleinwohnung S. 36, I. Teil.

Württemberg hat sich in hervorragender Weise am Kleinhausbau für seine Eisenbahn- und Postbeamten beteiligt und nach dem Stande vom März 1913 eine Summe von über 28 Millionen Mark für den Bau von 2366 Wohngebäude für Eisenbahnbeamte und 193 Gebäude für Postbeamte in Form von unmittelbarem Baukredit gegeben, d. h. der Staat hat diese Wohnungen selbst gebaut; außerdem hat Württemberg rund 1/2 Million als II. Hypothek mit einer Verzinsung von 3 1/2 % an 4 Baugenossenschaften vorgestreckt. Im Etat für das Rechnungsjahr 19/20 sind 26 Millionen Mark für den Bau von 600 Beamten- und Arbeiterwohnungen veranschlagt und vorgesehen.

5. Gemeinde und Kommunalverbände.

Ansehnliche Beträge sind von einer Reihe von Städten auf dem Wege der direkten Kreditgewährung an gemeinnützige Bauvereine und Baugenossenschaften gegeben worden. Als Beispiel sei hier die große Aufwendung der Stadt München genannt, die bis Ende 1912 9 Millionen Mark aus Anleihemitteln für den Bau von Kleinwohnhausbauten in Form von Tilgungshypotheken gegeben hat, die sich bis zu einer Beleihungsgrenze von 85 % zu einem Zinsfuß von 4 % erstreckten (II. Hypotheken).

Von den kommunalen Kreditorganisationen kommen die Sparkassen für Darlehensgewährung nur zur I. Stelle (bis zu 50 % des Schätzungswertes) in Betracht, es sei denn, daß die Kommune oder eine Landesversicherungsanstalt Bürgschaft über die von Sparkassen über die Mündelsicherheit hinaus gewährten Darlehen übernimmt, was zugunsten gemeinnütziger Bauunternehmungen vorkommt. In letzterem Falle werden dann die von den städtischen Sparkassen gegebenen Kredite bis zu einer Höhe von 80 % des Schätzungswertes ausgedehnt. Je nach der Geldmarktlage lassen sich die Sparkassen ihre I. Hypotheken, die Tilgungshypotheken für die Zeit von rund 50 Jahren sind, mit 4 1/4—4 3/4 % verzinsen; bei Zinsenverzug wird ebenfalls der Zinsfuß erhöht.

6. Rentenbanken.

Eine weitere bekannte Geldquelle für den Kleinhausbau, die sich in Preußen aus dem Rentenbankkredit des Staates ergibt, sind die obengenannten Banken, die Rentengüter kleinsten Umfanges beleihen und welche gemäß MinErl. vom 8. Juni 1907 mit einer Mindestgröße von 1250 qm für gewerbliche Arbeiter genehmigt wurden. Die Rentenbriefe erleiden jedoch bei ihrer Emission einen Kursverlust von 10 % und da außer den Rentendarlehen oftmals noch eine II. Hypothek aufzunehmen ist, hat die Kreditgabe der Rentenbanken in Preußen keine allzugroße Ausdehnung angenommen.

7. Verschiedene Kreditquellen und Einrichtungen zur Baukreditbeschaffung.

Unter den sonstigen Einrichtungen, um den schwierigen Verhältnissen auf dem städtischen Hypothekenmarkte zu begegnen, verdienen die in verschiedenen Städten errichteten Hypothekenanstalten und Pfandbriefämter Erwähnung, die größtenteils zur I., teilweise auch zur II. Stelle beleihen; auch einzelne Landesbanken, wie wir sie an verschiedenen Orten vorfinden, haben sich in nicht geringem Maße an der Finanzierung von gemeinnützigen Kleinhausbauten beteiligt.[11]) Von nicht zu unterschätzender Bedeutung für den gemeinnützigen Kleinhausbau sind die einzelnen Stiftungen, wie wir sie z. B. in Essen als Margarethe Krupp-Stiftung, in Berlin als König Friedrich-Stiftung vorfinden, die beide einzelnen Baugenossenschaften hypothekarischen Kredit vorgestreckt haben. Der Zinsfuß der von den Stiftungen gewährten Hypotheken bewegt sich zwischen 3 und $4^1/_8$%.

Der derzeitige Ausfall verschiedener öffentlicher Kreditgeber, wie z. B. der Landesversicherungsanstalten, haben die Hypothekenbanken im Reiche veranlaßt, hier helfend beizuspringen. So haben 5 der größten bayerischen Banken 50 Millionen Hypothekenkredit zur Gewährung I.-stelliger Hypotheken zu $4^1/_2$% Zins und $^1/_2$% Tilgung für den gemeinnützigen Kleinhausbau zur Verfügung gestellt;[12]) die preußischen Hypothekenbanken haben, dem Beispiel der bayerischen Banken folgend, dem preußischen Staatskommissar für Wohnungswesen ebenfalls den Betrag von 50 Millionen zu gleichem Zwecke an die Hand gegeben. Desgleichen tragen sich die privaten Versicherungsgesellschaften und Sparkassen ernstlich mit dem Gedanken, ihre Gelder in Anbetracht der derzeitigen Kreditnot in umfassenderer Weise, wie bisher, als gemeinnützigen Kredit auf den Markt zu bringen. Erwähnung an dieser Stelle verdienen auch die sog. Bauvereinsbanken,[13]) die sich mit der Vermittlung von Hypothekengeldern befassen und selbst Zwischenkredite an Bauvereinigungen abgeben.

8. Private.

In Frage kommen hiebei kapitalkräftige Leute, die Gönner des genossenschaftlichen Systems sind und welche zu niederem Zinsfuß (3—$3^1/_2$%) und $^3/_4$% Amortisation langfristige Hypothekdarlehen gewähren; auch die Inhaber großer Fabriken zählen zu dieser Art von Geldgebern. Die gemeinnützige Baugenossenschaft muß sich in vorliegendem Falle nach Möglichkeit gegen Kündigung sichern und lange Kündigungstermine ausbedingen. Begreiflicherweise hat das Privatkapital infolge seiner niederen Verzinsung bei der gemeinnützigen Anlage hiebei nicht die große Bedeutung, wie bei dem Erwerbskredit.

[11]) Albrecht, Geld für Kleinwohnung S. 30ff.

[12]) Bayer. Zeitschrift für Wohnungswesen, 17. Jahrg. S. 63.

[13]) Zeitschrift für Wohnungswesen in Bayern, 17. Jahrg. S. 64.

Schließlich sei hier noch gesagt, daß die Finanzierung einer Kleinhausanlage zu den schwierigsten Problemen der Finanzpolitik gehört, daß bindende Formen hiefür nicht bestehen, daß es gewöhnlich einer größeren Reihe von Geldgebern zu ein und demselben Projekt bedarf und daß gerade jetzt bei den ungeheuren Baukosten die meisten gemeinnützigen Bauunternehmen an der Undurchführbarkeit der Geldbeschaffung scheitern. Als Beispiel einer solchen Kombination siehe Anhang, Anlage Nr. 10 und 10a.

b) Bürgschaft.

Da verschiedene Geldquellen in Anbetracht des großen Risikos beim Kleinhausbau nicht in Tätigkeit treten wollten, so sind die Gemeinden,[14]) jetzt auch die Landesversicherungsanstalten daran gegangen, gegenüber Kreditorganisationen die Bürgschaft für II. Hypotheken der Baugenossenschaften und sonstiger gemeinnütziger Baugesellschaften zu übernehmen.

c) Im Erbbaurecht.

Baukredite werden endlich durch Übernahme von Grundstücken im Erbbaurecht und dessen Beleihung beschafft. Dieses Vorgehen erfolgt fast ausschließlich durch öffentliche Körperschaften, wie Reich, Staat, Gemeinde und einzelne Landesversicherungsanstalten. Das Reich hat in neuerer Zeit Grund und Boden im Erbbaurecht an einen durch die hiefür geltenden Bestimmungen beschränkten Kreis von Baugenossenschaften abgegeben und dieses Erbbaurecht bis zu einer Höhe von rund 8 Millionen Mark beliehen. Erbbauzins 2%.

Die Hauptbedeutung für Abgabe von Grundstücken im Erbbaurecht haben die Gemeinden (29), die nach der Münchener Statistik 282 Grundstücke im Erbbaurecht vergeben haben. Die Zahl der hypothekarisch beliehenen Erbbaugrundstücke betrug hievon 221, auf die rund 8½ Millionen hypothekarische Darlehen von den Gemeinden an gemeinnützige Baugesellschaften gegeben wurden. Beleihungsgrenze bis zu 75 und ausnahmsweise 90% des Bauwertes; der Zinsfuß bewegt sich zwischen 3 und 4% bei entsprechender Tilgungsverpflichtung. In den Verträgen der Stadtgemeinden mit den Erbbauberechtigten wird durchweg ein besonderer Wert auf die Sicherung der städtischen Interessen bei Abschluß des Erbbauvertrages nach Maßgabe des BGB. gelegt. Die Verpflichtung zur Entrichtung des Erbbauzinses wird als Reallast bestellt, im Falle des Verkaufs des Erbbaurechts steht der Stadt ein grundbuchamtlich gesichertes dingliches Vorkaufsrecht zu. Für entsprechende Sicherung der hypothekarischen Beleihung des Erbbaurechtes ist vertraglich vorgesorgt. Die Hingabe des städtischen Bodens im Erbbaurecht an Baugesellschaften wird mit der Bestimmung verknüpft, daß der gemeinnützige Zweck der von diesen zu errichtenden Bauten für alle Zukunft verbürgt ist.

[14]) Fuchs, Siedlungsverk. S. 317.

Frankfurt a. M. hat allein von den obengenannten 282 Grundstücken 144 im Erbbaurecht abgegeben. Die hypothekarische Beleihung der in Betracht kommenden Grundstücke erfolgt in Frankfurt fast ausschließlich durch die Stadt, die hiezu eine besondere Erbbaudarlehenskasse gegründet hat. Beleihungsgrenze in der Regel 75, bei bei städtischen Beamten 90%, Zinsfuß 4%, Erbbauzins 2½% des Bodenwertes und 4% der Straßenherstellungskosten. Die Darlehen sind innerhalb der Erbbauzeit durch jährliche Zahlungen zu tilgen.

Die Stadt Ulm hat einer aus Lehrern, mittleren Beamten und Kaufleuten zusammengesetzten Baugenossenschaft Grund und Boden unter Ansatz eines Erbbauzinses von 20—30 Pfennig pro Quadratmeter überlassen und die auf diesem Gelände errichteten Erbbauhäuser bis zu 90% des Herstellungswertes beliehen.[15])

Wie bereits im Abschnitt A, II. Kapitel, d 4, näher ausgeführt wurde, hat das Erbbaurecht durch die Reichsverordnung über das Erbbaurecht vom 15. Januar 1919 (RGBl. 1919 Nr. 14 S. 72) eine Neuregelung erhalten, die im Interesse des Grundstückseigentümers und des Erbbauberechtigten Klarheit geschaffen hat. Die Folge wird nach aller Voraussicht bei Wiederaufleben des Baumarktes eine beliebtere Anwendung der Grundstücksabgabe im Erbbaurecht und eine vermehrtere Beleihung desselben sein.

C. Kreditverbesserungsvorschläge.

I. Kapitel.

Kreditlage vor, während und nach dem Kriege.

Schon vielfach wurde in Vorträgen bei Behörden und Vereinen, wissenschaftlichen Abhandlungen und dgl. die Frage der Baukreditnot behandelt, die eine Folge unseres wirtschaftlichen Niederganges sowie der einschneidenden Baustoffknappheit darstellt und einen der Gründe unseres städtischen Wohnungsmangels bildet. Man hat sich der bestimmten Erwartung hingegeben, daß nach glücklichem Ausgange des Krieges der Staat mit voller Kraft sich der sozialen Fürsorge, in erster Linie dem Wohnungsbau widmen und hiezu außer nötigen Gesetzeserleichterungen für den Wohnungsbau Kapital in Form von Millionenkrediten für diese Aufgabe zur Verfügung stellen werde. Durch das verhängnisvolle Ende des Krieges und die erdrosselnden Friedensbedingungen, die unserem Reiche den größten Teil seiner wirtschaftlichen und politischen Selbständigkeit nehmen, und seine Mittel auf unabsehbare Zeit beschlagnahmen, ferner durch die Inflation unseres Geldes, das Fehlen der Rohprodukte und die allgemeine Arbeitsunlust, hat sich auch der vom Reiche zur Verfügung gestellte Bauüber-

[15]) Holch, Private Mitteilungen.

teuerungszuschuß von 500 Millionen Mark als unzulänglich erwiesen, da Bauen heutzutage 10 bis 20 mal teuerer als in Friedenszeiten ist. Man frägt sich daher mit Recht, welche Maßnahmen von Seite des Staates und Privater getroffen werden können, um den für den Wohnungsbau so nötigen Kredit aufzubringen. Kreditnot hat jedoch bereits vor dem Kriege in Deutschland bestanden und wird sich eine kurze Betrachtung der diesbezüglichen Verhältnisse lohnen.

Die Kreditnot am städtischen Grundstücksmarkt ist keine Folge des Krieges, wir finden sie bereits vor und während des Krieges bei uns vertreten. Das Angebot von Kapital hat nicht in dem Maße zugenommen, wie die Nachfrage, so daß ein steigendes Mißverhältnis zwischen beiden schon im Frieden bestand. Der Hypothekenmarkt ist ein wichtiger Teilmarkt des allgemeinen Kapitalmarktes,[1]) die Befriedigung der Nachfrage nach Hypothekengeld muß also in weitgehendem Maße von der Lage des Kapitalmarktes abhängen. Insoweit das zutrifft, handelt es sich beim Problem des städtischen Immobiliarkredits um die Frage der allgemeinen Zinsfußhausse, deren Bedeutung durch die Kursstürze der festverzinslichen heimischen und ausländischen Wertpapiere zur Genüge beleuchtet wird. Bei den Rentenpapieren waren bekanntlich die Kurseinbußen besonders groß, der durchschnittliche Börsenkurs sank trotz der hiezu kommenden höher verzinslichen Obligationen seit dem Jahre 1909 stetig. Er betrug bei den deutschen Werten:

1909	1910	1911	1912	1913
94,85	94,76	94,34	91,82	89,30 %

Die deutschen Staatspapiere sanken noch mehr:

1909	1910	1911	1912	1913
92,16	92,26	90,30	87,46	84,84 %

Die Folge dieser Kursstürze und des damit zusammenhängenden hohen (steigenden) Zinsfußes war eine immer größere Abneigung von seiten Privater, Geld von Hypothekenbanken und Versicherungsgesellschaften aufzunehmen; lediglich bei Sparkassen hat sich die Aufnahme von Hypotheken in den Jahren 1909—1913 wesentlich infolge des niederen Zinsfußes bei dieser Gesellschaftsform vermehrt. Der Zuwachs an inländischen städtischen Hypotheken betrug in den Jahren 1909—1913 in Millionen Mark:[2])

Art der Bankinstitute	1909	1910	1911	1912	1913
Hypothekenbanken	523,3	462,7	512,3	205,0	1,0
Priv. Vers. Gesellschaft . .	326,4	374,3	392,6	367,4	309,8
(Preuß.) Sparkassen . . .	309,9	363,1	386,3	471,6	462,5

[1]) Terhalle, Die Kreditnot am städtischen Grundstücksmarkt S. 9 ff.
[2]) Terhalle, Die Kreditnot am städtischen Grundstücksmarkt S. 13.

Die Folge der zunehmenden Teuerung der Hypothekengelder bedeutet, wie die Tabelle zeigt, eine geringere Nachfrage nach solchen Geldern, ein Umstand, der wirtschaftlich als Schädigung des Baumarktes in Erscheinung tritt, welch letzterer mehr als irgendein anderer Markt auf den Zufluß von Hypothekengeldern angewiesen ist; Hypotheken- oder Realkreditnot ist gleichbedeutend mit Baukreditnot. Die Notlage des städtischen Kredites hat durch den Krieg keine Besserung erfahren und bei Abschluß desselben hat dieser Zustand geradezu katastrophale Dimensionen angenommen. Während auf der einen Seite die Kapitalnachfrage ins Endlose gegangen ist, wird auf der anderen Seite das Angebot des öffentlichen Kapitals infolge des verschleierten Staatsbankerotts nicht zu erwarten sein und der Zufluß des Privatkapitals durch die erdrückenden Steuern, Vermögensabgabe und teueren Lebensbedingungen von Unternehmungen abgehalten werden.

II. Kapitel.

Welche Maßnahmen können getroffen werden, um der für die Wohnungsnot so verhängnisvollen Kreditnot zu steuern?

a) Öffentlich-rechtliche Maßnahmen.

1. Richterliche Moratorien.

Infolge des Umstandes, daß im Kriege durch Darniederliegen gewisser Handels- und Industriegebiete Hypothekenschuldner ihren Verpflichtungen nicht nachkommen konnten, ist man daran gegangen, ein richterliches (kein gesetzliches) Moratorium einzuführen. In einer Verordnung vom 8. Mai 1916 wurde bestimmt, daß für die Heimzahlung eines Hypothekenkapitals eine Zahlungsfrist von einem Jahr, für die Hypothekenzinsen eine solche von 6 Monaten gewährt werden kann. Für Kapitalschulden kann die Rückzahlung mehrmals gestundet werden, für Hypothekenzinsen kann die Frist nur einmal gewährt werden, letzteres mit Rücksicht auf die Hypothekenbanken, die auf Zinseneingänge angewiesen sind.[1] Ein Moratorium schlechthin ist für den Kapitalmarkt sehr schädlich und es empfiehlt sich daher, wie Professor Eberstadt bei einer Tagung der Immobiliar-Kredit-Kommission erklärte, daß bei Moratorien unter Beibehaltung des üblichen Zinsfußes eine jährliche Tilgung von 1% vorgeschrieben werde, wobei die feste Hypothek in eine Tilgungshypothek umgewandelt werden muß.[2] Eine derartige Festsetzung von richterlichen Moratorien auf eine gewisse Anzahl von Jahren wird sich auch jetzt nach Abschluß des Krieges empfehlen.

2. Gesetzesänderungen und neue Gesetze.

Ein Nachteil für die mißliebige II. Hypothek ist der § 1177 BGB., wonach bei Zahlung von Tilgungsraten eine Hypo-

[1] Eber, Staat- und Realkredit in Deutschland, S. 116 ff.

[2] Eberstadt, Die Kreditnot des städt. Grundbesitzes und Reform des Realkredites.

thek sich in eine Eigentümergrundschuld verwandelt.[3]) Es wäre nichts natürlicheres, als daß bei Tilgung der I. Hypothek die II. Hypothek entsprechend nachrückt. Der § 1179 BGB. bestimmt, daß dem Inhaber einer II. Hypothek der Anspruch einer Löschungsvormerkung im Grundbuch zusteht. Hievon wird aber in Wirklichkeit nur selten Gebrauch gemacht werden. Es muß daher im Interesse des Schutzes der II. Hypotheken ein Paragraph im BGB. geschaffen werden, in dem klipp und klar zum Ausdruck gebracht wird, daß bei Tilgung der I. Hypothek die II. automatisch nachrückt.[4])

Ein „Mietsteuergesetz" wurde von verschiedenen Seiten angeregt, so von Prof. Muthesius und Dr. M. Wagner. Die hohen Baupreise von heutzutage bewirken ein umfangreiches in die Höhegehen der Mieten, die in den Neubauten erhoben werden müssen, um das Gebäude rentierlich zu gestalten. Die Erhöhung der Mieten in den Neubauten wird auch in den vor dem Krieg gebauten Häusern eine Mietsteigerung erzeugen, was einen in die Milliarden gehenden Gewinn der Hausbesitzer bedeuten würde.[5]) Soferne die Mietssteigerung nicht notwendig und gerechtfertigt ist, um den Hausbesitzern die Verteuerung des Beleihungskapitals und der Verwaltungskosten auszugleichen, so sollte sie durch eine Mietssteuer erfaßt werden, die das städtische Wohnungswesen wiederum auf eine gesunde Grundlage stellen würde.[6]) Der Staat ist sich der dringenden Notwendigkeit der Wohnungsfürsorge bei klarer Erkenntnis der Baukreditnot wohl bewußt gewesen und hat bisher eine Reihe von Gesetzen im Kriege und nach Abschluß desselben erlassen, teilweise sind sie noch in Vorbereitung. Ich erinnere:

an die Bestimmung des Bundesrats vom 31. Oktober 1918 (Zentralblatt für das Deutsche Reich, S. 1160);

an das Bürgschaftsgesetz vom 10. April 1918 (Preuß. Gesetz-Sammlung 1918 S. 43);

an das Wohnungsgesetz vom 28. März 1918 (Preuß. Gesetz-Sammlung 1918 S. 23);

an das Reichssiedlungsgesetz vom 29. Januar 1919 (RGBl. Jahrgang 1919 S. 115).

3. Steuerliche Erleichterungen.

Wichtig und zugleich anspornend für die private Geldbeschaffung von II. Hypotheken wäre eine Änderung der Stempel und Steuergesetze dahingehend, daß einem Nachhypothekar, der im Zwange der Not ein Grundstück oder Gebäude erwerben muß, die Entrichtung der sämtlichen auf demselben ruhenden Lasten, auch

---

[3]) Luther, Wohnungs- u. Siedlungspolitik nach dem Kriege, S. 13.
[4]) Fuchs, Wohnungs- u. Siedlungsfrage nach dem Kriege S. 175.
[5]) Muthesius, Kleinhaus- und Kleinsiedlung S. 356.
[6]) Wagner, Neue Bauwirtschaft S. 3ff.

gestundete Zinsen und dgl. und der einschlägigen Stempelgebühren zu erlassen ist. Es ist einleuchtend, daß die Aussicht auf umfangreiche Steuerverpflichtungen als Begleiterscheinung der Übernahme eines verschuldeten Objektes mancher Geldgeber für II. Hypotheken abhalten wird, das Kapital für diese herzugeben.

4. Erhöhung der Beleihungsgrenze.

Die Festsetzung der Beleihungsgrenze auf max. 60% für Hypothekenbanken und Versicherungsgesellschaften (§ 11 Abs. II HypBankG., § 60 VAG.) ist zu gering und vorsichtig bemessen und nach Ansicht bedeutender Bankfachleute steht einer Erhöhung der Beleihungsgrenze auf 75% des amtlichen Schätzungswertes nichts entgegen. Nachdem jedoch hiedurch eine Gefährdung für die Pfandbriefe der Hypothekenbanken und eine gleichzeitige Entwertung derselben eintreten würde, so kann dies dadurch ausgeglichen werden, daß bei Beleihungen durch Hypothekenbanken und private Versicherungsunternehmen, die über $^2/_3$ des amtlichen Schätzungswertes hinausgehen, Staat und Gemeinde die Haftung übernehmen;[7]) es können Hypothekenbanken und Versicherungs-Unternehmungen den Gemeinden aber auch Kommunaldarlehen aus bereiten Beständen ausschließlich für II. Hypotheken geben, für die dann der Staat Rückdeckung übernehmen würde. Ein weiterer Weg wäre der, den Bayern schon eingeschlagen hat, die Mündelsicherheit der Pfandbriefe dadurch zu erhöhen, daß bei einer Beleihung bis zu 60% eine 10%ige Tilgung vorgesehen werden muß.

5. Bereitstellen öffentlicher Mittel.

In der kommenden Zeit wird es ein Ding der Unmöglichkeit sein, an den Staat mit allzugroßen Wünschen für Zurverfügungstellung umfangreicher Kredite heranzutreten, nachdem die erschnürenden Forderungen unserer Feinde und die gewaltigen Forderungen, die dem Staat derzeit in Form von Renten, Unterstützungen, Löhne, Streikgelder usw. erwachsen, das Budget desselben mehr denn je erschöpft haben. Ich habe die bestimmte Vermutung, daß die Kredite für den notwendigen Wohnungsbau früh oder später nur durch Anleihen von seiten des Auslandes gedeckt werden können.

6. Vereinfachung der Bauordnung.

Es ist dies ein Problem, das schon in den Zeiten hätte gelöst werden müssen, in denen noch genügend Mittel für den Wohnhausbau zur Verfügung gestanden haben; viele umfangreiche Projekte sind nur an unserer veralteten, allzu vorsichtig bemessenen Bauordnung gescheitert, die die Rentabilität besonders eines Kleinhauses von vornherein in Frage stellen muß. Die gegenwärtige Zeit des Mangels an Kredit und Baumaterial hat uns dazu gezwungen, ohne Rücksichtnahme auf irgendwelche Bauordnung

[7]) Eber, Staat- und Realkredit in Deutschland S. 131.

über Nacht zu den billigsten und schlechtesten Baustoffen und nicht immer gerade einwandfreien Konstruktionen zu greifen; trotzdem hat man bisher von keinerlei Unglücksfällen bei Neubauten gehört, die auf einfachere Bauweisen zurückzuführen sind. All die Momente der Bauverteuerung weisen unsere Behörden schon jetzt auf die Notwendigkeit hin, im Hinblick auf spätere günstigere Zeiten des Baumarktes nach Abbau der Preise, Löhne usw., eine zweckmäßige, weitsehende und praktische Bauordnung zu schaffen.

b) Privatrechtliche Maßnahmen.

1. Amortisationshypothek.

Die Amortisationshypothek hatte bereits in Jahren vor dem Kriege in Bayern festen Fuß gefaßt,[8]) während im übrigen Reich keine Neigung dafür bestand; schließlich verlor diese Art der Hypothek auch in Bayern ihre Beliebtheit wieder. Eine gesunde II. Hypothek kann sich nur auf einer soliden I. Hypothek begründen und dies ist nur möglich, wenn diese „Tilgungshypothek" ist.[9]) Der deutsche Reichskanzler hat in einer von ihm einberufenen Immobiliar-Kredit-Kommission eine Erklärung abgegeben, die vom deutschen Städtetag in seinen „Richtlinien zur Realkreditfrage" am 15. Januar 1916 veröffentlicht wurde: „Eine Gesundung der Verhältnisse des Grundbesitzes ist nur möglich, wenn vorbehaltlich der Berücksichtigung besonderer Verhältnisse, die I. Hypothek grundsätzlich als unkündbare Hypothek gegeben wird, die selbstverständlich Tilgungshypothek sein muß. Die Erreichung dieses Zustandes ist dadurch vorzubereiten, daß alsbald alle öffentlichen und unter öffentlicher Aufsicht stehenden Geber von I. Hypotheken in angemessenem Umfang hiezu veranlaßt werden, wobei auf die Erfordernisse der Geldflüssigkeit bei den einzelnen Geldgebern und auf die schwierigen Verhältnisse des Wohnungsmarktes nach Kriegsende Rücksicht zu nehmen ist."

Die Abneigung gegen die Tilgungshypothek beruht in deren Langfristigkeit, die keinen fühlbaren Vorteil für einen Darlehensgeber bietet. Ein Darlehen, das zu 4% verzinslich und mit ½%igen Zuschlägen tilgbar aufgenommen wird, bedarf 56 Jahre, um zur vollen Abzahlung zu gelangen. Es wäre daher empfehlenswert, bei einer derartigen Hypothek (z. B. 150000 ℳ) durchzuführen, daß der I. Teil (z. B. 75000 ℳ) begründet auf die Sicherheit des unveränderlichen Grund und Bodens als Zinsdarlehen bestünde, während der II. Teil des gesamten Darlehens einer verstärkten Tilgung (rund 1½%) unterstünde; in diesem Falle wäre es möglich, daß die Heimzahlung des letzten Teiles der Schuld (wiederum 75000 ℳ) in wesentlich kürzerer Zeit — 34 Jahre — erfolgen würde. —

8) Schulte, Die Hypothekenbanken S. 397.

9) Fuchs, Wohnungs- und Siedlungsfrage nach dem Kriege.

Eine derartige Anordnung würde ohne Zweifel anspornend auf hypothekarisch gesicherte Baukredite wirken.[10])

2. Hypotheken- und Lastenschutz.

Hypothekenschutz ist eine Einrichtung, die erst im Laufe des Krieges ausgebaut wurde und welche von Münchener Finanzleuten ins Leben gerufen ist. Dieselbe zerfällt in zwei wesentliche Teile und zwar in Lasten- und Kapitalschutz. Hypothekenschutz ist eine Anordnung zweckmäßigster Art der Selbsthilfe, die zum Wohle des notleidenden Grund- und Hausbesitzers von Letzterem selbst und dem Baugewerbe geschaffen wurde, da der Staat nicht die entsprechende gesetzliche und sonstige Hilfe geben wollte; die Segnungen dieser Anordnung treffen in gleicher Weise den Hypothekengläubiger wie -Schuldner.

Der Hypothekenschutz, eine Organisation, die erst im Ausbau begriffen ist, wird von einer sog. Hauptbank in Berlin und einzelnen Schutzbanken in den größeren Städten des Reiches ausgeübt. Die Hauptbank-A.-G. hat ein Anlagekapital von 3 Millionen (25% Einzahlung) und dient zur Rückversicherung der Unterbanken; diese Schutzbanken-A.-G., deren es bisher erst 5 gibt (München für Bayern, Berlin für Brandenburg, Königsberg für Ostpreußen, Frankfurt für Hessen und Rheinprovinz, Pforzheim für Baden) sind mit einem Kapital von je 1 Million (25% Anzahlung) gegründet;[11]) die Schutzbank in München, die am 25. Dezember 1916 als Landesbank der bayer. Haus- und Grundbesitzer-Vereine begründet wurde, war die erste Anlage dieser Art, die bereits während des Krieges eine umfangreiche, segensreiche Tätigkeit entfaltet hat.

Der Hypothekenschutz besteht darin, daß durch die Bank eine volle Sicherung des zweitstelligen Kapitals gewährt wird, d. h. kann der Hausbesitzer bei Fälligwerden eines Kapitals dieses nicht aufbringen, so beschafft ihm die Schutzbank die Hypothek oder stellt den Betrag aus eigenen Mitteln zur Verfügung.[12]) Der Kapitalschutz ergreift auch in gewissem Umfange die vorhergehenden Hypotheken, d. h. nicht ohne weiteres die erste, denn der Hypothekenschutz ist vor allem auf das Kapital gerichtet, das über die übliche Grenze (50%) der I. Hypothek hinausgeht. Deshalb bedarf es zum Schutze der I. Hypothek eines besonderen Antrages. Unter „Lastenschutz" ist zu verstehen, daß die Hypotheken-Schutzbank jedem beteiligten Hausbesitzer, der durch irgendwelche Verhältnisse nicht in der Lage ist, seine Hypothekzinsen, Steuern und Umlagen oder andere öffentliche Abgaben zu bezahlen, diese Geldbeträge 4 Wochen nach Fälligkeit vorschußweise zur Verfügung stellt. Für die Übernahme des Hypotheken- und Lastenschutzes hat der Hausbesitzer an

[10]) Stierstorfer, Neue Gedanken und Vorschläge zur Reorganisation des Realkredites S. 10ff.

[11]) van der Borght, Wirtsch. Bund und Hypothekensch. S. 33.

[12]) Humar, Selbsthilfe des Hausbes. S. 13.

die Schutzbank einen jährlichen Schutzzins von 3/4—1 1/2 % der Bruttomiete seines Hauses zu zahlen, wobei für den Prozentsatz die Anlage des eigenen Kapitals im Hause und die Höhe der hypothekarischen Belastung bestimmend ist.

Vertragsform zwischen Schutzbank und Schutznehmer ist ein von Ersterer ausgestellter Schutzbrief. Die Schutzbank befaßt sich neben den genannten Aufgaben mit der Vermittlung I. Hypotheken,[13]) Beschaffung von Kapitalien für II. Hypotheken von den Hypothekenbanken unter Haftung der Städte oder aus anderen Geldquellen und vermittelt zwischen Hypotheken-Schuldner und Gläubiger bei Eintreten von Meinungsverschiedenheiten und Zahlungsschwierigkeiten auf Anruf jeder Partei. Von großer Bedeutung für die Schutzbank ist der Umstand, daß für sie I. und II. Hypotheken als Tilgungshypotheken gegeben werden müssen, wobei die Tilgung der Nachhypothek rascher vor sich gehen muß, als die der Vorhypothek, was dadurch erreicht wird, daß für II. Hypotheken ein höherer Tilgungssatz gewählt wird, als für I. Hypotheken.

Der Ausbau dieser erst ins Leben gerufenen Hypothekenschutzbanken sollte mit aller Energie betrieben werden, da durch ihre Einrichtung die Frage der II. Hypothek, die für den Hausbau von so unendlicher Wichtigkeit ist, eine gelungene Lösung erhält, deren Folgen zur Gesundung unseres Haus- und Grundbesitzes und somit auch zur Hebung des Realkredites und des damit verwachsenen notleidenden Baukredites in ansehnlicher Form mitwirken werden.

3. Gründung von Instituten für II. Hypotheken.

Dr. Matthias hat im Bankarchiv unter dem 1. Oktober 1915 einen Aufsatz: „Die Staatshilfe bei II. Hypotheken" veröffentlicht, in dem er den Plan ausführt, im Reiche nach dem Kriege eine Zentralstelle zu schaffen, die II. Hypotheken begeben soll, eine A.-G. oder G. m. b. H., also ein privatrechtliches Institut mit starkem Einschlag des öffentlichen Vertrauens.[14])

Diese Gesellschaft soll mit einem Kapital von 100—200 Millionen Mark gegründet werden, die vom Reiche, Einzelstaat, Kommunen, Hypothekenbanken, private Versicherungsgesellschaften und anderen organisierten Interessenten am erststelligen Kredit aufzubringen sind, welche sämtliche einen großen Wert darauf legen müssen, daß eine gute II. Hypothek hinter ihrer I. Hypothek steht. Diese Zentralstelle für II. Hypotheken würde bis zu einer gewissen Höhe der beliehenen II. Hypotheken verzinsliche Hypothekenscheine ausgeben; es bleibt nur dahingestellt, ob die bisherigen Besitzer II. Hypotheken geneigt sind, ihre Hypothekenbriefe gegen diese Zentralschuldscheine einzutauschen. Eine Lösung der Frage der II. Hypothek durch Gründung einer Zentralstelle im Reiche verspricht nach menschlicher Voraussicht allen Erfolg, nach-

[13]) Humar, Selbsthilfe des Hausbes. S. 9.
[14]) Luther, Wohnungs- u. Siedlungspolitik nach dem Kriege S. 12.

dem die Not in allen Bundesstaaten gleichmäßig groß und die Art der Abhilfe keine Verschiedenheit erfordert. Eine zentrale Regelung hat ebenfalls noch den Vorteil, den Realkreditmarkt unter einem einheitlichen Gesichtspunkt jederzeit betrachten zu können.

Eine andere Lösung der Frage der II. Hypothek ist die der Dezentralisation der Beleihungsinstitute. Gemeinden großer Städte gründen unter Beisteuerung von Privaten eigene Kassen für II. Hypothekenkapital; so hat z. B. Augsburg am 14. Mai 1914 eine städtische Beleihungsanstalt für II. Hypotheken gegründet und derselben für die Anlage in II. Hypotheken einen Betrag von ½ Million aus verfügbaren Beständen der städtischen Sparkasse zugeführt. Gemeinden, die solche Anstalten gründen, werden höchstwahrscheinlich verzinsliche Schuldscheine (Stadtscheine), die durch die ausgegebenen II. Hypotheken gedeckt sind, verausgaben; diese Maßnahme ist von verschiedener Seite des öfteren angeregt worden. Ich glaube jedoch, diesen Anregungen entgegenhalten zu müssen, daß diese Stadtscheine einen niederen Kurs zu befürchten haben und daß Gefahr besteht, daß andere von der Stadt ausgegebene Schuldscheine hiedurch gleichfalls entwertet werden.

4. Erhöhter Ausbau der Verbindung von Hypothek mit Lebensversicherung.

Der Frage der Heranziehung der Lebensversicherung zur Tilgung von Hypotheken sind verschiedene Bankinstitute (z. B. Münchener Hypotheken- und Wechselbank, Landesversicherungsanstalt Stuttgart usw.) nähergetreten, um ihren Darlehensnehmern die Möglichkeit zu geben, ihre Darlehen in Form der Lebensversicherung zu tilgen. Wenn z. B.: ein Kreditaufnehmer von einer Bank eine I. Hypothek für einen Neubau in Höhe von 100 000 ℳ erhält, so läßt er sich für diesen Betrag bei einer privaten Versicherungsgesellschaft in die Versicherung aufnehmen, zahlt sodann an Stelle der Tilgungsrate an die Bank die Versicherungsprämie, die den Betrag an die Versicherungsgesellschaft weitergibt; die Versicherungssumme von 100 000 ℳ verpfändet der Darlehensnehmer der Bank. (Die Landesversicherungsanstalt Württemberg hat mit 9 privaten Versicherungs-Unternehmungen im Reiche Vereinbarung über die Verbindung der Darlehenstilgung mit der Lebensversicherung getroffen.) Die Hypotheken in Form von Lebensversicherungen hat für den Darlehensnehmer den Vorteil, daß im Falle seines derzeitigen Ablebens seine Nachfolger nicht in Zahlungsschwierigkeit kommen, da ihnen die Versicherungssumme zur Heimzahlung der Hypothek ohne weiteres zur Verfügung steht. Obwohl von seiten der Versicherungsgesellschaften reichliche Propaganda für dieses Verfahren gemacht wird, hat es sich bisher noch nicht in großem Maßstab eingeführt, trotzdem das System für einen Darlehensnehmer von großem Vorteil ist und sich auch für Sicherung von durch Private gegebenen Hypotheken eignet.

5. Heranziehung des Privatkapitals.

Nachdem durch den Ausgang des Krieges der Staat gewaltige Schulden gegenüber dem Ausland und seinen eigenen Bürgern hat, deren er sich kaum erwehren kann, so wird auf staatliche tatkräftige Kapitalzuführung an den Wohnungsbau auf Jahre nicht zu rechnen sein; an dieser Stelle muß das Privatkapital mehr denn je helfend einspringen und durch Stiftungen, Schenkungen und dgl. des gemeinnützigen Kleinhausbaues gedenken.[15]) Nachdem diese Art des Wohnungsbaues hauptsächlich für die minderbemittelte Bevölkerung geschaffen wird, so müssen hiezu vorhandene Geldquellen, wie: Sparkassen, Versicherungsgesellschaften, Landesversicherungsanstalten, Berufsgenossenschaften und Krankenkassen, die vom Spar- und Versicherungsgroschen des kleinen Mannes und des kleinen Mittelstandes gespeist werden, in weit größerem Maße wie bisher diesem Zwecke dienlich gemacht werden, wodurch bedeutende Mittel flüssig gemacht werden können.

6. Verbilligung des Bauens und rationelles Arbeiten.

Die gewaltigen Preise für Baumaterialien und die hohen Arbeitslöhne, die die Erstellung eines Hauses endlos verteuern, bedingen Baukredite, die für die meisten Menschen unerschwinglich und unerhältlich sind und eine Rentabilität des Hauses von vorneherein gefährden. Es muß daher auf billiges Baumaterial zurückgegriffen werden, wie es früher bei uns kaum verwandt wurde, die Ausmaße der Konstruktion von Mauern, Decken, Dachstühlen usw. müssen auf ein geringstes, statisch zuläßiges Maß verringert werden, um teueres Baumaterial einzusparen. Einzelne Teile der Gebäude, wie Türen, Fenster und dgl., müssen typisiert werden, wodurch eine Verbilligung durch die Massenherstellung entsteht; auch von einer Normalisierung und Typisierung der Häuser (besonders Kleinhäuser) in ihrer äußeren Erscheinung kann, um den Bau zu verbilligen, nicht Abstand genommen werden.

Aber nicht nur mit dem Baumaterial, auch mit Menschen muß gespart werden; dies wird dadurch erreicht, daß man die menschliche Kraft nach Möglichkeit durch Maschinenkraft ersetzt;[16]) — Anrichten aller Art von Baumaschinen, wie sie der Amerikaner Gilbreth vorschlägt —, ferner muß eine Leitung auf einer Baustelle bestehen, die nach dem System von Taylor Ökonomie der menschlichen Arbeitskraft zu treiben versucht, indem sie die Arbeit nach wissenschaftlichen Grundsätzen zwecks möglichst größter Ausnützung der Arbeitskraft zu organisieren bestrebt ist. Leider kämpft unsere Arbeiterschaft in Verkennung der Vorteile dieses Systems nach Kräften gegen seine Einführung. In den Vereinigten Staaten von Nordamerika aber hat sich das Taylor-System voll bewährt.

---

[15]) Baelz, Wie bauen wir heute billige Kleinhäuser S. 41.
[16]) Wagner, Neue Bewirtschaftung S. 40.

Schluß.

Bekämpfung der Kreditnot und Vorbereitung von Krediterleichterungen aller Art für kommende, normale Bautätigkeit.

Der über 4 Jahre wütende Weltkrieg und vollends dessen Ausgang, die vielen mitgemachten Strapazen und Entbehrungen, die Teuerung und Not an Nahrungsmitteln, die durch unsere verfehlte Finanzpolitik erreichte Entwertung unseres Geldes — all diese Umstände haben in vielen unserer Mitmenschen ein Gefühl der Unzufriedenheit und Abscheu vor der Arbeit erzeugt und sie trachten danach, durch Kommunisierung ein Paradies zu schaffen. — Inwieweit Kommunisierung zweckmäßig und berechtigt ist, und wie weit sie zur Durchführung kommen wird, tut für diese Ausführungen nichts zur Sache, jedenfalls ist sicher, daß nur angestrengte Arbeit und Schaffensfreude trotz der derzeit scheinbar unüberbrückbaren Schwierigkeiten, uns wieder in die Höhe und zu Macht kommen lassen wird. Nur dadurch wird der stetig zunehmenden Entwertung unseres Geldes ein Einhalt geschaffen, die durch die dauernden Streiks und Unruhen noch vermehrt wird, daß bei den Volksgenossen die Erkenntnis aufdämmert, daß es allein die Arbeit ist, die uns wieder hoch bringt, die unsere Valuta hebt und unser Ansehen im Ausland wiederum kräftigen muß. Nachdem der Wohnungsbau eines der Hauptprobleme unserer Volkswirtschaft geworden ist, so müssen wir alle Kraft zusammennehmen, um in der nun folgenden schweren Zeit für billiges und zweckmäßiges Arbeiten, unter gegenseitigem Einverständnis zwischen Arbeitnehmer und Arbeitgeber, unter Aufbietung aller kreditfördernden Mittel, Kapital zum Bauen beizuschaffen, um wenigstens das Allernotwendigste im Wohnungsbau zu bewerkstelligen. Mit Hinaufgehen unserer Valuta, was wir mit mehr oder weniger Unterstützung von seiten unserer ehemaligen Feinde erreichen werden, wird auch ein Abbau der Lebensmittel-, Baumaterialpreise und dgl., sowie der Arbeitslöhne eintreten, der uns die Möglichkeit geben wird, dem gewaltigen Wohnungsbau-Programm auf den Leib zu rücken.

Die Zwischenzeit sollen wir benützen, alle möglichen öffentlichen und privaten Maßnahmen für Krediterleichterung sogleich zur Einführung zu bringen, um die für den Baumarkt so schwierige Übergangszeit zu lindern und nach Eintritt normaler Verhältnisse mit voller Kraft das früher im Wohnungsbau Versäumte nachholen zu können.

R1a. **Anlage Nr. 1.**

Schätzung eines Wohn- und Geschäftshauses im Zentrum von München.

Baubeschrieb, Baukosten- und Rentabilitätsberechnung.

A. Grundfläche: (Bauplatz, unter Berücksichtiguug der künftigen Baulinie) bestehend in Plan-Nr. 607 und 608 aus ca. 755,— qm = 22,20 Dezimalen = 8880 Quadratfuß, pro Quadratfuß Mk. 2.60 = (Selbstkosten) . . . . 230 000.— Mk.

Summa A = 230 000.— Mk.

B. überbaute Flächen (Geschlossenes Bausystem):

a) Vordergebäude mit Flügelbau (Geschäfts- und Wohnhaus): 15,60 m bzw. 12,10 m hoch, vollständig unterkellert, mit Erdgeschoß, I., II., III. Stock und Dachgeschoß, enthält:

im Keller: Lagerräume mit einem Klosett mit Toilette, einen Packraum mit Warenaufzug zum Erdgeschoß und I. Stock; eine Zentralheizungsanlage, die Etagentreppe mit eingebautem Klosett mit Toilette;

im Erdgeschoß: einen Verkaufsraum mit Büro, Klosett mit Toilette und anschließendem Lagerraum mit Verbindungstreppe I. Stock, und den Hauseingang (Durchgang);

im I. Stock: einen Verkaufsraum mit Büro, Klosett und Toilette und anschließendem Lagerraum in Verbindung mit dem Erdgeschoß;

im II. und III. Stock: je eine Wohnung mit 5 Zimmer, Küche, Speise, Holzlege, Magdkammer, Bad, 2 Garderoben, Vorplatz und Klosett; je eine Wohnung mit 3 Zimmer, Küche, Gang und Klosett;

im Dachgeschoß: eine Wohnung mit 5 Zimmer, Küche, Magdkammer, Garderobe, Vorplatz und Klosett; eine Waschküche mit anschließendem Klosett und den Zugang zur Waschaufhänge auf dem Flügelbau;

über dem Kehlgebälke: einen Trockenspeicher und Abteilungen aus Lattenverschlägen zu den Wohnungen.

Die Ausführung, im Sinne moderner Geschäfts- und Wohnhäuser, ist wie folgt gedacht:

Böden im Souterrain — Betonböden, in den Stockwerken — Linoleumböden auf durchwegs Hohlsteindecken; Zentralheizung im Souterrain, Erdgeschoß und I. Stock, sonst Ofenheizung; elektr. Licht in allen Räumen, elektr. Läutvorrichtungen an den Wohnungseingangstüren und in den Zimmern der Wohnungen; Entstaubungsanschlüsse in allen Etagen; Türen — Füllungstüren mit Futter und Verkleidung, teils in Fichten, teils in Eichenholz, auch feuersichere Türen; Fenster mit Winterfenster, und zum Teil mit Frischluftverschlüssen; Wände der Geschäftsräume in Ton, Decken — weiß; in den Wohnungen zum Teil tapeziert und mit Hohlkehlen, zum Teil schabloniert, Decken dortselbst weiß mit leichter Stukkierung; Küchen haben Kochherde, Kochgas und Balkone;

Stiegenhaus hat direktes Licht, eichene Treppe mit ebensolchem Geländer, Podeste mit Eichenriemenböden, auf Hohlsteindecken, Wandsockel mit Plättchenverkleidung; Hauseingang in geschmackvoller Ausführung mit Plättchensockel und Plättchenboden;

Dach, ein Mansarddach, ist mit Biberschwänzen auf Schalung und Dachpappe gedeckt. Über dem Dache des Flügelbaues befindet sich eine Waschaufhänge in Eisen und Holzkonstruktion.

Fassade im Renaissancestil, bis zum II. Stock einschließlich Erker in Kunststein, Trottoir und Hoffläche asphaltiert, lfd. Wasser in allen Etagen; Bäder haben Gasbadeöfen, Plättchensockel und Plättchenböden, Aborte — Klosett und Toiletten, Böden und Sockel mit Plättchenbelag, Anwesen ist vorschriftsmäßig kanalisiert und entspricht den feuerpolizeilichen Auflagen.

Der umbaute Raum beträgt:

ca. 7760 cbm à 29.— Mk. . . . . 225 040.— Mk.

Übertrag: 225 040.— Mk.

Übertrag: 225 040.— Mk.

b) Rückgebäude (Geschäfts- und Wohngebäude) 9,10 m hoch, vollständig unterkellert, mit Erdgeschoß, I. und II. Stock, enthält:
im Keller: einen Lagerraum, die Etagentreppe mit eingebautem Klosett mit Toilette;
im Erdgeschoß: einen Lagerraum und den Hauseingang;
im I. Stock: eine Werkstätte mit Klosett mit Toilette;
im II. Stock: eine Wohnung mit 3 Zimmer, Küche, Speise, Kammer, Vorplatz und Klosett.

Die Ausführung ist ähnlich der des Vordergebäudes, jedoch einfacher.

Der umbaute Raum beträgt:
ca. 1465 cbm à 24.— Mk. . . . . 35 160.— Mk.

c) Hofunterkellerung: enthält den Kohlenraum zur Zentralheizung im Vordergebäude, Abteilungen aus Lattenverschlägen zu den Wohnungen und einen Lagerraum in Verbindung mit dem im Flügelbau.

Die Ausführung ist den anschließenden Räumen angepaßt. Die Decke in Eisenbeton mit Isolierung hat Asphaltbelag als Hofpflaster.

Der umbaute Raum beträgt:
ca. 740 cbm à 18.— Mk. . . . . 13 320.— Mk.

Summa: 273 520.— Mk.
Hiezu: Zinsenverlust (auf 1/2 Jahr zu 5 %) = rund . 10 000.— Mk.
Summa B = 283 520.— Mk.
Summa A + B = (230 000.— Mk. + 283 520.— Mk.) = 513 520.— Mk.

C. Rente (ohne Heizung):

a) Vordergebäude mit Flügelbau:	
Keller: Lagerräume ca. 270 qm à 8.— Mk. . . .	2 160.— Mk.
Erdgeschoß: Laden ca. 190 qm à 60.— Mk. . . .	11 400.— „
Lager ca. 80 qm à 20.— Mk.	1 600.— „
I. Stock: Geschäftsräume ca. 230 qm à 20.— Mk. .	4 600.— „
Lager ca. 80 qm à 15.— Mk.	1 200.— „
II. Stock: Wohnung mit 5 Zimmer und Zubehör .	1 900.— „
„ „ 3 „ „ „	800.— „
III. Stock: Wohnung mit 5 Zimmer und Zubehör	1 800.— „
„ „ 3 „ „ „	700.— „
IV. Stock: Wohnung mit 5 Zimmer und Zubehör	1 700.— „
b) Rückgebäude:	
Keller: Lagerraum ca. 110 qm à 6.— Mk. . . .	660.— „
Erdgeschoß: Lagerraum ca. 110 qm à 15.— Mk. . .	1 650.— „
I. Stock: Werkstätte ca. 80 qm à 12.—	960.— „
II. Stock: Wohnung mit 3 Zimmer und Zubehör .	600.— „
c) Hofunterkellerung:	
Lagerraum mit ca. 110 qm à 5.—	550.— „
Die Bruttorente beträgt	32 280.— Mk.
Hievon ab: 18 % für Unterhalt usw. rund	5 800.— Mk.
Verbleibt **Nettorente**	26 480.— Mk.
Diese entspricht einem Kapitale zu 4 1/2 % von rund	588 000.— Mk.
Hiezu Summe A + B	513 520.— Mk.
	1 101 520.— Mk.
Mittlerer Schätzungswert 1 101 520 : 2 = ...	550 760.— Mk.

Die Bank gibt auf Grund des obigen mittleren Schätzungswertes bis zu 50 % desselben Beleihung = 275 380.— Mk.

Unterschrift.

Lu/Ra. Nr. 607. **Anlage Nr. 2.**

Schätzung eines Anwesens in einem Villenviertel in München.

Es ergeben sich nachstehende Werte:

A. Grundfläche (Eckplatz), bestehend in Plan-Nr. 228 1/16 zu 2005 qm = 60 Dezimalen = 24000 Quadratfuß à 3.30 Mk. . . . . . . 79200.— Mk.

A. Grundfläche Summa: 79200.— Mk.

B. Überbaute Fläche. Offenes Bausystem.

Familienhaus, freistehend, bis Hauptgesims 9 m hoch, zum größten Teil unterkellert, mit Erdgeschoß, Obergeschoß und ausgebautem Dachgeschoß, enthält im Kellergeschoß: Zentralheizung mit Kohlenraum, Vorratsraum, Speisekammer, 2 Schrankräume und Klosett.

Im Erdgeschoß: Eingang mit Garderobe und Klosett, Wohndiele mit Haupttreppe, Treppe zum Keller, Dienerschaftstreppe, Küche mit Anrichteraum und Speise, sodann Herrenzimmer, großes Musikzimmer, Wohnzimmer, Speisezimmer und große Glasveranda.

Im Obergeschoß: 3 Schlafzimmer mit durchgehendem Balkon, Kinderzimmer, 2 schön ausgestattete Bäder, 1 Fremdenzimmer, Treppe zum Dachgeschoß, große Terasse und 2 Klosetts.

Im Dachgeschoß: 3 Zimmer, Waschküche und Bügelraum, Mädchenzimmer, Klosett und Speicherraum. Die Ausstattung entspricht einem herrschaftlichen Einfamilienhause. Die Fußböden im Erdgeschoß sind durchgehendes Parkett, nur Eingang und Garderobe haben Plattenbelag, die Glasveranda Terazzoboden. Die Fußböden im Obergeschoß sind alle mit Linoleum belegt. Die Decken sind alle mit teils einfachen, teils reicher gegliederten Stuckhohlkehlen versehen. Die Türen sind aus Fichtenholz nach verschiedenen Zeichnungen ausgeführt und meist weiß gestrichen.

Die Fenster haben Winterfenster (System Wagner) und sind mit Klappläden, teilweise mit Rolläden versehen.

Die Wände sind tapeziert.

Zentralheizung ist im ganzen Hause vorhanden. Die Heizkörper stehen zum Teil frei, zum Teil sind sie mit Marmor oder Holz verkleidet, oder mit Messingbehängen versehen.

Alle Räume sind elektrisch beleuchtet.

Eine Warmwasserbereitung versorgt Küche, Bäder und Waschtische. Die Küche hat entsprechenden Kochherd, Plattenboden und teilweise Wandverplättelung, Feuertonspültisch und eingebaute Wandschränke.

Gasleitung für Küche und Bügelraum sind vorhanden, ebenfalls elektrisches Läutwerk für die Zimmer.

Die Treppen, direkt beleuchtet, sind aus Eichenholz mit ebensolchem Geländer und Podesten.

Das Dach ist ein Mansarddach und mit Biberschwänzen auf Schalung gedeckt.

Die Außenfronten sind im modernen Putzstil geschmackvoll ausgeführt und mit Erkerausbauten, durchgehendem Balkon mit Ziergitter im Obergeschoß und Fensterläden versehen.

Das Trottoir ist mit Klinkerplatten gepflastert. Laufendes Wasser ist vorhanden. Das Anwesen ist vorschriftsmäßig kanalisiert.

C. Baukosten.

Das Gebäude umfaßt 300 qm überbaute Fläche und 3720 cbm umbauten Raum (Preis den letzten Friedensjahren entsprechend), pro cbm 35.— Mk., rund . .	130 200.—	Mk.
Einfriedung mit Betonsockel, Pfeilern und Toren usw. Dazwischen Holzgitter 92,5 lfd. m, pro m 40.— Mk., rd.	3 700.—	„
Grenzmauer 92,5 lfd. m, pro m 26.— Mk., rund . .	2 400.—	„
Ausgestaltung des Gartens	3 000.—	„
Pflasterung des Trottoirs mit Klinkerplatten auf Betonunterlage ca. 280 qm, pro qm 9,50 Mk., rund . .	2 660.—	„
B. Baukosten Summa rund:	142 000.—	Mk.

D. Rente inkl. Heizung:

Das Gebäude enthält im ganzen 12 Wohnräume nebst allen Nebenräumen, große Glasveranda, Terrasse, Balkone usw. und ist von einem großen, schön angelegten Ziergarten umgeben.

Bruttorente	8 500.—	Mk.
Hievon ab für Heizung, Abgaben usw. 25 %	2 125.—	„
Bleibt Nettorente	6 375.—	Mk.
Diese entspricht zu 4 1/2 % einem Kapital von rund . .	141 800.—	Mk.
Hierzu Summe A und B .	221 200.—	„
Gesamtsumme. . . .	363 000.—	Mk.
Der mittlere Schätzungswert beträgt rund	180 000.—	Mk.

Ich begutachte 50% Beleihung, das sind rund 90 000 Mk., und erkläre, daß bei dieser Beleihung nach meiner gewissenhaft erwogenen Überzeugung die Gefahr eines Verlustes ausgeschlossen ist.

Bemerkung: Das Anwesen liegt in einem der feinsten Villenquartiere und wird in Zukunft an Wert noch gewinnen. Der bauliche Zustand ist ein sehr guter

München, den 15 Januar 1919.

Unterschrift.

Anlage Nr. 3.

Residenzstadt Stuttgart.

Gebäude-Schätzungs-Urkunde
mit Bauratenberechnung für Privatzwecke.

Der Unterzeichnete hat auf das Verlangen der *Eigentümerin* den voraussichtlichen Wert, den das von *der Immobilienverwertungsgesellschaft O. B., G. m. b. H.*, an der *R.*-Straße Nr. *203* auf Parz. Nr. *6736 und 6737* in *Stuttgart* neu zu erbauende Anwesen nach gänzlicher Fertigstellung haben wird, auf Grund vorgelegter Baueingabepläne und genommenen Augenscheins an Ort und Stelle, annähernd ermittelt.

Dasselbe besteht in:

a) Einem 1 a 92 qm grossen, 3 stöckigen Wohnhaus von Stein (Teil eines dreifachen Gebäudes) mit einem Sattel bzw. Walmendach mit Ziegeln eingedeckt; an der Vorderseite mit 2 Querhausaufbauten und mit einem 0,5 qm grossen, zweistöckigen Zimmerveranda-Anbau mit Balkon darüber; an der Rückseite mit einem Quergiebel und mit einer dreistöckigen 0,7 qm grossen, offenen, eisernen Küchenveranda mit Balkon darüber.

Dasselbe hat mit Nr. 201 gemeinschaftliche Brandscheidemauer und enthält:

in dem Souterrain:

1 geträmten Keller mit 4 Abteilungen, 1 Waschküche, 1 Kesselraum für die Zentralheizung, 1 Kohlenraum, 4 Holzlegen, 1 Abtritt,

im Erdgeschoss, I. und II. Stock:

je 5 heizbare Zimmer, 1 Badezimmer, 1 Zimmerveranda, 1 Küche, 1 Küchenveranda, 1 Speiskammer, 1 Abtritt,

im Dachstock:

2 heizbare Mansardenzimmer, 1 Zimmerveranda, 1 Küche, 1 Speiskammer, 1 Bügelzimmer, 4 begipste Kammern, 2 Abtritte,

darüber:

4 gewöhnliche Kammern und 1 Trockenboden.

b) 1 a 55 qm Hofraum.

Der Wert des Anwesens nach gänzlicher Fertigstellung desselben wird voraussichtlich betragen:

vom Verbrennbaren	inkl. Gas- und Wasserleitungs-Einrichtung „ elektr. Beleuchtungs-Einrichtung „ *3* Bade-Einrichtungen „ Bauleitung und Architektenhonorar „ Zentralheizung „ Wasserklosetts	Mk. *56 000.—*

Übertrag Mk. *56 000.—*

vom Unverbrennbaren, Keller und Fundamentgemäuer *inkl. Kläranlage* . . . . Mk. *9 000.—*

vom Bauplatz samt Hofraum im Meßgehalt von ca. *3* a *59* qm „ *20 000.—*

vom Garten oder Bauplatz im Meßgehalt von ca. … a … qm „ ……

Mk. *85 000.—*

(Fünf und Achtzig Tausend Mark.)

Berechnet

Stuttgart, den *31ten Mai* 1912.

N. N.

Kgl. Hofwerkmeister,

Sachverständiger der gemeinderätl. Liegenschafts-Schätzungs-Kommission und Obmann der Gebäudebrandversicherungs-Schätzungs-Kommission für den Stadtdirektionsbezirk Stuttgart.

Bauratenberechnung:

An dem Gebäude ist ……………………………………

……………………………………………………………

……………………………………………………………

und es beträgt der gegenwärtige Wert desselben (ohne Bauplatz) Mk. ……

Der fortschreitende Wert des Gebäudes während der Ausführung desselben wird betragen (ohne Bauplatz):

1. wenn die Sockelebene hergestellt und das Gebälk über dem Souterrain eingelegt ist . . . . . . Mk. *7 000.—* ……
2. wenn die Umfassungswände des Erdgeschosses aufgeführt sind und das Gebälk darüber liegt . . . Mk. *11 500 —* ……
3. wenn die Umfassungswände des I. Stocks aufgeführt sind und das Gebälk darüber liegt . . . . Mk. *16 000.—* ……
4. wenn die Umfassungswände des II. Stocks aufgeführt sind und das Gebälk darüber liegt . . . . Mk. *20 500.—* ……
5. wenn die Umfassungswände des III. Stocks aufgeführt sind und das Gebälk darüber liegt . . . . Mk. ……
6. wenn die Umfassungswände des IV. Stocks aufgeführt sind und das Gebälk darüber liegt . . . . Mk. ……
7. wenn das Gebäude unter Dach, vollständig eingedeckt und im Rohbau zum Begipsen fertig ist . . Mk. *37 000.—* ……
8. wenn die Gipserarbeit (ohne das Zuputzen) fertig ist, die Treppe und Türfutter eingesetzt sind . . Mk. *44 000.—* ……
9. wenn die sämtlichen tannenen Böden und die Endfriese für die eichenen Böden liegen, wenn die Unterlagen für die Linoleumbeläge hergestellt und wenn Fenster und Türen eingesetzt bzw. angeschlagen, auch die Plafonds gemalt sind Mk. *55 000.—* ……
10. wenn die Parkettböden bzw. Linoleumböden und Plättchenböden gelegt sind und sämtliche Feuerungseinrichtungen samt Rauchröhren sitzen . . . . . . Mk. *63 000.—* ……
11. Wenn das Gebäude zum beziehen fertig ist „ *65 000.—*

z. B.:

N. N.

Kgl. Hofwerkmeister.

Anlage Nr. 4.

Darlehens-Vertrag.

Zwischen der **Württembergischen Vereinsbank** in Stuttgart und Herrn B. ist heute folgender Darlehens-Vertrag abgeschlossen worden:

1. Die Württembergische Vereinsbank gewährt dem Herrn B. behufs Erstellung eines 4 bzw. 5stöckigen Wohn- und Geschäftshauses auf Pl.-Nr. 7708/3 an der Rosenbergstraße hier ein Darlehen von 50% des amtlichen Schätzungswertes der aufgestellten Zubehörden.

2. Herr B. verpflichtet sich, für obiges Darlehen die erste Hypothek eintragen zu lassen auf: 20 a 89 qm Platz an der Rosenbergstraße hier, Pl.-Nr. 7708/3.

Das Darlehen gelangt nach ordnungsmäßig erfolgtem Eintrag der Hypothek nach Fortschreiten des Neubaues zur Auszahlung. Für die Berechnung der Bauraten ist die provisorische Schätzung des Werkmeisters B. hier am 15. September 1909 maßgebend.

Während der Bauzeit sind an Zinsen zu entrichten der jeweilige Reichsbankdiskontsatz, mindest aber 5%, sowie 1/4% Provision per drei Monate aus den jeweils erhobenen Beträgen.

Herr B. wird die Eintragung einer Sicherungshypothek im Betrag von Mk. 180000.— an erster Stelle auf dem bezeichneten Grundstücke zugunsten der Württembergischen Vereinsbank bewilligen.

Nach Fertigstellung des Anwesens und erfolgter amtlicher Schätzung ist die Höhe des Darlehens nach Ziff. 1 gegenwärtigen Vertrags definitiv festzusetzen und wird alsdann Herr B. die Umwandlung der Sicherungs-Hypothek in eine Briefhypothek zugunsten der Württembergischen Vereinsbank bewilligen und beantragen. Als Darlehensbedingungen gelten nachstehende mit Herrn B. vereinbarte Bestimmungen:

3. Herr B. verpflichtet sich, das Darlehen vom Tag der Abrechnung an 4 1/4% pro Jahr zu verzinsen und innerhalb 30 Jahren mittelst einer gleichmäßigen Jahresrente, zurückzuzahlen. Die Rate ist halbjährlich zu entrichten.

Das Anwesen ist, wenn im Rohbau fertig, provisorisch zur Brandversicherung anzumelden und daß dies geschehen ist, der Württembergischen Vereinsbank nachzuweisen. — Bezüglich guter und solider Bauart unterwirft sich Herr B. dem Gutachten eines an der Württembergischen Vereinsbank zu bezeichnenden Sachverständigen, dessen etwaigen Anordnungen Herr B. Folge zu leisten hat. Hierdurch entstehende Kosten fallen dann Herrn B. zur Last.

Die Gläubigerin kann von den Fällen Ziff. 9 der Bedingungen für hypothekarische Darlehen (siehe unten S. 4 abgesehen) das Darlehen nicht kündigen, dagegen ist der Schuldner berechtigt, nach Ablauf von 10 Jahren, vom Tag der Abrechnung an gerechnet nach dreimonatlicher Aufkündigung neben der oben bestimmten Jahresrente auf deren Verfalltermin die ganze noch rückständige

Forderung zu bezahlen, oder Abschlagszahlungen im Betrage von mindestens einer Jahresrente zu leisten.

Unterbricht der Schuldner nach Ablauf von 10 Jahren die regelmäßigen Zahlungen durch Rückzahlung des ganzen noch rückständigen Kapitals oder durch Abschlagszahlungen, so wird mit ihm auf Grund der ausgerechneten Rententabelle abgerechnet.

Wurde bloß eine Abschlagszahlung geleistet, so bleibt der Schuldner gleichwohl zu der bisherigen jährlichen Leistung verbunden, wenn nicht eine neue Annuität durch Vereinbarung bestimmt wird.

4. Bezüglich der übrigen Bedingungen sind die auf S. 4 abgedruckten Bestimmungen für hypothekarische Anlehen maßgebend, mit welchem Herr B. sich einverstanden erklärt.

5. Die Ehefrau des Herrn hat sich für die ganze Schuld nebst Zinsen und Kosten solidarisch haftbar zu machen.

6. Herr B. hat an die Württembergische Vereinsbank eine einmalige Abschlußprovision von 1 % der Darlehenssumme zu entrichten, welche bei Auszahlung des Darlehens in Abzug gebracht wird.

7. Im Falle Herr B. von vorstehendem Vertrag rücktreten sollte, verpflichte sich derselbe der Württembergischen Vereinsbank eine Rücktrittsprovision von 2 % der Summe von 180 000 Mk. zu zahlen.

Vorstehenden Darlehensvertrag anerkennen

Stuttgart, den 6. Dezember 1909.

Württembergische Vereinsbank.	**Der Darlehensempfänger.**
t.	t.

Anlage Nr. 4 a.

.............................., den .... 10........

An die

Bank für Handel und Industrie

Berlin W.

.... Unterzeichnete...

....

beantrag..... bei Ihnen hiermit, ... ein hypothekarisches Darlehen in Höhe von Mk. .... per .... zu gewähren.

Zur Sicherung dieses Darlehens wird .... auf .... gehörenden Grundstücke

....

eingetragen im Grundbuche des Amtsgerichts.. Band.......... Blatt.......... folgende Hypotheken — zur ersten Stelle — mit dem Range nach Mk. .... für Sie bestellen,

I. eine Darlehenshypothek

a) zur Ablösung der in Abteilung III Nr. .... eingetragenen Post .... in Höhe von . . . Mk. ....

b) zur Deckung der Ansprüche der Gläubigerin auf Zinsen, Provisionen, Taxgebühren, Gerichts-, Notariatskosten im Pauschalbetrage, sowie zur Deckung sonstiger Schuldverbindlichkeiten . . . . Mk. ....

Summa Mk. ....

II. eine Baugeldhypothek in Höhe von . . . . Mk. ....

....

Die Belastung des Grundstücks ist folgende:

Abt. II No. ....

....

....

Abt. III No. ....

....

....

Von vorstehenden Eintragungen werden

gelöscht No. ....

....

Ihrer Hypothek den Vorrang einräumen No. ....

.... verpflichte.... ...., das Kapital von Mk. .... am ....

ohne Kündigungsfrist zurückzuzahlen und dasselbe bis zum .... mit ....

über dem jeweiligen Reichsbankdiskont, ...

....

mindestens aber mit ....% auf das Jahr zu verzinsen und die Zinsen quartaliter vorauszuzahlen. Da im Grundbuche nur ein fester Zinssatz eingetragen werden darf, gelangen ohne Rücksicht auf etwa eintretende Erhöhung oder Ermäßigung ....% zur Eintragung. Die vertragsmäßige Verpflichtung zur Zahlung eines höheren Zinssatzes bei entsprechender Steigerung des Reichsbank-Diskontsatzes bzw. Ultimogeldsatzes, bleibt dessenungeachtet bestehen. Für die Gewährung des Darlehens zahl..... ...., auch wenn dasselbe aus irgendeinem Grunde gar nicht oder teilweise in Anspruch genommen werden sollte, eine Abschlußprovision von Mk. ....; diese Provision ist bei Genehmigung des vorliegenden Antrages, falls dieselbe innerhalb 3 Wochen von heute ab erfolgt, fällig. Wird das Darlehen nicht pünktlich am .... zurückgezahlt, so ist für jedes angefangene oder volle Vierteljahr, um welches sich die Rückzahlung verzögert, eine neue Provision von $^1/_2$% von der Darlehensvaluta zu zahlen. An Taxgebühren zahl..... Mk. .... und falls die Anzahl der Gutachten mehr als 12 beträgt, für jedes weitere eine Gebühr von Mk. .... Zur Deckung der Notariats-, Gerichts- und Stempelkosten hab.......... einen Pauschalbetrag von Mk. .... zu zahlen; reicht der Pauschalbetrag zur Deckung der Kosten nicht aus, so ist der Fehlbetrag nachzuzahlen; andererseits ist die Bank verpflichtet, den nicht verbrauchten Teil des Pauschalbetrages nach Rückzahlung des Kapitals zurück zu erstatten.

....

....

Die Bank ist erst verpflichtet, das Darlehen zur Auszahlung zu bringen, nachdem die Hypotheken mit dem vereinbarten Range im Grundbuche eingetragen und die zu erteilenden Hypothekenbriefe der Bank ausgehändigt sind. Sollten in Abt. II des Grundbuches Lasten eingetragen stehen, so .... verpflichtet, auf Ihr Verlangen und in der von Ihnen gewünschten Höhe Sicherheit für Sie zu bestellen. Der Grundstückseigentümer .... wird sich in notarieller Urkunde der sofortigen Zwangsvollstreckung in das Grundstück und in .... sonstiges Vermögen mit der Maßgabe unterwerfen, daß die sofortige Zwangsvollstreckung gegen den jeweiligen Grundstückseigentümer zulässig sein soll, und die Eintragung dieser Klausel in das Grundbuch zu bewilligen.

Die Auszahlung der zur Ablösung bestimmten Beträge erfolgt nach Maßgabe der von Ihren Sachverständigen aufzunehmenden Taxen und nur dann, wenn die abzulösenden Hypotheken einschließlich etwa vorhaftender Beträge 60% des durch Ihre Taxen festgestellten Wertes nicht übersteigen.

Baugeld.

Das Grundstück hat einen Flächeninhalt von .... qm, was .... durch Einreichung eines amtlichen Situationsplanes bis zum .... nachweisen werde....

Das Grundstück soll nach den beiliegenden Bauzeichnungen mit ....

....

bebaut werden. Die Übereinstimmung dieser Pläne mit den polizeilich genehmigten Zeichnungen werde..... .... der Bank bis zum .... dadurch nachweisen, daß .... die letzteren nebst Bauerlaubnisschein der Bank übersenden werde.... Mit dem Neubau wird .... spätestens am .... beginnen und .... garantiere.... die vollständige Fertigstellung der Bauten bis zum .... Der Rohbau und der innere Ausbau werden in guten Materialien und solider Konstruktion und unter Verwendung völlig trockener Bauhölzer und entsprechender, von .... noch einzureichender und der Genehmigung der Bank unterliegender Baubeschreibung ausgeführt. Abweichungen von den Bauzeichnungen und von der Baubeschreibung sind ohne schriftliche Genehmigung der Bank nicht statthaft. ....

.... verpflichte... ...., die projektierten Bauten sofort in Höhe von mindestens Mk................ bei einer von Ihnen zu bezeichnenden Versicherungsgesellschaft gegen Feuersgefahr zu versichern. Den Nachweis der Versicherung werde.... .... durch Einreichung der Versicherungspolice und eines Hypotheken-Garantiescheines bis zum .... führen. Nach Vollendung der Bauten erfolgt die Versicherung der Gebäude nach Maßgabe der in der Schuldurkunde übernommenen Verpflichtung.

.... erkläre... .... damit einverstanden, daß Sie die Höhe der jeweiligen Zahlungen auf Grund der von Ihren Sachverständigen aufzunehmenden Taxen berechnen, und daß ihre Gesamtbeleihung einschließlich etwa vorhaftender Beträge 60 % des durch diese Taxen festgestellten Baustellen- und jeweiligen Bauwertes nicht übersteigt. Vorbehaltlich dieser Bedingungen ist das Baugeld in nachstehend aufgeführten Raten, die mit Rücksicht auf das nicht vorauszubestimmende jeweilige Anwachsen des zur Deckung von Provisionen, Zinsen usw. gewährten Darlehens nur schätzungsweise angenommen und entsprechend zu modifizieren sind, zur Auszahlung zu bringen:

Rateneinteilung.

1. Rate: Sobald die ordnungsgemäße Fundamentierung nachgewiesen, das amtliche Absteckungsattest der Bank eingereicht ist und die Träger bzw. Balken über dem Keller- und Erdgeschoß des Neubaues verlegt, verankert und vermauert sind . . Mk...........
2. Rate: Wenn die Balken über dem .... gelegt und vermauert sind Mk...........
3. Rate: Wenn die Balken über dem .... gelegt und vermauert sind Mk...........
4. Rate: Wenn die Balken über dem .... gelegt und vermauert und alle Dächer gerichtet sind . . . . Mk...........
5. Rate: Wenn die Dachflächen eingedeckt, die leichten Scheidewände sowie die massiven Decken und Treppen und damit die Gebäude im Rohbau fertiggestellt sind und der erinnerungsfreie Rohbauabnahmeschein vorgelegt ist . . . . . . Mk...........
6. Rate: Wenn die Rohrleitungen und sämtliche Putz- und Stuckarbeiten fertiggestellt und sämtliche Fenster eingesetzt und angeschlagen sind . . . . Mk...........
7. Rate: Wenn sämtliche Töpferarbeiten bzw. Heizanlagen und Deckenmalereien fertiggestellt sind . . . . Mk...........
8. Rate: Wenn alle Fußböden fertig und sämtliche Türen eingesetzt und angeschlagen sind . . . . Mk...........
9. Rate: Wenn die vollständige Fertigstellung der Bauten durch Einreichung des Gebrauchsabnahmescheines und eines Attestes des Bausachverständigen der Bank nachgewiesen worden ist, ferner sobald ein Schlußschein vorliegt, daß eine feste Hypothek in Mindesthöhe des gesamten Darlehens, einschließlich etwaiger Voreintragungen, zahlbar am vereinbarten Rückzahlungstermin, mit einem zahlungsfähigen Geldgeber abgeschlossen ist . . . . Mk...........

Bedingung für die Fälligkeit jeder Rate ist, daß der für die voraufgegangene Ratenzahlung erforderliche Bestand des Gebäudes sich inzwischen nicht vermindert hat, sondern unversehrt erhalten geblieben ist, daß insbesondere in das Gebäude eingebrachte und zur Fälligkeit früherer Raten erforderliche Materialien usw. nicht wieder von dem Grundstück entfernt sind.

Die Bank ist nur verpflichtet, an .... selbst und gegen .... Quittung Zahlung zu leisten; die Beläge über die erfolgte Weitergabe der erhaltenen Beträge an den Grundstückseigentümer habe .... unmittelbar nach Empfang des Geldes der Bank beizubringen. Jede ohne Genehmigung der Bank bewirkte Zession des Anspruches auf Baugeldzahlung oder über Teile desselben ist der Bank gegenüber unwirksam; in gleicher Weise ist die Erteilung von Anweisungen auf das Baugeld ausgeschlossen. Sollten trotzdem solche Anweisungen erteilt werden, ist die Bank weder zur Annahme der Anweisung noch zur Leistung an den Anweisungsempfänger verpflichtet.

.... verpflichte.... ...., folgende Papiere, soweit sie nicht schon in vorstehendem Antrage näher bezeichnet sind, vor Zahlung der ersten Baugeldrate und jedenfalls bis zum .... nachzuliefern:

a) Genehmigte Bau- und Fassadenzeichnungen,
b) Baubeschreibung,
c) Feuerversicherungspolice über mindestens Mk. ....,
d) Hypothekensicherungsschein,
e) Auszug aus der Grundsteuermutterrolle mit Handskizze,
f) amtlichen Lageplan,
g) Mietsaufstellung,
h) Kaufverträge oder sonstige urkundlichen Nachweise über den Erwerbspreis des Grundstücks,
i) Nachweis, daß die Kanalisationsgebühren und die Kosten der Straßenregulierung bezahlt, bzw. sichergestellt sind,
k) Attest eines vereideten Landmessers, daß das auf dem Grundstück im Bau befindliche Gebäude innerhalb der rechtlichen Eigentumsgrenzen errichtet wird, wobei Grundbuch und Katasterbezeichnungen anzugeben sind.

Reiche.... .... die vorbezeichneten Papiere nicht bis zum .... ein oder wird gegen die in diesem Antrage bzw. gegen die in der Schuldurkunde enthaltenen Bestimmungen verstoßen, so ist die Bank berechtigt, vom Darlehensgeschäft zurückzutreten. Die etwa schon gezahlten Raten sind im Falle des Rücktritts sofort wieder zurückzuzahlen. In allen Fällen .... jedoch verpflichtet, die festgesetzten Provisionen und Taxgebühren mit zusammen Mk. .... an die Bank zu zahlen.

Mündliche Nebenabkommen haben für beide Teile keinerlei bindende Kraft. .... erkenne.... ausdrücklich an, daß .... die umstehenden allgemeinen Bedingungen durchgelesen habe.... und ersuche.... die Bank, ... die Annahme dieses Antrages, an den .... bis zum .... gebunden halte.., zu bestätigen.

Allgemeine Bedingungen für das Baugeld.

1. Sobald die Ausschachtungs- und die Fundamentierungsarbeiten fertiggestellt sind, ist der Bank Anzeige zu machen; die Fundamente sind so lange frei liegen zu lassen, bis sich die Sachverständigen der Bank von der ordnungsmäßigen Verlegung der Fundamente überführt haben. Wird diese Anzeige (die schriftlich zu machen ist) unterlassen, so ist der Grundstückseigentümer verpflichtet, auf Verlangen der Bank oder deren Bevollmächtigten die Fundamente auf seine Kosten behufs Prüfung derselben wieder freizulegen.
2. Nach Vermauerung der Fundamente und Verlegung der ersten Balkenlage ist der Bank das amtliche Absteckungsattest einzureichen, in dem die Größe der bebauten Fläche angegeben sein muß und bescheinigt wird, daß die Umfassungsmauern innerhalb der Baufluchtlinie und der Grundstücksgrenze liegen.
3. Der Darlehensnehmer unterwirft sich unbedingt dem Urteil, den Gutachten und Taxen der Bausachverständigen der Bank. Die Wahl dieser ist der Bank überlassen. Die Bausachverständigen und die beauftragten Beamten der Bank sind berechtigt, den Bau und das Grundstück jederzeit zu betreten und zu kontrollieren; alle gewünschten Aufklärungen sind denselben zu geben.
   Die behufs Vornahme der Abschätzung erforderliche Anmeldung muß spätestens 3 Tage vor Auszahlung der gewünschten Baugeldrate schriftlich bei der Bank geschehen.
4. Die sämtlichen der Bank eingereichten Schriftstücke, Urkunden, Zeichnungen usw. bleiben solange im Besitze der Bank, bis das gewährte Darlehen vollständig zurückgezahlt ist. Während der Geschäftsstunden der Bank ist jedoch der Darlehensnehmer berechtigt, Einsicht in die überreichten Papiere zu nehmen und sich auf seine Kosten Abschriften von der Bank fertigen zu lassen.
   Alle Schriftstücke, Atteste und Urknnden, welche die Bank für das Darlehensgeschäft für erforderlich erachtet, kann sie auf Kosten des Darlehensnehmers beschaffen. Auch ist derselbe verpflichtet, die Stellung der bezüglichen Anträge bei Behörden und Privatpersonen zu veranlassen, falls die Bank dies verlangt.
5. Die Bank ist berechtigt, von dem Darlehensgeschäfte zurückzutreten und das gesamte, von ihr gezahlte Darlehen oder Teilbeträge desselben sofort und ohne Kündigung zurückzufordern:
   a) wenn ohne Genehmigung der Gläubigerin das Grundstück vor vollständiger Fertigstellung der Bauten veräußert oder der Anspruch auf Zahlung von Darlehensraten vom Schuldner oder dessen Rechtsnachfolger ganz oder zum Teil abgetreten oder eine Anweisung auf die Darlehensvaluta erteilt wird, oder wenn der Anspruch auf Zahlung der Darlehensvaluta gepfändet wird, endlich, wenn auf dem verhafteten oder einem anderen, dem Schuldner oder dem Grundstückseigentümer gehörigen Grundstücke Baumaterialien gepfändet werden;
   b) wenn nach dem Urteile eines Sachverständigen der Gläubigerin bei den Bauten eine Abweichung von dem durch die eingereichten Bauzeichnungen festgestellten Bauprojekt stattfindet, oder der Aufforderung der Gläubigerin ungeachtet, die von deren Sachverständigen für erforderlich erachteten Abänderungen an den Bauten nicht innerhalb der von ihm festgesetzten Frist ausgeführt werden, oder schlechtes oder altes Material zum Bau verwandt, oder derselbe unsolide oder fehlerhaft ausgeführt wird, oder der Bau ungehörig unterbrochen oder verzögert und nicht innerhalb der von der Bank zu bestimmenden Frist fortgeführt wird;
   c) wenn der Gläubigerin nicht nachgewiesen wird, daß die errichteten Bauten mindestens bis zur Höhe der dem Baugeld zugrunde liegenden Taxe des Bauwerks gegen Feuersgefahr bei einem von der Gläubigerin zu genehmigenden Institute versichert sind, wenn ihr nicht zugleich der Hypotheken-Sicherungsschein dieses Instituts ausgeliefert wird und wenn ihr nicht 14 Tage vor dem etwaigen Ablaufe der Versicherung die gleichen Nachweise über die Weiterversicherung ausgehändigt werden;
   d) wenn eine Verschlechterung des Grundstücks, durch die die Sicherheit der für die Darlehen zu bestellenden Hypotheken gefährdet wird, eingetreten ist;
   e) wenn das belastete Grundstück oder ein ideeller Teil desselben unter Zwangsverwaltung oder Zwangsversteigerung gestellt oder wenn dem Eigentümer die Verfügung über das Grundstück und seine Erträge zwangsweise entzogen wird, oder er selbst über dasselbe und seine Erträge ganz oder teilweise zum Nachteile der Gläubigerin verfügt, oder wenn der Darlehensnehmer oder Eigentümer in Konkurs gerät oder auch nur zeitweilig die Zahlungen einstellt;
   f) wenn die Rechtsgültigkeit der Hypotheken bestritten wird, oder wenn diesen Hypotheken nicht der vereinbarte Rang im Grundbuch verschafft wird, oder wenn eine teilweise Veräußerung des belasteten Grundstücks oder eine Teilung desselben unter mehrere Eigentümer stattgefunden hat, ohne daß wegen Regulierung der Hypotheken ein Abkommen mit der Gläubigerin getroffen ist;
   g) wenn die Zinsen nicht innerhalb einer Woche nach Fälligkeit gezahlt werden oder wenn der Schuldner nicht innerhalb einer Woche nach schriftlicher Aufforderung der Gläubigerin die Quittung über die Bezahlung der zuletzt fälligen Zinsen der im Range vorgehenden Hypotheken vorlegt;
   h) wenn der Gläubigerin oder deren Bevollmächtigten die Besichtigung des belasteten Grundstücks oder die Vorlegung der Mietsverträge oder der sonstigen die wirtschaftlichen Verhältnisse des Grundstücks betreffenden Schriftstücke verweigert wird;
   i) wenn der Darlehensnehmer den gesetzlichen Vorschriften über Verwendung des zur Bestreitung der Bauraten bestimmten Darlehensbetrages zuwiderhandeln sollte;
   k) wenn bei Besitzwechseln der neue Eigentümer nicht binnen 14 Tagen nach ergangener Aufforderung in der von der Gläubigerin bestimmten Form und Fassung unter Weiterhaftung des bisherigen Schuldners die Forderung der Gläubigerin als Selbstschuldner übernimmt und sich persönlich der sofortigen Zwangsvollstreckung unterwirft;
   l) wenn der Verzicht des Schuldners auf das Eigentum in das Grundbuch eingetragen wird.

Anlage Nr. 4b.

Betrifft: ....

Vom ....

gehen ein: .... Hypothekenbriefe Abt. III Nr. .... über Mk. ....

" " " .... " Mk. ....

Die Prüfung der Hypothekenbriefe ist nach folgenden Gesichtspunkten erfolgt:

1. Betrag der Hypothek
2. Zinsfuß der Hypothek
3. Fälligkeit
4. Verzugszinsen
5. Provision
6. Grundbuchbezeichnung nach Ort, Straße und Nr.
7. " " dem Grundbuch
8. " " dem Kataster
9. Größe des Grundstücks nach Grundbuch
   " " " " Kataster
   " " " " Taxe
10. Grundstückseigentümer
11. Ist unsere Bank richtig benannt?
12. Sofortige Zwangsvollstreckung
13. Bezugnahme auf die Schuldurkunde
14. Anheftung der Schuldurkunde
15. Ordnungsmäßige Unterschrift und Siegel des Gerichts
16. Vorgehende oder gleichstehende Eintragung in Abt. II
17. " " " " " " III
18. Löschungsverpflichtung bei der Darlehnshypothek
19. " " " Baugeldhypothek
20. Bei Cession oder Verpfändung: Ist Eintragung im Grundbuch erfolgt?

Bei II. Hypotheken besonders zu beachten:

21. Höhe der Vorbelastung
22. Verpflichtung zur Vorlegung der Zinsquittungen der I. Hypothek

Contr. durch:

am:

Dokument Abt. III Nr. .... befindet sich ....

Berlin, den ....

Dokument Abt. III Nr. .... befindet sich ....

Berlin, den ....

Anlage Nr. 4c.

Bank für Handel und Industrie

Depositen-Kasse ....

.............................., den .... 19.........

An unsere

Centrale

Hypotheken-Abteilung

Hier.

Herr / Die Firma .... beantragt

bei uns die Gewährung eines Baugelddarlehens in Höhe von

Mk. ....

für das Grundstück: ....

....

Grundbuchbezeichnung: ....

Eigentümer: ....

Bürge: ....

gegen hypothekarische Eintragung — an 1. Stelle — hinter — Mk. ....

zahlbar am: ....

rückzahlbar am: ....

Ein Schlußschein über eine abgeschlossene I. Hypothek, und zwar bei ....

....

.... liegt .... vor.

Anbei erfolgen:

Lageplan eines Landmessers und Katastermaterial (Auszug aus der Grundsteuermutterrolle mit Handskizze),

.... Bauzeichnungen (baupolizeilich genehmigt),

Baubeschreibung,

Mietsaufstellung,

Auskünfte,
a) über den Eigentümer
b) über den Darlehensnehmer
c) über den Bürgen

Dossier mit Auskünften nebst Aufstellung der gesamten Engagements,

Schlußschein,

Antrag betreffend Erteilung einer Grundbuchabschrift.

Für Einholung einer Taxe sind

Mk. ....

bezahlt.

Bemerkungen:

....

....

....

....

....

....

Hochachtungsvoll

Anlage Nr. 4 d.

Berlin, den .... 19 .....

An die

Bank für Handel und Industrie

Hypotheken-Abteilung

Berlin W. 56

Schinkelplatz 1-4.

Hierdurch erteile ich Ihnen den bis zum .... unwiderruflichen Auftrag, mir eine ...... stellige Hypothek in Höhe von Mk. .... zu .... pro Jahr verzinslich, bei einer Abschlußprovision von .... %, zahlbar am ...., auf 10 Jahre fest, für mein, im Grundbuch des Königlichen Amtsgerichts von .... Band .... Blatt Nr. .... verzeichnetes, in .... belegenes Grundstück zu beschaffen oder nachzuweisen.

Ich verpflichte mich, Ihnen für Ihre Bemühungen eine freiwillige Provision von .... % der Darlehnssumme zu zahlen. Dieselbe ist fällig und zahlbar:

1. sobald mir eine schriftliche Zusicherung des Geldgebers, oder der Schlußschein übermittelt worden ist,
2. auch wenn ich später nach Erteilung des Schlußscheins oder einer schriftlichen Zusicherung des Geldgebers von dem Beleihungsgeschäfte zurücktrete,
3. auch wenn ich die Beleihung vom Geldgeber, welchem Sie obige Hypothek offerieren, zu den vorgenannten oder veränderten Bedingungen, oder zu einem geringeren oder höheren Betrage direkt oder indirekt akzeptiere,
4. sobald ich mich weigere, das auftragsgemäß nachgewiesene Geschäft abzuschließen und den erforderlichen Beleihungsantrag bei dem Geldgeber zu stellen.

Etwaige Auslagen für Taxgebühren, zu beschaffende Wertnachweise usw., werden von mir besonders vergütet.

Erfüllungsort für beide Teile ist Berlin-Mitte.

Hochachtungsvoll

Anlage Nr. 4 e.

Bank für Handel und Industrie.

Hypotheken-Abteilung.

Berlin W. 56, den .... 19....
Schinkelplatz 1—4.

Herr ....

....

Unter Bezugnahme auf Ihre Taxe vom .... teilen wir Ihnen mit, daß wir zum Bau des Grundstücks:

....

....

ein Darlehen von

Mk. ....

bewilligt haben, welchem Mk. .... Hypotheken im Range vorangehen

Wir bitten das Darlehen in Raten gemäß beifolgendem Tableau so zu verteilen, daß unsere Auszahlungen unter Berücksichtigung der Vorbelastung 60 % des jeweiligen Wirklichkeitswertes nicht übersteigen. Der letzten Rate sollen Mk. .... für die Differenz zwischen Wirklichkeitswert und Schätzungswert zugeschlagen werden.

Bei jeder Rate wollen Sie hinzusetzen, wie hoch sich nach Vollendung der dieser Rate entsprechenden Arbeiten jeweils der Wert von Grund und Boden nebst Baulichkeiten stellt.

Hochachtungsvoll

Bank für Handel und Industrie.

Anlage Nr. 5.

Allgemeiner Deutscher Versicherungs-Verein a. G. in Stuttgart

Gegründet im Jahre 1875.

Stuttgart, ... 191

Herrn

....

....

Nachdem unsere Ausleihkommission Ihnen gegen Einräumung der ersten Hypothek auf den in der anliegenden Schätzungsurkunde bezeichneten Grundstücken im Anschlage von Mk. *85000.—* und den Zubehörden angeschlagen zu .... ein zu 4½ Prozent verzinsliches Darlehen von

M 42500.—

unter den in dem zweifach beiliegenden Eintragungsbewilligungsformular enthaltenen Bedingungen verwilligt hat, wollen Sie unter Übergabe dieser Formulare an das Grundbuchamt die baldige Fertigung des Hypothekenbriefes und dessen Einsendung an uns nebst der Schätzungsurkunde veranlassen.

Wenn sich bei Prüfung des Hypothekenbriefs keine Anstände ergeben, kann das Darlehen zur bestimmten Zeit an unserer Kasse erhoben werden.

Wenn auf den Grundstücken persönliche Dienstbarkeiten oder Reallasten (Wohnrecht, Leibgeding usw.) ruhen, so haben die Berechtigten mit diesen Ansprüchen im Range hinter unsere Hypothek zurückzutreten.

Bestehen Grundbucheinträge über weitere Schulden, welche unserer Hypothek vorgehen würden, so ist entweder deren Löschung oder der Rücktritt im Rang hinter unsere Hypothek zu bewerkstelligen.

Soweit solche Schuldposten aus dem neuen Darlehen zu bereinigen sind, werden wir selbst für die Befriedigung der betreffenden Gläubiger Sorge tragen, zu welchem Zwecke Sie einen etwa noch zu leistenden Zuschuß rechtzeitig an unsere Kasse einzubezahlen haben.

Ihre Gesellschafter haben sich für das Darlehen persönlich als Gesamtschuldner zu verpflichten.

Hinsichtlich der abzutragenden Posten ersuchen wir Sie, folgendes genau zu beachten:

a) Möglichst bald haben Sie uns zu bezeichnen:
   die Person des Forderungs- und Empfangsberechtigten,
   die Höhe des Hauptanspruchs,
   den Kündigungstermin, den Zinsfuß und die Zeit, für welche noch der Zins zu bezahlen ist.
b) Gleichzeitig wollen Sie die etwa in Ihren Händen befindliche Bestätigung dieser Angaben seitens der Gläubiger an uns einsenden. Soweit eine genügende Bestätigung nicht vorliegt, werden wir den Gläubigern Ihre Aufstellung zur Erklärung über das Anerkenntnis zugehen lassen.
c) Wir werden an die Gläubiger das Verlangen stellen, ihre Hypothekenbriefe vor der Zahlungsleistung an uns einzusenden. Um die Erfüllung dieses unseres Verlangens sollten auch Sie selbst die die Gläubiger ersuchen.

Wir ersuchen Sie nun, im Falle der Annahme unserer Darlehnszusage die angeschlossene hierauf bezügliche Erklärung zu unterzeichnen und an uns einzusenden, im entgegengesetzten Falle aber unsere sämtlichen anliegenden Formulare zurückzugeben.

Hochachtungsvoll

**Allgemeiner Deutscher Versicherungs-Verein a. G.
in Stuttgart.**

Mit Beilagen.

Anlage Nr. 5a.

Allgemeiner Deutscher Versicherungs-Verein a. G. in Stuttgart.

Gegründet 1875.

Unter Garantie der Stuttgarter Mit- und Rückversicherungs-Aktiengesellschaft.

(§ 23 der Vereins-Satzung.)

Stuttgart, den *19. Juni 1912.*

Die Fa. Immobilienverwertungs-Gesellschaft O. B., G. m. b. H., Stuttgart, Gesellschafter: Otto und Erwin B. und Math. W. geb. B. erbaut gegenwärtig ein *Wohnhaus, R.-Str. 213 zu Stuttgart.*

Es wird der Wert nach gänzlicher Fertigstellung voraussichtlich betragen:

3 ar *59* qm Bauplatz	Mk. *20 000.—*	
Baukosten	„ *65 000.—*	Mk. *85 000.—*

Hierauf wünscht *die genannte Fa. unter persönlicher Gesamthaftung ihrer Gesellschafter* **zur ersten Stelle** ein Darlehen in Höhe von *50* % des amtlichen Schätzungswerts des baulich vollendeten Anwesens.

Der Hypothekenbrief soll über Mk. *42 500* fest bis *1. Januar 1918* ausgestellt werden.

Nach Übergabe des Hypothekenbriefs über Mk. *42 500.—* sollen *40* % des Grund- und Boden- und Bauwerts dann bezahlt werden, wenn *die Sockelebene hergestellt und das Gebälk über dem Souterain eingelegt ist.*

Diese erste Zahlung darf nicht vor 1. Dezember 1912 erfolgen.

In diesem Zustande beträgt der Gesamtwert M. *27 000.—*, *40* % dieser Summe geben Mk. *10 800.—*.

Diese Zahlung und weitere à conto Zahlungen bis zur Höhe von *40* % des jeweiligen Gesamtwerts sollen auf Grund von Bestätigungen des *Herrn Hofwerkmeisters J. Biehl, hier* in Beträgen nicht unter Mk. 10 000.— erfolgen.

Nach Übergabe der amtlichen Schätzungsurkunde über das baulich vollendete Anwesen und einer Abschrift der geometrischen Meßurkunde wird die Differenz zwischen *50* % der Schätzung und den à conto Zahlungen, aber nicht über Mk. *42 500.—* hinaus ausbezahlt. Sollte die Schätzung mehr als Mk. *85 000.—* betragen und die Darlehensnehmer auch von dem Mehrbetrag die *50* % Darlehen wünschen, müßte hierüber ein weiterer Hypothekenbrief gefertigt werden.

Die à conto Zahlungen sind bis zum Tage der Zahlung des Darlehensrestes mit *5* % zu verzinsen, von diesem Termine ab sollen nur noch *4 ½* % Zinsen berechnet werden.

Beschluss der Generalkommission vom 19. Juni 1912

Der Fa. Immobilienverwertungs-Gesellschaft O. B., G. m. b. H., Stuttgart unter persönlicher Gesamthaftung ihrer Gesellschafter ein Darlehen unter vorbemerkten Bedingungen zu gewähren.

Die Getreuen.

gez. Widenmann *gez. Kiefer*

gez. Benger

Angenommen 24. August 1912.
O. B.

Anlage Nr. 5 b.

Nr. ...... des Notariats-Registers für 19

Verhandelt
zu **Berlin**

am 19

Vor dem unterzeichneten, zu Berlin wohnhaften Notar im Bezirk des Königlichen Kammergerichts zu Berlin

Justizrat Dr. Felix Landau

erschien ...... heute in den Geschäftsräumen der Victoria zu Berlin, Lindenstraße 20/21, wohin sich der Notar auf Ersuchen begeben hatte:

....
....
....
....
....
....
....
....
....
....
....
....

.... bekenne..., von der Victoria zu Berlin, Allgemeine Versicherungs-Actien-Gesellschaft hierselbst ein bares Darlehn von ....

....
....

unter folgenden vereinbarten Bedingungen erhalten zu haben.

....

....

1. Das Kapital ist vom .... ab mit jährlich *4,38 – 4,51* vom Hundert in vierteljährlichen, am ersten Tage eines jeden Kalendervierteljahres fälligen Teilen zu verzinsen.

2. Das Kapital ist fällig nach einer sechsmonatlichen, nur zum letzten Tage eines Kalendervierteljahres statthaften und frühestens zum .... zulässigen Kündigung.

3. Werden die Zinsen nicht bis zum zehnten Tage jedes Kalendervierteljahres gezahlt, so erhöht sich der Zinssatz auf fünf vom Hundert jährlich, und zwar für die Zeit von der Fälligkeit bis zum Zahlungstage einschließlich.

Fällige Kapitalbeträge sind mit fünf vom Hundert jährlich zu verzinsen.

4. Gläubigerin ist zur sofortigen Rückforderung des Kapitals oder eines beliebigen Teiles desselben berechtigt:

a) wenn die Zinsen nicht bis zum zehnten Tage jedes Kalendervierteljahres oder andere auf Grund dieser Urkunde geschuldeten Beträge nicht binnen einer Woche nach Fälligkeit gezahlt werden;

b) wenn die Zwangsverwaltung oder Zwangsversteigerung des genannten Grundstückes oder eines Teiles desselben angeordnet wird;

c) wenn Konkurs über das Vermögen des Grundstückseigentümers eröffnet wird, oder letzterer seine Zahlungen einstellt;

d) wenn nicht auf Verlangen der Gläubigerin binnen einer Woche nachgewiesen wird, daß die auf dem Grundstücke errichteten Gebäude gegen Feuersgefahr versichert sind;

e) wenn eine Verschlechterung oder Wertminderung des Grundstückes oder seiner Zubehörteile eingetreten ist, insbesondere wenn die Fertigstellung von Neubauten aus irgend einem Grunde verzögert wird;

f) wenn der Grundstückseigentümer die Berichtigung des Grundbuches in den Fällen, in welchen das Eigentum ohne Auflassung auf einen anderen übergeht, nicht auf Verlangen der Gläubigerin unverzüglich auf seine Kosten herbeiführt.

g) wenn im Falle der Veräußerung des Grundstückes der Erwerber sich nicht unverzüglich auf Erfordern der Gläubigerin vor dem von ihr zu bezeichnenden Notar der sofortigen Zwangsvollstreckung in das Grundstück und in sein sonstiges Vermögen unterwirft, desgleichen wenn beim Eigentumsübergang auf eine Ehefrau der Ehemann der Grundstückseigentümerin nicht binnen vier Wochen nach dem Eigentumswechsel in notarieller Verhandlung die Duldung der Zwangsvollstreckung in das Vermögen seiner Ehefrau erklärt.

5. Sämtliche Zahlungen sind bei der Hauptkasse der Gläubigerin in Berlin zu entrichten, und zwar auf Wunsch in deutschen Reichsgoldmünzen.

6. Kündigung und Geltendmachung der Hypothek ist auch ohne Vorlegung des Hypothekenbriefes gültig.

Wegen vorbezeichneter Forderung an Kapital und Zinsen bewillig...... und beantrag............... die Eintragung einer Briefhypothek auf dem .... gehörigen zu ....

....

belegenen, im Grundbuch des Königl. Amtsgerichts............................
von ....
Band.............. Blatt No.............. verzeichneten Grundstück für die Gläubigerin........................ unterw .... wegen aller Ansprüche an Kapital, Zinsen oder der sonstigen auf Grund dieser Urkunde oder von Gesetzeswegen zu zahlenden Beträge der sofortigen Zwangsvollstreckung in das belastete Grundstück und in .... sonstiges Vermögen und zwar dergestalt, daß die Zwangsvollstreckung in das Grundstück auch gegen dessen jeweiligen Eigentümer zulässig sein soll. Die Vollstreckungsklausel soll der Gläubigerin auf ihren Antrag ohne den urkundlichen Nachweis derjenigen Tatsachen, von deren Eintritt die Fälligkeit abhängt, erteilt werden.

Die Unterwerfung unter die sofortige Zwangsvollstreckung ist in das Grundbuch mit einzutragen.

Der zu bildende Hypothekenbrief ist der Gläubigerin vom Grundbuchamt unmittelbar auszuhändigen.

Auf Rücknahme dieses Antrages verzichte...... d....... Schuldner. Schuldner .... ferner persönlich verpflichtet:

1. der Gläubigerin auf ihr Verlangen binnen einer Woche nachzuweisen, daß sämtliche auf dem Grundstücke befindlichen Gebäude gegen Feuersgefahr in der bei der Beleihung des Grundstücks nachgewiesenen Höhe versichert sind. Gläubigerin ist, sofern dieser Nachweis nicht erbracht wird, berechtigt, die Versicherung auf Kosten des Schuldners zu bewirken.
2. in den Fällen, in welchen das Eigentum des Grundstücks ohne Auflassung auf einen anderen übergeht, auf Verlangen der Gläubigerin unverzüglich die Berichtigung des Grundbuches auf seine Kosten herbeizuführen.
3. d...... Hypothekenkapital...... der Gläubigerin die erste Stelle im Grundbuch zu verschaffen.

Sämtliche gerichtlichen und außergerichtlichen Kosten übern.......... Schuldner.

Es war ferner erschienen, von Person bekannt:

....

....

....

und erklärte:

.... stimme namens der Gläubigerin vorstehenden Erklärungen und Anträgen zu und beantrage gleichfalls die Eintragung der Hypothek in das Grundbuch.

Diese Verhandlung ist für die Gläubigerin auszufertigen und die Ausfertigung zu den Grundakten zur Eintragung einzureichen.

Das Protokoll wurde in Gegenwart des Notars vorgelesen, von d....... Beteiligten genehmigt und von ih...... eigenhändig, wie folgt unterschrieben.

Anlage Nr. 6.

Darlehenszusage

der Württembergischen Sparkasse (Landessparkasse).

(Für den Darlehensnehmer bestimmt.)

Stuttgart, den *25. Juli* 1919.
Kanzleistraße 25.]

Herrn Adolf **Maier**, *Architekt, Stuttgart.*

Wir haben Ihnen gegen Einräumung der **ersten Hypothek** an den in beigeschlossener Schätzungsurkunde *Bihl* vom *16. Juni 1919* bezeichneten Grundstücken,
vorläufig angeschlagen zu . . . . Mk. *160 000.—*
und den Zubehörden, angeschlagen zu . . . . . Mk. —
ein Darlehen von *50* % *des gemeinderätl. Schätzungswertes, der sich nach Vollendung des Bauwesens ergibt, also voraussichtlich etwa*

Mk. *80 000.—*

zum Bezuge in *Raten nach der Anlage* unter folgenden Bedingungen verwilligt:

1) Die Schuld ist vom genannten Bezugstermin an mit *4* ½ % zu verzinsen. Der Zins verfällt *halb* jährlich. Bleiben die Zinsen über dreißig Tage im Rückstand, so erhöht sich der Zinsfuß um ein halb vom Hundert.

   Als Zinszahlungstermin ist der 1. oder 15. Tag eines Monats zu bestimmen. Eine spätere Änderung dieses Termins wäre mit Umständen und Kosten verknüpft. Sie werden daher darauf zu achten haben, sofort einen nach Ihren Verhältnissen möglichst passenden Termin zu wählen.

2) Die Rückzahlung der Hauptsumme hat drei Monate nach der Kündigung, welche Ihnen und uns freisteht, zu geschehen. Teilzahlungen sind in Beträgen, welche durch hundert teilbar sind, zulässig. **Ohne vorangegangene Kündigung können im Laufe eines Vierteljahrs Rückzahlungen bis zu 1000 Mark geleistet werden.**

   Dagegen steht uns das Recht zu, die Rückzahlung der Hauptsumme ohne vorangegangene Kündigung zu verlangen:

   a) wenn eine so bedeutende Verminderung des Werts der belasteten Grundstücke eingetreten ist, daß selbst nach Abzug etwa gemachter Rückzahlungen eine den ursprünglichen Darlehensbedingungen entsprechende Sicherheit nicht mehr besteht;

Beilagen:

a) Formular betreffend Annahme der Darlehenszusage.
b) Schätzungs-Urkunde.
c) 2 Formulare der Eintragungsbewilligung.
d) Formular betreffend Löschung bisheriger Hypotheken.

Die Formulare Lit. b, c und d, sowie gegenwärtige Darlehenszusage sind dem Grundbuchbeamten oder dem Notar, welcher die Eintragungsbewilligung aufnimmt, vorzulegen.

Ein Darlehensnehmer, der uns nicht bekannt ist, hat sich, wenn er das Darlehen an unserer Kasse selbst in Empfang nehmen will, über seine Person auszuweisen, sei es durch uns bekannte Zeugen, sei es durch glaubwürdige schriftliche Beweismittel. Der Besitz des Hypothekenbriefs allein genügt hiebei nicht.

b) wenn ein Grundstück veräußert und eine Verständigung mit der Gläubigerin über fernere Anborgung des Kapitals nicht erzielt wird;
c) wenn die Versicherung der belasteten Gebäude gegen Feuersgefahr aufgehoben oder vermindert wird;
d) wenn gegen Sie oder Ihre Ehefrau oder einen anderen beteiligten Grundstückseigentümer das Konkursverfahren oder die Zwangsvollstreckung in unbewegliches Vermögen eingeleitet werden sollte.

3) Alle Zahlungen an Hauptsumme und Zinsen sind in unserem Geschäftslokal in Stuttgart kostenfrei in deutscher Reichswährung zu leisten.

4) **Sie und Ihre Ehefrau haben sich als Gesamtschuldner verbindlich zu machen.**

5) Behufs Begründung der Hypothek ist zum Grundbuch eine Eintragungsbewilligung abzugeben. **Diese muß vor dem Grundbuchbeamten oder vor einem Notar erklärt werden.** Hiebei ist das angeschlossene Formular zu benützen.

6) Der Hypothekenbrief ist unter Anschluß der Schätzungs-Urkunde und der Löschungsbewilligung (unten Ziff. 9e) **möglichst bald** an uns einzusenden.

7) Wenn sich bei Prüfung des Hypothekenbriefs keine Anstände ergeben, so kann das Darlehen zur bestimmten Zeit in unserem Geschäftslokal (vgl. die Randbemerkung auf der ersten Seite) durch die Post erhoben werden.

8) Wenn auf den Grundstücken persönliche Dienstbarkeiten oder Reallasten (Nutznießung, Wohnrecht, Leibgeding usw) ruhen, so haben die Berechtigten mit diesen Ansprüchen im Range **hinter** unsere Hypothek zurückzutreten. **Dies muß auch dann geschehen, wenn ein den Eltern am Vermögen der Kinder zustehendes Nutznießungsrecht im Grundbuche nicht eingetragen ist.**

9) Bestehen Grundbucheinträge über weitere **Schulden**, welche unserer Hypothek **vorgingen**, so ist entweder deren Löschung oder der Rücktritt im Rang hinter unsere Hypothek zu bewerkstelligen.

Soweit solche Schuldposten aus dem neuen Darlehen zu bereinigen sind, werden wir selbst für die Befriedigung der betreffenden Gläubiger Sorge tragen, zu welchem Zwecke Sie einen etwa noch zu leistenden Zuschuß rechtzeitig an unsere Kasse einzubezahlen haben.

Hinsichtlich der abzutragenden Posten ersuchen wir Sie, folgendes genau zu beachten:

a) **Möglichst bald haben Sie uns zu bezeichnen:**
die Person des Forderungs- und Empfangsberechtigten,
die Höhe des Hauptanspruchs,
den Kündigungstermin,
den Zinsfuß und die Zeit, für welche noch der Zins zu bezahlen ist,
die Kosten, die dem Gläubiger zu ersetzen sind.

b) **Gleichzeitig wollen Sie die etwa in Ihren Händen befindliche Bestätigung dieser Angaben seitens der Gläubiger an uns einsenden. Soweit eine genügende Bestätigung nicht vorliegt, werden wir den Gläubigern Ihre Aufstellung zur Erklärung über das Anerkenntnis zugehen lassen.**

c) **Wir werden an die Gläubiger das Verlangen stellen, ihre Hypothekenbriefe mit Löschbewilligung versehen vor der Zahlungsleistung an uns einzusenden. Um die Erfüllung dieses unseres Verlangens sollten auch Sie selbst die Gläubiger ersuchen.**

d) **Die Bestimmungen Lit. a—c finden keine Anwendung, wenn sowohl Sie als die zu befriedigenden Gläubiger (in der Regel in beglaubigter Form) einen Notar oder den Ortsvorsteher mit der Empfangnahme der Darlehenssumme und der Ablösung der bisherigen Hypotheken ermächtigen.**

e) **Sie haben der Löschung der betreffenden Hypotheken jetzt schon zuzustimmen, zu welcher Erklärung ein Entwurf beiliegt.**

10) Die Kosten, welche uns durch Auszahlung des Darlehens und alle damit zusammenhängenden, von uns für angezeigt gefundenen Maßregeln erwachsen, sind von Ihnen zu tragen oder zu ersetzen.

11) **Sollte einer der vorstehenden Bedingungen Ziff. 5 bis 10 nicht rechtzeitig entsprochen werden, oder sollten zutage tretende Anstände binnen einer von uns zu stellenden Frist nicht zu beseitigen sein, so lehnen wir eine Verantwortung für Einhaltung des bestimmten Auszahlungstermins ab und behalten uns vor, vom Darlehensvertrag zurückzutreten. Ferner wahren wir uns das Recht des Widerrufs nach § 610 des Bürgerl. Gesetzbuchs.**

Im Falle der Annahme unserer Darlehenszusage ersuchen wir Sie und Ihre Ehefrau, die beigeschlossene Annahmeerklärung zu unterzeichnen, Ihre Unterschriften beglaubigen zu lassen und dann die Urkunde uns einzusenden, im entgegengesetzten Falle aber unsere sämtlichen anliegenden Formulare zurückzugeben.

Hochachtungsvoll

Württembergische Sparkasse
(Landessparkasse).

Anlage Nr. 7.

100 100

GRUND- UND HAUSBESITZER-VEREIN
MÜNCHEN E. V.

Reihe IV Buchst. D $4\frac{1}{2}\%$ *Nr.*

Schuldverschreibung

über

Mark 100 Mark

verzinslich zu $4\frac{1}{2}$ Prozent jährlich

und mit 102 Prozent rückzahlbar.

Der Grund- und Hausbesitzer-Verein München, e. V., schuldet dem umstehend bezeichneten Gläubiger dieser Teilschuldverschreibung ein mit $4\frac{1}{2}\%$, in halbjährigen Zinsteilzahlungen am 1. Januar und 1. Juli, verzinsliches Darlehen von Einhundert Mark, für welches die umstehend aufgeführten Bedingungen Geltung haben.

Die Tilgung dieser Teilschuldverschreibung erfolgt nach Maßgabe des umstehenden Tilgungsplanes vom 1. Juli 1926 ab und zwar im Betrage von 102% des vorbezeichneten Nennbetrages.

Für die Sicherheit dieser Schuldverschreibungen haftet der Grund- und Hausbesitzer-Verein München, e. V., mit seinem gesamten Vermögen, außerdem übernimmt die Bank für Haus- und Grundbesitz für pünktliche Rückzahlung des vorstehenden Betrages und der Zinsen, sowie für alle dem Grund- und Hausbesitzer-Verein aus der Aufnahme dieser Anleihe erwachsenden Verpflichtungen selbstschuldnerische Bürgschaft.

München, den 1. Januar 1919.

Grund- und Hausbesitzer-Verein München e. V.

gez. *gez.*

Bank für Haus- und Grundbesitz, e. G. m. b. H.

Für den Aufsichtsrat: *Für den Vorstand:*

gez. *gez.* *gez.*

Zinszeit: 1. Januar, 1. Juli

Zinszeit: 1. Januar, 1. Juli

100 100

Anleihe-Bedingungen.

§ 1.

Der Grund- und Hausbesitzer-Verein München, e. V., gibt eine 4. Anleihe in Höhe von 1 000 000.-- Mark, eine Million Mark, aus und zwar in:

420 Teilschuldverschreibungen, Reihe 4, Buchst. A, Nr. 1—420 zum Betrage von M. 1000.—

1000 Teilschuldverschreibungen, Reihe 4, Buchst. B, Nr. 1—1000 zum Betrage von M. 500.—

300 Teilschuldverschreibungen, Reihe 4, Buchst. C, Nr. 1—300 zum Betrage von M. 200.—

und 200 Teilschuldverschreibungen, Reihe 4, Buchst. D, Nr. 1—200 zum Betrage von M. 100.—

§ 2.

Diese Teilschuldverschreibungen sind mit 4½% jährlich vom 1. Januar 1919 ab in halbjährigen Teilzahlungen je am 1. Juli und 1. Januar jeden Jahres verzinslich; die Auszahlung der Zinsen erfolgt gegen Ausfolgung der betreffenden Zinsscheine. Jeder Teilschuldverschreibung sind 20 halbjährliche Zinsscheine beigefügt, welche nach vollständiger Einlösung in gleicher Anzahl erneuert werden.

§ 3.

Die Anleihe ist seitens der Darleiher unkündbar; ihre Rückzahlung ist bis 1. Juli 1926 ausgeschlossen und erfolgt von diesem Zeitpunkt ab mit 102% nach Maßgabe des nachstehenden Tilgungsplanes:

1926	Mk.	10 000	1939	Mk.	20 000	1952	Mk.	36 000
1927	„	10 000	1940	„	20 000	1953	„	40 000
1928	„	10 000	1941	„	20 000	1954	„	40 000
1929	„	10 000	1942	„	25 000	1955	„	40 000
1930	„	10 000	1943	„	25 000	1956	„	45 000
1931	„	10 000	1944	„	25 000	1957	„	45 000
1932	„	15 000	1945	„	25 000	1958	„	50 000
1933	„	15 000	1946	„	30 000	1959	„	50 000
1934	„	15 000	1947	„	30 000	1960	„	55 000
1935	„	15 000	1948	„	30 000	1961	„	60 000
1936	„	15 000	1949	„	30 000	1962	„	20 000
1937	„	15 000	1950	„	35 000			
1938	„	20 000	1951	„	35 000			

Vom 1. Januar 1928 an steht dem Schuldner das Recht zu, die Tilgung zu verstärken oder den ganzen, noch umlaufenden Anleihebetrag ganz oder teilweise mit sechsmonatlicher Frist auf einen Vierteljahrsersten zur Rückzahlung zu kündigen.

§ 4.

Die Nummern der zur Rückzahlung gelangenden Teilschuldverschreibungen werden durch das Los bestimmt, die Auslosung hat spätestens bis zum 15. April jeden Jahres, erstmals im Jahre Neunzehnhundertsechsundzwanzig, durch den Grund- und Hausbesitzerverein München e. V. unter Beiziehung eines Notars stattzufinden.

Die Nummern der ausgelosten Teilschuldverschreibungen werden längstens 3 Wochen nach dem Tage der Auslosung durch den Schuldner (den Grund- und Hausbesitzerverein, e. V.), im „Reichsanzeiger", in den „Münchner Neuesten Nachrichten" und in der „Münchener Bürger- und Hausbesitzerzeitung", sowie durch öffentliche Anschläge im Bureau des Grund- und Hausbesitzervereins München, e. V., und in den Geschäftsräumen der Bank für Haus- und Grundbesitz in München, e. G. m. b. H., veröffentlicht.

Die ausgelosten Teilschuldverschreibungen werden am 1. Juli nach der erfolgten Auslosung ausgezahlt gegen Rückgabe der Teilschuldverschreibungen nebst den Zinsscheinen.

Fehlende, noch nicht fällige Zinsscheine kommen von dem auszuzahlenden Kapitalbetrage nach Höhe ihres Nennbetrages in Abzug.

Die Verzinsung ausgeloster Teilschuldverschreibungen, deren Nummern vorschriftsmäßig bekannt gemacht worden sind, hört mit dem Tage auf, an welchem sie zahlbar wurden.

§ 5.

Die Auszahlung der Zinsen und der ausgelegten oder gekündigten Teilschuldverschreibungen erfolgt durch die Bank für Haus- und Grundbesitz in München, e. G. m. b. H., und gegebenenfalls bei den von dem Schuldner sonst noch zu bestimmenden, öffentlich bekannt zu machenden Zahlstellen.

§ 6.

Alle binnen Jahresfrist von der Verfallzeit an gerechnet noch nicht erhobenen, ausgelosten Teilschuldverschreibungen werden unter Angabe der betreffenden Nummern mit jeder neuen Bekanntmachung ausgeloster Schuldscheine so lange veröffentlicht, bis sie verjährt sind.

Die Kapitalbeträge ausgeloster Teilschuldverschreibungen verjähren und verfallen dem Schuldner, wenn sie nicht innerhalb 10 Jahren vom Zahlungstermin an erhoben worden sind.

Zinsscheine, welche binnen 4 (vier) Jahren nach Ablauf desjenigen Kalenderjahres, in welchem sie fällig geworden sind, nicht abgehoben werden, verfallen zugunsten des Schuldners. Verlorene Zinsscheine werden nicht aufgeboten. Ist ein Zinsschein verloren gegangen und der Verlust dem Schuldner innerhalb obiger Frist angezeigt, so wird der Betrag des Scheins innerhalb einer ferneren Frist von 4 Jahren nachgezahlt, sofern der frühere Besitzer den Verlust in glaubhafter Weise dartut. Wird aber inzwischen der Zinsschein selbst dem Schuldner zum Zwecke der Abhebung der Zinsen vorgelegt, so ist der Schuldner berechtigt, dem Vorzeiger des Scheines den betreffenden Zinsbetrag auszuzahlen.

Ist eine Teilschuldverschreibung infolge einer Beschädigung oder Verunstaltung zum Umlauf nicht geeignet, so kann der Berechtigte, sofern der wesentliche Inhalt und die Unterscheidungsmerkmale der Urkunde noch mit Sicherheit erkennbar sind, von dem Schuldner gegen Ausfolgung der beschädigten oder verunstalteten Urkunde die Aushändigung einer neuen Urkunde verlangen, die Kosten hat er zu tragen und vorzuschießen.

§ 7.

Für die Forderung der Gläubiger aus den Teilschuldverschreibungen haftet der Grund- und Hausbesitzerverein München, e. V., mit seinem ganzen Vermögen, ferner übernimmt hierfür die Bank für Haus- und Grundbesitz in München, e. G. m. b. H., die selbstschuldnerische Bürgschaft als Selbstschuldnerin und Selbstzahlerin gleichfalls mit ihrem gesamten Vermögen.

§ 8.

Die Teilschuldverschreibungen und Zinsscheine können mit dem gedruckten Namenszug der gesetzlichen Vertreter des Grund- und Hausbesitzervereins München, e. V., als „Darlehensnehmer" und der gesetzlichen Vertreter der Bank für Haus- und Grundbesitz in München, e. G. m. b. H., als „Bürgschaftsstellerin" versehen werden.

Die Teilschuldverschreibungen werden auf den Namen desjenigen Darlehensgebers oder dessen Rechtsnachfolgers gestellt, der den auf der Schuldverschreibung bezeichneten Teilbetrag der Anleihe dem Grund- und Hausbesitzerverein München, e.V., nach Maßgabe der Anleihebedingungen darlehensweise zur Verfügung gestellt hat und sind durch schriftlichen Vermerk übertragbar.

§ 9.

Falls Schuldner seinen Verpflichtungen aus der Anleihe nicht pünktlich nachkommt, insbesondere mit der Zahlung fälliger Zinsen oder Teilschuldverschreibungen in Verzug gerät, so sind die Inhaber der Teilschuldverschreibungen insgesamt oder auch einzeln berechtigt, ihre Forderungen als fällig zu betrachten und dieselben zur sofortigen Rückzahlung zu kündigen.

§ 10.

Die Eigentümer der einzelnen Schuldverschreibungen können ihre Rechte aus denselben gegen den Schuldner selbständig geltend machen; außerdem sind für ihre Rechte die Bestimmungen des Reichsgesetzes vom 4. Dezember 1899 maßgebend.

Die Rechte aus vorstehender Schuldverschreibung zu Mk. 100.—
stehen zu Herrn/Frau .... welche...
im Grundbuchverzeichnis der Schuldverschreibungen unter Nr. ....
als Gläubiger eingetragen ist.

MÜNCHEN, den .... 19.....

Grund- und Hausbesitzer-Verein München, e. V.

gez. *gez.*

Die Rechte aus vorstehender Teilschuldverschreibung übertrage ich hiermit im vollen mir zustehenden Umfang, jedoch ohne jegliche Haftung meinerseits an ....

MÜNCHEN, den .... 19.....

Die Rechte aus vorstehender Teilschuldverschreibung übertrage ich hiermit im vollen mir zustehenden Umfang, jedoch ohne jegliche Haftung meinerseits an ....

MÜNCHEN, den .... 19.....

Die Rechte aus vorstehender Teilschuldverschreibung übertrage ich hiermit im vollen mir zustehenden Umfang, jedoch ohne jegliche Haftung meinerseits an ....

MÜNCHEN, den .... 19.....

Die Rechte aus vorstehender Teilschuldverschreibung übertrage ich hiermit im vollen mir zustehenden Umfang, jedoch ohne jegliche Haftung meinerseits an ....

MÜNCHEN, den .... 19.....

Reihe IV Buchst. D *Nr.*

GRUND- UND HAUSBESITZER-VEREIN MÜNCHEN E. V.

4½ Prozent

Schuldverschreibung

über

MARK 100 MARK

Zinszeit 1. Januar *Zinszeit 1. Juli*

I. Hypothek. **Anlage Nr. 8.**

Neues Formular A.

Nr. ....

München, am ....

Verwaltungs-Ausschuß
der
K. Ludwig-Maximilians-Universität
und des
Herzgl. Georgianischen Priesterhauses.

Betreff:

Darlehens-Gesuch

de ....

von ....

Amtsgerichts ....

Auf ....

.... vom .... bewilligen wir

de ....

aus dem unter unserer Verwaltung stehenden ....

....

Fonds ein jährlich mit **4** 1/2 vom Hundert in den Terminen **1. April** und **1. Oktober** vom Tag der notariellen Beurkundung, spätestens aber vom

.... an zu verzinsendes und ein Vierteljahr nach erfolgter, beiden Teilen jederzeit freistehender Kündigung kostenfrei heimzuzahlendes, bei Besitzwechsel zufolge Zwangsversteigerung

aber ohne Kündigung fällig werdendes Darlehen von .... Mk.,

mit Worten: .... Mark, wenn

I. dafür auf dem Anwesen de ....

....

Hs.-Nr. ....

....

bestehend aus den mit Mk. .... gegen Brand versicherten Gebäuden und .... aus .... Hektaren

.... Aren .... Quadratmetern

An
das K. Universitäts-Rentamt.

in de ...... Steuergemeinde ....

gelegenen Grundstücken mit einer Verhältniszahl von ....

.... nebst ....

....

....

.... an ausschließend erster Rangstelle Hypothek bzw. Sicherungshypothek errichtet wird und der Schuldner beim Grundbuchamt beantragt, daß in der Eintragungsbestätigung die der bestellten Hypothek im Range vorgehenden oder gleichstehenden Rechte bezeichnet werden;

II. außer einer den vorstehenden Bedingungen entsprechenden notariellen und mit der Vollstreckungsklausel gemäß § 794 Ziffer 5 mit § 739 der Z.-Pr.-O. versehenen Schuldurkunde ein die Eintragung des Fondskapitals ausweisender und nicht vom Tage dieser Eintragung datierter, beglaubigter Grundbuchsauszug in Vorlage gebracht wird, wogegen die Erteilung eines Hypothekenbriefs ausgeschlossen ist.

Von gegenwärtiger Entschließung hat das K. U.R.A. unter Rückschluß

der anruhenden .... Gesuchsbelege, nämlich: ....

....

.... dem

.... mit dem Beifügen Kenntnis zu geben, daß bezüglich des Verzinsungsbeginnes besondere Entschließung für den Fall vorbehalten bleibe, wenn binnen acht Tagen, von Zustellung der Signatur der K. Hauptkasse an gerechnet, die Erklärung abgegeben wird, daß die Auszahlung des Darlehens für einen genau zu bezeichnenden Zeitpunkt

nach dem .... gewünscht werde.

Der derzeitige Rektor:

Der Referent
des K. Verwaltungs-Ausschusses:

II. und III. Hypothek. **Anlage Nr. 8a.**

Neues Formular D.

Nr. ....

München, am ....

Verwaltungs-Ausschuß
der
K. Ludwig-Maximilians-Universität
und des
Herzgl. Georgianischen Priesterhauses.

Betreff:

Darlehens-Gesuch

de ....

von ....

Amtsgerichts ....

Auf .... vom .... bewilligen wir de .... aus dem unter unserer Verwaltung stehenden .... Fonds ein jährlich mit 4½ vom Hundert in den Terminen **1. April** und **1. Oktober** vom Tag der notariellen Beurkundung, spätestens aber vom .... an zu verzinsendes und ein Vierteljahr nach erfolgter, beiden Teilen jederzeit freistehender Kündigung kostenfrei heimzuzahlendes, bei Besitzwechsel zufolge Zwangsversteigerung aber ohne Kündigung fällig werdendes Darlehen von .... ℳ, mit Worten: .... Mark, wenn

I. die .... Eheleute für das Kapital, für die 4½prozentigen Zinsen hieraus und für sämtliche aus Anlaß des Schuldverhältnisses dem darleihenden Fonde irgendwie erwachsenden Kosten die Haftung als Gesamtschuldner notariell übernehmen;

II. für das Kapital mit obigen Verzinsungs- und Heimzahlungsmodalitäten auf dem Anwesen der .... Eheleute,

An
die K. Universitäts-Hauptkasse.

Hs.-Nr. ....

bestehend aus den mit ℳ .... gegen Brand versicherten Gebäuden und .... aus ....

Hektaren .... Aren .... Quadratmetern

in de Steuergemeinde ....

gelegenen Grundstücken mit einer Verhältniszahl von *7 Ganze* ⁴/₁₀ nebst .... im Nachgange von *6000 und 1000 ℳ desselben Fonds* an ausschließend .... Rangstelle Hypothek bzw. Sicherungshypothek errichtet wird und die Schuldner beim Grundbuchamt beantragen, daß in der Eintragungsbestätigung die der bestellten Hypothek im Range vorgehenden oder gleichstehenden Rechte bezeichnet werden.

III. im Grundbuche die Vormerkung gemäß § 1179 bzw. 8o3 BGB. erfolgt, daß im Fall der Vereinigung der dem Universitäts-Guthaben vorangehenden Hypothek....... mit dem Eigentum entweder die Löschung dieser Hypothek....... bewirkt oder doch auf eine Rangeinräumung verzichtet wird.

IV. außer einer den vorstehenden Bedingungen entsprechenden notariellen und mit der Vollstreckungsklausel gemäß § 794 Ziffer 5 mit § 739 der Z.-Pr.-O. versehenen Schuldurkunde ein die Eintragung des jetzt bewilligten Fondskapitals ausweisender und nicht vom Tage dieses Eintrags datierter, beglaubigter Grundbuchauszug in Vorlage gebracht wird, wogegen die Erteilung eines Hypothekenbriefes ausgeschlossen ist.

Von gegenwärtiger Entschließung hat das K. U.R.A. unter Rückschluß der anruhenden *4* Gesuchsbelege, nämlich: *1 Grundkataster-Auszug, 2 Brandversicherungs-Urkunden, 1 Grundbuchs-Auszug* dem *Gesuchsteller* mit dem Beifügen Kenntnis zu geben, daß bezüglich des Verzinsungsbeginnes besondere Entschließung für den Fall vorbehalten bleibe, wenn binnen acht Tagen, von Zustellung der Signatur der K. Hauptkasse an gerechnet, die Erklärung abgegeben wird, daß die Auszahlung des Darlehens für einen genau zu bezeichnenden Zeitpunkt **nach** dem .... gewünscht werde.

Der derzeitige Rektor:

Der Referent des K. Verwaltungs-Ausschusses:

Anlage Nr. 9.

Schuldurkunde und Eintragungsbewilligung
für die
Landes-Versicherungsanstalt Württemberg in Stuttgart.

K. Grundbuchamt *Kornwestheim*

Verhandelt den 30. September 1912

Anwesend

Grundbuchbeamter: *stellv. Bezirksnotar Schwarz.*

Vor mir erscheinen heute von Person und als geschäftsfähig bekannt
1. Bapt. Träuble, Karusselbesitzer hier
2. dessen Ehefrau Kreszentia, geb. Kiesle

und erklären mit dem Ersuchen um Beurkundung:

Wir bekennen, daß wir der

Landes-Versicherungsanstalt Württemberg in Stuttgart

ein bares Darlehen von

Mk. *7000*

mit Worten *Siebentausend Mark* schuldig geworden sind.

Die Bedingungen, unter welchen wir dieses Darlehen erhalten und zu deren pünktlicher Erfüllung wir als Gesamtschuldner uns verpflichten, sind folgende:

1. Das Darlehen ist mit *3,5* Prozent für das Jahr zu verzinsen und der Zins jährlich je am *1 Oktober* erstmals am *1. Oktober 1913* kostenfrei in Stuttgart zu entrichten.
2. Das Darlehen ist in *35* gleichbleibenden, Zins und Tilgungsbetrag in sich schließenden Jahresrenten von *350* Mk. wieder zurückzuzahlen. Die erste Jahresrente verfällt am *1. Oktober 1913.*

   Die Landes-Versicherungsanstalt entbindet aber die Darlehensnehmer von der Entrichtung der Tilgung, solange und insoweit etwa die Rückerstattung des dargeliehenen Kapitals oder eines Teils desselben durch eine mit Zustimmung der Landes-Versicherungsanstalt abgeschlossene, in ausreichender Form sichergestellte Lebensversicherung gewährleistet ist. Kommt bei Eintritt des Versicherungsfalles die Versicherungssumme planmäßig zur Auszahlung an die Landes-Versicherungsanstalt, so erlischt ihre Forderung gegenüber den Darlehensnehmern in Höhe des zur Auszahlung kommenden Betrages. Die Schuldner verpflichten sich, denjenigen Rest des Darlehens, der bei Auszahlung der Versicherungssumme etwa noch verbleibt oder der bei vorzeitiger Auflösung des Versicherungsverhältnisses nicht durch Rückkauf oder durch Umwandlung der bestehenden Versicherung in eine prämienfreie gedeckt ist, in der in Absatz 1 bezeichneten Weise durch Entrichtung einer aus der ursprünglichen Darlehenssumme berechneten Jahresrente zu tilgen. Es sind dann also von dem nächstfolgenden Fälligkeitstermine bis zur völligen Abtragung des Darlehensrestes jährlich an Zinsen und an Tilgungsbetrag zusammen *350* Mk. zu entrichten.

Beiden Teilen steht außerdem das Recht der 1/4jährlichen Kündigung zu. Von demselben wird die Gläubigerin in der Regel keinen Gebrauch machen, solange das Versicherungsverhältnis zur Anstalt fortbesteht, den in § 2 ihrer Darlehensgrundsätze*) bezeichneten Anforderungen genügt wird und außerdem die Zahlungen von Zins und Tilgungsbetrag pünktlich erfolgen.

Den Schuldnern ist überdies gestattet, ohne vorherige Kündigung auf den 15. jeden Monats außerordentliche Kapitalrückzahlungen in runden Summen von mindestens 100 Mk. an zu machen. Erfolgen solche Rückzahlungen nach diesem Zeitpunkt, so treten sie erst mit dem 15. des nächsten Monats außer Verzinsung.

3. Falls die Schuldner mit der Rentenzahlung oder der Rückzahlung des gekündigten Kapitals um mehr als einen Monat über den Verfalltermin in Verzug kommen, ist aus dem jeweils noch bestehenden Darlehen für das betreffende Jahr 1/2 Prozent weiter an Zins zu bezahlen, also 4 Prozent statt 3,5 Prozent.
4. Unterbrechen die Schuldner die regelmäßigen Zahlungen durch außerordentliche Abzahlungen, so sind vorbehältlich anderweitiger Vereinbarung auch für die Folge die gleichen Rentenbeträge unter entsprechender Verminderung der Rentenjahre insolange fortzuentrichten, bis das Restkapital vollständig getilgt ist.
5. Alle Zahlungen sind an die Landes-Versicherungsanstalt kostenlos in Reichswährung zu leisten, entweder durch bare Einzahlung an ihre eigene Kasse in Stuttgart oder durch Einzahlung auf ihr Girokonto bei der Allgemeinen Rentenanstalt in Stuttgart oder auf ihr Girokonto Nr. 148 bei der Städtischen Sparkasse Stuttgart oder auf ihr Postscheckkonto Nr. 1161.
6. Die Landes-Versicherungsanstalt hat das Recht, zu jeder Zeit von dem Zustand der belasteten Grundstücke Einsicht zu nehmen oder durch einen Bevollmächtigten nehmen zu lassen; die Schuldner sind verpflichtet, ihr auf Verlangen die nötigen Belege hierüber an die Hand zu geben.
7. Die Landesversicherungsanstalt hat das Recht, außer den gesetzlich zulässigen Fällen, die sofortige Heimzahlung des ganzen Kapitals ohne Einhaltung einer Kündigungsfrist zu verlangen, wenn:
   a) die Schuldner mit der Rentenzahlung länger als einen Monat nach Verfall im Rückstand bleiben;
   b) die Zwangsverwaltung oder Zwangsversteigerung der belasteten Grundstücke oder eines Teils derselben eingeleitet wird;
   c) die Schuldner oder die Grundstückseigentümer oder auch nur einer von ihnen in Konkurs geraten;
   d) die belasteten Grundstücke ganz oder teilweise veräußert werden und wegen Regelung der Hypothek mit der Landes-Versicherungsanstalt ein Abkommen nicht getroffen wird;
   e) die Rechtsgültigkeit oder der Rang der Hypothek bestritten wird;
   f) eine so bedeutende Verminderung des Wertes der belasteten Grundstücke eingetreten ist, daß selbst nach Abzug etwa gemachter Kapitalrückzahlungen eine den ursprünglichen Darlehensbedingungen entsprechende Sicherheit nicht mehr besteht und endlich
   g) wenn die Versicherung der belasteten Gebäude nebst Zubehörden gegen Feuersgefahr aufgehoben oder vermindert wird.
8. Wir unterwerfen uns bezüglich der vorbezeichneten Darlehensschuld und der daraus zu entrichtenden Zinsen bei eintretender Fälligkeit des

*) Dieser § 2 hat folgenden Wortlaut:
„Die zu bewohnenden Wohngebäude müssen nach Lage und baulicher Beschaffenheit, nach der Zahl und Größe der Räume usw. den Anforderungen genügen, welche im Interesse der Gesundheit und Sittlichkeit der Bewohner in Gemäßheit des § 5 der Verfügung des Ministeriums des Innern über die Wohnungsaufsicht vom 21. Mai 1901 (Reg.-Bl. S. 131) und der nach § 6 dieser Verfügung zu Recht bestehenden weitergehenden bezirks- oder ortspolizeilichen Vorschriften zu stellen sind."

Kapitals oder der Zinsen der sofortigen Zwangsvollstreckung in unser gesamtes Vermögen und insbesondere bezüglich der belasteten Grundstücke in der Weise, daß die Zwangsvollstreckung aus dieser Urkunde in Ansehung der Hypothek auch gegen den jeweiligen Eigentümer der Grundstücke zulässig sein soll.

Ich, der Ehemann, erkläre im voraus, daß ich die Zwangsvollstreckung in das meiner Verwaltung und Nutznießung unterliegende Vermögen meiner Ehefrau dulde.

9. Als Grundstückseigentümer ermächtigen wir die Landes-Versicherungsanstalt Württemberg, in unserem Namen die Löschung der mittels des neuen Darlehens zur Abzahlung kommenden Vorhypotheken zu beantragen und zu bewilligen, insbesondere aber auch zur Sicherung des Anspruchs auf Löschung eine Vormerkung in das Grundbuch eintragen zu lassen (§ 1179 des Bürgerl. Gesetzbuchs).

10. Für ihre vorbezeichneten Ansprüche bestellen wir der Landes-Versicherungsanstalt **unter Ausschluß der Erteilung eines Hypothekenbriefs** eine Hypothek an nachstehendem Grundstück mit der Verpflichtung, der Landes-Versicherungsanstalt die unbedingt erste Stelle zu verschaffen

Grundbuchhauptnummer 1652 Abt. 1 Nr. 1 Holzgrundstrasse

Gebäude 19	*Wohnhaus und Hofraum*	*95 qm*
Plan Nr. 4229/1	*Gemüsegarten*	*65 qm*
		1 a 60 qm

Wir beantragen:

a) die **Buchhypothek** an nächst offener Stelle, sowie die Unterwerfung unter die sofortige Zwangsvollstreckung in das Grundbuch einzutragen;

b) auf Grund der übergebenen Urkunde den vom Gemeinderat festgestellten Schätzungswert der Grundstücke im Grundbuch und im Zeugnis zu vermerken, die Schätzungsurkunde aber der Landes-Versicherungsanstalt wieder zurückzugeben;

c) der Landes-Versicherungsanstalt ein Zeugnis*) über die erfolgte Eintragung der Hypothek, sowie eine vollständige Ausfertigung gegenwärtiger Urkunde, welche zugleich die Schuldurkunde im Sinne des § 58 der Grundbuchordnung bildet, zu erteilen und hinsichtlich der jeweils fälligen Zinsen und Tilgungsbeträge für vollstreckbar zu erklären.

Auf Benachrichtigung im Sinne des § 55 der Grundbuchordnung verzichten wir.

d) Von dem Grundst. Pl.-Nr. 1652 Nr. 1 die Pl.-Nr. 4229 Straßenplatz — 24 qm abzuschreiben und als selbständiges Grundstück einzutragen. Gemäß der Bestimmung in Z. 9 weisen wir die Gläubigerin an, mit dem neuen Darlehen die Buchhypothek des *Adolf Glöckler*, Kaufmann in Eßlingen im Betrage von 7000 Mk. abzulösen und die Löschung desselben zu bewirken. Wir stimmen dieser Löschung im voraus zu, und verzichten auch hier auf Bekanntmachung.

Vorgelesen, genehmigt und eigenhändig unterschrieben

gez. Bapt. Träuble *gez. Kresz. Träuble*

gez. Schwarz.

Ausgefertigt von der Landes-Versicherungsanstalt Württemberg in Beziehung auf die jeweils fälligen Zinsen und Kapitalrenten zum Zwecke der Zwangsvollstreckung erteilt.

Kornwestheim, 1. Oktober 1912 K. Grundbuchamt.

gez. Schwarz.

(Siegel)

*) Auf Seite 1 des amtlichen Formulars des Grundbuch-Zeugnisses kann der Vordruck: „Aus den Grundakten" bis „ist bezahlbar" gestrichen werden.

Für die Hypothek haften folgende Grundstücke:

Gebäude und Platz Nr.	Kartennummer	ha	a	qm	Wo gelegen?	Wertangaben
Gebäude Nr. 19	12			95	Holzgrundstraße Wohnhaus	Gemeinderätliche Schätzung vom 11. Sept. 1912
Plan Nr. 4229/1				65	Gemüsegarten	
			1	60		Mk. 14 000.—

Entwurf.

Den *10. August* 1912.

1. **Schreiben der Kasse** an

Beilagen: ....

Herrn Bapt. Träuble, Karusselbesitzer

Auf das Schreiben vom *6. Aug.*

in

Kornwestheim

Sie .... beabsichtigen, ein *Wohnhaus mit kleinem Stallgebäude* zu erbauen und zur Bezahlung der Baukosten nach Erstellung des Gebäudes von der Versicherungsanstalt ein Darlehen aufzunehmen.

Die uns von *Ihnen* eingesandten Baupläne haben wir der bei der K. Zentralstelle für Gewerbe und Handel bestehenden Beratungsstelle für das Baugewerbe zur Prüfung übergeben. Die Beratungsstelle will durch diese Prüfung auf eine zweckmäßige Bauweise und Grundrißanordnung, sowie auf die Erzielung heimischer Formen unter möglichster Anlehnung an den vorhandenen Plan hinwirken; dabei nimmt sie nötigenfalls eine Überarbeitung der Pläne vor.

Die von der Beratungsstelle zu den Bauplänen gemachten Abänderungsvorschläge sind in der Beilage aufgeführt und in Zeichnungen, welche den wieder zurückfolgenden überarbeiteten Plänen beiliegen, dargestellt. Die Ausführung der vorgeschlagenen Verbesserungen möchten wir dringend empfehlen. Nach der Ansicht der Beratungsstelle dürften damit keine erheblichen Mehrkosten verbunden sein.

Wir bitten, uns in **Bälde** mitzuteilen, ob Sie *nunmehr* bereit sind, den Abänderungsvorschlägen der Beratungsstelle Rechnung zu tragen oder aus welchen Gründen Sie die Ausführung unterlassen wollen.

Auch bitten wir um Mitteilung darüber, ob Sie ein Wohnhaus bisher schon besessen haben.

Unsere Entscheidung über die Darlehensfrage bleibt vorläufig ausgesetzt.

2. **Termin notieren.**

Anlage Nr. 9a.

Nr. ....
(Dieselbe wolle bei Mitteilungen zur Sache angegeben werden).

München, den .... 19...
(Holbeinstr. Nr. 11)

Landesversicherungsanstalt Oberbayern.

An

....
....
....

....
....

Betreff:

Darlehensgesuch.

Beilagen:

1 Kaufvertragsausfertigung,
1 Grundsteuerkatasterauszug,
1 Messungsverzeichnisauszug,
1 Brandversicherungsurkunde,
....
....
....
....
....
....

Der Vorstand hat beschlossen ....
....
....
....
....
....
....
....

ein Hypothekdarlehen von .... Mk.

(m. W. .... Mark)
unter folgenden Bedingungen und Vorbehalten zu gewähren:

1) Das Darlehen ist vom Tage der Hingabe an jährlich mit *4* vom Hundert zu verzinsen und mit *1* vom Hundert unter Hinzurechnung der jeweiligen Zinsersparnisse zu tilgen. Die erste Tilgungsrate ist

am .... 19..... zu entrichten.
....
....

2) Das Darlehen ist nach vorgängiger halbjähriger, beiden Teilen jederzeit freistehender Kündigung bar und kostenfrei zurückzuzahlen.

Die Landesversicherungsanstalt behält sich, abgesehen von den gesetzlichen Fälligkeitsgründen, das Recht vor, das Darlehen jederzeit ganz oder teilweise ohne Kündigung sofort zur Rückzahlung zu verlangen, wenn

a) eine Änderung in der Zweckbestimmung des belehnten Besitztums eintritt, oder

b) der Wert desselben sich dermaßen verringert, daß die bei der Belehnung angenommene Sicherheit zweifelhaft erscheint, oder

c) ein Besitzwechsel oder auch nur eine teilweise Veräußerung des Pfandbesitztums erfolgt, oder

d) über das letztere oder einen Teil desselben auf Betreiben der Landesversicherungsanstalt oder eines Dritten das Zwangsverwaltungs- oder Zwangsversteigerungsverfahren eingeleitet oder über das Vermögen der Schuldner oder Pfandanwesensbesitzer das Konkursverfahren eröffnet wird, oder

e) Zinsen und Tilgungsraten nicht rechtzeitig abgeführt werden.

Solange von der beiderseitigen halbjährigen Kündigungsbefugnis oder von dem Rechte der Landesversicherungsanstalt, die sofortige Darlehensheimzahlung ohne Kündigung zu verlangen, kein Gebrauch gemacht wird, ist für die Verzinsung und Tilgung des Darlehens der .... einer Nachtragsurkunde zu der zu errichtenden notariellen Schuld- und Hypothekbestellungsurkunde als wesentlicher Bestandteil einzuverleibende **Schuldentilgungsplan**, welchem die in Ziffer 1 bezeichnete Verzinsung und Tilgung sowie halbjährige Zahlungstermine — 1. Juni und 1. Dezember — zugrunde zu legen sind, maßgebend.

Durch die Verpflichtung zur Darlehenstilgung nach Maßgabe des ebenerwähnten Tilgungsplanes wird das Recht der Landesversicherungsanstalt, unter Umständen die sofortige Darlehensheimzahlung ohne Kündigung zu verlangen und das Recht der beiderseitigen halbjährigen Kapitalskündigung in keiner Weise beeinträchtigt. Der Tilgungsplan hat vielmehr für die Verzinsung und Tilgung des Darlehens nur solange Geltung, als von dem der Landesversicherungsanstalt eingeräumten Rechte, die sofortige Darlehensheimzahlung ohne Kündigung zu verlangen oder von dem beiden Teilen zustehenden halbjährigen Kündigungsrechte kein Gebrauch gemacht wird.

Da der Tilgungsplan zur Vermeidung einer Verzögerung der Darlehensauszahlung einer **Nachtragsurkunde** zur Schuld- und Hypothekbestellungsurkunde einverleibt werden soll, hat der Schuldner in der letzteren seine Verpflichtung zur nachträglichen Tilgungsplaneinverleibung ausdrücklich anzuerkennen.

3) Die Zinsen und Tilgungsraten sind jeweils **pünktlich** am **1. Juni** und **1. Dezember** an die **K. Filialbank dahier**, Promenadestraße Nr. 1, mit der Angabe, daß das Geld für die Landesversicherungsanstalt Oberbayern gehört, **kostenfrei** einzusenden. Bei Einzahlung mittelst Postschecks oder Zahlkarte sind auch die dem Geldempfänger hiedurch erwachsenden Gebühren gleichzeitig miteinzusenden. Bei nicht rechtzeitiger Einzahlung ist — unbeschadet des oben in Ziffer 2 erwähnten Rechtes der Landesversicherungsanstalt, die sofortige Kapitalsheimzahlung ohne Kündigung zu verlangen — als Vergütung für den der Landesversicherungsanstalt durch die verspätete Einzahlung zugehenden Schaden ein Bauschbetrag von 2 ½ vom Hundert aus dem fälligen Betrage für die Zeit vom Fälligkeits- bis zum Einzahlungstage mitzuentrichten.

....

....

4) Für das Darlehen in Haupt- und Nebensache hat Schuldner durch Errichtung einer **Buchhypothek** an **ausschließend erster** .... **Rangstelle** das Besitztum ....

....

....

....

....

nebst den Kraft gesetzlicher Vorschrift mithaftenden Werten zu verpfänden.

Die Bildung eines Hypothekenbriefes soll ausgeschlossen sein ....

....

....

Das zu verpfändende, hinsichtlich der Gebäulichkeiten z. Zt. mit .... Mk. gegen Brandschaden versicherte Besitztum ist in der Schuld- und Hypothekbestellungsurkunde, in welcher auch die Brandversicherungssumme vorzumerken ist, genau zu beschreiben. Die Brandversicherungssumme darf ohne Zustimmung der Landesversicherungsanstalt Oberbayern nicht verringert werden.

....

....

5) Zur Sicherung von nicht bevorzugten Zinsen, Kosten und Schäden ist aus dem bewilligten Darlehen eine **Sicherungshypothek** bis zum Höchstbetrage **von zehn** vom Hundert im Gleichrange mit der Haupthypothek zu errichten.

6) Im Falle des gänzlichen oder teilweisen Erlöschens der Forderungen der Landesversicherungsanstalt sowohl hinsichtlich der Haupthypothek als auch hinsichtlich der Sicherungshypothek sind die durch die Vereinigung der Hypotheken mit dem Eigentume in einer Person entstehenden **Eigentümerhypotheken** im Grundbuche löschen zu lassen und ist diese Bestimmung in demselben vorzumerken.

7) Schuldner hat sich wegen seiner Verbindlichkeiten gegenüber der Landesversicherungsanstalt und zwar sowohl hinsichtlich des Kapitals als auch hinsichtlich der jeweils fälligen Zinsen und Tilgungsraten der **sofortigen Zwangsvollstreckung** und zwar nicht nur persönlich, sondern auch in Ansehung der Hypotheken in der Weise zu unterwerfen, daß die Zwangsvollstreckung aus der zu errichtenden Schuld- und Hypothekbestellungsurkunde gegen die jeweiligen Eigentümer des zu verpfändenden Besitztums zulässig sein soll.

Da nach den vorliegenden Urkunden der K. Versicherungskammer, Abt. für Brandversicherung, die zu verpfändenden Gebäulichkeiten ....

.... in **vorläufiger** Weise nur bis **30. September 19**... gegen Brandschaden versichert sind, hat Schuldner sich zu verpflichten, **so bald wie möglich, spätestens aber bis** .... **19**.... der Landesversicherungsanstalt den Nachweis über die **endgültige** Versicherung der betreffenden Gebäulichkeiten durch Vorlage der neuausgestellten Brandversicherungs-Urkunden zu erbringen.

....

....

8) Schuldner hat sich zu verpflichten, der Landesversicherungsanstalt jeweils die Geschäfts- und Rechenschaftsberichte sowie in beglaubigter Abschrift die Berichte über die sämtlichen mindestens alle 2 Jahre stattfindenden Prüfungen der Einrichtungen der Genossenschaft und deren Geschäftsführung vorzulegen.

Die auf die Beurkundung des Schuldbekenntnisses und der Hypothekbestellung usw. erwachsenden Kosten hat **Schuldner** zu tragen.

10) Sämtliche vorstehende Bedingungen und Vorbehalte sind in die zu errichtende Schuld- und Hypothekbestellungsurkunde aufzunehmen.

In der letzteren ist auch zu beantragen, daß die **wesentlichen** Punkte der Eintragung ins Grundbuch in der grundbuchamtlichen Eintragungsbestätigung **einzeln** bezeichnet werden und daß in letzterer ausdrücklich festgestellt wird, daß

....

....

....

keinerlei Hypotheken oder Dienstbarkeiten oder sonstige Rechte Dritter den Hypotheken der Landesversicherungsanstalt im Range vorgehen oder gleichstehen.

11) Wegen Aufstellung des Schuldentilgungsplanes und Einverleibung desselben in die zu errichtende Nachtragsurkunde wird noch besondere Mitteilung ergehen.

....

....

12) Die Auszahlung des Darlehensbetrages erfolgt nach Vorlage einer den gestellten Bedingungen entsprechenden vollstreckbaren Ausfertigung der gerichtlich vollzogenen Schuld- und Verpfändungsurkunde nach Maßgabe der jeweils verfügbaren Barmittel.

....

....

....

13) Gegenwärtiges Schreiben samt Beilagen ist dem beurkundenden K. Notar vor Errichtung der Schuld- und Hypothekbestellungsurkunde zur Einsichtnahme vorzulegen.

Anlage Nr. 10.

Geschehen am...

Darlehens-Vertrag.

Zwischen

1. der Firma Daimler-Motoren-Gesellschaft, AG. in Stuttgart-Untertürkheim, vertreten durch
2. Herrn Dr. Robert Bosch, Fabrikant in Stuttgart, und
3. der Gartenstadt „Eigenes Heim", Gemeinnützigen Einfamilienhäuser-Baugenossenschaft, Sitz Cannstatt, e. G. m. b. H., vertreten durch die Vorstandsmitglieder

wird heute nachstehender Darlehensvertrag abgeschlossen:

Die Gartenstadt „Eigenes Heim", Gemeinnützige Einfamilienhäuser-Baugenossenschaft, Sitz Cannstatt, e. G. m. b. H., errichtet auf ihrem auf Markung Untertürkheim gelegenen Baugelände die Einfamilienhäuser-Kolonie „Luginsland" für Minderbemittelte.

Die I Bauserie mit 55 Häusern und die II. Bauserie mit 33 Häusern ist 1913 erstellt und bezogen worden; die III. Serie mit 22 Häusern ist im Bau und soll bis 1. Oktober 1914 bezugsfertig sein. Der Meßgehalt der III. Serie beträgt 39 a und 42 qm. Der Rest des Gesamtareals mit 3 ha 71 a 83 qm bleibt zunächst noch unüberbaut.

Für den Ausbau der III. Bauserie stehen zur Deckung des Gesamtaufwands von etwa 240 000 Mk. zur Verfügung:

a) Anzahlungen der Hausanwärter mit 15 % des Grundwerts und Bauaufwands;
b) Hypothekendarlehen der Versicherungsanstalt Württemberg (gegen Bürgschaft der Stadtgemeinde Stuttgart) in Höhe von 75 % des amtlichen Schätzungswerts der III. Bauserie.

Sodann entfallen von den laut Darlehensvertrag vom **1./6. September 1913** verwilligten Hypothekendarlehen der Firma Daimler-Motoren-Gesellschaft in Untertürkheim von 110 000 Mk. und des Herrn Dr. Robert Bosch in Stuttgart von 55 000 Mk., welche auf dem seither unüberbauten Areal sichergestellt sind, auf die III Bauserie 7000 Mk. und 3500 Mk., zusammen 10 500 Mk

Außerdem gewährt die Firma Daimler-Motoren-Gesellschaft AG. in Untertürkheim der Baugenossenschaft für die III. Bauserie ein Darlehen von 5 % des amtlichen Schätzungswerts der 22 Häuser mit Einschluß des Grund und Bodens; wird der oben als voraussichtlicher Aufwand genannte Betrag von 240 000 Mk. bei der amtlichen Schätzung erreicht, so würde dieses Darlehen 12 000 Mk betragen.

Für sämtliche auf die Bauserie entfallende Darlehensbeträge gelten in Anwendung des Darlehensvertrags vom **1./6. September 1913** folgende

Bestimmungen:

1. Die Ausbezahlung des neuen Darlehens der Daimler-Motoren-Gesellschaft in Untertürkheim von voraussichtlich 12 000 Mk. erfolgt gegen Eintragung der in Ziff. 8 bewilligten Sicherungshypothek im Grundbuch auf Grund einer von der Stadtgemeinde Stuttgart bzw. dem städtischen Hochbauamt auszustellenden Anweisung.

2. Die Darlehen sind mit 3,5 % für das Jahr zu verzinsen und der Zins einhalbjährlich je am 30. Juni und 31. Dezember, erstmals am 31. Dezember 1914, kostenfrei zu entrichten.

3. Die Tilgung der Darlehen erfolgt innerhalb 30 Jahren in gleichbleibenden, Zins- und Kapitalrate in sich schließenden Jahresrenten. Ihre Höhe und der Zeitpunkt des erstmaligen Verfalls wird später noch festgestellt werden.

4. Der Genossenschaft wird gestattet, ohne vorherige Kündigung außerordentliche Kapitalrückzahlungen zu machen.

Unterbricht die Genossenschaft die nach Ziff. 3 bestehenden regelmäßigen Tilgungen durch außerordentliche Abzahlungen, so sind vorbehältlich anderweitiger Vereinbarung auch für die Folge die gleichen Rentenbeträge unter entsprechender Verminderung der Rentenjahre insolange fortzuentrichten, bis das Restkapital vollständig getilgt ist.

5. Alle Zahlungen sind an die Gläubiger kostenlos in Reichswährung zu leisten.

6. Die Darlehen können von den Gläubigern bis **1. Januar 1924** der Genossenschaft nicht gekündigt werden.

Vom 1. Januar 1924 an, also erstmals auf 1. Juli 1924, steht den Gläubigern ein 1/2 jährliches Kündigungsrecht zu. Von demselben werden sie jedoch gleich der Versicherungsanstalt Württemberg, voraussichtlich keinen Gebrauch machen, solange die Zahlungen von Zins- und Kapitalraten pünktlich erfolgen.

7. Für die seitherigen Darlehen der Gläubiger von 110 000 Mk. und 55 000 Mk. sind auf dem im Grundbuch von Untertürkheim Heft Nr. 2137 Abt. P Nr. 1, 4, 5, 7, 8, 10, 11, 13, 16, 23, 24 eingetragenen Grundstücken der Genossenschaft Parz. Nr. 1815/1, 1815/2, 1815/3, Gebäude Nr. 143, Parz. Nr. 1952/3, 1819, 1915/2, 1933, 1820, 1932/1, 1936 und 1854/13 im Meßgehalt von zusammen 8 ha 04 ar 06 qm am 29. September 1913 Hypotheken mit unter sich gleichen Rang bestellt worden und zwar nach Abt. III Nr. 18 für die Firma Daimler-Motoren-Gesellschaft AG. in Untertürkheim eine Hypothek im Betrage von 110 000 Mk. und nach Abt. III Nr. 19 für Herrn Dr. Robert Bosch, Fabrikant in Stuttgart eine Hypothek im Betrage von 55 000 Mk.

Von den belasteten Grundstücken ist der gesamte Straßenplatz einschließlich der öffentlichen Plätze an die Stadtgemeinde Stuttgart zu Eigentum abgetreten worden, auch sind bzw. werden die Grundstücke, wie eingangs erwähnt, mit den 22 Häusern der III. Bauserie teilweise überbaut. Die Grundstücke sind deshalb neu vermessen worden. Nach der Meßurkunde des Katastergeometers Wöhrwag in Untertürkheim vom 21. Juli 1914 sind nun

a) Grundstücke der III. Bauserie:

Fellbacherstraße

Parz. Nr.	1829/8	2 a	48 qm,	Parz. Nr.	1829/9	1 a	32 qm
„ „	1829/10	2 a	56 qm.				

Barbarossastraße

Parz. Nr.	1817/4	2 a	26 qm,	Parz. Nr.	1817/5	2 a	39 qm
„ „	1817/6	2 „	56 „	„ „	1817/7	1 „	99 „
„ „	1817/8	1 „	81 „				

Goldbergstraße

Parz. Nr. 1832/1 1 a 91 qm, Parz. Nr. 1832/2 1 a 97 qm

Konradstraße

Parz. Nr.	1833/11	2 a	23 qm,	Parz. Nr.	1833/12	1 a	14 qm
„ „	1833/13	1 „	59 „	„ „	1843/1	1 „	99 „
„ „	1843/2	1 „	01 „	„ „	1843/3	1 „	63 „
„ „	1844/1	1 „	63 „	„ „	1844/2	1 „	46 „
„ „	1849/1	1 „	46 „	„ „	1849/2	1 „	— „
„ „	1849/3	1 „	— „	„ „	1849/4	1 „	53 „

im Meßgehalt von zusammen 39 a 42 qm.

b) Grundstücke, welche vorerst unüberbaut bleiben:

im Flohberg

Parz. Nr.	1827	36 a	82 qm,	Parz. Nr.	1815	51 a	38 qm
„ „	1833/14	12 „	73 „	„ „	1833/10	10 „	72 „
„ „	1839	77 „	39 „	„ „	1844/3	64 „	41 „

Hiezu kommen die im Grundbuch von Untertürkheim Heft 2137 Abt. I Nr. 1, 5, 7, 8, 16, 119, 120, 132, 124, 127, 128, 129, 130, 10, 23 eingetragenen Grundstücke der Genossenschaft, nämlich:

im Flohberg

Parz.	Nr.	1952/3	2	a	01 qm,	Parz.	Nr.	1915/2	12	a	92 qm
„	„	1933	2	„	79 „	„	„	1936	4	„	80 „
„	„	1932/1	3	„	79 „	„	„	1812	14	„	73 „
„	„	1813	36	„	14 „	„	„	1820	50	„	93 „
„	„	1835	50	„	51 „	„	„	1850	20	„	— „
„	„	1854	13	„	68 „	„	„	1860	46	„	19 „
„	„	1864	34	„	37 „	„	„	Gebäude Nr. 15 a			

Goldbergstraße 1 a 07 qm Gebäude Nr. 143 Fellbacherstraße 4 a 47 qm im Meßgehalt von zusammen 5 ha 71 a 83 qm.

Die Gläubiger verteilen ihre Forderungen von 110 000 Mk. und 55 000 Mk. in der Weise, daß künftig ausschließlich haften:

die Grundstücke lit. a

für die Daimler-Motoren-Gesellschaft, AG. in Untertürkheim für . 7000 Mk.
für Herrn Dr. Robert Bosch, Fabrikant in Stuttgart für je . . . 3500 Mk.

die Grundstücke lit. b

für die Daimler-Motoren-Gesellschaft, AG. in Untertürkheim für 103 000 Mk.
für Herrn Dr. Robert Bosch, Fabrikant in Stuttgart für . . . 51 500 Mk.

Die Gläubiger bewilligen und die Genossenschaft beantragt die Eintragung der Hypothekenteilung im Grundbuch.

8. Die Baugenossenschaft bewilligt und beantragt zur vorläufigen Sicherung des Darlehens der Daimler-Motoren-Gesellschaft, AG. in Untertürkheim von voraussichtlich 12 000 Mk. die Eintragung einer **Sicherungshypothek** gemäß § 1190 BGB. **im Höchstbetrag von 23 000 Mk.** auf den Grundstücken Ziffer 7 lit. a mit Rang nach der Sicherungshypothek der Versicherungsanstalt Württemberg in Stuttgart im Höchstbetrag von 200 000 Mk.

Die in Ziffer 7 genannten Gläubiger der auf den Grundstücken Ziffer 7 lit. a ruhenden Hypotheken von 7000 Mk. und 3500 Mk., welche gleichen Rang haben, und die Genossenschaft vereinbaren, daß die neue Hypothek von 13 000 Mk. gleichen Rang mit den Hypotheken von 7000 Mk. und 3500 Mk. haben soll; sie beantragen Eintragung der Ranggleichheit im Grundbuch.

Über die erfolgte Hypotheken-Eintragung ist der Gläubigerin ein Zeugnis zu erteilen.

9. Die Gläubiger haben laut Ziff. 6 Abs. 3 des Darlehensvertrags vom 1./6. September 1913 der Genossenschaft gestattet zum Zwecke der Beschaffung der erforderlichen Geldmittel, mit dem Rang vor ihren obengenannten sämtlichen Hypotheken die in Ziffer 7 genannten Grundstücke mit Hypotheken belasten zu dürfen und zwar die Grundstücke lit. a bis zu 80 %, die Grundstücke lit. b, wenn und soweit sie überbaut werden und die Beschaffung der Geldmittel bis zu 80 % des amtlichen Schätzungswerts der zu errichtenden Anwesen (Gebäude) gesichert ist, ebenfalls bis zu 80 %, soweit sie **unüberbaut** bleiben, bis zu 50 % ihres festzustellenden amtlichen Schätzungswerts.

Insolange als der amtliche Schätzungswert der Grundstücke lit. a noch nicht festgestellt ist bzw. festgestellt werden kann, räumen die Gläubiger der Genossenschaft das Recht ein, auf den Grundstücken lit. a zur vorläufigen Sicherung des von der Versicherungsanstalt Württemberg in Stuttgart der Genossenschaft gewährten Darlehens von voraussichtlich 180 000 Mk. eine Sicherungshypothek gemäß § 1190 BGB. im Höchstbetrag von 200 000 Mk. mit Rang vor ihren obengenannten sämtlichen Hypotheken von 7000 Mk., 3500 Mk. und 13 000 Mk. bestellen zu dürfen.

Außerdem hat die Genossenschaft laut Ziffer 6 Abs. 5 des Darlehensvertrags vom 1./6. September 1913 das Recht, mit dem Rang vor den sämtlichen Hypotheken der Gläubiger im Grundbuch eintragen zu lassen: das von den Eigenheimserwerbern der Genossenschaft einzuräumende dingliche Vorkaufsrecht und die Vormerkung des durch die Ausübung des Wiederkaufsrechts entstehenden Anspruchs der Genossenschaft auf Eigentumsübertragung, sowie das von den Eigenheimerwerbern der Stadtgemeinde Stuttgart zu bewilligende dingliche Vorkaufsrecht, zu dessen Einräumung durch die Eigenheimerwerber die Genossenschaft der Stadtgemeinde gegenüber verpflichtet ist. Die Eintragung im Grundbuch ist am 29. September 1913 erfolgt.

Die Genossenschaft bewilligt und beantragt weiter bei den sämtlichen Hypotheken, welche nach Ziffer 9 Abs. 1 und 2 von ihr vor den Hypotheken der Gläubiger bestellt werden dürfen, zur Sicherung des Anspruchs des jeweiligen Gläubigers der Hypothek von 13000 Mk auf Löschung gemäß § 1179 BGB. eine Vormerkung in das Grundbuch einzutragen.

10. Die Baugenossenschaft ist verpflichtet, alsbald nach Fertigstellung der Gebäude die gemeinderätliche Schätzung der einzelnen Häuser herbeizuführen und nach Empfang der Schätzungsurkunden die Eintragung von Buchhypotheken auf jedes einzelne Gebäude jeweils in Höhe das auf das betreffende Anwesen entfallenden Teil-Darlehensbetrages zu bewilligen und zu beantragen.

Die Einzelbuchhypotheken erhalten den Rang hinter der Hypothek der Versicherungsanstalt Württemberg in Höhe von 75 % des amtlichen Schätzungswertes, dem Vorkaufsrecht und der Vormerkung des Wiederkaufsrechts der Stadtgemeinde Stuttgart. Den Gläubigern ist für jedes Anwesen ein besonderes Hypothekenzeugnis zu übergeben.

11. Sämtliche durch die Vorbereitung, den Abschluß und den Vollzug des gegenwärtigen Vertrags entstehenden Kosten einschließlich aller für die grundbuchamtlichen Eintragungen zu entrichtenden Gerichtsgebühren und sonstigen Kosten hat die Genossenschaft zu tragen.

Vorstehenden Vertrag erkennen hiemit seinem Umfange nach an

Die Gläubiger:

Die Gartenstadt „Eigenes Heim", Gemeinnützige Einfamilienhäuser-Baugenossenschaft, Sitz in Cannstatt, e. G. m. b. H.

Der Vorstand:

Anlage Nr. 10 a.

Stuttgart ....

Gesehen am ....

Darlehens- und Bürgschaftsvertrag.

Zwischen

1. Der Versicherungsanstalt Württemberg in Stuttgart, vertreten durch den Vorsitzenden des Vorstands Herrn Präsidenten von Hilbert in Stuttgart,
2. der Stadtgemeinde Stuttgart, vertreten durch .... und
3. der Gartenstadt „Eigenes Heim", Gemeinnützigen Einfamilienhäuser-Baugenossenschaft, Sitz Cannstatt, e.G.m.b.H., vertreten durch die Vorstandsmitglieder die Herren

....

wird heute nachstehender Darlehens- und Bürgschaftsvertrag abgeschlossen:

I. Abschnitt.

Die Gartenstadt „Eigenes Heim" Gemeinnützige Einfamilienhäuser-Baugenossenschaft, Sitz Cannstatt, e.G.m.b.H., errichtet auf ihrem auf Markung Untertürkheim gelegenen Baugelände die Einfamilienhäuser-Kolonie „Luginsland" für Minderbemittelte.

Die I. Bauserie mit 55 Häusern und die II. Bauserie mit 33 Häusern ist 1913 erstellt und bezogen worden. Die III. Bauserie mit 22 Häusern ist in Bau und soll bis 1. Oktober 1914 bezugsfertig sein. Der Meßgehalt der III. Serie ausschließlich Straßenplatz beträgt 39 a 42 qm. Der Rest des Gesamtareals mit 5 ha 71 a 83 qm bleibt zunächst noch unüberbaut.

Für den Ausbau der III. Bauserie stehen zur Deckung des Gesamtaufwands von etwa 240 000 Mk. zur Verfügung:

a) Anzahlungen der Hausanwärter mit 15 % des Grundwerts und Bauaufwands;
b) Hypothekendarlehen der Firma Daimler-Motoren-Gesellschaft AG., in Stuttgart-Untertürkheim in Höhe von 5 % des amtlichen Schätzungswerts der 22 Häuser, also im Betrag von voraussichtlich 12 000 Mk.;
c) von den Hypothekendarlehen des Herrn Dr. Robert Bosch in Stuttgart mit 55 000 Mk. und der Firma Daimler-Motoren-Gesellschaft in Untertürkheim-Stuttgart mit 110 000 Mk., welche auf dem seither unüberbauten Areal sichergestellt sind, hieher 3500 Mk. und 7000 Mk., zusammen 10 500 Mk.

Die Versicherungsanstalt Württemberg in Stuttgart gewährt nun der Baugenossenschaft wie zum Bau der I. und II. Serie so auch zur Errichtung der III. Bauserie ein Darlehen von 75 % ihres amtlichen Schätzungswertes mit Einschluß des Grund und Bodens; wird der oben als voraussichtlicher Aufwand genannte Betrag von 240 000 Mk. bei der amtlichen Schätzung erreicht, so würde dieses Darlehen 180 000 Mk. betragen.

Die Genossenschaft anerkennt, an diesem Darlehen den Betrag von 15 200 Mk. bereits dadurch erhalten zu haben, daß das von der Versicherungsanstalt der Genossenschaft auf das unüberbaute Gelände früher gewährte Darlehen von 237 000 Mk. im Teilbetrag von 15 200 Mk. auf das neue Darlehen verrechnet wird

Für dieses neue Darlehen gelten die gleichen

Bestimmungen

wie sie durch den Darlehens- und Bürgschaftsvertrag vom 6. September 1913 für das Darlehen für die I. und II. Bauserie festgelegt worden sind, nämlich folgende:

1. Die Ausbezahlung des Darlehens erfolgt gegen Eintragung der in Ziffer 8 bewilligten Sicherungshypothek im Grundbuch und gegen die in Abschnitt II dieses Vertrags enthaltene Bürgschaftsleistung der Stadtgemeinde Stuttgart und zwar ausnahmsweise schon während der Bauzeit in Raten nach Maßgabe der verfügbaren Mittel der Versicherungsanstalt. Die Versicherungsanstalt verpflichtet sich, die Ausbezahlung bis zur Fertigstellung der Häuser nur auf Grund der von der Stadtgemeinde Stuttgart bzw. dem städt. Hochbauamt nach Maßgabe des Fortschritts der Bauten auszustellenden Anweisungen vorzunehmen (s. auch Abschnitt II Ziffer 3).

2. Das Darlehen ist mit 3,5 % für das Jahr, die einzelnen Teilzahlungen je vom Tage der Ausbezahlung an zu verzinsen und der Zins halbjährlich je am 30. Juni und 31. Dezember, erstmals am 31. Dezember 1914 kostenfrei zu entrichten.

3. Das Darlehen ist innerhalb 46 Jahren in gleichbleibenden Zins- und Kapitalrente in sich schließenden Halbjahresrenten zurückzubezahlen, wobei die bezahlten Kapitalraten halbjährlich an Kapital abgeschrieben werden. Der Zeitpunkt des erstmaligen Verfalls der Halbjahresrenten und ihre Höhe wird später noch festgestellt werden.

Beiden Teilen steht außerdem das Recht der vierteljährlichen Kündigung zu. Von demselben wird die Versicherungsanstalt in der Regel keinen Gebrauch machen, solange die Zahlungen von Zins- und Kapitalraten pünktlich erfolgen, die Eigentümer oder Mieter der erbauten Häuser vorherrschend Versicherte der Versicherungsanstalt sind und den Anforderungen genügt wird, welche an die Wohngebäude nach Lage und baulicher Beschaffenheit, nach der Zahl und Größe der Räume usw. im Interesse der Gesundheit und Sittlichkeit der Bewohner in Gemäßheit des § 3 der Verfügung des Ministeriums des Innern über die Wohnungsaufsicht vom 21. Mai 1901 (Reg.-Bl. S. 131) und der nach § 6 dieser Verfügung zu Recht bestehenden weitergehenden bezirks- oder ortspolizeilichen Vorschriften sowie nach den beigehefteten Darstellungsgrundsätzen der Versicherungsanstalt zu stellen sind.

Der Genossenschaft wird überdies gestattet, ohne vorherige Kündigung auf den 15. jeden Monats außerordentliche Kapitalrückzahlungen in runden Summen von mindestens 100 Mk. bis höchstens 10000 Mk. zu machen. Erfolgen solche Rückzahlungen nach diesem Zeitpunkt, so treten sie erst mit dem 15. des nächsten Monats außer Verzinsung.

4. Falls die Genossenschaft mit der Rentenzahlung oder der Rückzahlung des gekündigten Kapitals um mehr als 1 Monat über den Verfalltermin in Verzug kommen sollte, ist aus den jeweils noch bestehenden Darlehen für das betreffende Halbjahr ½ % weiter an Zins zu bezahlen, also 4 % statt 3,5 %.

5. Unterbricht die Genossenschaft die regelmäßigen Zahlungen durch außerordentliche Abzahlungen, so sind vorbehältlich anderweitiger Vereinbarung auch für die Folge die gleichen Rentenbeträge unter entsprechender Verminderung der Rentenjahre insolange fortzuentrichten, bis das Restkapital vollständig getilgt ist.

6. Alle Zahlungen sind an die Versicherungsanstalt kostenlos in Reichswährung zu leisten, entweder durch bare Einzahlung an ihre eigene Kasse oder durch Einzahlung auf ihr Girokonto bei der allgemeinen Rentenanstalt in Stuttgart oder auf ihr Postscheckkonto Stuttgart Nr 1161.

7. Die Versicherungsanstalt hat das Recht, außer den gesetzlich zulässigen Fällen die sofortige Heimzahlung des ganzen Kapitals ohne Einhaltung einer Kündigungsfrist zu verlangen, wenn

a) die Genossenschaft mit der Rentenzahlung länger als 1 Monat nach Verfall in Rückstand bleibt;
b) die Zwangsverwaltung oder Zwangsversteigerung der belasteten Grundstücke oder eines Teiles derselben eingeleitet wird;
c) die Baugenossenschaft in Konkurs gerät;
d) die belasteten Grundstücke ganz oder teilweise veräußert werden und wegen Regelung der Hypothek mit der Gläubigerin ein Abkommen nicht getroffen wird;
e) die Rechtsgültigkeit oder der Rang der Hypothek bestritten wird;

f) eine so bedeutende Verminderung des Wertes der belasteten Grundstücke eingetreten ist, daß selbst nach Abzug etwa gemachter Kapitalrückzahlungen eine dem ursprünglichen Darlehensbedingungen entsprechende Sicherheit nicht mehr besteht;

g) die Versicherung der belasteten Gebäude nebst Zubehörden gegen Feuersgefahr aufgehoben oder vermindert wird;

h) die Genossenschaft in Liquidation tritt und endlich

i) wenn sie überhaupt gegen eine der in gegenwärtigem Vertrag enthaltenen Darlehensbestimmungen verstoßt.

8. Die Baugenossenschaft bewilligt und beantragt zur vorläufigen Sicherung des Darlehens die Eintragung einer Sicherungshypothek gemäß § 1190 BGB. im Höchstbetrag von 200000 Mk. mit erstem Rang auf dem Gesamtareal der III. Bauserie, nämlich auf folgenden in der Meßurkunde des Katastergeometers Wöhrwag in Untertürkheim vom 21. Juli 1914 aufgeführten Grundstücken:

Fellbachstraße:

Parz.-Nr.	1829/8	2 a	48 qm,	Parz. Nr.	1829/9	1 a	82 qm
„ „	1829/10	2 „	56 „				

Barbarossastraße:

Parz. Nr.	1817/4	2 a	26 qm,	Parz. Nr.	1817/5	2 a	39 qm
„ „	1817/6	2 „	56 „	„ „	1817/7	1 „	99 „
„ „	1817/8	1 „	81 „				

Goldbergstraße:

Parz. Nr	1832/1	1 a	91 qm,	Parz. Nr.	1832/2	1 a	97 qm

Konradstraße:

Parz. Nr.	1833/11	2 a	23 qm,	Parz. Nr.	1833/12	1 a	14 qm
„ „	1833/13	1 „	59 „	„ „	1843/1	1 „	99 „
„ „	1834/2	1 „	01 „	„ „	1843/3	1 „	63 „
„ „	1844/1	1 „	63 „	„ „	1844/2	1 „	46 „
„ „	1849/1	1 „	46 „	„ „	1849/2	1 „	— „
„ „	1849/3	1 „	— „	„ „	1839/4	1 „	53 „

im Meßgehalt von zusammen 39 a 42 qm.

Ueber die Eintragung der Hypothek ist der Versicherungsanstalt ein Zeugnis aus dem Grundbuch, der Stadtgemeinde eine Bekanntmachung zu übergeben.

Von der auf sämtlichen obengenannten Grundstücken derzeit noch ruhenden im Grundbuchheft Nr. 2137 Abt. III unter Nr. 14 eingetragenen Vorhypothek der Versicherungsanstalt mit 237000 Mk., an welcher bis jetzt 189000 Mk. ausbezahlt sind, ist der Betrag von 15200 Mk. auf das neue Darlehen zu verrechnen. Hierauf ist die Hypothek an den obengenannten Grundstücken zu löschen. Die Versicherungsanstalt wird von der Genossenschaft ermächtigt, in ihrem Namen die Löschung dieser Hypothek im Grundbuch zu bewilligen und zu beantragen. Die Hypotheken des Herrn Dr. Robert Bosch und der Firma Daimler-Motoren-Gesellschaft treten hinter die neue Hypothek der Versicherungsanstalt zurück und zwar je mit ihrem auf die oben genannten Grundstücke entfallenden Teilbeträgen von 3500 Mk. und 7000 Mk. Eine Bekanntmachung des Grundbuchamts über die Löschung und den Rangrücktritt ist sowohl der Versicherungsanstalt als der Stadtgemeinde zu übergeben.

Etwa auf den Grundstücken einzutragenden Reallasten, Grunddienstbarkeiten, beschränkte persönliche Dienstbarkeiten und sonstige Lasten, wie auch das Verkaufsrecht und die Vormerkung zur Sicherung des durch die Ausübung des Wiederkaufsrechts entstehenden Anspruchs auf Eigentumsübertragung, die beim Verkauf der überbauten Grundstücke zugunsten der Genossenschaft gegenüber den Genossen einzutragen sind (vgl. Ziffer 11), haben der Sicherungshypothek im Rang nachzustehen.

9. Die Baugenossenschaft ist verpflichtet, alsbald nach Fertigstellung der Gebäude auf den in Ziffer 8 genannten Grundstücken die gemeinderätliche Schätzung der einzelnen Gebäude herbeizuführen und nach Empfang der Schätzungsurkunden in Gemeinschaft mit der Versicherungsanstalt die Eintragung von Buchhypotheken auf jedes einzelne Gebäude jeweils in Höhe von 75 % des gemeinderätlichen Schätzungswerts der betreffenden Anwesen zu bewilligen und zu beantragen. Die Einzelbuchhypotheken müssen in dem der Sicherungshypothek zustehenden I. Rang verbleiben. Der Gläubigerin ist für jedes Anwesen ein besonderes Hypothekenzeugnis zuzufertigen, desgleichen der Stadtgemeinde Stuttgart je eine Bekanntmachung hierüber.

10. Die Genossenschaft verpflichtet sich, bezüglich der vorbezeichneten Darlehensschuld und der daran zu entrichtenden Zinsen der sofortigen Zwangsvollstreckung in ihr gesamtes Vermögen sich zu unterwerfen und zwar hinsichtlich der belastenden Grundstücke in der Weise, daß die Zwangsvollstreckung gegen deren jeweiligen Eigentümer zulässig sein soll.

Die Genossenschaft hat die Unterwerfung unter die sofortige Zwangsvollstreckung (Abs. 1) spätestens jeweils anläßlich der Eintragung der Einzelhypotheken zu erklären, vollstreckbare Ausfertigung der Urkunden ist zu fertigen und mit den Hypothekenzeugnissen zu verbinden.

Hinsichtlich des bereits enthaltenen Darlehensbetrags von 15 200 Mk. und der je daraus zu entrichtenden Zinsen unterwirft sich die Genossenschaft jetzt schon sowohl der sofortigen persönlichen Zwangsvollstreckung als auch der dinglichen gemäß § 800 ZPO. Die Genossenschaft bewilligt und beantragt die Eintragung dieser Unterwerfung ins Grundbuch und räumt der Versicherungsanstalt das Recht ein, sich jederzeit ohne weiteren Nachweis der Nichtleistung der begehrten Zahlung vollstreckbare Ausfertigung gegenwärtiger Urkunde erteilen zu lassen.

11. Die Genossenschaft verpflichtet sich, bei der Veräußerung der unter Ziffer 8 genannten Grundstücke im ganzen oder in Teilen sich auf die Dauer von 100 Jahren sowohl das dingliche, auf alle Verkaufsfälle sich erstreckende Verkaufsrecht als das Wiederkaufsrecht bestellen und zu ihren Gunsten das Vorkaufsrecht und eine Vormerkung zur Sicherung des durch die Ausübung des Wiederkaufsrechts entstehenden Anspruchs auf Eigentumsübertragung ins Grundbuch eintragen zu lassen und hierüber der Versicherungsanstalt, sowie auch der Stadtgemeinde innerhalb eines Monats nach erfolgter Auflassung Bekanntmachung zugehen zu lassen.

Für die von der Versicherungsanstalt gegebenen Darlehen nebst Zinsen bleibt die Genossenschaft in jedem Falle der Veräußerung selbst haftbar.

Die Veräußerung sämtlicher Grundstücke (Ziffer 8) an Personen, die nicht Mitglieder der Genossenschaft oder Versicherte der Versicherungsananstalt sind, darf nur mit Einwilligung der Versicherungsanstalt und der Stadtgemeinde erfolgen.

Beim Verkauf einzelner Grundstücke an Eigenheimerwerber ist die Genossenschaft verpflichtet, das von der Versicherungsanstalt im Benehmen mit der Stadtgemeinde entworfene Vertragsformular zugrunde zu legen.

12. **Für den 50 % des amtlichen Schätzungswerts der unter Ziffer 8 genannten Grundstücke übersteigenden Teil des Darlehens, seine Tilgung und Verzinsung übernimmt die Stadtgemeinde Stuttgart die Bürgschaft; das Nähere ist unten in Abschnitt II enthalten.**

13. Die Versicherungsanstalt hat das Recht, zu jeder Zeit von dem Zustand der belasteten Grundstücke Einsicht zu nehmen oder durch einen Bevollmächtigten nehmen zu lassen; die Genossenschaft ist verpflichtet, ihr auf Verlangen die nötigen Belege zur Verfügung zu stellen.

14. Die Genossenschaft ist verpflichtet, ihre jährlichen Rechnungsnachweise (Jahresrechnung, Bilanz usw.) ihre Geschäftsberichte und übrigen Bekanntmachungen unaufgefordert der Versicherungsanstalt einzureichen und dieser auch jede noch sonst von ihr zur Beurteilung der Verhältnisse für erforderlich erachtete Auskunft zu erteilen. Sie ist verpflichtet, auf eine klare und pünktliche Geschäfts-, Kassen- und Buchführung und auf eine sorgfältige Kontrolle zu halten, auch jederzeit den Bevollmächtigten der Versicherungsanstalt auf ihr Verlangen Ein-

blick in die Verwaltung, sowie Teilnahme an den Versammlungen des Vorstands und des Aufsichtsrats und an den Generalversammlungen mit beratender Stimme zu gestatten. Zu diesem Zweck sind die Bevollmächtigten der Versicherungsanstalt zu Vorstands- und Aufsichtsratssitzungen und Generalversammlungen jeweils rechtzeitig vorher einzuladen; die Tagesordnung der Generalversammlungen ist der Versicherungsanstalt mindestens 8 Tage vorher mitzuteilen. Eine Abänderung der Satzung der Genossenschaft ist nur mit Einwilligung der Versicherungsanstalt und der Stadtgemeinde möglich.

Außerdem ist die Genossenschaft verpflichtet, in den Aufsichtsrat ein von der Versicherungsanstalt zu bezeichnendes Mitglied zu wählen.

15. Die Mietvertragsformulare der Genossenschaft unterliegen der Genehmigung der Versicherungsanstalt.

16. Die allgemeinen Grundsätze des Vorstands der Versicherungsanstalt, betr. die Ausleihung von Geldern der Anstalt zur Förderung der Beschaffung von Arbeiterwohnungen vom 6. Juli/5. November 1894 haben, soweit nicht der gegenwärtige Vertrag enthält, auf das Darlehen Anwendung zu finden. Ein Exemplar dieser Grundsätze, welche von dem Vorstand der Genossenschaft hiemit ausdrücklich anerkannt werden, ist beigeheftet.

II. Abschnitt.

Die Stadtgemeinde Stuttgart übernimmt auf Grund des Beschlusses der bürgerlichen Kollegien vom 25. Juni 1914 für das nach oben Abschnitt I von der Versicherungsanstalt Württemberg der Baugenossenschaft gewährte Darlehen, seine Tilgung und Verzinsung, neben der hypothekarischen Sicherheit (s. Abschnitt I Ziffer 8 und 9) die Bürgschaft unter folgenden Bestimmungen:

1. Bis zu dem Zeitpunkte, zu welchem die Buchhypotheken (Abschnitt I, Ziff. 9) zugunsten der Versicherungsanstalt im Grundbuch mit erstem Range eingetragen und ihr die Hypothekenerzeugnisse übergeben sind, haftet die Stadtgemeinde der Versicherungsanstalt als Bürge unter Verzicht auf die Einrede der Vorausklage für das Darlehen seine Tilgung und Verzinsung, soweit dasselbe zur Ausbezahlung gekommen ist und 75 % des amtlichen Schätzungswerts der belasteten Grundstücke nicht übersteigt.

2. Insoweit als die Häuser erstellt, die Buchhypotheken (Abschnitt I, Ziff. 9) zugunsten der Versicherungsanstalt im Grundbuche mit erstem Range und ihr die Hypothekenzeugnisse übergeben sind, erstreckt sich die Bürgschaft der Stadtgemeinde Stuttgart nur noch auf denjenigen Teil des Darlehens, einschließlich seiner Tilgung und Verzinsung, welcher 50 % des amtlichen Schätzungswerts der belasteten Grundstücke übersteigt, also anfänglich auf 25 % des amtlichen Schätzungswertes.

3. Die Stadtgemeinde Stuttgart ist berechtigt und verpflichtet, die ordnungsmäßige Ausführung der sämtlichen Bauten durch das städtische Hochbauamt überwachen zu lassen. Bis zur Fertigstellung der Bauten kann daher die Versicherungsanstalt die Ausbezahlung des Darlehens an die Genossenschaft nur in dem Betrage vornehmen, der vom städtischen Hochbauamt jeweils zur Zahlung angewiesen wird (siehe oben Abschnitt I Ziffer 1); die Zahlungsanweisungen sollen nach Maßgabe des Fortschritts der Bauten erteilt werden und 70 % des jeweiligen Bau- und Bodenwerts umfassen. Sie sind seitens des städtischen Hochbauamts von der vorherigen Vorlage der Nachweise über die Verwendung der bezahlten Darlehensraten abhängig zu machen.

4. Die Genossenschaft ist verpflichtet,

a) die Bestellung des ersten Vorsitzenden ihres Vorstands auf Verlangen der Stadtgemeinde jederzeit zu widerrufen;

b) in den Aufsichtsrat ein von der Stadtgemeinde zu zeichnendes Mitglied aus der Mitte der Gemeindekollegien oder der städtischen Beamtenschaft Stuttgarts zu wählen;

c) die gesamte Buchführung einer hierin sachverständigen Person zu übertragen;

d) die Baupläne und Voranschläge der künftig zu erstellenden Häuser, erstere vor ihrer Einreichung beim Baupolizeiamt, dem städtischen Hochbauamt zur Prüfung zu unterbreiten.

Die Stadtgemeinde ist weiter noch berechtigt, hinsichtlich der gesamten Verwaltung und Geschäftsführung der Genossenschaft, insbesondere hinsichtlich der Kassenführung, nach freiem Ermessen Anordnungen und Verfügungen zu treffen, die ihr als zweckmäßig oder notwendig erscheinen, insbesondere mit Zustimmung der Versicherungsanstalt die Bestellung eines ihr geeignet erscheinenden Kassenrevisors, Kassiers oder Geschäftsführers vorzuschreiben. Zu den Vorstands- und Aufsichtsratsitzungen sowie Generalversammlungen darf die Stadt bis zu 3 Delegierte mit beratender Stimme entsenden.

Abgesehen von den in dem gegenwärtigen Vertrag genannten Hypotheken dürfen von der Genossenschaft ohne Einwilligung der Stadtgemeinde weder weitere Hypotheken aufgenommen, noch überhaupt sonstige weitere Belastungen der Grundstücke vorgenommen werden.

Im übrigen werden der Stadtgemeinde Stuttgart von der Genossenschaft die gleichen Rechte eingeräumt wie der Versicherungsanstalt; insbesondere finden daher die in Abschnitt I Ziffer 13—16 enthaltenen Bestimmungen auch auf die Stadtgemeinde Stuttgart volle Anwendung.

5. Die Genossenschaft verpflichtet sich, bei der Veräußerung der unter Ziffer 8 genannten Grundstücke im ganzen oder in Teilen zugunsten der Stadtgemeinde Stuttgart ein auf alle Verkaufsfälle sich erstreckendes Verkaufsrecht bestellen und unmittelbar hinter dem zugunsten der Genossenschaft einzutragenden Vorkaufsrecht und der Vormerkung bezüglich des Wiederkaufsrechtes (Abschnitt I Ziffer 11) im Grundbuch eintragen zu lassen.

Treten die Voraussetzungen für das Vor- oder Wiederkaufsrecht der Genossenschaft (Abschnitt I Ziffer 11) ein, so ist sie verpflichtet, der Stadtgemeinde hievon unverzüglich Mitteilung zu machen. Die Stadtgemeinde kann verlangen, daß die Genossenschaft von ihrem Rechte Gebrauch macht oder dieses Recht mit sofortiger Wirkung an die Stadtgemeinde überträgt.

6. Für den Fall, daß die Stadtgemeinde Stuttgart ein Grundstück oder mehrere Grundstücke der Genossenschaft in ihr Eigentum erwirbt, ist die Versicherungsanstalt verpflichtet, die Darlehen unter denselben Verzinsungs-, Tilgungs- und Kündigungsbestimmungen zu belassen, jedoch ohne hypothekarische Sicherheit, sondern nur gegen einfachen Schuldschein. Die Stadtgemeinde ist dagegen verpflichtet dafür zu sorgen, daß die betreffenden Anwesen ihrem seitherigen Zwecke gemäß den Bestimmungen des gegenwärtigen Vertrags erhalten bleiben.

III. Abschnitt.

Sämtliche durch die Vorbereitung den Abschluß und den Vollzug des gegenwärtigen Vertrags entstehenden Kosten einschließlich aller für die grundbuchamtlichen Eintragungen zu entrichtenden Gerichtsgebühren und sonstigen Kosten hat die Genossenschaft zu tragen.

Vorstehenden Vertrag erkennen hiemit seinem ganzen Umfange nach an

Der Vorstand der Versicherungsanstalt Württemberg:

Namens der Stadtgemeinde Stuttgart:

Namens der Gartenstadt „Eigenes Heim“,
Gemeinnützige Einfamilienhäuser-Baugenossenschaft,
Sitz Cannstadt, e. G. m. b. H.
Der Vorstand:

Kolibri 360 GmbH
Ferdinand-Jühlke-Straße 7
99095 Erfurt, Deutschland
produktsicherheit@kolibri360.de